第四届《安徽古籍叢書》編審委員會

主任委員

黄德寛

副主任委員

諸偉奇

丁　放

彭君華

委員（按姓氏筆畫順序）

卞　利　方錫球　牛繼清　王啓才

吴先伍　施立業　胡傳志　紀健生

陳　林　張玉才　曹小雲　曹天生

程德和　楊　軍　楊應芹　趙國華

鮑　恒　樊嘉禄

安徽古籍叢書萃編

歙事閒譚

上

近·許承堯 撰
李明回 彭超 張愛琴 校點

黃山書社

图书在版编目(CIP)数据

歙事闲谭（上下）/ 许承尧撰；李明回，彭超，张爱琴校点. —合肥：黄山书社，2014.1

（安徽古籍丛书萃编）

ISBN 978-7-5461-4328-6

Ⅰ.①歙…　Ⅱ.①许…　②李…　③彭…　④张…　Ⅲ.①杂著–中国–民国–选集　Ⅳ.①Z429.6

中国版本图书馆 CIP 数据核字(2014)第 002670 号

歙事闲谭(上下)

出 版 人　任耕耘
策　　划　任耕耘　赵国华　汤吟菲
执行策划　汤吟菲　徐娟娟
责任编辑　赵国华　朱莉莉

装帧设计　未　氓
责任印制　戚　帅

出版发行　时代出版传媒股份有限公司(http://www.pressmart.com)
　　　　　黄山书社(http://www.hspress.cn)
　　　　　官方直营书店(http://hsssbook.taobao.com)
　　　　　营销部电话:0551-63533762　63533768
　　　　　(合肥市政务文化新区翡翠路 1118 号出版传媒广场 7 层　邮编:230071)
经　　销　新华书店
印　　制　安徽联众印刷有限公司

开本　880×1230　1/32　　印张　38.25　　字数　700 千字
版次　2014 年 9 月第 1 版　　2014 年 9 月第 1 次印刷
书号　978-7-5461-4328-6　　定价　400.00 元(上下)

序

黄德寬

值此《安徽古籍叢書萃編》編輯出版之際，欣逢新時期安徽古籍整理出版工作步入而立之年！三十年來安徽的古籍整理出版工作，很值得認真地進行一番回顧總結。

一九八一年，中共中央發布《關於整理我國古籍的指示》，成立了以李一氓同志爲組長的國家古籍整理出版規劃領導小組，正式拉開了新時期古籍整理出版工作的序幕。一九八四年，中共安徽省委決定建立安徽省古籍整理出版領導小組，由時任省人大常委會副主任魏心一同志挂帥，聯合了省新聞出版局等政府部門和安徽大學等高等院校、研究單位，正式啓動安徽省古籍整理出版工作。同年，安徽專業古籍出版單位黄山書社也宣告成立。安徽古籍整理出版工作由此翻開了嶄新的一頁。

三十年間，安徽省古籍整理出版工作堅持初衷，克服困難，在政府部門的支持和社會賢達的關心下，經過學者們的艱辛努力，取得了豐碩成果，其最有代表性的成果就是《安徽古籍叢書》的編纂出版。

《安徽古籍叢書》凝結了當代安徽傳統文化研究領域衆多學者與專家的心血和汗水。以吴孟復先生爲代表，組成《安徽古籍叢書》第一届編審委員會，賡續安徽先哲編刊地方叢書盛業，梳理文獻綫索，擬訂叢書子目，擘劃編纂體例。遵循嚴格的學術規範，《安徽古籍叢書》自一九八九年三月刊出第一種——《舊聞隨筆》，截至二〇一三年底，連同修訂再版，出版已突破百種，成爲我國當代古籍整理一個有影響力的品牌。

收入《安徽古籍叢書》的各類古籍，既有朱熹、戴震、俞正燮、凌廷堪、程瑶田、黄生、包世臣、楊仁山、吴汝綸等學術巨擘的著作，也有張孝祥、錢澄之、方苞、方文、施愚山、姚鼐、吴敬梓等文學名家的作品；此外，包拯、朱升、朱元璋、阮大鋮、姚瑩、方孝標、劉銘傳等皖籍著名歷史人物的著述也盡在其中。正是因爲歷代賢哲創造的精神財富，使得《安徽古籍叢書》一經出版即蜚聲海内外，産生了廣泛的社會影響。李一氓同志曾經撰文，欣喜地表示：

『現在有一個好現象，安徽要編印新的《安徽叢書》。』當代著名學者金克木、胡道静、張岱年、程千帆等先生稱道『這是安徽文化事業的一項盛舉』。法國漢學家戴廷傑也對《安徽古籍叢書》堅持嚴格的學術規範稱賞不已。

《安徽古籍叢書》的順利編輯出版，還因爲改革開放帶來的時代機遇。改革開放三十多年來，我國經濟文化繁榮昌盛，使得《安徽古籍叢書》能够得到有關方面的財力支持。上個世紀八十年代，《安徽古籍叢書》編纂在發軔之時，就不斷有項目入選國家古籍整理出版規劃，得到國家各方面的有力支持。最新公布的《二〇一一—二〇二〇年國家古籍整理出版規劃》中，包括《方以智全書》在内的新列《安徽古籍叢書》項目品種就多達四十八種。安徽古籍的整理編纂工作，正是在改革開放的大背景下，在全國古籍整理出版工作的大格局中，取得了突出的成就并展現着美好的未來。

《安徽古籍叢書》的編纂出版，安徽大學『省古籍整理出版辦公室』發揮了重要作用。古籍辦的同志們長期堅守在古籍整理出版崗位，甘於清苦，默默奉獻，辛勤耕耘，爲《安徽古籍叢書》的編纂和安徽古籍整理出版工作做出了突出的貢獻。二〇一〇年，在『全國專業古籍出版社社長年會暨全國優秀古籍圖書評獎會』上，時任國家新聞出版總署副署長鄔書林同志作題爲《無愧歷史 珍惜時代 出好精品》的講話，指出：『安徽是堅持地方古籍整理工作最好的省份。不少地方古籍辦幾乎都撤了，或名存實亡，安徽則堅持不輟，并做了大量工作。』

黨的『十八大』從戰略層面提出扎實推進社會主義文化强國建設，豐富人民精神文化生活，『建設優秀傳統文化傳承體系，弘揚中華優秀傳統文化』。《安徽古籍叢書》立足鄉邦文獻的整理編纂，因應了國家文化建設的宏偉規劃，是文化强省乃至文化强國建設事業的題中應有之義。這項事業遠非一兩代人所能完成，正如一九八一年中央三十七號文件所指出的，『整理古籍是一件大事，得搞上百年』。

《安徽古籍叢書》煌煌巨制，結構開放，歷時久遠。回顧過去，出版較早的圖書有些已經絶版；叢書版式、裝幀也屢經變更。爲適應集中展示、收藏和研究的需要，對已經出版的《安徽古籍叢書》進行階段性的集中梳理，適當遴選，統一版式，影印出版本套叢書是十分必要的。

作爲首套《安徽古籍叢書》選編本，我們希望通過這套書的出版發行，能使更多的讀者瞭解、認識和利用好《安徽古籍叢書》，有更多的皖籍、非皖籍專家學者參與到安徽地方歷史文獻的研究整理工作中來，讓《安徽古籍叢書》在未來不斷發展壯大。這是我們在新時期安徽古籍整理出版事業三十年之際的殷殷屬望！

二〇一四年六月

凡例

一、本編從二〇一〇年（包括二〇一〇年）以前出版的《安徽古籍叢書》中選取文獻資料價值大、校點整理質量上乘、學界仍有需求的圖書進行重印。

二、二〇一〇年以後出版者因市場上新書尚多，此次不復列入。早期所版《文學研究法》《舊聞隨筆》《桐城文學淵源考·撰述考》《桐城耆舊傳》《爾雅翼》等雖均爲叢書的中堅，因已有修訂新版，此次亦不復列入。《安徽古籍叢書附輯》整體不予列入。

三、所選圖書按初版時間先後順序編排。

四、采用原版掃描影印，不重新録排，儘量保存原書面貌。原書頁眉中的明顯編輯錯誤，逕改不出校；《賨山公家議校注》《康輶紀行 東槎紀略》兩種原書無頁眉，現統一補加。

五、重新設計製作封面，統一規格、工藝。一律采用大三十二開本，精裝。《説文假借義證》一書原版爲十六開，一個頁面放兩個中國頁，此次按統一開本重新排版，一個頁面放半個中國頁。

并新附《説文假借義證索引》於該書書末，以方便讀者檢索。《毛詩後箋》《吴汝綸全集》《田間詩學》《説文假借義證》等原書規模較大，爲方便讀者閲讀，現重新分册。另，《賓山公家議校注》保留原書西式裝訂方式。

六、收録叢書文獻由於各種原因，還存在這樣那樣的不足，請讀者批評指正。

第四届《安徽古籍叢書》編審委員會

二〇一四年六月

安徽古籍丛书·徽学研究资料辑刊

近·许承尧 撰

歙事闲谭 上

李明回 彭 超 张爱琴 校点 诸伟奇 审订

黄山书社

安徽古籍丛书编印缘起

我国历史悠久，典籍丰富。我省地处南北之交，学术尤擅其盛。数千年来，哲学、史学、文学、艺术、语言、科技，作者辈出，著述如林，或自名一家，或蔚然成派，多为中华民族文化之菁华，有裨于社会主义文化之建设。允宜及时整理，以广流传。

粤自明清，以至近世，南北郡邑已有《泾川丛书》、《龙眠丛书》、《贵池先哲遗书》、《南陵先哲遗书》诸刻。一九三一年，复有《安徽丛书》之编刊，所收皆皖人著作，分期影印。出至第六期，以抗战军兴而中止。盛业未竟，论者惜之。

今者，中央倡导整理古籍，我省领导对此尤为关心。省古籍整理出版规划委员会几经商讨，决定编纂《安徽古籍丛书》。编纂宗旨是在历史唯物主义指导下，批判继承，古为今用，弘扬民族优秀传统文化，为建设有中国特色的社会主义服务。最其体例，约有数端：一、所收皆为历代皖人著作，时间一般以辛亥革命之前为限，根据内容，分类成辑。注意稿本、稀见本之搜辑与传布。二、整理方式包括辑、校、标点和注释、今译。校勘，力求采用善本为底本，校以他书，或加补辑、编次。标点，采用新式标点。注释，务求精确，但不作烦琐考证。整理中，尽量吸收国内外研究的新成果。三、先秦、两汉著作及文字、训诂之书，皆用繁体字；其馀则多用简体字，版皆竖排，以期一律。四、凡热心于本丛书编印及捐资助刊者，得于书内题名。

安徽古籍丛书编审委员会

一九九四年六月修订

安徽省古籍整理出版规划委员会

顾　　问　丁继哲　刘永年　李广涛　杜维佑　陈基余　郑　锐　郑淮舟　张立一　胡云龙
侯　永　秦德文　陶有法　崔剑晓　潘锷镎

主　　任　魏心一

副 主 任　王　坦　龚存玲

委　　员　刘学锴　汪石满　余焰炉　陈贤忠　周心田　徐东平　诸伟奇　黄书元　黄德宽
黎　洪

安徽省古籍整理出版基金会

理 事 长　余焰炉

副理事长　方俊文　季昌清

常务理事　丁光涛　卞兆龙　仉贻壬　朱邦福　朱维芳　汤才欣　陈桂生　张世云　张振明
郑英保　郭化兰　赵敏生　钱　进　董学仁　穆建科

安徽古籍丛书编审委员会

学术顾问　安平秋　任继愈　许逸民　吴小如　周一良　周绍良　祖保泉　胡道静　贾文昭
舒　芜　傅璇琮

主任委员　刘学锴

副主任委员　严云绥　黄德宽　韩西山

委　　员　孙文光　任弘毅　纪健生　沙宗复　余国庆　胡金望　夏秀流　诸伟奇　陶新民
蒋国保　鲍善淳

按姓氏笔画排列

徽学研究资料辑刊说明

自二十世纪五十年代以来，徽学研究逐渐兴起，一批学人致力于徽学的探讨，取得了不少成就；特别是八十年代以后，徽学研究不断取得新的突破，使徽学作为一门综合性学科或学术领域逐渐为学术界认同，并以其极为丰富的内涵日益为海内外学者所关注。

为了促进徽学研究，改变徽学研究资料流失散乱的状况，我们决定合力编纂《徽学研究资料辑刊》。本辑刊：

一、广泛收列有关徽州历代政治、经济、教育、文化、艺术、科技、军事、地理、物产、名胜、风俗、异闻、掌故等内容的文献资料，包括笔记、史乘及部分日记、方志（主要为县以下的志书）和谱牒，尤重手稿和孤本的收录。相关总集、别集因《安徽古籍丛书》已另行刊出，故一般不作列入。

二、列入《安徽古籍丛书》系列。所辑各书，或标点、或校勘、或注释，皆依内容以定，并据丛书体例以行。

三、根据各书之内容、篇幅分辑分册出版，可一种一册、一种数册或数种一册。

四、对发掘、捐赠珍稀资料者，除及时出版外，将予以表彰和奖励。

教育部人文社会科学重点研究基地安徽大学徽学研究中心

安 徽 省 古 籍 整 理 出 版 规 划 委 员 会 办 公 室

二〇〇一年五月

歙故

賓虹題

黄宾虹为本书题签

许承尧像

廿年羈旅夢才到想巖居井竈巢蚪料床書飯蠹魚
老隣携斗酒招我話桑車舊雨須重聽山緣或未虛胥
踵呼伴出尋黑采山歸至老從無歸為廬不鍵扉衣裝
新式少豚氣幾家肥會問鹵坑路州人識者稀卻舍僻同寺
荒寒我獨宜磊橋通遠澗依石轄疎籬小閣挑鐙夜殘陽
倚杖時有懷常不禁唫弄偶成詩

許青巖初至石雨山舍詩 承堯錄

许承尧书许楚诗

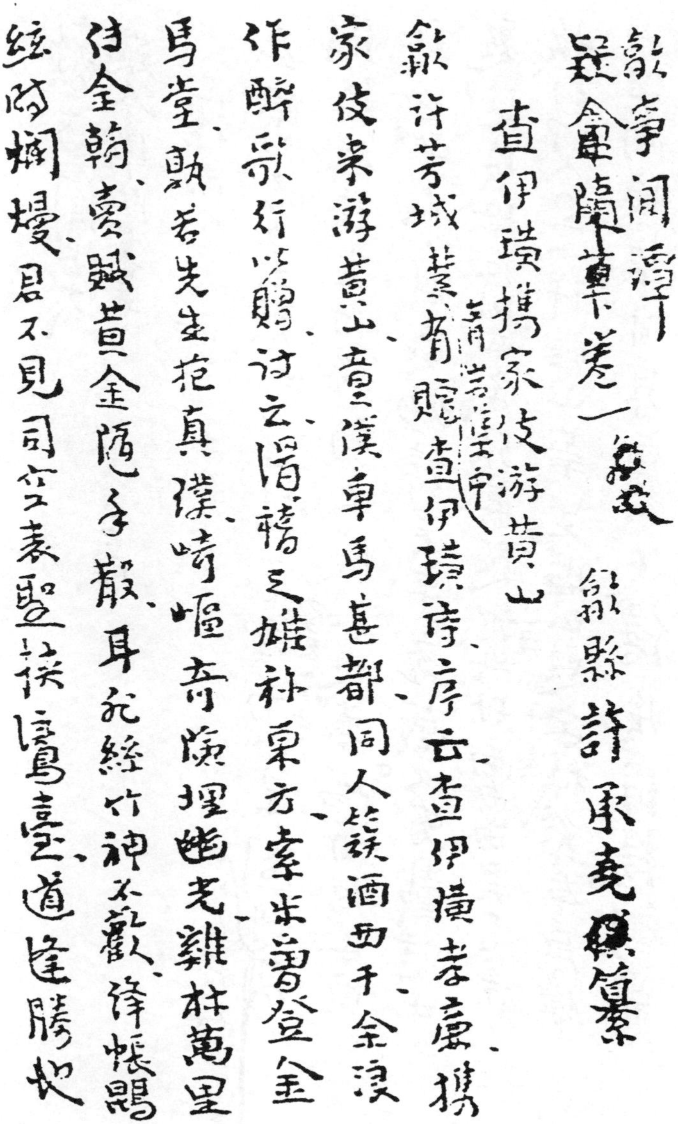

歙事閒譚

疑盦隨筆卷一　歙縣許承堯纂

查伊璜攜家伎游黃山

歙許芳城《葉肯聽》查伊璜詩序云：查伊璜孝廉攜家伎來游黃山，寄寓漢阜馬嘉鄙，同人張酒西千，余浪作醉歌行以贈。詩云：眉稿之雄稱東方，李米曾登金馬堂。孰若先生抱真璞，崎嶇奇險埋幽光。雜杯萬里付金鼓，賣賦黃金隨手散。耳不經竹神不亂，絳帳鵑弦時爛漫。君不見司空表聖隱侯，鳥臺道逢勝地

书影一

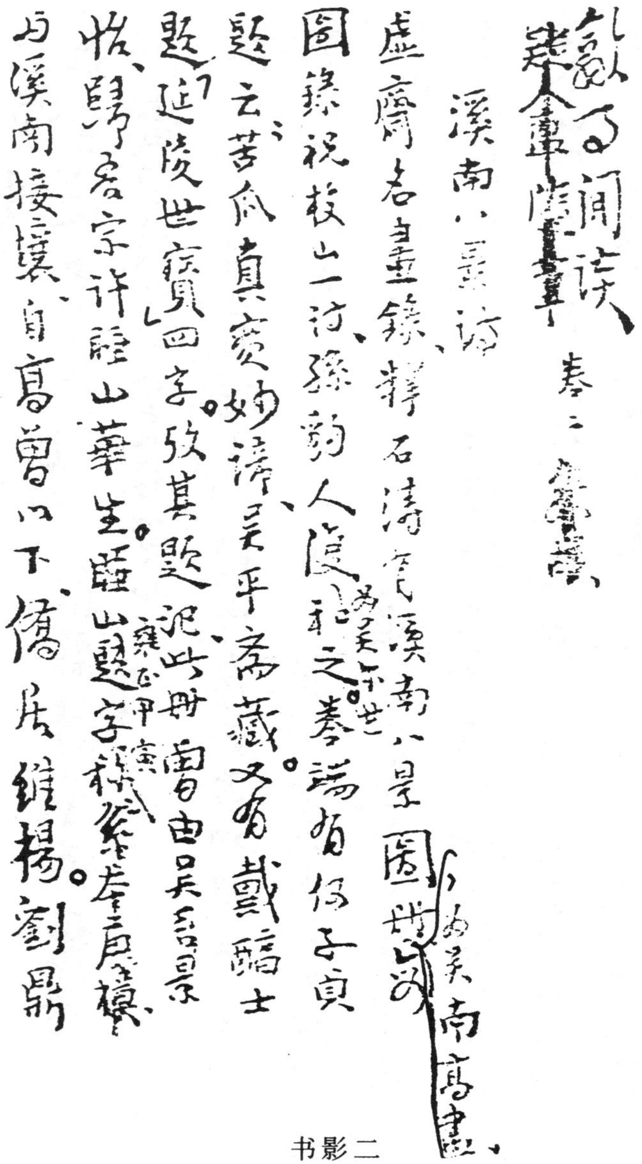

书影二

歙事闲谭目次

卷二

卷三

卷四

卷五

卷六

卷七

卷八

卷九

卷十

卷十一

卷十二

卷十三

卷十四

卷十五

卷十六

卷十七

卷十八

卷十九

卷二十

卷二十一

卷二十二

卷二十三

卷二十四

卷二十五

卷二十六

卷二十七

卷二十八

卷二十九

卷三十

卷三十一

附录

序一

汪世清

我歙是文化之邦，文献之乡。

文化大多孕育在文献之中，并借以传播于久远。作为文化的载体，文献本身又是文化的一个重要组成部分，对之加以分析研究，可以揭示文化的形态及其发展过程。从探索各种文化形态的形成和发展而言，文献是不可或缺的重要资料，因而文献的搜集、保存和整理，便是一件值得十分重视的千秋大业。

歙县旧为唐宋的州治，明清的府治，号称首善之区。在徽州文化中，歙县自也居于重要的地位。事实上，歙县的历代先贤对徽州文化的创造和发展，都已作出过不可磨灭的贡献，而在文献方面，无论是在创作、辑录或汇编上，也遗留下极其丰富的典籍。据一九三七年出版的《歙县志》卷一五《艺文志·书目》统计，歙人著作唐代有四种，宋一百三十一种，元八十一种，明四百八十四种，清一千二百七十种，合计一千九百七十种。散佚不传而未被列入的，恐怕还有很多种，就难估计了。

郡县志是一种重要的地方志，就徽州地区而言，徽州府志和六县县志，是徽州文献的重要组成部分。首先值得一提的，是南宋罗愿的《新安志》。罗愿（一一三六—一一八四）字端良，号存斋，歙县呈坎人。他博学好古，究心名物，为文醇雅，有《鄂州小集》五卷、《尔雅翼》三十二卷等传世。所撰《新安志》十卷，成书于南宋淳熙二年乙未（一一七五），是徽州六县最早的一部地方志。体例有分有合，记述山川道里、丁口顷亩、赋贡物产以至州土沿革、吏治得失、风俗美恶、人材众寡，不仅翔实，而且均有微旨。朱竹垞彝尊（一六二七—一七〇九）称赞罗愿『所撰《新安志》，简而有要。篁墩程氏取其材作文献志。此地志之最善者』。很显然，这部新安一郡的地方志，不仅在此后编纂徽州郡邑志上导其先路，而且在搜集、整理和汇编徽州文献上，也是一个具有深远意义的创举。此志在南宋有李以申续之，在元有洪杏庭焱祖（一二六七—一三二九）再续之，至明洪武初，更有朱同（一三三八—一三八五）所续的《重编新安志》，但三书均无传本。今可见到的有歙灵山人方信的《新安志补》八卷，尚存嘉靖壬戌（一五六二）刻本，北京国家图书馆有藏。至于明、清所编纂的徽州府志，则有明弘治十二卷本和嘉靖十二卷本，清康熙十八卷本和道光十六卷本。若论徽州六县的县志，据《中国地方志联合目录》统计，明、清两代歙县有六部，休宁五部，绩溪四部，祁门六部，黟县六部，婺源八部，合计三十五部。民国时期编纂的尚有歙县、黟县、绩溪和婺源各一部。这些府、县志既有连续性，又有断代性，因而对探索徽州文化的发展历程和不同时代的文化特征，无疑都是极有价值的重要文献。但是这类地方志在体例上是综合性的，而在记人叙事上又是总结性的，因此必然带来的是整体上求其全，而在组成部分上却只能摘其要。所以这类文献，实际上大都是第二手资料。

在辑录第一手资料方面，最早便有明代程敏政的《新安文献志》。程敏政（一四四六—一四九九），字克勤，别号篁墩，休宁陪郭人。幼号神童，长而学问淹通，工诗文，著有《篁墩文集》九十三卷，洋洋巨帙，记徽人徽事极为丰富，本身便是一份有文献价值的典籍。所辑《新安文献志》，原刻于弘治丁巳（一四九七），是第一次辑录徽州原始文献的总汇。按程氏自序，是书一百卷，分『甲集六十卷，以载其言；乙集四十卷，以列其行。盖积之三十年，始克成也』。如从弘治丁巳起算，上数三十年为成化四年戊子（一四六八），时程氏年二十四，是成进士的后二年。这时即有志于此，足见其远见卓识。实际上，甲集为文部，辑录徽州先贤的诗文，也就是一部徽州诗文的总集；乙集为献部，辑录诸家为徽州先贤所撰的墓志传状类文章，也就是有关先贤传记资料的汇编。无论是文部或献部，都保存着大量的第一手资料，这对探索徽州文化，特别是历代先贤的言和行，更具有不可替代的价值。此后，嘉靖间有《新安文献志续编》之刻，但今可见到的只有卷七、第八十一册，所收文体为『记』。可惜辑录者为谁以及全书卷数，均已不可知，其书的全貌更无从得见，真是千古憾事。到清初，许青岩楚（一六〇五—一六七六）曾『欲与汪溥重修《新安文献志》，未成』，也令人深感遗憾。

值得一提的是，按《新安文献志》的体例，辑录一村一姓的原始文献的，尚有一部歙县呈坎罗所蕴等所辑的《溁川足征录》。该书分文部和献部，合计二十八卷，约成书于康熙初，今仅北京国家图书馆藏有一部。书中文部收罗氏一门先贤自宋至清初的诗文；献部辑录诸家为罗氏先贤所撰墓志传状类文章，亦多世不经见之作。这实际上是一部呈坎罗氏的文献志，虽辑录的范围难与《新安文献志》比肩，而继轫于篁墩遗规，终不失为徽州文献史上一桩美举。

谈到一姓一族的历史文献，又必须提到各姓的族谱或家谱。这也是徽州文献中的一个重要组成部分，而且迄今尚存于世的徽州各姓的族谱，为数亦不少。仅就《中国古籍善本书目》所著录的族谱统计，共有一二三个姓氏的族谱五八五部。其中确知为徽州六县各姓的族谱，共有四十一个姓氏一七五部，占总数五八五的百分之二十九点九。而在四十一个姓氏中，方、汪、吴、胡、黄、程六大姓的族谱就有九十三部（方七、汪吴各十八、胡八、黄十二、程三十），占徽州六县族谱总数一七五的百分之五十三点一。徽州各姓修谱之多，特别是六大姓修谱尤多，于此可以概见。这些族谱，尽管体例不尽相同，记述内容也有详有略，但大都按世系记下一丁一口的名、字号以及所配妻室和所生子女，有的详记每个人的生卒年月日和子女的婚嫁；对于有功名、宦迹、忠节、孝友、义行以及著名文坛、艺苑的人士，则有较详的记载。大体说来，每一部族谱都是该族的一部人物志，而且本族的世代嬗联和两族的婚嫁关系，更从一个侧面反映着徽州的社会发展史。有些族谱还辑录本族先贤的诗文和诸家为之撰写的志传，又具有文献志的意义。总之，徽州族谱作为徽州文献资料，特别是在历史人物的资料上，有着独特的史料价值，而对这类文献的开发和研究，并应用于更深入地探索徽州文化的发展，也有着重要的现实意义。

至于说到徽州先贤遗留下来的诗文总集和别集，数量之多，屈指更难胜计。作为文化形态之一的文学，这类诗文总集和别集，就其内容而言，涉及自然和社会的诸多方面，蕴藏着极丰富的文史资料，为对徽州文化的研究提供了极其广阔的文献依据。多年来在徽商研究中，汪南溟道昆(一五二六—一五九三)的《太函集》已被广泛地引用，这说明徽商研究者已重视诗文集这类文献，这里就不赘言了。

现在还要提到另一种形式的文献，那就是笔记式的典籍。这种典籍，体例不一，内容多样，随所得而笔录，积久成帙，而篇幅亦有多有少。有的记载亲身见闻，有的摘录所见古籍的诗文，有的两者兼而有之。在历代书林中，这类杂录的书籍，为数大有可观。而以此记载一邑史事的，却并不多见。吾歙许疑庵先生所撰《歙事闲谭》，在徽州文献中则独树一帜，记『歙事』多至三十一卷，稿本藏安徽省博物馆，虽未梓行，已屡屡为徽学研究者所引用，而令世人瞩目。疑庵先生许承尧（一八七四—一九四六），字际唐，一作霁塘，疑庵其号，晚号芚叟，歙西唐模人。光绪甲辰（一九〇四）进士，授翰林院编修，乡人多以『许翰林』称之。入民国一度出为甘凉道尹，旋即弃仕归里，悠悠林下二十馀年而卒。先生从学于家仲伊公，与鞠卣公及潭渡黄公宾虹为同学，三人友谊，至老不衰。故学有本源，业多砥砺。而一生刻意为诗，意境高远，格律谨严，著声海内。生平所作，晚年手订为《疑庵诗》十卷、《疑庵诗续集》四卷，今已在合肥和台北两地印出。先生亦善书，尤工隶书，所书楹联更多。

先生晚岁家居，乐志林泉，锐意收集乡邦文献，法书宝绘，珍籍名笺，所藏甚富。其间先生与黄宾老虽居两地，而时有书信往还，且多谈及各人所见乡邦文献和商量收集之事。如黄一九三六年在上海有一函云：

疑庵先生左右：奉示聆悉。尊获《程氏所见诗抄》缺本拟补，如蒙指明卷数，敝处尚有可影抄人，值听尊便，为免寄递往返如何？府志引公举事实颇多，里中可否曾有此书？澄塘吴秋南云，后改名融，号野马，著《听雨楼诗》，得见否？集名与吴照白厂同。前年见其画轴，为王梦楼题诗，近又见其自题七言绝句一轴，山水墨色淡雅，的是乾、嘉间风气。志称其尝游塞外、楚越诸郡，当交好友朋，不知为何如人？程士镳府志不详其号，《画舫录》载之，乞示知。江允凝画，里中如有所见，希代留意访购一纸。前瞻尊藏允凝小幅，有同时人题咏者颇佳，惜其诗不及抄录，能赐抄一纸尤感。专此奉复，祇颂道绥。黄宾虹顿首。

先生复函云：

宾虹先生左右：书悉。惟清想已来沪，捐册计面交矣。敝处《程氏所见诗抄》缺卷七至卷十五，共三本，承代雇人写补，甚感。惟沪上写值恐甚贵，请不必抄诗，但抄各人履历备查可耳。若影抄不过贵，共只数元左右，则全抄更好。吴野马《听雨楼诗》未见。野马较吴子野佳也。程士镳号樾亭，见《西青散记》。江允凝画容留意，诗抄上。《思豫述略》《亘史》借来阅过，名不副实，已节抄一卷还之矣。雁黄新近又发见一卷。《思豫述略》，江氏奇书也，已借得付抄，于志事大有益。手草。大安。弟尧匆匆上。

以上黄、许两函谈到的书籍，有《程氏所见诗抄》，是清嘉、道间休宁程芝堂鸿绪所辑，二十四卷，嘉庆己未（一七九九）刊；有《亘史》，是明潘景升之恒（一五五六—一六二二）所著，九十一卷，天启丙寅（一六二六）刊；有《思豫述略》，是清咸、同间歙江宜卿同文所著，六卷，仅有抄本；还有歙澄塘吴野马云的《听雨楼诗》，但迄今尚未见传本。至『雁黄新近又发见一卷』，或指浙僧雁黄大涵的《雁黄布衲诗一百首》。谈到的绘画有吴云两件，一有王梦楼文治题诗，一有吴云自题七绝一首。这是黄所告，而许则认为吴云画要比其族人吴子野之璘的画为佳。说到江允凝注（一六二五——一七〇一年后）的画，黄请为之『留意访购一纸』，并将『前瞻尊藏允凝小幅』的诸家题诗抄示，许允之，即将『诗抄上』。黄问到程士镳的号，许据所知告之。类此谈及歙人歙事的往来书信各有数十通，大都涉及先贤的诗文书画，各就所知，互通信息，且在诗文的传抄和书画的交换上亦都互有来往。

在掌握丰富的文献资料的基础上，先生每得其要者，辄笔记之，积久成帙，以其均涉及一邑之事，故题曰《歙事闲谭》，一名《歙故》，全书三十一卷。亦可谓巨制了。先是，在一九三三年《歙县志》开始编纂之际，先生『方治《歙故》，尽萃五年，撰述甚博』。志卷十六《杂记》一目中补写的《拾遗》大都采自《歙故》。今故乡古籍整理出版规划委员会，积多年之酝酿，将此书点校刊出，列为《安徽古籍丛书》之一种，必将继美前贤，永传千古，为我歙文献之乡、文化之邦增光耀彩，而在徽州文化研究方面不断发挥积极的作用。这是可以断言的。故乐而为之序。

二〇〇〇年十二月九日于北京

序二

诸伟奇

一

许承尧（一八七四—一九四六），曾单名芚，字际唐，一字芚公，号疑庵，室名眠琴别圃、晋魏隋唐四十卷写经楼等[一]。安徽歙县西乡唐模村人，近代著名诗人、方志学家、书法家、文物鉴赏家。

许氏为唐模大族，许承尧祖父许恭寿（字品三）为蒙学塾师，父亲许学诗（字雅初）曾经商于江西。许承尧自幼聪颖好学，十六岁为府庠生，二十一岁中光绪甲午科举人。曾师事著名学者汪宗沂（时掌紫阳书院），与同学黄宾虹、汪鞠卣相交莫逆。一九〇四年，中进士，点入翰林，为庶吉士。旋告假南归，返歙创办新安中学堂、紫阳师范学堂。后因秘密组织旨在废除君主、推行新学的『黄社』而被人告发，遂辞去二校监督之职，回京销假。安徽巡抚冯煦奏称：『皖南学务以皖歙最早，歙县兴学，则自许氏。』故许承尧得以重入翰林院任编修，兼国史馆协修。辛亥革命后，应皖督柏文蔚聘，任全省铁路督办，筹建芜（湖）屯（溪）铁路。不久，柏等讨袁失败，许遂去职。后随甘肃督军张广建（皖人）入陇，先后任甘肃省府秘书长、甘凉道尹、兰州道尹、省政务厅长、渭川道尹等职。一九二四年辞官回京，同年由京返歙。自此，许承尧遂绝迹仕途，息影家园，以著述终老。

许承尧一生刻意为诗，造诣深湛。其诗『初学长吉、义山，继乃由韩入杜，冀窥陶、阮。于宋亦取王半山、梅圣俞、陈简斋。明、清二代，时复旁撷。无偏嗜，故无嗜肖。』〔二〕同时，他还深受龚自珍、黄遵宪的影响，主张走诗歌革命的道路。其诗思渊虑微，悲愤深广，表现了一个知识分子在民族灾难特别深重之时的爱国情怀。在艺术上，其诗托意渊微，别开生面，以科学知识入诗，以俗语、译词入诗，体现了『诗界革命』的精神和近代启蒙的气象。《光宣诗坛点将录》将其与周达（梅泉）合列为『地空星小霸王周通』，评曰：『疑庵诗，风骨高秀，意境老澹，皖中高手。』〔三〕其诗集名《疑庵诗》，马其昶、陈宝琛曾为之作序，晚年经其手订，有十四卷本传世〔四〕。

一九三二年至一九三六年，他参与《安徽丛书》的编刊。后因抗日军兴，该丛书出至第六期而中止。一九三三年，他倡仪重修《歙县志》，并被共推为总纂；经过三年努力，始竣事。该志十六卷，搜采广泛，考订精赅，为方志之杰构。许承尧在长期治学中，尤其在辞官返乡之后，主纂《歙县志》之馀，博览群书，广事搜讨，赓续十馀年，乃完成《歙事闲谭》一书。另撰有《疑庵文剩》、《疑庵随笔》、《疑庵藏书画录》、《疑庵日记》、《〈蕙愔阁诗集〉评点》，辑有《新安佚诗辑》、《明季三遗民诗》等。

二

《歙事闲谭》，稿本，三十一卷。从手稿的写作过程看，该书先后有六个书名。其一为《歙事徵谈》。从手稿中的《自序一》（亦即全稿首页）看，许氏最初题写的书名即『歙事徵谈』四字。其二为《歙事徵》。还是在那页《自序》手稿上，许氏抹去『谈』字，书名遂成『歙事徵』。卷十五亦题作『歙事徵』。其三为《疑庵随笔·歙故》。从手稿卷一、卷二两卷之首页看，许氏曾将书名题作『疑庵随笔·歙故』，后抹去，改为『歙事闲谈』。其四为《疑庵随笔》。手稿卷三之首页，许氏曾题写『疑庵随笔』四字，后抹去，改为『歙事闲谈』。其五为《歙故》。手稿中，书名题『歙故』者，凡三见（卷一、卷二、卷三十一）。石国柱《〈歙县志〉序》：『其时许先生疑庵方治《歙故》，尽萃五年，撰述甚博。』〔五〕又，许氏好友黄宾虹曾题写书名『歙故』二字以赠许氏（见本书书影）。再，罗长铭曾撰有《续歙故》，以继武许氏。作者之孙许克定所撰《许疑庵先生年表》云：『先生辑著之《歙事闲谈》一书，积数十年之功，至是完成，三十一卷。改定书名曰《歙故》。』〔六〕其六即《歙事闲谭》。除上面提到那些卷外，其馀诸卷许氏皆题作『歙事闲谭』。需要稍加说明的是，书名中的『谭』字，作者亦题作『谈』〔七〕。

综上可知，作为稿本，本书最初名《歙事徵谈》或《歙事徵》；后拟作为作者笔记《疑庵随笔》之一种，名之《歙故》，再后则名之为《歙事闲谭》。故今之学人论及此书，多称『《歙事闲谭》，一名《歙故》』。这个提法是正确的。书名的演变，除体现了此书的稿本特色外，还体现了作者辑撰此书时的思维轨迹及此书载故记实、徵文考献的特点。

据许承尧自云：『是书随手掇录，经始于民国十九年，至民国二十一年春，已得二十一卷。』〔八〕故《歙事闲谭》撰于一九三〇年，当无疑义〔九〕。《许疑庵先生年表》及许氏有关传记将此书的完成定于一九三六年，亦当无疑义。依此，本书的撰写，前后共七年。然许氏收集资料的时间应远不止此，他多年含吮艺文，露纂霜抄，戛戛以求，故《年表》言其『积数十年之功，至是完成』，所言亦当不虚。

本书最初只是许承尧的读书札记，正如其《自序一》所说：『垂老观书，苦难记忆，因消闲披吾县载籍，偶事副墨，以备遗忘。』后来日积月累，渐成规模，『遂赓续为之』。对此书的辑撰，许氏自我要求甚高：『本为长编，俟成书时整理归并。』〔一〇〕拟于定稿时再行加工完善。其写作态度亦颇为慎审，凡有称引，必明出处，从不作向空之说。全书近百万字，皆许氏亲笔缮写。许氏以书法名世，所抄字迹饱满有力，一笔不苟，灿若法书。手稿卷一首页下题：『歙县许氏承尧纂。』『纂』原作『撰』，后圈去，改『纂』。前人于撰、纂二字分别颇严：撰者，著述也；纂者，纂集也。凡此皆可证作者为学之谨严不苟。

本书在撰写过程中，作者曾请汪鞠卣阅读，汪氏曾于若干处粘纸作注。汪注，本次整理即以小字附于相应条下。罗长铭《续歙故》现仅存七则，本次整理亦一并辑为附录。

三

《四库全书总目提要·子部杂家类一》：『以立说者谓之杂学，辨证者谓之杂考，议论而兼叙述者谓之杂说，旁究物理、胪陈纤琐者谓之杂品，类辑旧文、途兼众轨者谓之杂纂，合刻诸书、不名一体者谓之杂编。凡六类。』《歙事闲谭》究竟属于哪一类呢？从本书的撰写意旨、方法和内容看，与杂纂类较为切合。以今天的眼光看，它是一部以辑录文献为主，兼有记述、议论、考证，旨在全面展示徽歙地区历史文化的史料长编。虽然，作者自称该书之撰述乃『所得即书，前后无次』〔一二〕，且其生前又未能结集刊定，各卷在内容分合上也颇有可商之处，然细加甄别，尚不难发现此书在内容和写法上有以下特点：

（一）采辑广博，言之有据。《闲谭》一书，广泛记载了徽歙地区的人物、艺文、史事、世风、山川、名胜、掌故、轶闻，搜采极其广博，内容极其丰富。迄今为止在有关歙县的文献中，尚无一部独撰之书能在资料的广泛、内容的全面和见解的深刻上达到它的水平。书中着重记述徽歙历史上重要人物及其珍贵诗文，『以昔人精神所寄，不忍捐舍』〔一二〕；又甄录佚书故事、文献典籍，以『他日纂志乘者，或薄有取尔』〔一三〕，从而为后世保存翔实可靠的史料。全书不记道听途说，不谈家长里短，更不涉怪力乱神，所有记述皆从文献出发，言之有据，信而有征。书中所提及的书目达一千馀种，所称引的书目有三百馀种，重点摘抄的文献有六十馀种。

（二）所得即书，散而有序。古人读书笔记，不少是随见随抄，有得即书，随意性较大，往往失之散乱。《闲谭》全书三十一卷，共八百四十七篇，每卷之篇数、字数皆大致相等。全书主旨（记歙人歙事）虽一，然各卷在内容上各有侧重。如卷十二多涉渐江；卷十四、卷二十等多涉黄山；卷十六多涉兵事，尤详太平天国时之双方拉锯仗；卷十七等多涉徽歙历代演革；卷十八涉江村，卷八、卷二十七等多涉明末义士及清初遗民；其他各卷则以记述文学、艺术方面的内容为多，尤侧重于诗文的辑录和书画家资料的搜罗。

（三）以人记书，因书论人。本书重点，一在记人，二在记书。其撰述方法主要有两种，一种是以人记书，先述其人生平大要，再记其著述，于重要或稀见之诗文，更多行摘录，并加评说。如：记黄训而及《读书一得》，记黄生而及《唐诗摘抄》，记吴日慎而及《朱子感兴诗翼》，记程哲而及《蓉槎蠡说》，记黄承吉而及《梦陔堂集》，记程廷祚而及《青溪文集》、《大易择言》，记程瑶田而及《通艺录》，记凌廷堪而及《校礼堂集》、《燕乐考原》，记江有诰而及《音学十书》，记汪龙而及《毛诗异义》、《毛诗申成》，记黄在中而及《岸园集》，记郑由熙而及《晚学斋文集》，记汪莱而及《衡斋算学》，记江绍莲而及《披芸漫笔》，记吴绮而及《扶醉词》、《水嬉词》，记汪允宗而及《孟子缉义》、《今事庐笔记》。另一种是由书而记人，先记某书，再记书中提及的歙人歙事。这种情况在书中最为多见，如：由程敏政《新安文献志》而述录南齐至明代一百一十馀人及其著作，由汪道昆《太函集》而记谢升、许铁、吴洋、吴桥、汪文和等二十馀人，由王士禛《渔洋诗话》而记程嘉燧，由徐釚《本事诗》而记潘之恒，由吴应箕《复社姓名录》而记明末徽歙籍复社成员，由靳治荆《思旧录》、卓尔堪《明遗民诗》、孙静庵《明遗民录》而记清初徽歙遗民，由汪尚阶《歙浦馀辉录》而记许国、汪道昆、吴廖、江绍莲、潘纬等三十馀人，由陈诗《皖雅》而记吴同、姚潜、张节、程邃等三十人并其佚诗，由鲍桂星《感旧诗钞序》而记吴熊、吴云、汪沆、方辅等与鲍之同时英俊三十馀人，由《吴会英才集》而记方正澍，由《淮海英灵集传》而记汪应庚，由胡长庚《木雁斋杂著》而记江兰、巴慰祖，由夏炘《闻见一隅录》而记程瑶田、凌廷堪、汪莱、胡培翚、胡荣林、汪翥等十馀人，由吴德旋《初月楼闻见录》而记王学愚、唐祁、方根矩等十六人，由江登云、江绍莲《橙阳散志》而记江村历代名人七十八人、著作一七四种，由程鸿绪《程氏所见诗抄》而记歙县程氏历代名人六十八人、著作八十种，由朱鸿钧《古今画史》、罗孔兼《古今画鉴》、彭蕴璨《画史汇传》、黄崇惺《草心楼读画集》、黄宾虹《黄山画苑论略》及周亮工《印人传》、汪启淑《续印人传》而记歙县历代书画篆刻家二百馀人。作者所引诗文，多本于原著，绝无一般笔记类书斩头去尾、以意引之的现象。笔者曾就许氏所引黄宗羲《南雷文定》、黄生《一木堂诗集》、程瑶田《五友记》、凌廷堪《校礼堂集》及杨光先传记、《不得已》序跋诸文与原书比校，所引皆准确无误，堪称谨严。

四

《歙事闲谭》作为稿本，又长期如文物般庋藏于博物馆，不仅一般读者不知晓，就连专业人士也难得一见，故其重要价值不为人所知也就毫不足怪了。这里我以先读者的身份，着重从三个方面谈谈它的价值。

徽州文献的宝库 许承尧所生活的徽州（古称新安，今为黄山市及周边若干县），明、清时期，人文荟萃，著述如林，素有『东南邹鲁』之称。许氏一生为学不辍，于新安文献尤眷卷情深。据不完全统计，《闲谭》一书，引书凡一千馀种，其中徽州文献即达七百馀种。许氏所引徽州文献，揽括经、史、子、集、丛诸部，尤其重视以下三类文献的辑录：

（一）有关徽州历史、徽州文化之书。本书对有关徽歙历史、演革、山川、名胜、人物、典籍、经济、风俗、物产之类的文献，无论是直接记载，或间接涉及，皆广泛辑录，尤其对那些他处不载而最具徽州文化特性的文献资料更极为重视，惟恐散失不传，如本书多次甄录的《郡志辨证》、《凤山笔记》、《潭滨杂志》、《春帆纪程》、《橙阳散志》、《紫阳书院志》、《歙浦馀辉录》等等。清人黄崇惺评价程敏政《新安文献志》云：『表章前哲，搜集时文，使吾乡文献之迹，不致湮没，其功伟矣。』移之《歙事闲谭》，亦称的论。

（二）名声不显、然学有专长者之书。本书在对歙县历代大家、名家广泛记载的同时，更多的是将关注的目光投放在那些独学孤往名声不显、然在某一方面却有较高造诣、于徽州文化有一定影响的人物身上，对他们的著述广为辑录，从而使此辈之心血不致沦亡，乡邦之珍贵文献流传久远。如胡赓善《新城伯子文集》（又题《胡心泉先生文集》）、汪龙《毛诗异义》、洪玉图《歙问》、汪允宗《今事庐笔乘》。书中仅对程氏撰述，就收了程元岳《山窗集》、程时登《易学启蒙》、《诗传逆意》、《畏斋集》、程养正《白粥斋集》、程孟《程氏诸谱会通》、程元辅《龙兴集》、《月坡杂记》等近百种。这类书且大多为迄今之公私书目所未载。

（三）清代禁毁之书。清初文网严密，明人及明遗民之著述多在查禁之列。明末清初江南抗清斗争绵延数十载，徽歙志士多有参与，故其著作更难逃禁毁的命运。许承尧对此类书的收采极为注意，于其中佚文散篇更不辞繁难一一摘抄，吉光片羽，亦极珍重。如程嘉燧的《浪淘集》、江天一的《江止庵遗集》、黄生的《一木堂诗集》、许楚的《青岩集》、郑圻的《木瘿诗钞》以及渐江、程邃（垢道人）、郑旼（慕倩）等人的佚诗。书中渐江的资料几乎占了一卷，程邃等人的资料亦多次辑录。对于一些亡佚或无法寻觅之书，许氏也根据他书之线索，尽量著录书名和题要，以期后人寻访、名山复出，如程邃的《萧然吟》、许楚的《新安外史》、汪沐日的《友林漫言》、凌世韵的《汭沙草》、江注的《适志草》、余晟的《白云集》等等。

由于本书采辑徽人著述如此丰富，故而也必然成为文献工作者辑佚的重要资料。如《皖人书录》收录历代皖人著作一万七千馀种，著者六千六百馀人，为迄今收书最多的皖人书目，然笔者稍作统计，即发现《闲谭》中有二百四十二种徽人著作为《皖人书录》所未收。

徽学研究的开山之作　目前学术界对什么是徽学，徽学研究的范围、内容和方法等都存在不同的看法。学术问题，见仁见智，同中有异，异中有同，本不足怪。笔者以为所谓徽学亦称徽州学，是以徽州（主要指旧时徽州府所属六县）社会、历史、文化、思想、艺术、科技等为研究对象的一门综合性学科或学问。徽学研究，究竟始于何时？二十世纪二、三十年代以许承尧、黄宾虹为代表的学人对徽州文化的关注和所做的大量工作，可不可以视作徽学研究的早期阶段或预备阶段？这些问题，当然尚有待学术界通过深入的研究，从而得出科学的结论。笔者曾就《闲谭》各篇内容做过粗略统计，发现全书涉及徽州历史（含演革、制度、政经、军事等）的近一百处，涉及徽州宗族、宗法的二十余处，涉及徽州人物的近千处（其中专言徽州妇女的二十余处），涉及徽商的二十处，涉及新安理学的十余处，涉及新安朴学的五十处，涉及新安文学的约二百五十处（其中戏曲六处），涉及新安书法篆刻的六十余处，涉及新安医学的近十处，涉及徽州工艺的五十余处（其中涉及徽州科技史的四处），涉及徽州建筑的二十处，涉及徽州山川名胜的一百余处（其中涉及黄山旅游史的十四处），涉及徽州特有物产（含动植物）的十一处。从以上统计看，本书几乎揽括了当今徽学研究领域的所有问题，对徽歙文化的各种现象都进行了较为全面的整合和展示，为徽学研究提供了一系列的重要资料和线索。可以这样说，在许承尧之前没有任何人、在《闲谭》之前没有任何书，如斯人斯书这样对徽歙各种文化现象给予如此丰富而精致的载述。即使在《闲谭》问世以后的六十余年间，尽管徽学界在研究的学理性和专题的深度、力度上有了重大的进展，但象《闲谭》这样从原始文献出发、全面展示徽歙历史文化、具有学术见解的史料长编，仍告阙如。从这个意义上说，许承尧为徽学研究的先导，《歙事闲谭》为徽学研究的开山之作，似尚不为过誉。

对徽歙人物的理性爬梳　《闲谭》不是人物传记之书，而且囿于笔记体裁所限，缺少系统归并和学理分析，然其在徽歙人物资料的爬梳和人物的评价上仍有着突出的特点：

（一）收采人物众多。本书记载徽州（主要是歙县）历代人物近千人，其中重点载述近百人。凡书中所录人物，作者多列出姓氏、字号、里籍、仕履、师承、学术及著作诸项，对一些重要的或许氏情有独钟的人物，还间以考证和评说。其中仅江姓就收有一百八十五人，程姓则收有二百八十六人。（本书倘能编制人名、地名、书名索引，当是一部很有实用价值的徽学研究工具书。）从『致广大，尽精微，综罗百代』的朱熹，到晚清学问大家汪宗沂，本书通过对徽歙人物的广泛收录和对历代菁英的重点载述，充分展现了徽州文化的丰厚积淀和卓越成就。虽然作者自称是『随手缀录』，但我们仍然不难从中梳理出徽州文化学术薪火传承的茕茕脉系。

（二）情有所钟，意有独造。虽然许氏所记人物，仍然不出旧时人物志忠节、儒林、文苑、省友、义行、方技、隐逸等范围，但着眼点已有所不同，其中熔进了自己的情思和见解，即自己的文化理念。如书中用很大的篇幅记载了黄生、程邃、郑旼、渐江、许楚、江注、汪沐日等明遗民，多方辑录他们的佚文，在展示他们学识、才情的同时，更着重颂扬了他们不屈不挠、终身不仕清廷的高风亮节。又如对心月、普门、郑重、汪无功等黄山开山功臣，也抒笔记载，肯定了他们筚路蓝缕、造福后人的功绩，赞扬了他们坚忍不拔的精神。评人论事，许氏往往有独到见解，常发人所未发。如乾隆时学者、藏书家胡赓善，一生潜心问学，举凡考证，『皆极精博』；喜藏书，『以脩脯所入，置书数万卷』；『受业门人，多至一百七十人』，有《新城伯子文集》传世。然因其隐居不仕，其名为江、戴所掩，后世对其少有评介，惟许氏对之极为称许，称其『固乾隆时一大师，宜其与金、程、方、戴诸人骖驾也』〔一四〕。又如乾嘉巨子凌廷堪，时人及后人多称其经学、音律学造诣，而许氏在充分肯定他以上创获的同时，特别强调了他在诗、词创作上的杰出成就，认为其文学成就不应『为经学所掩』。再如许氏在肯定汪道昆《太函集》文献价值的同时，也切实地指出它的不足：『其文固凌杂无纪，梠然中虚，又多代名庾词，不易征实也。伯玉负一时盛誉，与于麟、元美齐名，乃较《弇州四部稿》更芜冗矣。』〔一五〕对『歙县相国』曹振镛，许氏不因其是同乡、前辈和高官，也不因『曹氏子孙曾以（其祖）诗册嘱题』，而有所阿谀，明确地指出『文正诗固不工』，并有意引述翁方纲对曹诗的评语，说明其诗蹩脚之所在〔一六〕。

在许承尧主纂的《歙县志》中，《列女传》的篇幅几乎占了全书的四分之一，所述冠冕堂皇，读之令人生厌。然而，《闲谭》中涉及妇女的文字却与歙志大异，这里面除透露出文人在编写公众文字（或官方文字）与撰写个人文字时的差异外，也真实地表达了作者对徽州妇女（主要是知识妇女）的由衷赞美和同情。书中记载了这样一群极富才情的女子，她们是：能诗擅画、熟于史事，自咏『淤泥不染青之水，我与荷花同日生』的方婉仪（字白莲）；撰有《椒花馆集》的才女江秀琼（字瑶峰）；诗、书、画、奕无不精敏的程琼（字飞仙）；『性幽静，工吟咏』，时人誉为『女渊明』的程氏（汪本之妻）；作诗论诗俱佳、为阮元所高度赞赏的一代才女汪嫈（字雅安）〔一七〕；吟诗托义『寄语打鸭儿，莫打鸳鸯散』的程云（字岑度）；多情多艺、诗意哀怨凄迷的崔重文；感伤『惆怅尺书还未达，君来曾否过衡阳』的朱兰（字梦香）……许氏通过辑录她们的诗句，诉说了她们所经历的离合、悲欢、生死和爱恨。如方元白妻程璋，字弱文，自幼聪颖，『九岁即通翰墨，日摹《曹娥》、《麻姑》诸碑。书法精工。喜植花，以如钱莲叶制笺，书《心经》一卷。又仿昌黎《原道》，作《原愁》及《染说》诸篇。有文集数卷。』『元白久客未归，璋以柳叶题二诗寄之，云：「杨柳叶青青，上有相思纹。与君隔千里，因风犹见君。」「柳叶青复黄，君子重颜色。一朝风露寒，弃捐安可测。」』不久即满怀着对丈夫的思念而永远地离开人世，死时才二十一岁。『璋死后，元白入天台山为僧，不复娶。』〔一八〕又如《纪岁珠》：『鸳鸯鸂鶒凫雁鹄，柔荑惯绣双双逐。几度抛针背人哭，一岁眼泪成一珠。莫爱珠多眼易枯，小时绣得合欢被。线断重缘结未解，珠垒垒，天涯归未归。』

注云：『乡邻某，娶妇甫一月，即行贾。妇刺绣易食，以其馀积，岁置一珠，用彩丝系焉，曰纪岁珠。夫归，妇没已三载。启箧得珠，已积二十馀颗矣。』[一九]真难想像这个结褵刚一月的新妇，是如何在二十年中朝朝暮暮地重复着那么机械的刺绣劳动，又怀着怎样的一种心情『岁置一珠』的，青春渐逝，泪尽心伤，红颜变成白发，生命也在无尽的相思、期盼、无奈和麻木中耗尽。读了这些催人泪下的故事，我们在感叹徽州女子不幸的同时，也真切感觉到徽州文化中负面成分的沉重。

作为一部尚未定稿的稿本，《闲谭》所存在的不足也是明显的。较为突出的有两点：一是散。同一类资料（如有关新安画派的），往往交叉分散，在不同卷、不同篇中反复出现，缺少系统的归并。二是乱。一些资料随笔所记，缺少必要的说明文字。如卷二《歙之画家》，当记到吴万春父子、叔侄后，突然插入『柳海庄、柳知白』两人，前后无任何文字，显得很突兀。个别地方，有同一人事而重复记载的现象。散乱则往往容易出错，如：江秀琼的姓名，卷七《群雅集》载吾歙闺秀诗》条作『江秀琼』，卷十八《江村闺秀》条作『江绣琼』；方婉仪的著作，卷十三《罗两峰方白莲汪巢林》条作『《学陆堂集》』，卷二十三《方白莲》条作『《学陆集》』。凡此，读者在阅读使用（特别是引用）时应当注意。

五

本书稿本原藏于许氏唐模宅中，土改后移往合肥，庋藏于安徽省博物馆。一九六一年因编写《浙江资料集》及新安画派资料，罗长铭等先生查阅《闲谭》并从中掇录资料，此书方始为人知。八十年代中期，徽学研究蔚然兴起，本书陆续为人称引，名声遂显，然其中亦不无辗转相抄、鲁鱼亥豕之失。我省古籍整理出版机构成立伊始，即将该书列入整理出版规划，吴立奇、张恺帆、魏心一、吴孟复诸老对此书出版尤为关心。然鉴于种种，此书自最初交稿，至今日付印，前后已十有三年。其间，张恺老、吴立老、吴孟老已化鹤西去，本书的校点者李明回、彭超先生亦先后作古。往事历历，令人怅然。本书整理，即依稿本誊抄标点，疑难之处，点校者亦曾相与商定。李、彭二老故世后，张爱琴女士重担独肩，用力颇夥。我接手此书审订甚晚，深感难者有四：校点稿交稿甚早，当时尚无《安徽古籍丛书》之编纂，故亦无从合乎丛书之体例；全稿抄写，讹误自当难免；校点稿似囿于原书断句（稿本一些地方有断句的标志），标点有可商之处；多人合作，缺厘定之功。且当时鄙处尚有数部书稿（《程瑶田全集》、《俞正燮全集》、《杨仁山全集》等）亟待处理，故此书审订只能时断时续，自己卯冬至庚辰冬，始方告竣。本书出版中，疑庵先生后人亦期盼甚殷，先生季女许家华、徐仁初伉俪曾惠寄先生照片及墨宝复印件，现已刊于卷首。本书前言，亦不宜由我执笔，因考虑此书系首次面世，又未见有专文论及，表章前贤，义不容辞，故不揣浅陋，强作此文，以为引玉。为，然后知不足。我于本书审订及本文撰写，皆做如是观。

二〇〇一年三月于合肥

注：

〔一〕眠琴别圃为许氏民国十四年后之室名。《许疑庵先生年表》：『先生归乡里，即不与闻外事，葺其所居园曰眠琴别圃。』许氏宦陇时，曾收得敦煌石窟所出唐人写经数十卷，故名晋魏隋唐四十卷写经楼。

〔二〕许承尧《〈疑庵诗〉自序》。

〔三〕《汪辟疆文集》，上海古籍出版社一九八八年版，三六五页。

〔四〕《疑庵诗》，汪孝文、徐仁初校注，黄山书社一九八九年出版，列入《安徽古籍丛书》；另有台湾世界书局一九九二年版。

〔五〕民国二十五年本《歙县志》卷首。石时任歙县县长。

〔六〕《疑庵诗》附录，台湾世界书局一九九二年版附录第三十页。

〔七〕检之全稿，书名作『谈』者，有卷一、二、三、八、十三、十四、十六、十八、二十、二十六、二十七、二十八、三十，计十三卷；其余十七卷皆作『谭』。

〔八〕、〔一〇〕、〔一一〕、〔一二〕《〈歙事闲谭〉自序一》。

〔九〕《许疑庵先生年表》将是书载于一九三一年下，不当。

〔一三〕《〈歙事闲谭〉自序二》。

〔一四〕《歙事闲谭》卷二十七之《胡受穀〈新城伯子文集〉》。

〔一五〕《歙事闲谭》卷五之《太函集》。

〔一六〕《歙事闲谭》卷十三之《翁覃溪为曹文正改诗》。

〔一七〕汪婺著有《雅安书屋诗集》，四卷，阮元、黄爵滋作序。阮序称其『五言古近体，风格大抵与唐初盛为近，辞气温厚和平，质而不陋，清而不纤，粹然几于儒者之言。七言长句及咏史诸律，则放笔为之，雄豪跌宕，迥非寒俭家所能梦见。其共传诵者，如《论诗》六首，洞见本源；《示儿》八首，可铭座右；《论陶诗》一首，尤为至论。』

〔一八〕《歙事闲谭》卷二之《程氏诸闺秀诗》。

〔一九〕《歙事闲谭》卷十二之《沈归愚评歙人诗》。

自序一

垂老观书，苦难记忆，因消闲披吾县载籍，偶事副墨，以备遗忘。积而成帙，遂赓续为之。有得即书，前后无次，且多重出，姑为长编，以俟整理。多取诗篇，以昔人精神所寄，不忍捐舍；佚书故事亦多甄录。他日纂志乘者，或薄有取尔。民国二十年一月许承尧。

自序二

是书随手掇录，经始于民国十九年，至民国二十一年春，已得二十一卷。前后无次，且间有重出。本为长编，俟成书时整理归并。中多遗民诗，零星搜访，得之非易，不忍过删。中粘纸乃吾亡友汪旧翁笔，二十年秋初在沪所书，冬间即长逝矣。思之泫然。二十一年二月许芚记。

歙事闲谭卷一

查伊璜携家伎游黄山

歙许芳城楚《青岩集》中有赠查伊璜诗，序云：『查伊璜孝廉，携家伎来游黄山，童仆车马甚都，同人簇酒西干，余浪作《醉歌行》以赠。』诗云：『滑稽之雄称东方，索米曾登金马堂。孰若先生抱真璞，崎岖奇险埋幽光。鸡林万里传金翰，卖赋黄金随手散。耳非丝竹神不欢，绛帐鹍弦时烂熳。君不见，司空表圣挟鸾台，道逢胜地多徘徊，放眼山川如有助，荒岩邃壑云霞开。又不见，谢安石，雅度奇才谁可伍，前列华筵后歌舞，围棋赌墅震八荒，江左风流自千古。闻君昨到乌聊城，市民争睹查先生。玉镳油碧塞街巷，腐儒错愕山民惊。那知乾坤甚寥廓，何必犹龙尽寂寞。领略名山却有人，金谷西园殊不恶。清秋八月西干暮，十千沽酒青莲渡。奏君白苎曲，醉君鹦鹉杯，忆君原是谪仙才，千年泛月今重来。』

按：西干即今城西太平桥十寺也。伊璜豪侈，此诗可以想见。伊璜书亦工，在沪见一立幅，佳甚。以索价奢，不能得也。汪鞠卣注：查画尤高逸，出于顾野渔而胜之。

西干名胜

芳城先生集有《西干词》，分咏西干名胜：

一、浣沙埠。注云：『埠在龙井山北，相传即李白访许宣平处。』

二、碎月滩。注云：『滩在兴唐寺前，接丰水与扬之水汇入练溪，出新安江，此为第一滩。太白游兴唐寺，有「槛外一条溪，几回碎流月」之句。志载兴唐寺旧有二十四院，今存十寺。』

三、放生池。注云：『古放生池，自唐颜真卿鲁公、宋劝农使王随，皆奉敕撰文，命建濒水州郡。固山川灵化所征，实人主好生之政。郡故有碑，在南郭石壁下。自河西桥至渔梁，夹溪而东，皆放生池旧界。始于天禧五年。』

四、张公堤。注云：『万历中，楚黄张公涛以名给谏建言，出令吾歙。文章吏治，改观一时。郡西南隅，旧有溪涨啮城之患。公慨然鸠工营筑，修亘数千尺，堤既坚整，民不知役。左右植长杨数百馀株，间缀桃李。时民物康阜，旗亭画舫，歌板沸天，有武陵锦官之胜。兵兴以来，戎马蹂践，堤故无恙。残柳数椿，颓然相顾，触目有张绪当年之想。』

五、古藤。注云：『去城南里许，悬溪而筑，有精舍数楹，舍旁紫藤一柯，凿崖而出，纠结灌木，如龙蛇蜿蜒而下，根饮石脂，干饱霜雪，不知其几岁月也。』

六、练影桥。桥在张公堤东，右乌聊城濠，决水注溪故道。桥左尚有酒楼，听鹂折柳，壶觞咸集于此。

七、野棠花。注云：『花在练溪西滏，上则倾岸凌风，下则澄潭弄影，游人蹀躞青郊，刺舟其下，如绛雪弥空，酣赏移日。』

八、相公潭。注云：『俗称汪越国公第九子为九相公。城南有相公潭，水最澄碧。岸南有古木，名相公树，广荫数亩。』

九、七松。注云：『旧志载城南七松，顶摩霄汉，枝拂大溪。有好事者局以台榭，松枯过半，观者愀然。与问政梅坡，同生叹惋。』

十、云根。注云：『海阳草市孙湛，字子真，能诗工画，善草书篆隶，好游侠。曾倾橐重构孙楚酒楼于金陵故址。今城南绝壁「一带云根」四隶字，即子真笔。苍劲有汉法。子真化去垂四十年，字久为荒藓所翳。近雅流重濡丹笔，精加钩勒，复烦烦于澄川翠巘间。』

十一、禹庙。注云：『庙在紫阳山北，亦名龙井山。怒涛吞岸，高阁切云，络秀弁灵，昆柱六水。庙后有神树，碧荫参天。』

十二、石淙。注云：『去十寺西岸数十步，有泉一支，裂石而出，潺湲冬夏，上镌「石淙」二字。盛暑游人尝识其处。舣艇岩下，倒瞰潭影，觉玉坊三涧之声，去人未远。』

十三、铁犀。注云：『渔梁旧址，前代屡迁。创成于宋光宗嘉定七年，著作都官袁公甫治郡，募闽工，得天然石梁，磊根而上，遂利赖至今。两岸铸铁犀二头，以压水灾』云云。芳城每题各系一绝句。未录。按：练影桥即今河西桥也。

歙县四泉

芳城有品泉诗四首：

一、寒泉，又名司马泉。在郡西太守山北半里许。汪注：上芳村口有紫石出泉，或即司马泉。诗云：『看疑无水味冲醇，漏石分沙别有神。司马风流传一字，至今瓶钵炫幽人。』

二、古岩寺泉。在风山东数里，古岩寺殿后。诗云：『古寺隈云不计年，清泠一线泻岩前。提瓶只听游人取，未许山僧识玉川。』

三、雪窦泉。在披云山下，福胜寺前野池上。殿前者非。诗云：『绮石雕栏万口传，真名还在草鞋边。果然十寺沙弥老，不识山中雪窦泉。』

四、高庙泉。在灵金山南五里，泉注石础下，近西半里即余之石雨草堂在焉。诗云：

『屡到携铛试雨泉，科头藉草啜清妍。几家村户原无井，漉米浇蔬亦可怜。』

按：歙泉无处不佳，芳城乃独赏此四泉，细意甄微，胜流好事，殆兼之矣。

许芳城大枫岭题壁诗

芳城先生，潭渡后许人。以著《新安江赋》、《黄山赋》得名。二赋皆沉博绝丽，在同时殆罕俦匹。王阮亭见先生《新安江赋》，惊叹曰：『三百年来无此作矣！』赠诗有『一赋曾高六代名，无人不识许芳城』之句。

先生诗亦渊妙冲澹，在明季声誉特盛。每一篇出，即宝贵艺林。一时名贤想望风采，不远数千里造谒。后遭国变，流离颠沛，窜身吴越，每过山川城郭，见兵燹荒残，则广询耆旧，访罗孤忠，歌声所激，往往清绝。晚遁迹高庙山中所谓石雨草堂者。诗益苍凉沉著。尝坐鄱阳军事累，执赴皖城，亲友皆危之。先生志气扬扬如平时。过大枫岭题壁曰：『四海知张俭，千秋忆孔褒。』至皖后，慷慨陈词，卒释其缚，幸免于难。

尝欲与汪溥续《新安文献志》，未成。卒之日，索常执玉柄麈尾手之，端坐而逝。靳志、劳志俱列先生《遗逸传》中。所著有《青岩诗文集》、《南村草堂集》、《遗民集》、《新安外记》、《艺文幸存录》、《士穷录》、《金石录》、《广舆记补》等书。今唯《青岩诗文集》存。

石雨草堂

《青岩集》中有《石雨田舍记》，其地在灵金山南五里，高庙西半里许，距吾家才数里耳，暇当访之。兹录其记云：『自叶村北度双板桥，入源口，长松扶谷，磊涧而上，瘦石纵横，危峰冠日，层折经二石亭。度五里许，穿老柏十馀章，望径而陟，听泠泠泉响，如出瓮中。至则丛木翳护，茆茨半伸，石雨草堂在焉。

草堂木留皮节，壁省垩饰，借山为阁，不梯而登。编篱作垣，杂莳花药，芳馨时扇，鲜辨厥名。予跨阁达山，躬剔石蹬，得懒云、芝母，一卧一立，通体丈馀，色绀而肌腻，摩弄永日，胜获二友。长夏临风，檐头之果，可以卧啖。几下之泉，伸足即濯。

崇祯壬午以来，兵火踵至，誓墓心决，从潭上旧里移贮山阁者：贯开士古佛一轴。胜国口明得意画三十帧。老坑端砚二头。精择藏书秘本，洎予束发，手批古历者二万馀卷。古窑器尊钵瓶盂四十馀枚。与老农樵叟，狎而忘返；道客幽僧，苦吟送日。旋放岩泉，聚叶烧茗。是时山妻稚子，亲艺耕圃，坦受粗粝，具有傲然自足之意。犹记《草堂自问诗》有「鸟声常在砚，山脚半埋云」、「长日白云狎，破屋青山补」、「坐疑泉是雨，画法石披麻」、「花杂皆名锦，楼荒似小船。」盖实录也。』

按：读此记，芳城嗜古之癖，石雨境地之幽，皆历历如绘，令人向往。今吾歙亦兵火踵至，恨无此奇士，与我把臂入林也。石雨草堂故址，仅二石存，吾已访得之，立石亦欹斜矣。

渐江逸事

渐江和尚，名弘仁，歙城江家坞人，俗姓江名韬，府志作名舫，字鸥盟。画宗云林，为新安画派宗师。书亦学云林。诗极冷隽，真近代之贾岛也。汪注：人品画格，伯仲石溪、八大间，石涛非伦矣。

踪迹在黄山为多，晚游庐山归，示寂于西干五明寺。遗塔亦在西干。汤岩夫不远数百里赴其丧。后人于墓侧种梅，号梅花古衲之墓。释达舟日记有『至城西访渐师墓，并补植梅花』等语。其人品画格，皆可与八大、石溪并重。近读《青岩集》，知其与渐江最相得。集中文为渐江作者亦独多。其所为《黄山渐江师外传》，记其寻狭山中异境，略云：渐公自幔亭归黄山，往来云谷、慈光间。又十馀年，挂瓢曳杖，憩无恒榻。每寻幽胜，则挟汤口聋叟，负砚以行，或长日静坐空潭，或月夜孤啸危岫。倦归则键关画被，欹枕苦吟。或数日不出。山衲踪迹其处，环乞书画，多攒眉不应。顷忽涤砚吮笔，淋漓漫兴，了数十纸不厌也。

云谷僧常为其祖益师请书塔铭。师踞石运思，笔致遒逸，得晋魏风味。传之士林，以为海岳《书龙井方圆庵记》今再见也。

一日，师至砚山亭，谓予曰：『近游浮溪，始知二十四源，孕奇于此。沿口以进，寥廓无量。两山辖云，涧穿其腹。老梅万株，倒影横崖，斜结石罅，寒漱浑脱，根将化石。每春夏气交，人间花事已尽，至此则香雪盈壑，沁入肺腑。流冉巾怫，罗浮仇池，并为天地。衲将劚香茆一把，老是乡而解蜕焉。』

明年，师还自庐山，写三叠泉见饷。逾数月，寻示寂于五明禅院。仙源汤岩夫诔师松下，会从游诸子，薙草种梅而累其塔。祠部王先生为铭以瘗之。又三年，慈光八公修葺山史，属予录山中栖托高衲，予以师虽埋骨披云，其烟驾香幢，无日不在灵泉法海间也，爰次师入山一二事报之。又为渐师作十供文。文长不录。十供者，一宋板《汉书》、一云林书画卷、一黄鹤山樵挂幅、一淳化祖拓帖、一古坑歙砚、一梅花瘿瓢、一羊角竹杖、一击子铜炉、一古瓷磬洗、一定州蓭根瓶、一阳羡匏壶也。名十盖十一云。

其为《石淙舟集图跋》，略言癸卯休夏五明禅院，六月既望，适渐师归自匡庐。丰溪吴不炎兄弟留憩旬日，洎与其叔惊远，偕渐公放筏西干，携先世所藏《右军迟汝帖》真迹及宋、元逸品书画凡数十种，访余荒寺。呼舟贳酒，就荫石淙。蚀庵亦从南岸鼓枻而至。评赏之馀，佐以雄饮。不炎命小史度曲，允凝索长笛和之，一时溪山翰墨辐辏胜缘。渐公捉纸布图，允凝就其皋坂，畅厥烟溆，虚中流一舟以待一兮，写潆洄野泛之致。图成各赋一诗，属予记其岁月云云。

观此，其时文酒之乐，真可羡叹。余尝见汪鞠卣所藏渐江为吴不炎作《晓江风便图》，至为神逸。不炎自书跋语，亦复雅饬。蚀庵、方城俱有题识，最后则石涛跋也。

允凝，江注字，渐江侄又其弟子也。《青岩集》中，又有渐公为王无闷画卷。跋云：『渐公此卷，为无闷将游庐山而作。』以北宋丰骨，蔚元人气韵，清遥萧散，在方壶、子华之间。无闷锦贝装潢，千里致书，属余与蚀庵品题。其高致逸兴，惜不令玉山草堂诸子与吾友尊素与此佳事，为浩叹耳。青岩亦工画，故论画亟精。

渐江佚诗

渐江诗不多见，汪鞠卣录寄其黄山杂诗四首，乃书扇赠霖既社兄者。山口茶庵次韵云：『暑当秋尚炽，一窟即云浆。磴上龛镫寂，霞标鸾岫翔。刘劳歌日晡，负重叹途长。来往同兹度，浮生杳昧茫。』《白龙潭》云：『龙门身未践，积石此称奇。磊折湍承远，砰訇钟在兹。一楼当舞鬣，两袖溅嘘洟。何必求丹鼎，依栖可养颐。』

《阻雨师子林》云：『雨嫉群奇秘，浑如滞野荒。怡将茆屋稳，寒就地炉光。讵是游情切，番为造物恇。悠悠无此阻，况味返寻常。』

《宿掷钵禅院》云：『肃衰入招提，峰头日偃西。寒暄承简约，茗饵正鞠饥。钵掷龙潜息，仪岩梵奏齐。香林周竹柏，规度继云栖。』

余顷见其一画，自题云：『惠应寺林樾荒古，游屐罕通。元美居士渊穆爱静，停装偃息其中，许子逢尧与俱焉。良友异乡，昕夕相对，信足乐也。学人探梅南郊，移筇过访，集言两日，颇洽清欢。隔畦普炤梅花大放，逢老导余至前，又出近所作梅花诗，歌咏其下，意兴酣适。俄而夕阳在山，天风拂拂，竹影琳宫，荡为金碧。生平游事，于此轶畅，别归涂此，用赠元翁，以志一时良遘。戊戌二月初旬渐江学人弘仁录。』文笔澹静，恰如其人。虽随意抒写，天然之美，终不可掩也。

又《黄山续志》载其莲花庵一绝云：『黄山影里是予栖，别后劳云固短扉。客久恐招猿鹤怪，奚囊载得雪霜归。』

又见其为玄疑居士画《黄山图》大幅，题一诗云：『历尽巉岏霞满衣，归筇心与意俱违。披图瞥尔松风激，犹似天都歌翠微。庚子年作。』

又题一小画幅云：『一息林泉滞累清，出山便尔措纷纭。繇斯击节昔人语，痼疾烟霞鲜见闻。』又见其一画，自题云：『翼然丹室倚□□，鹤御香幢邃古存。一艇静操如有待，短镵犹自隔云根。』下书：『黄海归筇，暂息丰溪，适孙子进日邮至，属图为宜生居士寿，画竟率题小诗，藉作南山之颂。渐江学人弘仁，丙申。』又见一小幅，题云：『杜鹃声叫暮春天，村落家家事向田。唯是道人偏爱懒，偶濡残墨写林泉。』下书『己亥渐江』。

上三幅于程霖生家见之。又见汪子涛手录所见书画题跋，有渐江画墨梅墨竹题赠查二瞻三绝句云：『高凌空际胜芙蕖，倒卷丹梯覆草庐。盘礴奇标吹欲堕，银花疑挂碧峰虚。』『纷华敛尽伴耕耘，岩谷深藏冶媚薰。擅得风光惊国色，素妆何必艳钗裙。』『数竿深处几枝存，相傍园林赋弟昆。若使苍松来入座，并头三友傲霜根。』

汪允宗《孟子缉义》及《今事庐笔乘》

近人汪允宗，名德渊，歙大里人。吾旧交也。允宗博通载籍，文词尔雅而周于世务。居上海数十年，致力于《神州日报》，时著论说，疲精耗日，致所学未成。晚岁发愤欲为僧，卒抑抑以死，可悲也。

近见其所为《孟子缉义》二卷，甄采众说，时疏己意，语多精当。其自序云：『予幼好孟子，此注本多弱冠前所辑。时以朱子《集注》说理虽较诸家为善，然于旧注函有精义者每多放弃不取。若毛西河，则偏以意气与宋人争胜，虽有所获，然可取者少矣。予幼时治学，尝以戴东原为师，法东原《孟子字义疏证》，所以道心性者善矣。顾东原全神所注，亦在于宋人之蛊。故予兼采宋以前旧说，列诸书楣，以自省览，因并及宋以后与近人之说。久之，书楣不可容，则别写成册。家仲伊先生见而是之，促余成此益力。会谒袁忠节公讳昶于芜湖，问治何业？以《孟子》对。问注孟者何家为善？则举赵氏以对，且言孙疏特敷衍赵注，往往不得赵意，义理不完，支离破裂，后人疑为伪，固有见也。公曰：从前《后汉书·赵岐传》，不云其注《孟子》。予对曰：北宋以前，传中误「孟子」为「亚子」，至刘原父始校正耳。公遂称予博通。此注之初，亦曾受公芟削，适为蒯礼卿所见，索去，亡于江楚编书局中。光复后，始从徐积馀君得一抄本，予幼年所业乃失而复得。此本即从抄本更缮者。比年亦多增附，惟尚未遑一校。故脱误之处，不能免也。中华民国六年三月，德渊于卧病中自记。」

按：此序殆其将卒时所为也。其注『孟子见梁襄王』章，言吾？邑先哲唐白云先生原注：一名桂芳，字仲实，元末与郑师山先生玉为学侣，吾祖碧山公白亦郑、唐学侣。先生为槐塘人，有三峰精舍为讲贯之地。初见明太祖，明祖问平天下要道，先生对以不嗜杀人。明祖大喜，因罢筑城之役。见明祖御制《五伦书》。先生之言即孟子意。其注『枉尺直寻』章，采姜西溟、王景仁论，谓可互相发明。其注『爱人不亲反其仁』章，引汪应承对宋高宗语，触类旁通，能明大谊多类此。

又《今事庐笔乘》三大册，皆读书有得记录之作。论史极有识，亦富异闻。

方端士

《今事庐笔乘》记方端士云：端士，歙人。残明画浙江立国，与孙嘉绩、钱肃乐诸公起兵浙东，最有勇略。钱公谓先生能上马杀贼，下马吟诗。时曾率师出江上，大捷。惜诸营不继进，致功复堕。浙东多讳匿其事，世亦莫传也。其后从鲁监国于海上，并从入闽，以都御史抚上游。在浙时，以侍郎副理戎政。至己丑以后，踪迹始不见于记载。殆见事不可为，而遁入深山矣。以关歙事，录之。

唐史记汪华事失实

《今事庐笔乘》云：昔黄梨洲谓唐史无东南人载笔，故于东南遗事疏漏太甚，即如吾祖华公，其保民不争之让德，在三代下直为罕遘。被泽之民，至今犹尸祝不衰。乃唐书仅以羼诸杜伏威、王雄诞传中，其词并多诬罔。温公于《通鉴》亦但以寥寥数语记之，若不甚详其端委者。良史难得，古今同慨。

歙人出贾时期

《今事庐笔乘》云：淳熙《歙县志》，山限壤隔，民不染他俗，勤于山伐，能寒暑，恶衣食。而明万历志《风土》论则云：『至正德末、嘉靖初，则稍异矣。出贾既多，土田不重。』

承尧按：吾许族家谱，载吾祖于正统时已出居庸关运茶行贾，似出贾风习已久，志言殆举其概略耳。又按：淳熙无《歙县志》，殆即谓罗鄂州《新安志》也。

程云庄逸事

《今事庐笔乘》云：歙程智，字子上，号云庄，一字极士。其学会通儒释，兼尚公孙龙之术，演教吴郡，从学者如金正希、柯仲炯闽人，所谓农丈人者、熊如灏、金贞、刘之纶、王正中、袁公望、朱颙、汤启新、马衍，极一时之盛。全谢山有《程云庄语录书后》，其言颇有主奴之见，盖不知云庄之学者。

又云庄讲学苏州齐门外五里，颜其居曰『一中易廨』。在阳山亦有讲院。云庄始因某僧而悟道，及后僧转从之受学。云庄自称为伊川十七世孙。

承尧按：程杞塘《程氏所见诗抄》附注称：云庄又号浚源，休宁会里人。幼以圣贤为分内事，深究《易》理，至忘寝食。高攀龙亟称之。入径山闭关三年，一旦群疑尽释，著《二四一三参两》诸说及《大易宗旨》、《中庸旨说》诸书。

江东之逸事

《今事庐笔乘》云：江东之，字长信，歙人。万历丁丑进士。官至右佥都御史，巡抚贵州。事具《明史》。其人甚有风骨。尝劾冯保、徐爵，并劾王宗载、于应昌及驸马都尉侯拱宸。尝居瑞金山中，故有《瑞阳阿集》十卷，魏禧为作传。

承尧按：魏传文甚长，载东之劾冯、徐、王、于二疏。魏禧言公所刻《台中疏》、《廷中草》、《抚黔疏》，往往为人窜冒。闵宾连亦言《中丞疏》为人窜冒，故传中详载之。承尧在沪于肆中见《瑞阳阿集》共十一卷，乾隆精刻本。前皆政书，末附诗文。惜索价奢，未能得也。又按程读山诗注云：江村江氏有其祖中丞公《海天督战图》，盖明神宗征日本时，中丞以御史监军也。

方于鲁逸事

《今事庐笔乘》云：方于鲁初名大激，后以字行，改字建元。古人制墨，率取松烟，汉取诸扶风，晋取诸庐山，唐则取诸易州上党。自李超徙歙，张公徙黟，皆世其业。其后狄仁遂、高庆和、戴彦衡、吴滋、胡智，率多歙人。明则罗文龙小华、邵克己格之、程大约君房咸以墨称。于鲁所制最夥，自符玺圭璧，下至杂佩，凡三百八十五式，刊成图谱，上呈乙览。汪伯玉曾召之入社。其人善诗，非可以墨工论也。

承尧按：于鲁又著有《佳日楼诗集》十二卷、《续集》一卷、词一卷。梅季豹评其诗，谓有唐人风。屠纬真谓其尊太函而诗不尽如函叟，乃布衣一雅宗。竹垞《明诗综》选二首。一《赠张山人归越》诗：『雉子班班麦正齐，黄梅四月雨凄凄。新安江上携尊酒，送汝看山到浙西。』一《璞石席上作》：『十年不惯出家门，千里来逢故旧存。正值江干春未晚，蒌蒿荻笋煮河豚。』《于鲁墨谱》旧曾见之，有汪道贯等序文，刻镂甚精。

郑烛逸事

《今事庐笔乘》云：郑烛，字景明，歙贞白里人。从湛甘泉、罗念庵讲学，以贡入授河间府通判。主密云饷，严出纳，谢羡馀，闾左安之，吏治日起。移知辰州府，主沅州饷，一如密云。暇日进诸生而自为之师。以父忧不胜丧卒。年六十六。有子二人，长曰懋堪、季曰懋埈。景明始学盖治《易》。在乡教授时，颇负盛名。

承尧按：汪道昆为《郑景明传》，言：嘉靖中，南海湛公、安福邹公、吉水罗公、太平周公并以讲学著新安，郑景明与焉。今士大夫，率以讲学相推引，大都驾说以于世。若景明则名不虚立者也。

戴务旃曾游黄山并居歙甚久

戴务旃本孝，号鹰阿山樵，明末书画家，家和州，原休宁隆阜人。曾游歙入黄山，许青岩有赠务旃诗，居乌聊山城甚久。近见其画《象外意中图》，自题其端，分书亟浑穆，画亦高澹入神，款署『为丹臣道兄作』。并题跋云：『六法师古人，古人师造化。造化在乎手，笔墨无不有。虽会诸家以为一家，亦各视其学力天分所至耳。脱尽廉纤刻划之习，取意于无象之外。今人有胜于古人，盖天地运会，与人心神智相渐，通变于无穷，君子于此观道矣。余画先下笔，绝不敢先有成见，一任其所至，以为起止。屈子远游，所谓一气孔神。无为之先，宁不足与造化相表里耶？是卷枯颖迅扫，摵摵有声，未卜精鉴作何臧否也。辛未九月长真璚秀洞天樵夫本孝识于东皋。时年七十一。』

汪中洪亮吉之父皆有表见

汪中、洪亮吉，原皆歙人。汪家古唐，余家藏容甫手书自号『古唐倦翁』，距余村只二里许。洪家洪源，余尝游洪氏祠，见洪亮吉一甲二名及第扁尚在。

汪父名一元，字兆初，增广生，见《徽州府志·方技传》，又见《扬州府志·艺术传》。云：『星历、卜筮、声乐，皆究其微。步日月食，五星留逆，皆与台官密合。逆推岁实节气，讫于乾隆十四年四月，而一元适以是月卒。人遂谓其前知。卒年四十二。』

洪父名翘，字楚珩，太学生。见《歙县志·义行传》，云：『其父公宷，赘武进赵氏，因籍阳湖。公宷以尚义破其家，翘行谊与父同。先是翘大父璟，官山西大同府知府，亏帑巨万。璟有子十一人，公宷罄所有以偿。公宷外舅赵熊，诏之弟凤诏，知太原府。获罪籍没，寄孤于公宷。为怨家所告，并籍其家，公宷弗置辨。翘有故人某，为江西提督，负券三千金，翘往取偿，门者佯为好语，令合券，比券出，遂裂之，翘置不校，因取逋券悉焚之。客金陵，有乡试士六人，渡江，舟覆，仅免。中有翘友通州盛聪。聪告翘，翘悉为六人治装。后翘殁，停柩天宁寺。夜半火起，且及门。火光中，有一老人突烟仆，且呼曰：此洪楚珩柩也。众讙曰：是当救。争前举柩，并掖老人出。须发尽燔，肤如炙，审视，则盛聪也。其行谊动人如此。』楚珩能诗，有集二卷，余曾见之。

何耳山《湘雪诗抄》

余于市中得篆书直幅，劲秀有秦法，款署：『湘雪何易为晴岚二兄书。』晴岚为桐城张若霭字。何易，初不知为何人，继检《歙志》，乃知易字耳山，歙富堨人。邑庠生。幼慧，于书无不究览；尤工诗，五七言长歌，援笔立就。早卒。所著有《湘雪轩诗集》、《富溪眺咏词抄》。其父名青，字数峰，亦诗人，有诗集。

程让堂方密庵书俱显于鄂

吾歙乾隆时书家程让堂瑶田，与方密庵辅齐名。让堂，邑城人。曾受学于婺源江慎修先生。著《通艺录》，极精博，固不仅以书名。密庵，岩市人。著有《隶八分辨》、《集大成解》、《学术辨注》、《异学辨注》、《茹古斋稿》。二人书法，俱以朴茂胜。

按：王引之作《汪容甫行状》云：『毕尚书沅总督湖广，招徕文学之士，先生往就之。为撰《黄鹤楼铭》，歙程孝廉方正瑶田书石，嘉定钱州判坫篆额。时人以为三绝。』

又按县志，方密庵亦尝游汉皋，作『大别山』三字，方六尺有馀，见之者愿为磨崖。是二人皆以书显于汉上也。志称：方书入颜平原室而参以苏、米。二人书近尚易得，余家皆有之。

余藏有让堂先生一诗幅，题为《读书云居寺岁晚辞归》，诗云：『岁晚辞神石，归途仄更迂。溪声薄暮近，人迹此山无。待月看穷目，原注：时腊月望后。吟诗捻断须。翻疑鹿走险，不择地欧臾。原注：欧臾，地坳不平。荀子：流丸止于欧臾。』末题：『庚申嘉平月十又八日让堂老人，时年七十六。』是晚年诗也。

又尝见让堂一砚，自为铭，极工。砚今归南乡曹氏。惜未录其文。汪注：吾于粤亦得让堂砚一，当拓铭字奉寄。

旧志传汪伯玉之失词

歙旧志列汪道昆于《文苑》，并为传云：道昆，字伯玉，生有异禀，天性孝友，聚百顺以奉二亲，推任子于弟道贯，此其大者，馀不暇数也。弱冠即登籍，始而为邑，寻而为郎，既而出守，既而备兵，既而开府，入佐邦政，出阅边关。循良则暴诬冤，弹压则推戚畹，经济则歼闽寇而功不赏，议辅兵而志未行。于艺则文法左、马，诗法杜陵。于学则远推象山，近推东越。于教则主于邹鲁，宾以苦蒙。于禅则顿以南宗大安，渐以北宗无际。至其生平知交，居则有耆园会，出则有沧州会。谈艺则有白榆社，谈禅则有肇林社。所最交绥者，文则有弇州云社。所最推毂者，武则有宜黄孟诸。酒德甚饶，一饮可百觥。终身而无一乱，三配之外绝无二色。末年游戏三昧，闲一征歌而已。大都自邑中而署中，其名立。自闽中而烘中，其造深。自侍中而函中，其境化。所著《函三子》，上函揭性命之宗，中函核经济之实，下函阐经国之程。未就而卒，惟有集存。甲午年诸宗人奉主入淳安越国公祠，配享忠烈。今年举祀乡贤。弟道贯，别有传。道会字仲嘉，皆其爱弟并名士，海内称『太函二仲』云。

此文推崇伯玉可谓至矣。惟芜杂无法，读之失笑。此志在张、劳以前，只见一残本，未知谁所为也。旧见谢少连所纂歙志亦冗杂。

《斗山文会录》

于宾虹处假得《斗山文会录》，乃乾隆四年己未所刊。前有崇祯十年兵部右侍郎毕懋康初刻序，次康熙甲子广东惠潮参议江德中续刻序，次乾隆三年许登瀛再续刻序。毕序称斗山文会初名书院，甘泉湛先生、东郭邹先生、楚侗耿先生、龙溪王先生先后讲学其地。至神庙时，许文穆国、凌观察琯请于当事，以为郡邑两城文会，中祀程、朱三夫子。以程氏生黄陂，系出吾邑程忠壮；朱家婺邑，而茶陵谱云『歙黄墩人』故也。江序则称会有录，以记姓氏，载言行，始缉于司寇大夫信孺许先生。许序则称其捐俸重修云。又载初刻起洪武，讫崇祯丙子，裁定者为工部左侍郎毕懋良师皋、兵部右侍郎毕懋康孟侯、户部右侍郎吴国仕季升、南京工部右侍郎程国祥仲若、巡抚湖广右佥都御史唐晖文季、浙江道监察御史汪应元长孺及黄成忠愿良、吴国化弘之、杨明叔夜、毕士美德卿、程继周师冲。续刻始崇祯丁丑，讫康熙癸亥。裁定者刑部云南司郎中许志古信孺、广西苍梧县知县江德元正叔、山东提学道佥事张习化念难、兵部观政进士王国相梅士、吏部观政进士江德新懋昭、江西南康府知府许书元文、广东惠潮道参议江德中汉石及毕钟英岳生、吴奕璠漪文、程守非二、江铭勋尚口、程淞娄东、杨廉臣师古、吴圣修甹公、许浚俊明、汪有弼协萝。

卷一载书院在城东斗山之巅。嘉靖丁酉知府冯世雍会士绅讲学，郡人洪垣有记，甘泉有诗，东郭有序。隆、万间知府萧敏道复讲学，王龙溪有致道堂说。后以功令禁讲。书院几被把总司据为公署。至万历庚寅，始恢复。又有魁杓亭在书院后，隆庆中知府崔孔昕建，邑人汪尚宁有记。万历中，知府刘可法重修，邑人毕懋良有记。其《文会约小引》，则凌琯所撰也。

卷二记会友姓名。卷三为《荐辟表》、《贡士表》、《科第表》、《封君表》、《任子表》、《铨选表》、《武科表》、《武选表》。卷四为《人物表》，分《名贤》、《宦业》、《文苑》、《孝友》、《士林》、

《隐逸》、《文艺》、《材武》，附《阃范》。卷五为《艺文志》。俱限于城关，乡不与焉。

《名贤传》首唐仲实，号白云，晚年迁居槐塘，唐皋六世祖。次程富字好礼、杨宁字彦谧、江浩字敬夫、程志学字而杰、黄镗字德鸣、潘丝字朝言、凌瑄字惟和、许国、字维祯，号颖阳。毕键字汝乐、黄应坤、字惟简，錞子。杨武烈字伯承、毕力德字仲明、江秉谦字兆豫，俱崇祀郡邑儒学乡贤祠者。事实俱采之府县志。

《文苑》：贵云龙字逢元、江应晓字觉卿、詹潢字伯章、毕锦字美中、江来岷字本初五人。

《士林》：姚琏字叔器、吴球字鸣夫、吴林字用茂、黄应乾字伯元、陈嘉祥字献吉、毕应辰字高阳、程大熊字兆吕七人。

《隐逸》：毕仲仁字寿夫、毕铄字纯中、许志才字成儒、许志宁字以道俱文穆后四人。

《文艺》：只刘一然字子布一人。即为汪道昆书文者。

歙县筑城之始

歙治故附郡，郭之东关无城。自嘉靖甲寅，残倭入歙境，民避兵入城有践踏死者。明年邑令史公桂芳始城之，于是称县城云。见《斗山文会录》。

按：城工始于乙卯十月，竣于丙子十月。刚一期周围七里许，计长千丈，高三丈，上阔一丈有五，下阔二丈。费十万有奇。史字惺堂，癸丑进士。见金达《新城记》。

许文穆佚事

吾宗文穆公，以争建储弃相归。其大节已见史乘。《斗山文会录》载其佚事数则，云：文穆微时极贫，而行长者，里人敬信之。尝被酒误卧邻妇榻。适其妇不在而夫至，见之大怒，欲加刃。后知为文穆，乃释然曰：『是醉耳，决无他也。』晚年归后，俭素如儒生，齿于里社，徒步往还，拒绝请托。常扁舟抵姑苏，携杖访申时行，仅挟一童自随，门者几不为通。见王同轨《耳谭》。

又在官时，以袖书谏江陵夺情，成隙。及张殁，言者交攻其短，请籍其家，甚至请开棺戮尸。会侍经筵，上语及之。文穆对曰：『枯骨无知，有伤盛德。』其不宿怨知大体如此。见罗应鹤《经筵日记》。

又文穆夫人汪氏，于归时，食贫操作，事姑极恪顺。文穆贵后，仍朝夕服粗食粝，辟纩不休。见家乘。

又程读山《雨窗绝句》诗云：『试院钟鸣惊索饭，忽忘身已到三台。相公虽铲赢縢岭，风味依然老秀才。』自注云：文穆致政归，值学使按郡，一夕鸣炮试士，公闻之，起向夫人索饭，欲趣入试，夫人笑曰：『公犹试耶？』乃大笑而罢。

又公微时，秋赋苦新岭之险，云他日贵必铲去之。及跻馆阁，子姓以为言，公笑曰：『我岭已铲矣，尔曹可各铲尔岭。』

许志才　许志宁

许志才、许志宁，俱文穆孙。志才字成孺，由祖荫符卿至太常，历官敬慎。国变后屡召不出。每布衣褐冠，扶杖桑麻间。常憩城阳山中，咏许宣平『一池荷叶衣无尽，岩下松花拾有馀』之句，怡然自得。自号桃石，又号荷衣漫士。

志宁，字以道，以祖荫中书舍人。入清后，屡檄起补，卒以病辞。郡守高其行，三举乡饮大宾，一时称为梅轩先生。见《斗山文会录》。

许立德

许立德，字伯上，文穆长子，志才父。十八补诸生，性孝友。母患噎，立德亦恒终日不食。母殁，以积饿哀毁死，三日复苏。既葬母，庐其侧，旦夕号泣，如不欲生。以父荫让诸弟。通艺事，董太史评其书似《黄庭破邪论》；画山水，有襄阳北苑风致；兰竹似吴兴。见

《歙县志》。

潘丝以书生杀贼

潘丝，字朝言，故婺人。父尚书旦，谢政后居郡城，遂为歙人，补郡痒生。潜心坟史，旁及兵法骑射。常单骑北游，遇盗，丝抽矢下飞雁，盗惊退。嘉靖乙丑，浙矿贼起，亡命千馀，掠婺，杀守将。明年入歙，郡守相言于直指使，强属丝，丝乃勒壮士刘会等六人，率众视贼屯溪，曰：贼渡必大逞，法先薄之，可夺其气。分三艇进，丝首当贼垒，一发殪其酋。明旦，悉众济，丝发矢，咸应弦毙贼，众呼跃鼓行追蹑，贼遁出境。学使者耿楚侗，贡之春官，廷试第一，授严州府判，署分水、建德二县。有政声，内行亦纯备。尝师事周讷溪、唐荆川、罗念庵诸人。汪伯玉为作墓铭。见《斗山文会录》。

唐白云李韩公佚事

唐仲实与姚琏、郑桓，于明太祖驻郡城时被召见，曾陈不嗜杀人，并停止邓愈筑城事，乡人常艳称之。其时，吾歙人有郑师山之殉元，有李韩公善长之佐明，可谓各行其是。唐白云不嗜杀人之说，尤切中明太祖病痛。盖明太祖最嗜杀人，狠戾惨酷，官书尚多回护。

郎氏《七修类稿》中，有数条载之最详。偶拂其意，即被惨戮。则方用兵时之逞意屠杀，可想见矣。李善长坐胡惟庸狱褫徙，勋名不终，亦至可叹。

许青岩作《李韩公外传》，谓李实歙之狮塘人。本姓胡，名以进。少贫，读书灵金山，有叶尼者，持钵饭胡生，五年不辍。后为昱岭关吏，值蕲、黄兵乱，携幼子避池阳，会明祖徇池，李伏谒道旁，大见赏纳，遂典书记，区画刍糗，浸参机密，由左丞相晋封韩国公，赐第定远。详见黄实夫《藩参笔记》、《张盱江宿闻》。崇祯初有裔吁请复爵，诏令直指研勘其事，于狮塘荒棘中得其祖墓碑石以报。郡乘视为寓公，误也。

承尧按：今灵金山椒有巨石，上刻『李韩公读书堂』。又灵金故有金灯之异，殆燐火也。李以元泰定二年六月十八日生，居山时，值初度为文延灯，灯乃愈盛。寺僧刻其文上木，每年用之，且言非此文则灯闷不发。而初灯一簇，必起于师姑坟。师姑坟者，叶尼埋骨处也。事近附会。至李究为歙人与否，迄今犹聚讼也。

《黄山图经》

《青岩集》卷十二有《黄山历代图经考》，略云：《黄山图经》，肇闻北宋景祐间，通守李公序云：『因考旧胜，聊缀菲文，及阅图经，尽识英华。』是《图经》之见自景祐，不自景祐始也。其前无考。又五十九年，嗣镌于县尉雁荡周公，为哲宗元符庚辰。又五十七年，三刻于知州彦国胡公，为南宋高宗绍兴丙子。又五十三年，四刻于中山焦公柬之，为宁宗嘉定戊辰。又一百六十一年，五刻于歙源潭吴子容，为明洪武辛巳。见唐白云序。又九十五年，六刻于祥符寺僧全宁，为天顺六年壬午。又一百一十七年，七刻于丰城李侯邦和，为万历九年辛巳。续有乡先达潘石泉、唐心庵嘉靖倡和诗，学博田公艺蘅碑记。次年壬午，又八刻于歙山人程天锡，合白岳诗，有午槐程司徒及家族昉阳公佐并天锡三序。自万历壬午至万历己未，又三十七年，而景升潘先生黄海之纪始出。自神庙庚戌十年以来，同普门、静庵、智空、寓安诸耆宿，钩深致远，网罗放逸，迄无虚日云云。

按：潘景升之恒所纂，名《黄海志》，入清后有程弘志、闵麟嗣、汪士鋐三志。刘海峰修县志时，又尝简录山志，删节游记，别成二卷。窃意近代纪录黄山巨制，当推汪洪度《黄山领要录》及许青岩、张皋文之两《黄山赋》，又张皋文《游黄山赋》、龚定庵《黄山铭》。若重修山志，必当编入，最近则汪弢卢师之《黄海前游集》及汪鞠卣之《黄海后游集》皆称名作。

又按：宋时，歙人汪师孟著《黄山图经》，见县志书目，青岩未及征引。

黄山唐志满禅师塔

明末慈光寺僧八水，检藏见《唐黄山志满禅师传》于宅字十卷之《习禅篇》，因寻获师塔于灵泉院北荒莽中。许青岩夸为自普门开创慈光以来第一奇功，为作塔铭，有『黟山神秀，非佛莫当。闷自邃古，开于大唐。天眷灵窟，师来洛阳。丹泉浴杖，荒云翼床。晓夜经行，猛虎侍旁。村父感骇，道行广扬』等语。

按：黄山名迹远托轩辕，容成浮丘，皆出附会。可征实者，自汉陈业始，吾歙在唐时，人尚视为畏途，卢仝所谓『千灾百怪天南道，猩猩鹦鹉皆人言』也。志满于佛家可称黄山初祖，灵泉院当近汤池，暇当访之。又按：志称佛子岭，亦以志满禅师得名。

《歙县志》

《歙县志》始于明万历三十七年己酉，知县事张涛；主纂者县人谢陛，字少连，曾纂定《唐书》、《季汉书》者；辅之者谢彦章；与修者，教谕陶珽，训导董模、陈一敬，县人方宏静、罗应鹤、洪文衡、鲍应鳌、毕懋良、吴中明、吴士奇、程元瑜、曹士鹤、方时化、程子铎、黄愿素、吴之俊、鲍观光、汪道会、潘之恒、吴文龙、黄校、佘受丰、吴登贤、汪从先、许世奇、胡仁守、方一薇。

后十五年，续修于天启四年甲子，知县戴东明；，与修者教谕刘振世，训导江文润、邹邦寅，县人罗应鹤、程寰、吴士奇、程子鳌、汪元功、毕懋良、汪元标、江秉谦、方有度、方道通、吴国仕、毕懋康、唐晖、汪应元、黄愿素、仇梦台、方一藻、江宗岷、汪德元。

后二十七年，三修于顺治八年辛卯。知县事宋希肃；，总修者翰林吴孔嘉、姚宗衡，教谕胡尔俊；，核修者县人王文企、许志古、许志才、王泰徵、洪明伟、汪觐光、汪康运、仇秉忠、程槚；，分修者吴德鉴、洪时曦、汪瑶光、吴圣楫。

后三十九年，四修于康熙二十九年庚午。知县事靳治荆；，与修者教谕王辂，训导邢日如，县人吴宛、许承家、郑为旭、阮尔询、汪薇、程浚、唐鸿举、吴圣修、吴之彔、汪士鋐、黄瑄、汪洪度、王棠、吴秋士、吴菘、吴瞻泰；，参订者夏骃、茅兆儒、钱柏龄、杨廷显、苏轮；，绘图者吴逸。

后八十一年，五修于乾隆三十六年辛卯。知县事张佩芳；，纂修者黟县教谕刘大櫆；，同修者教谕刘观我、训导彭瑄；，分修者县人吴宇、汪肇龙、胡赓善、程瑶田、程启佑；，总校者程光国；，绘图者许𡹷。

后五十七年，六续于道光八年戊子。知县事仁和劳逢源，字如斋；，总修者前望江县知县德清沈伯棠；同修者，教谕钱元熙、侯云松，训导景浚商；分修者，县人曹德林、潘同章、汪烊、唐世勋、潘承恩；校对者汪林、江馥。

自道光八年至民国元年，又八十四年矣，迄无续修者。万历张志、康熙靳志、乾隆张志、道光劳志余均见之，唯天启戴志、顺治宋志则未之见矣。上纂修、分修诸姓氏从劳志录出。按谭献《复堂文集》有《与歙人论方志书》，言『道光八年，《歙县志》成，删订张、靳之书，事增文富，用毖方来。令长劳君，实赖都人士以观成。同时府志之创，则又程封君峻山树之风声，而四方且兴起，于今将五十年』等语。盖是时，复堂先生方令吾歙也。谭去后，事亦旋寝。宣统初，程君龄孙曾出资测绘全县地图，历三年始成，亦欲为续修之助。今此图尚存程家，修志事则屡倡屡辍，终弗能举。张、劳二志近亦希如麟凤。吾意若能集资，影印劳志固亦征文之一助也。

乡人关于志乘之著述

歙人关于志乘之著述，在宋有罗愿《新安志》十卷、汪师孟《黄山图经》二卷。在元有洪焱祖《新安后续志》。在明有朱同《新安志》十卷、方信《新安志补》八卷、潘之恒《新安山水志》，又《黄海志》六十卷，或作二十九卷，唐世典《徽风俗抄》、赵滂《程朱阙里志》八卷、胡承熙《献征录》四卷、方汉《齐云山志》。在清有程宏志《黄山志》、吴廷彦《程朱阙里志》、徐光文《程朱阙里祠志》、许楚《新安外史》、《遗民集》、洪榜《新安大好纪丽》四卷、程云鹏《新安女行录》二十卷、汪洪度《黄山领要录》二卷、《新安女史征》一卷、闵麟嗣《黄山志》七卷、汪士鋐《黄山志续集》六卷、佘华瑞《岩镇志草》四卷、方椿《歙县艺文志》，又汪尚宁后改作凝《徽州府志》二十二卷。

至郡人著述，则有休宁程敏政《新安文献志》一百卷、程廷策《续新安文献志》四十五卷、程曈《新安学系录》十六卷，又《新安文献志补》，婺源汪舜民《徽州府志》十二卷、休宁赵吉士《徽州府志》十八卷、施璜《紫阳书院志》十八卷、戴昭《新安名族志》二卷。上据府、县艺文志录出。

许宣平

府、县志载许宣平事不同，皆祖罗愿《新安志》。县志列之『隐逸』，但载『负薪朝出卖』及『隐居三十载』二诗。府志既录李白访许宣平不遇题壁诗，又云据孙维龙考新旧《唐书》，则李白未尝至新安。复于『流寓』中，记许坚一传云：『坚不详其所自来，游于黟，乐之，因作诗云：「黟邑桃源小，烟霞百里宽。地多灵草木，人尚古衣冠。市向晡时散，山经夜后寒。吏闲民讼简，秋菊露溥溥。」遂家焉。』今桃源洞有许氏，盖其后裔。或曰坚即宣平，坚其名，宣平其字，未知是否。

县志又于城阳山下引《太平寰宇记》云：城阳山回环孔高，为城郭襟带，唐景云中许宣平隐山之南坞，故又号南山，亦名翠微。取宣平『穿云入翠微』句也。似皆无甚根据。唯程鸿绪纂《程氏所见诗抄》，从广东旧志采宋人程之才嘉祐四年进士次苏东坡《碧落洞韵诗》有『回思紫阳山，追随许宣平』之句，是北宋时已有是说矣。

罗氏《新安志》卷十记闻中于李白曾至徽与否亦有疑词。今考《黄山志》载李白二诗，其一为池阳之黄山，非徽州黄山；其一为送温处士入山者，通体皆设想语，则李白似未至徽也。

曼都　罗文佑

自来胜境灵区，多附会仙真遗迹，传讹既久，视为故常。纂志乘者每喜采取，吾歙亦然。如黄山之托于黄帝，遂有炼丹、上升诸峰名。浮溪则托浮丘，容溪则托容成，曹溪、阮溪则托曹、阮二真人。葛山则言葛仙翁浴丹于此，鱼食丹滓皆化为龙。灵金山顶之甘露殿，则云奉甘露仙，乃宋时绩溪贞女汪氏修真蝉蜕于此。万罗山则传有黄石公洞。万山则托吕岩，有飞雨楼，言是宋谏议谢泌与吕仙谈道处。乌聊山之仙姑井，则云是宋郑仙姑旧居。石耳山则托于仙人曼都，其中曰鸡公尖，有浴石，则云曼都浴处。登仙峰，则传为曼都飞升处。峰又有谢公墩，云谢安曾访曼都过此。曼都之名甚奇，他书所不载。石耳山之三姑潭，则云是陆姑、叶姑、何姑。事见《夷坚志》。长青山则谓为罗真人文祐冲举处，此与城阳山之托许宣平正同。劳志『拾遗』载罗文祐于晋太康中，奉母自南昌之歙，采药黄山，既而结庐长春里，烧丹成，乘白狼去，人以为飞升，称曰『呈坎天尊』。又传其一诗，复载许宣平逸事数则，荒诞不经，读之失笑。

吾意，罗、许、郑当有其人，馀皆凭虚构造。郑以苏颖滨记观之，殆一常女，唯好道，了无他异。罗则术士耳。宣平诗才清逸，翛然高举，殆沮溺丈人之伦，传之为仙固非，即李白之见访亦何足轻重，过为增饰，失之诬矣。

吴茵次集外诗

见王照圆一画，上题一诗云：『五云瑶草地仙家，夹道翩翩白鹿车。甪里方瞳扶玉杖，山公黄发饭胡麻。行吟洛社亭中句，笑指蓬莱洞口霞。更喜庭前双凤羽，紫泥香翰重金华。』款署『祝从老亲家寿，吴绮』。此诗随笔酬应，不见本集，犹风华掩映如此。从老字从光，不知何人。

歙事闲谭卷二

溪南八景诗

《虚斋名画录》释石涛有《溪南八景》图册，为吴南高画，每图录祝枝山一诗，孙豹人复为吴尔世和之。卷端有何子贞题云：『苦瓜真实妙谛，吴平斋藏。』又有戴醇士题『延陵世宝』四字。考其题记，此册曾由吴君景怡归吾宗许睡山华生。睡山雍正甲寅题字称：『系本唐模，与溪南接壤，自高曾以下侨居维扬。』刘鼎臣跋称：『睡山嗜画成癖，藏有方正学《无可与言图》、周忠介《雪中山茶图》、金圣叹《枯木竹石图》』云。又睡山子许天球跋则云：『承先人临终遗命，仍以图归其内弟吴君莼野，俾吴氏宝藏旧物。』兹录其八景诗：

一，祖祠乔木。祝枝山云：『煌煌清庙奠崇冈，灵树擎天拨地强。天子报功惟社稷，云孙追远许烝尝。千寻古色武候柏，十亩清阴召伯棠。今日孙枝正蕃秀，愿移材干献明堂。』孙豹人云：『春风及早过崇冈，始信名祠据地强。树有神灵枝更异，岁逢时节果先尝。反哺但爱曾参鸟，勿翦应同召伯棠。欲识主人能好客，诸公题咏满祠堂。』

二，梅溪草堂。祝枝山云：『君子高居涧水浔，小斋还筑傍琼林。看花忽见乾坤理，玩《易》正求天地心。香蜡浮浮谁共味，寒流汩汩自成音。试看床上书连屋，莫道前人不遗金。』孙豹人云：『恰有梅开炤水浔，高人兼不愧泉林。无拘无束南邻伴，自去自来孤鹤心。雪打轩窗添野色，月明箫管发清音。老夫他日骑驴过，莫负宾筵定一金。』

三，南山翠屏。祝枝山云：『结庐当面玉周遭，登眺何须著屐劳。节彼瞻如太师尹，悠然见似隐君陶。千岩雨过浮青障，万木春深滚翠涛。柱颊朝来得新句，棱棱秋色与相高。』孙豹人云：『佳绝南山日夕遭，渔樵来往不知劳。却看篱下兼栽菊，欲把先生错认陶。屏幛每憎五侯宅，烟岚须胜广陵涛尔世久寓维扬。市归定惹家人问，不信城中髻更高。』

四，东畴绿绕。祝枝山云：『庞公宅畔甫田多，畝畞春深水气和。五两细风摇翠练，一犁甘雨展青罗。鱼鳞隐伏轻图径，燕尾逶迤不作波。最喜经锄多有获，丰年宁愧《伐檀》歌。』孙豹人云：『负郭宁贪二顷多，丰年里俗喜相和。圣朝昔日尊钱镈，处士全家贱绮罗。细雨轻沾青似袖，微风远漾绿成波。庞公纵有麦千斛，肯买人间碧玉歌。』

五，清溪涵月。祝枝山云：『黄山高脉滥微觞，一道分明向草堂。有本却如先泽远，分清还看末流长。金波泠浸罗纹丽，玉髓虚凝宝鉴光。记得唐贤佳句在，千寻练带晚含香。』

孙豹人云：『溪水声中共举觞，月明先上读书堂。水堪酿酒邻皆取，月熖弹琴夜正长。钓叟栖迟明素发，游鱼泼刺畏清光。小童洗砚惊相报，荷叶微沾桂气香。』

六，竹坞凤鸣。祝枝山云：『当时贤者此徘徊，手把琅玕屋后栽。万个自缘医俗在，九苞曾揽德辉来。宫商盈耳箫韶奏，毛彩朝阳紫翠开。今日遗雏有君子，来仪须上九成台。』孙豹人云：『竹林闲坐意徘徊，为爱名贤手自栽。把酒已同嵇阮在，吹箫况有凤凰来。自看虞夏今非古，安得乾坤闭复开。口内衔图奉皇帝，将雏飞下最高台。』

七，山原春涨。祝枝山云：『清时潘骑有闲居，山泽源通二月馀。才见甘霖过洞府，忽看浮气袭图书。镜铺浩渺金波泛，帘挂玲珑玉液虚。好待桃花春浪暖，君家惊起化龙鱼。』孙豹人云：『春水乱流静者居，黄山泉水出山馀。已添无数披蓑客，更借谁家种树书。漞鹕漫从田里卧，桃花只恐洞中虚。南村日日须酩酊，酒价还闻贱似鱼。』

八，西垄藏云。祝枝山云：『飞烟长护屋西岑，恍惚朝晖又夕阴。不可赠君惟自悦，有时出岫本无心。微横一抹蛾眉翠，漫绕千金絮幄深。好去从龙覃世泽，南溪应作傅岩寻。』孙豹人云：『最喜门开对碧岑，游人指点立花阴。山家赠客无他物，日夕看云见素心。映带红霞随屋近，勾留甘雨入苗深。若非犬吠神仙宅，中有吴刚未易寻。』

孙名枝蔚，亦名士也。卷末有《蝯叟》二诗云：『画禅何处印高低，解道无题胜有题。

指点东畴与西垄，是町畦处不町畦。』『归安吴溯歙西吴，世宝溪南八景图。太息十年兵火后，几家乔木不荒芜？』

歙之金石学家

歙人为金石学见于志乘者，有吴玉搢《金石文存》、许楚《金石录》、方成培《金华金石文字记》、巴树穀《蟫藻阁金石文字记》。因阅《金石学录》及《续录》更附益之。

程邃嗜古，能识奇字，尝为王底吏部释焦山《古鼎铭》，辨其可识者七十八字、存疑者八字、不可识者七字。吏部为长歌述之。

吴玉搢著《金石存》十五卷，考据精博。向有镌本，为波臣取去。后李雨村于京师见抄本，题钝根老人编，不知何人。王述庵司寇误语以『钝根』为博学鸿词赵搢，李因刻入《函海》。近李芝龄侍郎重刻于浙江学政署，乃知为山夫先生著述。

洪亮吉客毕尚书幕，佐成《关中》、《中州》两金石记。程瑶田著《通艺录》，跋《夏承碑》极详核。又积古斋款识中，屡引其说象形，句兵周幼衣斧立、戈父、癸鼎诸器，皆有释文。

巴慰祖少好刻印，务穷其学，旁及钟鼎款识、秦汉石刻，遂工隶书。故富，家中落，卖其碑刻，尚三千金，然其爱之弥甚，节啬衣食，时复买之。藏有汉刘熊碑双钩本，凡二百十八字，内多『洪氏所释』者四字，并有释文。

汪中著《石鼓文五证》、《汉雁芝镫槃铭释文》、《王基碑》、《云麾将军碑》、《高府君墓志跋尾》，皆详审。藏宋拓刘熊碑，多出巴予籍本二十八字，补洪氏所阙者十三字，正其误者一字。又东汉射阳画象石，亦藏其家。

江德量，以父于九太守名恂者，故好金石文，多所搜辑，幼即世其学。所藏旧款识拓本，约二十种，俱编入积古斋书中。释散氏槃铭，述庵司寇称其精审。上据嘉兴李遇孙《金石学录》。

姚际恒著《金石伪书考》，鲍桂星著《石鼓文考》，俱见《安徽通志》。鲍康著《观古阁泉说》，上据归安陆心源《金石学录补》。

潘祖荫藏古器六百馀品，盂鼎、克鼎、齐侯镈，为宇内重宝。著《攀古楼彝器款识》，考释精审，远轶啸堂尚功之书，又藏有古埙五品，为考古家所未见。石类则有梁永阳王萧敷及敬太妃二墓志、汉夏承碑，皆世间孤本；又藏山东古匋文字至数千品，与簠斋相埒，以水泥仿制埃及古文石刻，又勾刻沙汉南侯获刻石，并为考释一卷。

黄质，字朴存，号宾虹，藏古鉨印几二千纽，选精者编《冰鉷古印存》十卷，又续集八卷。

程源铨，字龄孙，藏古彝器一百五十馀种，内王孙遣钟、虢叔大林钟、大小望鼎，皆流传有绪之物。又得宝鸡所出散伯为天姬作敦，足证散氏盘尤为可贵。上据近人褚德彝《金石学录、续、补》。黄、程俱近人。

按：吾歙以金石学著名者，尚不乏人，上所举多漏略，暇拟搜补之。又按：姚氏著《古今伪书考》，兹据省志作『金石』，疑有误。

新安江

新安江故实，以许芳城赋采撷最详。其序云：『新安江水，出古率山，东迳渐溪，过歙浦，与浙源吉阳、黟山、大鄣诸水汇入青溪。过严陵，出桐江，凡七百里，皆名新安江郡。自汉末吴孙权取丹阳会稽地，分立新都郡，晋太康间改名新安，江之得名应自此始。由吴及陈皆治始新，为六朝畿辅剧郡。宋羊欣、梁丘迟、任昉、徐摛咸出刺此地。梁高祖以摛爱泉石，敕曰：「新安大好山水，俾卿卧治此郡。」朝论荣之。谢灵连、沈约、李白、刘长卿辈，先后行役，扬舲命棹，竞相唱咏；传播金石，未遑殚述。』又云：『自阶口至三港以西四五十里，石尽仇池，湍皆滟滪。』

按：率山在休宁县东，址连婺源，其水在西北入鄱湖，东南入浙。《山海经》言：浙江出三都山，在率东。桑钦《水经》言浙江水出三天子鄣。罗鄂州云都鄣义同，是三天子鄣，即率东三都山也。浙水在休宁西，为古歙地，凡二百四十里，与率水、浙水、吉阳水汇歙浦入新安江。见旧志。浙水出婺源县浙源山。《水经注》：浙江水出黟县南蛮中，婺为古黟地，婺水皆注彭蠡，独浙源入钱塘。《水经注》云浙水北迳歙，东与一小溪合，出县东北，迳翁山，西迳故城南，又西南入浙江也。七里濑为新安江口，又见唐骆宾王文，始新即今淳安县，秦汉为歙之东乡。刘宋羊欣为新安太守，前后十三年，著称清简。任昉于梁武天监中出守新安，以风雅廉洁著名，卒于官，惟桃花米数石，遗命不许以新安一物还都。

昉字彦升，其《赴郡与郭桐庐》诗云：『沧江路穷此，湍响方自兹。』丘迟，字希范，《宿渔浦潭》诗云：『渔浦雾未收，赤亭风已飏。诡怪石异象，崭绝峰殊状。』《文选》注：赤亭山在富春江山。谢灵运有《初往新安江至桐庐口》诗云：『江山共闲旷，云日相照媚。』又《过七里濑》诗云：『樯边走岚翠，枕底失风湍。』沈约有《新安江遗京邑游好》诗云：『眷言访舟客，兹川信可珍。洞澈随深浅，皎镜无冬春。千仞写乔木，百丈见游鳞。』唐刘长卿《奉使新安经钓台下》诗云：『新安从此始，挂楫方荡漾。』又《送杜越江》诗云：『相见新安江，扁舟一行客。清流数千丈，底下见白石。』《送郑说之歙州》诗云：『俗变人难理，江传水至清。』又云：『新安江上孤帆远，应逐枫林万馀转。』权德舆诗云：『深潭与浅滩，万转入新安。』上据芳城子正茹《新安江赋注》采入。

又芳城尝辑古新安江诗，其自序云：『郡以新安名，自晋太康始，而江名亦因之以传。六朝名士，典郡二千石，旌旗飒影，摇曳于青山碧水中。丘迟谢客，领逸响于鸥群；隐侯彦升，溯清风于蘋末。各有咏歌，殊自矜岸。梁武四十年间，风流文藻，诸彦来刺此邦，尤称聚盛。所恨萧公山水之记，有目无书；李氏图经之修，亦废不显；韩陵片石，海虞寸纸，流播桐乡，少为缺陷，及衢睦分隶，始于隋文。虽新安之名渐归黄白，而西至歙浦，东至桐君，南抵姑蔑，经络万峰，纵横千里，江行故道。游子征帆，日落荒台，烟横古渡。望川原而吊古，托鱼鸟以兴怀。不问沧桑，何知晋魏。山川能语，我黟歙不敢专也。自刘宋元嘉始，迄昭宗天祐前后，征采得诗四十馀章，皆曰古新安江诗。唐音而下，津途纷异，触绪多歧，吾无取焉。』下略。山川文采，读此序亦可想见，惜乎此书亦不传也。

新安江凡三百滩，绿港滩在桐庐县西，为诸滩之殿。潮至此止。渐水至此合桐溪入海。其旁即桐君山，合江亭亦在此处，取新安、桐江二水合流也。曾默《题合江亭》诗『水合双江急，山连百窔深』，写景如画。富春濑亦名七里濑，在钓台西。鸟石滩在七里泷西口，石高数丈，跃江而峙。严州城南为瀔水合流处。瀔水出姑蔑，即今衢州。自严以上名胜，栅源在青溪东五十里，渌浔澄映，南有绝壁。吴贺齐伐山越，树栅于此，今讹茶源。铜官山在睦州西八十里，昔人采铜此山，绝巘临流，斑剥如锦。下名锦溪，控崖而砦曰锦溪关，俗名二十里青山，即此处。响山在淳安西三十里，连峦倾壑，寒影被潭，所过棹声人语，与峪俱响。并山潭在青溪六十里，二潭相耦，分沙注碧，如列瓮缶。长潭近青溪，左右多赤崖白沙，青溪谣曰：『长潭八百浆，行人莫轻想。』锦石村一名锦沙，在淳安西八里，旧志云：『素波澄映，锦石舒文。』汉龙骧将军汪文和墓在淳安西十里汪注：汉无龙骧将军，《新安志》已辨，墓东有孤屿昂江，从筱幽蔚，僧庐其椒。尾滩在歙东八十里，旧名汝溪。今讹米滩，与天堑滩连串里馀，最为舟子所畏。又白云源，在桐庐西三十里，有方干草堂，子孙居之，至宋犹盛。方干自题草堂诗云：『窗中早月当琴榻，墙上秋山入酒杯。』谢翱墓在子陵台侧，墓旁有许剑亭，翱友吴思齐、方凤所造。又祀翱于月泉书院，其旁曰汐社，即翱与诸子游息处。明嘉靖中，吾歙吴公勋、李睦日曾躬历榛莽，寻许剑亭故址，葺其冢碑，并镌翱《晞发集》。上数事皆采自赋注。其为人所共知者不录。

程氏诸人诗

嘉庆丁卯，休宁由溪人程杞塘鸿绪辑《程氏所见诗钞》，搜采宏富，其序例中言，程嘉燧、程丕基、程邃等诗集，前已遵禁销毁，故概从阙。可见其时法网尚密也。所采歙人居多，兹略录之：

宋程元凤，字申甫，槐塘人，谥文清。著有《讷斋集》。《淳祐己酉谒祖梁将军忠壮公庙》云：『有美英姿七尺长，桓桓威武孰能当。保州萧史来依德，拒逆侯生竟败亡。爵受重安持督节，谥书忠壮配高皇。堂堂庙宇黄牢下，暮鼓晨钟不暂忘。』

程元吉，字竹坞，槐塘人。《过曹柘岭》句『夜听水声疑是雨，晓看山色滃成云。』

程元岳，字远甫，槐塘人。文清从弟，宝祐进士，封歙县男。有《山窗集》。

程时登，字登庸，歙人，迁乐平梅岩。咸淳举人，宋亡不出。著《易学启蒙》、《诗传逆意》、《礼记补疏》等书。人称述翁先生。

程珊，字宝卿，堨田人。著《烟霞逸兴集》。唐筠轩铭其墓，谓其类张志和。有《堨田八景》诗。所谓八景者：芦杨段耕、菖蒲滩钓、竺溪青铎、古圣洪钟、汪塘夜月、吕冢朝云、树林下逸、社学中吟也。

元程端礼，字敬叔，号畏斋。歙人，迁鄞。官台州路儒学教授。有《畏斋集》。

程养全，字子正，号正斋。歙人，迁德兴。至正进士，历铅山州判，死于忠。有《白粥斋集》。

明程国儒，字邦民，歙人，迁德兴。至正进士。明初官南昌知府，坐事被逮，暴卒。太祖察其冤，赐葬徐孺子墓侧。著《雪崖文集》。

程富，字好礼，歙城人。永乐进士，历官右副都御史。自号冰月道人。以文学起家，历官华要三十馀年。宣德中按治江右，大盘山盗曾甲作乱，一鼓败之，民赖以安，谣曰：『程豸冠，破大盘，逆贼死，吾民安。』见《杨荣江右平寇记》。

程孟，字文实，文清七世孙。著《槐濒集》、《程氏诸谱会通》、《黄山小录》等书。《游黄山》句云：『松摇阴壑生灵籁，泉喷深潭吼怒雷。』

程景熙，字克和，槐塘人。景泰举人，官汀州，谕散紫云台盗数千。

程宏忠，字汝一，槐塘人。师事王心斋，复往从王龙溪、罗近溪游。主衡州书院，晚卒于衡。衡人绘像祀之于石鼓书院。

程泽，字苏民，歙城人。正德举人，养母不仕，郡守题其居曰『幽光』。

程有缘，字汝会，托山人。有《武峰歌》。武峰在歙西三十里许。

程元辅，字叔朋，号月坡。临河人。有《龙谷集》十卷、《月坡杂记》二卷。《明诗综》云：『叔朋，自邑之季父，先自邑称诗十年。自邑因李献吉名，而叔朋无知者。至万历间，潘景升始序而传之。』《馆邸记事》云：『柴门一月南京雨，斗帐半年西晋书。藜杖日晴初出户，园林落木已萧疏。』《怀杨仪部》云：『故人久无书，山川隔淮楚。相思不可携，独卧江东雨。』

程旦，字孟明，号萝山，临河人。嘉靖进士，官浙江右布政使。有《萝山诗集》、《滇南杂录》。王仲房云：『萝山家敦伦理，朝历官箴，有德之士，炳为辞藻。若「花明沛上宴，香起洛中尘」、「河影城头堕，秋声塞上生」、「棘道黄云上，蛮村白草傍」、「箐道千盘临戍堡，山城百雉入边州」，皆浑沦不落轻靡。』

程默，字惟时，号烟溪，岑山渡人。嘉靖举人，官绍兴府同知。

程烈，字惟光，岑山渡人。嘉靖进士，官工部主事。有《水部集》。王仲房云：『惟光博学苦吟，虚中取友，数篇一出，振誉天朝。若「朔风如有锷，寒日欲无光」、「山形关塞北，日影树林西」。又《过露筋祠》云：「孤舟不同载，行露有深悲。」皆佳句。』

程廉，字惟义，号竹山，岑山渡人。嘉靖举人。有《四书抄》、《易义补说》及文集。

程铭，字新之，号龙田，岩镇人。

程澧，字德本，号衡山，隆庆中指挥佥事，有《衡山歌》。

程沔，字宗海。官裕州同知，有《水月双清亭歌》。俱托山人。

程嗣功，字汝懋，号午槐，槐塘人。嘉靖进士，官南户部右侍郎。

程嗣兴，号怀南，槐塘人。俱有游黄山诗。

程大宾，字汝见，号心泉，槐塘人。嘉靖进士，历官广西副使、滇南学政，祀名宦。

程显爵，字天锡，号双桥，堨田人。博学而文，南礼部儒士，著《本宗世谱》。《九月游黄山》诗云：「人醉黄花千日酒，猿啼红树万山秋。」

程显法，亦堨田人。《游仙人洞》云：「山翁曳杖穿云过，无主桃花乱扑衣。」

程浩，字自邑，号泭溪，临河人。好读书，肆力诗文，游名山，过大梁。谒李献吉，献吉极赏之。晚归，与郑元抚、唐汝龙、王十岳辈结社天都峰下，吟咏自适，诗学空同。《登吴山》云：「风烟揽吴越，表里见江湖。」《泊乾滩》云：「暝沙圃宿鹭，风树曳惊蝉。」

程大约，字君房，号幼博，岩镇人。由太学官鸿胪寺序班。著有《幼博集》、《圜中草》、《墨苑》、《墨谱》行世。君房以制墨名，志称其竭桐膏之焰，五担入漆，缩烟百两，寂光内韫，神采坚莹，与方于鲁角胜。宾阳黄公敏序其《圜中草》云：「幼博故游太学，负司马迁之才。已官鸿胪，同周亚夫之位，家庭权贵，文致其罪，抱公冶长之累，而幼博怡然。圜居先后且六载，知交问讯，岁序推迁，诗文之作，不一而足。三复之际，泫然有馀怨焉。」汪注云：钱牧斋曾选其诗。其诗有《余狱既成，朝贵以书抵陈使君，白余冤状。使君引嫌，显列其事。第不知急余者为谁。有怀莫置，聊托是诗》，云：「未事都门役，函书若个题。故人怜叔向，而我失祁奚。造物非期报，怀恩讵忍迷。萧条家业尽，孤剑尚堪携。」又有《答程文学巨源过访圜中》诗，有《王太学伯约见过致婺源朱明府绩溪汪明府之唁》诗。其词皆甚哀。

程茂桂，字心田，号茶山，后山人。崇祯太学生，隐居不出。著《周易集解》二卷。

程守，字非二，号蚀庵，歙城人。弱冠入籍钱塘，为诸生。甲申后谢去，一意为诗。刻划多创语，不肯寄人篱下。性复澹泊，操守极严，年七十一卒。著《省静堂集》、《汰锦词》。《和杜于皇》云：『静息非庸福，深谈即至文。疏棂邀野树，隙地让江云。』又句云：『未问云岩道，长怀汐社人。』『杯多文自足，研洁画相因。』『债自能偿惟有字，山非易买不须钱。』『莺是初留加画致，虎凡几到惑书声。』

程封，字伯建，号石门，临河人。仪征籍。官云南知县。渔洋前集有《送伯建入觐返滇南》诗。

程世英，字千一，歙人，丹徒籍。有《晓山诗集》。

程谦，字山尊，歙人。有《一石山房稿》、《春帆集》。诗以清逸胜，杜茶村、魏叔子皆称之。

程宏志，字圣木，茆田人。著有《纲目管测》、《黄山志》诸书。入清后多不胜录，而岑山渡人为尤多，录其最著者：

程元愈，字偕柳，槐塘人。著《俪体文钞》、《昭明诗选辑注》。其诗为朱竹垞、王渔洋所称。

程浚，字葛人，号肃庵，岑山渡人。康熙甲寅饶兵陷歙，有保障功。事平，大兵散郊原，牧马令下，浚诣军力陈不可。因止。卒祀乡贤。

程哲，字圣跂，岑山渡人。王渔洋门人。著《蓉槎蠡说》。

程增，字维高。著《碧岑诗抄》、《闽游草》。以导河功，清圣祖赐御书旌之。

程雄，字颖庵，槐塘人。著《松风阁琴谱》、《抒怀操》、《松涛诗》。

程用昌，字嘉仲，岑山渡人。著《亦爱堂集》十二卷。

程梦星，字伍乔，一字午桥，号洴江，岑山渡人。康熙壬辰翰林。著《今有堂集》、《茗柯词》、《李义山诗注》、《平山堂志》。居扬州，为诗坛盟主数十年。

程銮，字坡士，岑山渡人。参河督于襄敏幕。有《岑楼咏物诗》。

程崟，字夔州，銮弟，居江都。康熙癸巳进士。官职方司主事迁刑部郎中。值台湾朱一贵事，治狱平慎。著《二峰诗集》。

程云鹏，字华仲，号培风。歙人，籍江夏。治《春秋》，通医算、河工、兵学。著《春秋约旨》、《北征草》、《简平仪》、《伤寒问答》、《慈幼筏》诸书。又作《新安女行录》二十卷。更作《士行录》未成。又取陈定宇《名族志》，踵而修之为十卷。

程嗣立，字风衣，号复斋，岑山渡人。能诗文，工行草书，善学元四家画。康熙诸生，雍正时举鸿博不赴。兼通医算。

程式庄，字敬哉，号蒿亭，岑山渡人。工诗，朱竹垞称其沉词硬语，不徇时尚。近体间涉樊南、遗山之间。著《红药书庄诗》二卷。

程鸣，字友声，号松门。岑山渡人，江都籍。雍正时诸生，善画。著《纳瓢吟》、《无声集》、《且闲轩稿》。王渔洋弟子。渔洋称其画学董巨，不止宗法渐江。朱竹垞称其诗为画所掩，集『吐词含风骚，爱画入骨髓』二语书赠之。其诗有《论画答王耕南二首》云：『杜陵赠画师，五日画一水。意在落笔先，苦心究终始。前贤论惜墨，其意端在此。第云墨如金，只取减省耳。王洽米襄阳，烟云常满纸。』『学古希古心，不学古人面。荆关境在胸，挥洒付柔翰。规矩虽具陈，神明取能变。试看造化炉，新机异昏旦。而胡丹青家，刻舟以求剑。』

程之骏，字羽宸，歙人。著《练江诗钞》，沈归愚为序行之。并称：『练江游踪遍大江南北，及楚、越、东鲁，而登眺不倦，尤在黄山。曹震亭与唱和，甚推服之。』

程名世，字令延，号筠榭。岑山渡人，居江都。与方扶南、杭堇浦、厉樊榭、沙白岸、韦药轩、杜补堂、江澄里诸人为诗友。宾客文酒之宴，埒于马氏。著有《思纯堂集》诸书。

程景伊，字聘三，云雾塘人。乾隆己未翰林，官至文渊阁大学士，谥文恭。咏红叶句云：『溪水一篙翻锦浪，山村十里映明霞。』

程埙，字赓篪，号读山，槐塘旧府前人。乾隆甲戌进士，令嘉鱼，迁濠教授。讲学淮南书院，从之者甚众。著《知鱼集》、《易经读本》、《续世说新语》、《梅花三十咏》等书。

程晋芳，字鱼门，一字蕺园。乾隆辛卯进士。［吏部］主事，以校勘《四库全书》改官编修。岑山渡人。著有《蕺园诗集》三十卷、《勉行斋文集》十卷及《周易知旨》、《尚书今文释义》、《左传翼疏》、《礼记集释》等书。袁随园极称之。晚卒于陕西，毕秋帆为经纪其丧。

程起凤，字翰干，虹源人。著《沁香斋诗钞》，张铁珊为作序，并称其诗高妙绝俗。古体如：『此身如松筠，愿安岁月古。』『弦声满空谷，山花笑嫣然。』『上山下山水，出水入水山。』近体如：『江声动竹院，日色冷禅灯。』『露柳如人别，晴云伴我归。』『钓防池上月，樵入画中人。』『泽国有云堪作画，山居无水但窥天。』皆佳。

程祖韬，字封六，槐塘人。善奕，工诗。父兰如，称国手。高立斋为书『晚香』二字，颜其居。

程就，字蔚肩，号霞轩。其父梁，字孔孙，俱名诸生，教于乡，有声。

程廷祚，字启生，号绵庄，歙人，迁江宁，籍杭州。举博学鸿词。著《易诗书三礼鲁论义》，并著《诗说》及《岫云阁诗集》。袁枚为铭其墓。弟嗣章，通史学。

程兆熊，字孟飞，号香南。歙人，居仪征。书法虞永兴，亦精分篆，间作写生，画多逸品。

程嘉贤，字声路，岑山渡人。著《怡云集》、《得贞草堂诗草》。

程昌期，字阶平，号兰翘，绍濂人。春海先生父。乾隆庚子探花，历官侍讲学士。乙卯督学山左，卒于官。曹文敏为作传，称其『湛深经术，尤长考据。郑笺孔疏，琅琅成诵。朝有典礼，多就质于公』。典试广西、福建有声。著《安玩堂集》三十卷。卒年仅四十三。

程秉铨，字量卿。程骧，字向春，号琴外。俱岑山渡人。

程绍升，字大中，号执斋，歙人。著有《漱润书屋诗草》、《退密轩草》。《槠山诗话》称其画仿宋、元，文工徐、庾，诗典雅春容。

程厚，字敦慎，虹梁人。嘉庆戊辰举人，崇尚汉学，有《飞云山房诗稿》。其《太函山宴集》诗注云：主人为汪司马耳孙。诗有『层峦叠磴参差聚，一径委蛇到花坞。入门随处落烟霞，扪壁千年起钟乳。俗尘到此涤三斗，胜地去天真尺五。华屏照眼当前楹，练水回流抱遥浦』等句。令人想见太函山房。

上所录，足征忠壮之裔，其居歙者，人文接踵，至为昌炽。今岑山、槐塘两村，俱渐衰歇矣。陵谷之感，能无喟然。

程氏诸闺秀诗

程氏，沙溪汪本字以正之妻。性幽静，工吟咏，尤爱菊。《寄夫》诗云：『连朝底事最关情，坐向篱边对落英。一卷陶诗一壶酒，碧琅玕上月初明。』本答诗云：『近来闻说闺中友，辛苦终朝灌菊英。里社他时清论在，定应呼作女渊明。』后本举于乡，未仕卒。程纱缦传经，训族邻子弟。跻高年终。人以女渊明目之。

程云，字岑度，歙人。其《池上赏荷次外韵》云：『池水碧参差，池花红烂漫。绿叶何亭亭，临风吹不乱。寄语打鸭儿，莫打鸳鸯散。』

程碧霞，见汪秀峰《撷芳集》。汪注云：汪秀峰著有《妇人集》。其《看菊有怀》云：『几日别知己，看花又一年。虽然隔幽谷，长自念岑川。云落天光静，山空鸟语圆。何人如菊淡，惆怅晚风前。』疑岑山人。

程瑜秀，丰山人。淮阴王介眉室。有《自怡草》行世，见胡抱一《名媛诗抄》。其《雨中看白莲花》云：『水肌玉骨影婆娑，清艳堪邀帝子过。为爱净根宜净水，敢同诸女唱莲歌。』

程璋，字弱文，适同里方元白。年二十一卒。元白久客未归，璋以柳叶题二诗寄之，云：『杨柳叶青青，上有相思纹。与君隔千里，因风犹见君。』『柳叶青复黄，君子重颜色。

一朝风露寒，弃捐安可测。』璋性慧，九岁即通翰墨，日摹《曹娥》、《麻姑》诸碑。书法精工。喜植花，以如钱莲叶制笺，书《心经》一卷。又仿昌黎《原道》，作《原愁》及《染说》诸篇。有文集数卷。璋卒后，元白入天台山为僧，不复娶。

吴曰慎《朱子感兴诗翼》

朱子《斋居感兴》二十篇，其自序云：『余读陈子昂《感遇》诗，爱其词旨幽邃，音节豪宕，非当世词人所及。欲效其体作十数篇，顾以思致平凡，竟不能就。然亦恨其不精于理，徒托仙佛以自高。斋居无事，偶书所见得二十篇，皆切于日用之实，故言庸近而易知。既以自警，且以贻诸同志云。』

康熙壬子，歙人吴曰慎注之，名曰《感兴诗翼》。以《昆仑》以下七章，为通天地阴阳之理。《人心》以下五章，为阐人心体用之妙。《童蒙》以下五章，为明小学大学之规。《周纲》以下三章，为抉国家治乱之故。博稽明析，多所贯通，洵紫阳功臣也。

予于宾虹处见一手写本，为志其略。至朱子原诗，余最爱其《人心》章云：『人心妙不测，出入秉气机。凝冰亦焦火，沦渊复天飞。至人秉元化，动静体无违。珠藏泽自媚，玉韫山含辉。神光烛九垓，玄思彻万微。尘编今寥落，叹息将安归。』又其《学仙》章有云：『刀圭一入口，白日生羽翰。我欲往从之，脱屣谅非难。但恐逆天道，偷生讵能安。』是不以长生为无，但云恐逆天道，虽通仍蔽也。时代限人，有近日童蒙能知者，而昔日圣哲不知，可为闵叹。

又按：吴曰慎著书甚多，有《周易本义翼》、《周易愚按》、《周易集粹》、《周易爻征》、《揲之以四解》、《大学章句翼》、《异学辨》诸书。盖研精朱学者。见《歙志》。

黄白山《杜诗说》

黄白山先生生，潭渡人，原名琯，字扶孟。明庠生，鼎革后弃去，一意著作。有《一木堂诗》十二卷，《文稿》十八卷，《内稿》二十五卷，《外稿》三十卷。其所著《字诂》、《义府》，开乾嘉朴学先河。于宾虹处见其《杜诗说》十二卷。如说《北征》篇，谓其『本可分段成章，各为佳构，乃偏以合叙见本领，他人急忙转换不来，而公操三寸弱管，如一杆铁枪，神出鬼没，万夫之特。昌黎见之亦当汗流气夺』等语，殊有特见。书刻于康熙丙午，首有自序，节录其卷端概说数条云：『入杜诗如入一处大山水，读杜律如读一篇长古文，其用意之淡，取境之远，制格之奇，出语之厚，非设身处地，若亲陪杖履，则作者之精神不出，阅者之心孔亦不开。』『读唐诗一读了然，再过亦无异解。惟读杜诗，屡进屡得，足验公造境迥绝诸贤。』『公屡上不第，卒以献赋受明皇特达之知，故感慕终身不替。于其君荒淫失国，惟痛之而不忍讥之。』又公于严季鹰，亦深感其善遇，并无交道不终之事。此说诗大旨，故首为揭破。』『杜诗所以集大成者，以其上自《骚》、《雅》，下迄齐、梁，无不咀其英华，探其根本，加以五经三史，博综贯穿。其材之所取者博，而运以微茫窈眇之思；其力之所负者宏，而寓以沈郁顿挫之旨。故能大含元气，细入无伦。』『高廷礼《品汇》，于盛唐列杜为大家，其馀如太白、王、孟、高、岑、龙标、新乡诸人，则列为正宗。貌似尊杜，实未谛当。』『山谷学杜，仅得毛皮，多由误解，如「月黑虎夔藩」、「闻道狸奴将数子」误读数上声之句，皆以见于己诗，自露其丑。』『又注杜莫谬于虞注，莫莽於刘评。如黄鹤、梦弼之类，纰缪虽多，其名不著。惟刘与虞公然得名。虞注本元人张伯成伪撰，假虞以行，是则非独杜不幸，并虞亦不幸矣。』『李、杜齐名，古今不敢轩轾。然论其胎骨，则清新开府，俊逸参军。杜之目李，确不可易，岂与攀屈宋而驾曹刘者可同日论哉！』『杜之近体分二种，有极意经营者，有不烦绳削者。一则自破万卷中来，一则下笔如有神助。夔州以前，夔州以后，二种并具。乃山谷晦翁，偏有所主，不知果以何者拟杜之心神也。』『近体首重格律，傅之以色泽，运之以风神，斯为上品。杜公经史骚赋，盘郁胸中，溢为近体，时觉陶熔有未尽处。其包举唐贤以此，其与唐贤分路扬镳亦以此。』按：读此可知其《说杜》之大略矣。汪注云：说杜癖处，几乎似萧尺木《杜律细》也。

黄白山《一木堂诗》

黄白山《一木堂诗》十一卷，词一卷，刻于康熙癸亥，其侄黄芹为校字。首有白山自序，称『世既以诗人目我，我即以诗人应之』。自待甚高，故县志入之《遗逸传》中。考其刻诗时，入清代已四十年，宜皆鼎革后所作；且尝遭祸破家，仅免缧绁，疑亦文字所贾。其诗昌言无忌，质朴近杜，高者有汉魏意，可考证当时遗事甚多。余从宾虹借得一影写本，云访求极不易也。其《四烈》诗云：『鬼伯鬼伯，面大一尺，人亦有命，何为见迫一解。凤凰乌鹊，各逐匹俦，中道夭折，哀鸣相求二解。羁雌不食，巡林念雄，尾羽憔悴，形躯摧崩三解。有美汪氏，闺烈皎皎，夜台无晨，玉魄自照四解。或绝于馆，或绳于榜，四烈同心，九地一天五解。东家少妇，单栖怀春，拭泪看镜，媒来叩门六解。』此诗原注：『美汪氏也。』奇肆颇近《易林》。《神船》八章云：『刻木为舟，束草为人，首尾象龙，彩绘如真。彼何神斯，曰唐张许，以身殉国，庙食千古。二公有言，死为厉鬼，誓歼群丑，以报天子。末俗传讹，谓神司瘟。于以像之，虎眉生瞋。于以舟之，陆海扬尘。伐鼓鸣金，扬徽树帜。有其举之，无或敢废；废则召灾，疫疠斯至。惟神正直，妖孽曷兴！就人求食，邪祟或凭。神道悠悠，愚俗蚩蚩。举国若狂，谁与正之。我时往观，逌然齿粲。是用作歌，以谂妖诞。』按：此诗可见吾乡巫俗明清间极盛，今尚未衰。

《放言》云：『我游无何乡，归来忘去声扃户。偶为盘古儿，盗吾混沌去。至今三万年，不能复其故。』

《燕中感事》四首，其一云：『翩翩少年子，银鼠裁半臂。出控高头马，捧拥盛威势。弹弓不离手，行路常远避。借问此何人，祖父多荫庇。世胄出高门，堕地有官位。寄言寒素士，无劳望意气。头白不得官，科第安足贵。』其二云：『四运有代谢，凉飚换炎燠。仲尼鄙患失，老聃戒知足。如何宦途子，贪位忘取辱。中书久伴食，养此庸庸福。崦嵫景已迫，履声何趱趚。朝宁生厌恶，台抨一朝逐。骑驴出都门，行色颇惨蹙。不见汉二疏，祖帐车千毂。』其三云：『朝行菜市口，柴车盛拥塞。东西断往来，游骑举鞭勒。行者窃相语，朝下有刑戮。黄口马上抱，男女随马足。弓弦赐自尽，诛夷及三族。借问此为谁？不敢明指目。当朝贵无比，颦笑作威福。盈满天所忌，一朝见倾覆。客子返寓舍，感事增叹息。古来尽如此，前车戒已亟。牵狗出东门，此时安可得。』其四云：『大都人物繁，窟穴有狐鼠。白日行剽窃，探囊众目睹。提防失仔细，财物非我主。岁尽官锁印，暴横更难御。飞骑突然过，雕攫及宰辅。车徒何穰穰，百物等携取。异哉辇毂下，此辈容杂处。故园在江南，回首真乐土。』

按：此四诗足征清初朝政。第三首乃记当时朝贵被族诛者，殆满州人。集中有《西门行》乐府一首，亦记其事，有『身赐弓弦，祸及子孙，老幼就戮，黄口无一存』语。第二首乃咏汉贰臣之被逐者。其《禽言》五章，亦记时事。原注云『为京官作』，虽寓诙笑，亦实录也。其一云：『泥滑滑，我欲举步，前颠后蹶，宦途此日泥没胫，草鞋索断足无袜。泥滑滑，前路漫漫何时达。』其二云：『提壶卢，客来置酒问中厨，槽坊昨日索酒债，童仆空手难为沽。提壶卢，主人无钱空嗟吁。』其三云：『不如归去，渊明有辞，平子有赋。月俸但够充马料，京城冷官实难措。不如归去，三平二满随分度。』其四云：『姑姑姑，中夜太息妇语夫：良人为官妾不乐，面无粉黛衣无襦。姑姑姑，不如商妇多金珠。』其五云：『得过且过，外官原是京官作。州府司道缺如林，宦囊有日裒然大。得过且过，尔我耐心守穷饿。』按：此可见清初京官与清末正同也。

其《军中女子歌》云：『古传军中有女子，兵气不扬鼓声死。我见今日南来军，船装马载何纷纷。翠发盘头不作髻，花袍小袖才伸臂。眼多看人不羞涩，靴长上马偏容易。朝廷恩惠将帅慈，顾恤士卒全其私。城南罢作鸳鸯梦，塞北虚传雁足词。无妻少年项如鸭，思投旗下作披甲。』按：此诗写清初旗兵如画。

其《寡妇变节歌》，殆讽牧斋、芝麓辈者，亦奇快。原注：『民谣有寡妇变节之语，因述其意而长言之，以俟采风者。』诗云：『蛾眉巧笑谁家子，夫婿同眠复同起。红襟两燕栖画梁，绣羽双鸳戏绿水。初时失偶守空房，自言峻节比秋霜。一从罢镜辞膏沐，何曾登阁望春光。讵意空床难独守，心非金石安能久。红泪纷纷梦罢时，残灯闪闪乌啼后。玉颜岂是不如人，可怜桃李竞芳辰。芳辰转眼繁华歇，水里浮萍陌上尘。君不见临邛卓氏女，绿琴一曲成心许。不嫁成都作赋人，一代风流委泥土。』

其《避地》、《伤乱》各诗，尤沉郁似杜。《伤乱》云：『乱贼无远图，所志在金帛。不逞多蚁坿，其势遂煽赫。州府为巢穴，村落恣毒螫。辎重诚为累，一战遂崩折。大兵逾岭至，狐鼠纷窜匿。追奔越邻郡，回军盛卤获。前者无藉辈，剽窃伺间隙。贪夫更罔利，与贼公贸易。廉直取重货，何止相什伯。同在患难中，忍心为暴客。不见搜逋党，横尸四体磔。勿谓天道远，冥冥有记籍。一时或漏网，阴谴终不释。浅薄当劫运，贪暴宜怵惕。入室靡孑遗，区区岂足惜。感此乱世氓，浩叹秋天碧。』

《避地》诗有云：『虽颇隔贼垒，未敢即安堵。有时报寇至，相顾色无主。塞窦屏鸡犬，逾冈挈儿女。定知传言误，始各返茅宇。昼夜常数惊，弦声落飞羽。』何言之痛也！其写杀戮虏掠之惨，如《新鬼哭》云：『阴风惨雾驱黄昏，马蹄踏空神鬼奔。豹牙吏卒持大簿，冥官点鬼收新魂。初遭杀戮不知死，闻呼一一尸中起。头颅颠倒近脚跟，省视方知身是鬼。哀哉皇天何不慈，中原龙战无休时。人生一死不再活，何辜膏血涂蒸黎。死者已矣生流离，爷娘妻子各不知。各不知，两决绝，哭有声，泪无血。』此种诗直为今日战场写照。

又《重逢行》云：『晴天不踏泥泞路，太平安识乱离苦。乱离自昔书上说，岂意今朝目中睹。贼来括尽金与银，兵来更掳男和女。子弃父兮妻弃夫，骨肉生割在须臾。欲行不行被驱遣，耳畔一片闻号呼。号呼震天天不闻，可怜举目无亲人。昔为珠玉藏深屋，今逐风飚转乱尘。幸遇恩官李总督讳之芳，具告军门许亲属。移文管下诸有司，查点难民军令肃。领回仍复赴军门，赍发还家各给银。骨肉重逢古来少，止因当道无仁人。自分今生不相见，岂知再世还相面。万户焚香祝李公，愿公世代趋金殿。』按：此诗殆清初野史中一好材料矣。

其有关吾乡故实者，如《黄山白岳歌》，原注云：『偶阅汤若士先生一绝云：「欲识金银气，多从黄白游。一生痴绝处，无梦到徽州。」因此作歌，以叹其高，且为山灵解嘲。』云诗云：『黄为山，白为岳，灵区绝境天所作。黄者金，白者银，动心骇目俗所云。新安宿称好山水，自昔名流得之喜，岂知今之守令反攒眉。所苦秋风刮人耳，无端我郡山以黄白称，致令慕膻之辈群向此中行，干谒有司盛嘱托，纳交巨室相逢迎。彼之黄白其实，此之黄白其名，岂不辱我泉石、污我山灵？临川先生汤若士，罢官林下贫似洗，一生无梦到徽州，其人其品可知矣。先生本具丘壑姿，独发此语真似痴，山中若得斯人至，必有石破天惊绝妙辞。噫吁嘻！黄山白狱，游者接屣。先生若至，能令公喜。』

《黄山慈光寺记事》云：『黄山之山仙所宫，轩辕炼丹巢云松，丹成上升留遗踪。灵区秘洞千岁封，普门老宿提孤筇，梯岩架壑开洪濛。秀拔万朵青芙蓉，皈伏猛虎制毒龙，梵行精进远近宗。檀施如山出后宫，中贵护送还山中，开山示寂愿未终。莓苔和雨侵金容，夏腊六十悲回风，时节因缘今始逢。新安大侠黄长公吾宗于舟翁也，发心独力肩大工。庄严宝刹高巃嵸，金碧赫奕台殿崇。诸天帝释罗虚空，白毫照耀光遍融。击大法鼓撞巨钟，邦伯都士皆致恭。奔走缁素兼耋童，瞻仰赞叹开愚蒙。比量功德恒沙同，山石崒嵂俱无穷。』按：此足征慈光自明季赐铜象，巨工未毕，至康熙间，黄于舟乃独力重兴作也。

白山交游，与蒋虎臣修撰最厚。虎臣督学京畿时，白山曾客幕中，并寄书劝其归隐。其后虎臣弃官为僧，没于峨嵋，皆有诗记之。又有《和华阳山人辞世偈》，所谓『峨嵋山僧转世』云云，皆谓蒋也。其《忆客蒋幕除夕》诗云：『翰林穷到骨，逃债夜方还。石炭围炉冷，冰鳞下箸悭。对棋双冻手，同幕一愁颜自注：余与桐城刘集之。除夕宾筵静，仍叨一篇颁。』绝可笑。

集中有《赠眉庵和尚》诗，自注云：『眉庵和尚，随缘至予里，初驻锡里之莲花庵，庵僧甚焉。予以太史蒋公旧知之故，请师止黄山楼结夏，并云：楼居时仍受魔娆。』又有《喜眉师再到》诗，有：『眉公曾以被絮寄予处，今冬偶以代匮，及此来索，予云待自制，始可奉璧。』诗云：『可笑穷檀越，经冬乏木棉。借君新白氎，覆我旧青毡。不怕严霜重，方高静夜眠。慈悲应乞我，聊学胁师禅。』足知其贫也。

有《赠谢承启山人》诗云：『谢公人共弃，楷法世终传。家远黄山下，途穷白眼边。狂来多骂坐，醉里即逃禅。末俗直瞋怪，遗民在葛天。』又有《谢颠歌》，以张颠、米颠相况，称其能诗而工书。按：谢名绍烈，谢村人。博综典籍，隐居自废。书画为人所宝。见志《遗佚传》中。《谢颠歌》有云：『岂知此翁才俊逸，短句长歌立挥笔。书成弃去不复知，家家藏贮还成帙。』可想见其人矣。其他与吴野人、朱古愚、洪方舟、曹潜山、洪谷一、汪几希、吴蓉城、郑慕倩、屈翁山、邵青门、龚野遗、王不庵即祝发居吴下号龙梅上人者皆有酬答。独与许青岩先生同时同里。二人集中皆不见姓名，未知何故？

歙之书家

吾歙书人见于志者，明方元焕，字两江，信行人。罗文瑞，呈坎人。刘然，字季然，一字子矜，新安卫人，工小楷行草，即为汪伯玉书所作文者。罗伯符、汪昶、洪朝宷皆然派。黄尚文，字无文，工小楷行草。清程京萼，槐塘人。汪肤敏，岩寺人。吴元极，篁南人，工榜书。徐起，字仙客，兼工摹印。吴易，向杲人，工篆书。潘琰府志作炎，字梧山，邑城人，受书法于浙东章抚功。方辅，字密庵，岩镇人。吴金城，字重南，澄塘人，工分书。许应和，字翠微，邑城人，工楷书。吕邦宏，字实声，邑城人，工楷书。唐栋，字雨庄，槐塘人，临《兰亭》、《智永真草千文》、孙过庭《书谱》，皆摹勒上石。汪藻，字让溪，邑城人，工摹古帖。

按：以上诸人书，余所见只方密庵、程京萼二人。京萼书亦深于晋帖者。然如金檠斋、巴子安、程让堂、洪稚存、汪容甫、胡城东、郑松莲辈，皆以书名而志不载，知所遗多矣。吾又于宾虹所，见凌次仲先生分书一联，雍容古穆，所诣不下朱竹垞、王时敏，亦无分书名，殊所不解。此联吾见后，为之营营者旬日。宾虹亦宝若头目，欲倾囊易之终未能也。

歙之画家

歙画家见于志者，明郑重，字千里。杨明时，字不弃。吴羽，一字廷羽，字左干，从丁南羽画佛像，兼工山水花鸟。族子吴于廷，能世其学。吴万春，字元生，郡城人，工山水花鸟。子吴楚、侄吴麐，能世其学。柳梅庄。柳知白。清汪中，字无方，丛睦坊人，工山水人物翎毛。汪泓、汪亦午传其学。僧弘仁，新安画派导师。汪家珍，字璧人，工山水。吴之璘，字子野，澄塘人。程鸣，字友声。程义，字正路，工泼墨山水。汪霭，家珍从孙。吴逸、江必名、江念祖、程达善、汪注云：疑即程达，乾隆志汇列劳志，误为程达善也。府志云『程达善绘事』，因误为程达善。项问达。凌畹、程友、郑叙、吴宠，上四人工墨竹。方乾、吴心来、汪家谏、汪士道，上四人工傅色传神。程士镳，字慎瞻，见推于王司农，与渐江派少殊。汪玉森，字亭立，邑城人。吴云，邑城人，人号之曰『野马』。按：上列诸人内，汪霭字涤崖，凌畹字又蕙，江念祖字遥止，漏书其字。此外遗漏甚多，如吴一桂，字延秋，溪南人，即招文德承游新安者，为左干族伯叔行。程胜，字仲奇，号六无，工山水兼以焦墨写兰。汪士建，字次友，岩镇人，为汪士道之兄，俱以画名，士道工设色而士建善水墨。汪庆，号云山，见《无声诗史》。嘉定四先生中，程嘉燧，字孟阳，长翰山人。李流芳，字长蘅，号檀园，溪南人。又李杭之，字僧筏，流芳子。程邃，字穆倩，号垢道人。谢绍烈，字承启，谢村人。饶璟，字景玉，号石臞，北关人。黄吕，字凤六，潭渡人，百山子。郑旼，字慕倩，郑村人。汪洪度，字于鼎，洋度，字文治，兄弟，松明山人。吴山涛，字岱观，泽富人。以上咸未见记录，或于本传中附及之，亦嫌太略。又吴龙，字在田，别号云友，乃心来之父，画兼渐江、璧人之长。心来，字田生，号望稽子，乃传父学者，今录其子而遗父，亦未当。又如江注，字允凝，渐江高弟。方士庶，字循远，号小狮道人，师黄尊古。方元鹿，字竹楼，师李龙眠。罗聘，字两峰，师金寿门。巴子安亦能画，师宋元。徐柱，字石沧，师方循远。江玉，字兼甫，工花卉。洪范，字石农，工竹石。谢桢，字养竹，师周青来，兼画龙。方翼，字子飞，师高且园。皆歙画家之矫矫者，志俱未及采也。余拟有暇遍搜各画史中之歙人，汇为一编，姑发其端于此。上所记半采自黄宾虹《黄山画苑论略》。

又歙之篆刻家见于志者，亦只五人。明吴良止，字仲足，亦字未央，与何震齐名。陈茂，字子木，亦字柴中，学何震法。得其传者，有徐伯达父子、清程穆倩。又吴凤，溪南人。汪如椿，西溪人。篆刻在吾徽已成一派。如巴子安、胡城东，后传其法者甚众，志皆未录。亦须搜补矣。

康熙中耿军至歙事

黄宾虹言许芳城之受鄱阳累，逮赴皖垣，黄白山之遭祸破家，几陷囹圄，皆为耿精忠事。其时耿军至徽，乡人士之素负令名者，感思旧君，梦想光复，半皆浆食欢迎，与通款曲。不意一战而溃。耿军退，而徽人乃大受其祸。白山族人有黄确夫者，系狱多年乃出。确夫即刘继庄学侣，为撰《广阳杂记》者。黄确夫事详廿三卷。按劳志《名宦传》云：孙继佳，确山人。康熙七年令歙，越六载，闽寇罗其熊陷徽。汪注：康熙十三年九月徽歙陷，是月额楚复之。继佳方，潜携印从间道请兵于江宁镇帅，比至击寇，寇退，民得安堵。先是讹言继佳持印宵遁，诸缙绅大户多降贼者。继佳预知必有蜚语，乃即所持印，多印纳粮串根，杂填花户名目存卷。后按诘者至，勘粮串月日。现在急公，则降贼事自白，全活无辜无算。任七年去。邑民至今思之，奉主崇贤合祀。今按：康熙七年后六年，为十三年甲寅，正耿精忠改元裕民之年，则所谓缙绅大户，青岩、白山皆在其列矣。孙继佳殆有智计之士，故能退闽兵，而同时复出其馀算，阴全善类，宜县人之崇祀之也。

歙事闲谭卷三

玉勾词客之妻

《西青散记》中之玉勾词客，即丰溪吴比部震生也。震生，字祚荣，别号玉勾词客。其妻程琼，字飞仙，号转华，又号无涯居士，亦工诗。幼见董华亭《书画眼》一编，遂能捷悟。及长，书画算奕，无不精敏，论事评理，微妙独绝。生子䔫，五岁亲授以书，即成诵，乃合诸子中语，各附史事以教之。䔫死，不胜其痛，寻亦病卒。诗见《西青散记》。《题彭祖张苍象》云：『苦惜年光恋幻身，白头私擅梦边春。儿家酬酒凄然问，可有齐眉偶齿人。』《堤上感怀》云：『花飞不哭哭开前，无始空花尽可怜。为眷春光也怡逸，泪江香海有情天。』集古今宫闺德容兼备者若干人，题其上云：『艳淑如斯例作尘，相逢可即昔时人。愿将彼骨吹成土，持葬儿今屡转身。』《释〈牡丹亭〉传奇色情难怀意》云：『何自有情因色有，何缘造色为情生。如环情色成千古，艳艳莹莹画不成。』《有疾预别玉勾词客》云：『风流家庆古难均，共命并心异别亲。应恨块泥将打破，谁能再塑管夫人。』按：程，休宁率溪人。见《程氏所见诗抄》。

程午桥诗

袁枚《随园诗话》云：淮南程氏，虽业禺筴甚富，而前后有四诗人。一风衣，名嗣立；一夔州，名崟；一午桥，名梦星；一鱼门，名晋芳。四人俱与予交，而风衣、夔州求其诗不得。鱼门虽呼午桥为伯父，意颇轻之。余曰：午桥先生古风力弱，近体风华，不可没也。如《看花不果》云：『蜡屐也思新草色，病酲偏负晓莺声。』《赠僧》云：『楼前常设留宾榻，岩下多栽献佛花。』《桐庐》云：『百里烟深因近水，一年秋早为多山。』皆佳句也。

按：四程皆岑山渡人。见前卷节录《程氏所见诗抄》。

程鱼门《刘姬行》

程鱼门与袁简斋书，自陈生平所学，诗第一，古文第二，经解在外。袁赠鱼门诗：『束发愔愔便苦吟，白头才许入词林。平生绝学都探遍，第一诗功海样深。』

袁又言鱼门祖居新安，治盐于淮。乾隆初两淮殷富，程氏尤豪侈，君独愔愔好儒，罄其资，购书五万卷。君耽于学，百事不理。又好周戚友，付会计于家奴，了不勘诘。以故虽有俸给，如沃雪填海，负券山积。赴陕谋于中丞毕公，索逋者呼噪随之，君已衰老，遂殁于陕。又言鱼门所刻《蕺园集》仅十分之三，其未刻者，如《书怀》云：『才难问生产，气不识金银。』《对雪》云：『闹市收声归阒寂，虚堂敛抱对寒清。』《乞假》云：『官书百卷从担去，病蹀三行有印钤。』皆佳也。

按鱼门作《刘姬行长古》，事奇，诗亦奇。其序云：『昌平城东北十八里，有刘娘娘坟，明武宗所纳晋府乐工杨腾妻也。江彬、钱宁辈以母事之。从幸扬州，彬等欲选处女寡妇供奉，以姬谏而止。归京师居豹房，宠冠一时，然终帝世无位号，其死当在世宗时，记传无可考。乾隆戊辰，盗掘姬墓，多获珍宝，县官捕焉。淮阴吴山夫作歌记其事，予感而和之。』诗云：『康陵石马嘶寒录，鬼唱秋坟夜来曲。松隧红门守卫严，鱼灯奕奕泉台烛。别有荒祠卧断碑，居人指点说刘姬。苍茫二百年来事，谁念承恩复道时。武皇外传稽前史，火照离宫中夜起。作使惟称江令家，轻骖经度桑乾水。宣府繁华旧擅名，朱楼梦雨不胜情。君王半醉山村酒，武宗诗：野花偏有艳，村酒醉人多。小部催传乐伎名。琵琶宛转当筵诉，舞态纤纤呈雅步。入侍更衣促漏长，明珠十斛蒙恩顾。含泪何烦忆饼师，人生莫信红颜误。燕燕莺莺彼一时，紫鸾栖老琅玕树。璧水长湾淡滟秋，仙音法曲转多愁。急趋凤艒呼同载，别是春江花月游。广陵佳丽烦搜致，婉语微言罢荒恣。虽乏当熊慷慨风，尚援戒旦殷勤意。小碧殷红绕豹房，朝云冉冉在高唐。杜秋已饰红椒壁，琼树初成蝉翼妆。鼎湖枉自求丹汞，铜雀哀歌竞啰唝。班女终宜奉寝园，定陶已入承天统。老去蛾眉化野尘，依然芳冢粲青燐。妬煞茂陵秋草色，年年长傍李夫人。偷儿五夜椎幽穴，温明秘器犹陈设。宝匣云衣旋旋空，龙香裺馤风中灭。岂有馀芬播汗青，徒闻累德属娉婷。炙手势家曾拜母，绣幡禅刹竟何灵。君不见玉钩斜畔飞红急，马嵬罗袜秋苔涩。商女歌残辱井荒，昭阳事往樊姬泣。汉寝唐陵已废墟，珠棺玉襚待何如。谁修冢宰家人政，一考高堂习礼书。』此诗亦何减吴梅村也。

又《国朝诗人征略》录其断句云：『人生各有好，彼此不互易。春水方生夜，孤帆独去时。』『残箧谁怜白团扇，新声终爱《郁轮袍》。藏名漫拟随龙尾，学道何须悟马蹄。』

程阶平先生诗

郑子尹诗为晚清一大家，何子贞、莫邵亭辈争学其体，遂成宗派。导其源者乃吾歙春海先生。春海诗刻入《粤雅堂丛书》中，宏声劲气，沉郁排奡，神似昌黎。吾歙诗人不多，允推特出。近从《程氏所见诗抄》中，得读春海父阶平先生诗，乃知春海诗学，出于家传。此派祖灯在是，特至子尹更光大而真挚耳。兹录数首：

《五月二十八日游大钟寺》云：『瘦骑愁骄阳，爱傍柳堤踏。行行十里阴，微凉衣可袷。到寺不闻钟，钟楼伾云插。聊试脚力顽，一拓眼界狭。大哉造化炉，山泽为歕欱。战浪十龙惊，喘风万牛怯。略难猛虡悬，尚惧华榱压。窕摦鸠有言，侈弇凫有法。较量径圆间，斟酌钧石恰。奈何枵然形，直欲须弥纳。铸式伾祇洹（祇洹院铜钟三十万斤，见《法院珠林》），镌文译梵夹。细字恒河沙，作礼绕百匝。题留成祖年，静阅闲僧腊。便同蛰雷蛰，差免劫火劫。客来经声稀，客去松响答。撞莛曼倩嘲，据槁庄生嗒。』

《后坐雨诗四首》之一云：『峭帆与风梗，船声如嗥豚。蛰龙拔江立，垂胡云吐吞。冰丸将雹掣，铁弩挟潮奔。船头竞篙楫，船尾倾瓶盆。长年好身手，捩柁饥鹘翻。贴舷碧芦岸，系缆青杨根。暝天下木叶，苍然秋气昏。吹笳秖只堠，沽酒无近村。自非慨慷士，未免怔心魂。』

《谨题皇六子抚宋太祖鞠蹴图并董华亭跋》云：『殿前检点奋埃尘，杯酒犹能话故人。酒酣偶尔作员社，亦如走马钱塘春。飞星欲堕僚丸掣，光景流铃不可睇。雨棚白打三官场，想见轩皇五花势。何人落管气如虹，裼裘俯视虬髯公。流传识是院中本，可有秘玩朱铃红。西园妙墨妙无匹，画禅书圣早入室。华亭跋后继者谁，生面重开一尺笔。却忆香孩夹马营，樊楼灯火又榛荆。慢披元老《梦华录》，且赋同文衮弄行。』

《赵忠毅铁如意》云：『镂犀柄，裁珊钩，刻双蝉翼蟠双虬。亦或天然出古干，刓根剔节如雕锼。流传三藏师，裓衣笼七宝。复有老黄冠，质酒西凉道。吴宫弄月摇光晶，唐殿却暑秋飚生。古之爪杖号如意，区区近玩奚烦评。谁钦冶此铮然质，刀烟拂拭寒棱出。铭词磊砢苍龙珠，重是前朝赵公笔。三贤邹与顾，四凶亓若吴。曲直不相入，冰炭由来殊。我闻握君大似风狸杖，造雷起雪只须臾。眼见朝纲太阿倒，可能铸借回洪炉。既不如贺秘监，提携竹节清流泛。又不如韦将军，指挥白角成奇勋。雁门远自修门徙，家风元镇骑箕尾。仍留旧物表完人，久矣游魂销委鬼。铁汉不负器之名，铁君曾伴东坡行。桥亭一砚谢文节，故家一笏魏文贞。』

《池上》云：『藕荡已芰碧，蘋州仍殢香。秋容天与洁，人影鹭同凉。弄水心情适，看云眼界长。意行无不可，踏遍藓痕苍。』

《立冬后一日极乐寺看菊》云：『古寺记寻秋，秋殊复长留。雁踪随客冷，花事共僧幽。风信辞乌帽，晴光恋大裘。开冬补重九，已先海南游。』

《七里泷》云：『锦石屏风碧玉围，山灵娱客有清晖。晴江不雨堕空翠，暑月如秋宜袷衣。使者乘潮新雀舫，野人弄水旧渔矶。分明百里乡关近，自是恩深未忍归。』

此种诗与春海诗并观，当知春海绝肖其父也。按《歙志》：程昌期，字阶平。乾隆庚子探花，累迁翰林院侍讲学士，直上书房，为皇孙师傅。前后典试浙江、广西、福建，称得人。昌期生有夙慧，四岁入塾，即喜读书。及长，湛深经术。著有《周礼义疏约贯》，十卷。唯称其诗『冲夷恬淡，颉颃韦孟』，则失之矣。

程端伯晚年居黄山

程端伯正揆，号青溪，本徽人，籍湖广孝感。以进士历官工部侍郎。画称逸品，王渔洋序其《青溪集》，举东坡『观摩诘诗，诗中有画；观摩诘画，画中有诗』语况之。又题其画云：『琴中贺若谁能解，诗里渊明仔细寻。古木苍山数茆屋，青溪遗世岁寒心。』《程氏诗抄》附注言其晚年居黄山，汪注：其游耶或非居也，是时正修志，不应遗之。收松云岩壑之奇，一一著之于画，集中有《天都峰》诗云：『天都曳杖摘星辰，些子烟花世界春。清闷尽归风月主，尚留一半与闲人。』

篁墩十二咏

程篁墩敏政集中有《篁墩十二咏》诗，原注云：『成化戊戌冬，裔孙敏政获请于朝，来展墓于故乡，始克伏拜忠壮公祠下，顾瞻徘徊，得遗迹十二处，各为一诗。』

一、射蜃湖。注云：『公所居在湖侧，湖神尝见梦于公曰：吕湖蜃将恣陷篁墩诸村，明当与决战，披白于肩者我也，敢求助焉。明日公俟于湖上，雾晦水汹，两牛角湖上，而肩白者屈。公一矢中黑者。已而晴朗，湖水皆赤，夕有黑蜃，毙于吉阳滩。』

二、白石阡。注云：『公射蜃后，有黄冠叩门，曰感德无以为报，引至黄牢山下，以白石志曰：迁此可暴贵。言讫不见。公奉母夫人葬焉。』

三、相公木。注云：『射蜃湖中有巨木，相传为射蜃时所立栅，更代犹存，号相公木。以公为开府仪同三司故云。』

四、鼓吹台。注云：『公起乡兵拒侯景时，尝率诸少年习战于此。』

五、铧卜桥。注云：『公破贼后，散兵于农。方自负铧入田，朝命适至，授以郡寄，仓皇以铧置水中，卜休咎，故名。』

六、洗马池。注云：『公与侯景别将战后洗马于此。』

七、射的山。注云：『公将兵过旌德，抽矢射山，誓平侯景。故名。』

八、歃血台。注云：『公与诸将讨侯景会盟于此。』

九、相公湖。注云：『公故宅汇为湖，时有巨鱼，人不敢取，天气晴晏，时见宫室其下。』

十、千年木。注云：『公自营兆域，祝曰：子孙能大吾门，当生大木。既而生楮树，大且十围。后为风雨所偃，旁出二枝，宋时犹合抱。』

十一、相公坛。注云：『公薨后，土人于千年木下为坛祀公。』

十二、世忠庙。注云：『宋时乡人以公灵应，请立庙，朝议以公为赵忠臣婴之裔，赐额世忠，累封忠烈王。本朝载在祀典。』诗未录。

按：以上所记，半出荒唐傅会，以关故迹，姑录存之。敏政集中有《东密岩》诗，注云：『按谱载黄巢之乱，忠壮十四世孙沄公，起兵守东密岩以拒巢，副陶推为歙州兵马统帅。后传弟陶公，数世相承守东密，至宋下江南，岩兵始解。程氏保障功盖与五代相终始。』云诗亦未录。

黄可堂诗

黄筏，字可堂，号虚船，歙潭渡人。其侄黄晖字晨村者为作传，汪注：其侄黄晖，乾隆庚子举人，可堂非嘉庆时人也，当略早。称其博览群籍，好文学，《左》、《国》、《庄》、《骚》、《史》、《汉》诸书，讽诵如流。兼通天官、堪舆、六壬、演禽、奇门诸术。屡秋试不售。贩木湖南，星餐水宿，仍治旧业。有《虚船诗集》二卷，文一卷。诗有才气，录其《自徽至武陵纪行》云：『不受咿唔缚，思为云梦游。粮须三月裹，书悔十番投。波暖春消海，梅寒客上舟。临行缝母线，未敢故羁留。梅铜城下路，经历旧曾谙。戛石滩飞雨，轻帆影落潭。四围篸碧玉，两岸帚青岚。击楫心烧笋量河水，山中味尚耽。去去如飞隼，烟萝隔万重。回看黄海月，知有白云封。击楫心犹壮，摊书意欲慵。明朝望彭蠡，九叠峭芙容。挂席帆初饱，鸣鸠唤客船。一宵风擘岸，三日雨连天。愁系侵堤缆，枯同面壁禅。邮签问何处，前路正绵绵。云边一发现，人指是康山。残垒孤烟上，渔舟短笛间。鼋鼍尊窟宅，商旅半荆蛮。把酒临流洒，灵旗若往还。向晚呼舟子，楚歌来耳边。离家将两月，买棹已三迁。水碧湘江雨，云迷衡岳烟。潭州风景好，芳草正芊芊。』

《过家扶孟先生吾庐旧居为作吾庐歌》云：『吾庐幽栖多苟简，橘刺藤梢常挂眼。屋内二酉泥丸封，风雷六丁时觇觰。主人前身陆秀夫降乩云，日落虞渊曾手扶。再生复见沧海改，千秋公论藏胡芦。井中铁函心中史，岂愿人间抄万纸。独有一卷冰雪诗，不忍覆瓿投溷里。无端枣梨成蘖妖，笔精墨怪幻鸱枭。昆明劫灰一炬火，零珠断璧付烟销。从此吾庐庐还在，划尽杜蘅与兰茝。黑风吹雨压荆扉，花茵书带无光采。当年拥几对南山，卧古酣今肆订删。阁可草玄云入牖，溪流花浣碧成湾。慧眼唯逢蒋太史，并马长安吊易水蒋名超字虎臣，后入峨嵋为僧。灵均词赋素心交，诗瓢赠答飞霞绮。征歌曾赋广陵涛，放眼尝怀钟阜高。

蓝田作砚椽作笔，俯见小儒真二豪。归来仍对吾庐竹，一林寒烟万条玉。叩门不少问字人，谁为先生谋饘粥。先生久隶上界仙，亟书原贮琅嬛巅。神物终归天上去，苏耽鹤返是何年。迩来重向吾庐过，唯有春禽相倡和。书仓灰冷光焰平，后人顽钝堪相贺。堪相贺，返结绳，骑祸相近犹小惩。吾庐虽破，犹有蓬头历齿之云仍。

此诗以涉扶孟先生事，录之。集中有题云：『圣僧庵壁上画障，为前明族祖柱公遗迹，诗画书法俱臻妙境。无论邑志不载，即里中亦无能称道之者，为赋长歌以识之。』诗未录。又有《同渔庄、用周、起震诸人看溪上红叶，因过溪至圣僧庵，望隔溪如霞如罽，时山僧以笋脯供客，淹留日西而返》诗。诗亦未录。可想见昔之圣僧庵尚修洁也。今虽稍衰，黄柱壁画犹在，尚有王子岳刻经，许文穆、汪道昆诸人题额。又按：虚船，乾隆时人。见县志。

黄学古《读书一得》

黄学古先生训，所著《读书一得》，八卷，其弟心斋校刻于明嘉靖壬戌。前有汪尚宁序，汪即曾修府志者。后有惠泉汪鲸跋。尚宁称其书上下古今，进退人物，纪纲事变，探究显微，于国势疆险，九州之域，数千年之往，历历指掌。今按是书体例，略同王氏《困学纪闻》。

其读《易》有『洛书非禹时所出』一条，读《诗》有『玄鸟生民注以多言诬圣』一条，读《孟子》有『瞽瞍杀人舜不易处』一条，读《史记》有『太公见蛟龙据刘媪之腹不可信』一条，皆有超世通识。其《读袁宗彻纪瀛国公事云旧传》一诗：『皇宋第十六飞龙，元朝降封瀛国公。元君召公尚公主，时承锡宴明光宫。酒酣伸手扒金柱，化为龙爪惊天容。元君含笑语群臣，凤雏宁与凡禽同。侍臣献谋将见除，公主泣泪沾苏胸。幸脱虎口走方外，易名合尊沙漠中。是时明宗在沙漠，缔交合尊情颇浓。合尊之妻夜生子，明宗隔帐闻笙镛。乞归行宫养为嗣，皇帝崩时年甫童。元君降诏移南海，五年乃归居九重。忆昔宋祖受周禅，仁义绰有三代风。至今儿孙主沙漠，吁嗟赵氏何其隆。』

右诗不知谁作，见诸集。若叶文庄、何文肃者多矣。罗一峰云：『合尊之子阴易元祚，盖本诸此。』宗彻云：『诗为虞伯生作。』伯生平生诗，见《道园学古录》，并无此诗，不知何据。据文肃跋，盖闽人余应云，但诗称『合尊之妻夜生子』者，指公主也。元史作于宋、王二公。二公博学，且近知顺帝事，当有据。考之元史，则顺帝脱欢帖睦迩，明宗长子，母罕录鲁氏，名迈来迪，郡王阿儿厮兰之裔女也。明宗为周王，居朔北，过其地，纳之生帝，帝生有母，母纳有地，岂合尊之妻夜生者耶？

袁宗彻又云：『尝侍我文皇帝，观宋、元帝御容，谓宋太祖以下，气象清臞，类太医。元世祖以下，魁伟雄迈，都吃绵羊肉者。唯顺帝类太医，以为合尊子之征。』然阳货类孔子，虎贲类蔡邕，貌固不可征也。按：此条，诚一异闻。学古所持甚正，易代之际遗老郁愤，每多造作以自快耳。

又有一条亦异闻，谓纯皇帝九年二月二十四日，兵科给事中毛弘等题为『弃邪从正事』，内云『陛下不行先王之正道，而效北狄之邪风，幸先帝昭德宫万氏，立为夫人，而与中宫皇后，耳不相闻，目不相见，誓为雠隙，至有万代骂名』等语。直则直矣，岂所以谏君父者耶？帝不见罪，可谓大度。云云。此亦他书所未及也。

又有《读如意君传》一则，以唐宫闱之乱，府罪太宗作俑。疑武氏九年改元如意，殆为敖曹。敖曹殆即僧怀义，不曰怀义曰敖曹者，意谓姿体雄异如嫪毐之谓耳。据此则所谓《如意君传》者，明中叶已有此书，且学古肯为评论，意必是旧记载，非同时人所为者矣。惜今已不传也。

余尝见《狐仙东游记》一书，疑清雍、乾时人所为，亦极怪特渎，且其语淆乱无次，复多奇字，不能通其意，疑指斥清初帝后，而又不敢质言者。世间无第二本。恨遍示友生，皆无人能读也。

又按：黄训，一字黄潭，明嘉靖己丑进士。任嘉兴令，多惠政，历车驾主事，武选郎中，擢湖广按察使，之任，卒于道。训邃于理学，尤工古文词。著《黄潭文集》，胡宗宪序之，以为昌黎复出。又著有《书经简端录》、《大学衍义肤见》，辑有《名臣经济录》，收入《四库》。上据《梦陔堂集》。

吴邦治看雪图汪洪度题诗

吴邦治，字鹤关，又号江上放鹤翁，歙信行人，侨居汉口。乾隆初自刻其文，名曰《鹤关文剩》；有论画、论诗、论印诸作。其论治印颇左何雪渔而右垢道人，谓雪渔大变古法，趋新立异，闽派江右派，尤恶劣不可耐。垢道人白文最佳，朱文之用汉篆者亦佳。若其以钟鼎文为印，亦属变调，细秀者骎骎宋、元矣。论印篇为汪生寿生作。汪亦工书，由华亭入吴兴，并通汉分章草。

邦治有《登大别山看雪图》，汪洪度为题一诗云：『寒光一望漫天是，不辨苍茫几千里。眼花眩眩睛试凝，谛视方知画图耳。高者坡陀低岸谷，止馀黑处唯江水。风前荡漾泊不定，大别山前一舟舣。江豚出浪拜长空，舳舻舴艋都衔尾。板桥冻滑野无路，茅屋斜压墙欲圮。居人枵腹等乌鸢，三户流离已如此。借问舟中载酒客，何事登临转心喜。连岁冬温藏不固，春田养满飞蝗子。今年翦彩费天工，六出飞花遍南纪。纵来扑面酒能禁，便湿沾衣尘不滓。长吟永啸两三人，此外同心更无几。清景过眼固可惜，闾阎要看疮痍起。但逢此日必相招，岁岁山泥穿屐齿。』

自注：『效卢陵白战体，息卢同学汪洪度草。』洪度诗甚少见，故录之。程古雪集中有《吴鹤关〈一尺雪〉诗序》。

程古雪《澄潭山房文稿》

古雪名襄龙，字夔侣，居歙西乡临河村，乾隆时人，拔贡生。文学昌黎，诗亦有法度。其子世淳，通籍，曾副朱珪典试福建。古雪有文四卷、诗十七卷，世淳刻之。朱珪、梁国治、刘星炜为之序。其交游有吴华孙、金复堂、吴蔼园、鲍洛川、方素畹、吴习芦、吴颖嘉、郑松莲诸人。鲍倚云薇省之师也。评其诗者有吴艮斋、吴启昆、田云鹤、唐继祖、李皇士、程畏华、程实夫、方芷田、陈玉几、马相如、厉太鸿、方密庵、程夔州、程鱼门诸人。曰『澄潭山房』者，以地名也。其《题家孟飞弟〈桐华庵图〉》云：『曲栏云影碧波涵，慧业应教净地参。一个蒲团拥书画，桐华庵是净名庵。结茆何处得幽居，厌入尘氛寄想馀。却似故山清绝境，可能随我返精庐。』此诗可证程孟飞确为歙人矣。

《岩镇灯词五首》云：『六街灯火旧来传，才向黄昏叠鼓传。高兴邀灯灯四起，要翻新样赛新年。』『笼纱明角似星球，对对摩光耀两眸。更有花花兼叶叶，巧心编缀树枝头。』『裁红晕碧著叉丫，树树枝枝整复斜。怪煞春风才几日，一时桃李尽开花。』『树儿灯好去看来，队队红妆笑口开。悦目尔夸星拱月，赏心依爱鹊衔梅。』『嬉灯夜夜过中宵，巷陌周遭几处招。东市喧阗西市接，一齐恰到市心桥。』

《题郑松莲待渡图》云：『劲装古服何人者，雪耀吴钩紫骝马。不是邯郸游侠儿，意气踔厉神闲雅。读书卅载不成名，低头瓮牖空吞声。石田一片事耕来，蝌文万轴罗纵横。奋将种种高阁束，有志雄飞肯雌伏。只身宁惜万里游，帽影鞭丝何刺促。天空野旷立苍茫，矫首风云歌慨慷。人生有才须有遇，等闲欲济河无梁。孤踪落落尘衮衮，世路岖嵚劝君返。翰墨依然发古光，一卧衡门幽梦稳。』

《送〈兰陔集〉归吴颖嘉附诗三首》，注云：『长洲周之标，集女中七才子诗词，题曰「兰陔」。颖嘉家藏抄本，惜阙其二。因余得杜琼枝画册，出示此集。七女子者，冯小青、王修微、尹纫荣、杜琼枝、李秀、徐安生、余五娘也。』诗云：『浮弹明媥女中奇，剩粉零膏一任之。顾曲周郎能好事，人间谁似有情痴？墨痕尚有杜琼枝，画出维摩五字诗。风景潇湘遗片纸，平沙雁落踏歌辞。零落红笺合一编，香埋玉蜕句犹鲜。就中怕看焚馀草，倩影桃花最可怜。』注云：『琼枝画潇湘景二叶，颇饶秀致，董文敏旧藏，手书跋识，余偶购得之。』

承尧按：顷在沪见汪鞠卣藏董玄宰、陈眉公书二卷，皆写与王修微唱和诗词。琼枝事，《儒林外史》中所载，似即影射其人。冯小青事见《虞初新志》。馀皆不知其详。惜《兰陔集》竟不传也。

《蜀源即景诗》

程古雪有《蜀源即景诗》，序云：蜀源，歙之西乡，去灵金不远。环源皆山，层遮叠绕，聚族而居者为鲍氏，虽户不满二百，而丘壑窈窕，烟云幂历，与夫林亭泉石花木之美，殊足游目骋怀。雍正己酉秋，鲍君次玉汉白，延余授经其家，始践其境。爰有诗曰：『仄径何透迤，崎嵚入幽邃。翠巘列成围，豁然辟兹地。阡陌暖交通，衡宇俨鳞次。溪流绕其前，云树相亏蔽。舍北敞平畴，旷望繁种植。古木郁层阿，细泉咽岩际。花时想清妍，秋景亦明媚。于焉展书策，聊用索同契。剥啄昼无声，散步从所契。小阁面西山，朝朝挹爽气。』盖初至时作也。居久之，益恣搜采。凡足迹所经，会心处往往皆是。讯之鲍君，云相传旧有八景，苦无题咏，且半逸其名。乃以余所见，合之旧传，即景口占，得诗十三首。昔柳州记马退山茅亭有云：『美不自美，因人而彰。』吾不敢谓以五字辉映山庄，亦聊志一时栖托之况云尔。

岧巃，村之西山也。峤而巉，双鬟并起，尝跻其巅，一望数十百里，远空叠嶂，如列雉焉。诗云：『岧峣俛村舍，翠壁双峰开。绝顶一搔首，招呼太白来。』

金带溪，清浅，一湾自北而东，依山渟流，绕出村墅，以其发源灵金也，因以『金带』名之。诗云：『写影明黛螺，沿沙闲白鹭。恐引捕鱼人，不种桃花树。』

枫墩，村舍前两墩相拱，上有枫树数十株，秋时丹黄错落，皆近百年物。诗云：『霜信到岩阿，出户看秋色。横空一片霞，枫林绀如织。』

采苋涧，元时鲍琪妻吴氏殉节处。事载郡邑志。诗云：『采苋复采苋，思羹姑在床。当年全节处，涧草至今香。』

北原，众山合沓中，划然一区，阡陌广衍，婆娑明月之下，最为清旷。诗云：『苍茫敞林外，明月入怀处。寒烟立夜深，鹤唳寥空去。』

岜泉，面仅一围，深可二尺许，窅然澄澈，夏冽而冬温，在岜麓之下。右村有数泉，率不及此。诗云：『暗窦窅无声，渟奫甘以冽。我携折脚铛，来试小团月。』

梅冈，村之西偏，梅树数本，依山临涧，点缀闲冷，可谓花与地称矣。诗云：『雪花何漉漉，冰花冉冉香。借问辛夷坞，何如梅子冈。』

仙人石，相传聂真人跨鹤上升处，石上履痕宛然。诗云：『仙人昔解蜕，石上划履迹。或在此山中，相逢不相识。』

复春桥，入村迳有石桥，横小溪上，苔藓斑驳，不事雕缋，过此知居人之朴浑也。诗云：『柳色年年绿，小桥春复春。山居无限好，不解送行人。』

锦岸，桥之上游，两岸悉芙蓉，花时隔溪交映，如披蜀锦。诗云：『我醉朱颜酡，恰对芙蓉绮。春风本不知，枝枝照秋水。』

昙花岭，入村大水口也，下为青莲庵，上有亭曰环翠。诗云：『佛说大解脱，我识西来意。优昙本无花，不论色与味。』

龙窟，在岧麓后环岩之下，黝然窅然。昔有龙蟠伏，裂石飞去之，而足迹隐隐石上。诗云：『蠖屈以求伸，鬐鬣乃潜处。翕然一片云，去作人间雨。』

凌云松，嵛麓之坡，一松孑立，直上百尺，坡故多竹木，斯品称最。余题之曰『凌云』。诗云：『凛凛岁寒姿，撑霄长不朽。山空莽无人，敬此苍髯叟。』

古雪又有《岩镇水口即景》六首。一、文几山台，注云：亦称凤山台。二、凤山塔。三、烈妇墓，注云：『潘烈妇罗、吴烈妇朱。』四、松径。五、新桥，注云：即佘翁桥，今名藻川。六、芦洲。诗未录。

古雪曾居文几精舍，教生徒，有《鲍生薇省自岑山来同宿文几》诗。又有《鲍五洛川招同吴大揆锡方二立思家季兄左卿令弟仑如侄薇省集野秀园》诗。时薇省虽从古雪游，而自居岑山寺读书也。

程古雪奇行

世淳所撰《古雪府君墓表》云：『府君一生正气。乡俗尚淫祀，每酷暑，奉所谓都天神者，奔走骇汗，烦费无度。临河故穷乡，相率效尤。府君以理劝阻，族人不听，旋且立都天庙于王祖祠堂之右。府君大恚，往隳其基址，手碎其主，投深潭中，为文以告：能为祟也，其厉我！族人群哗，久亦帖然，不复立庙。有某亲属病笃，延祀都天，僧众仗剑，恣游内室，及殁不辍。府君往责之曰：人既死矣，曷为此！执役者以手所持小王神象撑突前，府君手捽之。复以所持大王逼至，府君掌之，脱其鍪。众飞遁去，曰：『是乃打大王者，可犯耶？』』按：此事甚难，在康、乾间，以一乡里书生能犯众怒，破神权，毫无恇慑，较汤斌毁五通神庙尤奇。今日歙俗犹如此，更可叹矣。

程枫溪

古雪兄枫溪先生，名御龙，字翼山，康熙癸巳科举人。与古雪同见县志《文苑》。侄世淳称其品行端方，孝友纯至。遗文只十二篇，附古雪集后。其记汪行人事甚怪。略云：汪行人，名侃，字和仲，家岩镇，未冠，补诸生。偶游狭斜，伎不之礼。归遇逐疫者，戏呼曰：『可往某伎家。』伎家即疫作，求侃，侃又戏为禳之，辄止。于是里中长老皆大骇。年二十七，登成化癸卯贤书，丁未成进士，授行人司，以议祧礼称旨。将大用，丁外艰归。服阕入京，至通州张家湾，值其地疫作，死者强半。侃恻然曰：『吾微时尝为人驱疫，今忍坐视？』乃朝服将往驱疫。忽见有拥驺从来迎汪行人者，谒侃，请行，侃首肯，驺从忽不见，侃已正衣冠而瞑。其岁宏治壬子也，年三十六。时患疫者皆顿愈。于是居民立祠祀侃。而侃之故里岩镇，赛神者必设侃象也。下略。按：此事由今观之，乃传讹耳。前后皆适逢其会，而当时乃傅会神异如此。

又按：程翼山、程古雪兄弟，吴殿麟皆为作传。载《紫石泉文集》中，较志为详。二人先宅临河，后移居岩镇。

《黄山画苑论略》所记闺秀

《黄山画苑论略》记吾乡闺秀云：江秀琼，字瑶峰，适张仰斋。吴娟，字眉生，汪伯玉室。程琼，字飞仙，吴震生室。朱瑛，字玉田，沈丹崖室。谷兰芳，自淮阴徙休宁，师管仲姬，画兰竹。方婉仪，号白莲，适罗聘，尤善花卉。顾仪昭，字风卿，适山西裴氏，工诗，兼工画。素云，初为汪讱庵歌儿，画师单岳，并法宋、元，其大概也。

按：方白莲画梅，余偶于市中见之，极幽隽，有罗两峰题字。又按：方婉仪，字仪子，工梅竹，得荒寒意。著《白莲半格诗》、《学陆集》。又吴申，字蕙姬，钱东室，工花卉。著《双梧小草》。汪延庆，字晓芸，山水师文董，道光时人。汪讱庵诸妾见后。汪注：去年为考叶蕙生，已得歙才女廿馀。

黄白山《五君咏》

前卷录黄白山诗，遗其《五君咏》，兹补录之。

一咏天池山人徐渭，云：『徐生东南秀，孕奇自禹穴。一为幕中客，锥末遂颖脱。代草白鹿表，能致天子悦。屡陪元戎乘，颇参玉帐术。兔尽狗乃烹，芝焚蕙亦歇。忽忽因发狂，杀人陷缧绁。历下主齐盟，是子独异辙。奇人写奇文，幽冷沁人骨。撰述在千古，性灵庶不灭。』

二咏鹅池生宋登春，云：『咄哉鹅池生，傲睨凌一世。梁园盛文宴，生常在宾位。虽厕玳瑁筵，有同海鸥戏。宗藩继罹祸，脱然免株累。恂恂荆州守徐公学谟，折节忘己贵。立门迟五马，排闼乃鼾睡。呼起共酣饮，宾主两高致。岁晚访林居，欲继鲁连志。出门不可挽，乘潮竟长逝。斯人诚可悲，局蹐天地内。』

三咏破瓢道人吴孺子，云：『孺子性孤僻，富贵若土苴。独喜游名山，一坐未肯下。好古弄一瓢，爱玩宁暂舍。偶遭盗斧破，痛哭声欲哑。啖齑逾食肉，干谒是用寡。俗子畏相对，涂垢恐沾惹。诟谇纷入耳，若为弗闻也。邈哉夸惠徒，念此后来者。』

四咏昆仑山人王叔承，云：『宋叟号海翁，王叟号昆仑。观其自命意，畜眼如车轮。顾视世间人，有同虱处裈。北游过朱邸，趑且足难前。纷纷曳裾辈，琐委非等伦。虽为平津客，抗浪不可驯。官爵非所啖，千金非所膻。终焉弃之去，黄鹄摩青天。斯人既已逝，遐轨难追攀。』

五咏白云先生陈昂，云：『白云何亭亭，言从海上来。故乡一被寇，崩迫随东西。泛蠡憩匡庐，涉江入峨眉。卖卜兼织履，高踪混涂泥。晚岁寓金陵，穷巷甘卑栖。邂逅遇林生，发箧诵其诗。被赏翻痛哭，所伤知音稀。虽尔穷到骨，身殁名已垂。五言七百首，敝帚今生辉。』知人论世，殆即所以自况也。

白山集中佚闻

白山有《题周二娘墓》诗云：『当年红粉已成灰，谁见芙蓉向脸开。三尺孤坟一片石，行人过此尚低徊。』原注：『二娘，广陵伎也。』白山久客扬州，故赋之。

又有《挽屈翁山内子王华姜》诗云：『君生南粤妾西秦，作合何从有宿因。太华峰头摇彩笔，方知玉女是媒人。』原注：君游太华，赋诗百韵，有李君者，深服其才，闻之副使陈公、参将赵公，因而作合。王即赵之姊之义女也。

其二云：『忠臣遗女正凄然，高士无家亦可怜。见说伯鸾逢德耀，三千里外两丝牵。』原注：王公壮猷，世为边将。乙酉岁，举义不克，死之。女时在固原，赵守代州，迎至署中合卮，相去盖三千里云。

其三云：『宝马雕弓白羽鸣，绣床斑管紫毫轻。昭君图画曹娥拓，都作狂夫悼内情。』原注：王产北地，使弓马，兼善笔墨。按：此二事皆稀见，故附录之。

刘子矜程京萼书

刘子矜，工书，见前卷。余在沪市见一明金扇，小楷端书张茂先《励志》诗，乃然笔也。大喜购归，以示乡人，皆未见过。又程京萼书，见横卷二轴行草，有晋法。宾虹云：程书在沪尚能遇之，刘书真稀有。

曹震亭《香雪文钞》

曹以南学诗《香雪文钞》皆骈文也，前有乾隆十年让溪汪由敦序。又有艮斋吴瞻泰序，称『震亭曹子，与余儿同出安溪李立侯先生之门，为江南己酉科所得士』。又言『震亭尝纵游吴越楚豫齐鲁燕赵之地，渡黄河，登泰岱，南访栖霞，北历太行，归而奉母于翠微、金竺间。家有小园半弓，老梅数本，与松涛竹籁相答，安贫著述，泊然寡营』等语。

集中首《黄山赋》、《新安江赋》各一篇，而较之许青岩作，则格卑语薄，不逮远甚矣。震亭与桐城张氏交甚久，集中有《澄怀园赋》，注云：『园近西山麓，乃桐城相国张公所居。』又有《张晴岚学士西青散记序》、《张晴岚侍读藕花书屋图序》。与史悟冈、郑松莲亦交好，故其诗屡见于《西青散记》中。此集有《西青散记》序，有金沙史悟冈诗文集序，有郑松莲无题诗序及书跋诸作，惜皆骈文、未能采撷故实。仅录其《绿野楼赋》注云：『楼在邑西长林里吴氏别业，主人松庵，贤而礼士。其子梦桂，从予游，予授经于此三年。楼面黄山云门峰，烟云吐吞，有天际真人想。乾隆癸亥初秋，乃为作赋云。』又金殿撰《慕斋小清凉山房图序》，注云：『山房乃励衣园学士别业，序文有「近邻西苑楼台，远隔东华尘土」语，殆居京时作也。』

集中有《为胡孝女征诗启》，有《胡孝女墓志铭》，云：歙西长林胡氏，有孝女曰芬葵，以刲股救其祖母。祖母病，为之霍然起者再。及后以瘢痕溃腐，不可复受金夷，遂殉其祖母而死。死时，郡守窦公表其闾，都人士争为诗歌，造奠。中书舍人晋袁曹君为之传。女父名雅牲。事在雍正初。

又《吴三惜居士传》，言吴氏自唐侍御少微公，显于歙。宋教授子明公，复迁皖。元至正间其某世孙仲仁公，复自皖归歙之长林里。

《闵素庵先生传》，言闵氏自南梁始祖铉公令歙州，爱其山夷而水旷，遂家于歙。传至唐处士玉公乃迁岩镇。镇中望姓名门，闵氏为最久。

《吴师杜传》，言吴公出唐左台公后，历十馀世，至宣议竦公迁于歙之澄塘。

此三条尚可为补修歙县氏族志之材料耳。

郑慕倩画兰册

郑旼，明末遗老，字慕倩，又字遗苏，号慕道人。贞白里人。志称其工诗画，隐于狂疾，服如野僧，或有言触往事者，辄哭不休。簪绂中人有愿近昵者，哭以拒之。于鞠卣处见其画兰册八帧，俱寥寥数笔。一题云：『间对花光篆古心，春风坐上墨痕深。无根我慨追前劫，独抱幽香散碧岑。』印章云：『前身本是所南翁。』

一题云：『此剑兰也。』又云：『幔亭霜叶愤空含，千古精英是一男。记得新蒲俱有恨，写来芳草我何惭。须眉自笑能如戟，根土人钦本是南。岂识孤怀同铁石，三年风雨爨烟龛。』款题：『剑兰众香之一。庚戌慕道人。』

一题云：『虚檐丛竹外，已觉远尘喧。世代今难问，诗书古是敦。花香堪赠友，墨语可传孙。一顷高斋话，犹馀古道存。』款书题：『洪季常画兰，畋。』

一题云：『闲来无事坐春风，香泽微闻气自同。写到离根真可慨，前身本穴所南翁。』

一题云：『芳草耳。』又云：『静处微闻意自深，欢言若许结同心。冰弦在昔矜高调，芳草而今蔓碧岑。谁惜根芽风日好，自甘岩谷雪霜侵。轻描数叶怜无地，留向千秋问赏音。咏兰作，众香之一，辛丑寓于湖作。』馀幅无题。

鞠卣跋云：『慕倩先生，故明逸民，家双桥，予家西溪，世为邻也。先生去今不三百年，子姓式微，已不能诵述先世。其《拜经堂未刊全稿》，卷帙甚富，夙藏吾族人家，咸丰兵后散失，未知其有无在人间也。少日学画，慕先生为人，求其点墨片楮而不能得。及有事四方，卅年所见山水不下十馀品，而箧中亦遂宝有三幅，若此写兰册则尤仅仅见也。先生山水出入元季，又学石田翁，秀者近查梅壑，而俊逸过之。题诗清新，不受明季习染。吾友黄宾虹爱而集录之，几成帙矣。吾乡清初多高士，渐江开其宗，若垢道人、江允凝、汪璧人、凌又蕙辈，皆各有其所独造者。雍、乾以来事渐不传，今人论新安画派，动曰四家，如慕道人一流，皆不获分据一席，固由世人不能多见真迹，而乡邦记载之不足以章之，亦深可耻耳。戊午四月乡人汪律本记于沪上。』又和一诗云：『采秀入山深，孤芳擢碧心。《离骚》怀楚泽，史契苔岑。世有沧桑感，香无风雨侵。比邻思旧德，寂绝谷遗音。』

江晋三《音学十书》

江有诰，字晋三，歙郡城人。著《音学十书》，曰《诗经韵读》、《群经韵读》、《楚辞韵读》、附《宋赋韵读》、《先秦韵读》、《谐声表》、《入声表》、《唐韵四声正》、《廿一部韵谱》、《四声韵谱》、《汉魏韵读》。又著有《说文汇声》、《说文质疑》、《系传订讹》、《等韵丛说》、《音学辨讹》、《隶书纠谬》等书。

所谓十书，刻于嘉庆甲戌，咸丰有重刊本。近王国维为重印之，十书只印其七。余居京时，与修清史之朱君少滨造余言曰：『君县江晋三先生，其音学书近为人推重，史馆中已为立专传矣。』

今按其书，首嘉庆壬申金坛段玉裁序，略言：『古韵分部肇于宋郑庠，分二百六韵为六类，其入声三。近昆山顾氏更析为十部，其入声四。婺源江氏又析为十三部，其入声八。此余师休宁戴氏所谓古音之学以渐加详者也。丙戌、丁亥间，余读《毛诗》，有见于支脂之当分为三，尤侯真文之当各分为四，因定为十七部。东原师善之，丁酉作《声类表》，取余说之分支脂之者，而更析脂祭为二，得十六部，其入声九。嗣后曲阜孔氏扐约亦善余说，作《诗声类》，更析东冬为二，并真文为一，析屋沃以分隶尤侯，别出缉合九韵为一，得十八部。戴氏所谓以渐加详者，至此亦綦备矣。今年春，歙江君晋三寓书于余论音，余知其未见戴、孔之书也，而持论与之合，余甚伟其所学之精。秋九月，谒余枝园，出所著书请序，余谛观其书，精深邃密，盖余与顾氏、孔氏，皆一于考古，江氏、戴氏则兼以审音，而晋三于二者尤深造自得。据《诗经》以分廿一部，大抵述顾氏、江氏及余说为多。其脂祭之分，独见与戴氏适合者也。析屋沃以分隶尤侯，改质栉屑以配脂齐，独见与孔氏适合者也。东冬之分，则近见孔氏之书而取者也。于前人之说，皆择善而从，无所偏徇，又精于呼等字母之学，不惟古音大明，亦且使今韵分为二百六部者，得其剖析之故。前人论入声说最多歧，未有能析衷至当者，晋三则专据《说文》之偏旁谐声及周秦人平入同用之章为据，作《入声表》一卷，尤为精密。不惟陆氏分配之误辨明，即江、戴异平同入之说亦可不必，其真知确见如此。』下略。按：茂堂先生作此序，年已七十有八。又集首次王怀祖一书，亦晚年作，年辈皆先于江也。江名近始大著，其前不彰，故为略录于此。

绿滋馆《考信编》《征信编》

绿滋馆《考信编》二卷、《征信编》五卷，明末溪南人吴士奇撰。《考信编》杂论历代史事，《征信编》专记明代事。康熙庚申，其从弟吴甲周为印其书，并为跋语，略称：从兄太常无奇公，为前朝柱石。自邑令以至于京卿，所历多名绩，先贤传记载之极详。而大者莫如辞铨佐、救左都二事。林居十四年，著书论断，上下古今，俱眼高绝世，无依傍前人一语，盖节义文章，实可为百世师、天下法者也。兄以清正律躬，殁未再世，而后嗣萧然，或儒或医，散之四方，兹集及《绿滋馆稿》，遗梓尚存。今逢圣代纂修前史，访求遗书，故缀言篇末云云。

甲周，清撰文内史并分巡楚南兵备使也。《考信编》卷首有万历庚申温陵李叔元序，又康熙己巳吴之騄为《绿滋馆集》序，略言：余族前太常无奇公，在明天启间与同官胡君世赏，疏纠魏珰。珰矫旨令自陈，遂挂冠归，以著述终老。考太常生平宦迹，莅郡县，佐度支，视学政，守藩辖，以清慎称。未尝一与馆阁探秘府藏，乃能取有明二百馀年行事，为副书一百卷。其叙逊国忠臣，谓当与靖难功臣并列。议大礼不抑张桂，原道学不排文成，皆确有所见。今上御极十有九年，修明史，捐忌讳，求遗书，部檄行新安，取太常所著书，而遗稿散佚。《征信》一编乃副书中片羽云尔。

又考施闰章《吴太常传》言，太常，讳士奇，字无奇，别号恒初。明万历壬辰进士。知宁化县，有殊绩。调归安，升南户部贵州司主事。出守吉安，与邹忠介元标推明性道，创三祀于白鹭书院，作《三祀志》。历四川、山西两省提学副使。以忧归，服满，补浙江绍宁分守副使。累官湖广陕西布政使，晋太常寺卿，以疏斥魏珰，自引归。初在太常时，南乐相国风之，招佐铨宰，不往。归后，叙平川功，赐钱二百缗，命以原官起用，卒不起。殁赠工部右侍郎。其所著《皇明副书》一百卷未刻，《三祀志》至今为吉州掌故云。

按《征信编》中，载唐泽、张芝、程金三传，皆歙人。三人俱见歙志而不详，兹节录于后，以补阙略。

唐　泽

唐泽，字霈之，歙人。初令平乡。苦水，筑堤百十八里，民得稼艺。迁刑部主事。会北畿抚臣宁杲、倚瑾贪功妄杀，瑾故庇杲，上命台谏往核。杲益饰词，泽廉得其实，请绳以法，瑾衔之，从郎中出为福建副使。剿贼苏世浩等七千馀级，以功进浙江按察使。以父丧去，补陕西按察使。贼樊绅称王号，泽平之。晋陕西右布政使，寻以右副都御史巡抚甘肃等处。甘肃西迩哈密，先是土鲁番夺哈密印，据其城，数犯边而日以印为市，递归递夺，我自杨翥议袭后，无能以一骑逾关而西者，议论纷拿，遣将召兵，迄无虚岁，印竟不返。兵[部]尚书胡世宁发愤力争。泽与御史刘廉疏陈用兵五不可。谓尺籍空虚，屯田榛芜，兵食不充，一也。我屡挫而怯，彼方胜而锐，二也。我失瓦剌之援，进则无资，彼合瓜州之力，退且有据，三也。河东临洮创夷未苏，赤斤诸卫，零落殆尽，根本既摇，藩篱亦撤，四也。西南苦口，东北苦戎，并力则捉襟，深入则枵腹，五也。况哈密远在碛下，兵难久留，不如宽以抚之，一面搜乘补卒，慎择将帅，募民广屯塞下，使军实日充，再规远役。朝议是之。无何，土鲁番以四千馀骑入寇，忽病疫不能胄，众请急击。泽曰：虏可尽乎？不如因危而惠之，虽豺狼可驯也。乃遣医诊治，而耀兵酒泉以震之。虏东向稽首泣，誓不敢反，出印献城，恳求贡，诏许之。泽复条陈分口兵屯以定安壤，斟酌远近以专责成，抚选番夷以备征哨，振作将士以严防御，量征本色以备兵荒，查发盐银以足军储各政。又辟地数千顷，募民耕种，官给牛具子粒，兴水利，设桔槔，而令农官率屯长时其播艺。稽其数之上下，一年收所给种，二年倍之，三年始入其税。储粟至数千万。晋户部侍郎旋改左副御史，巡抚如故。无何，卒于凉州，谥襄敏。西人至今思之。

张芝

张芝，字廷毓，歙人。少读书，尚意气，以古人自期。弱冠登进士，除评事，数决疑狱。弘治中孝庙下诏求言，芝叹曰：『使吾效一官，第以一官见功耳。幸居不讳之朝，请得备陈中外事。』屡上疏，无虑数万言，多采行者。武宗初立，阉瑾用事，芝极论时政阙失，请正体统，收威福，言甚切直。通政司恐忤瑾，止不敢进。而芝已外补佥事，禁奸正法，风采凛然。以母丧归，再督广西学政，勤于造士。会苍梧瑶反，芝为监军讨之，深入贼巢，以计尽其矢石。贼既俘，芝以劳得疾，乞休，不许。进荆南副使。卒，年四十一，无子。

芝故贫，庐母墓时，与诸佣杂作相乐也。尝笠而蔬。客闻其贤，入山访之，逢芝于圃，以为老圃也。问曰：『此间有张芝者，居安在？』芝指前草舍，客抵舍，竟无应门者。问诸佣，知笠者即芝，大骇且愧，遂逾山去，恐复由故道惭遇芝也。芝还，更衣肃客，而客已去，乃遣人追送之。

芝与学士杨廷和、祭酒蔡清友善。及死，廷和悼之曰：『廷毓无福，天下之人无福。』芝没时，继室吴氏年仅二十二。芝兄张教亦早卒；教妻汪氏，年二十九，亦无子，并守节。部使者旌其门，给米帛终身。

程金

程金，字德良，歙人。举进士，除南京工部主事，筦库出纳。库有奇羡，故事以供部尚书及诸郎。金持不可，诸郎以例来索，则自出橐金应之。

督仪真厂兼视漕，令诸闸启闭以时。有客藉贵人势，非时求启闸，守者不可，则挞役夫，金怒缚其舟人徇之市。时江西有大贾，豪于仪真，通诸蛮酋长，为奸利，会督府征蛮兵，诸酋主豪家，集舟载兵，境内骚动。市人赴金讼豪，金立捕豪，豪急则走乡人南考功郎所，以书为解。金不听，卒收豪。考功怒，以事中金，移安吉州同知。时督府方命材官募州兵，金以为扰，格不可，寻倅长沙，再贰河间，转户部员外郎，进郎中，出守汉阳。时中丞汪道昆镇楚，金同邑人也。乃疏荐金廉直，求调任承天。疏格不行。顷之，上计吏部，部以金老将迁盐官。时道昆已晋少司马，语吏部曰：『汉阳廉吏，奈何予此，岂以其多须且斑白耶？乃尚未耆也。』乃止。金复还郡，旋亦投劾归。贫甚，岁奉多不给，课二苍头，各治五亩，时躬督之。家居二十年，与人论事，析是非若秋毫，必尽其辞，乡曲詟日起。晚丧偶，无子。更娶刘氏，初亦不欲名之适也。刘氏正色谓金，请正名，妾乃为君仪于内。金异其言，从之。时金老矣，而刘尚少，事金惟谨。金故以庄见惮，刘无不当其心。卒无子。金病革，刘豫为治丧。及没，哭之尽哀，不食十日，竟死。

吴士奇曰：『吾乡山峭水洌，士女多奇节，督学廉吏，吴氏不愧其夫；汉阳苦节，何异鲍焦，刘之义烈先后齐芳矣。』

歙事闲谭卷四

许文穆成仙异闻

吴士奇《绿滋馆稿》有《城阳山志》，叙云：余登天都，真跻丹台，访轩辕氏之遗弓，幻无所遇。取径西下，抵一深谷，名曰丞相原。相传为故相栖隐之处，亦不知相为何人，徒寄思于烟霞石室之间，怅然归去。后谒许文穆于城阳山，山故许宣平之遗址，而裔文穆初罢相，更为辟地结茅者也。是日文穆呼童采毛烹鲜，饮余亭上。余素不任酒，文穆亦不余强，而自引满独酌。陶然微醉，竟日不道当世之故，亦不及宣平遗事。余低徊久之，翩然有蝉蜕方外之想。私自诧曰：余向所寻仙踪而杳无得者，斯其人欤？因忆子房从赤松子游，藉四皓以定国本。而所名四皓者，至屡勤天子物色，逃去不一顾，子房从何得之？仙亦以类聚，意四皓即赤松子之别名，而子房雅与俱游者欤？文穆抗疏定储，超然远引，事大类子房。彼宣平者，既入陈守之梦而赐之金丹，岂其见文穆焦劳，矻矻忧国，而不为一诱其衷也？窃意商山之画，文穆必有神受之宣平者，第不欲语怪以惑人耳。外传记文穆仙逝之日，程生尝遇之九华山巅，其与朋奴家妪遇宣平于采樵之南山何异。夫使仙人仅修延年之术，遂居岩谷，无功德及人，究亦草木同腐，君子不道。惟时见时藏，能蛰能霖，乃称真不死耳。

吾郡山川峭绝，代多异人。轩辕帝而仙，文穆相而仙。独怪探奇之士，远慕天海，近遗城阳，搜旷不可知之故相原，而略文穆所从列祖辟谷之丘壑，此信孺之志所由作也。信孺为文穆嫡孙，尝得宣平遗象于燕市，及《月中闻笛》诸诗。其事益奇。详载志。

按：此文直以文穆为仙，绝可嗢噱。文穆系出许村，与余为同宗。宣平则旧谱存疑，亦非其祖也。惟文穆归田后风趣之佳犹可想见。

又按：闵宾连《黄山志》亦云文穆殁后，程生涓见之九华山，若尸解神游者，乡人多以为仙去。事载《陶宫谕望龄祠记》中。可见清初此传说犹盛。

程朱阙里之由来

吴士奇《新建程朱阙里记》，言邑方司徒公，尝睹程伯子书于豫章唐氏，有忠壮公裔之章。司徒悚然曰：『噫，千载疑之，而一朝决之也。』按：此二程之出篁墩，乃赖一印章证之耳。方司徒，方宏静也。

姚承庵著书碑

歙之南山，有乌程姚承庵始著《四书五经疑问》处碑。吴士奇为作记。言姚名舜牧，字虞佐。初为新兴令，再补广昌，家世明经。己丑春，先生来歙居南山，始著《四书疑问》。后以次及《易》、《书》、《诗》、《礼》、《春秋》，垂二十载乃成。其再游歙，乃值程朱阙里初创崇文书院告成，先生为主讲。碑为邑宰刘侯所立。刘亦乌程人，以正学自任。至歙，首崇祀程朱，表章先生故著书处。潘景升为余言：先生初客南山时，有异征。先生不语怪以滋后学疑，故不载。

按：吾歙明时风气，最尊礼外来名儒之主讲席者，至清中叶后乃稍衰，然如方朴山、刘海峰诸人，今固犹在人口也。

《丰南溪山记》

吴士奇作《丰南溪山记》甚佳。余一字不忍删节，为备录之。因歙西各村，村村入画，观丰南可想见其他也。记云：『丰乐水出黟山而东浙海，是为新安名川。其上两山合沓而中流，游者隘焉。入吾里而辟山之半，以瀼水之环。盖山不厌高，水不言诎，洋洋乎西南一大观也。临川而堵，诸宗别业在焉。半四方之贤豪，错处其间。或于此称孟尝门，或于彼可设雀罗。或长啸高歌与天籁会，或抱膝沉吟，唏嘘无聊。或扪虱而揣摩当世之务，以一试其奇。或酒颠茶董，白眼无人，不可一世。或仰视天，俯画地，剧谈六合内外，而杂以诙谑。或燃太乙之藜，订六书之讹，以自托于不朽。或拥异人、持禁方，仙仙乎丹砂金而旦暮安期生属也。阻水为楼，以岁时更献状于几席。春雨则濛濛滃滃，烟波隐现。夏则岫浓翠合，洪涨绿畴。秋则黄云丹叶，掩映晴江，湍縠生纹。冬则寒陵竞涌，风濑清浅，寸鳞米石，洞视无碍。日入则金竺倒影中流，如捧员峤。夜则渔火连绵，如星河秋而烂，昭昭其未央。至于雪之霁、月之夕，长风之翏翏，无一而非趣者。

吾登临四顾，而石梁在望。势如长虹，群木林林总总，如濯蜀锦。其环绕不断，而或峻或衍、或陟或密者，灵金诸山耶。其倒插入汉岘而辄合者，天都、云门二高峰耶。其并峙南东而妩媚奔朝，若联骑张扆，若探头窥人者，其天马、石耳、黄罗、飞布诸山耶。其起自西北，而倏幻如长堞，如曳练，又如列仙拥旗盖相迎者，云气之骤变耶。徐听而声振林木者，两寺钟耶。铿然若鸣玉而危厉若哀弦者，湍声耶。鼓吹而西，旋复迴皇者，幔亭泭游而流连者耶。重以列肆错出，雅俗并驰，曲涧小桥，卖卜王生栖焉。绿阴丛中，酒旆摇摇，诸少年于此豪饮。夹水为径，广可方轨，则斗鸡、走马、技击、蹴鞠诸戏，群聚于斯，观者目不暇给。折而东出为柳洲阁，阁故以柳名，会岁祲，为窭人所戕，今其孙枝亦渐以茂矣。溪形如带，中成广莫，泞泥为桑田，积石为沙洲，芦花袅袅，网者钓者、刍者茹者、浴者风者、洴澼洸者、折柳而赠者、班荆而饮者、击微波而戏者，不知凡几，若都市焉。沙中白鹭千群，时喙时饮，其海上之狎鸥欤。巨鱼数百，游泳澄潭，即淅者数过不惊，若驯而习也。隔岸曲堤，桃李千章，春华时红白间错如绣。好鸟喈喈，如弄丝竹，连袂而过横桥者，肩相摩，较四时此为最矣。其东堤修且广，与石梁相接，杨柳成荫，桃李无言，花下成蹊，人与花争艳，侈丽逮好，无相嗤也。不佞雅慕江湖，窃愿探禹穴、涉龙门，遍足于三湘五湖之区，以雄吾生平壮前，而幽雅不啻过之。大都游闲公子，矜繁华者喜游观，即寂寞者时亦于此流憩，各任所游而不得，则眷怀故土，以为目前亦足快吾志者，而复十九在道。昔官吴兴，吴兴山水故佳，清容轩为胜，去官舍百步而遥。程书之暇，间一再临，则碧浪诸观，争睥睨上下，恍惚动吾乡思。顾独惜吴故老所传，如所谓文敏水晶宫者，徒寄慕于陆沉波荡之中，而犹幸吾里之再世而若新者，一凭栏而恍若在目也。因属左干兄绘图，而余为之记。

按：明时吾歙之盛如此。丰南且然，岩镇可知。吾家去此二村皆十许里，虽逊其雄旷，幽奥固胜之也。

吴士奇《征信录》中之《货殖传》

吴士奇言洪武中吴人有沈万三者，以资倾东南。家已籍，顾善自匿。至永乐中犹称巨富，而惴惴惧不保，时入赂贵臣。是时闾右以齿自焚者，十室而五。即婺之郑氏，故号义门，且几殆，非以干戈初定，恐利雄而为乱资乎。吾县多富贾，我吴宗亦稍自给。正德中扬州守瑶，从车驾，为侍卫所困。宗人有景芳者，出槖中千金，各厌其欲，守乃得脱；言未遇时与景芳相善。而宗人又有名珽者，亦轻财好施，卒以家破，遂为市义者之戒。近国有大役，宗人有持三十万缗佐工者。一日而五中书之爵下。嘉、隆以来，淮海以南，富于财者，贾则山西高氏、宋氏、韩氏，歙县吴氏、汪氏；田则三吴徐氏、杨氏、董氏，迭为消长云。

按：此条可征明时遇富民之苛虐。五中书事，《歙志》作六中书，言万历间，师征关酋，吴养春上疏，愿输饷银三十万两，诏赐其家中书舍人凡六人，吴时俸、吴养京、吴养都、吴继志、吴养春、吴希元。明制中书贵于清制，有由御史翰林迁者。吴氏一朝得其六，故县志列之《殊恩传》中也。又按：士奇摅举当时富贾，吾歙仅及吴、汪。足征吴、汪之富，在明称盛。若江氏等，殆皆起于清矣。

仁义寺

吴士奇《重修仁义寺引》言仁义寺在歙之西。西南万家星布，咸于斯祝厘，而踞吾里之上游，西控金竺，东面黄罗，左溪右冈，最称福地。祥符以来，时迁世殊，屡加补葺，载在碑中。按此则，仁义寺之建，尚在祥符以前。

心月佐普门开黄山

吴士奇《天海建庵引》云：乙未秋八月，余为黄山游。从汤泉逶迤上四十里抵天海。秋山气爽。三十六峰析为千峰，峰尽削成，杂以云物，献状益幻。石罅松枝，低拂如萝，翠色苍莽，独空东面。远瞩大江，如覆杯水。夜宿草舍，如吴中小艇，从者皆抵足眠，余忽梦入碧浪湖。碧浪湖者，在吴兴岘山下。余昔为令时，从月下游者也。人言吾乡山赢水诎，以余画卜诸夜，岂不山水并会心乎？以趣入蜀，未尽探奇。明年历嘉州，登峨眉，缅怀故山，胜不减此，而巑岩过之。自僧心月辟石为级，才可受踵，而未有息肩之所。级行日四十里，每苦足茹。游者虽有胜情，卒惮攀跻，中道而返。会槜李徐玄仗同二客来，余再与俱游，则以心月往。蹑登十五里而径穷。假宿莲花洞，有僧狞貌而捷径，诘朝引诸客穿峡上，余病不能从。居数日，黄寓庸从武陵来，然穴处缟悬，跖险如旧，乐又疲也。于是心月请得缮故道，置兰若于天海山之半，而别为小憩，属余为引。余惟峨山昔僻蚕丛，谁名震旦，第一则僧以也。

按《黄山图经》，高一千一百七十丈，于蜀其东西峙乎？顾兹山灵，须借佛力，顷僧普门欲建场中山，心月更筑室其顶『撑开不二之门，谁生我相；共施无尽之藏，赞兹善缘』等语。按：读此引，知在明时黄山道险，乃逾峨嵋。又山中石级辟于心月，心月佐普门开山，亦一佚闻。今但知有普门，不知有心月矣。汪注：黄山初皆道流栖隐，是以傅会黄帝容成遗迹。及普门后，始启禅宗。慈光寺亦道士观改造。慈光寺为道士某赠普门者，忘出何书。

绿滋馆诗

吴士奇诗亦佳，录其《同鲍中素洪桂渚毕见素宿圣僧庵》云：『为问枕流处，更占洗眼泉。空堂还见圣，修竹自招贤。梵影连墟里，溪喧到佛前。寥寥声渐寂，忘相并忘禅。』《送姚承庵还吴兴》云：『余僻和弥寡，君贞知亦稀。何当长者辙，独扣故人扉。陶菊秋深吐，吴菰霜下肥。偶逢关令尹，强为著书归。』原注：『公著《疑问》诸书。』

黄承吉注《字诂》《义府》

黄白山《字诂》一卷，《义府》二卷，俱收入《四库全书》。《字诂》，《提要》谓其取张揖《字诂》以名其书。于六书多所发明，每字皆有新义，而根据博奥，与穿凿者有殊。《义府》，《提要》谓其上卷论经，下卷论诸史、诸子、诸集，附以赵明诚《金石录》、洪适《隶释》、郦道元《水经注》所载古碑。陶弘景、周子良《冥通记训诂》于古音古训皆考究淹通，引据精确，不为无稽臆度之谈。虽篇帙无多，其可取处不在方以智《通雅》下。余所见本，乃其族孙黄承吉所刊。承吉于二书俱有按语，后有长序，谓二书之采进，乃戴东原太史迫属当事访求而得者。又谓：白山当江、戴、胡、阎、惠诸氏之前，不假师承，无烦友质，冥然独处山村溪舍之中，上下古今，钩深致远。其足迹非若诸人之多所涉历，其卷籍非若诸人之易于购求，且其口音又非若诸人之习亲官语，而其学识之卓荦超越，乃至声音回转，训诂周流，则反胜于诸人之犹有所沾滞也。下略。

盖承吉于声学，别有见地。尝谓古者文字之源，主声音而不主形迹。故古书中凡声近之字，多可通假，多相训诂。为经说文说发明以声为纲之义。而白山先生书中，有初义之音，有次义之音，或字本无义，以声取之；或借音专行，本音遂废。幼妙之论，已发其端。

故承吉谓为反胜诸人之犹有沾滞也。

承吉又谓：凡字所主者声，声有定而读音无定。音歧于各方参差进退之口舌，故无定。然闻之者虽异，而言之者原是此音，则无定而仍实有定。其所以有定者，以音系于声，声统乎音也。故赅以曲直通之三声。而先生书中，如以『尒』为即『汝』，乃『若』之声义。『不』即『丕』之声义。『拨剌』即『丿乀』，『拂戾』之声义。『噫嘻』即『呜呼』之声义。『谁畴』即『孰』之声义。各条皆足证成承吉之说。又『尒』字条云：方土不同，各取其声之相近。『亏丂』字条云：凡引气出声之词，有引之而上者，有引之而下者。『无』字之音条云：方言有有音无字者，经典多借字以寄其音。『囝』字条云：方言不同，故音因之而转。『仡』字条云：可因声以知意。『倭伛』条云：语有倒易，字有通借，诸书昧其义遂异其音，通人阅此，自当了然等语。承吉以为，非洞见一切声义之渊微不能言也。

承吉又谓：书中所辨正者，如论《古文尚书》非原书，在阎百诗前。解《孟子》『气次焉』为『次舍』，在毛西河前。解『呭呭沓沓』为『多言』，在朱竹君前。以『追蠡』之『追』为即《考工记》凫氏之『隧』，在江慎修前。以『毕郢』为『毕程』，在刘端临前。以《尔雅》『豹文鼮鼠』，谓『豹文』二字属上，在邵二云前。以《书》『涂炭』为『染污』，在王西庄前。以凫氏之『衡』为即『甬上平』处，在程易畴前。以『易良』之『夤』，当『从肉而通胂』，在段若膺前。以『坤』字作『巛』为借用，在王伯申前。信乎白山能肩随亭林，而为有清一代朴学之先登者矣。以上节黄承吉序。

吴敬甫《六书正义》

吴敬甫名元满，歙人。著《六书正义》。黄氏《义府》中引其说。今书已不传，为存其名。

白山书中有颂清语

《字诂》中一条云：麒麐字本从鹿下吝，俗误用麟，原注：大牝鹿。『麐』字几废。嘉靖己酉，应天发解，首唐一麐，主司不识其字，遂欲易首。赖藩司一吏识之，因得不废。当放榜时，内外帘及监临提调诸官咸在，竟无识『麐』字者，非此吏则唐生瞠乎其后矣。

又洪武初，殿识第一甲，首孙曰枲，次某、次邢宽，书榜式字体相粘，故『曰枲』二字有类俗书『暴』字。原注：正作㬥。上云：国家止宜刑宽，岂宜孙暴！遂易邢第一而孙居三。夫唐以命名用古字，几失首解；孙以命名近俗字竟夺大魁，此皆字学芜废之过。圣人在上，考文之典安可缓乎？原注：洪武中亦尝命儒臣修韵书，今所传《正韵》是也。然亦未尽当。

黄承吉以为此公入国朝后欣颂之语。承尧按：信然。然以白山诗之激昂抗直观之，先生心事自见。此诚巽语，可谓一小疵，要不足为大病也。

郑千里诗

郑千里重画雪景，题诗云：『急风吹雪正弥漫，客子幽寻不畏寒。知有逸民空谷里，拥衾高卧似袁安。』见黟县胡积堂琴生《笔啸轩书画录》。此诗殆其自作，以千里诗不多见录之。

郑慕倩诗之一

郑慕倩题画诗云：『求闲分砚席，几载破工夫。句每因怀尔，书当不减吾。为言一日长，勉事三冬无。未略行藏异，干支笑甚乎。』《丁酉赠自公庚弟》『异地欣相见，春风又送行。草生连夜梦，燕至旧时情。装载黄山雨，帆收白下晴。并将疏懒意，一味语难兄。』《辛丑寓于湖，自公弟见过即送之白门外》

原注：癸丑岁暮，漫简旧作并图似白公贤弟，追忆往昔探松品墨之娱，不可多得，且慨近事不口多吟也。

渐江《古柯寒筱图》

渐江《古柯寒筱图》，款题：『古柯寒筱，拈供宝月尊师。无执弘仁。』汤岩夫燕生题诗云：『谽呀树老忘其年，托根磐石上撑天。矫如虬龙斗霹雳，一肱屈曲势飞旋。人如此是樗散质，臃肿支离故无匹。幸无鸱啸与狐藏，永断朝家斤斧觅。谁争匠石一顾荣，好伴幽人老衡泌。』又为记云：『黄山文殊院，高出万峰之首。矮屋两间，孤峭与天接，宝月师居焉。渐公游而乐之，作画为师供，且赠以诗，有「闭门千丈雪，寄命一枝灯」之句。阅数年，余与宝师遇，师举此画为予赠，因为余语渐公登峰之夜，值秋月圆明，山山可数。渐公坐文殊石上吹笛，江允凝倚歌和之，发音嘹亮，上彻云表。俯视下界千万山，皆如侧耳跂足而听者。山中悄绝，惟莲花峰顶老猿亦作数声奇啸。至三更，衣辄益辄单，风露不可御，乃就院宿。回思此际非人世游也。余既拜师赐，并记其语于此。甲辰八月黄山樵者汤燕生记。』

戴务旃赠渐江诗

戴务旃诗：『林光山气最清幽，添个茅亭更觉投。读罢蒙庄《齐物论》，端居一室得天游。』自题：『此予昔赠渐江句。』

太尉殿

歙北有村曰太尉殿，云郑氏祖祠也。顷见郑慕倩题画记云：汉太尉公为江南诸郑之祖。微时获一没头箭，樵于越溪，往来病涉，神助以风，朝东而暮西，一时行人多趁郑公风焉。三山义门，皆其流裔。吾歙祖亦自浙徙。今律村有太尉庙。雪痕后人旼画并识。

渐江《松石图》

渐江淡著色《松石图》大幅，自题一诗云：『涔涔雨色润遥峰，墨沈翻来未易工。幻出双松当石户，云光霞彩鹖猏同。』

款署：学人弘仁敬写，似和翁居士。

㐭峰《黄山图》

僧㐭峰淡著色《黄山图》，自题云：『六月炎蒸何处避，黄山峰顶最清凉。梅花馀韵江城远，琴弄松风满石床。』下署『云舫㐭峰智』。有印曰『一智』。按：㐭峰，休人雪庄之徒也，亦黄山僧之工画者。汪注：休人一智，雪庄弟子。云舫者，雪庄所居。昔见㐭峰有画，临雪庄所钤即用雪庄诸印。

汪于鼎题吴在田画

汪于鼎洪度题吴在田画云：『吾乡绘事，国初为盛，松圆老人后，僧渐江、程垢区、查梅壑、祝壮猷工山水；家璧人、江天际工人物。而在田吴先生，起而与之相颉颃。笔墨一出，宇内争相购求，世家巨族，尝秘而珍藏焉。其嗣君嵩维，于旧簏中仅存此轴。余观其潇疏风韵，不特兼渐江、璧人之长，实有与石田、伯虎差堪仿佛者，此吉光片羽也。嵩维什袭藏之，为传家世宝宜矣。时康熙己亥初夏，同里汪洪度识于春草阁中。』下有印曰『一字都梁』。

按：吴在田，名龙，溪南人。洪度一号息庐，与弟洋度并知名。洪度工书画；洋度工书，字文治。余曾见洋度小楷书、分书，皆隽绝。汪印苔《歙浦馀辉录》云：曾见息庐画秋声赋卷，书有晋意，画极美润。又书王维《桃源行》册，画『杨柳岸晓风残月』小幅，尤佳。文治书司空表圣《二十四诗品》册，笔笔藏锋，仿钟繇体，仿十二家小楷册，皆逼肖。汪注：在田子名心来，字田生，工山水人物，余有一幅山水，吴东岩题跋。

汪璧人岳武穆像赞

汪璧人家珍，画岳武穆像，题云：『成则郭汾阳，不成则岳武穆。谓彼一味厮杀者，先儒之论已非；而谓不班师未必能成功者，后人之口尤毒。我图我公，匪以其容，拜而赞之，惟以劝忠。』按：璧人文极希见，录之。

吴左干《山楼绣佛图》

吴左干《山楼绣佛图》自题记云：『管夫人旧有此作，余往见于长安，适至广陵，孟公命笔，强为拟之。忆门上书有「山回新绮阁，竹掩旧朱门」之句。余老眼不能作蝇头楷也。时壬子秋暮，吴廷羽识。』

渐江画题汪药房诗

渐江山水幅，自题云：『一周遭内总无些，守户惟馀树两丫。还撇寒塘谁管领，秋来待付与芦花。』此余友汪药房诗，香士社盟所居，林薄方池，渟泓可掬，古槎短荻，湛露揖风，颇类其意，因并系之，博一噱也。』

汤岩夫题云：『运笔全标灵异踪，危坡落纸矫游龙。共期出世师先遁，对此残缣念昔容。老屋枯株，池环石抱，点染澹远，大似高房山命笔也。黄山汤燕生拜题。』又渐江为香士画别一幅，题一诗云：『诡秘谁刓石一函，曾经采药有遗镵。寻将结夏先消夏，踏尽松涛不汗衫。』

郑慕倩诗之二

郑慕倩作《缋梦图》，题曰：『庚戌纪游，慕倩戏笔。』后书梦饮仙人《酒肆行》云：『无端作梦甚奇特，与客闲游一哄市。市上摩肩接袂行，谓有仙人开酒肆。客欲同余试赏之，入门井井湘帘垂。不张帘望不书字，人间习习清风吹。仙衣青衣华阳巾，俨如画中回道人。坐有琴书备齐楚，引人胜地半躬身。云鬟向后当轩织，人从轩外更深入。回廊几曲绕雕栏，几净窗明随布席。庭无联额壁无尘，奇花种种未知名。绝无烟火人间事，意必鲊龙而脯麟。坐久情移俗念消，私谓神仙不我遥。少焉云衲双童出，一携檀板一持箫。分明记得歌中意，掷钱惟命供庖制。更客座戒无号呶，半是真言半如偈。一阕新声代阛阓，世上屠沽真鄙秽。歌停客意解相酬，二童嘿嘿持入内。须臾捧出一尊罍，一童进酒古缶杯。杯盛酒色清于露，入口馨香味莫猜，但能多饮不知醉。正怪仙家太游戏，忽然觉我一声鸡，令人不解筵前哭。』按此诗甚诡，似有寓意，又似无之。思想发源，似带戏剧意味，不易解也。

又《自题草堂图》云：『秋风黄叶问幽居，柏栗桃荆列数株。西瀼东柯不易得，萧疏自绘草堂图。』

又《题吴在田画》云：『幽迳春深长薜萝，考槃在陆硕人过。花飞点砌沾红雨，水涨平沙净绿莎。倚竹禽鸣高阁外，出山泉绕小桥过。倪迂孤洁虽难学，或似公迂意若何？』原注：『旧作仿倪迂句，于此有合，遂书于后。壬子上巳郑旼识。』

又《题为左斋道兄画》云：『随兴痕渍水墨斑，几峰苍翠几溪湾。好从南北传宗派，聊共清娱竟日闲。』

余爱渐公及慕道人之冷趣，遇其遗诗，不问工拙，皆录之，作吾谈资，固绝佳也。

雪庄《黄山图》诗

僧雪庄，名悟，字惺堂，又号通源。终身居黄山、画黄山者也。其诗亦有别趣。录之：《题隔岸望汤池图》云：『泉暖浴仙躯，池深峰影见。清可涤尘凡，亦复能解倦。』《题慈光寺图》云：『前海之大门，乃是慈光寺。后海有云谷，门亦如是类。凡搜前后海，寻门得次第。多有窃虚声，一见门了事。』

《题卧龙松》云：『羡彼松多寿，高眠号卧龙。共知黄帝侣，非是秦朝封。』《题扰龙松》云：『奇峰有帝松，又号为扰龙。触风势飞舞，凝雪玉为容。苍涛寒不断，月皎影重重。晴雨弄奇态，遇暖烟云封。所见探奇者，无人不愿逢。』《题迎送松》云：『一松揖如迎，一松拱如送。人笑松世情，松笑人如梦。』《题白龙潭》云：『白龙潭水泼岩寒，卷雪翻涛人爱看。狎浪阁边凡一见，梦魂还只想凭栏。』

《题天都耕云两峰图三首》云：『天仙都会处，相传在此峰。以我肉眼观，所见惟苍松。』『耕云峰接连，傍有观自在。洒净松作证，如是观无碍。』『峰高数千仞，其势如接天。雨后有泉飞，如绅垂垂然。』

《题佛影峰图》云：『老僧眠丈室，佛影现当前。语柄终难免，名峰万古存。双佛心智境，只鹿性情文。客上玉屏背，遥瞻螺髻尊。』注：『峰在后海上对云舫得月轩。』《题仙桥峰》云：『伫望高峰顶，如虹写碧霄。于中飞涧水，端的是仙桥。』《题石笋峰》云：『一林抽石笋，万仞插天生。凡鸟难栖托，闲听无雨声。』《题老人峰》云：『老人千万岁，生平爱住山。秋冬寒不畏，凝雪更增颜。』《题丹霞石屋图》云：『石屋青天近，生成树不遮。峰头如赭色，日映俨丹霞。秋仲霜催叶，春深雨助花。四时观望好，咫尺老僧家。』

《题珠林图》云：『屋小群峰绕，云深独鹤栖。拂衣花气满，报客鸟声齐。种菜看无地，烹茶听有溪。我来床上坐，检得一诗题。』

《题九龙飞瀑图》云：『曾经上亭坐上亭乃云谷院路亭名，梦看九龙飞。晴夜还思月，黄昏不想归。雪潭光照眼，玉露冷侵衣。双耳觉来听，松涛到枕微。』

《题丹台图》云：『客问丹台景，先看此画图。玉屏呈紫气，仙迹一庵孤。』

《东海门图》云：『平天矼上望，天柱海门东。仙掌当峰右，相招赏日红。』

又《题帝松》云：『虬枝爱飞舞，怪绝状如龙。今古疑仙种，轩黄手植松。』

《掷钵峰》云：『高峰谁掷钵，应有旧降龙。遍问无人见，僧楼听打钟。』

《北海门》云：『间行松矼上，北海门相迎。隐隐钟声外，人烟是太平。』

以上十三条，俱据《笔啸轩书画录》。

罗小华子孙善摹印

罗逸，字远游，呈坎人。题其族人罗公权印章册云：家延年好文博古，以父内史蓄古器法书名画甚富，故得多见往代金石遗文，其工于印章有自矣。内史任侠饶智，佐胡襄懋平岛寇有功，至今人能道之。又尝仿易水法制墨，坚如石，纹如犀，黑如漆，一螺直万钱。后坐事见籍，独古印章存。延年益校其精者梓而行之。今《云间顾氏印谱》、《海阳吴氏印谱》是也。由是群从中，如子昭伯伦，皆擅此艺。惟从孙公权尤酷嗜之。此艺自文博士寿承，暨延年，始复古观。而何山人主臣崛起，足称鼎立，其徒惟汪曼容最得其妙。曼容晚年授郑彦平、王山子。公权则自山子得之云云。罗逸又有《书家延年集古印帙后》一文，与上略同。

按：罗小华，名龙文，字含章。官中书舍人。工书画，兼善制墨。其子南斗，字伯歷，号吴野生，一名王常，又号青羊生，工书画。见朱鸿钧《古今画史》。小华，即文中所谓内史；延年，殆即南斗。所谓因事见籍，避祸改名，故印谱俱托之云间、海阳也。

罗伯符书《医无闾山铭》

罗伯符，名文瑞，一字范阳，号何痴。工书，兼画花卉。尝以汪道昆荐，为李成梁书《医无闾山铭》。王世贞、汪道昆、吴国伦、屠隆、王稚登、梅鼎祚及吾家文穆公，皆有题跋，一时书名震全国。王跋略言『万历甲戌，征虏前将军今宁远伯李公成梁，大破虏辽左，获其酋。今太宰梁公梦龙，以少司马奉命犒师，勒绩于医无闾山。而歙士罗文瑞书之。梁公奉绳墨从孟坚，故其辞严洁而不夸。罗书得法于清臣、诚悬，是以遒庄而不觚骫。其名其书，与兹山同不泐』等语。

按：伯符父为罗真吾刺史，故工书。伯符在诸兄弟中最幼，且庶出。父殁，遘家难，出游于外，后奉母居任城。同时燕、赵、齐、鲁碑碣多出其手。

程易畴能画

程易畴先生瑶田，以朴学并善书名，世不知其兼能画也。顷读《李慈铭日记》四十九册三十九页一条云：为伯羲祭酒题程易畴墨兰，其幅中无题绝句云：『天生玉骨与冰胎，写入芳兰狎雪开。谁道严冬十二月，只宜绛笔点寒梅。』下题为『荭谷老先生笑正』。伯希以为盖贺孔荭谷得男者。下略。据此则先生兼能画，且诗亦甚有风趣也。

李慈铭评《校礼堂诗》

《李慈铭日记》十五册二十六页一条云：点阅凌次仲《校礼堂诗》，其格调清俊，时有佳句。乾隆中经儒之称诗者，沃田最胜，兰泉次之。先生诗可以上肩西庄，下揖芸台。其中往往自出名论，又时证发经谊，则诸家所未及。

如《齐河怀古》云：『镜龙八载帝中原，曾筑孤城济水边。鳞角未全成底事，残碑犹记阜昌年。』

《余忠宣公祠》云：『碧血当年葬绿芜，至今祠庙枕江孤。忠臣一样封疆死，谁吊南台福大夫。』

《过公家城子》云：『公家城子枕溪流，野老迎人语不休。犹指柳边遗址在，侍郎当日读书楼。』

《过汤霍林司成故宅》云：『几曲颓垣半亩苔，苍凉石兽没蒿莱。更无甲第连云起，剩有辛夷作雪开。浊世未容淆正论，清流岂必拒奇才。请看桃李茄花侧，都是司空手自栽。』

《读张太岳集》云：『嘉祐万言王介甫，会昌一品李文饶。』

七古如《采石望虞雍公战处》、《周忠毅公宗建玉印歌》、《姚江篇》，皆议论独绝，不愧名作。《河间城北三十五里毛精垒，相传为汉毛公冢》七古一首，《题吴上舍读易图》五古一首，《前学古诗》五古二十首，《后学古诗》五古十首，《次吴石臣进士见赠》五古二首，《小游仙诗》七绝二十首，《题陈仲鱼〈说文解字正义〉》一首，皆名理湛然，深裨经学，而诗律简雅，不失之腐。

《热河八观诗》一秀峰书院、二武列水、三磬锤峰、四布达拉庙、五札什伦布庙、六夜光木、七金莲花、八杏春园酒楼。仿东坡《凤翔八观》作也。及《望齐云岩真武殿歌》七古一首,《己未四月阅会试题名录》七古一首,亦足备掌故。其《题谢益之崇之昆季常棣图》云:『披图真羡二难并,常棣花开照眼明。敬以事兄荣覆弟,说诗应忆郑康成。』《题瞿苌生枙庭读礼图》云:『道学儒林辙本乖,淹中一卷久尘埋。礼堂别有千秋业,授受还应异勉斋。』苌生为辛楣先生婿。《答姚姬传先生》云:『皋比廿载拥名都,言行真为士楷模。谈艺不讥明七子,说经兼取宋诸儒。是非元有遗编在,同异何嫌立论殊。传得桐城耆旧学,直偕熙甫继欧苏。』《孔㧑约检讨过访》云:『周髀遗经传赵爽,公羊绝学继何休。』其宗旨概可知矣。论曲绝句三十二首,亦言此事者所当究也。

项任田《一辐集》

《一辐集》,十八卷,刻于乾隆五十五年,歙项淳任田著。体例如《困学纪闻》、《日知录》、《养新录》诸书。惟皆诂经之文,引据精博,用意严密。前有任田自序云:『余乙酉冬告假归里,间课诸子侄读书,时以疑义质证,然其间于圣贤之门径,典文之异同,尚多隔膜。爰本先儒论说,考核明白,另为录出,间附管见。庶几首尾贯穿,次第秩如。自乙未至今,十馀载矣，积若干卷，诸生请梓之，以备遗亡。余曰此《淮南·俶真》之消矣。有之可以备数，无之未害于用，谓之一辐，鸣谦乎？其自嘲也云尔。七十老人任田自识。』

又有其兄项景惺斋序，略言『余与弟幼同笔砚，长共晨夕，知其嗜学能文，始终无间。庚午举于乡，越十年，遂成进士。薇省铨曹，历任九载。丙戌旋里，谈别后情事，公馀之暇，犹然青灯一卷，继而课子侄、授生徒，潜心经传，杜门不出，几廿馀年。所有会心，登记成帙』等语。

按项景，字韶堂；项淳，字芸堂，任田其号也，吾歙小溪人。任田举进士在曹文植后一年，尚在金檠斋、凌次仲以前也。

宋梦兰

清咸丰间，洪杨之乱，吾徽受祸最酷。以歙一县计之，人口损十之七八，庐舍损十之六七。其时焚掠屠戮之惨，殆不下于明末之蜀、清初之嘉定扬州也。至今创夷未复，父老言及，犹流涕吞声，宋梦兰即其时死事之一人也。兹据《两江忠义录》录其传云：宋梦兰，歙人，字滋九，咸丰癸丑进士，改翰林院庶吉士散馆，授编修。戊午分校顺天乡试。是科关节案发，牵涉者众，梦兰无染，得不连及，时论高之。旋请假归里。时寇屡窥徽，赖防兵厚集不得入。梦兰所居北乡翁岭近太平，为踞贼所逼。乃募勇协防，与族人建德训导锡曾，躬执戈巡警。庚申秋，逆渠李世贤率大众毁丛山关而入，自绩溪进陷徽城。防兵星散。都司程绍鸾、汪胜徽所部安勇，皆乡兵，尚屯聚山谷间，梦兰急收集之。从钦差大臣今相国曾公大营于祁门，请统安勇协剿。相国壮之，令自为一军会攻休宁。鲍提督、张按察诸军皆精锐。以安勇习地利，倚为导。梦兰草履单骑，出入行阵，尝冒险追贼，几危，鲍军援之得出。提军亦亟称安勇敢战。次年二月，相国以休城久不克，由上溪口石田各贼垒为梗，乃派朱、唐二镇军统亲兵合张军，攻其前。复属梦兰偕鲍军霆字四营，直攻休城，以牵制城贼。于是前军乘夜扑贼营，掷火弹，焚其栅，乘胜荡毁十二垒。城外之贼死伤山积。而霆营从安勇，已由蓝渡出队逼城下。贼惊遁，城遂克。

梦兰既入城，即谓其下曰：桑梓苦蹂躏久矣。今贼弃辎重去，其心必摇，遽整众追之。至岩镇闻岭外贼分窜西北后路，官兵驰援，势不能进，乃独以所部回驻汪村。程都司请入城，不许。相国嘉之，奏加侍讲衔，并请以皖南团练专任梦兰。梦兰方檄乡人集练，以辅兵力。贼谍知汪村兵单，复乘晓雾突至，梦兰分所部为三，自居中督战。仓卒间有悍贼数骑，绕出其旁，争刃之，受伤坠马，千总梅魁员，单枪拯之出，而魁员战死。梦兰忍伤驻队，收集溃勇，左右队亦驰至，乃舁就大营医治。额受刃者三，创口深寸许。安勇既遣撤，张按察从求壮士二十馀人自随，多得其导师之力。五月十三日徽城复，梦兰犹及见之。未几，创裂死。

柯钺

柯钺，字晓荃，有夙慧，才名冠一时。道光己酉拔贡生，廷试一等第二名，以知县用，改选桐城县教谕。旋中咸丰辛亥恩科举人。官刑部主事。在都留心经济之学，尤负时望。咸丰十年，协防京城，以功加五品卿衔。旋考取军机章京第一，以丁内艰回籍。母王氏死于贼。抚膺矢报，会曾相国罗致戎幕。每治军书，动中窾要，知兵宿将，咸折服。然秉性刚直，遇事辄与相国断断辨论，相国深器之。常曰：『柯君清才正气，人所不及。』积功保加四品卿衔。同治三年四月，丁外艰，自侍疾时已病，及是益剧，呕血斗馀，昏愦中犹呼杀贼。逮金陵克复，大功告成，遂以七月中旬病故营次。相国特为附奏请恤，称其以儒生从戎，劬学力行，清正不阿，从公尽瘁，赍志云殂，盖深以大任相期，而惜其早殒也。得旨赠太仆寺卿衔，荫一子县丞。父华辅，学邃品端，为士林模楷。故钺所成就，多得力于义方之训云。

上录《两江忠义录》原传，按其时死难最烈者，程祖洛之子枚功，率其孙德基带团御贼死。稠墅汪士熙、士勋，率其侄景卿时带团御贼死。棠樾鲍钟铨鲍文淳侄率其侄明璆带团御贼死。郡城江同文护母死，其侄学晖、学曦同殉。同文留心兵事，著《思豫述略》一书，以徽郡岭隘纷歧，战守不易，故采辑汉以来用兵经由路径，详考而发明之。书存其门　程运使桓生家。上丰宋晋基，集团御贼，全家同死。方汝源及子梓蕃、侄梓萱皆御贼死。江敦伟及弟敦崇、敦彦、侄开量，皆骂贼死。许大奎全家骂贼死。江福日在义团局，以不言团丁居处被焚死。槐塘程国贤，道光癸卯举人，工奕，号国工，以官杭州，城陷巷战死。程昌洛，集团御贼死。许怡衔及弟怡德，率练守丰口，以积劳死。练勇许灶发、许应焕御贼死。许士治佐练总项冬起杀贼死。王家珍杀贼死。槐塘程文彀杀贼死。西溪汪运锦，以谋应宋梦兰死。仰村仰元骂贼死。虹源王霈，以护藏书不屈死。槐塘唐煦幼聪异，多藏书，以集团御贼死。弟燠，工篆刻，子均俱殉。郑同庚办团遇贼死。巴荣祖与弟绳祖、张志柯，俱骂贼死。程启耀、程尊三、柯元寿、福寿与族人万妹、有焕、长保，俱杀贼死。段耀廷骂贼死。汪德椿以护祖母棺死。汪隆玙、汪宣楷、汪嗣根、汪昌瑞，俱骂贼死。胡传璜、鲍金桂，杀贼死。方承祉以行乞被胁不屈死。章荣祥以童子代父死。汪文艺以砚石击贼死。上俱见《忠义录》，乃其较章著者耳。其他遗漏何限，妇女死烈则尤多，不可胜记矣。

郑晓涵《暗香楼乐府》三种

郑由熙，字晓涵，号歗岚。歙北丰口人，官江西知县，著《晚学斋诗文集》。工分书、学《礼器碑》，笔意穆美，诗文亦皆有法度，咸同间吾县隽才也。其所著《暗香楼乐府》三种，一曰《雾中人》，乃记李元度失徽城事。名雾中人者，以晓涵奉亲避乱于黄山曹竹寺中，寇已及门，赖大雾乃幸脱也。词中大意谓张文毅公芾，奉命守徽，筹饷练兵，严扼各岭险隘。故四邻虽苦兵革，而徽郡宴然不惊者三年。迨咸丰末年，以李元度代张，元度载书数十箧至，自诩知兵，尽撤岭防，一意守城。徽本山城，无险可扼，官绅泣诉力争，元度不听，城乡团练亦散。寇果由丛山关入，不十日而陷府城。元度仓皇弃书遁。吾徽此役，受创最深，故怨李奇烈，传奇丑诋之，兼彰文毅之功也。前有绩溪程秉铦序，言辛壬之间，秉铦亦有小诗记事。其二章云：『丛山峨峨旧有关，一夫力守万夫艰。如何才下当关令，已见红巾满故山。』『深源枉自书空字，骑劫原非善将兵。今日登临经广武，绝怜竖子未成名。』按当时劾张芾而用李元度，自是曾文正一大失着。守城守险之争，宋梦兰亦曾慷慨建言，即传奇中所谓北乡太史也。惜不见从，酿此浩劫。后有兵事，守徽者当以此为法鉴矣。

二曰《木樨香》，记咸丰五年寇初陷徽，知县廉骥元及县丞张君徇难事。张失其名。盖是年，寇由榉根岭入，守岭者为江长贵，兵力单薄，岭后有小径失防，一战而溃。时承平久，人不知兵，廉公任歙未久，谆谆以团练召士民，议未定而寇至。廉犹出郭门，躬自劝导，见无应者，乃封印遣苍头送绩溪县，而自经于县署桂花树下。张县丞亦自焚死。寇感廉义，罗拜之。踞城十日即退。寇退后歙人群往奠祭，时方二月，桂花盛开，众以为义烈所感。廉字星瞻，直隶人。《晚学斋诗集》中有《木樨曲》亦咏其事。曲云：『君不见象山史氏开秋花，忽变玉树为丹葩。又不见淮南佳种产岩谷，八公才士应运出。寻常瑞应非奇徵，不及我公忠诚动草木。父老且勿悲，士女且勿哭，我歌木樨香一曲一解。妖氛突炽旄头星，烽烟无堠车无軿。士卒如梦初叫醒，兵不足，壮丁续，壮丁者谁发半秃。阵马权当耕牛骑，有米有钱军中嬉二解。里魁应募夜郎大，寇来逻营兵不在。道路拾遗半军械，壮丁壮丁甚矣惫三解。元戎十乘先启行，孤城斗大公能当。鼓阗如雷旌旗张，燎火烛天日月光四解。全军皆墨贼氛逼，十里五里侦探疾。我寡贼多，公无奈何？行三十里，求援赤子。耕者尔来，耰锄是抵。负者尔来，制梃可使。居者尔来，揭竿而起。谆谆藐藐，行行止止。岂无天良，所惜者死五解。登陴四望，肝肠寸断，乃升公堂，乃召隶卒。赍印邻封，鉴前车覆。望阙再拜，顿首出血。城不克全，贼不克灭，臣罪当诛，臣死有馀辜。抚桂花树，自经于署。忠魂能香，秋花春芳六解。天欲斯人传不朽，直把清明当重九，广寒分与十分秋，杏艳桃娇一齐丑。寇虽不仁，畏公如神，谓公亦犹人，胡不明哲以保身。越十日，贼行乱平，公颜如生，花香满城七解。噫嘻乎，枝上花，腔中血，地下冤，天上雪，苍苍冥冥表忠烈，青史无权笔如铁八解。』

按：此事先高祖家书中亦及之，盖当时全县诧为奇事也。

三曰《雁鸣霜》，记绡山女子贺双卿事。双卿，丹阳人，见《西青散记》。三书皆刻于光绪庚寅秋。

《莲漪词》

晓涵先生最喜填词，著有《莲漪词》二卷。谭献、张鸣珂为序之。张言其取径碧山、玉田之间，逼近石帚，幽折疏岩，一洗秾纤之习。吾师汪仲伊先生亦为作序。亟言词格之尊，谓宋词基于南唐小令，南唐小令托始于唐人乐府，唐乐府以绝句为可被管弦，其音节出于齐梁乐府，自周秦汉魏遗声，亡于东晋，太白、飞卿，肇造词格，至有宋而燕乐之二十八调，由词得存，后人因是可考见一代之乐。视今诗之徒歌者，其格固高已。又言美成、白石皆以知乐为词家正宗。读晓涵之词，而后知宋燕乐之可用于今也。按此序为同治辛未所作，吾师方盛年，正研精乐律时也。兹录《莲漪词》数阕，尝鼎一脔，且共味之。《菩萨蛮》云：『等闲过了烧灯节，新愁懒共梅花说。香雪落霏霏，春回人未归。东风随处有，吹绿楼头柳。怎不向江头，吹郎江上舟。』

又前调《杨花》云：『红窗深闭和烟宿，开奁瞥见蛾儿绿。蓦地白头吟，飘零直到今。东风偏作弄，不为春珍重，一任化浮萍，萍踪还待寻。』

《高阳台·扬子江夜泊》云：『雨织丝丝，虫缫缕缕，菰芦瑟瑟深深，为酿秋声，替人酿到秋心。凉云乍洗新蛾窄，展冰奁妆镜初临。恁盈盈，今夜江干，昨夜楼阴。谁令久负湘皋约，任频年飘泊。芳讯都沉，漫惜深红，狂风吹到而今。相逢已恨江乡晚，镇匆匆，又判兰襟；顿凄清，落叶西风，一片霜砧。』

《更漏子·舟晚》云：『柳丝残，秋雨细，远水拍天无际。菰叶港，稻花村，夕阳红到门。帆力健，浪窝旋，说甚山遥水远。新米饭，碧罗茶，天涯客到家。』

《相见欢·夕望》云：『溪茅一白堪怜，雪盈颠；错认东风已老，柳吹绵；拳一鹭，看疑误，忽蹁跹。飞向夕阳红处，破秋烟。』

《暗香·洪梅孙属题尊甫肖梅丈〈香雪论心图〉用石帚韵》云：『水天一色，正落梅，怕听江城吹笛。浪说故园，画里琼英倻堪摘，惆怅鸿飞雪在，只赢得传薪词笔，问甚日唱念家山。重整旧吟席，乡国春事寂。但问讯绮窗，冶思萦积，子规夜泣。缟袂珊珊梦中忆，还记三间老屋。丛桂绕，秋山环碧，恁树树摧尽也，欲归不得。』注：『余家丰川老屋，丹桂如盖，尽毁兵燹。』

黄玄龙《小品》

黄奂，字玄龙，罗颖楼主人也。有《小品》二卷，皆尺牍也。文笔冷隽，而染同时人习气亦深。录其一条云：『乌聊禅阁，与魁丘政相望，往来但循雉堞行，不烦走市中。山前亭子，俯看溪峦霁色。柳洲花屿，丹亭碧宇，如夷光晓妆新沐，妍丽殊常。』按：此条可见明末清初乌聊山上亭阁华美。

又一条云：『文殊院在天都右侧，游人不知石峰中有一罅，又不知一罅中有如许曲折玲珑，石径迂回，或开或阖，其中一岩一峡，一笋一门，皆似有智人商量位置。最后路断，忽于石腹嵌空中，悬一梯上，数折至顶，则别开一世界。』按：此数语状黄山文殊院途径，真乃画所不到。

吴茝次《扶醉词》《水嬉词》

吴茝次词六卷，余仅见《扶醉词》、《水嬉词》二种。《扶醉词》分咏西冷诸胜，有同里后学郑钟蔚序。《水嬉词》分咏霅郡各胜，有同里后学汪国梓巨任序。所谓同里，皆歙人也。

题各有序，凭吊山川，俯仰今昔，间附考证。其《水嬉词》中《六客堂序》云：『宋孙莘老守湖州，苏轼来游，共六客宴集署中，因名其堂。后轼复守斯土，亦集六客于此，各赋《定风波》一阕，名「后六客堂」。余以丙午承乏，适方侍御亨咸、唐内翰允甲、嵇太守宗孟、杜处士浚及家弟观察甲周偕过，与余共六人，亦各赋《定风波》。郡人因名「三六客堂」。今往事不可复得，然一时簪裙诗酒之乐，尚留连于清梦间也。』

又《瑶席池序》云：『瑶席池在道场山之半，宋苏轼尝赋诗于此。有屋三楹，临池水上，竹柏交翳，可以永日。余有「水碧花交处，霜红木老时」之句。施学士闰章爱之，命郡人刻于石。』

按茵次词，风华掩映，在明清间名特盛。兹录其《黄金缕·咏苏小小故居》云：『杨柳斜桥飞弱絮，青粉墙头，时有流莺度。翠佩无端随梦去，巫山寂寞销香雨。春到西陵花再吐，油壁重来，只剩愁千缕。月落参横人醒处，碧云遍断鸳鸯浦。』

《踏沙行·咏白公堤》云：『垂柳千枝，天桃几树，雕轮宝马年年度，香山居士几时来。游人踏尽芳尘去，日日清歌，时时妙舞。长堤占断今和古。西陵草色近何如，依然一带裙腰路。』

《山渐青·咏吴山》云：『吴山东，越山东，吴越青山两处通，芙蓉翠几重。是高峰，是低峰，手捻金鞭意自雄，瓜洲月影空。』

《鬓云松·题天圣寺管夫人画壁》云：『几竿风，数枝月，写在银墙，似影摇晴雪。想见当年情思别，京兆眉馀，兔管还轻搦。木杈丫，石古拙，几笔天然，巧补湘娥缺。承旨风流今未绝，那得妆成，好句同吟彻。』各词皆一时倚兴，所谓出之太易者耳。

又按沈归愚云：茵次守湖州，擒治豪猾，喜宾客，四方名流，过从赋诗，游燕无虚日，卒以是去官。梅村赠诗云：『官如残梦短，客比乱石多。』可以想其风趣。

《宜秋阁诗抄》

黄肇敏，字秋宜，潭渡人，同、光时官湖北。著《宜秋阁诗抄》，曰《吴越游草》、《鄂游草》、《峡江游草》，有同治十三年望江倪文蔚豹岑及孙家谷序。鲍桐舟称其诗，风格与九僧为近。断句云：『馀蘚有情依旧绿，晚枫无力未全红。平沙偏野白如水，远树浓阴黑似城。』秋宜又有《古文词》一卷。己未，游黄山，有《黄山纪游》，俱梓行。

歙事闲谭卷五

《二十台诗》

道光庚寅，歙人潘世镛东甫与胡正晋香荃、胡正仁心莲、胡俊古春、胡华发实君，作二十台唱和诗。潘世镛为序，言：『仿元人十台诗例，搜求古迹，于吾歙得古台十，后又续得十，因为诗记之。』按：诗可不录，录其台名，虽病牵比不伦，亦足资谈助也。

一、轩辕炼丹台。据《黄山志》，在炼丹峰下。

二、禹王台。据县志，施璜《紫阳书院建置序》，在龙井山渔梁坝侧。

三、孔贞子书台。据县志，在下濂，晋孔愉隐处。

四、任公钓台。据府志，在县北四十里。梁太守任昉，因行春爱富资水，累日不返，人遂号其溪曰昉溪，村曰昉村。唐大中间，刺史卢潘，以其斥贤守名，改任溪、任公村。

五、程忠壮蛟台。据府志，在篁南。又名射蜃台。

六、汪司农百花台。据县志，在县西三里古城山侧，宋司农少卿汪叔詹墓前，乃少卿致仕时所筑。叔詹，字至道，西溪人，登崇宁进士，尝权芜湖县。发运使请堤丹阳湖为田，叔詹持不可，乃罢役。高宗即位南京，命权太常博士，充彻币官，仪注多所草定。从至扬州，议驻跸。叔詹谓扬州无险，不如且驻金陵，宰相难之，卒不守。寻以司农少卿领湖广六路财赋，饷武昌军。八年无阙事。

七、郑公钓台。据府志，在富登渡。

八、李韩公读书台。据府志，在灵金山。

九、汪二仲箕台。据县志即箕山园，汪隐居二仲之所栖遁也。上有悠然阁。二仲：道贯，字仲淹，道昆弟；道会，字仲嘉，道昆从弟。贯有《汪次公集》，会有《小山楼稿》。

十、江节愍参军台。据《橙阳散志》，在江村，江天一参军时筑。乾隆四十一年，赐天一谥节愍。

十一、容成台。据《黄山志》，在容溪。

十二、铁牛和尚般若台。在飞布山瑞金庵东，唐僧铁牛讲经于此。飞布山旧名主簿山，又名瑞金山，昔主簿葛显率邑人避兵于此，因庙祀之。唐天宝改今名。

十三、舒雅读书台。在金竺山。雅，南唐状元，与徐铉、韩熙载齐名。志称舒村，在县西四十五里中鹄乡。雅字子正，登第后归宋，历将作监丞，校四库书，迁职方员外郎，出守舒州，后直昭文馆。雅与吕溱、唐皋为三状元，而雅弟雄亦武状元。

十四、江中丞凌云台。在云岚山旁，江都宪东之建。东之字长信，江村人，有《瑞阳阿集》。瑞阳阿在瑞金山南，东之为冏卿时，争寿宫事被放，遁迹于此，不入城者八年。

十五、郑大参文几山台。在岩镇。亚中大夫郑佐建，颜曰『中天积翠』。右有浮图，长松映带，铃铎相闻。佐字时夫，岩镇人。正德甲戌进士，授南刑部主事，数决疑狱，改礼部时，议立朱子后博士。嘉靖初，以议礼事，出为福建佥事，寻兵备饶州，前后诛闽饶宿寇，升江西参政。徙贵州，乞归。

十六、澄潭钓台。在色荫山麓。曹守堂恒占尝集同人于澄潭山，为钓台社。

十七、文峰台。在潜川。嘉靖乙巳岁大祲，里人汪道植出赀工作，日千人，贫者赖以全活。志称潜川紫霞山，上有大士岩，下有阮公井。熊伯甘《南荣集》云：『潜溪为柴桑卜居处，旧榜曰渊明故里，故村以潜为名。』

十八、清凉台。在黄山狮子林左。

十九、楠木台。据志，在富溪上庵前，有古楠，里人结文社于此。万历中邑令李右谏题曰：『象罔玄珠。』

二十、仙人台。据志，练江之汇，曰丰乐水，出汤溪，四合于仙人台。

承尧按：潜川有渊明旧迹，昔人曾言之，陶村栗亭，皆取义于此，恐无征耳。

黄师逸《印斋近体诗》

黄宗义，字师逸，清初潭渡人，著《印斋近体诗》，集中《寄答白山先生二首》云：『黄山山下白山翁，千里新诗寄楚鸿。江上干戈方偃息，烟尘何处觅仙踪。』『避迹村西远市居，园荒梅瘦竹萧疏。只因不合时宜甚，白发寒窗老著书。』《春夜词二首》云：『翠帏绣被珊瑚枕，春夜欢来忘漏永。日上纱窗倦未醒，参差一半梅花影。』『暖入被池天欲曙，梦郎又著征衣去。觉来残泪尚阑干，含笑回身就郎诉。』白山评此诗云：『七字字字有景。』

又《和确夫叔初至石雨之作》云：『青岩别筑隔村烟，就棘编垣竹斫椽。剩有石交盟小隐，好将经笥托高眠。云封谷口埋丹鼌，树绕檐头荫绿天。春事故园风又雨，出门红紫压双肩。』原注：『石雨田舍，许芳城先生之别业也。去潭上西北二十里，有懒云、芝母二石之胜。青岩，许之别号也。』按：石雨草堂，曾记第一卷中，向不知懒云、芝母为何物？询之人，亦无解者，今乃知为二石耳。此二石当犹存，吾当访之。据此知青岩年辈较早于白山也。

又《书未称先生臣绮画册二首》云：『廿载东淘老薜萝，闲凭绘事寄婆娑。先生自放春陵棹，碧巘丹崖粉本多。』『当时声誉重汤程，七字长歌四字评。宛遇故人真面目，云山烟水不胜情。』原注：册有垢道人长歌及岩夫题『萧疏澹荡』四字。按：未称先生，未知何人。又按：当时评论印斋诗者，有朱古愚、江次山、汪遁渔、马秋田、刘石村、王梅庵、殷蘧斋、唐薪禅及白山诸人。集中有《和施愚山先辈壁间韵》之作，是年齿当稍次于愚山也。

《练江诗抄》

《练江诗抄》，八卷，清初歙人程之駿羽宸又字采山著。前有乾隆癸酉沈德潜序，又同时歙令溧阳王鸣桐冈序，又雍正庚戌秦道然二泉原序。沈序言：『通门友王君桐冈，以名进士宰古歙，既已政成，乃欲表章人文，搜罗遗籍，得程子采山《练江诗抄》，欲梓以问世，邮寄来吴，属为序。』下略。末言：『采山子笙友管庭，能继父志，称克家子。』馀详见震亭曹进士传中。王序言：『余于己巳秋筮仕歙州，乐山水清淑，人物丰淳，政事馀闲，搜罗遗佚，思为表章，用以风世励俗。昔元道州状举张处士季秀，请县官造宅给田，免其徭役，保遂其志。余不得为采山造宅给田于生前，因表章其遗诗于身后。』观此，则是集乃王桐冈所刻也。秦序略言：程子练江，新安风雅士，昔君家孟阳先生，天才敏妙，弱冠客吴中，前辈李长衡见其诗大惊叹。后与钱虞山唱和，虞山以为辛敬之复生，尊之曰松圆诗老。今练江所作，直逼孟阳。如《游虞山》云：『深岩拂水白，叠石缀苔黄。』《登灵岩》云：『橘柚色迟缥缈日，梅花香引洞庭风。』《游花山翠岩寺》云：『涧水声中经万石，岩峦翠里立孤筇。』《拜泰伯墓》云：『地下衣冠天子礼，郊边樵牧让皇风。』语焉杰出，使钱、李见之，当亦击节无已也。

今按：练江诗近体研炼，多秀句，恪守唐法，有时亦近王阮亭，宜归愚之亟称也；古体略逊。兹录其《樵贵谷》一首，以备黄山异闻。诗云：『仙隐多幽谷，往往极幽邃。入山人不深，神仙疑鬼魅。黟山有仙踪，灵区藏荟蔚。樵者误经行，事与桃源类。鸡犬杂桑麻，风景一晋魏。草衣粝食闲，此间殊气味。告别欲重来，路迷非路避。天台亦人间，刘阮为色醉。王质烂柯时，可是此山未？山有仙则灵，谷因樵者贵。』

又《渐江上人墓》云：『数尺贞珉半藓痕，梅花古衲字犹存。寒香细臭生前味，瘦格横栖化后魂。谷里仙人归碧落原注：谓许宣平，岩边乳鹊戏黄昏。一抔也自成陈迹，日听闲钟过短垣。』原注：墓在五明寺侧。

集中黄山诗俱不甚佳。与游者郑牧千，贞白里人。又按：羽宸名已见吾书第二卷所录《程氏诗人》中，时余尚未见其全集也。

《鉴古斋墨薮》

《鉴古斋墨薮》，歙汪惟高辑，乾隆时刊本。按：惟高，近圣子。近圣以制墨名，是书乃能于《程氏墨苑》、《方氏墨谱》外，别树一帜。汪注：曹素功家亦有墨谱。

《蛀簃奕录》

《蛀簃奕录》，八种，歙鲍鼎辑，光绪间刊本。八种者：《黄龙士全图》，黄虬著；《奕括》，亦黄虬著；《围棋近谱》，金懋志著；《晚香亭谱》，程兰如著；《奕理指归续编》，施绍闇著；《国奕》初刊、二刊、三刊，俱鼎自著。鼎字小舟，鲍桐舟子，精奕学。所著尚有《奕人传》六卷，未刊。

吴司成远藏《明皇击梧图》

詹景凤《东图元览》：《明皇击梧图》一卷，今在歙吴司成远处。长几一丈，前四五寸绢损甚，无款，后有虞伯生跋为李唐，然简古劲峻似马远。按：此条见厉樊榭《南宋院画录》引。吴司成远不知何人。

吴其贞《书画记》

吴其贞《书画记》近已不传，厉樊榭《南宋院画录》中，引其说甚多。其贞，疑歙人而旅居于外者。兹略录其有关歙人诸条：

一、《苏汉臣击乐图》，用笔清劲，逼似唐人。此图得之汪无方。

一、《萧照竹林七贤图》绢画一幅，画法精细，大有唐人风致。观于许霞远家。霞远，文穆公曾孙也。

一、《马麟西湖图》，大绢画二幅，高七尺，广三尺。此图原有四幅，向藏丛睦坊，分为二处，此是保叔塔、孤山二景也。画法淋漓，云烟吞吐，为生平第一。

一、《陈居中骑犊图》，小绢画一幅，画一牧童骑犊，手折一竹稍而行。笔法精俊，风韵动人，有王叔明等图书。观于溪南吴修远家。

一、《马远柳溪水阁图》，绢画斗方，笔法高简，得之丛睦坊汪无方。按：无方名中，明时人，以画名。在沪见一山水立轴，上有程松圆题字，以价昂未能有。

姚立方为歙人

姚际恒字立方，又号首源主人。歙人，居仁和，为商籍庠生。著《古今伪书考》，为近人所称。富收藏，著《好古堂书目》，近中社为重印之。又著《好古堂藏书画记》二卷，宾虹为印入《美术丛书》中。《疑年录汇编》载其生于顺治四年丁亥。据其侄之骃所作《好古堂书目》序，殆卒于康熙五十四年乙未以前。《武林道古录》称其少折节读书，泛滥百氏，既而尽弃词章之学，专事于经，年五十曰：『向平婚嫁毕而游五岳，予婚嫁毕而注九经。』遂屏绝人事。阅十四年而书成，名曰《九经通论》。时山阳阎若璩，力辨晚出古文之伪，际恒持论多不谋而合。若璩撰《古文尚书疏证》，屡引其说以自坚。而萧山毛奇龄，笃信古文，作《冤词》与若璩诘难。奇龄故善际恒，以际恒之同于若璩也，则又数与争论。际恒守所见，讫不为下，奇龄尝与客言：『小学者六书之学，朱子指为幼仪，不知何据？』际恒应声曰：『朱子所据者，《白虎通》也。第《白虎通》亦言字学，而朱子借用之。』因举唐、宋后之称小学者，源委井然。奇龄为叹服。

际恒又著《庸言录》若干卷，杂论经史理学诸子，末附《古今伪书考》。持论虽过严而足以破惑，学者称之。光绪《杭州府志》采是篇入《儒林传》。参以《好古堂书目》姚之骃序所云『一生坎壈，兀兀穷年』者，可以见其平生梗概矣。

康熙戊戌《钱塘县志·经籍目》，载《九经通论》总一百十九卷，夹注：姚之恒著，字立方。『之』字殆误。

之骃，字鲁思，康熙六十年进士，官御史，著《类林新咏》、《元明事类抄》，皆著录《四库》。又辑有《后汉书补逸》。以上采柳诒徵说。

按：际恒所著《诗经通论》，近已有人印行。际恒著作收于府志。明书歙人，必无讹误。吾徽流寓于外者，奇士甚多，如浙江画家之奚冈，字铁生，亦徽人也。

《太函集》

《太函集》，一百二十卷，歙汪道昆伯玉撰，万历辛卯刊。伯玉居太函山，故以名集。首有自序，门人刘一然书之。刘一然即刘然，字子矜，以书名者也。

卷一至卷二十六为序文；卷二十七至六十二为传状、墓表；卷六十三至七十七为碑记；卷七十八至八十三为铭赞、祭文；卷八十四至一百六为杂著、论疏、书牍；卷一百七以下为古今体诗。

此书已为孤本，偶于沪肆书目中见之，往购则已为无锡某君或宜兴储南源所得。幸其人为宾虹之友，宾虹乃亲往无锡取书以来，阅之殊失望，以其文固凌杂无纪，枵然中虚，又多代名庾词，不易征实也。伯玉负一时盛誉，与于鳞、元美齐名，乃较《弇州四部稿》更芜冗矣。

其自序言：『将以家食之暇，成一家言，命曰太函，厘为三卷，上之则道术之辨，性命之原；中则经国之程；下则经世之业。比年多病，竟谢未遑，发副墨之藏，徒暴吾短，天丧元美，谁定吾文？』盖亦不甚自喜也。兹撮录数条于后。

汪氏迁江南始祖为汪文和

《太函集·始祖龙骧将军墓域碑阴》云：『吾家得姓，自鲁颍川侯汪始，汉建安二年，龙骧将军讳文和，为会稽令，始渡江南，于时郡新都而治始新，公迁始新，因而占籍，其后始新入歙州。公卒与夫人孙合葬邵石山。胄子弭寇将军讳轸，卒与夫人李合葬都督山，后世附葬邵石山者，墓二十五，附都督山者六，而公实江南汪氏始祖也。后复割歙东略隶淳安，世远支分，岁时失省，经界或淆。明万历九年奉诏经野，聚族展墓，乃谒萧令君，定经界，给公文，以坚世守。十三年复谒严令君，立堂坊，表兆域，以系永思。属兵部左侍郎裔孙道昆记之碑阴，以诏来裔。』

又龙骧将军十世孙汪叔举，由始新迁登源，卒葬登源。叔举生于晋，仕于宋，殁于齐。亦见《太函集》。

按：汪氏在歙占族为最古，以汉末时来也。汪注：先公考汪氏为新安土著，有《汪氏原姓篇》，非迁江南也。

汪氏再迁歙始祖为汪思立居唐模

《太函集·歙唐模迁祖思立公碑阴》云：『汪由古歙避地旌德，府君讳思立，行十二，生唐贞元五年，父命受室于歙之程，遂居唐模，为歙始迁祖，享年八十二，合葬歙北灵山之麓，负乾抱巽。后裔承满公、承可公祔。是年有司奉诏例履亩割税，举宗请以税入本支世墓祠户，遂重勒碑。』

按：伯玉千秋里人，其他文中言与唐模汪为同宗，而此文中以唐模祖汪思立为歙始迁祖，则伯玉亦唐模汪之支裔也。吾许氏在宋末自许村迁唐模，较汪为晚，闻诸父老，言许氏未来以前，里中汪氏、程氏最盛。今此文言汪思立受室于程，遂居唐模，是程氏居唐模，尚在汪前矣。吾里故实最少，幸乃得之。

聂真人

《太函集》多吊诡之文，其作聂真人传略云：真人祖时泰，自玉笥山迁歙州，时泰生体乾，体乾生师道，即真人，字宗微。唐于德晦刺新安，其兄自称于方外，有道者也。刺史日就之问政，为筑问政山房，真人幸得及门，遂为入室弟子。其后受服松脂法，采脂于歙东百丈山，山绝高，同侣夜宿松下。青天日午，闻仙乐起东南，紫云冉冉而来，周旋金石山，其山与百丈等，相距三舍，凭高相望，不及一筵，俄而鞳鞳鼓鼗，已复八音并奏。真人自是能辟谷，作远游。至衡山，脱屣招仙观，闻蔡真人仙隐近洞灵源，遂穷日力独入山。遇一樵踞石川上。既迫，则荷薪入溪，倚担问何之？对以求蔡仙状。樵言：『蔡叟深居远引，宜未可求。日在崦嵫，东行尚可投宿。』樵揭而济，水仅及胫。真人从之，深不可测。樵反顾曰：『若五十年后方可度此。』东遇一农，问如向者，农笑曰：『樵即蔡叟，复何求乎？』延入草庐，令近炉，据床坐，出茗饮之，气味并良，如饮神瀵。旦日，农卧不起，遂行，旋返，不得故庐，迷失道。忽遇一叟，与之言，始知畴昔草庐，则蔡真人子舍。叟啖以一草，长逾尺，形如姜苗，味甘美，复令饮泉，忽失所在。比还观，道众洒然，以为何独往逾月耶。真人曰：『嘻，仅一宿尔。』既闻所遇状，乃知叟为彭真人云。因思汉梅福、梁萧子云并隐玉笥山，则吾故土，乃驻清虚观。三入郁木坑，遇一人皂帽布衣，自称行者，曰：『我谢通修也。旧结彭蔡，同隐南岳，垂三百年，以尔尝入洞灵源，因得见尔。吾适奉东华君命，主玉笥山。梅萧二仙，日中为小有天王所召，良不可待。』真人乃求至道，谢延之家，其家茅茨两楹，几席鼎炉甚洁，坐客木马上，自坐白石鹿上，召童子荐鼎内汤饮。真人既饮而神爽然，与洞灵源啖啜同胜。谢乃授书一卷曰：『此素书，第诵习之。』真人将留受业，未及言，谢曰：『君有亲在，不可留。吾徒紫芝，居九疑山，君从之学道则得矣。第述吾言告之，且出素书，当为君尽其指也。不则投书毛女溪洞中，题名石洞，夫夫当冥授君耳。』比归观，居人复惊七日乃来，重迹草庐，则不可得。乃之九疑，溯毛女溪，亡所遇，因投书题壁。夜梦紫芝翁授微言，悉得玄通，乃归旧隐。每入山遇虎，虎伏地迎真人。真人拊之乃起，则以采薪劚药令负之还。

景福二年，刺史裴枢守郡。宣帅田頵率兵围歙，歙兵数败之。頵滋益兵，攻愈急，城且下。真人请缒城使敌罢兵。枢壮之，令微服往。真人黄冠自若，大呼敌垒，自通。敌目摄黄冠，攒刃以待。既说頵以天道，頵纳之，令还报结成，枢不可，真人请更往，众咋指危之。頵服真人言，围乃解。枢免刺史，陶雅代之。雅益下真人，就而问政，如故事。时有吴称号，征至广陵，筑真元宫，授之馆，主者北面问道，赐号问政先生，逍遥大师。既奔亲丧。丧毕，寻召入，师事有加礼。岁辛亥，梦天使奉金简召之三，既浃辰，誓诸弟子，端坐而逝。春秋六十有八。已而使者或遇之长沙，或遇之南岳。启棺，惟剑履存。弟子五百，程守朴、张匡翼、范可保、汪用真，并先雁行。后改故居为归真观。移柩归葬故山，赐田奉香火，复租庸。

真人多阴德，事亲孝。尝义释一偷儿。后过龙虎山遇盗，其魁则故偷儿也。叩头谢无状，归故物。

真人子名绍元，字伯初，著《宗性论》、《修真秘旨》，亦多异迹。真人祖祢考妣及子，皆合葬蜀源。天禧四年，改归真观为兴道观。绍兴四年，降御书《黄庭内景篇》及临魏晋六朝唐人书凡十卷，贮观中。咸淳观灾，道裔黄升巽、张应元，代起兴复。其后聂氏多显者，以荐绅著郡中，曰致尧、曰冠卿、曰世卿、曰武仲、曰循矩，递登第。致尧赠礼部尚书，冠卿拜翰林学士，迄今祠瞽宗。下略。

按：今城中万山观，即真人徒属析居处。此文怪诞，真可作小说读。惟聂师道则实有其人。存此，见文人好奇，其设想乃如是也。

许铁夫妇义行

许铁，许文穆公之父也。《太函集》中有许长公传，文冗长，兹节录之云：吾郡中称世家，首东门许氏。许铁，父汝贤、叔汝弼，客东吴，并以盐筴贾。铁稍长，父归，命铁从叔游。铁善心计，即旷日久，可覆秋毫，叔一切倚办。叔立铁异母弟钰为后，已而生子金。居无何，叔客死，铁代金修叔业。及金长，悉归金。钰入人言，谓当后叔，金非叔子，谋逐金，金讼之。钰坐不直，恚死。钰同母兄弟皆切齿，必报金。铁泣劝释憾，后舍金归。金又入人言谓铁归算宜不尽，诉其事。铁第自割予金，金益张，递诉，递割，铁所蓄殆尽，终不言。或问之，曰：『宁金负铁，无铁负叔。』及终父丧，困甚，仅从俗藁葬。岁除，家人相对泣，旋病盲。铁妻，汪宪季女。宪故饶，及归铁，则舅老而姑继。姑昵其三子薄铁妻。铁妻内奉舅姑，外应庭户，部署诸叔诸姒，不绝门外亲。铁率数岁一归，赀用绝，则脱簪珥，尽日夜力女红为资。举二子，长沂次国，国生七年始见父面。铁瞽后，妻亲匕箸上食，至其自御，则并日一食，终岁一单衣，盖二十年于兹。国既贵，每向人流涕言：『昔母乳儿时，宿不饱，旦雨雪，日中拥敝枲乳卧内，突无烟，伤哉贫也！』

按：此条足补吾宗乘。

世医吴洋吴桥

《太函集》中，世医吴洋、吴桥传，罗列方案，长竟一卷，殆万数千言。兹节录之，云：嘉靖中吴洋以医著歙。吴居歙岩镇，其先世为目痺医。洋雅自许，务广业，多读故书。既闻『不学《易》无以知阴阳』，则从博士诸生受《易》；『不学针砭无以明经络』，则从浙凌氏学针；闻常山杨氏主伤寒，则东游而受业杨氏；闻祁门汪机主补中，其术倾郡，则西游而受业机。机得洋大惊，谓割海阳以东听子矣。

时众医棋布，各用所长。小儿医丁氏、妇人医黄氏以按方，里人汪济川以著论，路万以辩洽，吴玄以纵横，汪椿用谶，巴深用罔，及洋后出，乃得擅场。初族医袭滋阴为雷同，视参蓍不啻鸩毒，洋持论务察寒热虚实，得当辄投，卒多奇中。郡人服习参蓍，自洋始。洋孳孳诵法张氏，益习伤寒。与之论伤寒，如运斤灭垩。其故居在九龙池上，邑中称为池上公，且曰乃公非饮上池水者耶，何神异也。以下历举洋治效，略。

洋子桥，字伯高，世其业。洋以奇胜，而桥务出十全。得当则举全功，不得亦可无败。久之声名出洋上。即部使者、郡邑大夫，若旁郡邑，皆以上客客之。早起部署里中，巡问病者，日高舂，则肩舆出，远近历十馀曹。其行以先后缓急为差，甚者待之旬日不能至，或不得请，则舆疾僦居以就桥。桥出入挟四丁夫，疾如鸟举。有急者或止桥宿，必不留。且曰：『桥终不系一隅失三隅望。』即入夜必篝火归。旦日启门，安车綦履满矣。桥有子文仲，以传业名。以下历举桥治效，略。

按：所举治效，皆精确。在《太函集》中为有用之文，惜太长不能节录。又按：集中有《池上草堂记》亦为吴桥作。言新都多万家之市，其巨者曰岩镇，其西有九龙池，市中诸吴最蕃盛云。

肇林社

汪伯玉通佛法，结肇林社。其作《肇林社记》云：『余始事佛，延胤公主肇林。胤公兄事珂公，同受天池衣钵。余因胤公绍介，逆珂公。其徒正观、明宗、德钦从珂公至，胤公亦召其徒文静、文御、文言、文浚与俱来。至郡中则自如德昂郊劳如礼。会祖意自唐昌至，凡十有二人，分席而居，诸法众皆供役。余在告屏迹硔中，珂公不得余俱，相期结夏以待。既就席，日讲《楞严经》，于是洪吉明理以下十馀曹，以听法至；真海觉忭以下十馀曹，以修供至。缙绅学士至者，则方定之、詹东图、陈仲鱼、方献成、方君在、方羽仲、郑夷吾、程子虚、吴无怀、吴延秋、吾弟仲淹、仲嘉、山人王仲房、吴仲足。余病间始得问法珂公曰：至人寂然无思。公雅言自思惟入，思之不得，犹必蓄疑而通焉。医者以药药疡，善矣。不疡而螫身以售，恶用药为？不得而疑，视不疡而螫等耳。珂公谓否，不疡不药，唯至人能，长者宜未及此。疡而内蕴，不治则深，即不深，疡如故也。发而决之，疡乃已。譬之精舍，业已历堂皇，穷奥阼，无问入门，亘以外曾未得其门。猥云居其室而有之，则臆说耳。何以故？无入故也。善乎《洪范》有言「思曰睿，睿作圣」，夫非右券乎哉？寂然无思，则圣者事。余谓诸佛无法，法在遗经，中世绝学从心，开我佛土。法惟心造，为得其宗，彼直将以无知为知，无见为见，开宗盖自此始。末流乃复挟小知，操独见，愈益支离。恶门而凿坏，恶苦口而设醴，何为者也。珂公谓经以筏喻，利涉将必由之，亡楫则筏不前，宗是已。故疡则有毒，门则有枢，溃毒运枢，宜无不济。长者独窥要眇，犹不离乎文辞，弃楫中流，取办一苇，抑或系筏川上，而跷足以求前，皆悖矣。余唯唯，盖将自无知无见者求之，会诏趣行，不得请。窃念斑白且至，奈何舍无碍而就不堪。两公语余，有身为患，一也。善则以不堪为无碍，不善则以无碍为不堪，莲出污渎，不濯而芳，蓬生麻中，不扶而直。长者莲也，岂必择地而宜。吾侪犹有蓬心，愿无忘此会耳。众曰善。」

承尧按：此文直录，未删一字。胤珂二德，同出禅宗，不废讲经，最为宏达。筏楫之喻，精妙无伦。《太函》所扣，殆犹肤隔。自禅宗衰歇，近人专尚净宗，力求放心，系之佛土，横超方便。得门则一，亦不谓专自无知无见者求之也。

《太函》又作《大藏经序》云：不佞故不佞佛，守儒家言，其书五车。其所诵法，一禀于六籍，丁年始亲内典，若河伯之涉大方，四望汪洋，莫窥彼岸。既而探西来意，跂最上乘，乃知教外别传，不立言语文字，本然具足，非即非离。捐耳目，黜聪明，猥以无得为得矣。顾丧家穷子，迄今犹复故吾，一衲不存，珠将焉索。要之利钝异器，顿渐殊涂，如皆上根，无庸大藏，则如来出世者何事，度世者何因，说法何用四十九年，集经何用五千四十八卷，是河佛也，是燔经也，如学人何？故太上无言无不言，如来无法无非法，无以观其妙则默存，有以观其窍则言显。一真四谛，将无同乎。

又曰，维兹首事，愿与诸佛子法王子长者子，矢言者三，一曰缁、二曰契、三曰忘。经成矣，非穷年不能睹其全。如椟而藏之，奚益？第斋心诵说，如闻师子吼，振给孤园，是为旃檀林芗泽揽矣，则深心也。缁而不契，口则是而心则非，必得之口而印之心。混融尘刹，久之遍踊遍系，触处洞然，是为海潮音镜智圆矣，则妙明心也。契而不忘，殆将守筌蹄而亡鱼兔，必也默成而信，归之坐忘，无实无权，无显无密，是为虚空藏诸有空矣，则无所住心也。

承尧按：伯玉此论，较为圆通无碍。珂公谓其不离文辞，然亦诚独窥要眇矣。明季吾歙，人才最盛，不可谓非伯玉之开先也。

颍上社六君子

《太函集》有《颍上社记》，略云：六君子社颍上，长方君式是为信陵，临皋为园，浮丰据颍。次潘玄超，次潘元仲，兄弟也。是为汀州公闻孙，公故岩栖有室，以镜川流，左峙积石，中野有亭，以亲鱼鸟，命曰『相忘』。次汪景纯，吾宗之昭也，居颍上游，潴深十仞。次方子中，为中丞公子。公当颍水之会，筑璋溪草堂，嗃嗃居庭，非良士不燕见。子中之与五人者友也，则其良也，亟见可也。少者为程用修，出昌国裔，盖与景纯世婚媾，同里而居。

按：颍上社，地在岩镇，今诸园林皆不可考。惟丰、颍二水如昔，或可想象其遗址耳。

丰干社

《太函集·丰干社记》，言其弟仲淹、仲嘉，盟七君子为会丰干。七君子者：孝廉陈仲鱼、文学方献成、方羽仲、方君在、方元素、谢少廉、程子虚。会吴虎臣将游江淮，愿以布衣来会。盟既合而虎臣行，适余以归省入𫓧中，诸君介二仲，以诗为贽，盖诗社也。

按：丰干即今西溪南，少廉即作《季汉书》、《定唐书》者。汪注：黄山自王十岳为天都社，后屡有兴废。

歙县重修紫阳书院记

《太函集》有《歙县重修紫阳书院记》，略云：郡中特建紫阳书院，祠事徽国文公。其地屡迁，递有兴废。其一在歙儒学之右，文公裳衣在焉。建自国初，西向。成化庚子，郡丞张公，改而南向，面紫阳山。正德壬申，郡守熊公，迁废寺以都形势，增置堂庑斋舍，凡若干楹。为台为池，莫不备具，乃简七校之士，讲业其中，一时人文愈益斌斌矣。岁久一切就圮，迄今垂五十年。嘉靖丙寅，县大夫林公由进士领县事，始谒祠下，周视而叹曰：『元立闽人也，闽之俎豆文公者，视阙里有差，至盛矣。此中盖文公父母之国，而祠事不治，谓有司何？』乃鸠工程材，葺其旧者，咸若更始。复度台前馀地，增置讲堂，堂外为垣，树桃李若竹箭。垣之南为亭，奉世宗皇帝敬一箴。堂之东为门，揭宋理宗赐额。其兴事自十一月至于正月。其财用出公帑若干缗，工不告劳，民不知役，都人士莫不欣欣然喜也。下略。

按：此记已见县志，不备录。

岕 中

伯玉常居岕中，岕中乃其戚蒋銮所营，黄山中一胜境也。今遗址尚在。《太函集》有

《䃼中记》，佳篇也，备录之。记云：『黄山苞岩谷以百数，其隩区则䃼中云。丰乐水出云门五十里而遥，经七百里，入于海。䃼中山四合，东西不见水端。其山南北相距百步有奇，东西凡五百步，东最高曰罗条，透迤稍北。据上流曰牛鼻。西最高者曰楼台，透迤稍南。当下流曰乾溪。乾溪视牛鼻齐，其下为石砧岭，石砧东折曰壶岭。又东曰壶山。山多土可封，形家卜兆者二，依山辟土，深五丈，修什之，累石为阯，高二寻，修广参之。一阯外为田十五亩，田外为蹊，曰饭牛蹊。蹊外为溪，即丰乐水也。溪以南皆石山，沿流若步障，草木皆齐。其西浸杀而卑，若鸟翼张水上。溪薄山而稍椭，蹊临溪而稍弦。田与蹊齐，蹊出则出，蹊穷则穷，匊两端若张弓，因地势也。蹊穷，溯流而上，石磴出灌木阴。溪石如龙门，水湍急，褰衣可涉。既济，乃得泭洲。上流出黄竹潭，抵洲分而为二，左循山，右循磴，洲穷复合，石梁当之，亦一薮也。西薄石磴而南折，为桂竹湾，其下为桂竹潭。潭上石磴达谷口，修与饭牛等，广半之；石互出如犬牙，狭者曾不受足。林端出石溜，累累如贯珠。水流石上，如建瓴，多水草。其南巨石当路，出水上，高可蔽牛。又南则谷口矣。昔在嘉靖，主人始有䃼中，岁用其赢，有事建置，避石磴，东入谷为石门，入门就巨石为钓矶，拾级而上，坐钓者其东石阯可容席，列石棋置水滨。钓矶以东，步砧踔为栈道。又东则裂石如环堵，今屋之。岩栖以游，此其一息也。进次石溜，属浮丘为铭。进次石林，延十五步，如阁道，俯临石磴为阑楯，游者相与班荆，可再息矣。

依壶山为华阳馆，传经者居焉。堂曰韦堂，则易教也。墙东为圃，筑东北隅为樛木亭，亭中视南北山，群木干青云，蔽百亩，编竹为薄，众芳在焉。华阳西为野人居。又西为泠风阁，衡五达，阁居南端，三面皆绮疏，天风四至，翩翩千仞之上矣。牛鼻乾溪，当左右牖，若出蛾眉。行人杖履度石砧，出没木末，若画图。其南瞰群鹿下饮，不避居人。僧祖胤署曰鹿溪，犹鹿园也。有石中虚如欹器，正立中流，浴者就之，署曰天湢。中泭洲列石杂坐，覆白茅为宛在亭。竹篱及肩，人迹罕至，泠风西下，筑石为象堤。堤横出截溪流，高视石阯。堤上为西枝室，奉瞿昙，堤下乘桥而南，水涓涓出石罅，当暑不绝。僧呼阿耨水，饭僧者汲之。桥下置屋悬崖中，为方舟榭，其广五几，深不及一筵，形如楼船，居者若舟游耳。居五载，主人以次告成。余客紩中，相与程土物，议方向，余谓考槃畏垒，至今诵说不衰，则其人以也。后之显者，穷土木而文绣之，不旋踵而名不传，其人非也。主人务折节为俭，顾独亟从事紩中，要以人不胜天，文不灭质，且其人长者，盖庶几有闻焉。主人谓余，銮有九子，无能训之以俭德，顾独作无益。备游观，虽銮亦自知其无良，愿客志之，以章吾过。嗟乎！鄚侯以壮丽谋国，而以俭帅子孙，卒之汉享有道之长，何论萧氏？藉令诸子不改其旧，惟守成为兢兢，即世世可知已，不则天地一蘧庐也。谓作者何？主人为余肺腑亲，姓蒋氏，居丰乐里。」

承尧按：此文学柳州，极肖。

溪南水嬉

《太函集》中《水嬉记》，状吾乡深秋山水极工丽，略云：维时为秋，万物咸说，及其杪也，天地时察，草木成章。新都丘闾相因，林莽相望。天风既济，时乘于隅，其粲若霞，其错若绣，其阴若绀，其阳若朱，其流若黄，其凝若紫，五章六采，莫不具陈。且也三天子鄣，经所谓南岷也。其下源源时出，为浙滥觞。凉风始波，潦水降矣。浅则肤寸，深则九渊，无不可以察溪毛，占水族。流沙积石，皑皑磷磷。遇风为湍，遇石为濑，望之如练、如璧、如瀑布、如长虹。即而就之，直中弦、平中准。其声缓者中鸣玉，急者中哀弦，余尝扈上林，遵太液，巡海岳，周游名山大川，要以钜丽闳深，则诚有之矣。乃若纡错采，镜空明，小人有怀，不忘故土。其状水嬉云：丰乐水趋歙浦，是为中流。浦以上不可以舟，仅编竹而浒耳。主人具浒十有六，盖奇者半，耦其半而四之。耦差广，近方舟，始足帐具。于时屋其一，若楼船，以坐宾主。幂其一，若步幄，以贮歌人。其一若幔亭，檐如也，歌舞出焉。其一庀行厨，则宰夫事。奇者，以其二继樽簋，其二载箫鼓为前驱，其二载诸竖子若仆夫，其二介绍而传事。余从仲嘉至，徐孝廉、俞山夫在焉。日几中乃就筏，主人出歌者为《黄竹》之歌，既溯上游，望中野群木，林林总总，如濯蜀锦。出西南，西则金竺，倒影中流，如奉员峤。西北则群山高峙，如列仙拥羽盖相迎。灵山迤西，如役群龙，劈积石。其日秋阳不厉，鱼鸟依人。即沿石濑，躐风湍，其行不枳，石梁在望。歌者乃废《水调》作铙歌，自度不容驰驱，则舍筏而登岸，乃为《朱鹭》，为《君马黄》，为《临高台》，为《将进酒》，观者疑张乐洞庭之野，不知其所从来。比及桥，泭者綽矣。主人夙已聚徒五百，指疏前涂。

承尧按：以下言张灯宴饮事，略。前文亦间有删节。主人为吴虎臣，及其兄子仲实，溪南人。彼时物力之盛，富室之侈，可想见矣。

溪南曲水园

《太函集·曲水园记》云：『丰乐水出黄山，东行百里而近，水浸深广。其上则诸吴千室之聚，里名溪南。左黄罗、右金竺，盖新都隩区也。里南良田千亩，里人呼杨柳干。其东则曲水园，修广不啻十亩，疏甽为涧道，经垣内外如隍，其中凿池，坼南北如天堑。甽入涧道，涧道入池，句如规，折如磬，故曰曲水。垣东南百堵，不堅不墁。西则编柳为藩，力省矣。凿坏为东南户，当户为竹林，穿林跨涧道为桥，北林视涧南稍广，穿薄西出，得万始亭。亭在东方，万有从此始也。累白石为山，峙亭北，或云群玉山，跨涧道为桥，得孤屿，如环璧，花石错置，当其中。幂四柏为亭，东五步得彩桥，桥东多竹箭，渔者置浮槎水上。笱东流为鱼防，竹外为行厨，便烹鲜者。由孤屿而北，历长杨彩桥，修倍东桥，蜿蜒池上。池北步櫊五十步，西行而中折之。客至，若在濠梁，是为鱼乐。步穷出西户，得钓矶。沿堤西行，堤北修竹百个。堤南折不尽五十步，距池西，堤上树七梧桐，有美荫。中堤登水榭，署曰『中分』，面西为门，三面临水为牖，东望池畔楼台花鸟，相与浮沉，日高春，若揭河汉而西也。西池当五之一，堤衡分之。西望群山在门，若良史出绘事，盖山水一都会也。池南驰道，广二轨，修什之。道左树文杏，皆临池。右树丛桂，藉桂枝为薄，蔽南端。中穿薄为御风台，崇广二仞。天风至，泠然而游帝乡，视七尺若蝉蜕耳。台东南度涧为馌舍，舍临田间，主人就舍明农，饷力作者。北行得田舍，藩以灌木，是为灌木庄。返步櫊，历重门，为水竹居，其后小楼，藏书五车。由藏书外达椠楼，由阁道外达少广。椠楼则置夹室，少广则置都房。椠楼广加藏书者十三，少广广加椠楼者十五。由藏书四达，皆三室，是为十二楼。前临步櫊，曲水如带，沃野如列籍，当户屦前，林木蔽亏如步障。其西为青莲阁，绮疏如蔚蓝。青莲下为清凉室。东乡辟西户，通步櫊。其左洞房，宜却暑。由洞房北出，当户一卷石，如美人，左右个如夹毂然。各广二几。又北为迎风坐，四门洞开。由迎风北户以西，树梧，拾级乘磴。西北累黝石为小山，山北为三秀亭，亭故有芝房之瑞。亭北树木芍药，当药栏下，半规为曲池。由迎风西户入水竹居，东户入高阳馆，馆南为垣屋，阖户以居。去垣不尽五步，聚美石为山，震泽产也。群山大者岳立，小者林立，疏茂相属，其高下有差，高则为仞者三，下则为仞者半。石如雕几，如枯株，如垂天云，如月满魄，如轩，如峙，如喙，如伏兔，如翔风，如姑射神人，如舞袖，如舞腰，如荷戟。窍山为洞，出东隅为台。流水沿西麓东行，不尽三之一，潜于麓，入于池。去山不尽十五步，为四宜堂，堂广五筵，修缩筵之半。四面疏户，户外皆重阶，居者于四望宜，即四时皆宜也。台东穿薄而入，得玉兰亭，亭西树玉兰，东荣累奇石，咫尺亭北，穿薄而入，止止室在焉。室西曲房，足音罕至，盖便坐也。池南则自万始尽御风，池北则西自步櫊尽藏书，东自高阳尽止止，三分鼎立，水榭居中，灌木则附庸耳。垣以内，花数十百品，木千章，鸣鸟千群。涧道夫容千茎，鱼千石。主人谓客，自玙有事曲水，岁用共伪以从事，岁计金十镒，人百徒，积二十岁乃成，故力不绌而赢可举也。

客曰：余少从五陵豪，日走马出郊关外，及凭轼问俗，周游四方，若王公贵人，游闲处士，诸所建置备游观者，大较可得而言，已庳则苦而俭于文，已美则甘而伤于雅，鸿胪君乃得中制，不有足术者乎。且也，新都什九山也，水居一焉。曲水以水胜闻，斯善用奇也已。

承尧按：此文如画图，爱不忍节。主人吴鸿胪玙也。今其遗址，吾曾游之，惟奇石与一方池存耳。又按：其时歙有遂园，在城东隅，邻太函，汪氏所营。休有荆园、季园、七盘园。荆园在草市，孙氏所营。皆名园也。遂园、荆园，伯玉各有记，入清后则名园寖多矣。

汪注：曾见抄本《谢少连文集》有记草市园亭之作。此稿在谢育华处。

谢少连醉中被挟

《太函集》中有《送胡元瑞东归记》，极陈游宴朋友之乐。盖元瑞访伯玉，宿函中，伯玉偕之游千秋里及桃溪，又游白岳，复送之登舟。同游者仲淹、仲嘉、士能、泰宁、少连及方景真、方羽仲、吴肇成、潘南仲辈，挟伎征歌，无日不醉。记中写诸人醉态云：『少连阴约肇成，就景真饮。二美咸在，毕举巨觥。肇成故不能觥，强之不啻什举。二耦同醉，履舄递亡，席地无茵，作盘旋舞。少连偃卧，各持白挺挟之。次及肇成，肇成报之倍，则皆被发为越女装，少连呓梦中，不自知其及于挟也。尔时游宴，亦无节矣。』

按：胡元瑞《少室山房续稿》有汪伯玉序。又按：程读山《雨窗绝句》诗注云：『谢升，字少连，邑之汪村人，明末举人。尝客白下魏国公所，病陈寿《三国志》尊魏之谬，作《季汉书》。书成日，魏公征白下才士及名伎各百人，宴于秦淮，诸人以次为寿。宴三日，乃奉千金为润笔，亦文人韵事也。』

又，吾友汪鞠卣，言少连文集尚有写本，在谢育华处，中有记草市园亭之作。后吾得见其书，咏花卉篇什甚多，文笔亦芜杂。

明季县中政俗

《太函集》中有《邑大夫李君侯上计序》，可考见明季政俗，兹节录之。

上略。『子民如父母者，惟邑大夫。邑莫非民，其类区以别矣。钜则巨室，细则细民，巨室即所谓大家，固庶民之纲纪也。长民者，同视而一体，故曰齐民。今之大家，邑不多有。其在闾右，则钜之属也。其在闾左，则细之属也。他邑率闾右为宰，宰闾左而鱼肉之，甚者于周泽不行，格厉禁不止，此其病在大家者也。歙故岩邑，其人褊心，乃若负盛气，务上人，群不逞滋甚。闾右且循墙而走，幸无及其狺狺，遂令龋齕目张，脂韦日仆。故刚不在右，柔不在左。如将茹此而吐彼，若在焚溺，益热益深，此其病在庶民者也。

李君侯至，则察土俗，体群情，引三尺若从绳，曲直各归其当，法在左则左，法在右则右，于是境内称平。人言君侯善为政者五，邑故讼者盈庭，大都以间先入，不入则机格，入则法亡。君侯直己而明听之，无所用间。以故法不挠，民讼不烦，一也。邑故征输无艺，上务撙节，而下困诛求。君侯置椟于庭，令编户得自输之椟，习见闾阎情状，询民疾苦而纾之，非直入无羡馀，大者岁赋不耗，二也。比年奉诏铸钱积谷，有司率坐因循。君侯主鼓铸，务流通，民间得以钱为币，则又仿常平以广积贮，为之期会而周视之，知天之天，钱谷不匮，三也。邑故患盗，君侯捕渠首而弃市曹，且严守望以备非常，戒博塞以夷渊薮，比者民得贴席，盗贼不滋，四也。君侯以文学饰吏治，文学弟子，斐然向风，公暇则聚族而程其能，诸儒生挟筴就试者，无虑千人，君侯屏诸强有力者推毂，一洗旧弊，士习由之不贰，五也。夫是五者善矣。惟兹闾右不必左，闾左不必右，其斯谓君侯乎，善之善者也。』下略。

潘象安诗

《太函集·潘象安诗序》，略云：自唐失律而诗亡，历五百年而始振，国初犹昧旦也。自李献吉出，而后风雅可亲。新都自程自邑受献吉诗，而后徽音可嗣，自邑释七策而操六义，此难与宿学并驱，然步不愆矣。其后五仲房由诸生起，力求多于杜陵，彼直以献吉为杜陵优，自邑为献吉吠也。江处士为之衡石，亦既尸自邑而蜕仲房，方中丞有未乎其言，盖一倡而三叹矣。仲房尸祀王、孟，呲窳百家，三人者枹鼓同声，莫不响应。潘象安由王、孟进，得此而喜可知。象安年十三而称诗，故其才隽，既薄诸生屏经义，故其用力益专。三人者，交誉象安，名隐隐起。会淮南李公执政，开东阁以延象安，遂遍赞之公卿大夫。象安诗，古体取材于昭明，长句则希唐调；近体则杜陵为政，王、孟参之，大都以风骨胜。又云：吾郡以布衣著者三，得象安而四。当世以布衣雄者二，得象安而三。彼自邑能得师献吉，而不能自尽其才；仲房能负俗而抗杜陵，而不能竟其力之所至；处士能辨象安于旸谷，而不能自必于虞渊。象安之负培风，后发先至，有馀力矣。且也，西秦东齐，百二更霸，太初操秦声，而击缶亦其偏长，顾其人足为名高，即偃蹇亡论矣。茂秦之歌齐右，壹禀于高唐，不訾者有烦言，其人非矣。不佞将为布衣建鸣鼓，则衷象安诗，成一家言。下略。

按：太函之论诗如此。潘象安诗，惜未寓目，未知竟何如也。

歙事闲谭卷六

汪伯玉上许文穆书

《太函集》有《上许相公书》，为胡宗宪事，录之，书云：『不佞道昆，越在草莽，何敢与朝廷之议，干威福之权。第吾乡故有任事之臣，功浮于罪，时蒙世祖见察，迄今未白其冤，此亦相公之所习知，乡党之所深隐者也。第威福自天子出，无敢嗫嚅而吐一辞。幸而政府直道，赞襄虚心容纳，无幽不阐，无枉不伸。凡诸疆事未修，躬行无缺，藉令在辟，犹追录之，盖将以惟莀劝忠，以瑕疵弃过者也。

当胡少保在事，东南岌岌乎殆哉，彼其以五饵饵夷，以五间间夷，成则上功，否则无赦，一反手耳。于时事由中制，政以贿成。少保内不顾身家，外不顾毁誉，上不避刑戮，下不避猜疑，如将以糜费结纳而绳墨之，固多小过，卒之敌如就縻墨，荡平底绩，遗东南数千里之安，是曰愚忠，其愚不可及也。太上广厉臣工，无论存殁，一二三元府，操其衡石，至公至明。

乡人宁讵以月旦之私，借资九鼎，第匹夫匹妇，犹能止雨飞霜。况世祖之力臣，宁即湮灭。比者东南不岁，九原尚亦有望乎哉？

自嘉靖以来，吴越则属少保，百粤则属司徒，八闽亦尝属之不佞，皆新都产也。犹之四坐具在，酌者乃行巨觥，皆曰不胜，惟新都能耳。既举既酹，则又曰夫夫醉矣，将安用此酒徒！少保之功独优，其受法尤烈。不佞有怀肮脏，敢哆口而一申之。总兵戚继光，卒以贫死，恤典不及，闻之庙议未定，其何以劝方来，倘有择于刍荛，似亦砺世磨钝一道也。惟相公体之亮之，盖之容之。』按：明时歙人著书，每自称新都。又按府志：胡宗宪，字汝贞，绩溪人。战倭屡建奇功，进兵部左侍郎，总督江南北闽广七省兵马。贼渠首王直、徐海最雄杰，宗宪谋直以弋海，因取陈东，缚麻叶，收张琏，倭寇悉平。加尚书少保。《啸虹笔记》云：胡梅林有平倭功，而遭谗被逮。徽州知府何东序，恨其家居时，以属礼参谒，不为礼。胡未死狱中，何已封锢其宅，逮其妇女跣足过堂辱之。时歙人方某为诸生，忿甚，誓必报仇。未几联捷，数载守何郡，亦以疑狱逮辱之一如胡。至今父老，犹言其事。

汪伯玉让名论

《太函集》中，屡言徽人狭量褊襟，由今观之，其言信，盖至今未之改也。兹录其《让名论》云：『伯子问京兆尹曰：「新安保界山谷，其人褊心，仕于四方，辄龃龉。公所至，遇合未尝失人，亦遵何德也。」公曰：「仆亦犹夫乡人也，恶能事人，吾直以礼让事之耳。今之同国而治者，非四海九州之士乎哉。诚得长者与俱，宜无不可，使不皆长者，吾以不肖之心应之，彼将求多矣。夫以声利博者，势不能两雄，不雄则雌，雄则受忌，此两者皆祸也。吾务折节为让，唯彼所先，注名则归之名，注利则归之利，无用博也。」客曰：「让利则闻命矣。耕者耻无获，士耻无名，名何让焉？」公曰：「让名急矣。人情不趣利则趣名，趣利如蝇，趣名如虎，彼且眈眈而欲之，往则逢怒，难与相持矣。且瑕疵人所时有也。彼赍璧而贾，吾以其不足者穷之，憾也。瑕疵掩矣，彼之贾且倍，而吾出坚白者以震之，憾也。二憾释矣，方以彼为得我，而以德色居之，憾未已也。释此三者，其有忮心者几希。故让名则名完，无人损矣。譬之耦而争道，则蹶一人。后己而先人，则俱济。终身让路，不枉百步，此知化之言也。」伯子退语客曰：「吾观鲍公，温温者也，今闻其里言矣。夫禹功盖天下，帝兢兢然犹以不伐命之，让也。不伐则莫与争矣，让不亦宜乎！」』

按：吾族一经公集，有《为游司徒寿鲍季公七十序》，言季公父为大司徒，嘉靖中以子谅易直立朝，朝誉藉甚。昔汪司马论著让名，则以大司徒公为之极，即指是篇也。

又按：其时鲍道明，字行之，官至户部尚书。见张志《勋绩》。鲍，岩寺人。

许太初善琴

《太函集》中，屡言许太初善琴。有《病起听许太初弹琴》诗，又有《为许太初题寒林高士图》诗云：『涧道透迤冰雪深，槎枒万木昼阴阴。杖藜一保长林步，倾耳时闻太古香。白华堂畔理琴歌，一片愁心寄蓼莪。即看宰木坟头拱，又见空山屐齿过。』原注：太初有孝行，故次首及之。读二诗，想见其人笃行高致。

戚继光至千秋里会饮

《太函集》中，有《戚少保自肇林饮千秋里，召小女郎歌舞侑觞，漫赋四首》云：『江村八月月生明，上客巾车出化城。忽到新妆当户立，却疑天女散花行。』『女郎阿阁近蓝桥，仙侣纷纷未可报。醉里莫疑西第客，尊前不是董妖娆。』『惆怅河梁古别离，招寻故里远如期。小姬不惯铙歌部，秖作江南《白苎辞》。』『铁板曾闻古调工，幽燕老将大江东。当筵半吐莺声细，赢得缠头帕锦红。』

按：伯玉与戚元敬交最笃，集中有《宝剑篇》长诗，乃作于元敬殁后。录其诗序云：『壬戌之秋，元敬入闽三捷，偕余目击闽难，不歃而盟，则以长剑二，分佩之。所不徇闽者，有如此杖。丙寅，余释闽事。戊辰，元敬入朝，剑始合于虎林，信宿而别。壬申，余奉使大阅，再合蓟门。乙酉，元敬谢南粤，入新都，三合于白榆社。乃今元敬已矣，故剑不知其存亡。余弹铗长歌，盖有感于延陵季子云尔。』

又按：元敬至歙居千秋里，欢饮数月，同建肇林禅堂，请峨嵋僧晓公举圆通忏为薰修礼拜威仪，开忏之日，拈香膜拜者近万人，一时传为盛事。出仲淹掌录。

周公瑕曾入白榆社

《太函集》有《题周公瑕为徐使君画兰长篇》，中句云：『我朝能事属东吴，碧浪兼天蹴五湖。祝允明书沈周画，一夫树羽一援桴。专门只数两君子，合璧唯应文太史。大耋争夸身手强，吴兴之后无如此。速肖先亡彭孔嘉，升堂入室周公瑕。藁藁腐毫连作冢，英英彩笔旋生花。』其推许公瑕甚至。

又有《招公瑕入榆社》诗云：『千里关河五两风，轻舠来自大江东。故人已共青山老，和客无如白雪工。凤览直须从此下，鹰扬更复向谁雄。客星遥度桐庐上，好在天都太乙宫。』

又有《送周丈还吴》诗云：『吾党穷交老更真，不妨千里结比邻。飞黄早已辞方驾，垂白谁堪擅斫轮。一任时名争自起，翻从晚节倍相亲。由来江左风流地，屈指如君更几人。』

上数诗，皆《太函集》中佳篇也。汪注：余有公瑕坐徐翩水阁画兰一幅。

许去疾

《太函集》有《送书生许去疾出塞》诗云：『尔向清流罢钓竿，肯容赤帝溺儒冠。酒徒原自高阳裔，国士终须大将坛。不借姓名通狗监，悬知勋业在楼兰。书生白面如君几，忍使封侯印易刓。』

又有《送许去疾分阃闽海总浯屿舟师二首》云：『汉家宿将盛诸生，横海楼船叠鼓行。夷檄只应飞露布，相门殊自出干城。沧溟夜堕旄头色，部曲秋传笛里声。燕颔不缘投笔起，风尘落落那知名。』『虎竹分符肘后悬，海隅京观筑当年。玉门生事容吾老，铜柱勋名觉汝贤。物色鱼龙鼍夜水，军声鹅鹳净秋天。好从多暇延词客，倘有玄虚赋可传。』许去疾，名师古，文穆侄。见府志。其人殊奇特。

《江止庵遗集》

《江止庵遗集》八卷，江天一文石著，弟江天表文月手授，门人洪祚永卜公手抄。前七卷皆先生所为文，第八卷则附录魏冰叔禧及同邑方望子熊所作先生传，又弟文月《感义扶丧记》，曹靖庵鸣远所作象赞，江晚柯嘉梅所作祭文，洪开文秉基、吴孟辰惟寅两跋。最后有光绪丙申吾师江郁华先生文魁跋。略言：得遗版于祇山古刹，因补辑而重印之。原版盖刻于康熙中叶，卷首有永丰汤来贺序，略言先生方教授于淮阴时，拟上疏表割肝之孝妇，及凤督马士英诬流寇为黔兵，以擅杀文致徽郡吏民之罪，则为之上书南大司马史公。又赴阙吁天以白其冤。固已视天下事无不可为。其后逮及于难，犹作家书，慰其老母诸弟。慷慨谈笑，受刃于金陵城下，其严气正性，烈烈千秋，亦其素所蓄积者有然。汪注：马士英诬徽杀黔兵事，赵吉士记之最详。

又言：先生尝以驿丞子，挟文谒石斋黄先生于石门舟中，黄先生一见奇之，勉以忠孝大节。故先生居恒，与其乡人最相友善，有凌公龙翰驷、汪君扶光沭日、吴君束三霖辈。凌公，余先君同年友，以河南御史殉难，束三后亦死义于南中，扶光去为僧，而闯贼陷北京时，死难诸臣，汪公长源最烈。与正希金公，又皆其乡先生，可谓一时之不幸哉。下略。

又有《江先生遗稿征刻小引》，略言：先生死后，门人洪祚永守其遗文数百篇，于寇氛兵燹之馀，前后手录凡三过，老而且死，乃属其子毓健世守之。今距江先生死且五十年。先生稿凡八卷，计纸八百馀，鸠工剞劂，约金二百有奇，可以卒事，谨告于同里名贤长者醵金资助等语。后署『后学黄琯、方熊、王寿徵、汪士鋐、项斗文、唐鸿举、汪芹、吴岳、汪洪度、吴菘、吴秋士、吴之騄、王棠、方淇荩、吴芝泽、汪洋度、吴瞻泰、汪熙桢、吴楚、吴巽、胡廷凤、程乙生、程喈、吴启鹏、洪嘉植、洪泽、洪其范、洪璟、洪公仪、洪云行、洪力行、洪濯公具。』

又列有校刻姓氏，兹备录之：『施璜虹玉、范延祁尊尧、毕熙旸嵎谷、方以权与可、蔡廷治瞻岷、吴荃剑宜、张潮山来、方学琴鸣五、吴阶芝秀三、黄吉暹仲宾、吴九仪韶成、吴惟寅孟辰、程京萼韡老、程芝稑兰颖、江湘郢上、张渐进也、张旦圣翊、洪璟昆霞、许迈龄方婴、江浛粱雪、洪泽瞻仁、吴飏言陬辰、闵长虹在东、江九锡公冕、江世栋右李、吴桢楷亭、洪昭孚天、程文蔚豹南、洪元开函子、程文谟飏言、程之秇华苑、项绝经士、程棫梅闻、程銮乾紫、许迎年荔生、张兆铉贯玉、程启衣闻、郭元釪于宫、江元椿大年、江宣儒宪若、江宣兆豫臣、江文桂芳溪、张思教儒修、张思琯池猷、程以训敷言、吴瞻洛书渊、方为源清其、孙大经诚夫、洪籍咏怀、洪濯玉符、洪炯尧有、毕振郊亮四。』上诸人姓名，有甚昭著者，有绝冷僻不经见者，疑大多为乡人，存以备考。

又版侧镌『祭书草堂珍藏』六字。『祭书草堂』，洪卜公斋名。卜公有《抄止庵先生遗集记事》十七则，词极酸楚。中言：『先生既殁，收籍其田产妻孥，弟文月亟取先生之文，密以授我，零星墨汁，败楮残篇，无弗与者；惴惴然如良田华屋不得藏匿是惧，鬻家口为佣，在所不惜。我亦亟取先生文章，草草录过，封其削稿，俟文月放归，复来携去。越三十有馀年，文月郁郁不得志以疾死，先生之子孤而痫，至不能延一脉，亦以疾死。祚永窃亦老矣。』下略。

江文石三传详略

魏叔子撰《江文石传》，殆据江文月《感义扶丧记》而作。于文石过芜之见闵遵古，及遵古、文石之同见金文毅，痛饮悲歌，追叙往事；遵古、海明、萧伦之出入生死，具棺敛葬，叙述甚详，奕奕生动。文在魏叔子集中，非僻书不具录。其言与北兵相持，时有乡人负大名为御史者，阴导北兵，从间道入，师遂溃，盖言黄澍也。不书其名，意有所讳。其附记洪澜云：『澜字远生，亦歙人。年二十馀，始力学，不悦俗儒语。闻天一名，负笈请为弟子。天一殉难，妻子将入官。澜毅然曰：是澜责也。触热走烈日中，凡数百里，以义劝助婚友，及子贷，大汗污衣无可易，辄浣衣于溪。暴之，伏身水中，候其燥，衣而后行。得百金，赎天一妻子于官。而以其馀买田宅里之旁，给饔餐焉。』按此段为诸篇所未及。方传则详书其面斥洪承畴事云：『参军同金公决意死孝陵钟山之麓，被营将执送南京时，洪内院操得生死柄，好语慰金公曰：「曷以黄冠僧服隐，可以无死。」公默然。公志盖早决矣。参军眦裂发指，目光闪闪射内院衣，厉声曰：「我洪经略何如忠臣，死后先皇痛之，赐祭九坛，隆礼犹以为未足。汝何为者，冒洪经略而污陷之耶！」内院亦惭。命扶出，同金公杀之。』是段亦魏传所未及也。

又魏传中述带刀者言：『金翰林好持体貌，自被执，不少假借，借使诸君并坐，我独侍立，岂情所堪！』又遵古见金公，甫坐定而其监押官张亦踞对席坐，公忽移坐南面临之。写金公岩岩气象，宛如亲见。

又汪钝翁琬，亦曾为天一作传，详其拒左兵事，云：『天一年三十六，始补诸生，家贫屋败，躬畚土筑垣以居，覆瓦不完。盛暑则暴酷日中，雨至淋漓蛇伏，或张敝盖自蔽，家人怨叹，而天一吟诵自若。天一深沉多智，尤为同郡金佥事公所知。是时徽人多盗，天一佐佥事公用军法团结乡人子弟，为守御计。会张献忠破武昌，总兵官左良玉东遁，麾下狼兵哗于途，所过焚掠，将抵徽，徽人震恐。佥事公谋往拒之，以委天一。天一腰刀抹首，黑夜跨马，率壮士驰数十里，与狼兵鏖战祁门，斩馘大半，悉夺其马牛器械，徽赖以安。』此一段又各传所未详。

又《橙阳散志》记天一事甚略，惟言天一初名涵颢，字淳初，为各传所未详。

明季县中运米情形

《止庵集》中，有《厘弊疏商稿序》，略云：余郡处万山中，所出粮不足一月，十九需外给。远自江广数千里，近自苏、松、常、镇数百里而至，纳钞输牙，舟负费重，与所挟资准。以故江南米价，徽独高。然自数境来者，杭、严两府，实司咽喉。前人念若艰险，辟壅敕法，茂绩于今，价不益昂，万姓以赖。近故玩弛，杭有坝脚牙侩，更设网罗。严有衙蠹地棍，擅起私税，鱼肉米商，公行罔忌，甚至搁河纵掠，暮夜兴戎。商罹惨剥，势必米贵病民；变生不测，实亦合郡一大关系也。会群商列诸奸迹，匍匐急控，由本府以至浙、直两道院及杭、严守令大夫，咸一乃心，奸萌尽拔，乃裒前后情词，寿诸剞劂。下略。

按：昔无厘金，而坝脚牙侩私税为病如此。考世变者，不可不知。

明季举人陋习

《止庵集》中，有《蕉园藏稿序》、《罪言录》二篇，参观之，乃知明时举人，风习最坏，群尚关说。一岁中，谒郡县大夫者有例，指使卑官下吏者有例。又有公揭童生一事，文曰荐贤，实则求贿。获赂后，泥沙用之。豢养童妾，纵情歌舞，修饰台榭，作无益以害民生。文石愤之，乃于丙子凌龙翰应留都试获隽时，为作《蕉园藏稿序》，痛斥其时举人积习，毫不隐讳。盖蕉园者，龙翰与凌香吏、方非二三人读书之地。三人皆砥砺志节，与文石友发布此序，固文石意，亦实龙翰意也。序行后，时论大哗，争集矢文石、龙翰。又适龙翰后场文用《白虎通》数语，礼部磨勘，斥为杜撰，罚停一科，奉旨改为罢斥遣回肄业。于是怨文石者，皆言文石一序，断送龙翰举人。龙翰居京师，杜门四年，乃请面试，卒获钦复通籍。文石因作《罪言录》，叙此事原委。文长不备录。

江文石曾馆洪源与诸洪交谊甚笃

《止庵集》中有《深林集序》，言洪氏诸子有从予与扶光游者，又谦、疏石、卜公、素生，一家之中，叔侄兄弟，自相友善，其为文类能脱去凡近，怀古情深。深林则今年所馆地，山居深寂，林木森然，故以名集。

又有《楚东集序》，为洪坊来作。《还山诗序》，为洪远生作。《摩松阁集序》，为洪石生作。诸洪皆洪源人。深林馆当亦在洪源，故募金刻集，引中列名者，洪姓最多。远生即洪澜，卜公即《抱遗集》之洪祚永也。

古在社　同言社

文石与怒飞、公庞、扶光、维宪结古在社，又与程荩臣及荩臣侄朗生结同言社，后裒同言社之文以行，名《六水集》，文石序之，见本集中。当时承东林、复社之流，意凡有井水处，皆有文社矣。按：汪扶光名沐日，崇祯六年举人，石冈村人。

黔兵案

黔兵案，为明季吾徽一大事。徽人之切齿马士英，固不待南都建国后。兹录《止庵集》中《上史阁部书》之一段，以存其真。原注：『崇祯十六年八月。』书云：『三月流寇至祁、黟间，诈称黔兵，又诈称沐国公往守皇陵，民见无文书将领，牌面参错，众心疑骇，然犹牛酒犒劳，待以兵礼。不意即乱住民房，即十数人轮奸一妇，更即焚杀劫掳，不可向迩。已见其夥中半杂僧人，半杂雄捷妇女，投戈横掠，莫逆颜行。于是民有触锋刃死者、填沟壑死者、投环死者、相践踏枕藉死者，尸盈原野，鬼哭神惊，始知是贼。因是乡人云集，不介而孚，乃贼之死于民者，不十之二三，而逃亡过半，民之格斗而死者，且十之五六，莫可形容。于时擒其巨猾，衣领中搜有血书，约四月初一破徽州府，此三月二十八日事也。而三月二十七日，报有贼侵乐平，亦为乐平所杀。同时两路贼势汹涌，伤哉徽民，亦已惨矣。念中州荆楚，大江以北，与今年东流、建德、青、泾、南、繁诸县，岂下数十百万，而卒莫与告，徽又何所诉冤乎？讵意马督台有黔兵设于常德、澧州、乐平诸处，而忽得寇徽之贼，有假黔兵之号，遂居然认此为黔兵，参处徽之官民，至奉严旨也。』前后略。

《吁天录》中所言，略与此同。是役实金声主之，金几被罪，卒获免，未几明社亦屋矣。

凌龙翰遗事

凌龙翰駉，成进士后从督抚李建泰防河，授职方。与贼战保定，不支，被执，受创不死，复至临清，首建义旗，斩贼官，复东鲁八十馀城。诏按山东，后殉义河南。略见劳志。检江止庵集中，有《书临清州》一篇，较详。兹录之：『三月二十后，贼遣伪官至州行事，道州官皆贼，止工部户部二官未易，亦不敢坐堂，又不敢走，唯闭门不知谁何而已。贼所遣各处伪官，纷驻州城，不可胜记。百姓莫敢问，唯见本朝逃出官员，日为贼罗得，盘诘拷掠，无一人得全者。四月中，闻德州伪官，将乡宦富翁及一切稍盈馀者，非刑夹治，日夜不息。旧相谢升大呼百姓曰：『我德州岂无人，任贼乃尔！与其多金投贼，复不保性命，孰若并力杀贼以固吾圉乎！』百姓愤恨，无敢首者，至是遂各奋呼响应，听谢指挥，将万馀人，乃杀伪官吏，散库藏所有与众，为朝廷效死。既又逻得贼十馀人，以囚车囚鲁王，解往北京，遂尽杀贼兵，出鲁王。王与谢相抱头痛哭，伏地不能起。百姓遂推戴王，以谢相之，日内复得万馀人，义声大振。各府、州、县闻贼大败逃陕西，又闻德州倡义坚守，亦相率尽杀伪官。本州谓临清百姓，因州官尚假行厚道，未遽杀。至是亦感愤不容已，遂群起囚伪官，聚至数千人，苦无统摄。先是闻兵部职方司凌駉遇贼不屈，身被六箭。复逼降不屈，受砍一刀，投井死，井中人填满。贼去，邻僧救活之。州众遂迎凌主其兵，百姓咸归，人心颇振。又与德州盟誓，约死守，州境获安。

《为黄山寄远方游客书》

《止庵集》中，有《黄白雠》一篇，用意与前卷所录黄白山先生《黄山白岳歌》相似。又有《为黄山致远方游客书》，文甚长，意极恢诡。略言：此数十年来，舟车不绝于城闉，有司供命而罔暇，莫不曰蜡黄山屐也。而搜括孔殷，民情畏匿，随行末伎游食之徒，以及狡童猾役，境中无赖附藉之。起风波而种荆棘，如樵者不童其山不止。以此廉吏不得全于其间，而贪墨因之互市，盖一游客而破中人十家之产者，恒数十倍。井里凋瘵，怨咨载涂，莫不归罪黄山。见一远客至，不曰此当挫黄山一峰，即曰此当填黄山一壑。嗟夫！黄山何罪耶？

黄山非拒客，如近年黄石斋、李元孚、张天如、周鹿溪诸人，芒鞋竹杖，萧然而至，吾方欢迎不暇。若有事于货殖，而因以毒吾乡，则幸毋假我名也。馀略。

按：明季游山风气如此，无怪止庵、白山先后发愤，大声而疾呼矣。此亦修山志者一特殊材料也。

又按程读山埙诗云：『旅人黄白家何有，理学文章山水幽。玉茗失词难驷及，竟将金窟视吾州。』原注：前时士大夫，骛于文酒诗社之事，吾乡人情俗尚敦厚，故投赠独优，不知者误以为富。虽汤义仍先生尚有诗云：『欲识金银气，须为黄白游。』不知吾乡山水甲天下，理学第一，文章次之；人知节俭，有唐魏之风；俗尚骨鲠，耻脂韦之习；且硗确少田，治生维艰，实最窭地，所谓素封，皆乡人之业鹾于淮南北者。本州如洗，实不足当此虚名也。读山，乾隆时人。

许幼伊《墨引铭》

《止庵集》中，有许幼伊《墨引铭》曰：『松根紫石，万桐千漆，至道无文，终古默默。』序言：『曩见许芳城《砚史》，惊其特异。今幼伊又以漆墨鸣，许氏兄弟多才，擅诗赋，精鉴辩，凡此当发二酉之藏，折中古法，运以神思者也。』

按据此文，则幼伊为芳城先生之弟，芳城《砚史》，今亦不传。

老竹岭石关

《止庵集》中有《募修老竹岭石关引》，略言：『老竹岭为新安入浙大门户，孔道四出，较他涂为扼要。往岁予衔唐公之命，相度防守，已阅十月，御盗有方，聚米无策，山僧性坚居此十有馀年，古朴有道力，率僧众垦地自给。岭半有新桥，四面僻路，皆为伏莽窟穴，仅一线往来，势难飞越。巨商大贾，每值归途经此，靡不惊心动魄，时遭劫掠之苦。而岭上诸僧，间能于耕云锄月之际，伺其声息，窥其动静，以脱行人于厄。及到岭头，喘息少定，如登彼岸。岭有石关，岁久渐堕，性坚欲依险为守。因旧增修，以寓捍卫，良苦心也。』下略。

程穆倩词

程穆倩诗词不多见，顷于肆中见一旧扇，上书一词，书法奇古。题为《为孝老双进酒作呈正上慎盟兄》，下书『弟邃』。词云：『试一问珠楼璚户，漫立丹青画谱。镂髓刊心，传神写照，颠倒后今前古。为君狂舞，笑天地崩倾，温柔先补。百世千春，好凭仗远山修膴。粉本经营无度，对雪下林风，琪枝玉树。范蠡扁舟，谢安赌墅，忧乐同归一棨。闺中渔父，是续命夷吾，跳身伊吕。把泛宅浮家，消磨樽俎。』词意奇诡。孝老不知何人，岂谓定山堂耶？

郑天玉佚事

郑为虹，字天玉，长龄桥人，居江都，郑超宗弟也。在复社有名，后殉义于仙霞关，详见县志。余由宾虹处得一画幅，款书『郑弃疾作』，印曰『师山后学』。宾虹言此画得于扬州程兆熊之后嗣，云即天玉所为，弃疾其化名。且言天玉在甲申后所作画，皆不署真名也。因程与郑为世亲，其家相传如此。近阅吴人叶调生所著《鸥波渔话》，载明末范石夫《朋旧尺牍》跋语，有郑天玉一条云：『广陵竞渡，绝盛端午日，男女空国出游。癸未岁天玉招予往观，尽欢竟日。天玉闭门读书，不与家事，非奉尊甫命，不出，其招予亦尊甫所治具也。恂恂寡言，真与处子。登第授浦城令，行取台中，临难不屈，烈烈而死。』观此则天玉为人极深谨，国变后愤而不书真名，或可信。『师山后学』一印，亦可见其志学矣。

闵宾连游庐山诗

《魏叔子集》有《闵宾连游庐山诗序》，略云：『宾连与余交十年，以诗文相得。庚戌再遇于广陵，其游庐山诗则又工。古人所谓「沉词怫悦，言恢之而弥广，思按之而愈深」者，庶几足当之。而浑丽老澹，更出入陶、谢、杜甫间。且吾观宾连似不徒欲以诗人见者。读其《余忠宣词》、《彭泽怀古》诸篇，别有寄托。此其意即谓之不在山水可也。』馀略。

按：『别有寄托』下，原板刓去二行，疑有触讳语。以宾连固明遗老，志恢复者也。昔余得阮芸台选《淮海英灵集》原稿，于宾连诗全抹之，注曰：『此人删。』其畏祸深矣。

又按：沈归愚《别裁集》载宾连庐山诗二首，《空水阁》云：『欲穷瀑水源，峡束忽无路。上有蛟龙居，下杂古今树。数石何渐渐，飞动令我惧。侧身入空冥，盘曲审跬步。阴森鬼搏人，日月如未曙。一阁踞其巅，青苍于此聚。山僧不常栖，终年白云住。双扇风为开，倚槛时一顾。晚来山雨晴，豁见湖光露。留连空明中，恍惚若有悟。』《玉渊潭》云：『才过三峡桥，溪壑虢闻见。吁嗟此奇观，曲尽水之变。石忽不受水，水怒如激电。其势必斜飞，下与蛟龙战。渊深不敢窥，藓滑试一践。我有悠然心，六虚任周遍。对之神益闻，澒洞增馀眷。高歌扶杖归，习习风吹面。』

归愚云：宾连喜游，踪迹几遍天下。所游皆有诗，而庐山一集，尤脍炙人口。缘未见全集，止录二篇。宾连又著有《悟雪草堂集》及《卧雪诗草》。

魏叔子序歙人诗

魏叔子在扬州时，与歙人极亲密。今观其集中，有《程山公一石山房诗叙》、《黄清持拳石斋诗叙》、《汪秋浦诗引》、《许士重诗叙》，皆歙人也。

《一石山房诗叙》，言辛亥六月，山公与下邳张天枢、歙州鲍子韶过访，于天枢扇上见山公《游焦山》诗『沧江如此急，乱石自中流』，叹为佳句。是冬偕天枢夜过山公，就月下共酌。山公即席赋『贫家有良夜，客至喜开尊』之句，且曰『杜茶村曾叙吾诗』，未言山公世家子，不事家人产而好诗。尝岸然有轻世之意，尤工五言律云。按：鲍子韶师事叔子。

《拳石斋诗序》，言黄翁清持，年七十二，好为诗，凡游眺宴会必有作。其海陵宗人仙裳，为余同学友。仙裳主翁馆舍，因数见翁，其佳句如《秦淮秋泛》云：『红袖尚从高阁见，清歌偏使白头闻。』《题米家山》云：『小桥水过滩声急，落入深溪作鸟啼。』《雨中读书》云：『鸦啼向山树，犬吠出庭苔。』《红叶》云：『声宜秋客听，色爱夕阳佳。』《秋园杂咏》云：『晚霞红映渚，秋月白穿林。』《春园喜友人见过》云：『扃扉搜句得，扫径待人来。』《秋怀》云：『绕屋树声疑夜壑，隔溪云影忆秋江。』皆清新高秀。又如《程冰如生日》云：『总角友朋俱老大，斑衣子弟已冠裳。』《过韩侯钓台》云：『一饭不能忘漂母，终身岂肯负高皇。』则苍健牢壮，又成一格。

《汪秋浦诗引》，但言其诗得清气为多，乃得放还山时，已舆床上船，秋浦索序，口占授秋浦自书之作。

《许士重诗序》，言其人身处阛阓，而有深山之容。与之言，讷然不出诸口，退然如不胜其衣，其诗情真而意恬，吐词有章，而斐然泽于文藻。盖士重交罗饭牛，由饭牛携其诗以索序也。

程山公即程山尊，名谦。黄清持名朝美，黄瀚子。又按：集中有《送歙县鲍生北游序》，鲍生名夔生，即鲍子韶也。

魏叔子赠程穆倩叙文

《叔子集》中，为歙人作寿序、墓表、墓铭甚多，皆无可采录。独《赠程穆倩六十叙》，文颇婉妙，盖不欲尽言，而微露其端，使人于言外得之，以叔子与穆倩皆蓄志光复者耳。文中以鲁仲连、陆生相况，言天下有事，士之负志气者，不出而图功名，则遁迹穷岩，使当世闻其名，不得见其面，而必有非仕非隐，浮湛闲散，徜徉于其间，以抵天下之隙，而佐功名之士所不及。又言穆倩好学问，工诗，往从漳浦黄公、清江杨公游，论议颇关朝廷事。今三十年间，海内公卿，无不折节善穆倩者。穆倩所解纷乱既多，尤能出气力扬声韦带之士，吾知其他日将有以自用。末言穆倩年六十，精强不减郦生，方以篆籀学自食其力。晚举五子，困生计，不能如陆生子二百金给人马酒食。其言可味，故节录之。

程穆倩藏《光武燎衣图》

《叔子集》中《燎衣图记》云：《光武燎衣图》，唐吴道子画。友人程邃，得之新安僧渐江。邃字穆倩，博雅能诗，攻书画，好藏古人名迹，此图尤有神理。中略穆倩云：『渐江盖名诸生，世变弃妻子为僧，更以画学名。言此得之新安吴氏者也。』后略。汪注：渐公，传言其不婚不仕，此云弃妻子，不可解，皆同时人之言。

按：此图诚海内名迹，今不知流落何所矣。曾出入吾歙渐江、垢区二人手，胜情逸事，殊耐人思。魏记仿昌黎画记，叙次极详，不及备录。

杨长公所著书名《不得已》

杨长公为吾歙奇人，反对西教最烈，几至杀身。劳志列之《忠节》。由今观之，所论固甚隔膜，而在当时，诚义侠男子也。惟因争历事，竟至杀钦天监官五人，冤诬可叹。其所撰

《不得已》一书，近人柳诒徵为重印之，并为跋云：『杨长公自刊《不得已》一书，雍、乾间传本已鲜。程棉庄谓此书初出，西人购以重资，每部二百金，燔毁略尽。晚得宛陵梅公所藏，爱之重之，逾于天球法物，其可珍贵如是。盋山图书馆庋有丁氏所藏东湖蒋氏节录本，仅录《请诛邪教疏》、《与许青屿侍御书》、《辟邪论》三篇，皆节录，非全豹也。今年正月，吴君慰祖以《不得已》写本一册存馆中，上下两卷具足，末有竹汀、荛圃及钱子文跋。吴君谓系王朴臣先生故物，沽自冷摊者。爰付中社影印，并录萧敬孚先生所撰碑传于后，以广其传。长公持论锐利，而孙渊如以文不雅驯少之，实则此书为宗教史中明清之际一重公案，不必斤斤于文之工拙也。』以上柳跋。

钱大昕跋谓『向闻吾友戴东原说，欧罗巴人以重价购此书，欲灭其迹。今始于吴门黄氏学耕堂见之。杨君于步算非专家，又无有力助之者，故终为彼所绌。然其诋耶稣异教，禁人传习，不可谓无功于名教。』以上钱跋。

叶调生《吹网录》则言：王渔洋《池北偶谈》曾记其事，今重刻无之。当亦欧罗巴人深恶此书，赂使重刻者删去，以灭迹耳。嘉庆初，阮文达撰《畴人传》，曾采此条，加以论词，列第三十六卷。

按：杨事以桐城萧穆所撰传及神道表为最详，兹录《敬孚类稿》卷十一《故前钦天监监正歙县杨公神道表》云：『穆尝恭读世宗宪皇帝所录《庭训格言》，中有训曰：「尔等惟知朕算术之精，却不知我学算之故。朕幼时，钦天监汉官与西洋人不睦，互相参劾，几至大辟。杨光先、汤若望于午门外九卿前，当面赌测日影，奈九卿中无一知其法者。朕思己不知，焉能断人之是非，因自愤而学焉。今凡八算之法，累辑成书，条分缕析，后之学此者，视此甚易，谁知朕当日苦心研究之难也。」穆既知圣祖仁皇帝之精算术，实由于此，因想杨公之为人。今年夏，晤黟县老友李君宗媚，谈及杨公当日情事，因托遣人于歙县杨氏代求杨公所著之书。旋于杨公族裔孙某孝廉家得之。穆既得所录副本，因念杨公之墓，年久不免荒芜，复托李君他日会同孝廉商为修理。因略叙其生平事迹，他日表于其阡。

公姓杨氏，讳光先，字长公，徽州歙县人也。其口世祖讳凝，字彦谧，明宣德五年进士，官至礼部尚书，调南京刑部尚书。尝自叙前后战功，乞世荫，子堣遂得新安卫副千户，子孙遂世袭焉。传口世至公，乃让职与弟光弼，孑身入京师，时为崇祯十年也。时有山阳武举人陈启新者，崇祯九年诣阙上书，言天下三大病，捧疏跪正阳门三日，中官取以进。帝大喜，立擢吏科给事中，历兵科左给事中。刘公宗周、詹公尔选等先后论之，公复劾其出身贱役及徇私纳贿状，帝悉不究。复经御史王公聚奎、伦公之楷、给事中姜公埰先后劾其溺职及请托受赇、还乡骄横并不忠不孝大奸大诈状，乃削籍，下抚按追赃拟罪，启新竟逃去，不知所之。又中极殿大学士温体仁当国既久，劾者尤多，公复论之，至舆榇待命，帝皆不省，每斥责言者以慰之，至有杖死者。而公卒以此遣戍辽左。按本传，曾被廷杖。然体仁亦旋以党与奸状为帝所悟，放归。十六年冬，烈皇御经筵求文武材，襄城伯李国桢以公对，上曰：『是舁榇之杨光先乎？』遂悬大将军印以待之。襄城遣人迎，未至而明已亡。

先是，崇祯元、二年间，庄烈帝以钦天监推算不合天行，日食失验，欲罪台官。时礼部尚书徐光启言：『台官测候，本郭守敬法，元时当食不食，守敬且尔，无怪台官之失占。臣闻历久必差，宜及时修正。』帝从其言，诏西洋人龙华民、邓玉函等推算历法，徐光启为监督。三年五月，又征日耳曼人汤若望、意大理人罗雅谷襄授制器演算诸法。入国朝，顺治元年夏，汤若望具疏，将本年八月朔日食、明年正月望日食照新法推步，京师所见，亏蚀分秒，并起复方位图象与各省所见不同之数，缮册进呈。秋七月，复将所制浑天星球一架、地平、日晷、窥远镜各一具并舆地屏图一幅进呈，旋补授钦天监监正。自是十馀年，屡加恩擢用。十七年，公入京抗疏，以西人耶稣会非中土圣人之教，且汤若望所造《时宪书》其面上不当用上传批『依西洋新法』五字，具呈礼部，不准。是年，复召比利时人南怀仁来纂修历法。康熙三年七月，公复叩阍，进所著《摘谬论》一篇，摘若望新法十谬；又《选择议》一篇，摘若望选择荣亲王安葬日期误用《洪范》五行。下议政王等会议。四年三、四月，议政王等逐款鞫问及遵旨再议，汤若望等奉旨仅得罢职，旋以病死。按是狱监官李祖白、宋可成、宋发、朱光显、刘有泰五人，俱处斩。见《东华录》。圣祖特授公钦天监右监副，旋授监正。公以『但知推步之理，不知推步之数』叩阍辞职，疏凡五上，不准。乃辑前后所上书状论疏为上下卷，名曰《不得已》。七年，诏求直言，公条陈十款，多见采纳，内逃一人一款，得免十家连坐之例，实自公发之。八年春二月，为治理历法，南怀仁所劾历日差错，得旨革职。旋蒙恩放归，卒于途。按是先论大辟，免死南归，至山东暴卒。或云为西人所毒，盖出传言。

公殁后，西人以重价购其书，悉为焚毁，欲灭其迹。新城王文简公士祯所撰《池北偶谈》曾记此书事实。西人复以计削去此条，且有改为诋毁此书者。以故，公此书及生平事实，后人罕有知者。嘉庆间，吴门黄主事丕烈曾得此书，嘉定钱少詹事大昕、仪征阮相国元先后评跋。阮公复见初印本《池北偶谈》，并采公所著《日食天象验》篇为《畴人传》，且推《摘谬十论》，讥西法一月有三节气之新，移寅宫箕三度入丑宫之新，则固明于推步者所不能废。钱公虽以公于步算非专家，亦深惜公无有力者助之，故终为彼所诎。其诋耶稣异教，禁人传习，为大有功于名教。近吴门叶君廷琯，尝称公『少年已气节觥觥如此，乃越三十年，时移世易，而刚直之性不渝，可谓豪杰之士』。皆能知公者。

穆乃恭记《庭训格言》一则，并综《明史》姜埰、温体仁等传，及《东华录》、康熙朝《徽州府志》、近世名人著述之可传信者，隐括以表公阡，俾乡之后进者详焉。』

按：西人传教，清初最盛。济南、淮安、扬州、镇江、江宁、苏州、常熟、上海、杭州、金华、兰溪、福州、建宁、延平、江州、南昌、建昌、赣州、广州、桂林、重庆、保宁、武昌、西安、太原、绛州、开封等处，共建天主堂三十馀所，入教者厚与金帛。自汤若望革职后，一律禁止。后杨光先虽获罪，而其时谕旨，仍有天主教除南怀仁等照常自行外，恐直隶各省复立堂入教，仍著严行晓谕禁止之语。至雍正间，严海禁，毁各处教堂，止留京师一处，俾西人修历者居之。迨后岁月既久，禁防乃疏，道、咸间教案乃浸多。是杨光先阻碍天主教甚大，宜西人之仇视之也。

乾隆间方国泰狱

近人所编野史，据《东华录》摘出方国泰一条云：

乾隆四十七年五月初三日，内阁抄出安徽巡抚谭尚忠具奏歙县生员方国泰，藏匿伊祖方芬涛浣亭悖逆诗集一案。奉上谕：『谭尚忠奏已故歙县贡生方芬所著涛浣亭逆诗，伊孙方国泰藏匿不报，请将方芬刨坟僇尸、方国泰照大逆知情隐匿拟斩立决等因，已批该部议奏。据称查出方芬诗集内『征衣泪积燕云恨，林泉不共马蹄新』，又『乱剩有身随俗隐，问谁壮志足澄清』，又『兼葭欲白露华清，梦里哀鸿听转明』等句，虽隐约其词，有厌清思明之意，固属狂妄，但不过书生遭遇兵火，流离转徙，为不平之鸣，并无公然毁谤本朝语也。方芬老于贡生，贫无聊赖，郁不得志，借诗牢骚则有之。况其人已死，朕不为已甚，若如此即坐以大逆之罪，则杜甫集中穷愁之语最多，即孟浩然亦有『不才明主弃』之句，亦得谓之大逆乎？从前查办河南祝万青家祠匾对及湖南高治清所刻《沧浪乡志》，吹求字句，办理太过，屡经降旨通谕各督抚，勿得拘文牵义，有意苛求，岂谭尚忠尚未之闻乎？即如徐述夔所著逆词，狂悖显然，亦因其诗有『明朝期振翮，一举去清都』之句，借朝夕之朝作朝代之朝，且不言到清都而言去清都，显然有明朝与本朝之意，其馀悖逆之句，不可枚举，实为罪大恶极，是以提犯来京，命廷臣集讯，定以大逆不道之罪，此实因有逆词足据，不可不办也。此案著交刑部照此旨核拟具奏。如方芬集内，或另有不法之句，不止如折内所云，该抚未经摘出，抑有不敢敷奏之语，并著该部查明，再行请旨核办。』旋刑部遵旨奏称：『方芬系本朝岁贡生，生于明天启年间，殁于康熙二十九年，著有《易经补义》一部，《涛浣亭诗集》一本，又伊七世祖方有度，著有《陛辞疏草》一本。方国泰于学臣考试时，将《陛辞疏草》、《易经补义》二书呈出，以为一家孝友，请匾奖励。当经饬县查出方芬诗内有『征衣泪积』等句，语意狂妄。讯之方国泰，据云《涛浣亭诗》系伊五世祖方芬所著，不知何时刊刻，存留在家，只此一本。诗内悖谬之处，因是祖上所著，相隔百有馀年，实不能指出作诗本意。至所著『避寇』诸句，幼时曾经祖父言及：康熙初年，闽寇来攻徽州府城，一家逃避，官兵复平，始得回家。这避寇的话，想必指闽寇等语。臣查前奉谕旨，凡收藏违碍悖逆之书者，俱令及早缴出，仍免治罪。前抚臣业已宣布，该犯读书识字，既将伊祖上所著之《陛辞疏草》、《易经补义》呈求请奖，而于《涛浣亭诗集》独不呈出，其为有心存匿，已可概见，科以应得之罪，亦复何辞？惟如该抚所请，将方芬刨僇尸坟、方国泰斩决办理，殊欠持平。查律载收存违禁之书者，杖一百；又大逆知情不首者，杖二百，流三千里。此案除方芬久经物故，圣恩不加重罪外，方国泰应照律量减一等，杖三百，徒三年。至该抚奏称诗集板片，恐各属搜罗不尽，现在通饬实力查缴，并移咨各省一体详查焚毁等语；应如该抚所奏办理，旨依议。』汪注：既云『不为已甚』，而仍徒其子孙，诗集焚毁？如谭尚忠当时部臣之流，献媚异种，安有人性！

阮文达为凌仲子作传

于宾虹处，见沙溪凌次仲先生分书一联，文云：『自在情文随领取，天然风致每相将。』旁书集禊贴，款末有『庚戌会魁』印。分书雍容古穆，可与竹垞、覃溪抗行。昔所未闻，心向往之。因适市求其遗书，得《礼经释例》一部，乃文选楼阮氏刊本，前有嘉庆十四年受业扬州阮常生序，言其师『研精《礼经》，功不在后苍、大小戴、庆普诸人之下。家君在杭州为开雕，常生与校雠。刻既竣，而吾师归歙不禄』。次先生自序，又次先生旧作《七戒》一篇。附记云：『右《礼经释例》十三卷，乾隆丁未岁创始，嘉庆戊辰岁卒业，凡二十有二年，五易稿而后成。用力既久，不忍弃置，录存于笥，俟就正于有道。并以旧作《七戒》一篇，缀诸简末，以当后序。』按七戒者，拟七发之体，言客以书、画、辞、章、性理、经济、史学等相劝勉，皆谢未遑，而一其心力以致精于《礼经》也。文亦渊懿入古。

又《次仲先生传》，阮元撰。兹备录之，文云：『凌君讳廷堪，字次仲，安徽歙县人。远祖安，唐显庆中任歙州州判，遂家于歙。父文焞，业贾于海州。君生海州，六岁而孤，困苦穷巷中。母王氏鬻簪珥就塾师，粗记姓名而已。去学贾，不成。年二十馀，始复读书向学，能属文，惧时过难成也，著《辨志赋》以见志。乾隆四十六年，游扬州，慕其乡江慎修、戴东原两先生之学。四十八年，至京师，始多交游。大兴翁覃溪先生见君所撰述，大嗟异，始导之为《四书》文。应顺天乡试不第。明年复游扬州，见元，以学问相益，君乃拟李白《大鹏见希有鸟赋》以见意。五十一年，复入都应试，不第。明年从翁先生于江西。又明年客河南，秋，三应顺天乡试，始中副榜，南归。五十四年，应江南乡试中式。明年成进士，出朱文正、王文端二公之门，盖与洪君亮吉等皆以宏博见拔者也。殿试三甲，例授知县。君投牒吏

部，自改教授，曰：『必如此，吾乃可养母治经。』文端曰：『吾不强子改冷官，子愿之，甚
善。』文正题其《校礼图》曰『君才富江戴』，又曰『远利就冷官』，盖甚重之。既选宁国府学教
授，乃奉母暨兄嫂之官。孝弟安贫，谨身节用，毕力著述。君之学博览强记，识力精卓，贯
通群经，而尤深于《礼经》，不辍寒暑二十馀年，著《礼经释例》十三卷。君谓『礼仪委曲繁
重，不得其经纬途径，虽上哲亦苦其难，苟得之，中材可勉赴焉。经纬途径之谓何？例而已
矣。不会通其例，一以贯之，只厌其胶葛重复而已耳，乌睹所谓经纬途径者哉？』于是区为
八类：曰通例，上下二卷；曰饮食之例，上中下三卷；曰宾客之例，一卷；曰射例，一卷；
曰变例，一卷；曰祭例，上下二卷；曰器服之例，上下二卷；曰杂例，一卷；共为卷十三。
至于第十一篇，自汉以来，说者虽多，由不明尊尊之旨，故罕得经意，乃《为封建尊尊服制
考》一篇，附于变例之后，不别立宫室之例者，宋李氏如圭等已详故也。君又著《魏书音
义》、《燕乐考原》、《崇实新书》、《元遗山年谱》、《校礼堂集》。君雄于文，《九慰》、《七戒》、
《两晋辨亡论》、《十六国名臣序赞》诸篇，上拟《骚》、《选》；《乡射五物考》、《九拜解》、《九祭
解》、《释牲》、《诗楚茨考》、《旅酬下为上解》诸篇，皆说经之文，发古人所未发。其尤卓然可
传者，则有《复礼》三篇，唐、宋以来，儒者所未有也。嘉庆十一年，君以母丧去官。兄嫂相
继殁，哀且病。十三年，元复任浙江巡抚，君免丧来游杭州，出所著各书相示。元命子常生

从君学。明年归歙，病卒。年五十有五。』

承尧按：次仲先生学足与金檠斋、程让堂埒，而与江、戴不相接，崛然独立。食贫晚学，卒能不负其志，可谓杰矣。稽其踪迹，盖与翁覃溪、阮文达最接近。覃溪导之为《四书》文。应顺天乡试时，先生年二十九。至扬州见阮文达则年正三十也。通籍时三十六，为教官盖十五六年，其学之成，必在潜心冷署时，不以热官荣利易其所业，尤可敬慕。《复礼》三篇，世多选刻，今在《礼经释例》卷首，馀著述乃不易搜访矣。

又按：先生文集共三十六卷，诗集共十四卷，又著有《梅边吹笛谱》二卷、《劄记》若干卷，欲撰《魏书音义》未成。其《燕乐考原》六卷，以隋沛公郑泽五旦七调之说为本，而参以段安节《琵琶录》、张叔夏《词原》、《辽史·乐志》诸书，考之琴与琵琶之弦音，从《辽史》四旦定八均二十八调，自谓为宋以来讲乐家所未悟。上据支伟成《朴学大师列传》。

郑慕倩游黄山诗题画诗

见郑遗苏画幅，上题二诗，又题云：『予癸丑黟山之游，顾岩吴子实主之，属缋天都、莲峰，象尧家宗老所命也。近证台山月峡事，别有言说，非语于此，到者方知，其知月乎？普门以等韵传于理教，有功有罪，吾于此画稍有发明，旼记事。』

其《望天都》诗云：『沧桑变尽人间世，惟有天都尚古初。绝壁固难携蜡屐，烟萝应得引霞裾。闲情愿早偿尘俗，极理终当质太虚。何日真寻重践约，石床丹灶证仓书。』《登莲峰》诗云：『悬梯梁木接岖嵚，指定天南子午针。岩洞中空沼出入，风雷下界割晴阴。纵观六合思方广，谁掷千秋不上寻。今后躬行能造极，无忘栗栗此时心。』其后又题云：『中元日，八水师过我，为证瑜珈施食心法。八师谓予曰：周行数郡，望见云门，皆若双了然。在莲花峰顶时，云门亦自改观。孙绰赋天台之匿峰千岭，予之抹云峰也以此意。丹矱始自虞庭，古人左图右书，言语所不能喻者，图以出之，谁云小技？歙人只重黄山，予亦始言黄山耳。旼再识。』

又陆心源《穰梨馆过眼续录》录遗苏题画诗六首云：『烟云变灭自朝昏，人事推移未具论。偶向墨禅参悟过，吾庐无雪亦无痕。』『识破群情总是虚，偏于小技癖难除。欲穷画理无穷处，想到洪荒未剖初。』『吮墨含毫自苦辛，残书独拥再来人。散还余习回香国，自识生前未了因。』『世淡名忘物亦轻，聊从笔墨遣闲情。何须更作移家计，猎肆魔场砺此生。』『窃比文山一小楼，蜗庐息影已经秋。读书偶到伤心处，反璧含凄泪自流。』『操砺冰霜见岁寒，长途凿落正艰难。闲情自与尘中隔，折得梅花笑自看。』汪注：郑诗吾谓优于许，非故与君左也。

歙事闲谭卷七

汪思白《诗伦》

汪思白薇，编《诗伦》二卷，刻于康熙丁酉。所选诗，上自伯夷《采薇歌》，下至明代止，大旨不出君臣、父子、夫妇、昆弟、朋友之间，故名『诗伦』。选择精博，间附评注，亦甚谛当。前有仪封张伯行序，后有门人李锺侨及同里吴瞻淇二跋。李跋称其林居二十年，于学无所不究，时发于诗，往往铿锵要眇，灭迹穷神。至于牢笼百物，雕镂万象，浑融刻露，不可跻攀。吴跋称此选『简而不杂以腴，庄而不局于理，使人一唱三叹，悠然有世教之思』。又言『以余性闲僻，命其门人翼山携至吴门，属余与伯兄艮斋是正。是刻翼山同弟左卿夔侣校雠甚勤』云。

按：汪薇，字棣园，一字思白。康熙二十四年乙丑进士，与吾宗师六先生同榜，为程御龙兄弟之师。志称其以户部郎中视学福建，三年报政，考下等，效力南河，工毕遂告归，闭户读书十有七年。所著有《经概》五卷。据李跋，则其自作诗必甚工，惜今已不传矣。

又《诗伦》参阅姓氏中，有许起昆玉载、许稷履凝，皆吾唐模村人也。又于《黄山志续集》中，见思白一诗，题云：『秋日，玉依、禹裁叔季有黄山之游，口占小诗以壮之。』诗云：『忆昔山中迷雾雨，怅恨佳游老难补。以此定知英妙游，千峰万峰开清秋。蹑险升高恣搜讨，山灵爱少不爱老。吾闻山后之奇胜山前，愿勿迟回遗悔在他年。』

又程读山《雨窗绝句》之一云：『一棹青箱返八闽，簪花副本写圆匀。纵饶过眼烟云散，终胜求田问舍人。』原注：汪棣园先生罢福建学使归，归装惟书万卷，多异本，尤秘惜之；购善书者数人，抄录副本。公日坐小园，湘帘棐几，惟以雠校为事，可谓韵甚。今善和之积虽散，士大夫犹啧啧不置。又棣园诗，新近乃得其手写刻《看香草》一卷，乃晚岁居岩镇时病中作。

新安竹枝词

吾乡名画家方士庶之弟士庹，字右将，号西畴，环山人。侨居广陵，时返故里。作《竹枝词》三十六首，刻于乾隆己巳。厉樊榭为序之。言新安为江左名都，俗朴民淳，昔人比之邹鲁。西畴此作，使人如游其地，而见士女之勤俭，闾阎之仁让，无他处侈汰嬉游之习，庶不乖六义风人之旨。兹选录之，云：

『归来不用买山钱，村有官厅户有田。祭祀能供墓能守，布衣蔬食过年年。』注：官厅、众厅，皆公产。

『烟村数里有人家，溪转峰回一径斜。结伴携钱沽夹酒，洪梁水口看昙花。』注：洪梁塥，程氏祖居。夹酒，双料酒。

『风味山乡入梦思，此君一见解人颐。晚菘早韭寻常甚，烂煮猫头饭滑匙。』注：猫头笋以问政山为最。

『鼓吹喧阗拥不开，牲牷列架走舆台。问渠底事忙如许，唐宋坟头挂纸来。』

『漫夸盆盎养花工，晴畏泥干冷怕风。说与樵人浑不解，析薪多半映山红。』注：春时遍山开踯躅花。

『清明灵草遍生芽，入夏松萝味便差。多少归宁红袖女，也随阿母摘新茶。』

『油菜花残麦穗长，家家浸种办栽秧。社公会后汪公会，又备龙舟送大王。』

『鹅儿圈黑细于丝，早晒晨炊谨护持。入馔嘉蔬莴笋叶，掐尖珍品五加皮。』注：莴苣食叶不食根，以其难得。五加皮嫩芽焙干代茗，绝佳。

『铜镲双簧铁剪刀，唐诗摘句印潮糕。匏花笋豆珍珠菜，都逊松烟品格高。』注：俗以干糕为潮糕，印诗句其上。

『灵迹群推六六峰，峰峰高耸玉芙蓉。自从老纳西归后，无复棋枰对古松。』注：黄山棋盘松最著，自中州僧逝，松亦摧折。

『观音大士著慈悲，诞日烧香远不辞。逐队岑山潜口去，相随女伴比丘尼。』注：岑山小南海，潜口观音山。

『山轿平扛压两肩，中途随处索盘缠。河西桥畔簰儿面，绝胜唐模与堨田。』注：舆人以途中餐为吃盘缠。唐模、堨田，面少而味佳，彼则独嗜簰儿面，盖贪多也。

『雀角何须强斗争，是非曲直有乡评。不投保长投文会，省却官差免下城。』

『岩镇迎神正月九，路口禳灾三月三。七月荷花镫苦热，琵琶十月演溪南。』注：七月二十五夜岩市点荷花灯，十月溪南花台演《琵琶记》全本。

『鹿卧牛眠世所稀，命名象物太恢奇。眼前郭璞纷无数，不问何人总地师。』

『麦熟端阳饼祀先，秋成角黍庆丰年。芝麻菽粟南乡产，乌麦收时霜满天。』

『三春乍暖吱哓叫，四月微阴蟋蟀鸣。庭际纵横纷鸟迹，门前鼓吹集蛙声。』注：俗呼蝉为吱哓。又瓦雀多集几上。

『红苋调灰种塝田，落苏扁荚竹篱边。枯松高架北瓜络，羊角签排豆蔓牵。』注：羊角即豇豆。

『良贱千年不结婚，布袍纨袴叙寒温。相逢那用通名姓，但问高居何处村。』注：俗重门第，贫富不论。

『世家门第擅清华，多住山陬与水涯。到老不知城市路，近村随地有烟霞。』

『山乡僻处少尘嚣，买犊何妨卖却刀。入夜不须防盗贼，比邻无地匿旗逃。』

『三竿红日尚高眠，疾病多凭作卦痊。赛会保安甘破费，花筒纸爆不论钱。』注：乡俗无论贫富，卧起俱迟。

『田庐地亩寄山坳，黄册推粮柄独操。短狭斜长分字号，零星蜗角计厘毫。』注：总书名为黄册，编列千文字号，凡交易田地，非黄册推粮过户，不能成业。

『健妇持家身作客，黑头直到白头回。儿孙长大不相识，反问老翁何处来。』

『大通江口买鱼花，昼夜星驰早到家。青鲜白鲢须拣择，朝朝割草饲糟渣。』注：鱼苗买自大通，饲以糟渣，始不作土气。

『莱菔淹菹茎作虀，紫苏豆豉远堪携。炒虫冻米防朝馁，春谷存仓胜柳西。』注：二月二日炒米，谓之炒虫。柳西米来自江西，味淡。

『门前乌桕翻红叶，溪上垂杨覆白蘋。结子煎膏成蜡炬，分枝截段佐柴薪。』

『笄总家家壶范垂，齑盐井臼力操持。小姑他日为新妇，洗手羹汤谊不辞。』『故家乔木识楩楠，水口浓阴写蔚蓝。更著红亭供眺听，行人错认百花潭。』『临河亭子郁崔嵬，拾级凭高亦快哉。满目云山排画稿，鹅溪绢好剪刀裁。』注：程氏临河亭遥对剪刀峰。『我家石壁乐幽栖，桃柳阴中路转迷。生客有时愁出入，此间仿佛武陵溪。』

按：士庶著有《西畴诗抄》四卷。性孝友睦族，尝创建宗祠于扬州，置祀田。乾隆六十年歉饥，出千金助建惠济仓，与名流结韩江吟社。年逾七十。见府志。

黄白山选唐诗

黄白山选唐诗近体，名曰《唐诗摘抄》。书在康熙乙丑秋成于洪源木樨香处，盖白山馆洪源时所为也。至康熙辛丑，紫峰程志淳为刊之。又有康熙壬寅刘葆真眉峰氏序。所选皆五七言绝律。

白山论诗极细，时有发明，皆昔人所未及。在唐诗选中，可称善本。其自序言：『唐贤古体，自李、杜、高、岑、王、孟、韦、柳、常建、李颀、王昌龄、刘慎虚外，高古之作，指不多屈。其穷工极巧，全在近体，盖一代风尚所趋。篇什之富，才调之工，远过古诗，亦势使然。近有友问诗于余，余曰：古诗必宗汉、魏，近体必法唐人，此匠者之绳墨，射者之彀率也。子欲学诗，告之以绳墨彀率而已矣。于是以唐人之近体先之，务精、务约、务显易，故中晚视初盛为多云。』

其论王维《过香积寺》一律云：『幽处见奇，老中见秀。章法、句法、字法，皆极浑成。五律中无上神品。』

又论孟浩然《大禹寺义公禅房》一律云：『与王前作几不相上下，但王作调平而气浑，此作调高而语过峭，此处微输一筹。』

又论常建《题破山寺后院》一律云：『有右丞《香积寺》之摹写，而神情高古过之。有拾遗《奉先寺》之超悟，而意象浑融过之。「薄暮空谭曲，安禅制毒龙」；欲觉闻晨钟，令人发深省」，方之此结，工力有馀，天然则远矣。』

其他论诗皆类此，妙悟亦何减王渔洋也。又卷尾有梓泉学人洪揆敬跋云：『白山此编，乃为其叔氏所选。』

郑慕倩诗 之三

于贞白里郑芷蕃家，见其先人郑遗苏手书《咏茶》一诗云：『灵草春山蕴露光，纤芽秀摘雨前芳。穷源绝壑殊常产，岭逾南北分阴阳。高人雅制封缄寄，书箱片片藉珍藏。眠云踦石余未得，轻身换骨非所望。鄙人肉食真堪笑，又何知此味茫茫。六经尚忆疑无字，本草消烦列有方。未穷《春秋》演河洛，建安品录颇稽详。绿阴树下青苔地，折足铛支密筱旁。旋汲寒泉分井洌，司命微精十六汤。松风桧雨铜瓶侧，素磁轻泛辨旗枪。玩惜凝眸嫌雪白，浮瓯云气豆花香。日午凉生风习习，实所叹□帝未尝。松萝法造遗传久，只今犹自不悠扬。家鸡可是多嗜厌，或因传咏少文章。顾渚幔亭虽擅美，岂能轻劣薄吾乡。』

诗后自题云：『春夏之交，有友贻余佳茗，云是萝山旧产，啜而善之，漫为长歌，以记吾土之美也。郑旼。』按：此诗『帝』字上一字纸破难辨。

又于鲍蔚文家，见遗苏画《苦雨图》，自题诗云：『檐滴愁难住，田家谚每灵。山苔连树绿，野涨带蛟腥。鸿浩思初古，萤光夜入庭。寝兴移晷刻，衫履竟忘形。』

汪鞠卣又录《寄遗苏》二诗，一《题画寄隐南先生》者，诗云：『树树皆秋色不同，疏黄浅绛间深红。长林作嶂山增势，落叶成堆路欲穷。几许斓斑恩玉露，一番萧瑟怨金风。文心那得争奇艳，巧夺天机锦上工。』鞠卣云：『隐南，潭滨黄氏。』又一为《题画进绥庵尊舅》者，诗云：『古木危桥碧水湾，颓毫破砚伴予闲。频来怕踏清溪路，兴到聊拈指顾间。』绥庵不知何人。上从所藏画中录。按：明遗老诗，皆别有意味，斜簪散发，弥觉可爱。

许力臣师六兄弟诗

庚午于洪源洪竹潭家，见其先祖谷一子劬庐暂墓图。图为查梅壑笔。明、清间歙之知名士题者甚多，如汪洪度、洋度兄弟，程守非二及吾宗许力臣、师六两先生遗墨，尤不多见。兹录力臣诗云：『世孝在居庐，曾来双鹤异。乡国尊至行，芳声动天地。岩栖礼白云，跬步不轻出。祖德与孙谋，纯孝若相值。瞻望藐时荣，窀穸尽艰瘁。为子及为臣，忠孝理无二。想见古人风，展卷纷涕泗。』

师六诗云：『遥知庐墓处，叠木万山青。风露魂凄断，乾坤象杳冥。眼前双岫合，岩际一灯荧。回首当年事，空庭下鹤翎。』又云：『宿昔谭经地，于今战马多。三秦馀绛幄，一室老青柯。野哭惊邻社，岩栖罢蓼莪。还思分手日，寂寞玉泉坡。』

按：力臣名承宣，号筠庵，康熙丙辰进士，官工科给事中，著《宿影亭稿》、《青岑文集》。又著《西北水利议》，见《昭代丛书》乙集第四册。师六名承家，号来庵，力臣弟，康熙乙丑进士，官编修，著《猎微阁诗文集》。俱吾村唐模人，以父明贤业盐，居江都，世遂谓为江都人。王渔洋《冶春》诗『云间洛下齐名士，白岳黄山两逸民』，上句谓力臣、师六兄弟，下句谓程穆倩、孙无言也。

力臣又有《文选楼送张与三还江宁兼怀孟新闇公诸子》诗云：『古寺逢君汗漫游，拥书萧统旧时楼。十年姓字留青眼，一夕尊罍数白头。作客风霜邗水渡，还家烟雨石城秋。离亭却忆乌衣伴，南北萧萧共蒯缑。』

师六有《避乱海陵喜晤邓孝威》诗云：『荒草寒云野外身，携来书剑总风尘。少年川岳经时改，良友须眉乱后身。荆棘路旁双逆旅，貔貅队里一诗人。隋堤萧管今销歇，拟向罗浮学隐沦。』又《广陵怀古》云：『山川连巩洛，疏凿海天开。锦缆东西路，香车大小雷。隋有大雷宫、小雷宫。繁华行处断，歌舞梦中回。可惜欢娱暮，霜凋戏马台。帝观蕃厘壮，琼霄石洞寒。青霞凌赤轴，白日讯黄冠。出没仙源径，依稀汉畤坛。风尘试回首，还向玉勾看。玉勾洞天，旧有黄冠献赤轴事。』三人诗皆学渔洋一派，而自成馨逸者。惜《宿影亭》、《猎微阁》二集，今俱不传矣。

又《许青岩集》有《题宿影亭》诗云：『五岳峙方寸，入山何必深。墙东友牛侩，砚北走鸡林。蕞尔视寥廓，悠然横古今。难当此兄弟，芝兰同一岑。』

又《秋归江行杂咏》十二首之一云：『不独听涛负广陵，重阳看菊未曾经。离尊乍接舟人梦，一卷犹携宿影亭。』原注：怀力臣、师六二侄。魏叔子禧集中，有《同黄仙裳集许师六斋，迟程穆倩不至》诗云：『风雪满扬州，寒气逼窗几。客暇过黄君，许子适步趾。彼此久知名，不用通姓氏。诘旦折柬招，尊酒说文史。日坐无杂宾，但有程黄尔。高斋翦明烛，疏盘延素鲔。厨人谙食经，羊羹一何旨。纵谈左氏书，黄君亦唯唯。独恨老酒人，迟之不来止。新知如烹鲜，故交如饮醴。夜深驱车行，北风凉如水。』彼时文酒之乐如绘。又程穆倩有赠许念修、力臣、师六诗四十韵，其自序云：『小言用记旧谊，匪以标其胜概。岵屺至性，掩于盛业。汝南三君子，龙鸾一体，念修与造物游哉。力臣、师六显扬之馀，尤耽林壑，壶觞结韵，草木其共听焉。』

按：念修为力臣胞兄许承宗字，程、魏皆明遗老，而往还亲密。可见力臣兄弟之应清试，亦曰显扬而已，故能见信于友也。吾乡金檠斋先生榜，得大魁后，即闭门不出，研经终老。或云鉴于其座师于敏中之被谴，语难征实，要亦显扬而已，无意于功业也。汪注：程穆倩诗序，似于力臣、师六有不满。

许眉右荔生父子诗

师六先生子昌龄，字眉右，康熙时官刑部主事。著《碧摩阁集》。其《怀杨安城先生》诗云：『万里重关见面难，考槃何处硕人宽。望中沙碛天无际，思入松陵水亦寒。云影当空易零落，烽烟几度报平安。瑶池杯泛何年事，闲倚西风翦烛残。』

昌龄子迎年，字荔生，又字谷士。康熙庚辰进士，官中书，著《槐墅诗抄》。道章，辛卯举人。溯中，癸巳解元。《国朝诗别裁集》称荔生诗品如灵和杨柳，初日芙蓉，晚唐中最近温岐，情韵胜也。配徐淑则，互相酬唱，艺林比之秦嘉夫妇。荔生有《江乡夏日》诗云：『湘簟生凉破昼眠，江乡景物足流连。片痕佛髻浮烟嶂，成幅僧衣漾水田。风折一竿垂竹箨，鱼游四面戏荷钱。北窗啸咏多清暇，不用消愁仗酒权。』又《春闺词》云：『想从恨处欢还在，思到欢时恨已忘。春掩重门人寂寂，落花和雨下池塘。』《和淑则园居病起作》云：『一病经春瘦可怜，几时不到曲阑前。花残幽砌堆红雪，莺坐垂杨破绿烟。轻暖未成连日雨，薄寒犹怯晚春天。方池新涨看鱼乐，兴寄濠梁《秋水篇》。』《新竹》云：『乍与僧参玉版禅，旋看解箨袅新烟。斑龙惊蛰多争地，翠凤修翎欲上天。鸟坐丛枝歌睍睆，月摇虚幌影连娟。此君相对殊潇洒，不厌秋声搅夜眠。』《莱阳二姜先生祠》云：『黄门高节著莱阳，伯仲风裁在抗章。请剑上方思斩佞，荷戈南国竟投荒。危言足破狐狸胆，浩气堪增史册光。海涌峰头遗庙在，溪毛特为荐馨香。』又《国朝诗人征略》录荔生断句云：『花残幽砌堆红雪，莺坐垂杨破绿烟。』道章、溯中遗墨，无可搜讨矣。

荔生妻徐淑则诗，见袁枚《随园诗话》卷三。云：『比来闺秀能诗者，以许太夫人为第一，其长嗣佩璜，与余同征鸿博。』读太夫人《绿净轩自寿》云：『自分青裙终老妇，滥叨紫綍拜乡君。』《元旦》云：『剩有湿薪同爆竹，也将红纸写宜春。』《喜雨》云：『慭期休割乖龙耳，破块粗安野老心。』不独清凉宜翠簟，可知点滴尽黄金。』皆佳句也。夫人为徐清献公季女，名德音，字淑则。王太仓相公掞出清献之门，其视学浙江时，遣人告墓，夫人有句云：『鱼菽荐羹惟弱女，松楸酹酒属门人。』又见李斗《扬州画舫录》卷一，略云：『蜀冈上方禅智寺左竹西亭，本取小杜「谁知竹西路，歌吹是扬州」句。旧址久墟。吾乡女史徐德音欲复是亭，未果。后程午桥翰林梦星力主其议，事亦未寝。德音有句云：「昔日虚亭绕箨龙，荒芜谁复辨西东。力谋构复高僧疏，首唱储材太史公。地势分明枕昆轴，阑干约略倚花宫。那知歌吹樊川句，重辟寒烟蔓草中。」德音晚号绿净老人，论诗者以为闺房第一。』又见王豫《群雅集》卷三十五云：『徐德音，字淑则，钱塘人，许迎年室。著《绿净轩集》。淑则为漕帅徐清献公女，公极爱怜之，且谓生男若是，当不误渎金根。其《题投笔图》云：「岂薄雕虫技，翻思汗马功。生当封定远，梦合笑文通。圣代烽烟静，儒生意气雄。百年同一掷，感慨画图中。」《出塞》云：「六奇枉说汉谋臣，从此和戎是妇人。若使边庭无牧马，蛾眉也合画麒麟。」』按：此可为吾里第一名妇矣。

迎年子佩璜，字渭符，号双渠，监生，官河南卫辉府管河通判。乾隆丙辰荐举博学鸿词，擢开封府上河同知。著《抱山吟》。其《砚北》诗云：『搆轩依砚北，小隐拟墙东。香泻红兰露，凉生翠樾风。游心耽竹素，息影翳蒿蓬。吾道惟夷旷，灵台若太空。』渭符于乾隆元年，由河东总督王士俊荐与试鸿博，未用。见李富孙《鹤征后录》。又《词科掌录》云：『许渭符，平越王公士俊所荐，以开封通守奉诏入都，特旨先试，即归汴中。』《随园诗话》云：『溧阳相公生辰，许刺史佩璜献诗云：「三朝元老裴中令，百岁诗篇卫武公。」为史公称赏。』

迎年次子信瑞，乾隆戊午副榜。见《扬州画舫录》：『一门风雅，数世不衰，洵称稀有。』旧谱载：『力臣父明贤公，富而好施，笃行仁恕，与诸子并祀乡贤祠。』今吾里楔棹犹存，惟故居则已半圮矣。又近人陈鹤柴《尊瓠室诗话》云：『师六太史，文学欧阳，因以为号。诗笔典赡。家富有，喜施济，四世簪缨，文学相嬗，为江左巨室。』

《群雅集》载吾歙闺秀诗

王豫《群雅集》载吾歙才女数人。兹录之：

方婉仪，字白莲。歙人。罗两峰室。著《白莲半格诗》。《淮海英灵集》云：『两峰以诗画名。白莲亦能画梅竹石，熟于史事，每晤娣姒辈，陈说古节孝事，娓娓弗倦。其《题绿净轩集》云：「婆娑白发谢花钿，慈教争传孟母贤。古柏贞松比诗品，一生不作女萝篇。」

江秀琼，字瑶峰，歙人。畹香中丞女，诸生张仰斋室。著《椒花馆集》。《雪泉观月》云：『夜静秋风生，圆影自澄澈。合沓写清泉，微茫流素月。扬辉明如水，濯石明如雪。玉镜落金波，相映双皎洁。举目尚迢遥，入耳正幽咽。何须秉烛游，此景真佳绝。』《重阳》云：『满城风雨晓初晴，碧水苍山万景清。岩岫千重添霁色，亭皋几处响秋声。疏疏篱落寒花绽，漠漠江天旅雁横。更倚层楼真似画，一林红叶晚霞生。』《题王碧云闺秀联珠集》云：『年来消尽旧诗魔，愧我阳春白雪多。明月一窗梅几树，幽香清影为谁多。』

汪景山，字逸令，歙人。《途中即事》云：『车马春风路，弓刀逐一群。好山偏媚客，活水自生云。柳色千门合，花香两室分。静中多逸兴，诗就夕阳曛。』按：方、江俱已见前卷。

又程秋渚室、程蘅衫母吴淑仪，字香溪，仪征人。著《织馀集》，亦吾歙才妇也。其《得鹤翔弟书》云：『千里传书喜，开缄转太难。几行和泪写，一纸带愁看。老母关心切，羁人彻骨寒。料应逢驿使，造次说平安。』

又程云，字友鹤，号梅杉，汪文琛室。著《绿窗集》，其《答芸姊》云：『潇潇夜雨响空阶，无限离愁拨不开。剔尽昏灯情已倦，清宵转喜梦频来。』

朱兰，字梦香，号清畹，甘泉人。程绮堂室。工诗画。其《咏雁》句云：『惆怅尺书还未达，君来曾否过衡阳。』《咏荻》句云：『一江尽日飞晴雪，两岸无风带白云。』

又按：丹徒鲍氏，原亦歙产。鲍家三妹之兰、之蕙、之芬，皆有诗名，鲍征君皋女，与其母陈芷珠夫人逸仙，同著《课选楼合稿》，亦见《群雅集》中。

《篆刻脞话》中论徽派刻印

近人陈巨来著《篆刻脞话》，论徽派印家云：『世之谈印者，盛称浙派、皖派，而于徽中诸子，若程穆倩邃、汪尹子关、巴隽堂慰祖、胡长庚唐辈，其印名反不若丁龙泓、蒋山堂、邓顽伯、吴让之之盛，是可怪焉。彼诸子所作，一以汉印为法。以予所见者，穆倩、隽堂之浑穆，长庚之挺拔，而尹子所见最多，亦最工稳。吴县吴氏藏有尹子《宝印斋印谱》，都千馀方，海内孤本也。之数子者，所作倘置之汉印中，无一不可乱真，非前之文三桥、何雪渔，后之浙、皖二派诸子，名为仿汉而实非者所可得而比也，惜世人未深察耳。』

汪伯玉佚事

赵恒夫《寄园寄所寄》引《耳谈》云：『新都殷司徒家，掘地得古冢，冢砖长五寸许，皆有字云「歙东萧司马碧葬」而不知「碧葬」之义，以问汪伯玉司马，伯玉考之云：「凡死忠不得尸者，得血以葬曰碧葬。」』按：此条近傅会。

梅花词客传奇

歙人梅花词客撰《滕王阁传奇》，借王子安事发挥，共三十四出，词笔清丽。刻于嘉庆元年，有芙蓉山樵程瀚骈文序。

按：歙人撰曲本者不多见，梅花词客，不知何人。前署荫槐堂藏板，疑王姓所刻。又许甄夏云梅花词客为郑瑜，不知其何据也。

再录《校礼堂诗》

近人陈鹤柴，名诗，一字子言，纂《皖雅初集》中录歙人诗甚多，其录凌仲子诗，注云：『江藩云：仲子于诗，不分唐宋门户，专论声韵对偶，雅善属文，尤工骈体，世人不知，为经术所掩也。』

《杏春园酒楼》云：『南风吹山春满空，杏春楼前花白红。行人系马上楼坐，金环压辔摇玲珑。滦河之鱼白胜玉，珠滴糟床酒新熟。贮盘肥美契丹羊，到口香甘蒙古鹿。食填巨壑饮漏卮，龙头泻酒堆琉璃。螭为吹笙虎击鼓，更有燕姬双翠眉。华灯绮筵光错落，醉后不知罗袖薄。越客初看塞北春，吴儿漫唱江南乐。酒星煌煌方在天，凭栏兴剧呼青莲。青莲骨冷呼不出，不如且向垆头眠。君不见，当楼极目人烟密，蔀屋家家仓禀实。西畴禾黍高比山，百年生聚有今日。今皇神圣天下康，努力耕凿勤农桑。乡人岁时举典礼，习射蜡祭登贤良。兹楼欣遇升平久，水陆珍奇无不有。我亦高歌归去来，年年长饮杯中酒。』《过平望》云：『溅溅流水净无沙，两岸疏篱整复斜。微雨暮寒将变雪，野梅春浅未成花。轻帆郢客欹乌帽，小舫吴娘隔绛纱。满目风光任吟赏，剧谭豪兴一何赊。』《读元遗山集》云：『神京喋血竟生还，忍死重过石岭关。一寸秋毫成野史，百年老泪洒空山。身经北渡流离际，才与东坡伯仲间。文献中州尽凋丧，赖君大手记完颜。』《鄞城秋感》云：『力战东南未罢兵，翁洲烽火照严城。窗前晓日群鸦散，枕上秋潮万马惊。从桂乍添霜后色，高梧时作雨来声。遥闻诸帅传飞檄，屡报鲸波旦夕平。』

许诚夫诗

许棫，字诚夫，许村人，乾隆布衣。李调元《雨村诗话》录其《乌江项羽庙》句云：『今古快心三月火，君臣负德一杯羹。』

许静夫示儿诗

许仁，字静夫，号耕馀，许村人，嘉、道时布政司经历，有《丛桂山房诗稿》。曾学博钊撰《耕馀居士传》，称其少聪颖，喜读书。以父老且贫，囊书就贾。嘉庆十九年，安徽旱，饥民就芜湖索食，且酿乱。大吏廉居士才访之，居士曰：『非先资流民出境，乱不解。』议章程十条，大府善之，下他县仿行，乱乃已。

芜湖有凤林、麻浦二圩，左大江，右天成湖，为南乡诸圩门户，田数十万亩，皆以二圩为保障。道光十年大水，居士自汉上归，董赈事，以工代赈。明年春，工竣。夏水又至，漫圩堤丈许。居士乃赁船，载老弱废疾，置高垲，设席棚，给饼馒，寒为之衣，病为之药，且为养耕牛，水落更给麦种，倡捐巨金，独任其劳，人忘其灾。又议二圩通力合作章程十六条，令农民奉行。十四年卒，年五十八。芜湖人感其德，请于官，立祠于凤林圩之殷家山，祀焉。

居士尝与黄勤敏、王子卿诸公讲论文学，夜执卷吟哦，每至烛见跋始休。子四，第三子文深，为南海县丞。《国朝诗征略》二编录其断句，《登齐云山》云：『松摇绝涧疑无地，人立中峰只见天。』《白杜鹃花》云：『万里江南春有梦，三更枝上月无声。』《听松庐诗话》云：『姜白石词，旧时月色；许静夫诗，月作故乡色。』皆善写月色。

《汾江随笔》云：『耕馀先生，有示三儿文深诗云：「昨得尔叔书，云尔赴广东。交亲为尔喜，我心殊忡忡。此邦多宝玉，侈靡成乡风。须知微末吏，服用何可丰。需次在省垣，笔墨闲研攻。懔慎事上官，同侪互寅恭。巡检辖地方，捕盗才著功。锄恶扶善良，振作毋疲癃。用刑慎勿滥，严酷多招凶。勿以尔是官，而敢凌愚蒙。勿以尔官卑，而敢如聩聋。我游湘汉间，声息频相通。闻尔为好官，欢胜列鼎供。况承钜公知，宜副期望衷。勉尔以篇章，言尽心无穷。」』此即黄左田尚书所云『清淮引与示儿篇，脱口吟成近自然』者也。哲嗣小琴少尹文深，官佛山时，常悬座右，故能廉洁自守，民情爱戴。移任沙湾，祖道攀车，沿途不绝。余《题其梅花卷》云：『座右铭贻见老成，汉皋诗句若为情。此来只饮汾江水，不让梅花尔独清。』又《松心文抄》云：『小琴官粤三十馀年，九龙司、五斗司、沙湾司三任巡检，勤于缉捕，所至咸得民心。去任之日，士民沿途祖饯，去后犹称道不衰。』上据《诗人征略》及《皖雅》。又《芜湖县志》录《耕馀小斋五咏》亦工。

许青岩《石雨山行》诗

黄宾虹书来，云近又搜得明季歙人遗诗数首，急录之。许青岩《石雨山行》云：『千尺霜虬拱石台，一龛烟障鸟冲开。武陵庐舍原无恙，只恐劳人未易来。』又云：『为爱听泉曳屐迟，忽惊鸡犬叫疏篱。空山混沌无冬夏，红叶桃花共一时。』

又《石雨春吟》云：『仿佛逃秦日，花津三百年。溪胜奇石谱，俎豆古园田。苒苒亲麋鹿，村村樵杜鹃。小儿拳正熟，笋势又参天。』又云：『十里流泉五里峰，山楼收尽碧芙蓉。乍来不辨东西路，昨夜月明何处钟。』

又《题江允凝画黄山册》云：『浮丘坛上卧残碑，石涧纵横古铁遗。当日渐公埋砚出，暗香微示阿咸知。』

郑慕倩《题桃花坞画》云：『游记名言辑百函，清宵有梦到峰岩。嫁婚知毕何年愿，聊向图中解一馋。』

黄白山《题黄山阁王璧》诗云：『肉身都不重，奇境敢嫌多。到此拼一死，老阎如我何？』

按：青岩《石雨山行》数绝，元气浑沦，绝似王半山集中最高作，渔洋不能及也。明季歙中遗老渐江、青岩、慕倩诸子，其诗自成一派，荒寒澹远，与新安画派同一意境。白山先生较晚，诗境略殊。惜今惟有《青岩集》存，馀子遗墨，皆已零落，无从搜集而备录之耳。因作诗报宾虹云：『盘错心神易代悲，故乡人物此时奇。画图篆刻俱成派，谁辑荒寒一派诗。』附记于此。

汪可堂诗

偶见汪可堂书其自作诗，纸色甚旧，书颇有致，疑乾、嘉时笔，不知何人。有印章曰『汪怀信，字孚中，号可堂』，又曰『黄山世族，雉水诸生』。其『咏雪花』云：『六出凭空结撰来，恍同仙子散尘埃。朔风远送黏还起，冻日频催落始开。谢女真堪吟柳絮，乐师尽可认葭灰。冰肌玉骨惊奇绝，造化无心费剪裁』。《灯花》云：『穗生红豆动相思，聊破春宵寂寞时。烂漫不关清露润，飘零每为晚风吹。蕊从烈火光中吐，子向轻烟影里垂。遇合无期空见喜，笑看儿女卜何痴。』录之以存其人。又见汪炼真行书三幅，真书劲健沉著，绝似王虚舟。炼字心冶，号筼壑，亦不知何人。

鲍觉生诗

鲍觉生桂星《读孟东野集》诗：『我为定诗品，五子压四唐：杜李孟韩白，泰华恒嵩衡。』张南山《听松庐诗话》极称之，云：『昌黎低头拜东野。而东坡乃云：「何苦将两耳，听此寒虫号？」至鲍觉生，则尊孟于杜、李、韩、白之间，比五公于五岳。可见自辟町畦，后世必有欣赏者。』又云：『觉生先生，由编修荐升侍郎。缘事得罪，降革，奉旨闭门思过，后蒙恩赏编修。集中咏史、咏物、感旧诗三百馀首，皆此时所作。觉生尝述其师吴澹泉之言曰：「诗之有格，犹射有鹄，工有规矩。入格则为诗，不入格则不可以为诗。不入格之诗，其工者骈俪文耳，其奥者古赋耳，其妍者词耳，其快者曲耳，其朴直者语录耳，其新颖者小说耳，其纡曲委备者公牍与私书耳。」觉生颇以为然。余谓：「诗安有定格哉，但有真才真学真性情，其诗自有佳处。」然世人为诗，亦实有蹈此数病者。则澹泉之言，不可泥，亦不可不知。」

又《松轩随笔》云：『嘉庆癸亥，觉生先生在都中，一时从游者甚众。先生赋长歌记之，自注：「穆常轩彰阿、那昆峰峨、岳中峰魁、三蔼室福、永谧斋宁、福绪堂保、钟云亭祥、敏禹民德、永清园泰、毓云桥书、荣显堂第、奕醴泩溥、福禹门申、铁荔岩麟、吉蔼人云布、张图南颉云、云翥青麟、庆枢之辰。」以上名字，皆见觉生诗抄注中。其后诸公或赞纶扉，或建旄节，或登台省，或膺民社。盖都中以制艺授徒，自管韫山侍御后，当推先生；而科名之盛、仕宦之显，则管之及门犹逊于鲍』云。

《诗人征略》中，选觉生《渡黄河》诗，谓『四十字，警炼浑成，迥殊浮响』。诗云：『万里葱河水，西来接大荒。并渠千七百，直下豫徐扬。岸失晴沙白，波吞晓日黄。孤帆迳飞渡，击楫意苍茫。』

又选二绝，谓『神韵绝佳』。《月夜过枫桥》云：『碧江红树晚萧萧，芦荻花中一叶飘。明月满船天在水，数声柔橹过枫桥。』《西湖过雪》云：『皓然林岫玉弯环，乞与劳人半日闲。一树梅花一篷雪，自携尊酒上孤山。』

按先生自著年谱云：『十七岁从吴澹泉夫子定游，夫子为桐城刘海峰先生高弟，古今文宗法甚峻。余始受绳削，颇苦之，然得窥词章门径自此始。二十八岁，馆京师方氏，时伯相和珅势张甚，其舅氏某，于宾坐语不逊，余怒詈之，人皆为余危。三十六岁会试中式，总裁为冢宰朱文正公。时纪文达昀，与文正论文不合。乾清宫覆试，文达读一卷，疑为余，抑置下等，而持所擢第一卷语同列曰：「此必非鲍某所能及。」拆封，乃余也。五十一岁，授工部右侍郎。因条奏武英殿事宜，并劾提调某、副管某不职状，为提调所讦，谓余薄视满洲人，诏军机询问。余奏：「在殿校书时，曾恭述圣谕以戒诸同官，词色俱厉则有之，无所为薄视也。」寻以莠言乱政，照溺职例夺官。五十三岁，诏在京闭门思过。五十二岁，辑《唐诗品》八十五卷，以司空表圣二十四品排次之。五十三岁，辑《廉吏录》十卷、《廉士录》二卷，俱手抄。五十六复官编修。道光元年五十八假归，输千金倡修岩市水口浮图、凤山台、科第坊，芥舟文会，劝洪阆城比部炘任塔工。逾二年各工次第毕。』六十二岁卒于都中。官至詹事府詹事。

曾祖善基，字致高，有《小巢壶诗》一卷。祖倚云，字薇省，有《寿藤斋诗》四十卷。薇省为金修撰榜、汪进士百名之师，尝佐吴冠山太史华孙闽学幕。侄康，字子年，官夔州知府。著有《观古阁诗抄》及《泉说》、《续泉说》、《丛稿》，光绪初刊行。

鲍觉生佚事

鲍觉生与其弟书云：『视楚学三年，心血耗其斗许，须发白其四分，而秋闱所拔者，尽无名之士。此仇不共戴天。』又云自撰挽联云：『功名气节文章，他生未卜；嬉笑悲歌怒骂，此日方休。』按：先生作京帅歙县会馆联有云『功名关福命，知状元宰相，不在文章』，盖隐指曹文正也。后略改数字乃刻木，今犹存。

明季遗老

明季歙中遗老，三僧最著。一汪沐日，字扶光，石冈人。崇祯癸酉举人，甲申乙酉入闽。为僧后自名曰宏济，或作正济，号益然。著有《友林漫言》、注：查《友林漫言》，府志以为王芦人著。《易解》、《庄通》诸书。与江文石至契，曾为闵宾连审定《黄山志》。死于扬州，汪扶晨归其丧，葬青鸾峰下。黄宗羲为作塔铭。

一凌世韶，字宫球，或作官球，号苍舒，沙溪人。崇祯甲戌进士，授宁化令，升户部郎中。甲申弃家隐黄山，后居白门天界寺之万松庵为僧，名大时。著有《汭沙草》。殁于庵中。士人私谥为文节先生。

一即渐江，渐江事母纯孝，赴闽后始为僧也。彼时吾乡以金、江之殉难，又黄石斋亦被执于徽，忠愤激发，节义之士，以其磅礴郁积之气，寄之诗、书、画者尤众。乾、嘉以后，以禁网严密，一时科举中人，各取朊仕，遂以遗老为不祥物，无敢表章，湮没多矣。如渐江之高洁，程垢区之郁愤，乃但以画称、以刻印称。其生平志行，俱不见于志乘。吾友汪鞠卣言，曾见垢区诗歌长卷，与杨廷麟有关，疑其曾参江西义军。

又如江注，字允凝，渐江之侄，邑城江家坞人。画法渐江，字学倪迂。赋性闲旷，与渐江踪迹不离。著有《适志草》，是亦一遗民也，而志乃列之诗林中。

汪觐光，字瑞侯，从睦坊人。明进士。国变后坚卧山中不出。著《颖上草堂诗集》。

汪蛟，字辰初，亦从睦坊人。明举人。甲申闻变，拜母绝裾去，走闽、粤、滇、缅二十馀载，艰苦卓绝。著有《客滇集》及《滇中奏疏》、诗古文词数十种。

程守，字非二。渐江、青岩之友。明诸生。甲申后弃去，一意为诗。诗境劖刻，与槐塘程培坤字以载者齐名。性澹泊，操守极严。是皆遗老也。而志乃列之《士林》、《诗林》中。

评品亦殊未当矣。

兹按明季遗老见于志《遗逸传》中者，只寥寥十数人。宫球、扶光、青石、白山、郑慕倩志误作穆倩外，吴快士，字梦予，向杲人。三试冠浙省。国变后，焚所为文，弃衿带，隐古梅窝，号梅里居士以终。

汪益亨，字德裕。从睦坊人。扶光、文石之友。甲申后，南走闽、粤，归老金陵，号钟山逋客以终。博极群书，著《鸢飞鱼跃集》、《近仙居》、《种鳞馆》、《南华注》诸书。

程自玉，字公如，临河人。明诸生。国变后隐于医，四十馀年不践郭门，著慰头书以见志。

鲍登明，字次维，岩镇人。明诸生。散发奉母，母殁，足不出户。

汪溥，字贞明，槐塘人。明诸生。著《金陵怀古诗》及《丹石斋史论》、《沈史越吟》。

方允焕，字其章，石川人。明诸生。国变后，年未强仕不与试、不娶妻，与淮上隐君汤君友善。

洪舫，字方舟，洪源人。奉屈三闾、杜少陵木主，朔旦礼之。著《苦竹轩诗》。

谢绍烈，字承启，谢村人。工书画，博综典籍，尤有声誉。

又程文翊，字圣羽，下濂人。筑室夫子山前，读书化俗，撰《卜居记》，人传诵之。则以理学兼隐逸者也。

又按府志增数人：江国茂，字公乔，明诸生。甲申后，诣学宫痛哭，弃衣衫，遁迹江湖。诗宗少陵，载《遗民诗集》中。江日照，字彦明，明尚宝司卿。国变后，遁迹终身。江嘉梅，字晚柯，明诸生。工文善画。每有作不示人，于除夕酣饮，痛哭焚之。上俱江村人，见《橙阳散志》。惟晚柯踪迹与李笠翁、尤展成、吴山涛近，固无嫌也。

又程基，字公履，临河村人。笃学能诗，事母极孝。甲申后，为文祭海阳汪文毅公。又集金忠节公题其溪石壁诗，属和者数千篇，名曰《沁史》。著有《居篁集》。是皆县志所遗，固不止此也。

汪沐日程公履异闻

府志言：汪沐日、程公履二人，皆预知死期。沐日以故人迎归黄山，道经广陵，题诗留别，以己未五日，大集故人，为诗，限死字韵。午刻，自书七言长歌一首，有『五月五日三间死』之句，掷笔而逝。公履于殁之前一年，得异梦，题诗藏壁中。明年疾革，呼子取视，有『预识归期岂偶然，丈夫不佛即为仙』之句。与沐日可谓无独有偶矣。

吴惠川　方晞原　汪在湘

吾歙显学，首推金辅之、程易畴，其源出于江、戴。然有与江、戴、金、程有关，而名不甚显者，稽志得三人。一丰南人吴绍泽，字惠川，与东原、辅之为友，志称其能为古文词，得欧阳神理。一灵山人方矩，字晞原，曾受业于江慎修，志称其覃精研思，自汉、唐洎宋五子书，皆博涉精究，曾校正《水经注》，著有《道古斋诗文集》。一汪梧凤，字在湘，与东原及郑牧同学。志称东原深于经；郑牧精于史；梧凤精于子，尤肆力《葩经》。撰《诗学汝为》二十六卷及《松溪文集》。今书既不传，亦无复有人称道之矣。表而出之，用待访其遗书也。

补录明季遗老

前录明遗民，兹阅《皖雅》所选歙人诗，又得数人，补录之：

吴周，字后庄，明遗民，有《丰溪集》、《渔洋文录》。吴周者，贫士也。尝赋《杜鹃行》，王幼华见之，与定交。在潜江闻吴死，刻其遗诗传之。其《扬州月夜闻杜鹃》句云：『满城歌吹歇，夜半杜鹃来。』又《元日》句云：『老儒难跪拜，茅屋幸萧条。』苦语如闻幽咽。

姚潜，原名景明，字仲潜，号后陶。明永言廷尉思孝子，侨居江都。顺、康间隐居不出。

断句云：『十年穷自固，万态老俱平。』

谢家柯，字遇丹，明诸生。顺治时侨居昆山县。

闵鼎，字渭璜。明遗民，隐居江都。

闵麟嗣，字宾连，明遗民，顺治时隐居。著《庐山集》。按宾连即纂《黄山志》者，诗甚工。所传庐山二诗已见前卷。

叶荥，字澹生，明遗民。

项起汉，原名睿，字视庵，明遗民。卓尔堪《遗民诗小传》：视庵具豪气。从都督项俊卿镇杏山，授行营都司，救汴援邓，驰驱山陕间，以战功累擢参将。甲申间，劝史阁部诛骄帅，不听。授圌山水师参将，靖永生洲盗。后隐居江都。

余晟，字象成，晚号易简道人。明季处士。顺治中迁居嘉定南翔里。著《白云集》。

王玄度，字尊素。明遗民，侨居江都。其《平山堂》句云：『山远迷秦望，天低近汨罗。』盖哀史阁部也。

程岫，字云家。父懋衡，明亡死节。岫顺、康间隐居。与孙豹人、陆悬圃、吴野人为友。著《江村诗草》。断句云：『溪流颇无赖，半夜作雨声。屋角一鸟啼，始知今日晴。』

程世英，字千一，明诸生。顺、康间隐居。著《晓山诗集》。《饮多景楼》句云：『吴楚共残照，金焦分晚烟。』武康徐熊飞极称之。见张学仁《润故》。按千一为程孟飞曾叔祖，与修《江南通志》。

黄律，字鸣六，明遗民。

程穆倩遗诗

《皖雅》录程穆倩诗，仅得二首，因其集已遭焚禁，吉光片羽，无从搜集也。《过万年少隰西草堂》云：『值得渔夫棹，江梅隐雪津。黄河冰腹厚，白草马蹄春。既释隆中业，还为川上人。友生难解事，往行不须论。』

《从龚孝升先生联船淮阴赴马司理颀公招》云：『元礼陈宾盛，谁方雪夜舟。相思千里驾，吟弄五湖流。分食通心醉，飏帆疗客愁。景移云日好，动息一江鸥。』

又引《遗佚录》云：『邃尚气节，为黄石斋所重，与周亮工、龚孝升、龚贤称白首交。诗文峭拔。工篆刻，一洗文何之习，名甲天下。晚年书法益工，八分为第一。又善画，枯笔干皴，中含苍润，得董巨之神。康熙中举鸿词，力辞不就。卒年八十六。』

又陆心源《穰梨馆过眼续录》，载其《题徐雷发枫江渔父图》诗云：『披图旷望水之滨，托想波深身外身。漫说筑岩应口梦，阿谁粉本到伊人。奇书糟粕归于口，名重逃名把钓竿。无义丈夫渔不饵，心空天海笑相看。』汪注：漫说句缺处似『傅』字，奇书句缺处似『酒』字。见《枫江渔父图题咏》。此书载《美术丛书》中，可检补也。

又卓子任《遗民诗》选录其二诗，一即《过万年少隰西草堂作》；一《半塘过友人》云：『潭曲寒花路，牵船荒草洲。相逢百战后，昔别大江秋。城郭千年鹤，渔竿下泽裘。西风眷摇落，歌啸日来游。』

子任称其隐居金陵，寿至九十馀，所著曰《萧然吟》。与《遗佚录》异。穆倩，歙岩镇人。

张黄岳父子

张习孔，字念难，号黄岳，歙人，侨居江都。顺治己丑进士，官刑部郎中。著《大易辨志》、《檀弓问》、《诒清堂集》、《云谷卧馀》。顺治九年，任山东提学佥事，十三年回京。见《清秘述闻》。其《楚游》诗云：『气殊昏晓变，西蜀隔秦中。翳树天光黑，霾花雾影红。猿愁千嶂雨，鸩啸一江风。心激涛声壮，悲吟眺碧空。』

习孔子潮，字山来，号心斋，江都籍，顺治诸生，入赀为翰林待诏，即著《虞初新志》、辑《昭代丛书》、《檀几丛书》者。潮所著尚有《四书会意解》、《焦山古鼎考》、《心斋杂俎》、《心斋诗抄》、《幽梦影》、《奚囊寸锦》、《聊复集》、《友声集咏物诗》及《古文尤雅》诸书。

吴塞翁诗

吴山涛，字岱观，号塞翁。钱塘籍，明举人。清初为成县知县，有《塞翁集》。《杭州府志》称其工书善画。官成县时，建七歌堂，祀少陵，被纠罢归。年八十七卒。余曾见其所作书画，沉雄峭拔，逸趣横生。《杭郡诗辑》录其《西塞诗》二首云：『紫塞长城路极天，祁连山势接居延。平沙渐阔明驼没，短草初黄怒隼偏。亭障夕阳空大漠，羽书秋汎达甘泉。安西近日无征战，风定辕门鼓角传。』『金城峭壮压长河，浩莽边风掠怒波。楼橹晴云明粉雉，林峦阴雨湿青螺。诸番贡马循墙入，老佛乘貂绝域过。满把葡萄须尽醉，伊凉新谱《柘枝歌》。』按：此诗，似其游踪曾至甘凉一带。苍莽雄杰，亦导源杜陵也。

张梦畹诗

《皖雅》录张节断句，云『节乾隆布衣，不详其字』。句云：『雨霁月忽满，墙阴树影摇。』又云：『行善最为乐，观书动蓄疑。』

按：节字梦畹，通经，明小学，知医。著有《周易溯源》、《春秋献疑》、《六书会指》、《张氏医案》、《医参》、《颜瘤子》、《梦畹诗文集》、《嘤鸣集》诸书。见县志。

吴氏诸人诗

《皖雅》所录吴氏诗人，后庄塞翁外，有吴雯炯，字镜秋，号葛巾老人。顺、康时布衣，侨居南昌。著《笙山草堂诗集》、《香草词》。曾燠《江西诗征》云：『镜秋家南昌，少时与罗饭牛牧、僧心璧善，尝从族人吴绮，得填词法。』

吴华，字秋岳，康熙布衣。《静照轩笔记》云：『秋岳乃新安画家韩冶人铸外孙，韩乃明遗民。沧桑后，携秋岳侨芜湖。』其断句云：『花外有人先鸟起，烟中闻语识牛耕。』

吴苑，字鳞潭。康熙壬戌进士，官至国子监祭酒。著《北黟山人诗》。《知新录》云：『进士题名碑，旧树于国子监，鳞潭先生为祭酒，稽考旧碑，明永乐至崇祯凡七十八科，碑仅存三之一。本朝制科，始于丙戌，碑亦列焉。厥后十七科，未之继也。吴祭酒谋于朝，伐石鸠工树之。又令吏掘地遍索，独永乐碑不见。一日墙倾，吏哗曰：「永乐碑得矣。」于是前后□□，用全一代之制。又于启圣祠中得元碑三：一为正泰国子贡试名记，蒙古色目汉人列三榜，皆有正副。一为至正十一年进士题名记，蒙古色目为一榜，状元朵列图；汉人南人为一榜，状元文允中；皆无榜眼探花。一为至正国子中选题名记，蒙古赐正六品，色目赐从六品，汉人赐正七品，亦有正副。元代取士之制，赖以证知。其《望后海》云：「寻山兴难已，理策出烟寺。晴岚漾朝光，薄雾散空吹。荒途没人径，一石一天地。环海千万峰，劫初作儿戏。盼左兴难尽，睐右赏不置。坠岸千仞青，嵌空一天翠。平生见名山，履险身忘悸。独此奇无穷，瞠目不敢视。』」

吴瞻淇，字漪堂，苑次子。康熙癸未进士，官庶吉士。瞻泰，字东岩，瞻淇兄。康、雍间诸生。

吴麐，字仁趾。康熙布衣。《元夕》云：『贫家无令节，胜地有柴门。不信兵戈后，依然鼓吹繁。盘餐从妇俭，灯火任邻喧。转觉春阴好，霏霏雪满轩。』

吴之骥，字鸣夏，康熙诸生。《宁羌》断句云：『天边鸟道秋无际，云里猿声树万重。』

吴文垒，号山褐老人，仪征籍。康、雍间布衣。《自题寒绿斋》云：『窠石玲珑幽草风，枝枝梅叶凋秋红。斋旁冷艳聚雅玩，粉蕉绿卷纱帏中。』『香丝欲沉月一角，情染密云如竹合。半声寒雀解酲多，几盏嫩阴茶色活。』『俺成句读肠已枯，发秃指跰诗人孤。埋头十年不出户，满斋书味来相呼。』按：此诗甚隽异。

吴均，字梅查。乾隆监生。著《青棠馆诗集》。吴文溥《南野堂笔记》云：『仆初游邗上，访金国博棕亭于马氏玲珑山馆，见梅翁及应叔雅、罗两峰、朱二亭、朱笠堂、江橙里、家暮桥弟诸名士，为文酒之会无虚日。迨十年后重来，则棕亭化去，两峰走京帅，笠堂归泾上，梅翁年已七十五矣。』其《邓尉山四柏行》最佳，诗云：『古柏盘踞深山深，参天黛色秋冥冥。元阴黯黮闭山霭，白昼倏忽生雷霆。一株潇洒如癯仙，神清骨秀凌风烟。一株荒唐貌奇丑，根似结绳文左纽。霜皮惨裂瘦佛胛，虬枝拓张巨灵手。更有两柏势夭矫，一作龙颠一虎倒。暝禽惊骇不敢栖，劫火焚烧未枯槁。社栎方输香叶垂，山楸亦愧庸材小。摩挲人代无春冬，混元一气开鸿蒙。商山隐逸今犹在，黄绮甪里东园公。柏兮柏兮自珍重，材大休嗟世不用。请看武帝柏梁台，至今已化昆明灰。』又《齐宫》云：『楼阁南朝画里多，玉兕步屧过凌波。怜渠能为东昏死，不枉黄金衬绮罗。』

吴绍汉，字秋浦，号寿人。乾隆贡生。著《秋浦诗抄》。《金山》云：『灵风鞭海蜃，万古结云楼。丹壑烟霞气，沧江日月流。天形围铁瓮，帆影下瓜洲。返照鱼龙起，惊涛卷暮愁。』《晚泊露筋祠》云：『平湖开返照，烟鸟去何之。皎月悬高树，清流照古祠。野人能荐藻，行客重题诗。仿佛云旗降，天气袅袅吹。』

吴求，字警堂，号澹芷，乾隆布衣。著《澹芷诗抄》。

吴柯，字子乔，号莲客，嘉庆贡生。著《六观斋诗集》。《杨柳曲》云：『门前折杨柳，送君江南去。春来杨柳又作花，此日知君在何处？东风吹雨烟冥冥，高楼玉笛难为听。杨花随风千万里，一夜飘零落江水。』

吴景潮，字素江，钱塘籍。嘉庆贡生。著《谢琴诗抄》。梁绍壬《两般秋雨庵随笔》云：『素江侨居杭垣，掘土得谢文节公琴，背署号钟，铭曰：「东山之桐，西山之梓；合而为一，垂千万古。」下有叠山款。』其《咏谢琴》云：『南渡官家事事非，抱琴人已变麻衣。催来江上潮无信，弹向冬青叶乱飞。朱鸟罢歌皋羽泣，黄冠相饯水云归。只应一例沧浪外，同调西山赋采薇。』

吴景熙，字云陔。道、咸间盐场大使。著《扶云馆诗》。其《塞下曲》甚工。篇长不录。

歙事闲谭卷八

续录程氏诸人诗

程封，字伯建，已见前卷，惟据《程氏所见诗抄》言籍仪征，误。兹据《皖雅》云湖北江夏籍，顺治拔贡，官云南经历，著《山雨堂诗集》。《江夏县志》云：『封幼自新安徙居江夏，喜吟咏，涉历山川几遍。吴梅村、王阮亭、杜于皇皆乐与之游。』《尊瓠室诗话》云：『伯建参军五律，工于发端。』《早行》云：『畏起频惊曙，荒鸡太不情。』《秋夜》云：『不信家仍在，兵戈满大荒。』《咏苇》颔联云：『晴天常带雨，夜月好摊书。』亦闲雅有致。其《暮相思》云：『行行燕子矶，风潮夜将发。天寒四野迷，独坐舟中月。缄情不得寄，残钟听来歇。』承尧按：此诗绝似渔洋。又按：封为程公履弟，明诸生，曾搜集江文石遗稿，著《石门确史》，表章甲申死难诸臣。见郡志引公举事实。

程山尊谦，见前卷。《皖雅》录其《京口阻风寻鹤林寺》诗云：『数折远江声，林开天地清。闻钟知有寺，携酒听无莺。世薄众山浅，门闲一水横。夕阳看欲尽，步步悟浮生。』

程曰葵，字心日，侨居扬州，顺、康时布衣。著《惩窒堂集》，遗稿散佚。《皖雅》转录《江苏诗征》二首，诗境绝奇，似白话又似小说，而不伤纤俗。《咏房山县孔水洞》云：『渊明记桃源，疑幻复疑仙。不识最灵境，安用仙则然。大约俗不入，即此别有天。翳彼孔水洞，旷废几何年。既入闻丝竹，胡为惧不前。将留隐君子，僻处石堂烟。饭屑泛胡麻，夹岸桃花妍。隐约在人世，而无尘土膻。浮舟使得入，往来已骈肩。闻声惟却棹，避世庶乃全。夜深灵籁寂，明月照幽川。』《恒山元石冢》云：『闻之恒山上，神草十九种。服之可得仙，不及元石冢。元石酒未解，希夷睡方酣。如此神仙冢，俗士何从参。中山有狂药，远胜魏阳丹。丹成服者死，须臾旋改观。酒家弄神通，狡狯信多端。醉卧已三年，及期来剖棺。棺开应共笑，携手还碧山。事去已千载，空冢留人间。安得丁令威，化鹤与俱还。』

曰葵子增，又名世华，字亚韩，号朗亭，仪征籍。乾隆太学生。《皖雅》录其《玉钩斜行》，篇长未录。

程鸣，字友声。已见前卷。《皖雅》引《静照轩笔记》：卢雅雨《扬州杂诗》云：『一翦鹅溪万点烟，青山未了水潺潺。夫子亭上闻诗日，为说门生画辋川。』即咏友声为渔洋绘夫子亭图事也。

程兆熊，已见前卷。《皖雅》云：字磻溪，侨居丹徒，世英从曾孙。乾隆布衣。著《澡雪吟稿》，录其《欲与外舅张石帆先生辑〈京口遗音集〉未果以诗志感》四首云：『韦秋山与吕江峰，寒瘦诗如洞底松。一帙曾携何处读，洞庭七十二芙蓉。』『水仙逋客陈延喜，烟叟升公张则之。合社江淮行卷富，采风谁问布衣诗。』原注：李一贞水仙、计侨逋客、陈檀禧延喜、贺燕徵烟叟、陈文荐升公、张孝思则之，于听莺阁倡合作。『疏篱野水叶萧萧，欲酹吟魂酒一瓢。每过江头吟旧句，日斜半醉柳青桥。』原注：潘江如先生《题江上酒家壁》云：『过去游人看不厌，日斜半醉柳青桥。』草堂故址，与余家只隔数武。『文章江左重何程，洗尽淫哇得正声。一卧空山成白首，角巾仍是两书生。』原注：何雍南同曾叔祖千一文名重海内，《江南通志》成于其手，然终身一诸生耳。

承尧按：此四诗，一唱三叹，神味甚佳，宜当时负三绝之誉也。

程化龙，字禹门，娄县籍。康熙庚戌进士，官中书。著《粤游草》。

程庭，字且硕，康熙布衣。著《春帆纪程》。

程烇，字丽中，娄县籍，康熙诸生。著《且隐轩诗集》。

程炤，字鉴远，号藜庵，娄县籍，康熙诸生。

又羽宸、绵庄、风衣、午桥、夔州、筠榭六人，俱见前卷。

羽宸《过平望》句云：『人家水气涵虚白，野树霜华染浅红。』

绵庄《武林怀古》云：『一自休兵国怨除，君王酣醉九重居。云开凤岭笙歌满，梦冷龙城驿使疏。海日忽惊宫漏尽，春潮犹笑将坛虚。谁知立马吴山客，不惜千金买谏书。』

风衣《送边秀才之成都》诗云：『卧龙丞相锦江水，跃马公孙白帝城。往事烟云多变灭，羡君意气自纵横。向西形势参天出，稽古名流爱蜀行。如此丹崖青嶂里，不妨终日有猿声。』

午桥句：『一院雨声留客后，半窗梅影上灯初。』

夔州《咏龙潭》云：『潭底云千尺，山头雨四围。忽闻空谷音，如有老龙归。』

筠榭《淮阴遇吴梅查》云：『客路逢知己，匆匆僧舍间。寸心言未尽，流水去难闲。怅我此时别，问君何日还？归程如可待，共访钵池山。』俱佳作也。

风衣、夔州诗，袁随园所谓『求之不可得』者。

又《皖雅》引蒋星岩云：『新安程氏多诗人，侨居淮扬，有专集行世者指不胜屈。余所交契，如莼江明经茂、鱼门编修晋芳、述先大使卫芳，皆筠榭兄弟行也。晴岚庶常沆、邵泉舍人洵，筠榭兄子也。筠榭四子：赞和、赞皇、赞宁、赞普，皆能诗。赞普字皃塘，《送秋》句云：「黄叶满身人独立，碧云无际雁长征。」』

程沆，字瀣亭，一字少泉，号晴岚，安东籍。乾隆癸未进士。沆弟洵，字亮斋。彭廷梅《国朝诗选》录其《秋日斋中读书》诗。

程茂，字莼江，康、雍间人。《对月》句云：『落影过庭白，惊秋入夜平。』

鱼门诗已见前卷。

程恩泽，字云芬，号春海，嘉庆辛未进士，道光中官至户部右侍郎。著有《程侍郎遗集》。《皖雅》引符葆森《寄心庵诗话》云：『春海侍郎，官贵州学政，使民购橡子，育蚕成茧，黔人享其利。有《橡茧歌》，解曰：「遵义野蚕成茧，曰青枫茧，不知于古为何树。癸未仲冬行部，过长林间，叶焦茧割矣。掇其实，知为栎。」』承尧按：郑子尹《巢经巢诗》中有和作，述此事甚详。又陈叔伊《石遗室诗话》云：『春海侍郎七律多涩体，如《渡淮》云：「遂磨洪泽而东镜，似筑清江以外墙。」《漭水道中》云：「用世岂徒洴澼絖，持身安得橛株拘。」』承尧按：春海先生诗，惊才灏气，导源家学，开巢经巢一派，前卷已略论列。石遗所言，不足尽之也。《皖雅》中录其《望壶头山七古》极工，篇长未录。兹录其《书所见》云：『奇肱之车渥洼马，羽林孤儿佽飞者。黄尘合处夕阳下，一队鹰鹯落平野。弓如霹雳刀如风，举刀一划百里红。草间孤兔那足射，欲斩六鳌沧海东。澹台古冶能屠龙，壮夫岂畏波涛汹。劝君痛饮荔枝酒，睡过重阳莫回首。』《武胜关》云：『昔慕直辕天下险，今驱羸马踏云来。了无镫道千盘峻，但觉回飚万壑哀。淮汉背流收乱水，申黄自古斗雄才。果然谈笑能擒贼，合向牛医酹一杯。』《戊子八月十四日夜偕祁春浦中允昆明湖踏月》云：『秋生玉宇琼楼夜，月在长杨五柞间。黑处树阴明处水，红皆台影碧皆山。几年官酎侵铜斗，一日春雷响兽环。似此萧散仍富艳，何劳清梦恋江关。』《邯郸怀古》云：『苕花颜色萝中栽，锦瑟银筝绝可哀。岂有寿陵能学步，断无厮养解怜才。温明尚记萧王殿，歌舞难寻主父台。只有宫池旧眉影，夜深还化月钩来。』诸作可谓意态雄杰矣。窃意阶平、春海父子诗，在程氏中最杰出，鱼门差肩随之耳。

江氏诸人诗

江国茂，字二如，明诸生，已见前卷。《满家衕看桂花》云：『南高峰畔树，上下桂花多。谷口循香入，丛中侧帽过。秋风趋贾竖，人境绝樵歌。桃柳湖堤上，难教禁斧柯。』按：此诗殆言清初驻防。

江闿，字辰六，贵州新贵籍。康熙癸卯举人，荐举博学鸿词。官解州知府，擢员外郎，未赴，卒。著《政在堂文》、《河汾诗集》、《春芜词》。《静照轩笔记》云：『辰六先生，少游夜郎，依姻戚越氏，遂改姓越，自号牂牁生。既登贤书，复本姓。游京帅，为王渔洋门人。』渔洋序其诗，谓『游览山川，诗歌有奇气』。尤西堂亦曰：『吴茵次有婿江辰六，风流吐纳，不减乃翁。余谓先生文亦佳，尝读其《借书图记》，奇逸有别趣。』其《秋阴》句云：『渐凉花较少，未夕树先阴。』又断句：『已拚史学输崔浩，却胜骚词类景差。』

江兰，字畹香，侨居甘泉。贡生。乾隆时官至山东巡抚。《过西干如意寺》断句云：『斋厨笋蕨香，佛界松篁隔。忽闻一声钟，斜阳在西壁。』

江士相，字元卿，兰犹子。乾、嘉诸生，官刑部员外郎。著《二分明月楼集》。其《登河西太白楼》云：『昨泛西江棹，曾寻牛渚秋。今看歙浦月，又上谪仙楼。众壑风声定，千峰夜气浮。何人更携酒，坐对水空流。』

江承玠，字措五，号拙庵，江都籍。康、雍间官两浙江南盐驿道。阮元《淮海英灵集》云：『公父寅，由歙迁江都，公居官多惠政，爱民教士。天台齐次风侍郎，为公所识拔。』

江春，字颖长，号鹤亭。仪征籍，诸生。以总理盐务，赐内务府奉宸苑卿，加授布政使衔。著《黄海游录》、《随月读书楼集》。王述庵《蒲褐山房诗话》云：『江都自马氏曰琯兄弟外，能读书好客者，推江鹤亭。城东高阜名康山，相传是对山遗迹，葺之以奉宸游。』又馆沈学子于其秋声馆别墅。及卒，刻其《学福斋诗集》，其好事不多得也。学子名大成，金山贡生。其《灵锡泉》云：『东国神僧迹，溪传灵锡泉。侵阶苍藓滑，扫石翠云鲜。香雨诸天洒，旃林一道穿。清风发幽籁，心赏自泠然。』

江昉，字旭东，号橙里，承玠子，春从弟。官候选知府。有《晴绮轩诗词集》。冯金伯《墨香居画识》云：『橙里性伉爽，喜交游，工诗，尤善宋、元词曲。著有《练溪渔唱》，一时名士如程绵庄、闵玉井、吴梅查、金棕亭诸公，相与酬唱无虚日。亦善绘事，其写秋葵为最工，金苞翠羽，绰有风韵。』其中《常王孙种菜歌》云：『卷缘含苦心，春风吹不碎。故侯五色瓜，王孙一畦菜。王孙本自开平家，运逢百六良可嗟。万事消沉付云水，百事带砺成空花。帝城金粉归何许，山鬼年年哭风雨。金斋玉脍相公庭，紫藓苍苔孝陵土。故垒萧萧芦荻秋，石头城上月如钩。路人犹指王孙菜，江水茫茫去不休。』

江振鸿，字撷云，一字文叔。春子。乾、嘉间候选道。著《莺花馆诗抄》。江藩云：『文叔，橙里先生子，为鹤亭方伯后。好善乐施。嘉庆八年，徽州大饥，捐资赈济。性孤冷，喜吟咏，工绘事，诗宗光羲，画法天池。延接名流，座客常满，如方子云、钮非石、袁寿阶、吴兰雪、郭频迦，皆下榻康山，极一时文酒之盛。自君亡后，邗上无风雅总持之人矣。其《题杲堂诗后》云：『林中惟独坐，偶读杲堂诗。云影在潭底，清光人不知。君方侣方外，我亦识前期。一片秋天月，相逢会有时。』承尧按：彼时吾县盐商，富几敌国，穷奢极欲，文叔乃澹静至此，品格弥可贵也。

江权，字照浚，一字越门。乾隆乙丑进士，官四川保宁夔州知府。著《正颐堂诗集》。《安徽通志》云：『权署雅州府时，小金川僧格桑肆逆，民日数惊。权请发兵镇木坪，民乃安堵。大军进剿，奉檄督木坪粮运，又获军需至木果木。事平，授夔州守。夔有咽噜党，为民害，征其魁，馀党望风遁。』其《剑州大巴山道中》诸诗，俱雄劲峭刻，称其山川。篇长不录。

江立，原名炎，字圣言，侨居扬州，乾隆太学生。江于九先生洵之侄。著《小齐云山诗抄》。《湖海诗传》录其《渔庵》诗。

江作楫，字汝舟，乾、嘉布衣。《过桐庐》句云：『空山足风雨，荒县缺屠沽。』见李调元《雨村诗话》。

承尧按：江越门又著有《丛兰诗草》，乾隆时刊行。越门为曹震亭同学，胡珊为作诗序，称其诗与杜近。集中有《玉仍堂藏书歌》为张野桐作。又《果园杂咏》可考故实。

又按：上所录某氏诗，皆据所见书撷拾，非谓其尽于此也。有见，当续补之。亦有但存其人未录其诗者，避烦冗耳。

明二遗民诗

凌官球《赠元健似》云：『飞鸟弄江色，飘飖孤云心。点染乘空烟，一艇烟光深。群鱼各起跃，日昃光浮沉。晴渊动蛟龙，吞吐千里阴。雨香到几席，摇笔焦山岑。文章尺幅耳，于中蕴甘霖。高华振廊庙，味结山与林。世事多病苦，持此为苓葠。』

黄鸣六《喜汪秋浦来自章门》云：『当时戎马地，洒泪惜离群。一夕忽分手，三年才见君。开窗吟好句，沽酒醉斜曛。莫话旧游处，萧条不忍闻。』二诗俱见《皖雅》。

黄氏诸人诗

黄瀚，字以容，号勺泉，康熙诸生。邓孝威云：『勺泉竦塘右族，负奇才异行。友被仇陷，代友戍边，后赦归。其《难中写怀》云：「谪戍从王事，狂歌思不禁。山逾燕代远，水渡蓟辽深。出塞谙边事，屯田见古心。名言赵充国，湮没到如今。」』

黄朝美，字莐臣，号清持。顺、康间竦塘人。著《拳石居诗》。《山中即事》云：『空山悦幽独，坐卧白云隈。正有床头酒，故人何处来。』

黄元治，字涵斋。康、雍间人。《文殊院》句云：『岩悬梯以石，涧断渡于松。』又云：『分明移得峨嵋雪，补作云间缺处峰。』

黄泳，字永泉，号白水。乾隆诸生。《苦雨》句云：『湿云迷户牖，破屋半莓苔。』

黄裕，字北垞，仪征籍。乾隆诸生。著《金竹山居诗》。阮元《广陵诗事》云北垞《咏燕子》诗：『未过寒食先将侣，一受轻风便泥人。』其《送苏门之和州》云：『草长刘繇浦，花明魏武祠。离情江月共，孤艇野鸥知。斑竹初生日，鲥鱼已尽时。遗风洵土著，谁继水曹诗。』《读史有感》云：『信陵亡后故交存，白首侯嬴未报恩。明日五更挥泪去，西风落叶过夷门。』

黄承增，字心盦，嘉庆监生。著《槠山草堂山稿》。王豫《群雅集》云：『心盦，美须髯，好谈经世略，尝刻同人诗，名《今诗所见集》。』

姚东只闵于天诗

姚曼字东只，闵崧字于天，皆清初布衣。东只《舟行界首望珠湖同张大公度》云：『长堤望断柳丝烟，二月春风正好眠。极目已无归马地，伤心犹对落花天。孤篷客梦还山路，小市人争卖酒钱。惭愧年年飘泊尽，同君又上武林船。』于天《仲夏客銮江集江深阁一壑亭》云：『孤亭一上俯苍烟，恰有青铜挂杖钱。六代青山迷落照，几家黄鸟杂繁弦。浪花高下排鱼网，芦叶参差系客船。潦倒与君须纵酒，由来五月好江天。』

胡氏诸人诗

胡春生，字夏昌，号赤岸，顺、康间布衣。阮元《江苏诗事》云：春生本姓吕，父光吉，明季官鸿胪。拥厚资，徙居江都，以任侠名天下。春生亦有父风，家遂中落，善作水墨山水，著《赤岸诗稿》。绝句云：『杨花送行人，榆荚沽别酒。杜鹃歌一曲，芍药持在手。』又云：『芳草鹧鸪啼，东日复入西。我亦南归客，闻之泪满衣。』

胡怀伟，字幼鸿，侨居太仓。康熙布衣。著《春晓堂集》。《江苏诗征》载其《辰州》诗云：『百战天王地，辰州等塞垣。城空多牧马，山老不闻猿。暮雨炊烟断，悲风鼓角喧。岭南霜雪重，难慰北堂萱。』陈子言谓此篇乃吴三桂乱后作。

胡寯年，字瑀章，嘉庆监生。侨居太仓。有《曙戒轩集》。《湖海诗传》录其《晚过青浦》云：『适从吴淞来，江水净如练。扁舟信晚风，淅淅乘潮便。远火漾中流，孤城辨乡县。但看雉堞移，不觉清流转。九峰暮烟沉，螺髻迭隐现。爱此宵景幽，欲卧有馀恋。回首望市嚣，钟声起禅院。』

以上俱见《皖雅》。

汪仲嘉程葛人佚事

汪道会，字仲嘉，道昆从弟。著《小山楼稿》。与汪仲淹道贯，称『汪氏二仲』。天启中，寺人刘朝用以矿事至新安，群不逞翼之，议伐冢夷居，群情恟惧。道会轻身往说之，朝用为所动，他去。全郡以安。

程浚，字葛人，岑山渡人。读书得经济大略，有胆识。康熙甲寅，饶军至歙，耳浚名，相戒不扰。后清兵胜入城后，将牧马郊原。所谓牧马者，乃纵兵下乡杀掠之谓也。浚诣军门，力陈不可，乃止。

此二事，皆以一书生锐身犯难，有功乡里。余以为有古侠士风，因并录之。

嘉庆间修府志事

县志载嘉庆辛未，成太守履恒倡修府志，延汪龙主其事。既中止，龙犹搜辑未已，并取旧志之阙讹者补正之，成志稿八册。

龙字起潜，号叔辰，古城关人。乾隆丙子举人，著《毛诗异义》四卷、《毛诗申成》十卷。

承尧按：《龚定庵自珍年谱》：定庵父丽正，字闇斋，段茂堂玉裁婿也。以嘉庆十七年壬申，为徽州知府，定庵侍行。嘉庆十九年甲戌，阊斋先生议修郡志，延歙汪蛰泉龙、阳湖洪孟慈饴孙及武穆淳、胡文水诸子纂修。凡甄综人物、搜辑掌故之事，皆命定庵主之。定庵谓府志为省志底本，以储他日之史，立传宜繁不宜简，冀表章忠清文学幽贞郁烈之士女。集中有《与志局诸君书》，并附汪洪复书，甚是其议。后阊斋以嘉庆二十年擢江南苏松太兵备道去徽，综其事实，盖修志创议于成，龚来乃赓续之，龚去即辍，前后凡五年。汪辑志稿必有可观，惜今不传。汪书《毛诗申成》，近人极推重之。

段茂堂与龚定庵书

《定庵年谱》：嘉庆十八年二十二岁，在徽州，段先生寄书勉学。有云：『徽州有可师之程易田先生，其可友者，不知凡几也。如此好师友，好资质，而不锐意读书，岂有待耶？』

按：其时，段茂堂年七十九。定庵为茂堂外孙，又为茂堂孙婿。茂堂孙女美贞，于嘉庆十七年嫁定庵，偕来新安；十八年七月即殁于府署。茂堂适游徽，为孙女作权厝文。见《经韵楼集》。

龚定庵《徽州府志氏族表序》

定庵修府志时，创《氏族表》，已成书。有序存集中，略谓：『以大姓雄于县而绌于府者有之，雄于府而绌于一行省者有之，雄于一行省而绌于总知天下掌故之宗所记闻者又有之。曩家大人知徽日，命自珍任征诗文献之役。徽之大姓，则固甲天下，灿然散著，靡有专纪，是故削竹而为之表。其义例曰：载大宗，次子以下不载，次子之子孙官至三品则书，贵贵也。其有立言明道名满天下则书，贤贤也。自今兹嘉庆之世，推而上之，得三十世以上者为甲族，得二十世者为乙族，得二十世者为丙族。义何所尚？尚于恭旧。遂著录洪氏、吴氏、程氏、金氏、鲍氏、方氏、汪氏、戴氏、曹氏、江氏、孙氏、毕氏、胡氏、朱氏、巴氏，凡十五族，其馀群姓附见焉。书既成，阅六年，嘉庆庚辰之岁，则开箧而最录之如此。』下略。

承尧按：吾徽最重宗法，定庵言大姓甲于全国，固非夸也。惟所标举十五族，不知何据，若以吾许姓计之，自迁徽祖儒公至承尧，得四十四世，谱系井然可征。是十五族外，犹有遗漏矣。惟其表竟不传，亦深可惜也。

龚定庵《黄山铭》《别辛丈人文》

定庵集中，《黄山铭》、《别辛丈人文》，皆二十四岁在歙时作。《黄山铭》甚佳，有序云：「我浮江南，乃礼黄岳。」『予幼有志，欲遍览皇朝舆地，铭颂其名山大川，甲乙间滞淫古歙州，乃铭黄山曰：「我浮江南，乃礼黄岳。秀吞阆风，高建杓角。沉沉仙灵，浩浩岩壑。走其一支，南东磅礴。苍松髯飞，丹砂饭熟。海起山中，云乃海族。云声海声，轩后之乐。千诗难穷，百记徒作。惜哉夏后，檋车未经。惜哉姬王，八骏未登。中原隔绝，版图晦冥。珪升璧瘗，赧岱惭衡。」』承尧按：此铭及张皋文《黄山赋》皆须补入山志者。余昔游黄山杂诗，所谓『皋文赋丽则，定父铭恢奇，落落两鸿箸，几人搜缺遗』也。

《别辛丈人文》云：『新安郡斋古桂，唐时植也，尊之曰「辛丈人」，相依者四年，兹将别去，为文使听之。其词曰：「我来新安，神思窈冥，昼夕何见，丈人青青。我歌其文，丈人常听：我思孔烦，言为心声。伤时感事，怀都恋京。歌不可止，舞亦不停。别有妙词，一家不名：云烟消眇，金玉珑玲。文奇华古，文逸华馨。文幽华邃，文怨华零。有鸾来窥，翔颠自鸣。菲其和余，丈人之灵。山雨春沸，城云暮扃。简而不僵，丈人之形。辛而不煎，丈人之情。逝今去兹，何年再经。花开月满，照吾留铭。」』按：府署此桂久无矣，得定盦文，遂成一故实。

许浣月母鲍恭人寿诗册

许书，字浣月，郡城人。顺治乙未进士。见县志。初仕保定府涞水县，能约束旗民，旋内擢。又出榷浙江南新关，终授江西南康府知府，告归。在南康有治绩，捐俸养士，葺白鹿书院暨先贤祠，筑紫阳堤于彭蠡湖。又设渡生船。南康人为祠祀之。志称『其时匡庐多虎，书为文告神，虎患永息』，殊可笑，家传中顾无此语也。

其榷浙关时，母年八十八，值闰三月，与生年同，亲交为诗祝寿。有宋荦、宋德宜、严沆、薛奋生、王九鼎、程文彝、唐朝彝、文象瑛、吴守寀、刘沛先凡十人，人各一幅。后此册失去。嘉庆中其五世孙沄，重官杭州，复于市上得之。有长跋并录家传，又戚学标跋，曹鸣銮、鲍桂星、朱文翰题诗。曹亦歙人，原名振镛，当是曹文正兄弟。诗最工，篇长不录。靳志称书以母年九十五告归，奉养至百岁。寿诗中宋牧仲最有名，宋德宜、严沆，亦见李次青《国朝先正事略》。有人持此册求售，余收得，因记之。

程且硕《春帆纪程》

程且硕庭《若庵集》中《春帆纪程》一种，余游陇时，于蜀人陈莲波处见之，因录一副本。是书作于康熙五十七年，前有成都费锡璜序。且硕，岑山渡人，侨居扬州，此其返歙时所作也。兹节录数条：

其记徽俗云：『徽俗，士夫巨室，多处于乡，每一村落，聚族而居，不杂他姓。其间社则有屋，宗则有祠，支派有谱，源流难以混淆。主仆攸分，冠裳不容倒置。至于男尚气节，女慕端贞，虽穷困至死，不肯轻弃其乡。女子自结缡未久，良人远出，或终其身不归，而谨事姑嫜，守志无怨。此余歙俗之异于他俗者也。乡村如星列棋布，凡五里十里，遥望粉墙矗矗，鸳瓦鳞鳞，棹楔峥嵘，鸱吻耸拔，宛如城郭，殊足观也。』

其记太平桥云：『府治大桥五，曰紫阳、曰万年、曰古虹、曰黄金、曰太平。太平最巨，广二丈许，径三百八十馀步，凡十六洞。岁久倾圯，近家农部封延兄倾囊修之，为费不赀。』

其记岑山云：『岑山居练江之中，距余村半里许，屹立中流，高三十丈，松桧插天，四时青翠。元郑师山更名小焦山，今名小金山，有师山读书楼及郑公钓台，今皆不知其处。旧寺名周流，唐天祐间建。至明万历时，徙于溪西三里许，今寺久无定名。康熙丁亥春，今上南巡，驻跸淮扬，余讷庵伯父绘山图率子姓叩恳御书锡名，蒙赐额曰「星岩寺」，赐联曰「山灵钟瑞气，溪色映祥光」。寺内文昌阁，先大父建，寄亭叔父修之。殿右小阁曰昙汛，境最幽邃。其游黄山，乃由灵山迂道杨干，极称由灵山至呈坎山路之险，且多虎患。又极称容溪、长滩、洽舍，一路岩壑竹石之美。宿汤寺即祥符寺，其时未圮。先观白龙潭，其时狎浪阁已半圮，响雪亭已无迹。再由云谷下院入山，观九龙潭，宿皮篷，先游后海而后至前海也。

其记前后海云：『前海冠裳剑佩，钟鼓尊彝，森森穆穆，俨若朝典，具备观瞻。至后海，内室之韫藏，如窥其后宫，则燕姬赵妇，越女吴娃，粉白黛绿，皓齿明眸，曳绮罗者三千，簪金钗者十二；探其内库，则象齿犀贝，火齐木难，夜光之璧，径寸之珠，翡翠千重，珊瑚七尺；至若湘灵宝瑟，子晋瑶笙，龙女吹引凤之箫，冯夷击灵鼍之鼓，此其供别院之菊部也；又若白鹤赤兔，蹑影追风，子燕之骝，绿螭之骢，笼以满月之鞯，饰以涂金之鞁，此其实外厩之腾骧也。』按：此论为旧记黄山者所未及，故节录之。

其记潜溪云：『过潜溪，访汪表弟玉依、禹裁昆季，留饮于绿参亭上。亭立万竿修竹中，娅娟映水，绿荫几席。捧读舅氏右湘先生遗稿，因话当年靳雁堂明府时，招汪扶晨、家非二、山尊诸前辈，集于舅氏之水香园，清谈雅酌，分韵联吟。风流胜事，至今未易多得。』

录其新安四诗云：『新安江上水，可以濯吾缨。不自源头洁，何因澈底清。松间流细韵，岩际泻空明。那减中泠味，偏输第一名。』『新安山色好，天半插莲花。翠影摇清霭，岚光散绮霞。幽岩丛瑞草，灵境驻仙车。五岳名区外，悠然别一家。』『新安花树幽，嘉植遍林丘。凤尾凌霜劲，龙鳞阅岁留。原存泉石志，不受栋梁求。黄海多奇草，神农识未周。』『新安风俗美，醇朴古人如。邻过墙头酒，宾分屋后蔬。茗柯含露摘，山垄带云锄。办得官租足，衡门课子书。』

雪庄上人

雪庄，黄山画僧，其诗已记前卷。《春帆纪程》中有《记云舫》一段最详，云：『余将达皮篷，见一老者，朱颜苍鬓，白髭飘然，逍遥户外。近询，知为雪庄上人。皮篷即上人习禅地，近更名云舫。舫只五楹：中供如来拈花法相，即上人手写者；一设广榻，为游客寝所；一为客寮；一作斋厨；一贮书史笔砚。此外则一斗室，不满一弓，为上人栖定处。佛前灯一龛，不设钟磬，不理梵呗，时或弹琴击鼓，能令四山皆响。所绘《黄山图》百幅，悉得山灵真面。间辑山中所产异花，得一百六种，命之以名，且系以诗，一一传染其色态。余按图求之，始识途中所采，有宝网、醉仙、缨络、山海棠、山金樱等名。仍有十馀种，雪庄亦复不知。盖彼百六种数内，专取色香兼备者，否则不录，足征山中奇花异草之多矣。啜茗快谈，盘中以蜜渍书带草，芣苢、白木槿等饯作供，顿令齿颊俱芬。』其《赠雪庄》诗云：『山人清且癯，非墨亦非儒。结屋千峰绕，听泉一杖扶。野花垂宝网，春菜撷珍珠。读画焚香外，弹琴意自娱。』

按：雪庄，楚州人，名悟，又号通源，又署惺堂、沧溟、源道者、黄山野人、青溪后学、铁鞋道人诸号。初由灵岩栖太平翠螺山，苦心力行，遂证上乘。晚至黄山，遇雪，趺坐岩石，达旦，积雪盈顶。山僧异之，挽留结庐，以树皮代瓦，名曰皮篷，因号雪庄。枯坐一室，足不逾户，惟浙僧雁黄，亦祇林名宿，诗文品诣，傲岸绝俗，时止黄山，师与投契，馀不屑也。每诵经，有黑虎蹲户外听。又有鸦一双，旦暮依檐际，客至噪而报，去则送焉，人号送迎鸦。康熙间召入都，上见之，曰『好和尚也』。予还山，以上寿示寂。所瘗处呼雪公塔，虎与鸦恒守卫焉。见《闻见闲言》。汪注：闵《黄山志》，雪庄图草木只三十馀种，又曾睹黄凤六临雪庄黄山卉图有七十二种。兹谓一百六种，在其最晚年矣。『明亡后为僧』一语，须考之。此君或至康熙末年未死。

橡栗粉

橡栗粉，俗呼檡粉，惟里中人知食之。见《春帆纪程》。按此粉今俗名檡子豆腐。吾村多橡栗，食之者甚多，味微涩。

就景亭社神辇

《春帆纪程》记绍村张权与制就景亭云：『亭为权与所创制者，有榱有柱，有栏有楹，覆以棕榈，束以机钩，可卷可舒，随时随地，恍如鹅笼书生。径尺铜盘，直自口中吐出，真巧思也。』

又记社神辇云：『孺修昆仲，引余谒其祠堂，观社神所御车辇。辇高八尺，上圆下方，面面雕镂，亭台人物，鸟兽花卉，逼肖如生，丹黄璀灿。传自元时所制，工之精巧，一至于此，似世人艳称之鬼工球、桃核舟不能专美。』

按：此二条，因关工艺，补录。孺修，其同里人也。

黄溯从《岸园集》

黄在中，字溯从，潭渡人。著《岸园集》，文一卷，诗二卷，乾隆五十九年刻本。有侄孙晖序，有受业侄孙筏撰传，筏字虚舟，见前卷。传称岸园弱冠于廿一史俱卒业，为文穿穴险固，不随时俗，但性坦率，视阿堵如土苴。每春秋佳日，招同人步郊垧，席地醵饮，虽村童亦引入坐，惟俗子败意者必麾去之。生康熙乙未，殁乾隆甲午，年七十。生平与本里黄醒园载东、黄约斋克谐、黄凤六吕、黄俟庵暨为友，尤推服郑木瘿及大里汪榷庵由宪、傅溪胡寄园裕昆云。

郑木瘿

《岸园集》中有《郑木瘿传》。言木瘿名圻，字牧千，歙贞白里人。幼聪敏，读书过目成诵。稍长，习举子业，无所就辄弃去，一意为诗。当国初，里中前辈，衡宇相望，如青岩许君、白山黄君洎郑遗苏诸人，皆以诗文书画名一世。木瘿为遗苏高弟，尝访青岩于石雨山中，流连竟月。白山性孤介，落落难合，亦重木瘿，引为忘年交。后汉阳张公来丞吾郡，招木瘿入幕，日索诗数十章，木瘿勉应之。以是遍游齐鲁燕赵，老归里中。同邑汪息庐、程松门、黄确夫诸人，皆深相推重。年七十馀。有《木瘿诗抄》若干卷。

按：木瘿亦工画。程读山诗云：『笔底纤尘一点无，郑翁逸韵老菰蒲。湘帘斐几揩双眼，犹记空山拾橡图。』原注：『木瘿翁工诗，画兼神逸。予曾见其《杜少陵拾橡图》，至今心醉。』

《潭上竹枝》及唐模新池

《岸园集》中有《潭上竹枝词》，所咏康、乾间之潭渡也，录之。词云：『春来爆竹响晴空，说向元宵便不同。到得烛笼双出社，入门灯火一齐红。』『蔺公陈迹付传闻，五矢城西射鬼氛。一自隋朝集乡勇，至今潭尚属将军。』『靖难当年事可吁，彦回死后骨应枯。青山留得仙人冢，犹作千秋太守呼。』『交人尚德意绸缪原注：沈石田画松柏，寄寿高祖松轩公，有『交人须尚德』之句，兵火频经妙墨留。岁岁衣冠春正朔，满堂松柏沈长洲。』『轮囷偃蹇饱风雷，巨腹刳中老不材。大树至今传栎社，沧桑曾见宋元来。』『当年别业枕湖湾，六六芙蓉几席间。共说少参归老日，黄山楼上看黄山。』『四月五月割麦天，村村打鼓送瘟船。增华踵事夸吾里，作俑何人又几年。』

集中又有《唐模观赛会经新池作》云：『不到西湖二十年，梦中时觅湖上船。此池大概非湖比，亦有林谷相盘旋。』『亭榭参差分踞胜，小桥曲槛通幽径。须臾箫鼓出蜃楼，恍有游鱼纷出听。』『我从溪上步溪西，十里逡巡度曲堤。秋气已清山岞峉，霜风遥点树迷离。』『恰寻小憩池边路，转折俄经池上去。无端阑入绮罗丛，忽忆当年采莲处。』

按：此诗以集中年次考之，盖作于乾隆十七八年间。其时所谓新池，即檀干公园中之东西二池，可证彼时浚池未久，故曰新池，是亦吾里中一故实也。

双桥郑氏诸人诗画

《黄山画苑论略》，备举双桥郑氏画家。郑遗苏外有郑成德，字以进，号爱竹。画竹从学师山，有爱竹稿。承尧按：今故宅有『爱竹轩』三字额，极横伟，犹旧物也。

郑书逊，字晋公，号素亭，工墨笔人物山水。

郑泰和，字仲祥，善兰竹。

郑康叙，字秩生，号非庵，以墨竹名。按又署郑叙，予藏其朱竹一幅。

郑文瑄，字瑶笙，工画及古篆，能诗文。

郑鸿，字渭川，号兰圃，工墨笔白菜。

郑凤铸，字冶生，画人物山水，工白描罗汉。

郑宏绪，又名天焕，字继三，号寄山，墨竹师非庵。

郑为龙，字隽千，又字伟南，画人物花鸟。

按：此半采之《贞白家风录》。《贞白家风录》乃郑澹成字雪痕者所集。澹成，遗苏之父，其自序云自其家十一世至二十四世，存诗者七十六人，一门之盛乃至于此。明时郑氏文物可想见矣。其著录有专集者，郑师山先生外，郑忠有《西溪渔隐集》，成德有《竹轩集》，文节有《联璧集》，汝庭有《西坡遗稿》，徵有《观澜集》，超祖有《潜斋遗稿》，越祖有《南园遗草》，鹏有《时习轩稿》，缙有《冰蘖稿》，绂有《一闲诗草》，昆有《培庵诗稿》，鲸有《云遨摘稿》，时有《暇吟稿》，禄有《修庵草》，璨有《猨庵集》，明璪有《五溪庸言》，作有《方山集》，秉淳有《蓬窗唱和集》，明宝有《松庵集》，孔庶有《海鹤稿》，孔曼有《徕松集》，峄有《安素集》，烛有《云门集》，汝仕有《双枫漫稿》，九夏有《拔云集》，晢有《北峰集》，良槔有《衡南集》，默有《十洲集》，懋坊有《黄海集》，钟縠有《松石园集》，嘉縠有《东楼遗草》，绍伊有《溟洲遗草》，绍儒有《集庵诗稿》，如龙有《卧南遗草》。以上诸集，散见于《新安名族志》、《徽郡诗略》、《黄山诗选》中。今诸书皆不传，录之姑存其人而已。

郑贞白诗

郑千龄，字耆卿，治行见县志，世称贞白先生，师山父也。今郑氏里门，尚揭『贞白里』三字石坊，余阙所书。兹录其《谒延陵吴季子庙》诗云：『季子名闻久，延陵庙尚存。潜身同泰伯，蓄德让诸樊。千乘犹如屣，豆羹岂所论。我来将莅政，先此式于门。』见《贞白家风录》。

郑师山诗

郑师山先生玉，字子美。诗甚清隽，兹于《贞白家风录》中选录数首。

《野菊》云：『岩壑无人采落英，西风时为送芳馨。只缘寂寞空山里，却是黄花真性情。』

《书怀》云：『自愧疏庸一腐儒，赘疣天地又何如。渔樵到处相来往，守令逢时问起居。头白深知忧国事，身闲且复寄吾庐。期将四海收兵甲，还向师山理旧书。』

《附居者欲改名汪里赋寄表侄汪俊德》云：『千年杜曲向谁论，此事曾非一日恩。本谓朱陈通世好，岂期汪郑竞名村。时无西伯休虞讼，人到东山识谢墩。乔木参天谁是主，传家犹有铁炉存。』按：今之郑氏尚与汪氏并居，各名其里，观此诗，自郑在汪前也。

近人章太炎，颇以师山殉元为疵。又按：师山屡征不起，至正十四年，以翰林待制礼聘，强之至海上，仍称疾归。是师山本不欲仕元。然郑氏家乘称师山里居时，郡监太守县令，旬朔咨询安民御冠方略。遗诗中亦有『守令逢时问起居』语。是元固极隆礼师山，师山亦曾参与防守方略，城破而明守将要致之，久拘郡邸。其夫人程氏，又使语之曰：『君死，当相从地下。』是师山之死，乃不得已，且避辱也。名节礼教道德，皆因时而变迁，本无绝对之是非可言也。

黄石斋过歙诗

明清间，黄石斋被诱执于婺源，槛车过歙，其事与金、江同一可痛。顷见其手写逸诗，有《过去》八首、《自悼》八首，皆作于婺源。自注：『在婺源绝粒七日。』《造怨》八首、《火树》四首，自注：『发自婺源，复进水浆，示赖敬孺、蔡时培二中书。』《冠裳》四首，自注：『至新安示赵渊乡、毛玄水、赖敬孺、蔡时培。』又有《人日新安虏帐勉观梅花》诗四首，同赖敬孺作。又《灯夕不堪，复遂绝粒，是夜雷雨。明日甲子，抵晚雷雨大作，绕营不休，凡三昼夜，虏遂发予入南都》诗六首。又《发自新安，谢风雷，乃遂绝粒，凡十四日，复进水浆，至南都，示诸友》诗四首。按石斋留歙，不过旬日，而作诗乃十馀首，手书超逸绝伦。造次颠沛中，诗心笔势，不改其素，真可敬也。兹录其《虏帐梅花》诗云：『人日亦逢梅，穷崖香雨来。不从边外见，偏向帐前开。花碎马蹄薄，人窥鸟路哀。含愁看城邑，无奈且衔杯。恍惚犹春色，全非春到时。鸿门新舞罢，羌笛小青移。驿使乖千里，君主怅一枝。风帘自去住，莫与家人知。马色明宵练，郊园阻一方。只缘山破绽，顿使雪分张。枚叔生无用，申君死不香。流云照皓发，慷慨此沾裳。似此新相慕，何如早别离。西陵鹤去夜，大泽燕归时。对酒难共醉，无言多所思。胡笳深拍拍，总为写如丝。』

又《风雷》诗，前二首云：『孤臣未遂志，天地此离愁。碧血看犹在，灵威何所求。奇书六甲取，间道五丁收。旷野难逃处，轰然在上头。』『春水未抽梅，蛰龙发愤来。追奔如破阵，腾踔欲扬灰。失匕英雄事，鞭山霸主才。于今无破斧，何以谢风雷。』详以上诗意，石斋似被羁于清营，不知彼时清军驻城何所。

又按《黄山志》载石斋《辞黄山》诗，原序云：『就俘以来，谊在必死，生平所历黄山、白岳、匡庐、九华、浮丘、龙首、穹窿、玄墓、洞庭、三茅、天目、径山、西陵、宛委、天台、雁宕、罗浮、怀玉，一十八翁，要当一一谢之。生死千秋，未必再晤。风雷楮墨，载其精神，亦使山灵闻之，谓吾不薄也。』诗四首云：『交臂遂相失，徘徊雾雨中。悲猿如叶类，笑客不从容。』『不沐神濆泉，不咽丹砂饭。浩荡遣云舟，矗然无畔岸。』『亦是吾家峰，神物不可谱。顶髻在心眸，一一屈指数。』『新岭非不高，乃不得相见。今有青鸟笺，欲寄南归雁。』

又《思在黄山》六绝句云：『丹砂峰下炼魔堂，千辈缁衣绕法场。胜事会须消歇过，空山面壁自清凉。』『一坳深僻亦奇峰，似得家庭环照中。松障上头看不到，别须危苦与相从。』『割裂岱华又几年，云松无处不焦然。天公刻意消青鬓，留取粗顽照白巅。』『笋蕨茅茨清福多，马蹄岂复眷青莎。乘凉一洗温砂水，不为身轻欲解疴。』『名城坠后已阑干，合与嬉猿共破寒。瘦竹一枝轻过鸟，千山钟鼓报真官。』『竹节投书石几间，啸鸾驯虎一时删。可须闭眼三千日，少从雷霆一往还。』

按：前四首确为被俘时过新岭后所作，后六首据山志云亦同时作。

补记江文石凌龙翰事

近人某著《大一丛话》，记金正希、江文石、凌龙翰事，采自清初杂书，足补本传所未及。录之：

休宁金子骏，崇祯戊辰进士，在馆时，读书穷日夜不休。以病归里。未几，奉命补修撰。故事修撰专授进士第一人及第者。子骏以他官得此，盖异数也。甲乙之交，遭国变，遂从故里竖义旗，分兵扼六岭。贵池吴应箕、宣城麻三衡，起兵应之。会迎降御史黄澍入城为内应，城破，遂死之。未死之前日，作书遗长兄云：『生死祸福，皆有天命，我等惟顺受之而已，不能逃避。我家为国事勤劳，死者死得其所，即流离散亡，亦流离散亡得其所。弟日内静观之，殊亦不大惨凄，视死真如归，可见平日学道得力。今为郡事未定，不得不忍死在此，毋令内地有惨变，将来使郡人糜烂，是弟误郡人也。闻兄等前积薪于屋，俟有急，即举火自焚，此学道人，弟所欣羡也。』与长男书云：『尔在家中，不必惊惶，当此国家大变、人民惶乱、不能自保之时，不得其所者多矣。如我三月为国勤劳，今一旦得正而毙，自不为枉。我自闰六月来，一身久如浮云，今无一毫系念，但念郡事未定，此心实实不安，倘百姓安堵，则我目瞑矣。』又谓『大丈夫不欲自尽，自尽非大丈夫事。吾国之三公，不可辱于虏，此中道理，我丝毫不乱』云云。

歙诸生江天一，少深沉，多智略。子骏既起义，辟为参事按是监纪，相与计划一切。城破，挥天一去曰：『若有老母在，毋从我死。』天一归拜母及祖庙，追及之，曰：『焉有与人共事而逃其难者乎？』行至某所，天一曰：『一泓清绝，正足怡人。』子骏曰：『大丈夫死即死耳，当与天下共见之。』天一肃容曰：『谨受教。』既至江宁，或劝其降。天一昂首曰：『我为若计，不如速杀我，我不死必复起义。』出通济门南向再拜，呼高皇帝者三，然后就刑。亦奇男子也。

又乙酉与金子骏同时分兵据徽者，尚有乌程温璜。璜司李徽州，闻国变，引佩刀自叹曰：『此身终当付汝。』城破，手刃其女及妻，遽自刎死。著有《贞石堂集》。《寄友》云：『灵隐峰前手暂携，千章新绿子规啼。眼边流水春重到，别后停云思欲迷。俯听露珠传点画，静闻药里急刀圭。殷勤简付遗方法，茹淡安缘缓杖藜。』璜，乌程相国弟，注名复社最早，人不敢以兄故薄之。

又歙人凌駉，字龙翰。当清兵南下时，方以监察御史巡按河南。闻变，即星夜驰入归德城，誓以死守。适师溃，仰药不殊，自刎不殊，遂偕从子润生单骑诣营。某帅诘之曰：『御史私渡河，复抗大军，何也？』曰：『以大明之官归大明，何云私？职授监军，恨不得一战死，何云抗？』某默然，手金爵侑之酒。曰：『吾天性不饮也。』赠大帽貂裘革舄，复掷之地。斩学道蔡凤、监军道吴汝琦于前，以恐怖之。曰：『吾已分一死来矣。』因自缢死。遗书有云：『愿坚守盟约，慎勿南下，否则扬子江头凌御史，即钱塘江上伍相国也！』润生亦从死。其《决绝词》云：『鞠旅陈师誓大川，时乎不济怅徒然。沙场偃卧馀长啸，叱驭青虹上问天。』駉和之曰：『艰难历尽竟徒然，撒手长归问那天。自古文山能有几，不如仗节学平原。』

王子怀不附肃顺

余前在都时，居宣武门外大街歙县会馆。老友鲍良笙为余言，昔王子怀侍郎亦居此。子怀于咸丰初以御史敢言事，骤擢户部侍郎。时肃顺方用事，遣人招致之。子怀意动，约明日来同往谒。明日客至，坐外室，待同往。子怀命驾车，衣冠出见客，将行矣，过厅事，向客室，厅有大镜，子怀忽对镜立，拈须自视者久之，喟然曰：『安有王某而为此者乎？』遽反内寝，以病谢客。肃顺闻而衔之。即移疾归。穆宗立，诏起之，有『直言敢谏，志虑忠纯』之褒，乃复出。京师粥厂，以王奏大扩张，贫民感焉。惟晚年奉命查案山西，随员得贿，壅蔽失实，名稍损。上俱鲍丈言。今馆中大镜犹存。子怀名茂荫，南乡义城人。

吴宸晋剑术

余幼时，即闻丰南吴宸晋，通拳术，擅神力，横行江湖，并种种与人角艺事，至诡诞，难征信。询之丰南，云实有其人，事不诬。顷阅史梧冈《西青散记》载其比剑事，尤异。录之：

剑女者，仙霞岭人也。歙丰溪吴宸晋，能剑术，游于楚，莫能难之。有棕蓑翁及老妇，携幼女，年十四，发纤纤垂肩，其神彩如月中之雪。投刺曰：『某日愿赌剑于郎官湖。』宸晋异之。即于是日往，女已奉剑待，双髻文服，肢体靡宛，着曳地裙，披宽衣袖，长不见手腕，缨佩风带，绕身欲飞，非剑饰也。宸晋曰：『请更服。』女不言。俄白光有声，剑及宸晋，宸晋尽其学敌之。观者如堵墙，皆惊愕咋舌。剑既罢，老翁乃出袖中寸简，则宸晋剑师所寄书。因延之归寓。谈剑术数日，宸晋不能难。欲聘女为妾，媪以幼辞。赠以金，不受而去。惝恍如失者数年，绝不能访其踪迹也。

方女之赌剑，观者虑其饰。及舞，其衣裙佩带，则贴然不襞不扬，意态安详，而剑光若千百相激，久之则衣裙佩带，化为光影，不复识别。宸晋大惊，疾呼：『止剑！止剑！』女双颊微酡而已。里人吴博山绘《剑合图》，为诗记其事。宸晋，乾隆间人。

张国维陈徽属水灾疏

崇祯八年六月，徽属大灾。时张忠敏国维以右佥都御史巡抚应天、安庆等十府，徽所辖也。今张集中尚存《徽属灾伤疏》，节录之。疏云：『窃悯徽属歙、休、婺、祁、黟、绩六邑，处万山之中，厥田下下，硗确难耕，著姓林林，生涯甚苦。所望雨旸时若，稻麦有秋，俾无饥荒，集此鸿雁耳。乃去冬玉花不舞，已占夏鲜馀粮；讵今春石燕群飞，竟苦天难补漏；而各邑霪霖为患，或震霆奔山而破屋，或风雹拔木以扬沙，涛怒若倾，雨飞如注，致方长之麦，泥蟠而杀青；已种之禾，波翻而浥秀。既隳东作，奚望西成。苦终岁之徒勤，叹一饱之无日。山乡本无庾廪，而一时适被其焚，谁苏涸辙；块处全赖转输，而四方更闭之籴，坐索枯鱼。金生粟死之情形，于今为烈；草根树皮之作供，厥后何堪！菜色无救于目前，征输更虞于异日。婺源复报重午以来，霪雨再作，四野之田庐半损，一邑之埠垸多淹。重罹凶灾，急请蠲造。而臣鳃鳃过计者，流氛未靖，奸宄易于生心。即时和年丰，犹虞不足戢风鹤仳离之众，况于丁此大祲，能保小民之不铤而走险哉！』等语。

按：崇祯七年，流贼犯桐城；八年，犯潜山、太湖、安庆、宿松等处，扰及英、霍，张与史可法、左良玉等疲于肆应。九年，贼犯怀宁、江浦。十年，贼犯安庆，陷含、和、六合、天长，江南北遍地皆贼。故疏中及之。又按：张始任巡抚为崇祯七年，及十年二月，张见贼势日炽，乃请于朝，割安庆、池州、太平，别设巡抚，以史可法任之。安庆不隶江南巡抚，自此始。

程光国修箬岭路

《洪稚存集》有《箬岭记》，略云：『岭界宣、歙间，为歙、休宁、太平、旌德要道。其高径二十里，逶迤倍之，险涩道南北合百里，丛莽涧水，荦石碍路，穴蛇虺狼虎，伏贼盗，一岁中，颠而踣及遭噬攫、利刃、白梃毙者，常接踵，人视为畏途。然舍是无他道。程君光国，自为诸生时，由歙赴会城乡试，常出此。程贫甚，一囊一伞，恒自负戴，盖自上岭以至平地，凡数百休乃得达。闵行者之劳，奋然立志，修岭上下道。后五举不第，遂儒而兼贾，生计稍裕，即决为之。薙莽凿石，铲峰填堑，几及百里。以歙石易泐，不可用本山石，复自新安江辇载浙石青白坚久者补焉。长七八尺至四五尺不等，皆随道广狭，躬自履勘，不假手他人。辛勤数十年，甫得就。于是行者始不避昼夜，不虑霜霰霖雨，往返百里，如履庭户。程以一诸生，不假人力，数百年来两府人所欲为而不敢为不克为者，竟以一手成之，其智勇可惊叹矣！程卒后四年，余以事过此，为记。』云云。

按：吾歙四出皆岭，而箬最峻，余每过此，抚石坐憩，辄念前人功德。求旧碣已无有，嘉庆至今，岁才及百，而邑人不能举程君名，非此记则永湮矣。汪注：程光国见劳志《义行》。光国，程音田父。洪稚存至歙时，寓其家。今庆寺塔顶亦光国所修也。

方光琛

湖南周自庵《思益堂日札》言清初田赋，士绅包揽，不无侵蚀，巡抚朱国治奏请穷治，凡欠数分以上者，皆黜革比追。两江士绅，得全者无几。时为康熙己酉科，有乡试中式而生员已革，且有中进士而举人已革，如董含辈者非一人。方光琛者，歙县廪生，亦中式后被黜，遂亡命至滇，入吴三桂幕。撤藩议起，三桂坐花亭，令人取素所乘马与甲，于是贯甲骑马，旋步庭中，自顾其影，叹曰：『老矣！』光琛从左箱出，曰：『王欲不失为富家翁乎？一居笼中，烹饪由人矣！』三桂嘿然，反遂决。军中多采光琛谋，后吴世璠败，光琛亦就擒，被磔。

按：光琛诚奇人，虽志业未成而才略可取。

又按：李慈铭日记，以朱国治为清初第一酷吏，即顺治辛丑为苏抚杀倪用宾、薛尔张、金圣叹诸人者。《东华录》称光琛为伪相。

歙事闲谭卷九

许芳城《青岩集》

许芳城楚《青岩集》，十二卷，卷端书『施愚山、王阮亭鉴定，汪息庐校正』。有岭东叶高标序。略云：『予于歙令簿书之暇，与邑名士讲论讨习。阅一载而得张子云仲，明年而得汪子扶光，再明年而得许子芳城。三子皆俊髦韶年，高才博学，束修其身。芳城尤有高世胜情，志在藏山，词篇藻逸。予门人张天如，称其淹通经史，力振古风，著作之林，号称弘瞻。余以天如为知言。』

又有宛陵俞绶序，略云：『往岁在歙，与许芳城诸子修举白榆社，间往候之壶石山房，芳城家已毁，庋书双白版，其上当棐几，日事编纂，无少愠色。当芳城弱龄，名满天下，吾党声相慕，如敌国之不相下。是时芳城实长歙盟，望旗鼓江山，而树风雅之的。未几陵谷迁异，海内英髦之士，猬缩而雌伏，芳城亦折牙息幢，栖于寂寞之滨，万事无复作。故读其编，而诗之苍凉古澹与文之幽奥特兀，皆非读三代以下书所有。昔白榆社肇起，在歙为少司马汪公，以二仲左右之。予宛处在邻壤，亦狎相雄长。是时荐绅先生，功勋著旂常，而布衣之士，锋距岩岩，千秋自命，所至重于二千石。芳城数不第京兆试，又遭遇非时，与荜门圭窦相守，尝驱车三入吴，一至燕，归而槁项故乡，疾且痼之，使非伉俍如斯人者，臣之精已销亡矣，又乌所得此数十卷书乎？』

又有《西陵竹枝词序》，楚黄万云国撰。《渡海诗序》，顺治辛丑吴雯清撰。《新安赋》三序：一康熙丁未林云铭西仲撰于乌聊李署，二王泰徵撰，三康熙癸巳长沙陈鹏年撰于南徐寓斋。最后为《许青岩先生记》，则道光二十三年黄豫立凡撰。略云：

『吾乡青岩先生，乃同里许氏孝行可风之家世也。张太史西铭常称曰：许子将，一时吴中名宿咸折节下焉。厥后坐鄱阳累，执赴皖城，亲党皆危之，而先生志气扬扬如平时，则先生之品概见矣。读《黄山》、《新安江》两赋，不让《两都》。又读诗文等作，知先生生平有学有识，有胆有守。所著《青岩文集》、《南村草堂集》、《遗民集》、《新安外记》、《艺文幸存录》、《士穷录》、《金石录》、《广舆记补》诸书，其时已流传海内，迄今二百馀年，不无散轶。今年秋，先生八世孙涛，始复刊此集』等语。

又集尾有康熙辛卯族孙士佐跋，言王阮亭见公《新安赋》叹曰：『三百年来无此作矣！』因赠诗有『一赋曾高六代名，无人不识许芳城』之句。承尧按：先生诗闲适俊逸，风韵似王渔洋，而较渔洋为有物。兹略录数首：

《福胜寺访万水上人》云：『一寺隐森壁，山椒带草堂。竹深苔发老，泉古石根香。非雨峰常润，无秋暑自忘。况寻猿雀伴，抛卷纵徜徉。』

《夏日社集渐江舒章晚至遇雨分赋得来字》云：『一派平芜绿，千峰云暗开。如何山客至，尽带雨声来。选胜君迷屐，逋园我破苔。均悲在沦落，且逐野人怀。』

《读王维郑虔诗》云：『文彩风流横一时，杜陵心折辋川诗。若非凝碧池头句，笑煞高人与画师。』又云：『华清宫里霓裳变，独有平原死者难。不是崔圆能好事，要留垒壁在人间。』

《秋晚同晋冲戬社集怡然上人异苔庵时晋冲先至》云：『楼托耽幽契，暮林回晏温。同人怅伊阻，驾言寻松门。乱竹寂瑶宇，深萝翳石樽。高睇被原草，近搴亲水荪。蓼花闻自堕，残岚拟复奔。相迟递初月，衔杖趋黄昏。』

《山村即事》云：『山僻原无客，云深径更迷。朝春方接枧，春雨遍修犁。半碓传三世，千厨共一溪。晚归罗幼稚，三碗醉如泥。』

《游城阳山寻宣平道院》云：『放筏寻城阳，仙踪窅殊睿。秋声团夜华，水气散林薄。

寒藻列清漪，残栏护花叶。彷佛负薪归，长吟采芝作。丹飞猿鹤亲，松嗅宫商错。乱石芭蕉生，危岑古藤络。遁幻在沉溟，散发徐歌咢。遐哉古异人，寒林怅真乐。』

《墨宾咏》五首，其一云：『仲将擅四体，晚节邯郸淳。砍漆过精密，碾石方百英。宝器殚铭欢，喻麋宣嘉文。但见百世下，蝌蚪留馀芬。』韦仲将 其二云：『奚子千古人，托声在豪素。婆娑鸟玉团，供堂昭眷顾。双脊古松心，葛囊秘青雾。厥美多后尘，喧然相比附。』奚超 其三云：『潘翁披破褐，悬珠惊市人。轻煤拮翠饼，飞焰升黄尘。徂徕老松化，易水良工沦。愿得一寸玉，荆璧安足论。』潘谷 其四云：『景焕西蜀人，抗志师沉冥。卜筑玉垒山，悬壁五十挺。世人戒相乱，阴篆摩其顶。是以副墨生，悠然爱吾鼎。』景焕 其五云：『东坡百世上，游戏在儋耳。生产青芒鞵，求墨苦不已。探玄嫌漆白，坚利宜截纸。海内兢尚之，丸螺化为指。』苏东坡

《拜石》诗，原注云：『自阶口以西抵汝滩，石浮水而出，片片皆关同皴法。三港以下，两岸岌嶪相倚，皆类英州。独南岸列石一簇，皓如白盐。又阶口石顶方，而三港顶锐。余尝拟秋光水涸时，与胜流好事者，挈小舫，穿石罅，搜讨其沙际石根，磷磷擢起处，各记一诗以状之，真快事也。』诗云：『不信新水江，径入仇池里。满目浮青霞，皴法备文理。方圆各有姿，巨细矜众美。夹以白盐堆，多英胜涟水。海岳见欲狂，东坡袖不起。我将偕倪迂，图

归十丈纸。』

《舟梦吴去尘》，原注：『友人吴拭，死国六年矣。辛卯二月廿日，余雨宿兰陵舟中，梦拭双眸炯炯，面如淀芝，赤臂索书，语余曰：「古人能用淡墨，盖欲书神奔轶，气不留笔，止此丸砚渍汁，可纵横数万字，今人罕识也。」旋寤而追纪其事。』诗云：『风流得意顷俱销，握手相欢隔几朝。道骨岂甘浮异域，苍头亲说署层霄。苍头寄函事，见颜鲁公外传。青年应恨三分鼎，梦笔犹轰万丈潮。偶尔临池非细弄，精刚欲掩霍嫖姚。』

《读中州归骨记》，原注：『客淮阴，适晓起，方子絃二扣扉而入，袖《中州归骨记》，索诗。盖感故友侍御龙翰凌公殉国五年，忠魂露立，絃二撤手徒步数千里，冲豺狼烽火中，经营危难，号泣昼夜，请榇而归，俾悍帅闵之动容，行路争为赒恤。昔人所云「文章泣鬼神，道义贯心肝」，非虚语也。是日坐漂母祠，感赋一律，以遗絃二。』诗云：『韩侯台下水潺潺，阅尽英流气渐顽。刚叹我躬成败絮，快逢良友胜名山。青莲负骨才能侠，北海横尸涕几潸。料得今人谁足语，荒祠绣土古苔斑。』

《书渐江画扇寄怀汤絃翼处士》云：『仙源有逋叟，旷洁类孙登。土窖尊都讲，孤弦避屡征。报书烟液客，乞画雪庵僧。昏晓江湄上，文藤望六陵。』

青岩诗，有可证书画者，如《题渐公为王雄右画梅》诗、《赠龚半千》诗、《赠江都阮晋林》

诗自注：『晋林摹米书，为当代第一。』《赠郑穆倩》云：『伯鸾春臼原无恙，王冕梅花尚有名。之子不因人受热，自携冰雪待阴晴。』

又《溪阁看云怀务旃乌聊道院》诗；又《慕倩雪过辣庵适渍墨盈砚纵书二联句饮数蕉叶而去》诗；又《赠汪湛若草堂》诗，自注：『湛若临摹古帖，为海内所推。』诗云：『栖迟荻壁草连床，车从殊烦长者忙。澄墨竞投千疋绢，垂帘酣对一炉香。淮南渴骥无宗匠，大傅飞鸿正渺茫。为问临池谁虎步，喧传柳巷接襄阳。』

又《佽宰先生》云：『黄子久画，得之虞山天池之间。舟中饱看，信然。』诗云：『生平不屑学玲珑，赭石仓成破亦工。笨里洪崖相衬出，掀天一册太痴翁。』

又其诗有可以证一时交游逸事者，如《读谢少连先生季汉书》诗，《净慧院初霁非二仁叔佽范负琴茗谈展阅海岳研山铭真迹》诗，《题孙无言归黄诗册》诗，《庚子谷日阶三非二过草堂》诗，《寄怀洪谷一休夏虎丘》诗，《怀汤岩夫并简渐江》诗，《辛丑七夕喜逢周栎园于西湖昭庆寺是夜栎园呼舟命酒集诸君话旧达旦即席属和龚芝麓送归白门》诗原注：同搦管者吴门袁箨庵、南州陈伯玑、建业余澹心、嵇仲举、武林胡彦远、四明魏雪窦；又《和王渔洋秋柳》诗；《蚀庵喜戴务旃至招诸子集浣沙埠》诗，《壬寅冬仲渐公将勇犯霜雪由芝山涉彭蠡畅游匡庐送行》诗，同作者云间朱眉方、历阳戴务旃、衡岳南云开士及汪山图、程蚀庵；又《汤岩夫蹑屩千里来礼浙公塔同诸子刺舟西干作高会三日而去用蚀庵韵》诗，《汪文岫先生祝发太函》诗原注：先生有《黔蜀二游草》；又《淝水龚孝升以银斗异香寄予山中述怀赋谢》诗，《吴岱观陇西罢官还武林寄讯》诗，《过仙源怀岩夫》诗原注：时岩夫乔居江上；又《春社前五日哭宣城俞去文兼呈古愚岩夫愚山渊公》诗，《怀宣城旧游》诗原注：为去文、直公、岩夫、耕崖、愚山作；又《邹讦士董文友陈其年饮丽人花下予以病阻索予次韵》诗，《喜林茂之先生至即席酬赠》诗，《黄九烟先生卜居城南溪角同茂之献庵驭六赋赠》诗，《夏镇吊亡友吴圣闻》诗原注：圣闻曾与予读书芗石谷，在黄山白龙潭上。圣闻参宗门，临化日皆先自定。诗皆未录。又施愚山曾主紫阳书院，以集中有《和愚山紫阳书院歌》也。

《黄山帝松》

青岩有《黄山帝松歌》，序云：『惟黄山松，寄命岩罅，饱吸石髓，养成沉蔚壮激之气，以受霜雪之变，所云干不暇枝，枝不暇叶，轮囷偪仄，拳腹短髯，无小无大，都入散圣。独散花坞一柯，志名扰龙，嵯峨伟干，张鬣拏天，酣与峰斗，峰化而轇轕，其势有坐临百辟、驱役群雄之尊。三千年之蕴成飞节，十八公之戴为元首。混沌以来，不知其几岁月也。山泽飏言，爰作帝松之歌。』歌曰：『不知世界有奇观，不到黄山散花坞。乔柯百仞飞游龙，屈铁蟠根无寸土。狰狞奋鬣拏青穹，紫甲铜皮绣雷斧。破峰斗石怒不休，万马奔腾向空舞。下枝拂壑云忽收，上枝盘旋蔽风雨。玄霜赤电增威仪，日月星辰营藏腑。毕宏老手画难就，孔明庙柏敢俦伍？离奇放诞何处来，造化生时亦无主。苍颜衮衮空徂徕，震旦有松俱臣卤。轩辕黄帝曾种无，秦家大夫归版图。根由试问抱朴子，鸿荒未剖原称孤。』又歌云：『混沌走兮星日悬，浮丘亲记三千年。』按：『又歌云』以下，别一首只二句，奇格也。汪注：又歌二句格固奇，然未收住，恐有误也。

徐公可诗

余友徐丹甫，其祖荣，于咸丰间殉渔亭之难。子孙居歙之柘林。顷得见其父公可先生诗，固隽绝。选录数首：

《蓬莱阁照春堂玉兰》云：『檐前老玉兰，疏蕊皑皑列。迟迟蜂蝶晨，凛凛冰霜节。孤根势崛强，残叶影飘撇。朔风声怒号，高干柔不折。朝日暖可亲，垂垂露珠缀。何人携汝来，种成黯然别。阅世曾几何？含愁不能说。我来为觅句，冻雨滴初歇。感汝散微香，夜深立寒月。』

《访禹穴》二首：『野水低入城，秦望高插天。日出香炉峰，亭亭生紫烟。老山山名翁竹色，翠霭铺平田。十日不出门，那知春气妍。菜畦茁新绿，禽吭舒清圆。鉴曲亦破冻，浮碧生沦涟。陈人发好怀，夷犹棹觥船。』『云树叠巘嶂，南龙乃北面禹陵面西北。沙岸沿缭曲，弓剑时隐见。窆石头老秃，侧窥神王殿。苍松作虬舞，坏瓦便鼠窜。天风堂堂来，万籁商徵变。玉帛朝诸侯，琼琚眄盛宴。遐哉岣嵝石，龙蛇字闪电。衡岳岣嵝碑，明时摹，树陵左。恪恭叹明德，未敢溪毛荐。』

《游玉环得青珊瑚树》云：『长安公子矜骄奢，三尺扬扬垂马挝。晓妆挂镜日光丽，美人珍重簪宝珈。一树乃落书生手，碧衣綷縩苔鬖髿。斑痕深注迹篆鸟，新雨初过涎留蜗。平头小奴不爱惜，移置触手憎槎枒。焉知月出宝光现，烂烂却避金虾蟆。压装稳趁郁林石，行程艳夺天台霞。东溟飓母吹不断，年来喜更抽新桠。低技疏落茁茧栗，老干拳曲盘龙蛇。有时雷电起阴暝，跃跃欲上天河查。常时韬光有深意，清泉供养来官衙。会当截取成笔格，照我五色江郎花。』

《赤山埠值净慈六公与游南山诸胜》六首云：『得闲多事馀，遑作劳者歌。东风忙过人，到处吹春和。粲粲湖上山，袅袅烟中萝。缅邈各胜区，夙昔梦晤多。驾言纵真赏，素侣逢岩阿。』『石屋鬼工凿，嵌空四无依。闲云一以宿，化石不能飞。壶天暖氤氲，钟乳声稀微。赤松何处游，白鹤空来归。洞口绝人迹，碧苔花自肥。』『钧天乐常奏，节拍和以清。水仙摇佩环，缑山响鸾笙。下流漫洗耳，钟鼓上界鸣。我忆坡公言，水石俱无声。请公下转语，淡然两忘情。』『烟霞善出没，老洞实吐吞。望远步欲迷，即近衣无痕。驯象当路伏，宝塔千官尊。阴幽怯久坐，石床春不温。颇怪癯道人，绝粒深闭门。』『转转随涧流，寂寂稀人烟。迢迢理安寺，高高松树巅。憩眠生公石，静听法雨泉。逸事僧艳谈，还山尘梦圆桂文敏公故事。蒲团地有馀，菩提心亦坚。』『独行问虎跑，松径三里长。禅栖日以胜，筑室如蜂房。团茶试名水，瘿瓢留妙香。藤绿最深处，诗碑黝然光。欹枕福大难，归屐兴未央。』

《谒龙山苍颉祠登诗巢作》云：『我闻造字日，鬼哭语不疑。匪缘泄造化，实为来者悲。教民始多事，籀篆增踵为。隶分逮真草，形似义或歧。聪明不及察，穿鉴矜独知。矧乃祸最酷，罗网时有之。嗟我生多愁，识字忧患滋。通儒分难办，小学昧足嗤。颇虑千万年，愈出当愈奇。罗列百十体，观者心力疲。即今佶卢书，强记功安施。无已事高咏，诗魔复追随。请看二三子，虽工穷莫医。愿君发妙义，快为予解颐。』

《旅食》云：『旅食栖梁燕，生涯粘壁蜗。晚凉秋有意，多病事忘怀。草色衣边绿，蝉声雨后佳。荔枝乡信杳，吟望一低徊。』

歙人小本诗卷

余昔在都时，有人以歙人诗集多种见投，皆一二卷小册，旋即取去。比时曾录其姓氏集名，间摘佳句。兹重录于下：

汪浩然，字我长。著《楚游草》、《燕游草》、《宛陵游草》，顺治时刊行。曹鼎望、吴雯清为作序，称其以敏才成进士。集中有寄曹宾及诗。宾及，鼎望子，作《黄山游记》著名。鼎望，曾守徽者也。

汪树琪，字玉依。著《治城游草》。王新城为作序，称『砚村遗诗，余既评次板行，而其叔子玉依寄诗，复峭拔新警』。集中《江口遇某道士》云：『暮云江路阔，帆落更通津。碧树围村店，黄冠杂酒人。波明吞落日，气暖逼残春。何日三茅顶，同看海日轮。』殊有渔洋风致。砚村，潜口人，水香园主人也。

洪翘，字楚珩，又字午峰。歙人，居阳湖。洪稚存之父见第一卷。著《两间书屋集》，李兆洛摭入《旧言集》为刊行之。集中有《儿元盛能读予诗喜作》云：『我家尚书来，代不乏夙慧。哦父五言诗，儿年才四岁。』殆即谓北江也。

曹文埴，字竹虚。曹文正之父也。学诗于曹震亭，著《带星草堂诗抄》。沈归愚、齐召南为作序，乾隆时刊行。集中佳句如：『树冷泉悬瀑，岩深气吐秋。』『好鸟和仙梵，低云补断山。』『雨声时在竹，云势欲添山。』俱可诵。

汪淳修，字默人。著《雾隐山房诗》，乾隆时刊行，海昌查祥为作序，称『歙州能诗，首推汪氏』。明嘉、隆间，侍郎伯玉，名与历下、琅琊埒。其后畏斋民部，受学新城，所著《沐青楼诗》，脍炙人口。其高大父二仲先生诗仲淹、仲嘉，亦新城序以行世，家学传薪，宜令子默人，复有俊语。

王廷模，字臣喆。著《芦州遗草》，乾隆时刊行，程瑶田为书其自序文。

曹世德，字松堂。著《寿头陀存稿》，曹学诗为作序，乾隆时刊行。有与卢雅雨、史梧冈唱和之作。

汪昌，字寿胥。著《静山堂诗》。汪孝婴莱之父。程瑶田为作序。乾隆时刊行，

朱钟，字质亭。著《谦山诗抄》，乾隆时刊行。方密庵辅为作序。按朱钟未著县籍，疑歙人。

方如川，字雨村。著《粤游吟草》，嘉庆时刊行。洪北江、鲍觉生及汪古香桂为作序。古香题词数章甚佳。集中咏《素馨花》云：『一片埋愁地，情根总不移。花生魂断处，春在梦回时。宝髻盘千串，华灯灿万枝。兴亡多少泪，越女那能知。』殊秾丽。其他亦近温、李。

汪永岺，字体崇。著《听松楼诗》，嘉庆时刊行。汪孝婴之弟。孝婴为作序。

汪应镛，著《岫云诗稿》，自为序，嘉庆时刊行。应镛久居京师，集中有《饯醉图放歌》，言：『岁庚申醉司命夕，程梓庭比部祖洛招同人饮南柳巷寓斋，同坐者，王子卿泽、许鹤汀会昌、鲍固叔士贞、鲍勗斋日镛、江坚甫玉、吴退旃椿，皆歙人。』按：王、吴俱入词垣。鹤汀吾族耆宿，捐巨资立馆舍，今歙馆所谓思鹤轩，公遗爱也。

江观涛，字海门，江村人。著《卷勺轩诗抄》，同治时刊行。曹彭洛序其诗称：『歙之江村江氏，多奇人，有以邦人而守本郡者曰恂，有以茂才而交天子者曰春，有以资郎而握学使篆者曰兰。』按：兰与春俱见前。恂则江秋史德量之父也，好金石，工分书，有治绩。见《歙志》。海门辑《新安诗存》四卷，未刊，今存许清藻家，余曾见之。

黄衡，字任帆，著《梅龙阁诗集》。其从孙黄崇惺为刊行，并作传，称任帆受学于武进张琦。琦时馆同邑金氏，金与黄为世姻。金中丞应琦方为兄子选婿，时程侍郎恩泽与并负文誉，金召二人试所为文，并奇之，以兄子归黄，以己子归程。后程显而黄以著述终。所著《周礼集注》、《碧云秋露词》、《衡皋诗话》及他诗文杂记二十馀卷。咸丰丁巳、戊午间皆佚。集中《古谣谚》云：『雉不如鹑，两目不如盲人。』又云：『法网愈密，盗在其室。』又云：『门内咒巫，门外吕医，奴婢当家，疾不可治。』俱极古峭。其他出入韦、孟，间以温、李。《南唐》

诗十一章尤佳。

张廷诰，字讷言，著《风山宦游草》，道光时刊行。

程文囿，字杏轩，著《观象诗抄》，嘉庆时刊行。鲍双五为作序，称其清逸。集中佳句如：『僧屋藏深树，钟声出白云。』『江水泛新绿，岩壑含清晖。』『修林动微飔，孤云欲何依。』俱可诵。程能医，著《杏轩医案》、《医述》，鲍双五所谓三次起其沉疴者也。

庄华湘，字兰浦。著《伊人诗草》，道光时刊行。

鲍宗轼，字梦苏。著《谁园诗存》，光绪时刊行。

鲍梦苏《新安吟》

清咸丰间，吾徽被兵，残破甚酷，庐舍焚毁，鸡犬绝灭，至今疮痍未复。鲍梦苏《宗轼集》中有《新安吟》四首，记咸丰五、六年间事，录之。《团练谣》云：『黄金琢雀摇晶光，秃襟窄袖军中装。连乡结队入城市，妇孺欢呼好嬉戏。前年贼从祁门来，西乡北乡一炬灰。去年绩乡贼大至，东西两乡无噍类。齐心杀贼奈贼何，城里灯笼乡下锣。城乡才见贼踪迹，灯笼漆黑锣声寂。沙可团，石可炼；不教民，不可战。』

《捐输叹》云：『田有场，山有庄，量柴数米成小康。官粮早完债不欠，一生不见县官面。县官忽然亲下乡，查田按亩征兵粮。大户田多有钱势，县官来往绅矜庇。读书人家亦有田，不纳官粮用官钱。农夫无钱有田土，卖完田土儿女补。官兵过境捉长夫，家资输尽又捐躯。』

《防堵乐》云：『城头鼓角声不齐，城下哑哑乌夜啼。天明四顾贼无迹，塞巷填街说功绩。山环水绕途纷义，贼去贼来如到家。梳肌剔髓供鱼肉，不弄戈矛弄丝竹。三三五五横足行，村村镇镇无人声。逢人总是声声苦，悔不从军去防堵。』

《保举曲》云：『金灼灼，石凿凿，一纸功牌五等爵。千家万家成一村，一贼入村齐断魂。葫芦到处都依样，贼退纷纷上功状。冠裳齐楚容翩跹，一时鸡犬皆神仙。宗族夸张邻里贺，张盖乘轩夜扫墓。墓旁牧儿笑索钱，贼来曾借牛屋眠。前村少年手杀贼，可惜姓名人未识。』观此知当时乡团城守，皆无实也。

徐肖坡《草心阁诗存》

徐肖坡景轼《草心阁诗存》，一卷，光绪甲午刊行。有俞樾、林绍年序跋。俞序称『肖坡诗，始同治三年，迄光绪六年，时先生五十四岁。计十七年中，存诗百十五首。先生早贫，至不能具修脯，从坊刻时文中观其评语，得作文法。及成进士，入词林，以未授职之庶吉士，奉敕分写文选，同馆荣之。后虽改官礼曹，而娴习掌故，克举其职。时有请行明堂配帝之礼者，举朝聚议，先生一言决之，议覆疏即采其说。由是声望大起。直枢廷以捷才见称，居谏垣以正论推重。所请重农桑，兴教化，虽若陈言，实关本制。后由雅州守调成都守，权戍绵龙茂道及建昌道，所至有声。其摄夔守时，关税溢额，几及数万，悉归之公，尤人所难。生平勇于为义，在京时，醵钱赎故人二女，嫁于士族。有故人忤权相罢官，莫敢为居停者，分宅居之，至二年之久，不以为嫌。先生之为人如此。其诗沉着似杜，敷畅似白，缠绵悱恻又似西昆』云。

兹录其《咏菊某某席上作》云：『满园秋色未曾知，疏雨垂帘午睡迟。茗碗香炉无个事，有人来乞菊花诗。君真朝隐非通隐，我爱看花懒种花。盼到重阳开口笑，一年一度醉君家。饮酒差堪追靖节，和诗聊复学东坡。天公不遣秋容淡，篱角晴烘红树多。红稀绿暗春何处，留与青霜斗岁寒。识得天心珍重意，此花须待此时看。』

又失题二首云：『灵根孰与证前生，独向西风诉不平。绝调古传题乐句，才人例有惜花情。现身色相三千界，回首仙寰十二城。闻说杜兰香下嫁，此身常觉未分明。』『辛官身本是文儒，一首诗成一斛珠。二月梢头怜豆蔻，三湘秋色属蘼芜。自饶艳骨空脂粉，何必蛾眉入画图。瑶草琪葩天上种，清芬得似世间无。』

林跋称其父耘叔，亦工诗。子辛伯，居吴门云。

汪陶村诗

旧藏陶村先生诗一卷，写本精工，中有朱笔校注，老友汪子涛所赠。云陶村名焯，不知何人，朱校则鲍倚云笔也。顷检府志，云汪焯，字心来，号陶村，歙潜口人。书法追踪魏、晋，工古今体诗，擅王、韦之胜。著有《陶村诗集》。今按陶村以《梅花》诗三十首得名，彭棟塘为刊行之。全诗未刻，集中有与卢雅雨、尤贡父、陈玉几、郑松莲、杨已军往来之作。又有《澄溪冬夜杂感》十六首及《水香园看梅》、《绿参亭宴集》诗，足迹曾至蜀中邛上。诗笔劲直疏放，亦有以冲淡闲远胜者。

录其《登莲花峰》云：『莲峰高万仞，峭壁攒天列。路穿石罅中，窈曲历千折。怪松多如毛，倒挂根盘铁。仰面睇同游，眉端恣蹴躡。扪萝迷行迹，七洞秘灵穴。巨石半凌空，势若覆釜凸。手足此兼施，腹与石相戛。度石蹋危梯，荡摇云影掣。峰顶香沙池，晶晶积冰屑。摩天踞其巅，双眸漭开豁。如带瞰长江，楚吴纷蚁垤。咫尺帝座通，真可揖而谒。长啸更何之，乘风弄明月。』

《赠吴蔼园》六首之一云：『大好还乡路，诗情画里摧。鱼鹰冲浆没，碓屋卷涛来。水碧明书卷，山青入酒杯。记滩三百六，好句落云堆。』《寄答吴一山》云：『题刺有杨子谓杨已军，怀人是郑君谓松莲。所交皆得友，相赏岂能文。旅兴秦淮月，乡思黄海云。于今竹西路，清梦已平分。』《梅花》前二首云：『冬心一夜开鸿朦，领袖春光隔岁中。剥落以来具生意，荒寒之际见天工。云横断岸无人境，峰转回溪有路通。甘向穷阴老冰雪，不知今日及东风。』『大江以南山万重，千树万树寒云封。幽人入春每早起，名山是处支孤筇。独行无可语怀抱，经年乃得开心胸。此时此际一相失，他日悔之夫何庸。』又断句云：『忽于香断风回处，相见光生月暗时。』『香子远近清无住，色与空濛妙入微。』『老偏有韵丰标别，傲不宜人骨相寒。』

朱理堂《毛诗补礼》

《毛诗补礼》，六卷，朱濂撰，道光十八年刊行。有钱塘王荫森序及濂自序。自序略称：

自汉求遗书，河间所得，曲台所传，犹多散佚，学者憾焉。子夏氏亲受《诗》于圣人，而为之序，毛公作传，郑君笺之。毛、郑皆汉大儒，去古未远，言有据依。上溯有商，下讫春秋，凡可以补《礼》文之阙及可与《礼》义相发明者，均取为昔遁今收之助。

按《安徽通志》：朱濂，字理堂。歙廪贡生。孝友为乡党则。经史淹贯，尤精《诗》、《礼》。博采先秦及唐、宋诸儒说，成《毛诗补礼》六卷。生平然诺不欺，以身率教。

程敦《秦汉瓦当文字》

程敦《秦汉瓦当文字》一卷，续一卷。首卷乾隆丁未刊于临潼横渠书院。自序言：乙巳、丙午间，客西安，友人仁和赵魏、嘉定钱坫、全椒俞肇修、阳曲申兆定，皆好聚瓦。先是镇洋毕公巡抚陕西，著《关中金石记》，采瓦当文字十馀入记中。幕府之士，若吴县张埙、安邑宋保醇，俱有所获。后有青浦王公来为廉访，亦获瓦十馀。逮两公迁移，诸人星散，后出物，率为申、俞二君所得。敦有同好，因拓其文。又有与孙渊如商榷文字书，其考证瓦文，颇精核矜慎。续卷刊于乾隆五十九年甲寅。言稽留于此，又逾七年，续有所得，故重编录。」

承尧按：乾隆五十一年武进庄炘，《校刊〈一切经音义〉序》言：吾师镇洋毕公抚陕右时，幕府多魁闳宽通之士，若嘉定钱君坫、歙县程君敦、同里洪君亮吉、孙君星衍，俱深通六书，与余同志。予校此书，颇引经典字书，祛其所蔽，诸君与有力焉。是程亦毕秋帆幕中客也。汪注：敦字厚孙，汪松溪高第弟子。

项别峰《隶法汇纂》

项怀述，又名述，字香谷，号别峰。工分书，小溪人。手写《隶法汇纂》十卷，甚精，乾隆四十五年刊行。其论隶书，谓秦隶去古未远，意主简易，不为体势。至汉而分间罗行，规旋矩折，抑扬俯仰，备极匠心。唐已卑弱，宋、元其法亡矣。逮国朝隶法大显，王良常谓谷口仅得汉隶一体；然良常虽以书名世，隶非所长。隶法赖有汉碑，顾南原作《隶辨》八卷，准以《说文》，辨其正变，考据精详，诸家未及。《汇纂》乃重为编注，藉便检查云。余尝得别峰所作分书一纸，亦甚古劲，又得其《伊蔚斋印谱》一卷。汪注：尚有手刊《伊蔚斋印谱》二本，吾有其谱中一印。

方仰松《词麈》

方仰松，名成培，著《词麈》五卷。程易田为之序，略言：『后世工人所用之乐器，无以异上古所造之律，无论今乐古乐，皆不能舍六律而定五音。世之言律吕者，病求之过深。吾友方君仰松，从事音律之学十馀年，考之经史以导其源，博览百家之言以达其流，举数百年晦蒙之业，别白焉以定一尊，作《词麈》五卷，钩玄提要，若纲在纲。其言曰：「工尺即律吕，乐器无古今。」实起后世之言律吕者，饮之以治聋之酒』云云。其推挹甚至。

金辅之病中作《礼笺》

金辅之《礼笺》三卷，乾隆五十九年刊行，首有大兴朱珪序。辅之先生自序云：『榜幼承义方，治《礼》宗郑氏学，长而受学于先师江慎修先生，遂窥礼堂论赞之绪。其间采获旧闻，或摭秘逸要，于郑氏治经家法，不敢诬也。昔郑氏笺《诗》云：「注《诗》宗毛为主。毛义若隐略，则更表明。如有不同，即下己意，使可辨识。」《礼笺》之名，盖首其义。』

又有同邑方起泰、胡国辅跋云：『金檠斋先生所著《礼笺》，凡十卷，其书未写定，秘不以示人。癸丑冬，以髀痛卧床褥间，因刺取其荦荦大者数十事，录寄大兴朱大中丞。大中丞既为之叙。泰等窃见远近承学之士，愿睹先生书者众矣，辄不揆梼昧，将此帙依经叙录，厘为三卷，校刊之，资省览焉。』

近人支伟成纂《皖学经师传》，言先生邃于经学，尤长《三礼》，一以高密为宗，尝因司马汪赋出车徒；二法难通，乃举小司徒、正卒、羡卒以释之，累千馀言。东原读之叹曰：『此有益于为《周官》之学者矣。』馀若论三江，汉为北、岷为中、浙为南，秦正月用亥，禘兼天地人，尊卑用乐之差诸条，均极明确。晚得风髀疾，卧床笫间，手次其稿，成《礼笺》三卷，以郑、毛书为言《礼》者之舌人，而病贾、孔二疏，不能补其疏漏，宣其奥密，乃自著论，凡《周礼》十五篇、《礼经》十七篇、《戴记》十六篇、附图四、《答汪绂书》一。大而天文、地域、田赋、学校、郊庙、明堂，下逮车旗、器服之细，罔弗贯串群言，折衷一是，词综而义核，不必训诂全经，举足宣泽圣典，宜朱文正序之于前，阮文达收之于后，与江、戴巍然并峙，经学之盛在新安，良有以夫。

又按：先生字蕊中，一字辅之，晚乃更号檠斋，岩寺人。少负伟志，思博学深造为通儒。受经学于江慎修先生，而与东原极亲善；学诗古文辞于刘海峰。年三十一，高宗南巡，召试举人，擢内阁中书，在军机处行走。乾隆壬辰，以一甲第一名及第，授翰林院修撰。仅一度为山西副考官，丁外艰归，遂不出。徜徉林下，著书自娱。卒年六十七。吴殿麟《紫石泉山房文集》中有先生墓志，详述其家世佚事，江子屏《汉学师承记》最录其学说尤详。县志本传太略，宜补之。

程易田《通艺录》篇目

程易田《通艺录》，嘉庆八年癸亥刻成，时先生七十有九。卷端有自序，略言：『圣教安归？归于自治。今有能纯乎喻义而绝不喻利之人，处人伦如此，酬世务如此，夙兴夜寐举如此，乃可立于天地间，足为世法。今非无行孝行弟之人，乃进而深求之，或不免于喻利。是虽负一时之望，而于自治不能毫发无憾也。』言绝沉质。《通艺录》十九种，其目曰：《论学小记》、《论学外篇》、《宗法小记》、《仪礼丧服文足征记》、《释宫小记》、《考工创物小记》、《磬折古义》、《沟洫疆理小记》、《禹贡三江考》、《水地小记》、《解字小记》、《声律小记》、《九穀考》、《释草小记》、《读书求解》、《数度小记》、《九势碎事》、《释虫小记》、《修辞馀钞》。附录七种：《让堂亦政录》、《乐器三事能言》、《琴音记原本》、《濠上吟》、《莲饮集》、《藤笈编》、《非能编》。未成书三种：《仪礼经注疑直》、《说文解字会极》、《古今体诗》。

近人支伟成纂《皖学经师传》引旧说言：先生自少迄老，笃志著述，其学长于涵泳经文，得其真解，不屑屑依傍传注。所撰《通艺录》，凡义理、训诂、制度、名物、声律、象数，无所不赅，而尤精者《仪礼》。《丧服·缌麻》章末『长殇中殇降一等』四句，郑氏以为传文；『不杖期章惟子不报』传文，『公妾以及士妾为其父母』传文，郑氏以为失误；『大功章大夫之妾为君之庶子，女子子嫁者未嫁者，为世父母叔父母姑姊妹』，旧读以『大夫之妾』为建首，下二『为』字皆贯之，郑氏谓『女子』别起贯下，斥传文为不词。皆一一援据经史，疏通证明，以规郑氏之失，成《仪礼丧服足征记》。又《考工记》绪言磬句磬折，郑君度直矩解之，致与前后经文不合；则谓磬折不明，由于倨句不明；欲明倨句，先辨倨字。矩有直者、有曲者，倨句之云，折其直矩而为曲矩也。因考一矩有半为磬折，成磬折古义。以言九穀者粱稷不分，乃据《说文》成《九穀考》。说《禹贡》主郑康成，正郦氏《水经注》之讹，成《禹贡九江考》。考匠人为沟洫之制，谓沟，冓也，纵横之说也。名之曰沟，所以象其形。象形曰沟，会意曰洫。洫字从血，以血承沟，是血脉之流通也。浍，会也，会上众水，以达于川，初分终合，所以尽水之性情，而不使有泛滥之害也，成《沟洫疆理小记》。其馀均根柢经传，辨论详确。晚既失明，尚口授《琴音记续编》，使其孙写定。旁及诗歌、书法，无一不精。别有《让堂诗抄》十八卷。汪注：让堂为嘉定学舍堂名，曾观其铭砚知之。

又按：先生一字易畴，邑城人。少入塾，塾师曰：『盍言志？』曰『无志。穷达由天命。穷为匹夫，不得曰非吾志而却之也。达为卿相，不得曰吾志不及此而逃之也。』坐者起曰：『是圣贤之志也。』则曰：『读书不当师圣贤耶？』顾质鲁，读书百馀遍，或不能成诵，然好深沉之思。比长，与戴震、金榜俱学于江永，学乃大进。平居鸡鸣而起，然灯达旦，夜分就寝，数十年如一日。补诸生。郑虎文教紫阳书院，甚重之。九应乡试，至乾隆庚寅思科始中式，大挑二等，选嘉定县教谕，年已六十有四。廉洁自持，以身率教，寻乞病归。钱竹汀、王西庄作诗送之，推许备至。嘉庆元年，举孝廉方正，卒年九十。县志本传亦不甚详。

汪讱庵诗

汪启淑，字慎仪，号讱庵，又号秀峰。官兵部郎中。绵潭人。志称其工诗好古，居杭州，与顾之珽、朱樟、杭世骏、厉鹗诸人相唱和，继西泠诸子之轨。乾隆三十七年应诏献书五百馀种，极邀宸奖，赐《图书集成》一部；别于其所进《建康实录》、《钱塘遗事》二书，赐题二诗。所著《水曹清暇录》，旧曾见之。又嗜古印，辑有《飞鸿堂印谱》、《集古印存》诸书，蔚然大观，为东南藏印之冠。后以古印数巨箧，质于西溪汪氏善述堂，汪注：盖质于吾族善述室，乱后散失，吾亦得有数方。乱后乃散失殆尽。今岁，余在沪见其印谱十册，以索价太奢，不能得也。诗已散失，黄宾虹言见有袖珍本，与方成培诗合刻，今亦不易见矣。余得其手写诗一小幅，题为《王园送春赠梅影观察》者，汪注：汪梅影，西溪人。诗云：『雨日晴和称夹衣，莺吭渐涩笋初肥。愁随疏雨飘时乱，春向绿阴深处归。短策闲凭消客绪，长绳狂拟击驰晖。主人雅有娇弦管，底事还教闭翠帏。』诗颇有致。讱庵豪侈，可于此见之。汪梅影即善述堂主人。

洪初堂极称戴东原《孟子字义疏证》

戴东原著《孟子字义疏证》及《原善》，近人胡适极推尊之，谓为戴氏哲学。然在当时，读者每不能通其旨，独洪初堂称其有功于六经孔孟之言甚大，使后之学者，无驰心于高远，而妙察于人伦庶物之间。撰《东原行状》，载其《答彭尺木书》，即推论《疏证》者。朱筠见之，谓戴氏所传要不在此，此可不录。初堂力争，谓戴氏此书，非难程朱，正陆王之失耳；非正陆王，辟老释之说耳；非辟老释，辟后之学者。阴老释而阳儒书，授周孔之言，入老释之教，以老释之似，乱周孔之真，而皆附于程朱之学耳。然则戴氏非故为异同，非缘隙酿嘲，非欲夺彼与此，章章明矣。至今日，学者知不徒以声音训诂目东原，初堂之功也。江藩《汉学师承记》录其原书极详。

按：初堂先生名榜，字汝登，洪源人。年十五为诸生，乾隆乙酉拔贡，与兄朴同应召试。兄授中书，而先生未遇。梁文定公国治，时督学安徽，赏异之。先生从文定游，至山西，旋举乾隆戊子乡试，丙申应天津召试，冠其伍，授内阁中书，律身以正，孝友著于乡。少与戴震、金榜交，粹于经学。因郑康成《易赞》，作《述赞》二卷。又著《明象》未成书。其解《周易》，诂训本两汉，行文类先秦。又撰《四声韵和表》五卷，《示儿切语》一卷。先是，江永切字六百十有六，是书增补百三十九字。又以字母见溪等字，注于广韵之目每字之上，以定喉、吻、舌、齿、唇五音。盖其书，宗江、戴之说而加详焉。又著《周易古义录》、《书经释典》、《诗经古义录》、《诗经释典》、《仪礼十七篇书后》、《春秋公羊传例》、《论语古义录》、《初堂读书记》、《初堂随笔》、《许氏经义》、《新安大好纪丽》诸书。留心奇遁之术，以其术犯造物忌，病中举所著火之。卒年仅三十五。弟梧，字桐生，乾隆庚子举人，授中书。庚戌进士，选庶吉士，由编修官沂州知府。博通古今，工词翰，兼邃经学，尝任扬州梅花书院山长，教士宗汉学。上据《汉学师承记》、《先正事略》。初堂兄朴，亦积学有名，兄弟有『三凤』之目。汪注：洪梧、洪朴劳志俱见，朴见《宦绩》。

汪起潜专精《毛诗》

汪龙，字起潜，一字叔辰，一字蛰泉，古城关人。乾隆丙午举人，拣选知县。县志称其应成太守履恒聘，修府志，后事中辍，起潜以独力成志稿八册。支伟成《皖学经学家列传》，摭拾较详。言起潜之学，申毛而疑郑，尝读《诗·生民》、《玄鸟》二篇，疑郑笺迹乳卵生之说，不若毛传谓姜嫄简狄从帝喾祀郊禖之为正，遂博稽传笺异同，用力于是经者数十年，成《毛诗异义》四卷，《毛诗申成》十卷。顾郑氏集汉儒大成，笺《诗》且在注《礼》之后，学益深邃，未易訾议，故虽意主述毛，而立论必持其平，一字之异，不惮详考以反覆证明之。以今本《诗》谱多讹脱，复据各书校补，录附《异义》之后，并熟于许氏《说文》。所著书皆手写，点画悉宗六书，无一笔苟。年逾七十，始交段玉裁，得所注《说文》，取以补正《异义》若干事，重缮定本，段亦采其说入《说文注》。为人安贫乐道，闭门不与外事。当事者钦其学，率多造访，仅应聘主讲郡城古紫阳书院及一修志而已。卒年八十有二。

承尧按：段氏游徽州，在嘉庆中，正其婿龚丽正任徽州知府时，亦即先生修府志时也。

汪讱庵佚事

西泠印社所纂《金石家小记》云：『汪讱庵自号印癖先生，侨寓杭州，家有开万楼，藏书数千种。尤酷嗜印章，搜罗自周秦迄元明印，至数万钮。当于巨珠上刻作篆文，以备诸品所未备。钱梅溪有汉『杨恽』二字铜印，讱庵欲得之，钱不许，遂长跪不起，钱不得已，笑而赠之。其风趣如此。著有《集古印存》、《飞鸿堂印谱》、《汉铜印丛》、《汉铜印原》、《退斋印类》、《锦囊印林》及其他各谱，最二十七种，《续印人传》八卷。

黄宾虹云：『讱庵「集古印存」之印十数巨箧，不久即易主，由绵潭归西溪汪氏，闻在松江交割。咸丰时歙县驻兵，散入桐城马峨园、仁和许迈孙两家近千馀，其遭村夫牧竖毁弃者不可计数。』

程绵庄兼通群经

程绵庄先生诗，已录前卷。李元度《国朝先正事略》列之经学。支伟成《清代朴学列传》列之北派，纂录较详，兹转录之云：

程廷祚，字启生，号绵庄，本歙人，居江宁。少好学，十三经、二十二史、诸子百家之书，无弗读。年十四作《松赋》七千馀言，惊其长老。弟嗣章，字南耕，深于史。先生独好治经，而于天文、舆地，食货、河渠、兵农、礼乐之事，皆能竟委探源。性端静迂缓，人见之如临高山，气为肃。弱冠补诸生，乡试辄不利。乾隆丙辰，召试鸿词科，有要人慕其名，欲令出门下，属密友示意曰：『主我，试必入选。』先生正色拒之，竟不用。自此不复应乡试，惟闭户穷经而已。自王辅嗣注《易》，尽扫图纬之说。宋、元儒尊希夷河洛图书及变互卦气之说，又或拘执爻位阴阳，秉承比应之体，《易》学转晦，先生乃著《易通》及《大易择言》三十卷，晚年作《彖爻求是说》六卷，自成一家言。

先生少时见毛奇龄《古文尚书冤词》袒护梅氏书，乃为《古文尚书冤冤词》以攻之，又著《晚书订疑》推拓其说。别成《尚书通议》三十卷、《青溪诗说》二十卷、《鲁论说》四卷、《春秋识小录》三卷、《礼说》二卷。其于古今笺疏家，钩贯融会，如素所蓄物，取而别其精粗良楛，以进退位置之，领以神悟，发前人未发之覆，徐而按之，于理窾无纤悉违也。同时方望溪辈皆盛推之。乾隆十六年，诏举经明修之士，先生被荐入都，复报职。自以家近青溪，其出处与刘巘兄弟相类，乃自号青溪居士云。卒于乾隆三十二年，年七十七。所著经学书外，有诗文各三卷。尝言：『墨守宋学已非，墨守汉学尤非，孟子不云「深造之以道，欲其自得之」乎？』又曰：『宋人毁孙复疏经，多背先儒。夫不救先儒之非，何以为孙复？』其持论大致如此。

鲍渌饮刊《知不足斋丛书》

鲍廷博，字以文，号渌饮。家浙江。事祖若父，以孝闻。以父性嗜读书，乃购书以养志。久之，所得精且多，遂裒然为大藏书家。寻补县学生。乾隆三十八年，诏开四库馆，采访天下遗书，乃集家藏书六百馀种，命子士恭由浙进呈。既著录，复诏还其原书，赉以《古今图书集成》、《伊犁得胜图》、《金川图》。其中《唐阙史》及《武经总要》，并御制诗题之。嗣刊《知不足斋丛书》即以《唐阙史》冠首，志一时之荣遇焉。『知不足』者，故廷博藏书斋额。嘉庆十八年方受畴抚浙，以续刊之第二十六集进，奉旨赏给举人，时已年逾八十矣。居恒好学，耽吟咏，不求仕官，天趣清远。每遇人访古籍，凡某书美惠所在，意旨所在，见于某代某家目录，经几家收藏，几次抄刊，真伪若何，校误若何，莫不矢口而出，问难无竭。既因进书受知两朝，名闻当世，谓诸生无可报称，惟有多刊善本，公诸海内，使承学之士，得所观摩。年八十六，从书至二十七集未竣，遽卒。遗命子士恭继志续刊。今存者共凡三十二集，秘册孤编，率赖以传。

按：渌饮以巨富居浙，藏书、进书、被奖，皆与汪纫庵同。汪传印而鲍刻书，同时所成就皆极大，真所谓乡里珍闻也。

汪衡斋专精算学

汪莱，字孝婴，号衡斋。瞻淇人。县志本传已详，兹更取《汉学师承记》、支伟成《历算学家列传》附益之。衡斋学由自得，不由师授。弱冠后，读书吴葑门外数年，苦心冥索，尽得中西之秘，亦未尝与吴中人士相接。嘉庆丁卯，举优贡生，赴京师朝考，大学士禄康荐修国史天文志。议叙以教官用。选石台县学训导。癸酉卒于官。年止四十六。

衡斋天资敏绝，深经学。《十三经注疏》每背诵如流水，而又能心通其义。人有质疑问难者，随事阐明，略无疑滞。既嗜畴人术，而性能攻坚。极繁赜幽秘，他人翻覆再三未克理其绪者，目一二过，辄默识静会，已洞悉其本原，而贯通其条目，是非间隙，毫发莫遁。人所言不复言，所言皆人所未言与人所不能言。故其著述，虽仅传《衡斋算学》七卷，而简奥似周秦古书。盖算学中八线之制，终于三分取益，用益实归除法求之，乃以一表之真数，仅得十之二。因悟五分之一通弦，与五分之三通弦，交错为三角形，比例之法，以取五分之一通弦，而弦切之数益密。梅氏环中黍尺，有以量代算之术。惟求倚平仪外周之两角，而缩于内半周之角未详，则以为易，更立新法量，取不倚外周之角度，而三角之量法始全。堆垛有求平三角立三角尖堆积法，不及三乘方以上，复为推而补之。自三乘四乘以上之尖堆，皆可由根知积，因即诸物递兼之法，以补古《九章》所未备。凡此引伸触类，莫不探幽索隐，条疏层解。所尤独得者，为纠正梅文穆公勾股知积之术，并与李尚之论天元一元正负开方之可知不可知，然卒因此与尚之龃龉，如寇仇然，终身不相见。实则尚之究乎既商之后，衡斋审于未商之先，言若殊趋，义实互证也。江藩谓：『今之学者，大江以南，惟顾君千里与衡斋二人而已。』

按：衡斋所著书，见于志者，尚有《十三经注疏正误》、《说文声类》、《三声论》、《声谱》、《今有录》各书。其子亦能世其学。

罗子信　洪宾华

罗永符，字子信，丁卯举于乡，辛未成进士，选庶吉士。善读书，通经达史，工诗古文，瑰奇之士也。

洪莹，字宾华，甲子举人，嘉庆己巳恩科第一人及第，授修撰。淹通经史，五经皆有撰述。

罗、洪皆衡斋之友，《汉学师承记》附衡斋传后。宾华，洪源人，初堂族子。《先正事略》称其恬于仕进。乡里传闻，谓因昵一妇人拘讼，宁去官，不为屈。事远不能详，要亦奇人也。

吾歙金、洪二修撰，皆以闭门勤学终。辅之先生，闻乃鉴于其师于敏中之获谴，不愿入仕。承尧以为，其时乡先生风尚恬退，殆犹率清初诸老之遗教，或亦由其时文网峻密，凡修饬廉隅，达中而儒者，辄以高蹈自全耳。

汪容甫为江秋史志墓未终篇

江德量，字成嘉，一字秋史，江村人，仪征籍。父恂，字于九，号蔗畦，拔贡生，曾官徽州府知府，有政声。伯父昱，字宾谷，号松泉，江都诸生，读书好古，为声音训诂之学，又好碑版文字，考核精详，长于诗，著有《潇湘听雨录》二卷、《韵歧》五卷、《松泉集》六卷。

德量少承家学，历志肄经。既长与同郡汪明经容甫为文字交，其学益进。乾隆丁酉选拔贡生，己亥举人，庚子汪如洋榜第二人及第，授编修，改御史，历掌浙江、江西道。德量精于小学，收藏碑版、法书、名画、古钱。著有《泉志》三十卷。又撰《广雅疏》未成而卒。上据《汉学师承记》。

又汪容甫为江君墓志，见《述学》。文曰：『君讳德量，字量殊，江都人。曾祖澄，祖世栋，并不仕。父恂，拔贡生，终徽州府知府，以才略称于时。君生有异禀，徽州故好金石之文，多所搜辑。君幼即世其学，徽州顾而曰：「吾有此子，即此物之在江氏，得更多数十年矣。」君始壮，以进士高第授编修。逾六年，为顺天乡试同考官。以父忧归。服阕，迁江西道监察御史，转掌道御史。君性浑融，与人交，不见圭角，久近无所忤。然素履简靖，未尝求请于人，不妄取予。公馀键户，以文籍自娱。以是负清望庶官中。一监顺天试，久之，丁母忧解官。君临事敏绝，人有所咨，当口立断，洞见始终，后虽百变，莫能外越。幼从徽州在官，熟知吏治，居朝多识旧闻，博通掌故，而深湛谨密，未始以才气加人。既以久资，当出为道府，益究心世务，刑狱河渠漕运灾振，损益古今之宜，分端讲习，以备施用。久于其道者，咸拱手谢不及。乾隆五十有八年，君将补官北行，感疾，十月辛丑殁。年四十有二。呜呼！以君器识，干涉清涂，而天年夙陨，嘉猷猛志湮郁无传，门户遽衰，妻孥漂泊。有识者所为悼生才之难，而为世用惜也。』下略。

按：此文为容甫临终之作，未及终篇。于九先生分书极精，余藏其一联赠董小池者。于九亦工诗，善篆刻，喜写藕花。著《蔗畦诗抄》，见西泠印社《金石家小传》。江宾谷所著《韵歧》亦甚精审，作于湖北提学吴君幕中。前有旷敏本、段永孝二序，乾隆时刊行。

汪容甫作《巴予藉别传》

汪容甫与巴予藉交甚笃，曾见其赠予藉一扇，乃在鄂时所书，摅析交谊，渊令有致。《述学》中有《巴予藉别传》，文曰：

予藉故富家，生而通敏，眉目疏秀，身纤而皙。少好刻印，务穷其学，旁及钟鼎款识、秦汉石刻，遂工隶书，劲险飞动，有建宁延熹遗意。又益蒐古书画器用，及琢砚造墨，究极精美，罗列左右，入室灿然。其父弗善也，颜其居曰『可惜』，予藉不能改。又善交游，自通人、名德、胜流、畸士，下至工师、乐伎，偏材曲艺之美，莫不一见洒然，如旧相识，周旋款密，久而不衰。或欺给攫夺，予藉惛惛不之校，他日遇之，则又如故。予藉好棋及驰马度曲，遇名山胜地，佳时令节，可喜可愕之事，未尝不身在其间。竟数十年，由是大亡其财，且日病。晚为人作书自给。数年卖其碑刻，尚三千金。然其爱之弥甚，节啬衣食，时复买之。乾隆五十八年夏，游江都，卒。

予藉虽贫以死，然其声名流溢士大夫间。其遗迹所在有之，惜在治生，不在好古也。是故埏埴以为器，方圆具矣，而天机不存焉。巧工引手，冥合自然，览之者终日不能穷其趣。然而不可施之以绳墨，知此者可与语予藉矣。

余与予藉同岁而交深，一别五年，相距数千里。余笃疾再生，而予藉适至，所欲与谈谐者何尽，而竟不及一见而死，岂余与予藉朋友之缘，固止于是与？悲夫！予藉名慰祖，歙之渔梁人，卒年五十。

按：先生一字子安，号隽堂。余曾见其肖象，有金辅之题句。刻印宗程垢区，亦工画。著《四香堂摹印》、《隽堂诗集》。子树穀，能世其学，兼通音律。著《小尔雅疏证》、《蟫藻阁金石文字记》、《学琴说》、《上字当宫管说》、《具四声律管说》、《无倍半律说》。其裔堂谊，字茗生，亦工分书。汪注：予藏有巴制小长方铜盘，盖仿周制，铭篆曰『都盛』，款识兼有江于九、胡长庚诸生。

歙事闲谭卷十

补录凌仲子事

江藩《汉学师承记》述凌仲子事，较阮传互有详略，兹补录之：

凌仲子，歙人。父文焻，字灿然。自歙迁海州板浦场，遂家焉。君十二岁，即弃书学贾。偶在友人家，见《词综》、《唐诗别裁集》，携归就灯下读，遂能诗及长短句。浙人张宾鹤见其诗词，大奇之。告板浦场大使汤某，汤敬礼之，邀君至扬州。时鹾使置词曲馆，检校词曲中之字句违碍者，从事雠校，得修脯以自给。君之精于南北曲而能分别宫调者，基于此也。久客邗江，为华氏赘婿。与黄明经文旸交，黄勉君为举子业，始学作八股文，读五经，是时年二十五矣。后游京师，受业于翁覃溪学士，乃究心经史之学。乾隆戊申顺天副榜贡生，己酉中式本省举人，庚戌成进士。铨授宁国府教授，迎生母王至学署，先意承志，得亲欢心。母偶不怿，必长跪以请，俟母笑乃起。母没，哀毁骨立，眚一目，而妻亦相继殂谢。

孑然一身，居恒不乐。至徽州，依程君丽仲，丽仲以师礼事之。阮侍郎芸台服阕，复为浙江巡抚，延之课子，得末疾，终于歙。君病时，丽仲赠以紫团，手煎汤药。其死也，经纪其丧，拟之古人，其范巨卿之流欤。君无子，应继兄子嘉锦。嘉锦先君卒，嘉锦兄嘉锡在海州闻讣，以次子名德后嘉锦，为君之承重孙。

君读书破万卷。肄经，邃于《士礼》，披文摘句，寻例析辞，闻者冰释。至于声音训诂，九章八线，皆造其极而抉其奥。于史则无史不习，大事本末、名臣行业，谈论时若瓶泻水，纤悉不误。地理沿革、官制变置、元史姓氏，有诘之者，从容应对，如数家珍焉。近时讲学者，喜讲六书，孜孜于一字一音，苟问以三代制度、五经大端，则茫然矣。至于潜心读史之人，更不可多得，先进之中惟钱竹汀、邵二涵两先生，友朋中则李君孝臣、汪君容甫及君三人而已。其于诗也，不分唐宋门户，专论声韵之协、对偶之工。诗馀亦不主一家，而严于律。今人之词，有一字不合者，必指摘之。雅善属文，尤工骈体，得汉魏之醇粹，有六朝之流美，在胡稚威、孔羿轩上，世人不知也。

弟子中最著者，仪征阮常生，字寿昌，从君受《士礼》，校刊《礼经释例》。好学深思，不以才地矜物，恂恂君子也。宣城张其锦，字裴伯，精研章句，不堕师承。闻君殁，徒步至歙，访君遗书，不得。又北走海州，于败簏中，捃拾残稿，假居僧寺，辑录以归，可谓不负师承矣。君冷宦无家，白头乏嗣，虽死故乡，实同旅殡，亦人生之极哀。而怀方之礼，付于戚生；昌黎之文，编于李汉，斯又不幸中之幸也。君久客扬州，如刘端临、汪容甫、宋守端、秦敦夫、焦理堂、阮伯元、杨贞吉、黄春谷，皆君之友也。

黄春谷《梦陔堂集》

黄承吉，字谦牧，号春谷。潭渡人，居江都。黄白山族孙也。嘉庆戊午科解元，乙丑进士，以知县用，分发广西，补兴安县知县。江子屏称其天资过人，为汉儒之学，笃志研讨，得其精微。通历算，能辨中西异同。又工诗古文。自出机杼，空无依傍，寓神明于规矩之中，不屑为世俗之诗文。曾注白山《字诂》、《义府》，多所发明。著《梦陔堂诗》三十五卷，《梦陔堂文说》十三篇。谭仲修献《复堂日记》云：『阅《梦陔堂集》，气体博大，余雅重之。以为无一字无来历，春谷先生足以当之。《梦陔堂文说》十三篇，乃有二十巨册，大旨以孟坚、子云，有意指斥司马子长，不为定论，因而披析子云诸文，不遗馀力，言言典要，诚天下之奇作。子云当此，亦劲敌也。中有一篇驳《太玄》为不合《易》数，亦不合太初历。盖先生本长布筴，此则余所不解，不能定其然否。』

又云：『阅黄春谷兄《字说》一卷，名言络绎，实有见于文字之原，其比傅经义，不无出入。春谷先生文笔澜翻不竭，于诸儒别为一宗，大都征实与捷悟并至，可畏爱也。』又云：『杨卧云借《梦陔堂集》去，初不谓然。今日言，始知其不露锋亡，自然神到，诗至此，良非易易，亦见读前人文字之难。如春谷先生者，不由王句生丈先入之言，余亦几失之。春谷服膺渔洋，亦几智过其师，是真能传法者。余谓学渔洋易，学春谷难，当与天下共参之。』

又云：『阅《字诂》春谷先生案语，论声音甚精，然未必与本书意合。阅《义府》案语，辨《诗》、《骚》调同，非韵；《七谏》误学，此论未然，予别有说。』又谭复堂所拟《师儒表》，推春谷为绝学别出。

又云：『春谷传诗于王翼凤句生、梅植之蕴生。』

按：复堂推崇春谷之诗甚至，集中屡见，谓为近代之冠。承尧于《梦陔堂诗》，亦屡检观，终难证入。兹录其《寄凌仲子》云：『踪迹湖山语浪传，故人无恙在南宣。虚闻系马曾移郡，可识招魂欲上天。惜别文通方万里谓郑堂，谈玄孝克转重泉谓心仲。天涯幻影知何定，珍重平生一黯然。』原注：仲子自乾隆癸丑教授宣州，于兹六载，有传其不禄，或改授太平者，久之知其妄。作诗寄之。

《题鲍氏慈孝图序》云：『吾歙鲍肯园先生，述其先名宗岩者，值宋季寇乱，与子寿孙同窜，遇贼，父子争死，贼义并释之。事见《宋史》。今龙山有二松，一仰而承，一俯而就肖竞死状，即其遗处也。先生作图以纪先行，用赋其事。』诗云：『贼行草莽间，居者不敢逃。一旦相遭遇，性命轻鸿毛。阿夫弃妇行，阿兄弃弟走。阿儿弃爷去，父子不相守。父子不相守，遇贼父子戕。父子不相顾，贼视如牛羊。贼心拇指蛇，杀人亦无数。谁家父与子，合并相遭遇。父言子当存，子言父当活。贼安肯活人，斯言甚愚拙。累累树上纤，棱棱手中刀。号泣向贼前，万树风萧骚。父言子当存，子言父当活。贼亦有父子，安肯相斩夺。树上纤可解，手中刀可掷。义不杀孝子，慈父亦可释。父子不相守，贼心拇指蛇。父子一相顾，盗贼成一家。岂惟盗贼驯，草木亦殊长。依依两松树，千载自偃仰。偃仰龙山头，山边溪水流。赖得贤孙子，芳名千古留。』

又《怀汪孝婴》云：『殚精测算岂恒儒，贯彻中西诣独殊。原本究从三角术，权舆揽尽七衡图。岁周同次时堪纪，域限封星影其孤。闻道著书多奥颐，一编堪守勿长吁。』

又按：《潭渡黄氏先德录》云：『春谷公幼读书聪敏，博综两汉诸儒论说，少为全椒金棕亭先生所赏，籍江都学生员，与同郡焦里堂循、李滨石钟泗、江郑堂藩友善，时有江、焦、黄、李四友之目。公二龄时，母抱就乳，有族人坐索钱，母出钱市酒供之。族人乘醉怒哮，抵钱向掷，辅颊迸肿。母泣恨入室，齧指出血，涂一钱以组儿颈曰：「汝异时不能自立，以光前人者，有如此钱矣！』」

又云：『公扬州所居园，取昌黎、右丞诗意，名曰篸园。园无华饰，一丘一壑，具有标咏，曰竹斋、曰看云簃、曰疏峰馆、曰浣花楼、曰房山山房、曰枕流漱石之轩、曰屧叐亭、曰维摩阁、曰半濒地、曰一弦台、曰贮经室、曰冽英书屋，凡十二题。公少居贫，受馆于同邑鲍氏，以娴习盐法，兼精算理，遂业鹾积富。殁时家资累钜万云。』

吴山夫深于金石学

吴玉搢，字藉五，号山夫。丰南人，山阳籍。癖金石，作《金石存》十五卷。已志前卷中。江子屏《汉学师承记》，列之阎若璩、张弨传后。言山夫考古书文字之异，取字体之假借通用者，系韵编次，各注所出，为之辨证，著《别雅》五卷。乾隆中游京师，秦大司寇惠田延至味经轩中，校定《五礼通考》。后以禀贡生官凤阳训导卒。《先正事略》言其著《山阳志遗》、《说文引经考》、《六书部叙考》，深为有功小学，非俗儒剽窃所能为。

按：吴所著书，已收入《歙志》而未备。所著《金石存》，嘉庆二十四年刊行。有李宗昉序，及王纮、冯祁、鲍皋、鲍之钟、于文浚、孙维龙题词。其自序言，较之欧阳、洪、赵所录，不过十一，而以辨经史之疑，订传注之失，考古文篆隶行楷讹俗递变之由，亦已略具，固非虚语也。所著《别雅》，程嗣立为刊行，前有嗣立序及镜湖王家贲序。《别雅》极资实用，如曰：『空同、空桐，崆峒也。』『中謇，忠謇也。』推阐义类，各疏其所以通同转假之故，至为精博。

又按：山夫性好游，尝南浮大江，涉历山谷，探搜古迹，以证其所学。穷冬匹马走塞上，登居庸关。所至就戍卒野人，叩山川厄塞，时徘徊丛莽落照中，竟日不食。在都时，翁覃溪、朱竹君，方以考据金石称专家，乃争下山夫，出所著相质。《五礼通考》多出其手订。见支伟成《金石家列传》。

朱泗工画

偶得一旧金扇，画山水人物甚工，而有古法，款书『小斛朱泗』，不知何人。顷阅《歙志》载，朱泗，字素臣，清初竭田人，岁贡生，朱子嫡系。学优品端，士林矜式。所著有《存易编》、《易经续注》、《四书宗正录》、《淡云阁古艺》诸书。未知小斛即此朱泗否？俟考。

吴殿麟《紫石泉山房集》

吴定，字殿麟，号澹泉，岩市人。见县志。所著《紫石泉山房文集》十二卷，诗集三卷，光绪丁亥黟县李宗煝重刊。板存北京宣武门外歙县会馆，近亦散佚矣。卷首有王先谦重刊序，有鲍桂星所撰事实九条，及国史文苑传。姚姬传撰传、王滨麓灼撰墓志铭、陈仰韩兆麒原跋。姚传言：『殿麟事亲谨，行三年丧礼。自期功及师友丧，饮食起居，必变于常。家本贫，至老贫甚，然廉正有守。屡乡试不售。嘉庆初举孝廉方正。刘海峰官徽州时，殿麟从学为诗文。海峰归枞阳，又从之。后居扬州。其为诗文，最严于法。暮年归歙，专力经学，注《易》、《中庸》各一编。卒年六十六。』

王先谦言澹泉与姚惜抱、王滨麓，俱师事海峰，而惜抱名独显。澹泉之文，高于滨麓，世或不尽知。

鲍双五言先生性至孝，年十六丧母，不食肉。孩提时多病，母抱于怀，盛夏废扇。先生居丧，亦三夏不持扇。父得末疾，与同卧起者四年馀，居丧悉遵古制。服师心丧，亦三月不御，酒肉不入内。生平不苟取一钱。晚年心力，萃于《周易集注》云。

承尧最爱先生之五言绝诗，兹录数首：

《乌聊山寺》云：『溪光凉入寺，澹澹清人心。日午一声磬，梅花香满林。』

《重游乌聊山寺》云：『古寺石玲珑，重来久延伫。不见旧时僧，空山响秋雨。』

《杂歌》云：『骏马门外鸣，美人帐前舞。老亲堂上饥，路人涕如雨。』又云：『大海亦有陵，平陆亦有澜。冲飚华屋温，烈日幽谷寒。』又云：『巨石横山南，乔木直山北。相望如有情，终古不相识。』

《道傍儿》云：『我马玄以黄，我仆相扶将。我亲不我知，泪下沾衣裳。』

《月》云：『上旬月上弦，下旬月下弦。上下三十日，只有一宵圆。』

《紫骝马》云：『鬼哭长城上，人戏长城下。郎若不杀人，安用紫骝马。』

《出门》云：『汤汤水为车，郁郁兰为旌。黄瓜一小草，无故动乡情。』

《怀左叔固》云：『明星照南牖，寄言河汉私。芙蓉虽落尽，见藕是相思。』

《怀陈硕士》云：『郁郁林中蕙，君情与之芳。悠悠洞庭水，我愁与之长。』

《夜夜曲》云：『君醉黄金盘，妾倚朱兰干。寸心非沧海，夜夜生波澜。』

《陇头流水歌》云：『在家贫亦好，出门胡为者。阿母当门啼，陇水流离下。』

先生诗皆五言，律古亦浑成劲直。以人皆称其文，不知其能诗，故录之。

岩镇娑罗园

《紫石泉集》中，有《娑罗园燕集序》，略言：『里之东偏，有娑罗园，明里人潘氏所建。潘氏既贫，国朝吴祭酒苑因售而游息之。祭酒逝，而园又移于方氏。园之木既古，而地尤旷，北临丰乐之溪，水鸣锵锵，石露拳拳。当祭酒盛时，远近无不知此园者。甲辰秋，金修撰辅之先生，集朋侪咏游于此。翼日，旌德王君闻之，即其地，敷席以待，修撰复往游。修撰以经术显当世，招延之众，亦皆硕士魁人。视祭酒当日宾客之盛殆轶之，而其地亦少荒凉矣。已而乘筏济河，北经佛寺，南眺凤山。会日暮，王君裁楮为镫，广张丛木。』下略。

按：《吴茵次集》有《娑罗园记》，言园额为王青羊旧题，汪司马所常至。树植庭中，干分檐际，种来梵国，不类凡材。再进为虬山草堂，以潜虬山名。上有楼，曰横川阁，取『三十六峰横一川』之意。是此园在岩镇，自晚明迄乾、嘉，皆为名流文酒地。今园已毁，惟娑罗树尚存。

吴蕙川

吴绍泽，字蕙川，丰南人。能为欧阳修之文，已志前卷。顷阅《紫石泉山房文》，有《吴蕙川墓志铭》，略言：『蕙川为富贵之裔，而朴诚谦退，尚信义，雍然儒者。少读书于歙西灵金山，与方晞原偕处，新安俊雄之士如郑用牧、戴东原、程易田、金蕊中，数往来山间，互以经术文章相督劝，号一时之盛。年既壮，师事海峰先生，学为古文词，业益以扩，声闻燕、越、吴、楚之交。蕙川家多文学之彦，其从父昆弟，咸成进士官翰林。而少年共驰骤于灵金山者，亦半为达官以去。独蕙川年五十有三，以诸生卒。卒为乾隆五十二年。』

按：殷麟先生撰郑用牧墓志，言其时以考订之学名天下者，有戴东原、程易田、金蕊中；以举制之文名者，有潘在涧、胡澹中、胡珮声、胡授榖、按胡名赓善，与金檠斋交契。方雨三、方晞原、郑用牧；以古文名者，有吴蕙川云。

又按：其祭蕙川文有『子之文章，具体吾师。灌欧沃苏，献其华滋。海内文儒，凡亿千辈。子挥长戈，当者骨碎』语，推挹甚至。

金辅之家世

吴殷麟为金先生墓铭，言君先世自杭州徙歙北呈坎，二十二传徙郡城，又六传而先生之曾祖五聚，徙歙北赵村，祖公著乃自赵村复徙岩镇，今为岩镇人。乾隆戊辰进士，官吏部稽勋司主事讳长溥者，先生之父也。以翰林官御史，出为浙江督粮道讳云槐者，先生之兄也。

又言先生受经学于江慎修及戴东原，学诗古文辞于刘海峰，学科举文于方朴山檠如云。又殷麟亦曾馆于金家，课其少子童孙，盖与张惠言之相先后也。

程穆倩诗

宾虹顷又录程穆倩《泛荷纪集》和方坦庵《韵寄五老道翁诗》见寄。宾虹云：『五老盖谓五公山人王馀佑也。』诗云：『大河汉光高复高，曲流远浦纷云涛。龙涎甫爇龙尾挂，鲛绡无质鲛人操。引海作杯不可测，与天为徒随所遭。一歌一拍更长醒，回舟倒挺琅玕篙。』

黄山普门塔

普门塔，在慈光寺大殿侧。有记，毗陵许鼎臣撰，吴孔嘉篆额，徐开禧书丹。记作于崇祯三年。

普门俗姓奚，陕西郿县人，僧腊五十馀，记载其临终偈云：『处处西方地，我无西方心；满目皆莲花，惟不见我身。』可谓皎然不欺者矣。

程黄争墩

《梦陔堂诗集·黄墩》诗注云：『谱载新安始祖积公，晋元帝时，来守新安，卒葬姚家墩，子寻公庐墓于此，遂家焉。后子孙蕃衍，更名黄墩。乃明学士敏政，则谓其墩产竹，故名为篁。后以黄巢之乱，程氏改篁为黄，以蕲斩免祸云云，殆臆造之说。从祖白山公有文，辨之甚晰。且谓学士于吾祖芮公，钦仰甚至，而忽为此论者，盖不欲以彼姓所居，系属于黄氏之地耳。然考之于古，实不可诬，即彼祖忠壮公宋时赠诰，亦了然可证，不独吾族相传如是矣。』按：此与郑、汪争里名事同。

潭渡孝子祠

《梦陔堂诗集·孝子祠》诗注云：『四世祖孝子芮公，名载《唐书·孝友传》。公本居黄屯，生母程早卒，继母洪抚育之。建中初，洪疾，公刲股肉羹进，病随愈。贞元间，父殁，号泣昼夜不绝，终身庐于溪北墓所。墓上产芝十四本，木连理者四。卢刺史肇上其事，诏旌门，遂自黄屯徙居溪北，是为潭渡。黄巢兵至闻孝名，戒令无犯其家，至今称孝行里。成化中构专祠于居第之东。程敏政为碑铭，张升为祠记。』

按：刲股事，歙最盛行，见于志者，累累不绝。迷信伤生，非所以教孝，此当与童女守贞、烈妇殉夫同例。世风既异，当从改革者矣。

潭渡宋逸民祠

《梦陔堂诗集》注云：『十七世祖孝则府君，幼孤，事母尽孝。兄远贾弗归，抚其子若孙如己出。时值宋末，招讨使李铨，欲辟从事，不起。后潜与铨谋复宋祚，会元兵入境，铨遁去，留育铨女，善嫁之。至元间，松源潜口等村寇乱，监郡马思忽往讨，就公访询以公言但擒渠魁而返。馀党复炽，公单车入贼营，招降之。监郡请官于朝，弗受。事见郡志。明万历间构祠，许文穆为碑铭。』

潭渡古迹

黄山楼，明黄华建。华，成化辛丑进士，由金溪平江令，擢兵部郎。后参议闽藩，以刘瑾用事乞归。有轩曰『后乐』，而颜楼曰『黄山』。华著有《三生录》、《实夫笔记》。

栗斋，黄世瑜宅。世瑜有高节，初治举子业，病瘘而废。浸贫，妻郑妾程，俱贤，黾勉有无，以济其食。尝有诗云：『贫穷到骨心犹壮，不向侯门一曳裾。』有《栗斋存稿》，黄黄潭训序之。

蛟峰居室，明黄祚宅。祚，嘉靖间诸生，居贫力学，能为古文词，尤邃于理学，著书十馀种。殁后，诸稿皆被毁，惟文集及《尚书备志》二种存。上俱据《梦陔堂集》。

黄春谷《题黄山楼》云：『沙虫猿鹤漫相关，一曲乡关屏迹还。三十六峰家自有，不须频看武夷山。』《题栗斋》云：『贷粟庄周岂丈夫，好将踪迹效黔娄。还凭烈女传高士，织屦何妨易辟纑。』《题蛟峰居室》云：『士有不飞翥，顾瞻空羽翰。书还等身著，传是布衣难。夜雨秦灰寂，秋风孔壁残。当时醉歌里，谁向《柘枝》看。』原注：晚年郡守陶公劝其就试，答诗有『老妇舞《柘枝》』之语。

黄氏世系

黄春谷《读谱记略》言：『吾宗自江夏垂叶，闻望世著，后世断自香公为始祖，至慎重也。其迁入新安者，则琬公六世孙积公，晋元帝时为新安太守，殁而葬于郡之姚家墩，子寻公庐墓，其后遂名黄墩，是积公实为新安始祖。寻公十一世孙德涵公，唐高宗时为御史中丞。其第三子璋公，由黄墩迁黄屯，是为黄屯始祖。璋公之孙光公殁葬溪北，其五子芮公，渡溪庐墓，为潭渡始祖。自德涵公以下，支派散处六邑暨他郡。』

按：吾徽望族，半由晋、唐时仕官留居，各族谱牒可考，拟一一假录之，兹发其端。

郑吴迁徽始祖

郑氏先世，有讳庠者，为新安守，家焉。历传至宋，迁歙之岩镇。见吴殿麟《岩镇郑宾浦墓志》。

吴氏先世，自唐左台御史少微，始家休宁，十一传而徙歙，又十四传而徙歙之岩镇。见吴殿麟《岩镇吴开墓志》。

潜口水香园绿参亭

水香园、绿参亭，皆在潜口，耳熟其名，今无片瓦矣。鲍薇省倚云《寿藤斋诗集》中，有《水香园》诗，其序云：『阮溪水香园，载《歙县志》，名人题咏甚富。前辈梅瞿山有记，并存主人研村先生集中。先生早逝，嗣君辈奔走南北，稍芜废矣。今年其仲氏桐皋，小加葺治，因为赋诗』云云。乾隆戊午作。又诗注云：『园中一亭峙水中，查梅壑题曰「宛在」，面紫霞山麓，汪氏先人丙舍在焉。』又云：『康熙辛巳，京江相国游黄山过此，低徊久之。』又云：『园中梅大致俱古，檐前朱砂一株，尤奇绝，采老杜句颜其轩曰「索笑」。』诗繁不录。

又有《绿参亭》诗，其序云：『绿参亭去水香园里许，于半豹堂为西邻，皆更庵汪先生娱老之地，而令子研村先生吟诗结客处也。基山为台，台横短垣为屏，开月洞其中，下瞰广池，池上为驯鸥草堂。循东廊绕砌登台，亭址稍偏。左面月洞，俯视草堂邃甚。馀三面皆环堵，补以竹。山环其背，如重堵然。亭后牡丹无数，重扃洞开，堂下人遥从月洞中睹花容。在最高处，银杏一株，巨干连围。藤曰「凌霄」，附出其上，亦径围二尺许。岁上元夕悬一灯树杪，吾岩溪二十里外，得望见焉。石笋或欹或立，古苔烂煸，桂柏交森，芳草齐绿，梅村宫詹颜曰「绿参」，而本坡公禅语跋其尾，说者谓转掩此亭本色矣。初台前夹篱一带，杂花掩映，纤丽特绝；坏于风雨，后易为短垣，复就古梅势穴墙，纵双根跃出池上。查梅壑题榜，有「生香不断树交花」之句。亭西左折而下，为梅花书屋，抗石磴于花前，坐可容五七人，雕墙界之。花倚墙肩，如与人共语状。西墙外地馀三亩，旧传为小云林。云木疏净，视亭中浓绿参天。又别池东有书屋七间。其外曰「十亩园」，景至旷。余自乙卯冬，与亡友豹南把臂亭上，今其世父眉洲先生馆余半豹堂中，五阅月矣。牡丹开日，徙步成吟，得诗奉寄。霞城先生，为研翁叔子，与大令绎南，以诗学世其家，皆不愧为亭主人也。乾隆己未三月。』诗繁不录。

按：《歙志·士林传》：汪沅，号砚村，潜口人。性至孝。十岁而孤，即知力学，捧书而泣，曰童子养不逮亲，虑不可以为人也。年十五，入太学。喜与耆旧往还，邓孝威、汤岩夫、郑谷口，极称之。二十六丧母，哀毁成疾。查士标为作《风木图卷》。刻意为诗，有《水香园诗》、《半豹堂咏物诗》。年未三十而卒。

又按：潜口诗人见于志者，有汪舟，字岸舫，康熙戊午举人。著《岸舫诗》及《阮溪深柳堂诗》。汪士鋐，原名徵远，字扶晨，一字栗亭，工诗古文。康熙中召对行在。著《四顾山房集》、《縠玉堂诗》。汪铸，著《汉江游草》、《北游草》、《芗岩近诗》及《勤轩�怀堂集》。汪焯，著《陶村诗稿》，已见前卷。

高西园《小篔筜谷图》

高西园先生凤翰，曾为丞于吾歙。顷阅《寿藤斋集》，有《春雪中集潆村书屋答赠潜村主人》诗，注云：『壁间悬高西园先生《小篔筜谷图》。高为歙丞时，见余前后有司试艺，期待甚厚。调官海陵，旋以诖误落职矣。』诗云：『篔筜小仙谷，伊谁擅丹青。此翁我知己，绪论平生聆。妙墨飞岩泉，雄文走雷霆。诗歌并超隽，味饷通侯鲭。薄艺惭区区，曾许依门庭。十年仍故我，腕死笔不灵。丞哉负此翁，一去如飘萍。今夕画图里，昔梦春风醒。人生贵适志，浮嗜心无宁。虚白富丘壑，啸傲凌沧溟。片石竹数竿，床头史与经。此村书屋佳，风雨来同听。』

按：此诗作于乾隆四年己未。诗中有『十年』语，则西园官歙，当在雍正六七年间。又寿藤斋此诗，列入阮溪集中，则潜村当即今之潜坑，去潜口二里许。

鲍薇省游檀干园亭诗

鲍薇省踪迹数至吾村唐模。吾族祖士彬、士模、士栋兄弟皆从受业。集中有《檀干探梅》词，『檀干』亦吾村名也。诗云：『春寒何事砭肌肤，第一梅花兴易孤。双屐趁晴应便去，亲传香信不模糊。水外花光皓已盈，梦中人想一枝横。我行生怕东风急，偷放青条坐晓莺。莫愁春雨只绵绵，此是花阴易暮天。绿到鸭头人放鸭，梅溪新水过门前。藉手春风为扫门，吹香一路到西园。芳时自有仙云护，山鸟当窗与我言。』

又《二月十日同诸生探梅水榭还登列秀亭亭为檀园旧址老树数十本盛开》云：『春归柳线上鹅黄，梦里仙娥怯晓妆。墙角二分初月影，水边三日满林香。桥危为尔凌虚度，亭古同人列秀望。好乞花时天莫雨，暂停清听小沧浪。』又《首冬游檀干水口周览新葺园亭同诸生作得船字》云：『亭北湖波阔，堤边近有船。补栽花外柳，横拓月中天。一带松屏旧，平桥画阁连。参差迷向背，点缀白清妍。墨妙前贤聚，诗仙几辈传。高台还左抗，曲径又斜穿。文宴尊盘敦，春游洽管弦。考工冬可了，梅蕊逗新篇。』

按：吾村水口园亭，依山抱水，中有池亘十亩，池心为镜亭，壁间列宋、元、明人石刻，鲍诗所谓『墨妙前贤聚』也。镜亭之北隔水，旧俱种松，所谓『一带松屏旧』也。旁有小榭，以许丁卯『花香洞里天』句颜之，所谓『横拓月中天』也。四周皆长堤古树，老梅最多。所谓列秀亭及檀园旧址，俱在南山上。薇省此诗，作于乾隆二十九年甲申，可证彼时檀园已圮，改为列秀亭，所谓『新葺园亭』，大约在池之东南一带。吾村故迹赖以考知。又南山西麓，旧有神祠，旁室临流，沈归愚额曰『清听』。旁有一联曰：『溪流无岁月，月色有春秋。』今俱圮矣。余补书此联，移于溪北园门。嗟此大好园亭，乃毁于咸、同之兵火，今所存者，只镜亭、笠亭、小榭、花汀数处。余补筑肇淳堂、鹤皋精舍、幽溆亭，而南山上亭台，未能修复。较之从前，殆仅得其半耳。因录鲍诗，附记之。

鲍觉生感旧诗抄序

鲍双五有《感旧诗抄》一卷，人各一诗，诗各有小序，歙人居多，同时英俊，大半与焉。兹节录关于歙人者，以资征考。

吴梅颠处士，讳熊，隐于医，纵酒狂吟，傲睨一世，《黄山记游》、《冷香吟》等作，颇得李、杜遗意。桂星少侍先子侧，犹及见先生高歌痛饮时也。

吴并山中翰，讳珏。刻志勤学，举乾隆壬午乡试第一，癸未成进士。需次中书，寻乞归，主扬州安定书院。工诗及书法。

吴野马，讳云。工诗善画，落魄不羁。与先大夫友善，尝写赠《富春山图》。其卒也，金辅之修撰书其碣曰『诗人吴野马之墓』。遗稿尽佚。惟记其《公子行》云：『桃花落尽春如许，只忆红楼不忆归。』

金莳庭观察，讳云槐。同里人。由翰林迁侍御，出守常州，有政声，尝擒大猾置之理。寻督浙江粮储。北上，卒于道。桂星游其幕五年。

舅祖汪西颢，讳沆，槐塘人。桂星外祖母之兄也。侨居杭，问业于厉征君樊榭，为松里五子之一。举博学鸿词，不就。年八十卒。著有《槐塘诗集》。

金松岑茂才，讳应球。辅之修撰从子，工书，年三十，卒于京邸。

金衡中明轻，讳枢，辅之从兄。少擅文誉，老困场屋，绩学醇行，卓然有古人风。

方密庵茂才，讳辅。同里人。少习举业，旋弃去。以书法名一时，能为寻丈字。与先大父友善。桂星视楚学，为先生镌『大别山』三字于山趾，字方九尺，沉著飞翥，见者谓不减翁林也。先生制茹古斋墨，海内宝之。

金辅之修撰，讳榜，尝及先大父之门。胪唱后，乞归，杜门著书，不复出。所为《礼笺》

极精核，海内称之。

金朗甫庶常，讳式玉，辅之犹子。受业于张君皋文。皋文高揖班、扬，君亦熟精《选》理。弱冠入翰林，清才妙质，誉噪一时。先皋文一日卒。

家雅堂农部，讳之钟。先世自歙徙丹徒，赠公海门先生，以诗雄一代。公幼承家学，才调斐然，由中翰历官礼户曹，怜才好士，座客常满。著有《论山诗文集》数十卷，诗格在大历、长庆间。

家惜芬观察，讳漱芳。少多能，长而练达，有深识。随尊甫肯园公理禺荚于扬，动操胜算，业日隆起。肯园轻财好义，先生佐之，累钜万无所吝，盛德美举，盖不胜书。己未冬，曳乡俗布底鞋见访，笑曰：『吾足素不耐靴。』

吴在玉茂才，讳尊楣。世业禺荚，家于扬。能文，工书法。

程剑秋上舍，讳国陛。侨于扬。家素封，中落，屡试京兆。客死于燕。

吴澹泉夫子，讳定，字殿麟。诗必汉魏，文必韩欧，经义必归胡。操履严正，以程朱为法。孝友廉洁，人无间言。著《紫石泉山房集》。尤邃于《易》，《集注》一书，用力四十年，贯穿理数，为唐宋以来所罕觏。晚举孝廉方正。殁附祀紫阳。子孟秀，讳邦俊，邑庠生。仲扶，讳邦佐，俱能世其学。

家固叔太守，讳士贞。能诗，好书画，及澹泉夫子之门。由中翰官比部，需次中州太守，未五十竟卒。

吴鹤舫茂才，讳焜。与余同事澹泉夫子，惊才妙悟，下笔辄与古合。佐余楚幕三年。以诸生终。余属及门章琯香水部刊其诗三卷。

江元卿比部，讳士相。先世业鹾于扬，因家焉。君少勤学，能为明七子诗，任秋曹十载，卒于官，年才四十。喜蓄书画，每下值，辄往琉璃厂坊肆流连玩索，月无虚日。身后载之兼两者，皆断楮残缣也。

吴北野兵曹，讳大冀。官驾部。喜蓄书画骨董，至斥其产不惜。寓舍有白桃花，大荫二亩，花时辄置酒召客征诗，勒石以传。好饵药，年未五十，以是死。所蓄散尽。

胡翰云仪曹，讳荣林。由拔贡任礼曹，举顺天乡试。贫而好学，年三十，以咯血卒于京师。

郑晓涵论汉隶

郑晓涵由熙，丰口人。工诗文。已见前卷。晓涵长隶书，其《晚学斋文集》中，有《礼器百衲序》一篇，盖集《礼器碑》字为楹帖而为之序也，论隶法甚精。文曰：『汉碑于隶法，无美不备，《礼器》尤奇而正，余习是碑有年。尝考隶学之源流显晦而发其凡曰：隶始于秦，滥觞于汉，变于魏，南北朝偃蹇衰飒，有跅弛自好之致，唐人一主流美，愈变愈失其真。宋以后无专家，至我朝而隶学始显。谷口郑氏开其先，继之者伊墨卿、桂未谷两大宗，所谓南伊北桂是也。伊主开通，桂主郑固。伊如老吏断狱，不作囫囵语。桂如名将用兵，壁垒森严，无懈可击。后起如巴隽堂、黄小松诸家，莫能尚已。自钱氏攀云阁帖出，无论市儿伧父，皆能作隶，凡汉碑屈曲盘拿、纵横跌岩之概，一以整齐甜熟出之，无目者且谓伊桂非正宗，而隶学一晦。吾皖邓完白氏，以布衣起衰振懦，于《史晨》、《范式》诸碑，通临五十本，凡五年而学成，于是天下始知有两汉碑版，而隶学一显。完白当举世波靡之际，独立不惧，不可谓非蔡邕、程邈功臣。惟晚年兼习魏碑，参以己意，渐启后人率易颓唐之弊。海内虽闻风趋向，而不讲源流，遗神袭貌，隶学又骎骎乎晦矣。之数贤者，于诸碑皆悉心探索，独无工《礼器》者。完白初更名时，曾习此，又弃而之他。《礼器》在汉器中最完好，郭嗣伯谓非笔非手，弗由人造。王虚舟谓字字如龙，笔笔如铁。诸贤非不心喜，殆以超轶绝伦，无迹可寻，画虎不成，不如刻鹄耳。余愧无旨力倡明汉隶之学，亦不敢避难趋易。与世浮沉，爰集碑字为偶，名曰「百衲」。宁拙勿巧，宁质勿美，宁无成不取媚于俗』云云。

按：晓涵此论，殆出于翁覃溪。吾歙自巴、项二氏后，隶书以晓涵为工，故录之以语学者。

谭复堂日记

谭仲修先生献，曾令吾歙，后又曾校阅紫阳书院课艺。兹节录其日记之关歙事者：

丁丑八月之官歙县，十四日上大洪岭，飞泉百道，响若琴筑。若当盛夏雨馀，飞瀑殆如悬布。上岭七里，可二千级，石磴宽平，念闽中万松仙霞之险，且狎视之。登绝顶望仙亭，啜茗俯视，千岚百嶂，举手欲摩其顶，始知所历高矣。下岭八里，行人记壁间云凡二千三百四十七级。盘折而下，目瞰万仞，使人心栗。

中秋宿渔亭。十八日上官，歙朱寄洲以羿轩骈文手稿六篇见示，即沧湄观察初刻七篇之底本也。朱氏旧藏尺牍，孔先生论骈文一札尚在。寄洲藏古金一事，形方，有穿受柄，绿色如玉，宜为春麦为橇之橇，是古田器无疑。寄洲藏五色评本义山诗，蝇头细书几满，不知何人手，中有称朴山师者，疑为程让堂也。

歙县官廨落成，内外楹联录存，大门云：『山居者多寿，学道则爱人。』大堂云：『患寡患贫，告闾阎疾苦未平，莫向讼庭甘对簿；以养以教，课殿最拊循乏术，重新官阁愧峨冠。』二仪门云：『歌古调，试濯尘缨，白水浅深江见底；活疲氓，愿求丹药，黄山漂渺吏如仙。』二堂云：『茶户喜，麦垄香，大有频书，歌舞遍天都士女；江水清，庭花落，一行作吏，咨嗟问山越饥寒。』客座问政山房云：『稼穑艰难，怀古名山思问政；文章缘饰，微吟流水赋新安。』卧室云：『何忍鞭笞夸健吏，试从衾影问初心。』有楼面太函山，题曰『太函楼』，联曰：『谭风月，居高朋。』游雄村竹山书院，曹文敏、文正二公先人所筑文社，台榭幽窈，花木靓秀。中为讲堂，旁为『得此乃清旷』。楹联：『畅以沙际鹤，兼之云外山。』屏刻曹学诗《得此乃清旷赋》，即以联语为韵，史梧冈书之，二君《西青散记》中人也。缭以短垣，面新安江，峰壑如屏，帆缆上下，擅胜在远，山泽之姿，可以坐啸。

戊寅十月六日，歙县受代。二十六日发舟渔梁。寒崖绀碧，树草依依，未甚寒也。倚蓬读书，周美成云『依然旧风味』。《水经注》以浙江水终篇，舟中读之，新安江发源以下，叙次甚简，并有讹失。记严先生事，仅云有石室，不言钓台。

按：子陵钓富春泽中，非必凭江垂纶也。郦注于楚、越间水，当时在南疆者，大使舟车未经，褫略茫晦，而《江水》篇又有阙卷，有原无委矣。又另卷一条云：『皖南山行，岩泉秀发，草树婵嫣，殆有灵栖，或与凡隔。将至旌德，一重一掩，遥识黄山。新安江上，旧游如梦，屡为藩溷间想，独寝得无愧衾。』

谭复堂论汪容甫文

谭复堂日记云：『阅八家四六文，子才气秽，荀慈体弱，然邵则正宗雅器。读《述学》一过，每展卷，则心开目明，不自知也。如《释三九》、《自序》、《哀盐船文》、《宋世系表序》、《汉上琴台之铭》，振古奇作；《吊黄祖文》、《广陵对》、《黄鹤楼铭》、《荀子通论》次之，八家可与抗颜；《戴氏遗书序》、《防护昭陵碑》而外，不多得也。』

又云：『汪先生文章麟凤，师资二十年，妙处不待言。其往复自道，一笔盘折，多至十数句。于叙事中，多有此体，盖学襄、昭以后《左氏传》耳。』

又云：『阅《文献征存录》汪中篇中，载学制废兴篇目，盖容甫先生《述学》本书也，他传志所未备。又采遗论数则，与实斋先生《文史通义》相发，造车合辙，益坚予私淑之志。』

又云：『包慎伯尝言代定《述学》草稿，慎伯文事实浅，好大言，不足信也。』

洪稚存记汪容甫遗事

洪稚存《更生斋文甲集》书汪容甫遗事云：

汪中，江都人，少孤贫，事母极孝。家无书，因日往书肆中缁阅，即十得六七。补博士弟子，后肄业安定书院。每一山长至，辄挟经史疑难数事请质，或不能对，即大笑出。沈编修志祖、蒋编修士铨，皆为所窘。沈君本年老，后数日即卒。人遂以为中致之，共目之曰狂生。中议论故抑扬以耸众听。时侨居扬州程吏部晋芳、兴化任礼部大椿、顾明经九苞，皆以读书该博，有盛名。中众中语曰：『扬州一府，通者三人，不通者三人。通者高邮王念孙、宝应刘台拱与中是也。』不通者，即指吏部等。适有荐绅里居者，因盛服访中，兼乞针砭，中大言曰：『汝不在不通之列。』其人喜过望，中徐曰：『汝再读三十年，可以望不通矣。』中诙谐皆类此。然不没人之实，有一文一诗之善者，亦赞不容口。岁甲午，余馆扬州榷署，以贫故，兼肄业书院中。一日薄晚，偕中至院门外，各跨一石狻猊，谈徐东海所著《读礼通考》得失，忽见一商人三品章服者肩舆访山长。甫下舆，适院中一肄业生出，足恭揖商人与语。商人甚傲，微颔之。中愤极，从狻猊下，潜往拍商人项。商人大惊，回顾，中大声曰：『汝识我否？』商人逡巡曰：『不识。』曰：『识向之趋揖者乎？』商人曰：『亦不识也。』即告之曰：『我为汪先生，趋揖者为某先生，汝后识之乎？』曰：『识之矣。』中曰：『识之，即速去，毋溷吾事！』商人大惊。然度不能奈何，丧气以去。及余登第，一月中致书曰：『足下与量殊、渊如，皆吾弟也，而先后登第，名次悉同，老兄不出，岂欲虚左以相待耶？』量殊者，江侍御德量；渊如者，孙兵备星衍，皆中所素厚。中三十后不事科举，以选拔贡生终。中为文及诗，格度皆谨饬过甚。余怪问之，中曰：『一世皆欲杀中，倘笔墨更不谨，则坠诸人术内矣。』其谲又如此。泛论世次，忽谓中曰：『余长君二世。』中曰：『君误矣，余实君曾大父行也。』苍霖恚甚。欲缚中掷扬子江，以救获免。钱唐汪苍霖，尝以事赴吴门，回舟，与中同载。二人者，性并傲，且其始皆歙产也。

按：汪中、洪亮吉，皆歙人。洪所著各书，已收入《歙志》。惟俱无传，似须援许、程各姓之例，为之补传。二人传俱见本集及国史，吾书不必备录，故仅录其佚事也。又乾、嘉以来，吾县之名宦，如曹氏父子、程祖洛、王茂荫之流，续志皆须补传。以俱见史乘，易于检寻，吾书亦不备录矣。

洪稚存曾登天都莲花绝顶

稚存《更生斋集·题黄山云海图》诗云：『巢禽未起客先起，竹杖棱棱注坡底。莲花高，天都高，天都望莲花，始觉平眉梢。一日不食，一夕不食，望之不来，疑值鬼与蜮。我入门，惊同人，手脚既已僵，不复吟与呻。酌一瓢，餐数黍，颜虽活，气尚阻，我虽坚强不莽卤，我游山愧爬山虎。』原注：土人陈某，登山如飞，俗号为爬山虎，即两次导游天都、莲花者。

按：稚存于乾隆壬辰四月，随安徽学使者朱先生筠游黄山，登莲花峰。戊戌年复从其座主刘先生权之重游，登天都绝顶。邵晋涵谓其亡命游山，见本集。

洪稚存黄山四赞

稚存晚年，馆旌德之洋川，三游黄山，浴温泉、访白龙潭、观飞瀑涧而止。作《四赞》。其《朱砂泉赞》云：『地之宝，龙所守，浴者亵，湮厥窦。僧有道，泉复归。云青红，池上垂。西汤岭，东汤口，饮泉人，无下寿。』原注：『乾隆二年，江北饥，逃荒男女麕至，杂浴于池。未几，大雷雨，数日即失池所在。后有定僧居池上，日祷于神，至七年，池水复出。』承尧按：此乃傅会之言。

其《紫云庵赞》云：『紫云庵，无鼓钟。风水石，声成宫。泉弯环，岭壁立。夏堪浴，冬可蛰。禅志定，梦亦无。气清明，天所都。』原注：庵背即天都峰。

其《呼龙室赞》云：『石何奇，长半里。飞涛来，石或起。涛光青，潭气黑。云漫漫，雨工宅。霆为索，雷为鞭。呼龙起，雨大田。』

其《飞瀑崖赞》云：『云门开，日正昼。雨霏霏，讶天漏。泉腹断，石胁摧。迤东峰，势益危。瀑四飞，崖半凿。头正仰，樵斧落。』原注：俗名珍珠挂帘。

黄山慈光寺郑贵妃所制袈裟

洪稚存《附鲒轩诗集》中，有《慈光寺观明贵妃所制袈裟》诗，是此物至乾隆时尚存也。诗云：『老僧破衲生春风，褊裢如云降九重。九重鬼神识真意，监识万缕霞光红。霞光红逾山川日，内府珍奇此其一。三番宫女催绣迟，一骑中官入云疾。万人集福归一人，神器已曳空中陈。祖宗朝庙自有法，欲假佛力回明神。呜呼！乾宁宫中职何旷，天地兵戈开甲帐。东南织造苦不支，一半今归法王藏。当时恩重惭孤僧，讽经朝夕启大乘。披衣入座祈冥福，日月已暗长明灯。沧桑一百年，遗物犹久存。黄封郑重贮匣底，尚诩此出深宫恩。我谓阴谋本无用，玉合销残字龙凤。建业山川不出云，洛阳宫殿今如梦。劫后袈裟未作灰，岭云窥户野猿猜。长生枉向空王乞，不见秋风思子台。』

按：普门大师晚年入都，乃欲以说服魏阉报明恩也。不幸中道示寂，未竟其志。

黄山益然大师塔

洪稚存《附鲒轩诗集》中，有《同邵进士晋涵寻益然大师塔不得》诗，此亦黄山中一故实也。诗云：『大师裹足褊裢衣，佛手曾杀千熊罴。飘然归来竹窗下，野鸟入掌呼晨饥。浮云白日忽一转，粥鱼声长鬓毛短。缘床鼠怯剑气腥，隔竹猿窥箭瘢满。旄头星落白虎颏，亘亘宇宙当销兵。海滨招鲁岂同调，午日吊屈斯平生。于乎！男儿生为冤禽死作佛，生忆名山死归骨。天都成云荡胸热，上升为星下作石。枯残姓氏何足惜，自与此山同始卒。』按：益然大师名弘济，即汪扶光沐日。已见前卷。又按：与洪同游者，尚有黄仲则。集中亦有《寻益然塔》五古，亦甚佳。由黟来先经塔，再到茅蓬。见黄涵斋诗，又见山图，可寻考。

北京歙县会馆建置原始

北京歙县会馆，创始于明嘉靖间。主其事者，杨忠字良臣，号双峰；许标字时惠，号东桥。刘嵩、张孔容继之。至嘉靖甲子、乙丑间，有王金字西园、张汝学字容园者，重修之。至万历十年，有程彬字文野、许重光字葵阳、程唯美字斗崖者，重修之。许文穆额其堂曰『汇征』。有龙泉县尉徐世宁号月洲者，始编《会馆录》。至万历三十一年，有姚洌、赵应联、程应元重修之。其时规模已宏敞。考其捐册，列名者甚众，如汪一中、字南华，居潜口，丙戌进士，江西廉副，阵亡谥忠愍。方瑜、晖山，居潜口，甲辰进士，知南宁府。汪道昆、南明，居松明，丁未进士，兵部左侍郎。方宏静、采山，居岩镇，丁未进士，户部侍郎。方良曙、旸谷，居中塘，癸未进士，应天府尹。程大宾、心泉，居槐塘，丙辰进士，贵州廉使。程道东、宇和，居介塘。己未进士，知大理府。王天爵、古庵，居王干，己未进士，广西巡按。凌琯、斗城，居大塘，壬戌进士，山西廉使。许国、颖阳，居上路，乙丑进士，官至大学士。张一桂、玉扬，居黄备，戊辰进士，礼部右侍郎。黄应坤、健所，居上路，戊辰进士，山西山东巡抚。罗应鹤、闻野，居呈坎，辛未进士，保定巡抚。洪佑圣、经寰，居桂林，丁未进士，江西巡抚。吴中明、左海，居篁墩，丙戌进士，南户部侍郎。毕懋良、见素，居县城，乙未进士，工部左侍郎。方元彦、岱阳，居岩镇，丙戌进士，浙江巡抚。毕懋康、东郊，居上路，戊戌进士，兵部右侍郎。吴国仕、长谷，居冲山，甲辰进士，户部右侍郎。唐晖、中楫，居槐塘，庚戌进士，巡抚湖广。程国祥、我旋，居古城关，甲辰进士，户部尚书。汪应元、洲凫，居郡城，丙辰会魁，顺天督学。方一藻、元根，居罗田，壬戌进士，兵部右侍郎。吴孔嘉、天石，居溪南，乙丑探花，官编修，请立杭州商籍。吴家周、椰梅，居澄塘，乙丑进士，礼科给事中。吴彦方、南罗，居石桥头，乙丑进士，四川道御史。姚思孝、永言，居九沙，戊辰进士，户科给事中。王文金、乳山，居王干，戊辰进士，兵科给事中。姚宗衡、霞溆，居街口，庚辰进士，翰林院检讨。吴应明、怀溪，居溪南，丙戌进士，太常寺少卿。洪文衡、桂渚，居桂林，己丑进士，大理寺少卿。陈与郊、嵎阳，居岩镇，甲戌进士，吏科给事中。洪都、九霞，居桂林，乙未进士，太常寺少卿。程寰、人林，居百花台，乙未进士，湖广廉使。洪翼圣、南池，居桂林，戊戌进士，光录寺卿。程奎、聚所，居潜口，丁丑进士，太常寺卿。汪元功、苍衡，居丛睦坊，乙未进士，户部右侍郎。汪有功、雪廷，居丛睦坊，甲辰进士，四川道御史。吴汝显、中涵，居中和村，甲辰进士，山东副使。江世东、石钟，居江村，甲辰进士，云南道御史。江秉谦兆豫，居上北街，庚戌进士，巡北城御史。皆与焉。馀不及录。一时人文之盛，已可想见。其时如学士唐皋、都宪江东之、尚书殷正茂未列名，盖未与其事也。至清，则张山南先生名习孔，绍村人。首捐京寓牛穴胡同住宅为新安会馆。至乾隆五年，侍御史吴南溪名炜，字觐阳，溪南人，庚戌进士，官至光禄寺少卿。倡议复明歙馆旧制，而比部黄君昆华名履昊，刑部江西司郎中。捐其住宅，公之于众，有屋六十三楹，值十六万缗。同时相助者有：李绂、内阁学士，前礼部侍郎。凌如焕、兵部左侍郎。周炎、大理寺少卿。吴炜、山东道监察御史。吴华孙、朱桓俱编修。诸人，即今宣武门外大街馆舍也。后路口徐厚庵名建勋，奉宸苑卿，盐商。捐资建南屋，而编修徐光文为之记，又续修馆录。徐字亭玉，号杏池，月洲六世孙。吾宗鹤洲公、名荫采，唐模人，刑部广西司郎中。韬所公、名日辉，鹤洲侄，兵部武选司主事。静泉公名日舒，鹤洲侄，兵部职方司主事。创建兰心轩，复捐白金二千缗，有程景伊、徐光文二记。曹文敏父枫亭先生，亦捐资生息给馆用。道光甲午，日洲八世孙徐上镛重续馆录，有曹振镛、潘世恩、徐宝善三序。徐字篁城，官编修。

歙事闲谭卷十一

清代歙京官及科第

北京歙县会馆观光堂，有题名榜。有清一代，吾歙本籍寄籍之官京朝取科第者皆与焉。录之以备参考。计大学士四人：康熙朝，文华殿徐元文；乾隆朝，文渊阁程景伊；嘉庆朝，体仁阁曹振镛；道光朝，体仁阁潘世恩。

尚书七人：户部徐元文、刑部徐乾学、吏部程景伊、户部曹文埴、吏部曹振镛、吏部潘世恩、礼部吴椿。

侍郎二十一人：吏部右徐秉义、工部左阮尔询、户部左李俊、吏部左凌如焕、兵部左胡宝瑔、礼部左谢溶生、工部左王廷玙、吏部左曹城、兵部左江兰、刑部左金应琦、工部右鲍桂星、刑部左程国仁、工部左程祖洛、工部左吴椿、户部右程恩泽、礼部右吴文溶、吏部左潘曾莹、吏部右王茂荫、户部左汪元方、工部左潘祖荫、工部右鲍源深。

都察院都御史七人：徐乾学、程景伊、曹文埴、曹振镛、潘世恩、吴椿、汪元方。

内阁学士十五人：徐元文、徐乾学、徐秉义、李绂、凌如焕、程景伊、谢溶生、汪廷玙、曹城、潘世恩、曹振镛、鲍桂星、程恩泽、吴文溶、潘会莹。

状元五人：顺治己亥科徐元文、乾隆壬辰科金榜、乾隆癸丑科潘世恩、嘉庆乙巳科洪莹、同治戊辰科洪钧。

榜眼即一甲二名二人：乾隆庚子科江德量、乾隆庚戌科洪亮吉。

武榜眼一人：乾隆癸丑科鲍友智。

探花即一甲三名八人：康熙乙丑科黄梦麟、雍正甲辰科汪德容、乾隆戊辰科汪建玙、乾隆庚子科程昌期、乾隆辛丑科汪学金、乾隆乙卯科潘世璜、道光庚戌科谢增、咸丰壬子科潘祖荫。

传胪即二甲一名五人：乾隆甲戌科汪永锡、乾隆庚辰科曹文埴、乾隆辛巳科蒋雍植、嘉庆己未科程国仁、光绪甲午科吴筠孙。

会元三人：乾隆辛巳科陈步瀛、乾隆丙戌科胡珊、乾隆庚戌科朱文翰。

解元十三人：康熙癸卯科湖广乡试黄士焕、康熙庚午科浙江乡试吴筠、康熙戊子科江西乡试李绂、康熙癸巳科江南乡试许溯中、康熙甲午科江南乡试方炳、乾隆癸酉科江南乡试胡溶、乾隆壬午科江南乡试吴珏、乾隆丁酉科江南乡试吴檟、乾隆丁酉科浙江乡试吴一骐、乾隆甲子科河南乡试吴国仁、嘉庆戊午科江南乡试黄承吉、道光辛卯科江南乡试汪立权、同治甲子科江南乡试江璧。

进士计二百九十六人：顺治朝丁亥朱廷瑞、张光祁。己丑张习孔、刘兆元寄籍浙江。以下注县者皆寄籍。方跃龙于潜、汪继昌嘉兴。壬辰洪琮、何如龙、王仕云、罗汉章丹徒、吴元石、杭州。按更名雯清。刘廷献仁和、胡方学。乙未许书、郑嗣武、汪友明、闵叙江都。戊戌程瀚上元、吴钋钱塘、黄如瑾溧阳。己亥罗苍期、王国相、洪乘轩泾、项时亨、鲍济、郑为光仪征、吴涵钱塘、徐元文昆山。辛丑徐斌昆山、程涞山阳、江皋桐城。

康熙朝甲辰王铉江宁、程万钟常山、洪玕、汪溥勋、黄士焕湖广。庚戌汪浩然、汪虬繁昌、江德新、徐乾学昆山。癸丑汪鹤孙浙江、徐秉义昆山。丙辰许承宣江都、程濬仪征。己未鸿博汪霦钱塘。己未鲍荐繁昌。壬戌吴苑、阮尔询宣城。乙丑汪薇、许承家江都、黄梦麟溧阳、汪煜黄岩。戊辰唐鸿举、程珣休宁。辛未程文正江都。甲戌程禔仪征、程湄江都、吴岳湖广。丁丑许迎年江都、程本节合肥。庚辰江为龙桐城、鲍夔杭州。癸未吴瞻淇、吴蔚起、吴涟浙江、吴焕钱塘。丙戌程彦武进。己丑汪诚、程喈、方觐江都、李绂临川、吴筠仁和、吴观域钱塘。壬辰洪泽、鲍开常熟、汪泰来钱塘、程梦星江都。癸巳曹志宏、程崟、江发乌程。乙未凌如焕上海、吴鲲。

雍正朝癸卯洪肇楙仪征、朱世勋宜兴、周炎杭州。甲辰朱陵、程锡琮六安、汪德容、胡兟仁和。丁未黄斐然溧阳。庚戌吴炜、吴华孙、汪振甲浙江、胡际泰杭州、方邦基、江宏禧钱塘、唐廷赓定海、罗克昌高邮。癸丑金士仁、程仁秩江都、朱桓宜兴、项樟淮安、汪师韩钱塘、凌应龙上海。

乾隆朝丙辰程栋、方骞、叶昱嘉兴。丁巳程隆家、洪本仁扬州、许宗峻仁和、黄克业如皋、凌应兰。己未程景伊武进、叶苑仁和。壬戌郑捷甲、谢溶生仪征、仇然钱塘。乙丑徐光文、江权、李友棠临川、吴毅杭州、张文扬州。戊辰金长溥、曹学诗、庄来、吴绶诏、汪廷玙镇洋、叶世度仁和、胡梦桧钱塘、洪其哲贵州。壬申曹昞、刘标、吴以镇、汪涛、郑鸿撰钱塘、程瑄仪征。甲戌徐焕、程埙、胡瑁、汪永锡钱塘。丁丑罗廷梅、洪钧、郑爔、朱芫会、江廷泰江都、程文球繁昌。庚辰曹文埴、程之章浙江、汪献之浙江。辛巳项淳、金云槐、蒋雍植怀宁、汪为善昆山、曹坦河南、陈步瀛江宁。癸未唐采松、汪百名、吴珏、程沆安东、洪锡璋扬州。丙戌胡珊元和、吴礼镇洋、王邦治浙江。己丑汪焕宜兴、程元基仪征、潘奕隽浙江。辛卯程晋芳、曹城、吴覃诏、程世泽、洪朴。壬辰金榜、王照仁和、郑宗彝江宁。乙未吴绍澯、许烺浙江、汪铭魁、汪昶、吴绍浣、吴一骐浙江。庚子程昌期、江德量仪征、吴甸华沭阳。辛丑曹振镛、程嘉谟、程嘉训、汪学金镇洋。甲辰潘奕藻吴县。丁未朱承宠、郑文明仪征、汪彦博镇洋。庚戌朱文翰元和、洪梧、凌廷堪、洪亮吉、黄洙甘泉。癸丑潘世恩吴县。乙卯潘世璜吴县。

嘉庆朝丙辰赵慎畛湖南。乙未鲍桂星、程祖洛、王家景浙江、程国仁河南。辛酉吴鸣捷、方振江西、吴毓宝云南。壬戌吴椿、金式玉浙江、程赞清仪征。乙丑程家祥芜湖、黄承吉江都、程元吉安东、程家督河南。戊辰张廷诰。己巳鲍珊、黄台、洪莹、程厚、郑士杰仪征、胡勋尧青浦、汪士侃无锡。辛未吴榕、朱文来、程恩泽、罗尹孚。甲戌程川佑、郑兆杞江宁。丁丑汪熙、徐瑾。己卯吴文镕仪征。庚辰徐宝善、方用仪江西。

道光朝壬午鲍承焘浙江。癸未鲍廷淳改名文淳、许球。丙戌徐上镛、项名达浙江。己丑周茂祥、程德麟全椒。壬辰王茂荫。癸巳胡正仁、程葆、朱丽宣荆溪、汪元方余杭。乙未汪觐光甘泉、叶朝采浙江、程锡蕃全椒。丙申江健、方允镮、陈鲁上元。辛丑汪藻浙江、潘曾莹吴县、汪堃昆山。甲辰吴骏昌仪征。乙巳潘遵祁吴县。丁未鲍源深和州。庚戌谢增仪征。

咸丰朝壬子潘祖荫吴县、胡履吉青浦、吴潮仪征。癸丑宋梦兰、汪承元甘泉、张德容西安。丙辰徐景轼、鲍勋、张光藻广德、潘祖同吴县钦赐。庚申汪国凤仪征。

同治朝壬戌鲍功枚。癸亥胡隆询仪征。乙丑黄崇性、江璧甘泉。戊辰鲍存晓山阴、朱世篁钱塘、郑崇龄上元、洪钧吴县。辛未汪运纶、郑成章、洪镔、周孚裕芜湖。甲戌程开运。

光绪朝丁丑程夔、蒋其章钱塘。庚辰汪宗沂、江昌燕、鲍恩绶、徐贞。乙丑鲍琪豹、吴丙湘仪征。丙戌潘尚志、鲍公增丹徒。壬辰吴宝镕仁和、汪春榜。甲午吴筠孙仪征。癸卯徐谦。

甲辰许承尧。

举人约近千人，旧志录至道光八年止，兹自道光朝起，补录之：

道光朝辛巳汪光勋、汪梦珏含山、吴绍彬浙江、黄鸿业海州、朱琛浙江。壬午许球、吴枌、程照顺天、方日华顺天、张匡奎六安、张楝芜湖、方震时仪征钦赐、曹恩滢。乙酉毕琳、徐上镛顺天、程德麟全椒、王光绔青阳顺天、朱丽宣荆溪、汪廷燮全椒。戊子程官堡仪征、汪湛恩、周茂祥、胡正仁、汪元方余杭。辛卯汪立权、吴文锡仪征、方允镮、汪桂浙江、蒋嘉炜顺天、洪德本仪征、王茂荫顺天、潘俊浙江榜姓吴、萧国仁浙江。壬辰江健、庄承诰。甲午程梯功、汪暕阳湖、程锡蕃全椒、潘曾莹吴县、谢增仪征、汪觐光甘泉、叶朝采钦赐、曾绍棣。乙未汪光谦、汪南金甘泉、汪承元甘泉、汪和仪征、潘希甫吴县、汪堃昆山、周茂梧浙江、汪藻浙江、吴长庚湖北钦赐、曹绍桐。丁酉曹彭洛、程校功、江廷镇、鲍继培顺天、吴文铸仪征、胡景星太仓、许镜华浙江钦赐、程德威。己亥汪春、程廷瑛、鲍应鸣、鲍康顺天、鲍庠顺天、张浩嘉定、吴中密江都、吴世钰甘泉、郑杰顺天上元、程恭寿顺天浙江。庚子王鼎祚、曹绍樾、汪仁溥、汪维城顺天、鲍东植顺天、吴升照顺天、汪曜奎昆山、唐昆基海州、潘曾绶顺天吴县、郑兰浙江、潘馥。癸卯程国贤、王光组、鲍瑞骏、吴端甫、许瑞麟、潘霁长州、程绅顺天旌德、汪望求顺天无锡、潘遵祁顺天吴县。甲辰江垲、鲍勋、许裕坚、徐廷鉴、罗亨键顺天、徐志导顺天、徐志恭顺天、郑思奎顺天仪征。丙午程荣功、宋梦兰、鲍庚顺天、吴晖吉顺天、鲍源深和州、徐铉仪征、程端本浙江、鲍志鸿浙江、吴传灏。己酉鲍钟诠、吴潮仪征、徐铠仪征、张光藻广德、鲍桂生山阳、许培元全椒、汪树泉全椒、吴兰芬顺天、许之叙钦赐、潘祖荫吴县。

咸丰朝辛亥许源征、江廷缙、杨昌樾、吴德英、柯钺、黄学洙、曹恩谟、程梁生、徐景轼顺天、许光甲扬州、程夔上元、黄昌辅江都、程恩濊仪征、潘诚贵顺天吴县、方鼎录顺天仪征、郑晓如顺天山东、许光华浙江、吴福光陕西。壬子吴昌照、潘介繁顺天吴县、方鼎锐顺天仪征、张德容顺天浙江钦赐、潘祖同吴县、潘祖保吴县。乙卯汪蓥。戊午潘观保吴县、郑嵩龄顺天上元、鲍存晓浙江。己未鲍功枚、方其义、吴臣枚、洪晋祺、洪大廷、方庆恩、黄崇姓、郑成章、洪承煦仪征、汪国凤浙江、程钰顺天海州、潘贵生吴县、许瑛江西。辛酉鲍步垣顺天山阳、金起茂浙江、汪步蟾浙江、鲍临浙江。

同治朝壬戌洪镔顺天、徐焞顺天、胡隆询顺天仪征。甲子吴辉祖、曹崇庆、汪运纶、汪恩滩、郑德建、方觐宸、吴亦樑、江璧甘泉、洪德樽仪征、江庆溱仪征、洪钧吴县。丁卯程开运、江恒、鲍恩绶顺天、唐恩灏顺天海州、朱世篁浙江、鲍谦浙江、许承勋浙江、许庆恩浙江、鲍存贤浙江、陈寿彭山阳钦赐、汪树屏浙江。庚午程庆熊、周孚裕芜湖、吴永焕、汪毓衡、吴萃元、吴其培、许萃海州、郑乔龄仪征、汪大策六安、蒋其章钱塘。癸酉江学善、姚大士、程夔顺天、方遇宾顺天、吴荫培顺天、吴同庆顺天仪征、潘阶荣浙江。

光绪朝乙亥方正、巴堂谊、柯模、吴莹海州、汪达钧六安。丙子汪宗沂、潘志俊、潘志窠、顺天吴县、鲍琛六安。乙卯江昌燕、江照、鲍琪豹顺天、吴引孙顺天仪征、鲍源滋和州、潘志颖吴县。壬午胡诒诏、顺天，更名敦仁。汪镳、鲍中镳、王庆耀、鲍心增丹徒、徐贞、潘志裘顺天吴县、许鼎霖赣榆、洪锡礽、山阳，更名德恒。许珏无锡。乙酉鲍国琛、洪大诰、潘尚志、项同寿顺天钱塘、吴宝镕仁和、许枋蕲州。戊子洪涛、项兆骏钱塘、吴筠孙顺天仪征、吴丙湘顺天仪征、程祖福顺天大兴、汪济泰州、吴傅荣汉阳、鲍世期芜湖。乙丑吴会昌、鲍国桢、鲍钧、汪春榜、叶光祖、童骏昌、潘骝孙、吴兆林汉阳。辛卯程松生、鲍鸿、黄以霖宿迁、鲍文镳芜湖、汪绍志顺天甘泉。甲午程恩浚、许承尧、汪律本、王恩诏顺天北通州、周冕忠顺天芜湖。癸巳周钺。丁酉洪潆、方宝铨、徐巽顺天、周弼忠芜湖、曹绪祥江都、鲍梓生宿迁。壬寅补行庚子、辛丑徐谦、吴承仕、江友燮、程端绪、黄家驹、程肇莘、许国莘无锡。癸卯程永徽、鲍鹗、张云锦、程殿峋、吴德耀、程致泽、汪廷柱、张佑。

科举故事一

吾歙京朝官，以晚明为极盛。见于前卷所录歙馆捐册中。其同时以进士官部曹及守令者约三十人，尚未及录。此诚他县所希，盖以颍阳入相，或多所汲引，然皆由进士出身也。至清则有『连科三殿撰，十里四翰林』之说，亦盛极一时。三殿撰者，合歙、休二县言一科也。

之于梦，可知结习深矣。又按：诗注中「同榜」字，恐有误，因稽之旧题名录，固无之，或非按：吾村唐模，亦有同胞翰林坊。则力臣、师六二公也。凡事太重视者，必生迷信，征双」及往视旗，则「盖都无双」四字也。寻兄弟同榜成进士，果应吉梦。

先，相传树旗日，高祖叔高祖将持羊酒往桂林贺，前一夕，兄弟同梦，旗上字大书「盖都有光禄孟邻公、都宪仲邻公、行人季邻公，俱同胞进士。程洪本世姻，而光禄公兄弟登第在名认有双。」原注：先伯高祖司李扶舆公、高祖臬宪坤舆公、叔高祖县尹黄舆公，与桂林洪程竣山进士埙诗云：「衡宇槐阴对桂椿，诘晨绿酒压羊腔。梦中树帜词坛字，盖都香

科举故事二

同科得庶吉士，亦希有事也。三殿撰中，金成闳儒，四翰林中，黄为积学，各有著作。成章，郑村人；黄崇惺，潭渡人；汪运輪，西溪人。皆西乡，沿丰乐溪滨，所居相距十里以四十年乙未，状元吴锡龄，休宁人。四翰林者，同治十年辛未梁耀枢榜，洪镔，岩镇人；郑之。乾隆三十六年辛卯，状元黄轩，休宁人；乾隆三十七年壬辰，状元金榜，歙县人；乾隆

北京歙县义庄

北京歙县义庄，在永定门外五里许石榴庄，旧名下马社。规制甚宏，厅事高敞，周垣缭之，丛冢殆六七千，累累相次。盖亦经始于明嘉靖四十年，与创设会馆同时，主其事者，州倅江龙、卫幕仇自宁及杨忠、许标、汪昙诸人。至隆庆中，郑楫、江世充、江同仁，议设寒食中元二祭。万历丙辛间，程文德、张汝黉、俞文美，更拓其地。后吴之启、方时用、徐拱宸诸人，募建厅堂，见隆庆三年江西抚州推官黄愿素、万历四十六年南户部郎中汪元功二记。许文穆公亦与其事甚力，见云塘程景伊碑记。至清初则杨监正光先，曾重加修整，其后世守之。曹、潘二相，俱曾资助。捐款则取于茶商为多。据黄记，则隆庆中歙人聚都下者，已以千万计。乾隆中，则茶行七家，银行业之列名捐册者十七人，茶商各字号共一百六十六家、银楼六家、小茶店数十。其时商业之盛，约略可考。上据《歙县会馆录》。吾徽人笃于乡谊，又重经商，商人足迹所至，会馆义庄，遍各行省，若合全国调查，作一统计，藉以考知吾歙商业盛衰，于志书中别辟商业一门记之，亦征实之要举也。

吴茵次《林蕙堂集》

吴茵次绮《林蕙堂文集》十二卷，《续集》六卷，皆骈文。前集刻于乾隆甲午，有龚鼎孳序，目为李峤真才子。又有《听翁自传》。《续集》刻于乾隆丙申，有吴琥绣、尤侗、陈维崧、靳治荆、汪洪度、吴兴祚各序。又《亭皋诗钞》四卷、《艺香词钞》四卷。皆其宗人琥绣字永之者校刻。袖珍本甚精。茵次在当时负盛名，而文笔冗杂，尚沿钱牧斋、龚芝麓之余习。诸人为作序者，亦皆骈文。兹录其《听翁自传》云：『听翁出于延陵，逸其名与字。仕至二千石，多惠政，不畏强御，以忤上官投劾归，归而贫甚，不能自给。长婿江子辰六，醵金筑室于广陵之南门，曰「天地间亭」，翁于是乎有居。癸亥游粤东，制府吴留村赠以买山钱，按即吴兴祚，归得粉庄巷赵氏之废圃而移居焉，翁于是乎有园。又以钱二百缗得东陵田七十亩，翁于是乎有田。田种秫与豆，仅足供半岁食。居以移后，复为他人所有。园荒无树木花竹，有索翁文与诗者，多以树木花竹为润笔费，不数月而成林，因名之曰「种字林」。翁于是乎偃仰其中，春而花、秋而月，偕内子江夏君，以诗酒自适，虽至屡空，泊如也。常曰：「吾才不逮古人，而冒忝方州，性懒不能为导引术，而年及古稀，不事家人生产，而莱妻伶妾，无北门之谪。诸儿子不营利禄，而皆拈弄笔墨，粗能为诗古文词。吾知造物之与我已为过矣。于是以修短衰健听之天，以利钝荣辱听之人，以是非毁誉听之千百世而后，流行坎止，吾何心焉。」故自号曰「听翁」。』下略。

翁性坦率，好宾客，与人言无所隐。有不如意者，即怒骂，然胸中无留滞焉。喜作诗，务言其性之所近，不甚规模初盛诸体格。为文章，好作孝穆、子山语。见世之优孟欧苏、饾饤班范者，不屑为也。所作填词小令，儿童女子，皆能习之。有毗陵闺秀，日诵其『把酒嘱东风，种出双红豆』二语，以为秦七、黄九不能过也。故又号红豆词人云。

按：薗次，丰南人，而住扬州，故集中关于歙事不多，惟《请澹归和尚住黄山启》，《送孙桴莽归黄山序》、《靳书樵大令游黄山诗序》、《娑罗园记》、《西溪南仁德社庙碑及诗文集序》十数篇而已。中《江辰六春芜词序》、《家岱观大令西塞诗序》、《端阳阿集序》、《家逸园侄留香集序》、《黄元龙先生诗序》、《汪扶晨榖玉堂诗集序》、《汪子沧披云阁诗序》、《程山尊春帆集序》、《家叠峰诗集序》、《张山来心斋聊复集序》、《汪栗亭诗集序》、《江允凝咏古诗序》、《吴子远亦安乐窝诗序》诸篇，可以考知故籍。惜皆骈文，无可采录。又按：澹归和尚，名今释，即金堡，号道隐。杭州人。庚辰进士。祝发后住丹霞，又住半塘寺，此文已见《黄山志》。又按：薗次与汪士鋐扶晨、程谦山尊诸人，同赞助闵宾连修《黄山志》，故往还甚密也。又按：集中有《又道人传》一篇，为沙溪凌畹字又蕙作。有『君本高人，实多侠行。曾留张俭，靡惜破家。尝哭李膺，无忧及祸』语，惜亦未详其事也。骈文不足征实传后，所谓徒玩春华耳。按：凌又蕙工诗画，画得郭忠恕之神。尤喜为墨竹，如写草书。见县志。茜次又选《宋金元诗咏》二十卷，康熙戊午年刊行，有昆山徐乾学序。

吴茜次许仲容先生诔

吾宗许明贤，字仲容，贾扬州，宗谱称其行谊敦笃，恺悌博施，与子承宣、承家同祀乡贤祠。靳志言仲容唐模人，少读书白岳，性至孝，亲意少有不豫，露立三夕不就寝。平生深究性命之学，以诚敬为宗，教子读书取友，尤有法。一日渡江，取诸子所辑时文投江中，曰：『此无益之学！』令编辑《历代史论》及《名臣事略》二书。诸子皆承其志。他如赈饥、焚券、施棺、施药及完人婚嫁，终岁孜孜无虚日。三举乡饮大宾。卒年八十五岁。宗伯龚鼎孳为志墓。

兹阅《林蕙堂集》，得其诔文，因备录之。文云：『仲容许老伯者，予友念修、力臣、师六之尊人也。系本子将，仍传月旦，人同叔重，久擅风华。而孝友本于性成，仁恕由于天授。少而负笈，尽窥东鲁之藏；长好披图，独爱西铭之学。诚通求堇，让表推梨。蔡中郎七旬，何心解带；第五伦十起，犹愧安眠。指百口以名桥，合三宗而待爨。时逢认履，不妨徒步而归；即遇盗菸，翻欲奉身而避。邻家卧犊，长待饮于管宁；渔父获龟，得全生于毛宝。乡焚券非关于市义，造车恒望以借人。以故石氏佳儿，皆能数马；荀家诸子，并可名龙。方其党化其清操，途多守剑；郡邑钦其硕德，巷有式庐。终身无汗玉枝，晚岁独摩铜狄。生也，邦君修几杖而乞言；迨及溘焉，邻里见旌幢之入室。召隐居于天上，夫岂偶然；迎柱国于生时，吾无间矣。绮交深孔、李，谊笃荀、陈。每独拜于床前，尝共趋于庭下。恨当易箦之日，匏系一官；欲希磨镜之风，芹怀五载。兹值仲宣归里，始知灵运生天。奉席无因，题旌有自。乔公墓畔，宁忘腹痛之言；郭泰碑边，应非心惭之作。诔曰：「猗欤耆德，伟矣令仪。明珠比誉，璞玉含姿。橘怀陆绩，被共姜诗。书题百忍，台号四知。分餐有饫，让畔靡亏。光风被物，膏雨济时。知高失马，仁渥纵麑。庭齐珠树，坐长金芝。制崇更老，礼重耆颐。玉棺天坠，绛节霞披。龙章待贲，鹤驾难期。青瑶永刻，黄石专祠。千秋是仰，百代云思。」』

江童子冠斗

《林蕙堂集》中，有《江童子冠斗赠诗序》。原注：江童子者，郢上第四子也，名箕，年十二，好文敬客。黄九烟先生字以冠斗，戏以『小平原』目之。文中有『芜城胜地，橙里名家』

语，殆当日康山文酒中之杨乌也。

徐笙甫《安止轩诗》

徐本煊，字子京，号笙甫，徐村人。咸、同诸生。历游四川、江西幕，代理江西吉水县。著有《安止轩率真集》，其《记咸丰间兵事》二律云：『大纛莅元戎，才资坐镇雄。原注：咸丰十年八月十五日，李元度次青来自浙，办徽防事，不守六岭，惟驻营城外，己居城中。西平夸绩懋，诸葛侈名隆。李于玉山偶获小胜，遂有「赛诸葛」之称。日旰军翻墨，二十四日贼已入近地吴山铺，距城数里，李始急挥兵应战，贼势甚张，兵溃。城空壁断红。夜贼临城纵火，李遂启南门奔江口，入浙。当年谁借箸，策比竖儒工。前张公小浦办善后事，虽多需费，然屡破贼军，地方安静。万井此潜逃，十年寇至，至十一年五月始退，居民陆续回里。十二月寇复至。征途且驿骚。有数营士卒亦先逃，路多骚扰。跳梁凭敌计，四乡为贼抄掠不堪。固垒按兵韬。老湘营居城，为婴城固守之计。树尽村烟冷，贼以徽地食尽，五月始退，此次居民，大半冻馁而死，树木亦尽。灯明士气豪。岁将毕，城中士卒张灯启宴。角声吹一夜，大雪压弓刀。』

又《述感》四十韵中一段，述湘军事，颇能纪实，兹节录之。云：『范韩交辅宋，郭李中兴唐。曾侯相率官李、骆、左诸大君子，皆为当代杰出勋臣。荆楚先开府，关河继运航。理财思陆贽，舞智惜张汤。军兴需费，开捐增税，吏胥绅募，弊事百端。士入桓温幕，官称卜式郎。避兵才怨鹤，当道又添狼。从远鹰驱雀，书空蠹入囊。止车搜箧破，对簿税田荒。膺数民生扼，论功士气扬。下皆叙恢复金陵。誓师沉白马，烧劫靖红羊。人事娴军旅，天心护庙堂。十年歼巨寇，千里快归装。叙湘勇凯旋。出入头衔耀，驰驱手版忙。如何兵反旆，犹似贼跳梁。浙境及徽、宁犹骚扰。烽火愁仍警，桑麻望不偿。婴城留甲胄，绅民多不愿解兵，防有复萌事。比户问壶浆。勇下乡村，掠食劫钱。妇女军中气，驻勇即于本地娶妇。妖星帐外光。时多异征，人数惊。几时归士马，大力扫欃枪。下略。以上皆原注。

承尧按：《安止轩诗》乃写本，未刻。本烜父上镛，字序声，号蓉舫。道光乙酉举人，丙戌进士，兵部主事，官至湖北黄州府，署汉黄德道。在任能裁陋规，不受请托，有政声。《安止轩集》中，屡见与徐圣秋唱和诗，其同宗也。

汪嫈《雅安书屋诗集》

汪嫈，字雅安，汪埙之长女，槐塘程禹和妻，程镇北葆之母。著《雅安书屋诗集》四卷，刊于甲辰。阮元、黄爵滋为作序。镇北，戊子举人，癸巳进士，阮、黄皆其座师也。镇北自跋言：『少孤，承先妣慈训，得以成立。尝绘《秋灯课子图》，乞名人题咏，得诗四卷。先妣著作甚富。辛巳徽州蛟水为患，藏稿沦没。先妣有《出蛟记》及诗记其事，今仅存诗四卷。』

阮序称其『五言古近体，风格大抵与有唐初盛为近，辞气温厚和平，质而不陋，清而不纤，粹然几于儒者之言。七言长句及咏史诸律，则放笔为之，雄豪跌宕，迥非寒俭家所能梦见。其共传诵者，如《论诗》六首，洞见本源；《示儿》八首，可铭座右；《论陶诗》一首，尤为至论。扬州当乾、嘉间，言诗者有春谷、秋平两黄君，闺秀则张净因孺人。今观诗中，知节母为春谷表侄女，早受学于秋平，又从游于净因，渊源有自』云云。集中有《读黄秋平诗文稿》诗，有《题黄师母张净因孺人绿秋书屋诗集》诗，有《题江素英月娥望云图》诗。原注：素英工诗善画，性情纯淑。许字皖江文学张某，最为静因师氏所契，兹痛其母毕太淑人之殁，自写《望云图》求闺秀题咏，良足重也。有《咏虞姬次方白莲女史韵》诗。由扬归歙后，有《题鲍瑞香女史蕊珠梦游黄山图》诗，有《题鲍瑞香春雨校书图》诗。素英、瑞香，其女友，疑亦歙人也。

其《题江郑堂父执秋江听潮图集唐人句》云：『八月凉风天气清宋之问，舟人夜语觉潮生卢纶。江间波浪兼天涌杜甫，新雁才闻一两声杜荀鹤。看书到晓那能眠韩愈，一枕秋声夜听泉牟融。潮落夜江斜月里张祜，月光如水水如天赵嘏。』

《展先大人八分书册敬赋》云：『吾父工书得名早，求书获者若奇宝。功深下笔如有神，学右军书能恰好。由晋而上追汉贤，中郎石经日稽考。自言学隶但学唐，古意全亡涉纤巧。』

《秋夕与素英联句成回文一首》云：『明月秋连云影寒素英，雁飞停满水边滩。横江大浪银涛怒雅安，静院空阶玉漏残素英。清梦容窗烟漠漠雅安，远吟芳榭露涔涔素英。轻舟一叶枫林密雅安，平远山容花染丹素英。』

《读梦陔堂集》云：『字字呕心血，精金百炼成。貌将山水范，韵带雅骚清。祖德陈忠厚，君恩记圣明。不数千载上，李杜独齐名。』

《读族再侄春海司农赠葆儿楹句》云：『家君伊川后，理学存遗风。君子道事君，惟和能不同。原注：皇上尝称司农和而不同。率属白华洁，资事经术通。名言岂在多，所期意无穷。君恩无深浅，臣心一敬恭。何以报知己，淑慎持尔躬。』原注：楹联句云：『晨夕老亲娱，一勺君羹都有味；墙屏学子集，六经师说正无涯。』期许中寓规劝意。

《论诗六首寄示徐玉卿》云：『曾向名山敂秘传，性情以外漫谈禅。自然乐府从骚出，根柢终须三百篇。』『花放水流无死句，池塘春草亦新栽。随人那得成天籁，下笔神从妙悟来。』『自古修词重立诚，文章无奈匪心声。遗山错把黄金铸，逆党难齐李杜名。』『慧业争夸有别材，但知李白是天才。狱中尚读留侯传，想见匡庐万卷开。』『伪体裁归风雅音，立言自得古人心。须知左右逢源日，诗外工夫几许深。』『吟风弄月雅非宜，浑朴天真悱恻思。一片清光渣滓净，无人知是女郎诗。』

《病革口占》云：『大梦今将觉，浮生万虑除。秋风一叶落，余亦归荒墟。』

按：雅安通小学，集中点画，皆合六书，固吾乡咸、同间女界之杰也。其《哭亡侄士铨》长古，甚真挚，以篇长未录。

方胥成诗

罗君长铭偶得《方胥成诗草》一册见示，署新都方问孝著。以称新都且与邢子愿有唱和之作，知为明人。以多点窜，知为手稿。承尧按：县志《诗林》载方问孝，字胥成，灵山人。十岁能诗，隐居不仕。每一诗出，人竟传写，邢侍御子愿称为『诗坛真龙』。东阿于相国穀峰见其诗，疑为魁伟丈夫。后介傅司马伯俊而友之，乃曰：『岂所谓短小而精悍者乎？』著《苍耳斋诗集》三十馀卷。今《苍耳集》久佚矣，留此一卷。因选录数首：

其《潞河客舍有感寄杨民部元夫》云：『居山何事罢躬耕，贫到长安卖姓名。老去十年三径废，愁来一夕二毛生。冻云不雪含霜冷，干叶无风落地轻。离别那堪频北望，帝城残月暮钟声。』

《雨中与邢子愿》云：『单布长襦不耐风，十年身世愁西东。远天鹰下渚田白，寒岫雨来村树空。莲剑贫将客路售，藜羹淡与僧家同。即今相见论衰朽，唯有使君颜色红。』

《冬末之临邑途中有作先寄子愿使君》云：『朔风卷地无行辙，岁晚天涯客心绝。野戍平沙雁避灯，荒村小店人愁雪。马坊城隔几重山，马足曾无一日闲。客向枕边闻木铎，人从渡口问刀环。晓色苍茫晓星起，村鸡伊喔村烟里。主人卖酒索青钱，僮仆沽泉煮红米。士生劳苦亦寻常，况复穷阴匿太阳。行人但怯板桥滑，离梦不知山水长。当时送君彀城路，今日寻君头尽素。遥遥行迈不停鞭，惊起寒鸦乱无数。』

挽《江彦卿六首》之一云：『只道才难达，何知命易终。一身为客苦，万事盖棺空。鬼照秋原火，乌啼夜冢风。可怜衣与履，犹在寝堂中。』

《送无言上人还少林寺》云：『身心元不住，离别本来轻。一日传经罢，千峰飞锡平。林泉怀白社，风土谢瑶京。洗钵常分月，还山那计程。雪沾寒笠重，僧伴夜灯清。说法投嵩岳，随缘过魏城。衲从游后绽，道在定中生。潭静窥禅影，天空识磬声。缁流鸣鼓待，弟子渡溪迎。寺古三花老，云晴二室明。旧床趺自稳，苦行到逾成。他夕忘言处，萧萧仙籁鸣。』

《洛阳怀古》云：『洛阳古道风萧索，洛阳古堤烟漠漠。洛水寒声似昔流，城中楼观今非昨。曾营都邑称周公，道里山川四海中。败址遗墟不复辨，至今民有先王风。汉家中叶兵戈起，长安宫殿生荆杞。帝业东京能几时，一旦繁华逐流水。古人已逝今人伤，万古千秋皆北邙。不闻古时歌吹响，但见园陵松柏寒苍苍。古墓高碑苔藓荒，今人移置新冢傍。沧桑一变民发掘，终作谁家津上梁。君不见石家金谷须臾乐，又不见子晋当年缑岭鹤。鹤驭不还人代非，荒岩古涧空花落。古往今来皆梦间，不须叹息摧心颜。试上洛阳城上望，唯有青青伊阙山。』

《秋日游西山》云：『才入西山虑便空，烟光秋色兴无穷。人持一钵分僧供，月与孤云到梵宫。树暗山禽翻野火，天高胡雁落边风。明朝燕塞峰头望，不数秦关百二雄。』

《舟次燕南界》云：『平沙望暝烟，远树带长天。孤剑不归越，游人行及燕。风长飞橹疾，水净落霞鲜。何似云林下，青山与绿泉。』

《秋夕蓟庭感怀》云：『汉家宫殿郁苍苍，望断凭谁有荐章。浮世无人知骏骨，高台何处问燕王。天清晚戍鸣鸿雁，日落秋原散鹈鹕。夜半床头起风雨，飘沦空自抱干将。』

《简江司马汝诚》云：『杖策人如不定蓬，可怜身世苦西东。路长车马贫来少，老至田庐火后空。荒殿鸽移飞栋雨，古槐蝉断怨廊风。只今交态俱浮薄，唯有先生直道同。』

又断句：『苇疏灯出浦，野旷树浮天。』『涧冷菊花含露晚，风高松子落阶平。』『叶响秋林逢过鹿，云藏山寺问归樵。』『千岩日落苍烟合，万壑秋深黄叶干。』『床冷客衣沾露重，月明僧语出林稀。』

玩其诗，磊落孤行，不甚修饰，律句似犹有七子馀习。又羁旅潦倒之词多。志所谓隐居不仕，亦约举其生平耳。

张皋文祭金檠斋文

武进张皋文惠言，馆于吾歙岩市金氏甚久，又曾馆于江村江氏，故其所学得于金檠斋先生居多。《茗柯文集》中，《游黄山赋》、《黄山赋》二篇，最为沉博绝丽。其游黄山，乃与桐城王灼滨麓偕。滨麓，刘海峰学徒，吴殿麟友也。集中祭金先生文，可见金、张交谊。文曰：『六经同归，其指在《礼》。谁欤明之，北海郑氏。经唐涉宋，大论日茺。天鉴大清，笃生硕儒。乾隆之初，婺源江公，刊榛兑途，洒流就东。厥有继者，休宁之戴，先生起歙，并黻联佩。戴君闳通，众流并泳，志修年短，厥绪未竟。先生精研，思约理积，掉头房庑，壸奥独辟。既启其室，遂周其藩。桴杗榕楣，既固既完。笺《礼》九篇，以郑正郑，惟其匡捄，是谓笃信。一义之发，迩于睫眸。先生不言，千载其幽。较其所成，于戴盖多。婺源之传，岱华比峨。古人著书，感发不遇。先生不然，颐志养素。早年献赋，入赞机衡。对策銮坡，声振殿廷。帝嘉其文，冠之上第。再命持衡，慎简俊乂。翩然高蹈，有遁若飞。不事之功，其成则巍。杜门养疴，二十一年。既定礼堂，其人未传。景行实行，高山惟仰。昊天弗遗，后学谁放。伊蒙寡昧，一言获褒。春风所嘘，不遗薪荛。三年在门，莫窥美富。既困驰驱，乃始自咎。独持绪论，以当众歧。端策恐骤，瞻途识夷。丙辰之春，再谒几席。先生欣然，曰子可益。则理其秽，则论其清。恢之拓之，以崇以闳。闵其饥寒，恤其生死。割宅以居，推食以食。岁在己未，孟春北征。先生饯之，肴核既盈。酒酣执手，曰学实难。瞢不知道，绣其帨鞶。前贤后生，气求声应。弗章弗传，孰美孰盛。挹河知源，测景知光。今我老矣，非子曷望。畴昔之岁，殷勤与书。问子所学，今则何如。勉子旧闻，告我新得。使我暮年，快睹奇特。惶恐再拜，负惭此言。匪敢怠荒，乃为俗牵。逝将归来，返我矩矱。庶几籍湜，果不叛去。恭闻易箦，命简作槭。写不成章，笔绝意嗛。呜呼微言，遂绝于兹。哭寝此日，伤心曩时。具存者书，莫继者事。命我以意，曷敢有二。尚羁尘鞅，罔遂骏奔。轾绋不亲，奠斝弗存。南望一恸，告兹哀衷。言有勿宣，哀其可穷。先生之灵，其曷不鉴。未知后死，斯言勿玷。』

按：曾涤生作《〈茗柯文编〉序》，称其『平生师友，多超特不世之才，而下笔称述，适如其量，若帝天神鬼之监临，褒讥不敢少溢』。兹篇较论戴、金，殆亦曾氏所许为适如其量者，然固他人所未敢言也。

江安甫

张皋文在歙教授时，受业弟子以金朗甫式玉为最著，次则江安甫，亦江氏之杨乌也。《茗柯集》中文，为安甫作者六篇，盖深惜之。其《安甫遗学序》云：『右凡三卷，歙童子江承之安甫撰。安甫生十四年而学，学四年，年十有八，正月一日殁于京师。其学好郑氏《礼》、虞氏《易》，非二家之说，犹泥芥也。其志以为：《易》亡于唐，《礼》晦于宋，传且数百年，本朝儒者，乃始有从而发明之。然数十年间，天下争为汉学，而异说往往而倡。学者以小辨相高，不务守大义，或求之章句文字之末，人人自以为许、郑，不可胜数也。故其治郑氏，则依于婺源江征君及歙金先生。其治虞氏，则依余之《易义》，然皆贯串经文，以求其合。其有不合，虽余口授，不敢信，争之每断断，尽悟乃已，其自期贾、孔，以下蔑如也。』

其为《江安甫葬铭》言：『安甫年十四从余学时文，十五读江永《乡党图考》，奋然请治经，受郑氏《礼记》，日夜诵习，旁及他郑氏书、先汉诸儒说，考校推究，往往通大义。时余方次虞氏《易》，又请受之，每一卷就，辄手写讲解，比余书成，而安甫悉能指说，益为余校其不合者数十事。从余来京师，更受《仪礼》，读未竟，以嘉庆五年病死，年十八。安甫于世事无所嗜，独好治经，其治经惟好郑氏，疾非郑者如仇。尝写《后汉书·郑康成传》，而次其年谱，系之以文，悠然有千载之思。往往欲著书，余每戒之。今检其录，有曰《周易爻义》、曰《仪礼名物》，皆无书。《郑氏诗谱》、《虞氏易变》表略已具，未就。余取其《易表》附于吾书，而录其条于各书者次为一卷，以存其大凡。』下略。

又《说江安甫所钞〈易说〉》云：『凡余所著《易说》安甫手写者，《虞氏义》九卷、《消息》二卷、《礼》二卷、《事》二卷、《候》一卷、《郑旬义》三卷、《纬略义》三卷，共装为八本。唯别录十七卷未及写，而安甫死矣。余以嘉庆丙辰至歙，居江村江氏。明年余书稍稍成，时余之甥董士锡从余，与安甫年相及相善，并请受《易》，各写读之。所居橙阳山，门前有小池，夫渠盈焉。时五六月间，每相将入，两生手一册，坐池上解说，风从林际来，花叶之气，掩冉振发。余于此时心最乐』云云。

承尧按：金朗甫《竹邻遗稿》中，有《江安甫遗像赞》。又有《告江安甫举柩文》，文中有凶宅语。《茗柯集》中告安甫文，亦有凶宅语。安甫陨于北，北中凶宅之说，在彼时极盛，近乃稍破除。又按：江慎修《乡党图考》一书，属稿于吾乡西溪汪氏之不疏园，尝闻父老言，慎修先生时馆于汪氏，所谓不疏园者，即今弢庐旧址，其主人为清初汪氏巨室。光绪中汪氏子孙于破楼上，检得一小箧，内藏缩小制古衣裳，记尺寸甚备。云是慎修先生著书时遗物。

金朗甫《竹邻遗稿》

鲍双五谓金朗甫熟精《选》理，承尧谓吾歙学人多、文人少。若朗甫者，真可谓文人矣。顷得其《竹邻遗稿》一小册，首有嘉庆十二年武进张琦题词，并载恽子居敬所撰《华表铭》。略云：『君讳式玉，字朗甫，姓金氏，世为歙人。祖长溥，吏部主事。以君从兄应琦官巡抚，赠荣禄大夫。父杲，国子监生，以君官庶吉士，封文林郎。以君之仲兄应城官礼部主事，封朝议大夫。君以国子监生，应嘉庆五年顺天乡试，汪注：前乡会试名下皆注浙江籍，此则云监生应顺天乡试，是本籍矣。中式，明年考取景山宫官学教习，又明年会试中式，殿试赐进士出身，改庶吉士。是年六月三日卒。年二十有八。汪注：光绪乙未、丙申间吾尚见之。金氏自同知公徒步数千里，辇亲骨于京师，遂以孝闻于时。吏部公与其兄奉直公长洪，孝而甚友，用闳济其宗，盖有至性而兼能取富贵者也。君之伯父养泉先生云槐，以侍从起家；檠斋先生榜，继冠多士，推文附质，引义合礼；而君之尊甫朝议公，巠茨丹艧，赞佑华盛，盖不忘其祖，而能庇其子孙者也。自君之群从，外陟方面，内奉省闼，玉珂金车，照耀门第；而君独单衣陋食，闾阎粥粥，从事于灶觚螙简之间，乃未遂其志，而君竟死矣！君美风仪，善谈咏，其学悉宗本师张皋文惠言。君之子书恩，为敬弟敷之子婿。敬久交于皋文及君，于养泉、檠斋两先生皆有渊源之谊。今过君之里，而君之卒十五年矣！朝议公尚康宁，君之伯兄应瑔、叔兄应珪已前卒，仲兄官京师，弟日莹、日琎、应玗，黾勉侍养，敬心为恤然。爰作铭于华表。』下略。

稿中《知己赋》，为董士锡晋卿作。士锡，皋文甥也。又《与祝筱山书》言：『式玉少好词赋，自游皋文先生之门，始识先士之轨则，私自慕效，欲引其绪。而才质猥下，无以振之。又性乐游佚，不能沉志，间者常览今世文士所作，辄未厌鄙志。逮于握管，或无以相过，乃蒙先生枉见期许，增瘣枯以雕饰，祇益其丑耳。人各有好尚，式玉于文章尚之矣。若夫本之所植，必由宗经，窃庶几乎先圣先师所以昭示后世之意，服习于教化，酣豢于仁义，居环堵之中，弹琴以咏先王之风，此则式玉之所志也。至或研审点画之讹，钩摘句字之细，依托门户，轩轾汉宋，虽有震于淹雅，乃无当于实用，此自有其才，非式玉所能也。』

按：以上所言，足征其志学。朗甫生金氏之门，而其言如此，诚各从其志也。录其《拟梁简文对烛赋》，尝鼎一脔，馀可知矣。赋曰：『柳色重兮兰闺，晚风吹兮绣帏。月迷濛兮闷采，星闪睒兮孤辉。高枝哑哑栖乌啼，美人清泪沾罗衣。径寸随珠不成耀，九华灯花徒满枝。于是炳桦烛之神艳，发绛树之奇容。流珠似凤，衔耀疑龙。泪深宵短，心卷丝浓。金荷屏影共生光，脉脉烟霏绕画梁。夜永劳牵梦，灰寒尚带香。讵欢酒绿，空怨花黄。念关河兮路黑，怅遥夜兮相望。乃歌曰：「珠楼一片影，度入镜中看。不见双鸾舞，应知罗袖寒。金烬年年落，长自倚阑干。」』

《竹邻词》尤惊才绝艳，皋文为选入《续词选》中。兹录其《菩萨蛮》三阕云：『行云乱点遥山碧，重楼深锁垂杨陌。花影入帘低，双双舞燕迷。黛蛾愁更浅，心似红蕉卷。相忆牡丹时，春风隔鬓系。』『垂帘不放风花入，浓阴满院春芜泾。鸾镜晓妆轻，颦眉画不成。宝钗金凤翅，麗㬷夫容蕊。烟缕动斜霞，惊回罗袖花。』『一春愁绪怜芳草，鹧鸪啼遍空山晓。细雨暗高楼，银筝倦未收。天涯芳信断，梦晓江南岸。何必怨黄昏，春时半掩门。』

《高阳台蝴蝶》云：『乍暖帘栊，轻寒庭院，游丝系住春魂。一捻纤腰，恰谁付与愁痕。年时此地看花处，到花时一例伤神。怎消他几度帘垂，几度香温。斜阳回首江南梦，只浮云似雪，流月如银，一晌怜依，不教飘逐芳尘。天涯处处吹香絮，便相逢谁伴黄昏。更禁他、容易飞花，容易残春。』集中词多类此。回肠荡气，呜咽凄惋，宜其如长吉呕心，不永年矣。

程圣跂《蓉槎蠡说》

《蓉槎蠡说》，十二卷，程圣跂哲著。圣跂，岑山渡人，蓉槎其别字。居扬州。王渔洋门人。曾为王渔洋校刊《分甘馀话》，此书即仿《分甘馀话》而作，刊于康熙辛卯，写刻俱甚精。卷首有『七略书堂』印，王渔洋为作序，称其『抱博辨之才，具论断之识。则古昔，称先王，要之以毋雷同，毋剿说，大可供畜德之助，细亦可佐多识之功，时时有广老人耳目所不逮者。』可谓称许甚至。

按：《分甘馀话》云：『门人程圣跂，喜藏书，尝求斋额于余，名之曰「七略」。又闻其善鉴别古今图画尊彝之属，所蓄甚富。筑楼三楹居之，焚香帘阁，精洁不减清閟，可谓风雅好事者也。』

渔洋所著书，《分甘馀话》最后出，乃其归田后作。黄又亦曾为之校刊，又亦歙人也。《蓉槎蠡说》所记多小考据、小评论，笔尚简洁。

程仁义行

《蓉槎蠡说》云：『嘉靖徽郡志，载吾族仁公，客辽阳，有士人经宝者，系狱，当以金赎，家贫无从出，既佣子富室，复鬻子妇于公。公洞知其故，亟遣还之。焚券不取金，宝遂得输官免罪。又以馀金赎子还。学士汪谐序其事。厥后，孙布政公旦，当世宗三年，以争大礼，同丰熙等一百三十四人下廷杖，闻旗校中私语曰：「谁为徽州程旦者？」公自度无生理，杖者乃曲护公，得不死，公莫解所以。寻造公邸问安，即经宝孙也。』

程非二诗

《蓉槎蠡说》云：『家非二先生守，风流潇洒，标格颇似晋人。诗亦自辟一家，不落窠臼。有《省静堂全集》若干卷，今存吴孝廉菘处，未得付刻，尚属阙事。偶记其《七十自寿》之二云：「妙舞清歌艾与耆，回头往事乐难支。袁安世胄甘僵卧，冯衍通才弃盛时。故旧迟迟仍与绢，高流种种肯贻诗。宝壶渐有梅花到，如对亲交进一卮。」「平生大半住松关，梦是邯郸近亦删。屡向西湖传六籍，曾来东海问三山。读书愿裹游闲足，耽酒能朱顷刻颜。当日杜陵原自瘦，不堪青镜老尤孱。」』

宛陵愚山施公闰章游歙，有短歌赠之曰：『张拳欲搤南山虎，袖手低眉卧桐坞。海水怒翻桐摧残，风吟猿啸声辛酸。白榆彦会须臾歇，霜天云散留寒月。簪冠避世栖墙东，当年玉树今山翁。黄山数峰夜惊走，索之乃在君怀袖。日日公荣酒一壶，眼中人识酒人无。』殁后，吾侄偕柳挽以四律，其三曰：『桐坞凋伤极望寒，茶香笋熟忆追欢。愁将故物青毡问，笑任常人白眼看。曲蘖有乡原寄托，文章长在漫讥弹。是非自昔曾何据，万岁千秋定阖棺。』桐坞，先生所居地名也。

按：《黄山志》载非一数诗，《佛灯》云：『佛灯生大壑，历历动空星。秋瀑乍为赭，夜松能一青。相疑归咒力，不敢颂仙灵。安测奇光内，无余二子形。』《文殊院坐月》云：『崖下曾栖千岁猿，啸声刚可入诗魂。五更起看峰头月，只许青松挂一痕。』俱幽隽。

吴仁趾学诗于吴野人

《蓉槎蠡说》云：予乡吴仁趾麐，学诗于吴野人嘉纪，其五言佳处，殆欲突过陋轩。《冬夜》一首云：『中峰明月上，天地夜寥寥。一路踏松影，三更下石桥。山晴犹见雪，江冷不闻潮。渐有寒香至，梅花开冻条。』

按：吴仁趾诗，已见前卷。又《分甘馀话》云：『吴嘉纪，字野人。家泰州之安丰盐场，地滨海，无交游，而独喜为诗。其诗孤冷，亦自成一家。其友某家江都，往来海上，因见其诗称之于周栎园先生，招之来广陵，遂与四方之士交游唱和，渐失本色。余笑谓人曰：「一个冰冷底吴野人，被君辈弄做火热，可惜。」然其诗亦渐落，不终其为魏野杨朴，始信余前言非尽戏论也。』按：渔洋论诗甚隘，其言亦难尽信。

程且硕诗

《蓉槎蠡说》云：家若庵庭诗，颇有温、李风调，尝记其《题美人画册》数绝句甚佳，特录其二。《明妃》云：『蓬转沙奔不顾身，披香一出靖边尘。汉家殊待功臣薄，麟阁何妨画妇人。』《文姬》云：『拍尽哀笳泪不干，风悲日惨紫貂寒。玉关犹向生前入，千古交情一阿瞒。』

按：程若庵，即程且硕，著《春帆纪程》者，已见前卷。

程渐干曾注《玉谿生诗》

《蓉槎蠡说》云：玉谿生诗，征事奥博。杨文公《谈苑》，谓其为文多检阅书册，左右鳞次，号獭祭鱼，故犹韩笔杜诗，无一字无来历。如《饮席戏赠同舍》七律项联，有『珠树重行怜翡翠，玉楼双舞羡鹍鸡』之句。朱长孺引《尔雅》、《说文》、《楚词注》等书，以证『翡翠』、『鹍鸡』，颇疑于『重行』、『双舞』无著。家渐干孝廉崟，补注义山集，言上句本左思《吴都赋》『翡翠列巢以重行』，下句本谢惠连《雪赋》『对庭鹍之双舞』。洵非熟精《选》理，不能窥寻及此。然其运用无迹，令人不觉，宜迴与后之挦撦西昆者不侔也。

按：如上说，则程渐干曾补注《义山集》，且甚精细。不知今尚有传本否？

王渔洋推重罗鄂州

《蓉槎蠡说》云：新城先生云：『宋罗鄂州古文，南渡后第一，朱文公所推重。《尔雅翼后序》通篇用韵，尤奇创。宋文宪公序仿其体，犹昌黎之志绍述。』余方重梓《鄂州小集》，亦先生遗意也。

吴东岩程偕柳《文选诗辑注》

《蓉槎蠡说》云：吴君东岩瞻泰、家侄偕柳，有《昭明选诗辑注》一书，时正六臣之讹，最为确核。凡例数则，辨证尤精。其一云：『援据之书，固必详所自出，其一事而散见诸本者，则宜核其先后，而亦不可概论。』如晋张华《励志》诗：『隰朋仰慕，予亦何人。』善注引《南华》『管仲有病』云云。而不知已著《冲虚》，则当引《列》而不当引《庄》。宋谢灵运《游赤石进帆海》诗『虚舟有超越』，梁任昉《哭范仆射》诗『常与虚舟值』，善注引《南华》『方舟济于河』，有『虚船来触舟』云云。而《鸿烈》作『方船济乎江』，有『虚舟从一方来』云云。则视其本文，与诗之字句相印合，又当引淮南而不当引漆园也。体会亲切，可为注书之法。

按：吴、程《选诗辑注》，今亦不传，赖此存其概略。

程圣跂记岑山

《蓉槎蠡说》中，有《记岑山》一条，较《春帆纪程》所记，互有详略。兹并录之。云：予家歙之南十五里，有岑山，屹立浙江中，如青赢，苍藓荟蔚，虬松插天，先侍御公讳材祠在焉。元师山郑公玉，尝结屋以居，题曰『小焦山』，俗遂有『小金山』之目。梅耦长先生诗云『地小割金焦』，可称实录。北壁稍下曰郑公钓台。上有云根石，汪仲淹篆，字径八寸，最为胜处。唐天祐中建梵刹，或亦呼为普陀。乙酉春恭逢今上南巡，哲绘图协族吁请锡名，御书『星岩寺』，又为之榜。而予叔侄兄弟辈，复获赐书十二，乃创御书阁于其上。鸾骞凤翥，山川曜灵，直堪与两浮玉遥相鼎峙，真幸事也。

程圣跂记黄山雪景及白猿

《蓉槎蠡说》中，记黄山雪景，为诸游记所未详，节录之云：余以癸已二月游黄山，首尾才六日，去往荒率，未能饱饫其胜，然一日雾，四日晴，一日雪，变幻灵谲，多出意表。其最足荡眩耳目者，在于同云初霁时，万山皑皑，恍然如银海琼楼，清澄高寒，不知身世复在何处。林木素积，悉结成玉兰朵朵。微风振之，作环佩声。悬瀑千丈，枝枝玉箸倒垂，欲坠未坠，见晛解落，寸玑尺璧，触石激响，不翅碎万斛琳琅也。久之，所谓玉兰已易为幽梅，万点著松针上，缟衣映碧，又似萼绿华仙子化身，不比寻常美人。月明林下，巡历中觉有异香冷韵，频来袭人。薄暮登炼丹台，望落照，见石床峰巅一人，通体莹洁，如披白练，初疑是积雪，顷复趺坐石洞中，面正赤如自然铜色，头稍稍颤动不止，忽有光若电烁，已而焱火迸起，遂隐不见。山僧以为白猿公，常出没丹台左右，时作此狡狯，斯又一奇矣。

按：圣跂颇好语怪，而其记白猿，详析如此，殆出目验。意者山中昔时曾有此种白猿，今则久无矣。

王渔洋论程孟阳诗

《渔洋诗话》：林君复诗『阴沉画轴林间寺，零乱棋枰葑上田』，写景最工。近程孟阳嘉燧有句云：『古寺正如昏壁画，层湖都作水田衣。』语意本林，而工又过之。

王渔洋论汪于鼎诗

《渔洋诗话》：新安门人汪洪度，字于鼎，夙有诗名。尝有《咏一品妃》诗云：『敢以三春草，蒙称一品妃。植根缘湛露，发艳借恩辉。幸自生同蒂，羞将影独违。未须劳远寄，念此亦当归。』自注：『当归花曾入禁苑，赐此名。』

余按：药花入诗最新，如人参枳壳，皆见唐人诗。连翘见杨太宰梦山诗。余丙子使蜀，山路中见白芨花，因得『西风尽日濛濛雨，开遍空山白芨花』之句。若当归，诗人止习用太史慈、姜伯约事，未咏其花，始见于鼎此诗耳。

江莲峰《听秋斋诗》

江莲峰蓉，咸、同间人，城居。工画，著《听秋斋诗》二卷，与巴茗生、吴子嘉诸人往还，皆同时知名士也。

录其《为巴听泉作美人便面》云：『中酒杭州忆旧游，雨声催梦小红楼。梨花院落芭蕉牖，画出天涯一夜愁。』《怀吴子嘉广文》云：『风尘困名士，生涯如屈蠖。写出湘累愁，古泪数行落。画意与诗心，雅称莲花幕。』《题浙江和尚画偈后》云：『离离禾黍百忧仍，奉母贫居笔擅能。方外交期数遗老，练江清澈一高僧。关心苍海空无碍，绕指烟云悟上乘。涂抹嗟予生已晚，丹青无分得传灯。』

歙事闲谭卷十二

渐江传及碑文

渐江《画偈》，久已失传，近忽得江莲峰手写本，惊喜录之。前有王泰徵所撰传云：

渐江和尚者，歙之桃源人也。俗姓江，名韬，字六奇。少孤贫，以巨孝发声，类其家次翁，卖薪养母类文通，其割毡耽学则类休暎，而文章气节又君家之古心、古崖间矣。幼有远志，不入队行，人莫得而器焉。尝掌录而舌学，以铅椠奉母。一日负米三十里不逮期，欲赴练江死。母大殡后，仁者之粟，谊友之赙，师卒揞偿之，曰不以我凯风寒泉累人也。生平不婚不宦。乌聊既定之明年，师有友程子守者，师所订石交也，一日携其小史十卷，作幔亭游。既至，则喟然兴叹：『控鹤仙人安在哉！《武夷君传》，秦皇帝政之二年，君置酒会乡人于此峰上，安陵拍鼓，英妃奏琴，令歌师唱人间可哀之曲矣，今我在蟪蛄窟中，云茵霞褥，念世亦有呼我为曾大父者乎？思之凄断。』继以在碧水丹山间最久，因归古航师圆顶焉。

其于画则儿时好之，一生不但晋、唐、宋、元，凡真迹所归，必谋一见也。且云董北苑以江南真山水为稿本，黄子久隐虞山而写虞山，郭河阳至取真云惊涌以作山势，固知大块自有真本在。书法之钗脚漏痕，不信然乎。师故独得画禅三昧。其见人欻然而晤，则乐之。其不浃己者，加富二等，就官一列，不以涂吾身也。

生平畏见日边人，多有好我，蹙额远遁。如王九光母见刘彻三尸狡乱，惧以浊秽溷上真矣。尝过樗园，予倾之甚，向黄公垆，欲与师订交，即速遁。俄而不招师又来，予笑曰：『渐公畏除目中人，所谓三朝损道心耶？抑识蔡家儿濯骨沃焦，三十年前已从狗窦过乎？』虽然，师则竟契我于骊黄外也。一日谓非二程子：『予明年有持钵行，子盍语樗老人为我题一册卷？』夫猖狂汗漫之游，非呫缺被衣不能述也。师盖已迸出眼光，识霍山三退牙有此钝置翁矣。师行即不果，不谓知己之言吾已刻于心乎！师从浮图氏游，故不禁宴会。自壬寅过匡阜先生，吊宗雷之遗事，感刘竺之微言，觉远公声影犹在，师乃始毅然著发愿文也。脱非迁化，莲社之灯其再续乎！师未示疾时，尝语人：『墓上种梅为绝胜事。』归卧竹根之日，尚有清香万斛，濯魄冰壶，何必返魂香也。他生异世，庶不蒸芝菌，滴醴泉，以媚人谄口，其赖此君哉！』病止晷刻，欲以所蓄墨妙分给同人，尚喃喃佛号不绝。今友人卜地于披云峰下，取谪仙访许宣平处，莳梅花数十本以大招之，从师治命也。

师生平画宗倪、黄，书宗颜，诗在惠诠、清顺之间。身后检得诗偈一集，皆绝句也。嗣有刻。其俗家有侄及甥。其以诗画称岁寒交者，为姜如农、邹衣白、汤岩夫、程端伯、王无闷、郭石公诸君子。《黄山志》续集载此文，作张如农、张来初、吴石庵诸君子。其于武夷倡和有集者，为张岩蚩、周元修、王尊素诸君子。其以文章声气为梓里游者，为许芳城、元范、程非二、毕阶三、吴文度、伯炎诸君子。《黄山志》续集作汤岩夫、许芳城、程非二诸君子，无『元范』二字。其以墨妙世其学得师心印者，则有侄允凝名注。论曰：《南华》世外之书也，而读《人间世》一卷，仲尼之语子高，义命两大戒，君父两大事，娓娓烦言累牍，乃知臣忠子孝，即是世外至人。甚矣，漆园之微于托也。今渐公之事，世都谓摩诘后画家北宗一派属之。甚而引古尊宿六十馀家，见于《王氏画苑》者，以为唐之修然、禅月，宋之寂音、妙喜，元之海云、玉涧，庶几相论。噫！是皆以画论渐师，以古德论画，非师旨也。

夫师少而养母，壮而羁游，鼎鼎百年间，与海内名人巨子交，无不器重师者，乃不宦不婚，赍志以没，可谓茫然无一寄托，止以翰墨行乎。今但汇师一生微响述之。予不能深知师，后之君子感时论世，忾乎长怀米家之书画船耶？竺氏之五宗录耶？皇甫士安之《高士传》耶？谓师皆分身入流焉，而师皆不在然可。甲辰春孟陬，社弟王泰徵书于友林之鹚枋。

按：王泰徵，字芦人，又字半士，歙黄谷人，明礼部郎中。黄谷距容溪仅里许，见芦人所撰《黄山志》原序。又按：谢彬《图绘宝鉴》卷七，言渐江有子喻义，字子晓，绍其艺，与上说异。

次程非二所作《故大师渐公碑》云：

譔夫极力以持其善心，慧念以夺其浮想，承远之信于吕温，自外得则生分别，由内证则无异同。广公之传于禹锡，闻之在昔，不谓无人。公号渐江，江氏子，世为歙之右族。幼尝应制，徒思帝阙之翱翔；长但佣书，不受儒门之收拾。类君家之醴陵，卖薪养母；高古来之元识，负土葬亲。至武夷，依古航，神动意注；至匡阜，依雪庵，识契心冥。林宗有道，相期清浊之间；平叔能言，见许天人之际。大迦叶之头陀，舍利佛之智慧，罗睺罗之密行，须菩提之解空，帷兹四者，思以一之。惟长老肥遁由我，痛痒关人。义风藏柏叶之垆，直气透芙蓉之座。倘为俗姓，亦属贤毫。世皆谓辋川之画，不碍其禅；余独知石屋之诗，有合乎道。自普门至而黄山开，铁锡渐希，松云无恙。所谓苍鹅上击，铜马交驰，祇园兴板荡之悲，沙界积沧胥之恸，如王子安志善寂寺者也。公去来其地，兴会有时，叩绝韵于清风，味神机于永夕。石乳琼浆，入无生之妙馔；木莲红药，具不尽之灵依。涅槃之日，使其徒招余及二三故人，图画欲分于印友，馨香早谢于空王。花开百合，俨然道一之重来；偈说众香，未必襄阳之独善。惟此沈檀在御，讵无旛盖之相迎？十二月二十二日，恬然化灭，报龄五十四，僧腊二十一，汪注：此云僧腊二十一，观前王芦人传为甲辰春作，似师示寂在癸卯之冬矣。清兵入歙，当是乙酉，乙酉距癸卯不及二十年，岂师入闽披剃尚在前明时耶？然乌聊既定之明年指清兵入歙。师始作幔亭游又何也？必有误，当另考正。淄素号恸，吴越惨悲。明年二月六日，葬于五明寺。起塔安神，诸佛之遗教也。曩闻遗命，多为种梅。呜呼！有客依栖，是亦孔林之树；他年吊望，来殊元墓之游。以守悦曾史之风，尚竺乾之道。迢书本行，见諗斯文，铭曰：西方所遗，南宗之内。芘芎龙象，虚空粉碎。咄咄黄山，此老捏怪。水响云香，实公謦欬。世不知公，惟知公绘。董巨宝之，冢中有悔。李华有言，取而相酹。青松白月，人亡地在。甲辰春白榆同砚弟程守蚀庵顿首拜书。

次许青岩撰《送渐江和尚归塔》文云：

忆楚与师从惠庄之游者三十年矣。其中大地虚空，物情屯幻，不知几经阅历，而剩此磊砢不群、踽踽凉凉、颀然方外之渐公也。乃一旦弃割吾侪，撒手告去，遂令西泠砚穴，徒留空谷之香；勾曲雷声，惨带山阳之笛。一时望烟幢而怅咽，担簦磨镜者千人。写道蕴以如生，扫石题碑者一老。呜呼！素师既逝，天壤绝冢笔之俦；安叟难羁，何处领弥天之论。度其长啸花庵，乐有清澜之旧侣；静寻松路，微闻石窦之寒淙。自宜涉香海以长归，踏白云而不返。惜乎宗雷契久，难捐我辈钟情；张范交真，不觉自然流涕。邈邈金河，旧游安适。种梅花以招鹤，杳不离乎西峰；抱画偈以生天，并蘧庐夫天地。甲辰二月六日同里弟许楚顿首撰。

次周亮工《读画录》一则云：

释渐江，歙人。本姓江，为名诸生。甲申后弃去为僧，喜仿云林，遂臻极境。江南人以有无定雅俗，如昔人之重云林然，咸谓得渐江足当云林。隐居齐云，不妄为人作。册中二幅，汪舟次索以相赠。别有一二立幅，则君以寄余者。君未五十殁，画益贵重。其门徒賸作甚多，然匡骨耳；此直须另觅云林矣。

渐江《画偈》

《画偈》，渐江释弘仁无智稿。四言计十首：一，空山无人，水流花开。再诵斯言，作汉洞猜。二，白水似膏，深松如漆。有人在焉，呼之或出。三，老干有秋，平冈不断。诵读之馀，我思元瓒。四，连朝清恙，未近楞严。我爱伊人，枯毫忽拈。五，维春之暮，花光断续。翠微中人，须眉皆绿。六，云山苍苍，烟水茫茫。《尚书》克恭，先辈元章。七，尘溘鸿沟，衣茹桃洞。若有人兮，飞鸿目送。八，赤松云遥，青岩尚在。是心隐人，可取而代。九，梁苑有人，洛阳无令。出户翩然，梅花有信。十，踏雪入山，寻梅出屋。彷佛得之，郑五孟六。

五言计二十三首：一，吮毫成一朝，无复知起止。门外有棕桥，闲来看流水。二，油幕晨已搴，霜风吹素鬓。赤藤壑中声，有客探梅信。三，静者谷中庐，大半种松叶。凭阑将雨时，云与云相接。四，林前落木多，风过如人扫。偶携几枝归，堪用供茶灶。五，白莲社里诗，终岁无人和。尺许高峰苔，与君扪膝坐。六，才出芦花来，溪光果如镜。一丝未忍投，忽作沧浪咏。七，水宿借凫车，依然干净土。桃花照一溪，著我疑渔父。八，古人余愿见，有意逃名贵。霜树纵如花，此中具秋气。九，琅琅夜雨声，杂树身逾黑。譬彼古人书，米颠多醉墨。十，畏虎早闭门，众山犹兀兀。听去报钟馀，一轮寒似雪。十一，林树原有姿，山云各为族。烽火未即消，自筑袁闳屋。十二，炎蒸有墨逋，忽又置岩壑。不用北山文，依然旧猿鹤。十三，传说云林子，恐不尽疏浅。于此悟文心，简繁求一善。十四，侧理时一开，年来费结撰。屋畔乱滕高，怪奇似遗篆。十五，石树俄然成，淋淋云水湿。开时倘自宜，应有黑蛟泣。十六，廿载有墨痴，无从追北苑。如兹山水间，可少胡麻饭。十七，卜兹山水窟，著我冰雪卷。言念西台人，将无似君善。十八，先世久栽松，今晨初剪韭。应门知有人，不外烟霞友。十九，由来水可盟，且觉云堪赠。松菊即无存，依希陶令径。二十，土芋真有口，寒梅未全碎。庭除正面南，无事聊曝背。二十一，序气日凄肃，板屋居然安。山风时出涧，冷韵听柯竿。二十二，雨荒山翠沉，幽涧激寒响。何处觅仙庐，端在白云上。二十三，幽谷霜风劲，高柯叶渐删。寒云无世态，相伴意闲闲。

七言计四十二首：一，如靛前峰雨更鲜，高柯岳岳卉娟娟。两人促膝茆堂上，可惜终朝话未传。二，石影溪流落想初，明晨为尔布庵庐。即云风景荒颓甚，须信家中有赐书。三，一瓢偶尔寄招提，树影毵毵绿正齐。转忆故乡山色好，相关更在练溪西。四，迷轮何处寄生馀，入谷堪畲小结庐。但得深蕞疑作丛慰萧散，一庵分半著琴书。五，为爱山居碧玉围，含毫未识倦和饥。故人策杖时相过，分得松阴染布衣。六，风流失尽是荆关，后学衣传亦等闲。独怪本师无付处，犹分钵水作云山。七，吾师劫后画厨存，一日开来懒出门。此际传灯真不易，勉将丘壑与君论。八，深山砚滴不曾穷，塞嘿诗怀别有通。几向武夷埋爪发，此中溪水偶然同。九，处处霜红不复加，白于双鬓是芦花。孤舟咋夜闻新雁，远树中边一带沙。十，退笔拈来已不尖，止凭《周易》问龙潜。他年倘有传松癖，更向岩头种老髯。十一，城闉不大置吾身，与尔炊薇又几春。未续先民《高士传》，闲闲桑者是何人？十二，五岳生平兴不删，心神尚寄一枰间。为君重述秋崖句，并不能棋方是闲。十三，年来出处路俱迷，尚有鱼蚕作赠携。自是烟霞予宿疾，敢言名与古人齐。十四，衣缁倏忽十馀年，方外交游子独坚。为爱门前五株柳，风神犹是义熙前。十五，先辈曾谭正仄峰，峰中可有六朝松？何年借尔青藤杖，再听牛头寺里钟。十六，败毫未冢果如丁，高下松杉十里青。西子湖边曾恋恋，坐来可是冷泉亭。十七，研子珠微善作风，石梁横处瀑声雄。故人去岁天台约，梦想移来尺幅中。十八，倪迂中岁具奇情，散产之馀画始成。我已无家宜困学，悠悠难免负生平。十九，唐宋遗留看笔皴，自伤涂抹亦因循。道林爱马无妨道，墨渖何曾更累人。二十，秋气先于孤者通，一心真切爱霜红。林逋处士曾遗句，群木方摇槭槭风。二十一，梅未全开恋一枰，归禽欲报雪晶晶。芳邻道侣如相过，尽有传家折足铛。二十二，病中旅况峭如冰，倦起还看一幅藤。瀑布楼边时自煮，三更分得佛前灯。二十三，涧歇林寒不有邻，同云起处白嶙峋。何曾乞赋梁园客，布置山中卧雪人。二十四，年来采药荷长镵，闭门时披壮士衫。四望山光真似沐，茆檐不忍下窗帆。二十五，一带霜林照广潭，高人宅里有珠龛。朝来诵罢龛边立，天色于今是蔚蓝。二十六，深更深来为选峰，寒莎时有鹿麋踪。山居麈尾无从觅，雪折冈头一瓣松。二十七，花事今朝半似忙，月来诗思已微荒。手中端石亲携出，且向村前拾涧芳。二十八，画意无多触处嘉，有人搔首望槎枒。黄花别去梅将蕾，且对瓶中玉茗花。二十九，有时负瓮汲潺湲，道是身如水鸟闲。树荫依希三月暮，焙茶香气满空山。三十，日日烧松有胜煤，偶然和水送崔嵬。门前一石镵难去，当作精蓝施食台。三十一，南北东西一故吾，山中归去结跏趺。欠伸忽见枯林动，又记倪迂旧日图。三十二，敢言天地是吾师，万壑千崖独杖藜。梦想富春居士好，并无一段入藩篱。三十三，愧不方袍竟学禅，苦于烟水有因缘。长林怪石凭君比，黄鹤山樵定不然。三十四，一椽瞰水更依崖，展帖援琴寐亦佳。门外小儿成虎落，护持野蔬奉清斋。三十五，渴笔拈来半似棕，顷成山影与溪风。老人坐起空商略，宜置何人草阁中。三十六，欲雪林峦昼积昏，涧流涩涩咽冰痕。呼风鸟雀乱飞下，竹坞人家早闭门。三十七，小著轩楹乱石坳，风中疑是古僧巢。煮茶浣砚闲经济，剥啄全无俗客嘲。三十八，青天偏自忆冥濛，濑激清音度远风。偶尔看云云落腕，被人猜作米南宫。三十九，入夏莺声忽变腔，此身如在碧油幢。漫言今日柴桑少，尚有何人傲北窗。四十，敢将墨气说淋漓，乱石深松妙一时。野服窗中人坐久，高哦应是考槃诗。四十一，意中难卜此山家，日日毫端□影加。为补《离骚》经里阙，故从板屋著梅花。四十二，坐破苔衣第几层，梦中三十六芙蓉。倾来墨渖堪持赠，恍惚难名是某峰。

沈归愚评歙人诗

沈归愚《国朝诗别裁集》选歙人诗，极推闵宾连之《庐山》二篇，已见前卷。其论吴茵次诗，则赏其《虎丘酒楼》句：「七里水环花市绿，一楼山向酒人青。」谓「写山塘风景如画」。其论吴司空苑《北黟山人诗集》云：『司空性仁孝，读阳城责诸生归养父，语曰：「吾人师也。身教之谓何？」即日陈情归，兄弟侍养。读《到家》一章，令人神往，馀亦皆和平啴缓之音。』其《到家》诗云：『巷竹猗猗垂，山桂亭亭覆。入门拜慈亲，白发颜微瘦。薄宦十馀年，欢爱类稚幼。款款问中朝，不私及堂构。娇儿发垂额，及归尽婚媾。开门孙暗窥，兹客曾未觏。忆昔少年时，老屋埙篪奏。树下共嬉游，兄先弟随后。树今已成围，山石还如旧。拟采南陔兰，相偕饰容臭。匪敢赋闲居，献母南山寿。』归愚云：『此诗可参「我徂东山」第三章、老杜《羌村》第一章，而情事各别，使人忠孝之心油然而起。』

又《峨眉山月歌送许时庵使蜀》云：『我闻峨眉山，插天青嶙峋。上有太古雪未化，不知天地冬与春。高悬更有秋空月，雪上清辉尤皎洁。光耀磊落之奇人，西汉马卿宋轼辙。况君秋水点双瞳，九天衔命下蚕丛。清无遗照同山月，毕献珠光锦水中。』按：此篇即所谓『啴缓之音』也。又《望后海》诗，已见前。

其评吴东岩瞻泰诗云：『东岩为司空长子，少留心经术，思为世用，入省闱十五，终不遇，乃遨游齐鲁燕冀，及江汉吴楚闽越交，诗品日高。然以诗人名，非其志也。』所著有《汇注陶诗》、《陶诗提要删补选注》等书。录其《过虎村上芙蓉岭》诗云：『山深异气候，四月正流澌。冰有夏虫识，花无春鸟知。村寒烟不起，径险杖难支。一线开天窦，芙蓉更擅奇。』《宿松谷庵听瀑》云：『向晚投松谷，青苍夹洞门。沙流侵客屐，笋迸出云根。冻雀千林静，飞涛万壑奔。一霄疑骤雨，起坐见朝暾。』《自题莲花峰顶试泉图》云：『万刃青莲上，梯云为试泉。谁将一勺水，引上九层天。气带流霞色，香无下界烟。《茶经》曾品未，兴发自吾先。』《送洪去芜入黄山度岁》云：『怪尔冲寒入杳冥，一筇万里破空青。雷奔石底晴看雨，人在空中夜摘星。喜就温泉除宿垢，懒将仙荚问山灵。鼎湖龙云留丹灶，元日朝参紫玉屏。』

其评吴漪堂瞻淇诗云：『漪堂不以诗鸣，而天然温厚，如其为人，所养醇也。』录其《发富阳夜次岩濑》云：『忽见桐江树，回头失富春。中天一片月，千古两高人。自注：严子陵祠对谢皋羽墓。世乱宜晞发，时平亦洁身。清风迎客棹，欲为涤征尘。』《三答家兄》云：『留滞周南客，相思春草馀。梦来乘夜月，诗好代家书。父有千秋业，儿惭两地居。何时耦耕罢，商略注虫鱼。』归愚于吴氏兄弟交盖甚深也。

其选汪于鼎兄弟诗亦甚多。《论馀事集》云：『于鼎诗，渔洋定其全集，歌行中赏其《建文钟》篇，云中有史笔。惜今集中不见。』录其《次街口》云：『万山落飞瀑，竞向清溪会。潆洄穿松杉，葱蒨纷映带。积石竦剑芒，百里无静濑。篙师惯歌啸，险绝了不碍。攒霄排岩峦，幽异此中最。转惜险巇中，苍黄出烟霭。渔火半明灭，海月上山背。家乡送别人，已隔青峰外。』《七里濑》云：『日照丹霞西，雨来青嶂东。船头气澄碧，船尾阴溟濛。峰交路疑尽，溪回趣无穷。渚清水禽悦，径碧岩花秾。束发志沉冥，思蹑客星踪。曩游已十载，老大仍飘蓬。山顶石乳滴，服食使颜红。丹梯不可上，神仙杳难逢。何日谢尘缘，烟波从钓翁。』按：此诗首数语，张南山《诗人征略》亦赏之。《怀蘖庵大师》自注：侍御熊公开元。云：『九尺老比丘，骨立石崖松。楞伽把一卷，兀坐西南峰。举头近帝坐，低头睨寰中。批鳞丹陛前，驱鳄沧海东。昔怀宁易平，托钵降毒龙。阳灵大地匿，雨雪春山空。樵径白云迷，何处寻孤踪。』《怀芦中老人》自注：礼部郎王公泰徵。云：『芦中人易老，不复刺渔船。悲歌采薇蕨，归卧西山巅。山路幸险巇，足音少人传。气衰筑难击，不如弄云烟。骨瘦薪难卧，不如枕清泉。清泉涤尘襟，云烟幻眼前。忧思能伤人，谁禁迟暮年。』按王泰徵即为渐江《画偈》作序者。《鼠渡江》诗云：『江北鼠，口衔尾，结伴成群满沙觜。飞尘满野，烈日在天，江北农人，忧心如煎。江南稻秧齐，沃土不须雨。同类渡江，适此乐土。楚豫稻粱，堪足天下。今年不雨春复夏，估不开仓谷添价。鼠乎鼠乎，勿食禾黍，禾黍食尽，及尔同死。』归愚云：『此种诗，从变雅来。言由江北至江南，禾俱尽也，鼠俱饿死，人可知矣。』《翁履冰》诗，自注云：『翁挈稚孙暮归，履冰上，中流值冰裂，落水死。』诗云：『东家粟红，西家粲白，借贷空归，羞见河伯。河伯羞尚可，一家待我举烟火。河水生骨胶渡船，携孙伛偻行难前。谁知河心冰不坚，狐狸隔岸看坠水。枯桑槭槭酸风起，绥绥欲渡愁其尾。』归愚云：『愁惨之音，几不忍读。』《纪岁珠》诗，自注云：『乡邻某，娶妇甫一月，即行贾。妇刺绣易食，以其馀积，岁置一珠，用彩丝系焉，曰纪岁珠。夫归，妇没已三载。启箧得珠，已积二十馀颗矣。』诗云：『鸳鸯鸂鶒凫雁鹄，柔荑惯绣双双逐。几度抛针背人哭，一岁眼泪成一珠。莫爱珠多眼易枯，小时绣得合欢被。线断重缘结未解，珠垒垒，天涯归未归。』归愚云：『结意不用说尽，婉约可悲。』按：纪岁珠事，俞曲园采入《春在堂随笔》，云吴牧驺太守仰贤，亦有此诗。

录文冶《怀黄扶孟》云：『从来经易水，谁不念荆轲。有客自驱马，秋风正渡河。回头山色远，直北角声多。日暮思乡井，踟蹰发浩歌。』归愚云：『凭空而下，笔力千钧。』

录文冶《臂痛》诗云：『那能扛笔气如虹，自笑千钧一握中。乍可偏枯犹半士，谁堪全折到三公。斜骞却似垂翎鹤，孑立还疑欲瘁桐。天意佚吾吾正懒，纸窗晏卧罢书空。』《吴江舟夜》云：『水驿迢遥望不分，愁心落叶共纷纷。扁舟一夜摇江月，入梦吴歌断续闻。』归愚云：『吴歌以吴江为最，用来独切。』

录汪扶晨《天平砫入师子林》云：『深松寒白日，僻路到人稀。仰见高峰顶，孤僧采药归。云多从杖起，鸟不上山飞。薄暮一声磬，猿公来款扉。』《上莲花庵》云：『秋山钟梵寂，萝径上崔嵬。意想不到处，峰峦忽尽开。石床平落叶，古壁满荒苔。更羡孤云逸，松颠自往来。』《坐狎浪阁》云：『高阁临溪水，薄暮轩窗开。不见庵中僧，微雨潭上来。』按：《渔洋诗话》，称扶晨『有王、韦之风，古选尤间澹。「微雨」二语，不愧古人。』归愚亦称其『真写得景出』。

录江辰六《河汾集》中《喜吴天章至自蒲坂》云：『相违冰雪后，相对两萧然。有榻留徐稚，无钱与郑虔。更深重话旧，烛剪欲忘眠。不识千秋后，诗篇若个传。』《哭外舅吴兴公先生》云：『解组归来日下帷，拈毫辄与古人期。诗方范陆差相亚，词拟周秦更勿疑。乞食耻炊同舍鉴，罢官孰寄草堂资。侍儿也为先生惜，满腹牢骚不合时。』

录吴鸣夏《登金山塔》云：『踏尽层梯到半空，洪流一柱镇蛟宫。羲娥近走檐楹际，江海平分指顾中。帝子凤笙吹缥缈，仙人桂馆启鸿濛。三山采药堪长往，我欲归来万里风。』《出宁羌马上漫成》云：『乱鸦散尽晓烟浓，马首青横剑外峰。斥堠东连秦锁钥，雍梁西界汉提封。天边鸟道秋无际，云里猿声树万重。极目黎城何处是，西风寂寂下高舂。』按：此诗天边二句已录前卷。归愚云：『鸣夏为吴太史瑾含祖，诗稿甚富，瑾含邮寄散失，只此二篇。吉光片羽，益珍惜之。金山诗气足神完，无一闲笔，洵推高唱。』

录汪苍孚沐《青楼集》中《西海门》云：『鸟道直穿云，不暇盘旋上。有时膝代足，手扪那容杖。目眩怯回头，坐稳时一放。精神犹惚恍，心胸为涤荡。力竭到峰巅，平衍神忽王。亟趋西海门，路转光明藏。千峰划然开，紫翠呈万状。夕阳在东麓，倒射芙蓉障。谁为问巨灵，仙窟何年创。石床置碧霄，玉屏列丹嶂。云峦一万重，三神山在望。何须蹑仙踪，且快兹游壮。』《穿鳌鱼洞度莲花沟上文殊顶》云：『巨鳌潜海中，何年此迁播。古洞恒阴森，屏息不敢唾。伛偻穿胁出，延缘扪脊过。眼明一松横，根穿石壁破。风云看飞腾，江海几掀簸。迳度莲花沟，心胆寒无那。悬崖如泛虚，股栗神已懦。每涉惧不测，贮足欲相贺。降若探龙渊，陟如转蚁磨。九地升九霄，始达狮子座。莲花入云开，莲蕊日以大。迎送松依然，涧底龙犹卧。至此筋力疲，藉草一少坐。历历忆生平，久惯经坎坷。此间觉平夷，无须咎摧挫。』《题雪庄和尚小照》云：『雪庄开士居云舫，三十馀年不下山。何事尘缘消未尽，尚留面目在人间。』归愚云：『雪庄入都，见重朝贵，几为尘缘所缚，故苍孚作诗以风之。』按：苍孚，名天与，官刑部郎中。

又录程羽宸练江诗数首，中《抵金陵》一绝云：『晓风策策柳毵毵，帆影遥天破蔚蓝。一片伤心金粉地，落花时节到江南。』归愚以为『神韵动人』。按：练江诗已见前卷。

又录程午桥诗三首，中《云栖》诗云：『灵山结想十年前，一路穿云许问禅。人绿须眉全在竹，晴喧风雨总因泉。地高偏觉江声近，峰远犹将梵呗传。吟尽夕阳归较晚，清池应爱远公莲。』归愚云：『程梦星太史，初字伍乔。取《南唐书》「伍乔居庐山，僧梦大星旁一星曰伍乔星也」。后改名伍乔。』

又归愚《明诗别裁集》，录歙人诗甚少。只选程孟阳四诗，其《值唐叔达同钱将军北上言别》云：『方舟燃烛夜相过，道上匆匆奈别何。我已三年怀锦里，君偏五月渡黄河。南游谁共烟花早，北上兼闻金鼓多。此别各怀无限意，莫将春泪点江波。』《送李中翰还朝》云：『汉家宫阙枕燕关，使者乘槎八月还。闻道沧溟今未息，几回沟壑动愁颜。吴地潦平犹似海，广陵涛壮正如山。同舟夜醉神仙侣，染翰春随供奉班。』《阊门访旧》云：『怅望吴阊百里馀，故园兄弟日应疏。多年华鬓丝相似，三月春愁水不如。歌扇旧分桃叶渡，钓船还傍藕花居。扫眉才子何由见，一讯桥边女校书。』《登楼》云：『少小听歌怕唱愁，一声楚尾与吴头。如今身在伤心地，但见春光莫上楼。』归愚云：『孟阳诗亦娟秀少尘，自钱牧斋訾謷李、何、王、李诸人，推孟阳为一代宗主，几与高季迪、李宾之前后相埒。而阳羡邵子湘，有心矫枉，摘其累句，谓为秽亵俚俗，几于身无完肤。予录其气清格整去风雅未远者四章，见孟阳自有真诗，勿因牧斋之过许，而毛举其疵以掩之也。』按：《松圆浪淘集》，黄宾虹曾为影印，旧曾见之。

又选李长蘅四诗，其《过皋亭龙居湾宿永庆禅院同一濂澄心恒可诸上人步月》二首云：『归装出西湖，间道向黄鹤。屡愆桐坞期，偶遂龙居诺。轻舟凌晨风，遥山满晴郭。丹林尚可数，寒条纷无托。披松指微径，听水扪暗壑。新构争远势，平台揽摇落。霜馀山容浅，天清海气薄。暂歇尘劳心，始知寂灭乐。』又云：『每多方外游，见僧即如故。灯明一龛下，夜长惬深晤。不知山月上，千林已流素。出门寻旧溪，爱踏松影路。气和空宇澄，寒魄如春露。幽泉洗我心，微钟杳然渡。』《白门七夕》云：『旧日维舟处，悬情独柳条。秋风又京国，客思正江潮。长路有时到，欢期难再邀。徘徊望牛女，愁绝向中宵。』《黄河夜泊》云：『明月黄河夜，寒沙似战场。奔流聒地响，平野到天荒。吴会书难达，燕台路正长。男儿久为客，不辨是他乡。』归愚云：『嘉定四君中，以檀园为上，虽渐染习气，而风骨自高，不能掩其真性灵也。』

方子云《伴香阁诗》

《吴会英才集》，首选歙方子云《伴香阁诗》，并序云：『方居士，名正澍，忘情仕进，乐志衡门，今之贾浪仙、罗昭谏也。诗工于体物，一联一语，唐人得之，皆可名世，何止「一一鹤声飞上天」。与袁简斋太史，流寓金陵，激扬风雅，诗坛争长，昭耀江东。居士赁屋长干，索居屏迹，于时词客，罕有颉昂。故袁有《论诗绝句》云：「金陵从古诗人少，近得南园与古渔。更有闭门工索句，无人解扣子云居。」南园者何士颙，古渔者陈毅也。』兹录其《子夜歌》云：『美人抱瑶瑟，帘前弹复歇。愁随秋月生，不随秋月缺。』《过宴溪寺》云：『白日不下地，青山塞一亭。火云蒸雨出，潭水带龙腥。偶步竹间径，闲看石上铭。老僧留客宿，持扫绿槐厅。』

《石头城》云：『秋江渺渺晚初晴，蘋叶蘋花两岸明。远水不知何地尽，三山如仅与城平。贴云孤雁飞无影，带雨寒枫落有声。我欲凌风叫阊阖，紫琳阁宇锁瑶京。』

《暮春》云：『门设常关少送迎，绿苔作意上阶生。山高云自能欺日，雨久天还一诈晴。中酒情怀唯独寐，落花时节懒闲行。纱厨筠簟南楼上，坐听邻园唤晚莺。』

《句曲山》云：『芙蓉顶上化人居，扶杖登临二月初。双峡束江吞楚蜀，万峰送雨落淮徐。崖前云护藏龙洞，壁上仙留倒薤书。闻说石坛明月夜，步虚游戏纸为驴。』

《入新安界》云：『吹面风和未肯晴，频频策马拟兼程。水从断岭腰间出，日向浓云脚里行。野店年荒收市早，故乡别久人见生。林禽不识还家客，犹作催归一两声。』

断句如：『征帆千片雪，驿树半身苔。』『云过月西向，潮来江倒流。』《莲花峰》云：『烟萝挂壁疑无路，日月行空似有声。』《村行》云：『酒幔隔花人问路，渔庄临水鸭知门。』『花径红深初过雨，竹潭碧极欲生烟。』《幕府山》云：『晴江远树梢头水，夕照平芜尽处山。』《紫竹禅院》云：『破殿一门吞岭色，小亭终古走江声。』《多景楼》云：『雨色无边楼易暝，风声不定海初潮。』俱所谓工于体物者。

吴野人诗中及歙事

吴野人嘉纪《陋轩诗集》中，多与徽人酬赠之作，兼可考见吾邑故事。如《挽刘升诗序》云：『刘升，仪真人，歙潘楚玉仆。楚玉性褊急，少违意辄捶挞之，升不怨也。楚玉母病，升割股肉和药疗之。楚玉死，家业中落，升黾勉负荷，为嫁女、葬女。楚玉之子次璜稍长，为娶妻；妻死，复娶。家益窘，升筋骨且衰，乃赁于人，力作以供幼主衣食，尽瘁至死。程云家哀之，作《义仆传》。余赋挽诗。方千云捐钱为治墓。』

又《送吴仁趾北上》诗：『鸟迹世无传，汝也攻篆刻。用刀金石间，只似用笔墨。斯人李蔡后，书法一生色。』见仁趾善治印。

又『黄山程仲子原注飞涛，抱琴亦北游。城郭粪壤飞，松风日飔飔。』见程飞涛善琴。程字临沧，江村人。

又《葛蒲诗序》云：『程云家入万萝峰十里，行涧石边，遇菖蒲，采之不得离石，并石采之。繇歙沃植，至越，至江淮，止于南梁馆舍。新水清泠，寒翠掩映，蒲根石棱，不可辨别，赏弄之次，赋诗赠云家。』见云家之好事。

《寄程蚀庵》诗：『鲁连老东海，周术卧高车。原注：商洛一名高车山。贫贱同轻世，登临各异居。』见非一二之高致。

《吊谢承启》云：『疾风扬沙砾，原野黯无辉。蕙茝方不辨，志士将安之。举手谢丘园，褰裳行险巇。跼蹐至摧败，忧来发狂痴。狂痴天地间，羞作弱男儿。膏明祇自煎，杼急多乱丝。稻粱在篱下，雀饱黄鹄饥。徒然如精卫，神哀形体疲。苍海何时涸，白日但西驰。劳苦愿未酬，老死令人悲。』按谢事颇晦昧，他书未传，得此诗，可征其曾与光复密谋而未偿其志，郁郁以殁。

《赠吴景尼》诗第三首云：『采药入鹿门，织畚老蒙山。泉石娱夫妇，齐眉岂不欢。仓卒罹大乱，闺阁急红颜。入井复出井，女中逢大贤。曲护冰雪意，全生锋刃间。慷慨励孤节，流离经五年。终焉归夫子，轩车辞幽燕。只今淮水上，鸳鸯鸣关关。宝剑分复合，古镜破仍圆。高士配贞女，双美人争传。』原注：景尼，歙澄塘人，详此诗，是清初时景尼之妻遇兵投井，赖贤妇拯之，流转至燕，五年未失节，仍得归也。其第一首中，有『不用歌二龚，不须赞四皓，今日尘埃中，高趣有老吴。问年已七十，无人识怀抱』语，是景尼亦执高节者。

又《与程梅憨》诗云：『昨闻徽州忽遘乱，潜峰忆我程梅憨。居民逃难不敢哭，昼投山北夜山南。山鬼前啸猛虎后，岩昏谷邃路弗谙。血气少年罢已甚，疾病奔走君何堪。不谓赤眉敬长者，烽火不近潜峰岚。六邑沸腾日杀掠，此乡醉歌人自酣。始知善类若蔗枝，根荄托处多芳甘。朝来寇退病亦痊，行装束与苍头担。涉江蹈海何录录，欲就安丰老友谈。野菜霁生牧豕地，岸花喧拆钓鱼潭。乱后相逢若为喜，春风鹤发同鬖鬖。』程，潜口人，与汪岸舫、汪扶晨同里。吴集中有赠汪虚中、汪扶晨及汪于鼎、文冶兄弟、郑慕倩诸人诗，未录。虚中，扶晨从叔也。

又有《题汪孝子子喻先生遗像》诗，序言：『子喻先生于鼎文冶父，遗荣弃名，隐居炼丹峰下，竭力养母，四十年弗怠。老母死，恸甚，哭辄呕血，亦死。』

又乡人姓名见于集中者，如吴仁夫澄塘人、黄秀楚、郝士仪、有《悲髯公》诗，郝名羽吉。程文中、汪陶庵潜口人、汪芾斯、吴元霖、吴周、二吴，潜口人。徐文振、徐七十，汪叔向为作十二图，野人题之。吴苍二汪岸舫之婿、汪梅坡、程隐庵辈。甚多，俱俟考。

江允凝诗

前闻歙城江氏，尚藏有江允凝诗，再四借抄，始得一睹。只一册，非全集也。中分《川上草》、《湖上草》、《岑山诗》、《宛陵诗》四集。《川上草》为避乱南源作，《湖上草》为游西泠作，《岑山诗》为结夏岑山作，《宛陵诗》为游宣城作。前有施愚山题序云：『黄山诸诗，蒐奇凿险，有石破天惊之势。又画为大册，盈尺许，予常笑谓之曰：「君肺腑手口，直化作一座黄山矣。」今读避乱近作，幽寒酸楚，刻画处似老杜纪行。而五律警句，又时似阆仙，允凝固当以诗名，不徒其画逼渐江也。宣城施闰章书。」《湖上草》有允凝自作小序云：『己未夏，初由新安江鼓棹，为武林之游。私幸又泛西子湖，如见故旧。侨居南屏，拟徜徉肆志，追步昔贤。适体中小恶，卧净寺竹影中，几匝月，惟时时于茶臼药炉间，梦与白、苏诸公品骘佳胜。少差，亟拏小舟，一寻六桥孤屿，名迹未遑遍览，殊有憾焉。因记所阅历，发为咏歌，归舟如胶，漫为纂次，若他日再过湖头，探搜略尽，当续成一帙，庶惬予怀也。」

兹选录其《避乱南源途中作》云：『予昔常入山，登眺肆游衍。及今遭乱离，万事虢闻见。垂老几弟兄，踯躅顿忘倦。喘息倚枯藤，班荆给野饭。恻恻中心摇，分情各相念。千峰鳞次迎，层层重觌面。意恐山不深，举目荆榛遍。相逢同路人，仓皇各眷恋。坐立必回首，车轮肠中转。不识在城隅，烽烟作何变。」《甲寅九月同及门汪镛大儿缄避乱中峰寺》云：『迢递来山寺，沉吟似梦回。乾坤重战伐，风雨念蒿莱。杜甫家全弃，陶潜菊正开。祇今闲岁月，相对足衔杯。』又云：『崎岖怜汝辈，踪迹亦飘蓬。泉石眠餐外，烽烟聚散中。怀人愁水阔，仗佛慰途穷。极目千山影，疏钟度远鸿。』按：甲寅为康熙十三年，正耿军入徽时也。

《寻川上草堂感旧》云：『廿载沧桑后，书堂一草墩，悬崖稀老树，隔岸冷孤村。路接山桥影，沙添野水痕。何须化辽鹤，人事不堪论。』

《画成》云：『桃源欲问路茫茫，回首乾坤是战场。托意偶成林壑趣，虚舟犹自待渔郎。』

《次韵答程非二》云：『试问全生策，茫然纷所思。难寻千日酒，懒和四愁诗。长叹流离后，无因笑语随。敢云楼百尺，泉石颇相宜。』

《题画》云：『孤舟虚待无人至，漠漠平林带远山。未有倪迂家产散，乱离如脱一身闲。』

《打蕨歌》云：『言采其蕨古逸民，古知采茁今掘根。踟蹰仰古长叹息，遗民高节今尚存。山家明发呼俦侣，荷锄努力翻山土。寒岩幽壑目不凝，日下忙收归畏虎。妻孥村外望高峰，喧喧出谷迎笑容。一肩两束根错综，跣足洗根溪水红。挨拶难迟争碓舂，承筐漉帛妻孥从。高桶低盆就溪水，凌晨较量参差比。翻盆割粉炊烟起，食法多方故所殊。仍以其馀得酒沽，转笑逸民空肠枯。吁嗟乎！逸民如此非饿夫。』

《瑞云轩题画与东大》云：『招提堪寄迹，兀坐似乘禅。世复缠兵革，予将弃砚田。江山图画里，人事酒杯前。瞬息秋冬过，良朋各一天。』

《山中腊月感怀》云：『农耕虚望叹无炊，我亦携家避乱时。荒寺老僧言卒岁，深山游子念归期。野桥疏影传梅信，土室微光赋雪诗。榾柮一炉还把卷，雄心宁乞古人知。』以上《川上草》。

《晚发新安江》云：『踪迹浮家出，推蓬日下春。激滩排乱石，柔橹画群峰。渴疾眠非傲，狂吟兴不慵。可怜江月好，尊酒竟谁供。』

《江上早行》云：『烟雾空迷蒙，摇摇梦中过。俄闻山鹊喧，独起披襟坐。茆茨近水扉，尚掩疑高卧。乱石砌垣低，乔林蔽村大。轻舟下恶滩，澎湃几扬簸。朝旭萍实浮，江光动蚁磨。回首念家遥，青峰刺云破。』

《严子陵钓台》云：『汉室中兴全盛日，故人踪迹在乾坤。高台睥睨烽烟静，御榻星辰夙昔恩。百战元勋图像过，千秋渔父钓竿存。予生素志云山老，恋恋垂竿石上蹲。』

《江上望海》云：『日月识其出，凭阑俯大江。海天挥一气，吴越自同邦。屿涌青螺几，帆悬白鸟双。永怀钱武肃，万弩射潮降。』

《湖上感怀》云：『湖光无代谢，吊古几荒丘。伐木栖禽徙，班荆牧马休。苔深高士宅，烟烬美人楼。泛泛轻舠上，诸峰豁两眸。』

《为净寺澈空画黄山松》云：『南屏山下竹林幽，禅室容予浪迹投。尺幅不摹湖上影，掀翻云海走苍虬。』

《夜坐松寿堂建云师谈家渐公曾寓此》云：『闻道先师曾挂锡，幸予下榻避尘喧。松阴犹覆摊书阁，月影还侵作画轩。共叹久归芒屦事，终惭空坐竹林言。天涯沦落多知己，踪迹从兹又溯源。』

《虎跑寺》云：『深峰藏古刹，清梵引微风。村径黄瓜候，松门翠竹中。一朝传虎迹，千载著泉功。老树长藤附，无虚号曼公。』原注：晚柯、玉如、青岩、岱观、蚀庵诸子，有曼公社。

《舟泊港口怀方雪岷》云：『东阁曾邀翰墨同，停桡追忆此源穷。今宵语石山头月，定有清吟与梦通。』以上《湖上草》。

《岑山结夏》六首之一云：『避俗兼逃暑，时分静者踪。槛前通水国，榻下起云峰。苔石跌烟客，茶香侍砚农。自知无杂念，莲社颇相容。』

《岑山陪施愚山少参赋》云：『小艇泊幽处，孤云一径悬。楼台依竹树，石壁插江天。纵目皆峰上，低头在水边。南山有樵叟，招饮下翩翩。』

《陪鄢在亭别驾泛舟游岑山，同王纶紫、吴骞公、许元范、程非二、陶若葛赋》云：『持螯举酒坐看山，逸棹能亲鱼鸟闲。风雅久凋征伐后，古欢重见笔谈间。金台玉宇峰环照，枫叶芦花水一湾。欲感提携留姓氏，他年事迹仰公扳。』按：允凝己未夏居岑山，时同游酬和者，尚有杨自西都谏、周恕庵太史、姚纶如、姚胄师、沈天士、胡仪九、袁中江、施壼坪、蒋季虎、吴疏林、曹于其、郑希淑、许令绪、汪涵斋、吴秋潭、曹子石及方外休休诸人。诗繁不录。以上《岑山诗》。

《度新岭》云：『想思宛陵游，无负故人约。鞭策两日程，登岭束芒屩。前瞻几逗遛，万仞心胆落。幸有舁者伺，拉我乘不恶。轩轩如翼生，历历乍腾跃。纡折拥群峰，幽深俯大壑。僧庐暂息劳，慰渴杯茗酌。回首指乡园，微茫辨城郭。兵戈连岁凶，山村尽萧索。一身迫困穷，生计何所托。白发在高堂，游子惨不乐。过此仰浮云，遥怀隔天各。』

《过吴晴岩隐居》云：『茆堂深柳内，一榻隐烟萝。禾黍门前省，山泉竹里过。藏书知代远，问字阅人多。自是千秋业，弹琴足啸歌。』

《夏日梅瞿山先生招集爽轩，同倪观湖，沈方邺、锺书泉、吴晴岩、惊远汪东大、令兄古愚、令侄素五、子彦、耦长，时出家藏书画见示》云：『常羡都官启后人，今来宛上一相亲。酒如河朔当年饮，画即王维夙世身。邺架静观从客借，顾厨清秘共予珍。与君昆季深谈笑，两晋风流迹未陈。』

《过蔡晓原山居》云：『土墙围竹屋，闭户得幽偏。好句呼儿写，清茶转自煎。画搜游屐外，书叠隐囊前。常念文园客，都忘溽暑天。』

《访张两水先生》云：『仲蔚蓬蒿在，相钦久闭门。土墙延薜荔，野蔌佐饔飧。倒屣笑迎友，移樽喜弄孙。先朝耆旧业，时事不堪论。』

《沈方邺、梅耦长招同施愚山、唐辅宸、王安又、梅瞿山诸先生及素五、子彦、吴晴岩、惊远集世忠堂》云：『清暑凉堂拂素琴，婆娑古树落庭阴。开怀新入宛陵社，侧耳如闻谢眺吟。千里论兵多缓带，群公作赋几抽簪。陶然意致何疏放，可见遗风是晋林。』

《愚山先生招游敬亭山》云：『我自来宣州，两月卧虚室。相念敬亭游，畏热寡俦匹。夜闻梧惊秋，欣然佳梦及。妄意得提携，恰喜故人忆。一见呼笋舆，直指白云入。初延涧谷深，渐近冈峦立。平生山水缘，游目殊应接。花宫隐峨峨，身心已生翼。古藤补松阴，怪石依径侧。回首俯人寰，郊原溪路织。旷怀一州望，他山远黛碧。奇情四照来，烦襟尽为涤。杯前白日移，林内蝉声急。礼瞻在昔贤，千秋垂名迹。赖有施使君，山林所间出。博雅宇宙闻，词赋金声掷。动息踵前踪，五贤必增一。当时云鸟存，何幸亦吾值。不朽今日欢，和歌题在壁。』

《寄濮阳无著》云：『宛水行吟对落晖，维扬梦好故人违。风波直阻贫鸡黍，肝膈终怀老布衣。痛哭嗣宗还可醉，深惭王粲乱无依。闻君近入红莲幕，转讶天南有雁飞。』原注：时在兴化幕中。

《同愚翁访喝涛、石涛两师双塔寺》云：『白云何处来，吾知离粤峤。巾瓶手中携，历历看山好。前因笔墨禅，相见即倾倒。言念古昭亭，卓锡可终老。曲涧隐深篁，青岑细幽讨。残寺复为新，其功已浩浩。门前一双塔，将为两师表。』

《愚山先生再招游敬亭，时翠云庵山门落成，同瞿山、子彦、惊远》云：『名山如故人，不见即相念。骋望古昭亭，何当重觌面。晓闻施使君，招携及清宴。新霁媚秋原，列景集瑶琬。拾级上林峦，欣欣肆游衍。空翠绕连阡，浮图中隐现。清烟万瓦沉，旁走澄江练。静领中座言，山亭记重建。始知最胜场，遐迩亦称善。孤楼夕阳低，众壑岚光遍。飞觞酬昔贤，意致增馀眷。朗吟倚高天，真趣逼群彦。醉当山月高，言辞下山倦。灯光照肩舆，回瞻若珠串。』以上《宛陵诗》。

按：此集中尚有《赠施次仲》、《忆亡友俞其章》、《忆唐祖明先辈》、《赠蒋季虎》、《饮李来公斋头》、《寄高阮怀、黄坤吉、陆在璞》、《集孙玉京袍笏堂》、《集吴圣飞南冈》、《坐马吉人蕉轩》、《泛舟青溪赴半山老人招》及《晴岩、不疑、晓原、季虎、惊远过饮寓斋》诸作。又有《题画寄袁士旦》、《寄锺书泉》、《寄佩长依水园》诸作。以繁不录。

王弇州诸人游歙

汪印苔《歙浦馀辉录》记申时行归吴后，游新安，造许文穆，载惠泉数百瓮，舟达歙浦，见江水澄澈，潭不掩鳞，乃语人曰：『新安遍地惠泉也，奚以此为！』命悉覆之。至今故犹传其事。

又记徐文长游新安，登齐云，还浙，道中无一诗。至衢，乃自嘲一绝云：『系马梅花索酒时，溪山遥映酒家旗。如何每到堪题处，不解吟成一字诗。』

又载王弇州游歙，过千秋里，访汪伯玉，淹留数月。过潜溪，宿故友汪如玉家，赠以诗。又为如玉兄珩作传。续稿中有《与南溟肇林社唱和》诗。按：上申、徐二说，未知何本。张心斋潮作《洪憭庵玉图歙问序》亦云王弇州先生来游黄山时，三吴两浙诸宾客，从游者百馀人，大都各擅一技，世鲜有能敌之者，欲以傲于吾歙。邑中汪南溟先生，闻其至，以黄山主人自任，僦名园数处，俾吴来者，各各散处其中，每一客必一二主人为馆伴。主悉邑人，不外求而足。大约各称其伎，以书家敌书家，以画家敌画家，以至琴、奕、篆刻、堪舆、星相、投壶、蹴鞠、剑槊、歌吹之属无不备。与之谈，则酬酢纷纷，如黄河之水，注而不竭。与之角技，宾时或屈于主。弇州大称赏而去。

又按：祝枝山游歙，主西山汪氏弥月，为书《黄庭》。沈石田游歙，主临河程氏，为画一虎；又主潭渡黄氏，亦留画而去。董玄宰、陈眉公先后至歙，俱主溪南吴用卿馀清斋。吴名廷，即以米南宫书迹与玄宰。玄宰作跋，所谓『吴太学书画船为之减色，然尚藏有右军官奴帖真本』者也。又主莘墟吴周生清鉴堂。周生名桢。两家帖皆董、陈为选跋上石。今清鉴堂帖原石在溪南吴氏，馀清斋帖原石为鲍蔚文所得。吾歙摹刻丛帖，以此两家为最著。后乃有棠樾鲍氏安素轩刻写经，原石在扬州，今不知流落何所矣。

李本宁称汪伯玉

《歙浦馀辉录》引《云谷卧馀》云：汪伯玉与李于鳞辈七子齐名，李本宁维桢尝称曰：『李北地梦阳之才，能小而不能大，能短而不能长。李历下于鳞之才，能高而不能下，能奇而不能正。王弇州世贞，以才骋法，而法不胜才。人生几何，其书充栋，微伤率耳。汪司马之文，小大长短高下奇正，随所结撰，积句成篇，积字成句，无不精丽，其才能经纬错综之也。』当时之评骘如此。

汪伯玉健啖

程读山雨窗绝句云：『亲家好雪当来饮，云梦胸中八九吞。漫说点心相望迓，中宵大嚼过屠门。』原注云：汪南溟先生健啖，如古所称张师亮、赵温叔者。与族伯高祖侍郎午槐公同年，又姻家，交甚款。先生居郡城，尝过侍郎公宴，公子妇恐先生饥，自槐塘至潭渡，遣伻斋点心相迓者再。宴罢，宿侍郎公别墅，夜话久之，苦饥。侍郎公笑曰：『族孙屠牛作胃脯，曷往邻就食？』幅巾偕往，坐枅旁，又尽十馀斤。今屠肆又数易主，矮屋数间，里人犹指话焉。

稗官载南溟参胡襄懋征倭军事：『一日军中大宴，戚帅南塘手两巨桉，一设脯胾，一列瓶碗。胡饮酒，南溟进炙，两桉俱罄，二公无醉饱色。戚亦无不胜色。倭觇者咋舌，以为神人。』似未尽诬也。

《黄山松石谱》

《昭代丛书》甲集《黄山松石谱》，称闵宾连撰，实乃张山来从宾连《黄山志》中摘出耳。记松九、柏二、石四十有四。山来跋，称松记其最著者，石记其小者。又称闵子文笔高古，不减《水经注》。其记扰龙松云：『散花坞中，突兀一峰，下临无际。此松破石以孕身，贾勇怒撑，上透峰顶，即偃其盖。衡枝长二三丈，凌空飞舞，若龙爪搏击，松中第一奇观。见者骇瞩，尊为帝松。』文简洁而工状物类此。

《新安访碑记》

《新安访碑记》，汪弢庐师撰。黄宾虹从遗札中录出，乃草创未完稿也。碑多在今歙县界内，兹备录之：晋南昌罗文佑诗刻，见县志，今名白沙碑，在浦口庄定王祠左边第七根石榴树下。唐薛稷永安寺额，未注明在何地。唐黄孝子芮宅旌门，在黄屯原。五代吴天祐保安院石刻，在紫阳山麓。宋朱文公书『新安大好山水』六字石刻，在长陔。宋罗愿程忠壮庙碑，在篁墩。宋范太守钟刻汪越国公二诰碑，在乌聊山庙。宋理宗『紫阳书院』四大字碑，在县城紫阳书院前。宋郡守刘炳汉洞碑，在汉洞。宋绍元古钟，在岑山里水陆院。元郑玉《章氏二孝女庙记》，在章岐孝女乡。元余忠宣篆书『郑公钓台』，在富登渡。明罗洪先『黄山一望』石额，在汤口。明汪道昆『芗石』刻字，又『丹井』刻字，在黄山。明太常吴彦明吕内史祠碑，在半节街。明尚书杨宁如意寺碑，又太平十寺旧碑记，俱在十寺。明潘之恒《一树庵碑记》，在鱼袋山。清郑簠隶书『群峭摩空』四字，在文殊院前石壁。明曹铃隶书『云巢』

二字，在云巢洞；又《紫玉屏后石壁》大字，在文殊院。明彭泽《河西桥记》，在河西桥。明曹鼎望《重修汪王庙记》，在乌聊山。明郡守王勤刻『宋陆忠节公梦发』碑，在渔梁忠节祠。汉洞古碑，在石耳山东古寺，有龙凤年建碑记，乃明祖口年。又未详年代各碑，主簿葛显庙碑，在飞布山。古岩院碑刻，在向果寺。轩辕行宫掷钵禅院碑，在丞相源。南源寺古碑在长陔。又任公祠石刻、金紫院祥符寺南唐保大碑，未注明在何地。

歙事闲谭卷十三

翁覃溪为曹文正改诗

王揖唐《今传是楼诗话》云：吾皖曹文正振镛字俪笙，世所称歙县相国者也。文正不以诗名，向见其手写诗稿，除试帖少作，馀皆古近体诗，经其师翁覃溪先生点定者。覃溪持诗律最严，于文正诗评隲尤刻，密行细楷，缀语最多，老辈风期，洵不可及。

文正《题放翁集后》云：『南渡诗人陆剑南，清言娓娓味醰醰。先生真意谁能会，心太平庵老学庵。』覃溪于此诗后，录自作《读陆诗书后》四首，兹不录。

文正《咏梧门司成诗庵即用苏斋题西涯图韵》四首。其一云：『新题额又小西涯，稳住诗人松树街。好客随时锄径草，访君特地款柴扉。遍悬古像追形影斋中多摹古人画象，细话幽情见肺怀。我亦摩挲成米癖，爱夸石鼓砚名斋。』覃溪云：『像与形影不应在一句，「肺怀」二字不好。』其二云：『拈向诗奁满壁诗，争名那惜更搜奇。三间矮屋疑移此，三间矮屋一重楼，西涯句。十友新图问画谁。司成绘西涯卷子，摹文正十友图中像于帧首，并欲画同人象为十友图。按西涯《十友图》在沪见之。快觅清华庵旧址，苦寻岳麓寺遗碑。时托伊墨卿为访岳麓寺碑。欲图身世三生梦，然否金丹换骨时。』西涯八月而生，司成亦同之。『然否』二字乃覃溪所易，原作『活脱』。批云：『末七字拟改之而未妥。』又云：『谁』字硬。』其三云：『隔城便觉往来遥，过访何须折简招。老我吟哦空两鬓，看儿诵读又双髫。司成令嗣与予儿俱六岁始读书。眼昏日侍青藜杖，脚软时扶紫栗条。想到乡园酣野趣，岚光水影夕阳桥。』其四云：『渔洋去后孰称盟，心折苏斋五字城。曾见词坛亲弟子，黄昆圃詹事为渔洋弟子，苏斋犹及闻绪论。况来诗境半门生。古今体看纵横出，多少人经冶铸成。好溯渊源寻正脉，石帆亭畔水澄清。』原作『水逾清』，覃溪改『澄』。又批云：『后二首胜前二首。大约用意处须凝蓄，不要扯长。』

《夏日夜坐》云：『无计留人笑语陪，独看寻垒燕飞回。凉棚院里月初上，冷布窗前风正来。向佛焚香萦细篆，呼童泼水压轻埃。倦身欲卧还慵起，儿报盆榴一朵开。』覃溪批云：『总苦平易而不精炼。』又批集中《题吴子华照》两诗后云：『绝句则竟草未上路，排律则成章矣。』又《赋得天寒有鹤守梅花》七言八句中有句云：『冲霄合领司香职，啄雪常怀警露时。』覃溪批云：『高华而兼澄淡，不愧头厅人语。』遗集四册，现由公后人名家骐者保存。卷首有『大学士曹振镛私印』及『万寿山锡宴十五老臣之一』两章，而无自序。弢庵先生题句，所谓『文正诗篇盥读亲，苏斋评点墨如新』者也。文正后裔返歙者仅长房，馀俱留北京未归。

以上节录《诗话》。承尧按：余前在都时，曹氏子孙曾以曹文敏诗册属题。文敏诗婉丽近晚唐，优于其子。文正诗固不工，而苏斋之论诗，亦非能通方者。录之存一佚事云尔。

唐心庵佚事

唐皋，字守之，号心庵。在歙庠日，每以魁元自拟，虽累蹶场屋，而志不怠。乡人诮之曰：『徽州有个唐皋哥，一气秋闱走十科。经魁解元荷包里，争奈南京剪绺多。』唐闻之，益励，因题书室壁曰：『愈读愈不中，唐皋其如命何？愈不中愈读，命其如唐皋何？』又尝题人画捕鱼便面云：『一网复一网，终有一网得。笑杀无网人，临流空叹息。』洎正德癸酉甲戌，果连捷经魁、状元及第。上见《寄园寄所寄》及《尧山堂外记》。

宋宗泽曾居歙

老友汪尚阶，字子涛，号印苔，辑《歙浦馀辉录》中一条云：『宗泽于靖康间携家歙西，寓潜溪之后村，传数世，去浙。秘阁汪若容有宗公传略，所居至今传为宗家脊。』按此亦一异闻，未知其何据。与陶潜曾居潜口之说正同。子涛云：潜口向有『渊明旧里』一坊，元末毁于火。出《南荣别录》。

天都前后社

《黄山志》王寅传：嘉靖壬寅重九，倡社天都峰下。践约者，为程自邑诰、程汝南应轸、陈达甫有守、江廷莹瓘、江民璞珍、佘元复震启、汪玉卿瑗、王子容尚德、方际明大治、方子瞻霓、方定之弘静、郑思祈玄抚、郑子金铣、郑文仲懋坊、郑思道默，合王仲房寅为十六人，乃效谢灵运邺中七子、颜延年五君咏，为十六子诗。又万历庚戌，岩镇人潘之恒与鲍正元、王之杰、黄玄龙诸子重举天都社，赋诗桃花溪上。盟曰：『有旷岁不游天都者，为轩辕叛臣。』时前十六子中，惟方定之尚在，仍推定之为盟主。定之年九十有四，两主山盟。又《歙志》称：唐心庵之孙汝龙，字一宇，工诗，与王十岳结社天都。是十六人之外，尚有人也。

王十岳推汪以正诗

《列朝诗集》云：歙王寅仲房，撰《新都秀运集》，采弘治、正德、嘉靖三朝之诗，人满百人，诗逾三百，汪本以正居首。仲房曰：『以正童稚时，性解为诗，弱冠挺兴，遂传高唱。若「愁边草木歇，梦里关山多。有怀成远咏，无伴趁幽行。野草不媚世，沙鸥宁近名。」皆潜思取境，不落常情。新都自程学士克勤名家，而人争相师法，君独尚友古人。天不爱才，壮即夭折，惜哉！』

按：王仲房构让松草堂事，见《歙志·拾遗》。劳志本传，列遗佚中，亦太略。府志言仲房少负奇气，喜大略，贯通阴符、遁甲二氏之学，弃诸生，北学于李梦阳，不遇，受拳技于少林僧而还。尽破家产，弃家游四方，冀得不死药。后与戚继光游，入胡宗宪幕，幕客多谄事宗宪，仲房独侃侃多所匡正，终未究其用。郁郁不得志，乃一泄之于诗。晚岁学禅于僧古峰，古峰谓海外别有五岳，因号十岳山人。又仲房从子野，字太古，工诗，锺惺最爱慕之，为刻其诗。亦见府志。

郑千里佚事

郑重，字重生，号无著，因丁云鹏爱其画，推为赵伯驹后身，遂号千里。歙西堨田村诸郑人。所居额曰『潭上居』，赵寒山为书也。千里佐普门开山，甲寅普门邀之北上，绘法海图进呈称旨，命画御书莲经引首，赐锦赐宴，东宫亦命画篚，赍以金钱宫蜡，将官之，以方外力辞，还山。晚岁潜心净业，忽感微疾，有鹊环噪，遂合十端然而逝。见《黄山志》。其以方外辞，是已为僧矣。

又丁云鹏晚岁亦栖心禅观，曾参紫柏、憨山二大师，并时聆普门说法，佐兴慈光寺，亦见山志。云鹏字南羽，休人。歙吴左干廷羽，其画弟子也。

程孟阳晚年为僧于黄山

程孟阳嘉燧，号偈庵，歙岩镇邻近之长翰山人。嘉定四先生之一，钱牧斋所称为『松圆诗老』者也。牧斋游黄山时，孟阳已归长翰山，招同游，未往。《黄山志》言其辛巳归新安。孟阳素深于《庄》、《老》、《楞严》诸书，适惠藩送一斋律师赴云谷，遂裹粮皈心座下，法名海能，长斋持戒，一如老衲。癸未年卒。

江文石凌龙翰凌官球黄山诗

《黄山志》载江文石诗，只《朱砂庵》二首，云：『曲磴千盘尽，何曾任凿穿。本来超色相，不假幻因缘。翠滴松稍雨，岚开嶂外天。此中饶静解，何事问栖禅。』『古刹犹金碧，乾坤等劫灰。息机原在悟，彼岸本无媒。转梵猿常下，传经鸟自来。他年返初服，结屋向丹台。』

载凌官球世韶诗，亦只《慈光寺梅花咏怀兼忆家叔龙翰》二首。云：『冻花开落懒樵书，老向慈光顶上居。阁事大悲云不住，香闻离垢梦何如。青天皓月盟穷岁，冷壑疏泉纵野癯。迸破寒山无漏智，千峰处处见文殊。』『自是人畸出处同，为怜幽独若为通。才尊宝鼎彤云上，意在崆峒白雪中。邮使路疑音信断，广平赋就蔓藤空。冰花铁干元成偶，双笛高横立晓风。』

载凌龙翰驷诗，多至十八首。录其《文殊院》云：『有院结苍岩，鸟道相招入。无风偏作寒，非雨亦能湿。狮石爪若拏，象石鼻欲吸。两峰虚而受，一石中而立。瑞笋孤竹来，珊瑚郁林集。许迈可学仙，庾承堪绝粒。高哉如斯人，邈焉寡所及。』《蒲团松》云：『山灵到处奇，树亦无常理。五叶自西来，九年弃于此。老衲坐不穿，劫风吹弗起。时吼作涛声，面壁心如水。』

三人皆不以诗名，而诗特工。

沈眉生住文殊院

黄山在明、清易代时，逃世之士皆归焉。不止官球、渐江诸人，如沈眉生亦其一也。志载程非二《赠沈眉生先生住文殊院》诗云：『家人从不拜邮筒，言念松楸始一通。性命孤存钩党外，文章半付铁函中。周遭石势分迎拒，顷刻云光变始终。自有此山初避诏，他年凭吊指茏嵸。』释弘智《赠沈耕岩先生住黄山》诗云：『天地为林薮，容君笔种田。千秋谁脱劫，山径早亡年。原注：闻有白水、羹玉诸君过从。世积馀杭篋，新添栗里弦。火炉能寄语，他日问香烟。』读之觉此中有人呼之欲出。

按：眉生，名寿民，耕岩其别字，宣城人。文章道谊，为词坛领袖数十年。崇祯中，以张国维荐入朝，连疏陈时弊，不用，遂隐。弘光时，避地金华山中，以有物色之者，遂入黄山。眉生为吴肃公之师。殁后，学者私谥为『贞文先生』。又，程非二游记云于慈光寺遇苕上僧雪藤为位哭烈皇帝，雪藤亦逃世者矣。今文殊院后石壁上，有『日月自明』四大字，疑当时遗老所镌。

江允凝程正路黄山诗

江允凝《登莲花峰》诗云：『探奇上高巘，不知花瓣危。忽圻识来径，剷削谁能窥。屡息存一息，非复筇可支。攀跻恃腹膝，手足失所司。绝顶一磅礴，天风吹人衣。彷佛见三山，霞郁纷四垂。狂来不暇吟，自将铁笛吹。嗒然忘故吾，天地乃如斯。仙游亦俄顷，景斜难久稽。欣怀兼孤往，浩渺无端倪。』《望翠微峰》云：『峰似当空立，尊雄俨不群。风松飘积翠，雷树带斜曛。阴处闻埋雪，虚中触断云。何时乘鹤辔，长往坐氤氲。』

程正路《登莲花峰》云：『松涛云瀑里，仰望碧崚嶒。乱石穿空上，三峰少客登。遥天沧海水，明月雪山灯。直欲凌风去，狂来我独能。』《一线天》云：『石破支云上，双峰一道开。秋阴疑雨过，日午见天来。松影沉千仞，花香落半台。游踪惊历历，尚有古莓苔。』

上数诗俱有奇气，当谓人奇诗自奇，愈真率愈佳。黄山诗名作甚多，然如钱牧斋、施愚山辈反觉矜情饰貌，以既不能真又不肯率也。

二汪始信峰草堂

汪于鼎、文治兄弟，有草堂在始信峰，屈翁山、吴野人皆有寄题之作。吴诗第三首云：『真僧乘化去，精舍存遗址。原注：僧一乘曾于峰顶构定空室。步虚何代人，原注：道士乌窠。瓢笠宿于此。石灶冷无烟，白月灶旁起。原注：石壁镌『寒江子独坐』五字。嵬然来独坐，复闻江烈士。清飚卷巘云，飞鹤投泉水。卒逢君父难，褰裳别桑梓。发过三山竖，头掷九衢死。何用莲花青，何用灵芝紫，烈士即仙佛，吾慕寒江子。』其第一首后半云：『时危在乡曲，贫贱怀亦摅。高山荜门前，去去聊卜居。石烟净毛髓，天漠凉衣裾。未遑问治乱，且自全我躯。兄茅而弟堵，筑屋何劬劬。』盖亦有避地之意。

于鼎有《与弟归始信峰草堂作》八首，其一云：『盘盘万仞山，云外峰嶙峋。我性喜峻极，魂梦托孤清。』其二云：『龙门百尺桐，泰山孤生竹。刘取岳渎材，峰头结茅屋。』其五云：『兄餐沆瀣气，弟著薜萝裳。衣食不干人，晞发鸿濛乡。飞泉几千丈，夭矫悬崇冈。』余未录。于鼎诗自清异。

尽，孤松半空横。因松以为梁，麋鹿来引人。长啸最高顶，四顾廓无垠。我性喜峻极，魂梦托孤清。选胜得奇峰，徜徉终吾生。』其二云：『龙门百尺桐，泰山孤生竹。刘取岳渎材，峰头结茅屋。虽未出人境，幸已远尘俗。长眉一老僧，念我苦幽独。时把青莲花，松间来共宿。』其五云：『兄餐沆瀣气，弟著薜萝裳。衣食不干人，晞发鸿濛乡。飞泉几千丈，夭矫悬崇冈。曲折乱分散，古涧流汤汤。涧上多菖蒲，九节郁青苍。花开尽紫色，采采当朝阳。』余未录。于鼎诗自清异。

慈光寺赐经由太监马进

万历时，太监马进总理慈明庵务，身自焚修。慈明庵乃神宗皇太后供佛地。进常于恍惚中见普门之影，故一见尊信，留住庵中，渐闻大内。壬子奉懿旨颁赐龙藏金像，命进护送，并敕赐慈光寺额，皆进力也。进辇藏出都，邑人疑惧。时鲍中素应鳌，方官太常，作书与邑人，告无侵扰，众乃释然。进至，果亦不扰。惟山志云惜进后信谗，为善不终，不知何指？盖谓赐像后寺工未兴也。又其时中官阎鸾、蔡钦，皆于黄山有关。

汪苍衡辟黄山路

汪元功，字苍衡，万历进士，历官江西粮道，于黄山最有功。自黄土岭傍，天都右腋、文殊院南麓、二观岭、登天梯及莲花峰路，元功输资辟治十馀里，见山志。

山中耐久朋

罗逸与潘之恒、佘书升、王之杰、鲍正元，号『山中耐久朋』；盖与天都后社相先后也。逸字远游，呈坎人。闲情逸致，见赏于钟退谷。又与之恒同为李维桢客。家贫，岁尽瓶无宿春，道拾遗金，守其人还之。之恒字景升，岩镇人。少入白榆社知名，贫而任侠，好结客，曾搜集山志。书升字揄仲，亦岩镇人。于桃花源建狎浪阁，又建楼于石笋矼，为游客主。尝为朱白民鹭破雪扫途，俾其登山。又尝与钱牧斋有唱和。之杰字于凡，志称其『有许掾玄度风』。正元字元则，高迈绝俗，于桃花源建莲花庵，与僧印我及郑重、郝壁诸人，结社参禅。鼎革后为僧，法名真休，以所置黄山诸产，悉归慈光常住。按元则于甲申后为僧，是亦感宗社之痛，为明遗民之一，所当表章者也。

方延休首登天都峰

山志称：万历以前，天都不通人迹。自延休始访异僧同登；嗣后方夜、方客等，鼓勇相继，峰径乃通。延休名应嘉，后弃妻子为僧于楚中。

黄于升造慈光寺

黄僎，字于升，石岭人。为黄玄龙奂之弟，幼与兄奂同礼普门于五明寺。时四面佛已送登山，普门欲募建大殿，于升即发愿独任其事。后鼎革而殿犹未建。于升年已六十，遇玉林琇和尚上座息心伟于金山，迎归，以夙愿嘱。息心覃心经营，于康熙丙午鸠工，越己酉始告成。规模宏壮，今其殿址犹可观也。

汪扶光事略

前据府志，记汪扶光预知死期，又录洪稚存访益然塔诗。顷阅《黄山志》记述尤详，以闵氏与同时，较可信也。惟其入闽后事，亦讳不敢言耳。兹备录之云：吴山大师弘济，号益然，即汪沐日字扶光，崇祯癸酉举人。甲戌会试，房考文公震孟赏其文，几以第一人魁天下。后官兵部武选司主事。幼读书黄山，国变后入闽，为僧。得法于洞上古航舟大师按：与浙江同师。古航为博山法嗣，师主吴山三十五年。山多虎，见师咸慑伏。浦城令过访，师送之，途遇虎，麾使去。令因筑天香阁于邑中，延礼焉。师入城，尝有鸟数千随其后。戊午因老友招归黄山，暂憩广陵。己未五月三日，将示寂，作诗简诸子，复言前身为孤山老僧。癸酉道经山中，语诸友前因，皆茫然，因以所书《法华经》某卷藏某处为信，众始惊异，灵蜕自荼毗焉。天中节集从学数人赋诗，限『死』字韵，至午，诸人诗未就，遂大书『五月五日三间死』一章，章百十六字，字法端劲。晚犹批阅《黄山志》十四叶，问漏下几刻，传者以亥时答，遂寂。年七十五。诸从学议殡礼，至日中不决。友人黄僎至，定从释。众谓师身已僵，扶之，忽起坐，两足如绵，面赤色，身有香气，端坐两昼夜入庵。僎及同邑程量入，子之蕻、江湘、汪徵远，为送庵归黄山造塔。屈大均有《送汪扶晨奉益然大师灵庵归黄山》诗六首。云：『君家主政事真乘，日夕焚香礼孝陵。一代遗民金粟佛，两朝高士雪庵僧。』『沙门自古非高士，渔夫由来是大夫。汝爱吴山尊宿好，遗衣犹为作浮屠。』『谁能五日学三闾，蝉蜕人间返太虚。喜尔曾为《骚》弟子，不令遗骨委江鱼。』『千秋知己是湘累，原注：师绝笔有『知我惟屈』语。一读《离骚》泪便垂。禅寂未消家国恨，愁心常被朔风吹。』『精爽应随轩后去，云霄一路拾龙髯。未应列在高僧传，公是郎官复孝廉。』『轩辕宫阙在黄山，万仞丹梯尔重攀。

石匣故应收舍利，遗书还与散人间。』此数诗，言外皆有事也。

骑龙庵为文斋坐化处

明末文斋和尚，亦预知死期者。文斋，歙人，世寿六十五，为僧仅七年，不谈禅，不持诵，止言『万法俱空，一善是实』，劝人行善而已。尝寄居望仙乡谭氏静室，数年，忽语谭曰：『崇祯庚午桂月哉生魄是吾归期。』次年六月朔，索缸二具，往箬岭八里冈骑龙庵，其始披剃处也。中秋薄暮，口占偈云：『人法皆空心自休，也无欢喜也无愁。风平浪静云归去，月照寒潭一色秋。』诘晨礼佛毕，挈蒲团出山门外，合掌跏趺，向西端坐而化。见《黄山志》。

吴养春黄山狱

《黄山志》载：吴养春，字百昌，溪南人。春父输金三十万佐国，钦赐中翰五人，养春其一也。黄山多其世业，矢愿遇高僧以开山功德主自任。适休宁刘懋贤侍普门过溪南，语次心契。普门获朱砂庵基，谓似潜山县三祖寺形胜，诸檀越因出值买山，养春亦捐资助，创禅室。养春罹丙寅之难，父子三人，相继死诏狱中。崇祯御极，乃昭雪，复其原官。

又载吴孔嘉云：孔嘉，字文石，溪南人。天启乙丑探花及第，授编修。为诸生时，因避家难，居祥符寺六年，不语。书『死』字壁上帐中皆满。通籍后，即复父雠，罢官归。闭户曲水园中，数十年不出。常为寺置田，并护持慈光掷钵诸院云。

按：养春即今十二楼主人，遗址方塘奇石犹存。山志所谓吴文石避家难，复父雠者，以其时养春富甲一县，为议村事，与文石之父某不合，众辱之，文石之父因郁郁死。丙寅之狱，文石盖阴主之也。文石以复雠故，不惜接近魏党，颇遗訾议。然复雠后即归隐，未与魏阉他逆谋，其心亦自可谅。

丙寅黄山大狱，乃吾县一大事，详见《岩镇志草》，兹备录之。云：本里户祝三大夫，一巡按直隶监察御史杨春茂，一宁国府推官邓启隆，一歙县知县事倪元珙。因明天启间，权珰柄国，凡欲龁龁人者，多藉其力。歙西溪南吴养春，世雄一乡。逆仆吴荣作奸，置重典，逃附珰门。养春有族人与仇者，阴嗾吴荣，发万历时欺隐黄山旧案。权臣借名助工，特差工部营缮司主事吕下问，以天启六年十二月领专敕驻歙，查追黄山山场木植银三十馀万两，外有赃银六十馀万两，抚按行府县追解。吕下问刑苛网密，吴氏亲邻族党，无不株连，家岩罹其凶毒。坐勒土商吴献吉山价银一万两，献吉逃匿。其家属供有至亲监生潘谟，家岩寺，吕命快差黄文拘催。时潘谟已外出，文所带白捕，知潘谟邻室潘家彦富厚，思蚕食之。适家彦亦远出未回，室尽妇人。两白捕擘门入，妇人惊号，众愤不平，从聚救护，殴两捕死，毁其尸。时天启七年二月晦也。城乡之人，无不切齿部差者，乘机而起，大书『杀部安民』四字，遍布通衢。三月初一日，蜂拥至察院者，不下万人，毁门入，火其宫。下问仓皇破后壁宵遁，其妻女及家人二十二口，由短垣逾避同知署，获免。赖倪令安慰乡民。杨巡按以白役生事，愚民鼓噪，随即解散奏报，请正吕下问之罪，仍追许志吉赃，并速诛逆仆吴荣。得旨：吕下问解职。事乃平。倪亦因此罢官。及魏阉败，倪再起为广西道御史，复疏论黄山案，始大昭雪，故镇人私祀之也。邓推官亦有功于此案者。

倪疏论此案最详。略言：逆仆吴荣，乃养春胞弟养泽自幼抚养，泽死而吞主财，烝主妾，业置大辟，旋幸脱网。养春有黄山地二千四百亩，兄弟构讼。当神宗朝，旧台辂骎曾，有一半入官之题，留中未下。今权臣借名助工，遂请逮养春父子及方中凡等，命王莅民率缇骑来。一村落间，钦犯八名，立刻就缚。后蒙宥归，仅吴用誉、吴逢元、吴邦宰三人。馀俱毙狱。

查歙邑额赋，仅四万有奇，尚有拖欠；一旦以九十馀万无艺之征，刻期追取，虽朝夕敲比，必不能应，其祸始延及于淮扬、天津、祥苻、德兴、仁钱等县。盖吴养春之祖吴守礼，资雄两淮，春父派分五支，业已中耗，闻就逮时卖数万金，随王莅民至田尔耕家，张筵剧饮，意图续命。不料资尽而命亦尽。职拘追其子继阶、继节，仅得五六千金，馀义助于亲友。查其房屋盐价典本，不能盈六十万之数。而两子妇泣于囹圄，其妻汪氏投缳捐生。初差吕下问，带家眷三十馀口，沿途驿骚，至于买产买木，搜通邑殷实之户而毒刑之，遂至巨变。继差许志吉，以土官自豪，派买木价，增减不均。其子许鸣皋，其仆林子章，纳贿作奸，迨弹章四起，奉旨追没，而子与仆俱携资先遁。今请发还已解过之山价三十二万两，赃银五万七千馀两，并敕法司本籍擒获吴荣，速加律诛，兼追许志吉赃，并起用前台臣杨春茂、前知府石万程等语。得旨依议。原疏甚长，兹乃节录也。

钱牧斋黄山记

钱牧斋之游黄山，在崇祯壬午，即甲申前二年也。本与程孟阳约同游，而孟阳不至，乃独游白岳。卒以徐维翰之招，挟吴去尘同游，作记七篇。其记入山途中风物，为能详人所略，云：『自郡至山口百二十里，至汤院又八里。其所径，寺曰杨干，台曰容城，潭曰长潭，岭曰石砧，石曰芗石，溪曰芳溪，村曰芳村。其地势坡陀荦确，拥崖据壁，溪流萦折，湄岸相错。其人家衣美箭，被芳草，略彴拒门，疏篱阻水，褰裳济涉，半在烟岚云气中。由长潭而山口，山率环谷，水率注溪，谷穷复入一谷，山与谷如堂如防，旋相宫，又相别也。溪水清激如矢，或渍沸如轮。文石错落，深浅见底。百里之内，天容泬寥，云物鲜华，游尘飞埃，望崖却反，人世腥腐秽浊之气，无从至焉。』按此段摹写最真，可为吾乡总赞。生长于斯者，习而狎之，或反不能言之如此亲切也。

其论温泉最谐，云：『昔人饮菊潭而强，饮杞水而寿，况丹砂之泉，轩辕浴之三日，而伐皮易毛者乎！以千金赁药谷之庐，以二千金庀粮粮、治药物，沐饮于斯泉者数年，登真度世，可执券而取也。今有进贤冠于此，曰卖之三千金，人争攘臂而求之。以三千金买一仙人，则掉头不顾，此可为一笑者也。』按此论直欲出卖仙人，且廉其价曰只须三千金，诚如所言，牧翁何不挈柳夫人，登真度世于是中耶？

其论黄海命名云：『如以兹山峻绝，目其平衍处为海，则华山之顶，高岩四合，重岭秀起，不名之曰华海？如以云生之候，弥望云浪，目之曰海，则泰山之云，触石而出，肤寸而合，不名之曰岱海？以海名山，以黄名海，纰缪不典，当一切镌削，为山灵一洗之。』按闵宾连言，黄海命名，始于潘之恒，距牧翁来游时未久，宜其尚持异论也。

其论三天子鄣云：『自《山海经》、《水经》，记三天子鄣，亦曰三天子都，地志家纷纷聚讼，有疏通之者，曰率山为首，黟山为脊，大鄣为尻，似矣。新安老生吴时宪曰：黄山有最高峰，曰三天子都。东西南北皆有鄣。婺有三天子鄣，南鄣也；匡庐亦称三天子鄣，西鄣也；绩溪有大鄣，东鄣也；天都为天子都，率山匡庐大鄣为天子都之鄣。此伯益桑钦之疏义，而黟山之掌故也。时宪，振奇人也。所居环堵，巢书其中。予游新安，新安人无能举其姓名者矣。故予作黄山记，以时宪之言终焉。』按此说闵宾连亦非之，不如汪循《率山纪游》为可据。

又按，吴度作《三天子都考》，亦据汪循《率山纪游》，云：『率山有巨石，上镌「三天子都」字。又《水经》：『浙江水出三天子都，在率东；庐江出三天子都，入彭蠡。』今惟率山之水，山阴山阳，一东一西与古吻合，黄山不合。』考中并有隐斥牧翁及吴时宪语。见《歙志》。

《黄山志》

《黄山志》程圣木本，成于康熙十二年癸丑。圣木名弘志，又字荇庭，茆田人。是书余未之见。据汪印菪《歙浦馀辉录》所记，云分六部，计五十卷。助修者汪晋谷，字鳞檀，又字字臣；汪济淳，字公庞，又字脉望；汪士鋐，原名徵远，字扶晨，皆潜口人。有顺治十五年郡守陈六行序，又有汪晋穀序。图九，汪晋穀摹。内祥符寺图，江注作；慈光寺图，郑重作；翠微寺图，太平人陈渭作；掷钵禅院图，梅清作；松谷庵图，邵晃作；炼丹台图，沈埏作；狮子峰图，半山作；硔中图，江注作；始信峰图，渐江作。所录赋十篇、序一篇、跋一篇、记三篇，馀皆诗歌。圣木喜积书，爱交友，以二十馀年心力，征集此志付梓。未竣，会病，乃属内戚汪晋毅续成之。

闵宾连麟嗣本，成于康熙十八年己未，吴山僧弘济益然阅定。参阅者：程守，字非二；吴绮，字茵次；吴圣修，字雩公；江铭勋，字尚一；赵吉士，字天羽；汪士鋐，字扶晨；黄元治，字自先；汪楫，字舟次；江闿，字辰六；程谦，字山尊；吴苑，字楞香；吴之騄，字耳公。前有瀛山黄士埙伯叔序、汪錞惕斋序、吴苑序，又吴绮序，查士标书之。后为闵宾连自序，黄于升为刊行，后于程志仅数年。其称『山志定本』，乃病前志芜集，为之增损，费时一年而成，殆即据程本也。分七卷，卷首为词翰姓氏及山图，卷一形胜志，卷二建置志、山产志、人物志，卷三灵异志，艺文志上，卷四艺文志中，卷五艺文志下，卷六赋诗志上，卷七赋诗志下。图则采旧作，江都萧晨字灵曦摹。始信、鉷中诸图皆在，疑乃出浙江诸人旧本也。

又张佩芳本，成于乾隆庚寅，乃刘海峰大魁修《歙志》时所纂。取旧志节为二卷。惟记峰岩泉石之名，略述其胜，游记则每篇取数语，全无伦次。诗歌尽删。末附海峰自作《黄山记》长篇。惟闻父老言海峰足迹，实未入山，所作乃博采众作而成也。今观其文，凌杂无次，且无年月，亦不记同游之人，食宿之地，其信然矣。

又有《黄山志续集》，专载艺文，诗篇尤多。在沪偶见之，亦汪栗亭士鋐所辑，未详审也。在程志前，有潘景升《黄海志》，惜久不传。又汪于鼎《黄山领要录》，在《知不足斋丛书》中。闵宾连《黄山松石谱》，在《昭代丛书》甲集中。俱甚简略。至明以前黄山图经原委，许青岩考之甚详，已录前卷中。

程申之居䢼中

人尽知汪伯玉曾居䢼中，不知清初老儒程申之挈家居䢼中，四十馀年，亦振奇人也。申之名从伸，槐塘人。太学士，读书励行，宝颜鲁公真迹一卷，馀非所嗜。尝携妻子同登莲花峰绝顶。程读山《雨窗绝句》云：『䢼中八十精神健，蜗脚蝇头夹注勤。刘杳陆澄千古事，却将底物觑时文。』原注：族再叔祖申之先生，年八十，犹讲诵不倦。予尝从市人担头得书一帙，细书小楷，无一笔草率，所记俱僻书异闻。后书『八十老人程从伸记』，不觉竦然汗下，后生小子束书游谈，闻先辈典型，能无愧煞。

方洵远　汪南鸣

方士庶，字洵远，一字循远，号小师，环山村人。居扬州，工画，受学于黄尊古。用笔灵敏，气韵骀宕，早有出蓝之称。其得意之作，皆钤『偶然拾得』四字小墨印。与马嶰谷、闵玉井为友。亦工诗，玉井选刻其诗七十馀首为《环山诗抄》一卷。《石渠宝笈》曾以其画著录，见《扬州画舫录》及《画征录》。

方贞观《南塘集》，有《观汪南鸣〈江山烟雨图〉题寄程风衣及宗侄士庶》诗云：『一山十日水五日，国初以来谁第一？青溪不作石涛死，此道应推程嗣立。生瑜生亮造物奇，吾宗阿庶欲过之。一时论者互位置，两人旗鼓终相持。英雄惟使君与孤，岂知更有孙伯符。咫尺烟云见衡霍，无边风雨愁江湖。东帝西帝须自力，颖川小儿瞻视疾。他时鞭弭过中原，留意斯人莫轻敌。』按南鸣亦乡人而居维扬者，能诗善画，见《墨香居墨识》，不详其名。南塘此诗亦佳，惜用『生瑜生亮』语，又蹈覆辙耳。

方又乾　方玉如　鲍棠村　江遥止

方乾，字又乾，一字希仙，岩镇人。工山水花鸟，超妙入神，与宋人并辔。

方式玉，字玉如，岩镇人。工诗画。顺治中以贡授鹿城训导，兴复雅乐，著《涉江草》、《集杜诗》。

鲍楷，字端人，号棠村，又号龙山。棠樾人，居扬州。少工花鸟，师法南田，后客沈凡民署，遂事山水，疏朗秀润，得古人意，张弥伽极称之。

江念祖，字遥止，歙人，居武林。书画皆入古。范文白题其画云：『顾、陆而下，倪、黄而上，风流未坠，不特气韵高，亦缘本领大耳。』晚年隐金衢山中，闭门不与人接。上俱见《歙浦馀辉录》引《秋山读画录》。

吴莲椒　吴尧圃　吴药雨　吴田生　江兼浦　江枫原

吴榕，字莲椒，号才甫，溪南人。官扬州广文。善画梅，有宋、元风韵。子希龄，字幼莲，能传其学。

吴謇，字尧圃，溪南人。画仿黄子久，以疏散简淡为宗。居扬州汪贻士家，有古君子风。

吴日昕，字药雨，亦溪南人。工山水，善摹衡山、石田两家。与吴才甫同时，间画花卉，亦有宋、元法。

吴心来，字田生，号望橹子，亦溪南人。画马神似赵子昂，山水人物兼仿文、沈。吴瞻泰极推重之。

江玉，字子玉，初名珏，字兼甫，号蒹浦，歙人。从黄左田先生游，庚申试京兆，中副车，以誊录选溧水教谕。工篆隶，画花鸟，笔意清拔，设色浓古，于白阳、南田外，别树一帜。惜中岁殁。

江云锦，字枫原，号行九，江村人。名诸生。工山水，多用干笔，圆劲苍老。性耿介。馆某中堂家，与董邦达、钱维城诸人往还。

上据《歙浦馀辉录》及《墨林今话》

按黄左田钺《画友录》言：兼甫从余问业于紫阳，余来京师，兼甫读书问政山，终年不入城市。官溧水以后，不数年即卒。花鸟尤工。使天假之年，上追黄、徐不远也。

黄凤六

黄吕，字次黄，号凤六山人，潭渡人。白山先生子。亲承家学，工诗文，兼精绘事。凡山水人物花鸟虫鱼，纵笔所如，皆臻妙境。书法晋人，并工篆刻。晚年益茂。每作画成，自题诗，钤自镌印，人谓其具四美。诗亦谢去雕饰，天真烂熳，惜不自收拾，传者甚少。见《墨香居画识》。

凤六尝游楚粤，有《题独秀山》诗，云：『丹崖百丈陟危巅，怅望晴空独黯然。树色层层蒙石隙，钟声历历出云边。微茫井邑雄南国，缥缈天风荡晚烟。寂寞故宫何处是，断垣残郭草芊芊。』

《迎风洞》云：『出郭十数里，苍崖一径通。骊珠犹滴水，仙洞此临风。苔染题书翠，花然古灶红。到来寻胜事，终长悟洪蒙。』按：『终长』二字疑有误。

又《题寄松兰》云：『何年分九畹，高寄向苍官。古干飞来远，清阴护翠寒。出尘知自异，为佩想应难。爱此同岑意，行吟子细看。』

《题画》云：『火云岝崿睹奇峰，嘹亮蝉声断续中。避暑漫思河朔饮，秋生一叶在梧桐。树空木落已无蝉，山色苍苍敛曙烟。浅水小桥堪踽步，江南花发小阳天。』

《风洞山》句云：『丹穴千年僧欲化，寒风六月暑全消。』《立鱼峰》句云：『林耆石甲迎风冷，瘴雨蛮烟积翠饶。』皆秀隽。

汪公硕

汪肤敏，字公硕，号春泉，歙人，居扬州。书法欧、褚。性廉介，安麓村延之弗就；就之，弗见。使人要于路，强致之。至则延入内堂，水陆尽陈，极欢而罢，意为母书寿序耳。见《扬州画舫录》。《歙志》仅录其名。

罗两峰　方白莲　汪巢林

罗聘，字遁夫，号两峰，又号花之寺僧。呈坎人，居江都。其以『两峰』自号，即指天都、莲花两峰也。师杭州金农，画人物仙释，有别趣。所作《鬼趣图》最著名，乾隆间名人，题咏殆遍。有《香叶草堂诗存》。妻方婉仪，号白莲居士，亦歙人。能诗，善画梅兰竹石，两峰称其有出尘想。《生日偶作》云：『冰簟疏帘小阁明，池边风景最关情。淤泥不染青青水，我与荷花同日生。』早卒，著有《学陆堂集》、《白莲半格诗》。

汪士慎，字近人，号巢林。歙人，居扬州。工八分书，善画梅，有《巢林集》。

程达　程胜

程达，歙人。善画人物山水，能尽六法。论者谓其画遒劲秀朗，为郡第一，与陈有禹同时。见嘉靖府志。

程胜，字仲奇，号六无，歙人。工山水，以焦墨写蕉兰，肆笔草草，晴雨风烟，各臻神妙。亦见府志。县志失载。

黄无文　杨不弃　吴元生

黄尚文，字无文，县城黄家坞人。家有古柏一株，因号曰三操，盖指其嫠母并自指也。工书并画，于宋、元、近代名家，无不临摹，而自有一种天趣，超然尘外。新安丹青，素逊吴下。自无文出，乃与抗衡。

杨明时，字不弃，县城上路人。有妙悟，于诗书画无不摹古，至其合处，则为时人所无。上路杨氏，故富家，如仲宽诸人，并多好事收藏。不弃晚出，犹及寓目，濡染鉴赏，为吴景伯用卿兄弟所知，邀入都门。吴氏兄弟，亦负博雅名，不弃孤狷，独与深交，物物皆其鉴定，为跋所藏帖上石，一时名噪都下，寻殁于其寓中，吴氏归榇而恤其家。仲宽孙复光，字仲武，能继其学。

吴万春，字元生，郡城翀山巷人。工画，花卉翎毛，信笔俱佳，而山水挂幅，纵横任意。于叔明子久，时离时合，卓自名家。亦工诗。子楚侄麟，各得一长。

上据《黄山画苑论略》。县志记画家俱不甚详。已于前第二卷中备论之。

补录程穆倩遗诗

《黄山画苑论略》载程穆倩《送曹秋岳》诗云：『击汰襄阳舫，鱼龙大陆浮。神仙悬画手，名姓合金瓯。晋菊千畴绣，澄江万古流。乾坤收恤好，吾世任悠悠。』原注：时为清江先生貌孤计甚备。

《金阊舟次呈钱牧斋》云：『九皋木叶打初寒，胥水津高霜露洿。箫鼓中吴今昔好，云霄万古笑谭宽。后车须发颜如玉，麟阁丹青笔未干。不使人天入长夜，民生何以答平安。』

又钱牧斋赠穆倩序云：『新安程子穆倩，能诗，能草书、能画、能篆刻。萧森老苍，迥然有异，眉宇深古，视下而念沉，处治不媒进，处乱不易方。余语穆倩：「吾行天下，求见一异人不可得，子殆其人欤？」穆倩曰：「邃何敢当异人，盖尝见异人者也。」少贫病尤死，遇异人于天目之巅，摩顶慰我，既寿且昌，且有千人口六译七译晋王之记。中年得右军金刚六译石本，康强生子，夫子曰我有异，殆为是欤？」』见《有学集》。时明社既屋，言俱有物，惜不能详也。清江先生谓杨廷麟。

施愚山赠饶景玉诗

施愚山《题饶景玉画》云：『老我青鞋与布袜，爱画爱山都入骨。近年小极懒登山，突向此中兴超忽。石翁落笔来英灵，三山五岳归毫发。愿留坐卧十日看，无数云山时出没。』又《题景玉雪厂》云：『尔住画图内，春莺时往还。丹青送风雨，庭户入溪山。花落径难扫，客多心自闲。相携练水上，杨柳醉同攀。』又《送景玉入浙》云：『此去山川好，春光换柳条。衣沾天目雨，席挂海门潮。问讯多词客，登临逐野樵。若教游兴剧，莫惮赤城遥。』

饶景玉名璟，号石臞，北关人。父病刲股，隐居不仕。精书画。著《山居雪课》、《贝研斋诗集》、《凤凰媒传奇》。见《县志·孝友》。

方宜梦

方兆曾，字沂梦，又作宜梦，号省斋，歙人。少为萧尺木所赏，寓芜湖，与汤岩夫同居十七年。工画。尝自题云：『几时不作画，握管如握棘。舒此尺馀茧，往往穷日力。』今其遗迹仅有存者，画尤罕见。见《黄山画苑论略》。

按黄左田《画友录》言宜梦赠岩夫诗，有『曾同溪上三间屋，共读床头数卷书』之句。又自题画云：『昔者方壶翁，笔墨有馀乐。至今三百年，后起殊落落。』亦可见其精能自负矣。所著有《古今四略》四卷、诗集三卷，在芜湖萧璟家，未刊行。

又《皖雅》录其《赠沈天士》诗云：『近忆于湖沈五盐，平生逸韵两能兼。才从白社挥诗管，便向黄垆认酒帘。身入菰芦人自远，家无儋石意犹恬。谁将世法雠高士，自古疏狂不受砭。』

程正路

程义，字正路，槐塘人。与程友声同时。志仅称其官少尹，好泼墨作林峦烟树，而不落南宫窠臼。《黄山画苑论略》言郑慕倩曾题其所画《西园雅集图》，颇见称许。顷见程读山《雨窗》绝句云：『只爱丹青不爱丞，晶阳负气太崚嶒。换羊泼墨资游戏，岂料兼金购未能。』注云：族兄正路，状貌雄伟，工诗善画，能手搏击剑，尝游粤，入吴大司马留村、王大将军孝扬幕中，以军功授黄陂丞。大吏闻其善画，胁取之，抗不应，竟坐镌官。家居益狷僻，操金求画者漫不应，好事而黠者伺间馈鼎肉彘肩，辄欣然操笔。里某叔，曾饷蒸豚，为画屏四扇，奇古绝伦。今转售巨室，得二百金。公一号耻夫，一号晶阳子。

按，正路书法晋人，亦自矫矫。承尧得其木刻一联，已剥落矣。画更不多见。

方尔张许石根及吴黄画家

方维，字尔张，学画于郑千里。其画山水佛像，皆似千里，而稍加流动。凌又蕙畹，其弟子也。

又吾邑画家，未见著录者，如许祥占，字石根，许村人，画墨竹，仿文与可，苍老有法。吴淮，山水用乱麻皴。吴能、吴伦，俱工山水，不知何村人。

黄槟，字柳溪，人物山水，得明人法。

黄錤，字麓亭，弟黄钲皆工画。

黄熙，字贞民，山水人物，皆法宋、元。

黄文吉，字小舲，人物花卉，鲜妍欲滴。皆潭渡人。

上俱见《歙浦馀辉录》。

又黄锦，字子制，黄华之孙。潭渡人。工诗善画，尤长颜鲁公书法。

黄柱，字碧峰，又字孑立，潭渡人。善音律镌刻绘事，翎毛轩翥，花卉鲜妍，人物佛像皆妙。尝画圣僧庵两庑渡海罗汉及后侧坐观音，得名。子守孝，孙明扬，皆传其艺。而明扬特工山水，父子皆与世寡合。

黄思诚，号罗山，字维一，亦潭渡人。能诗善画，师文衡山。尝游温处，写其所历，曰瓯括吟踪，每图系一诗，皆精警。

黄文，字章舍，诸生，潭渡人，居定阳。亦工画。

上皆明人。见《歙浦馀辉录》，引黄凤六所撰《潭滨杂志》。

黄仲皋工汉隶

黄宗绎，字仲皋，工汉隶。搜讨既广，学力尤勤，郑谷口、顾云美后，鲜出其右。于诸艺尤多巧思，其铁笔有古人风范。仲皋，莲坡先生季弟也。见《歙浦馀辉录》，未注明引何书。

江依濂

江绍莲，字依濂，江村人。优贡生，嘉庆辛未科会试，赐国子监学正。嘉庆十五年，采访儒行，太守成履恒以品端学富荐。著有《橙阳散志续编》十五卷、《披芸漫笔》十八卷、《闻见闲言》四卷、《梅宾诗钞》六卷。见《歙浦馀辉录》。

吴梅颠 吴野马

梅颠见前卷，野马见县志。顷见《歙浦馀辉录》引《闻见闲言》，记二人事特详。云：吴熊，字建周，号梅颠；吴云，字秋南，号野马，皆歙人，并以诗名。建周齿倍秋南，秋南师事之。建周亦友视秋南，二人性情颇别，而坎坷同。

建周幼颖悟，十岁赋梅花，有『香清穿积雪』句。识者觇其毕生困顿，以疾罢举业，隐于医。旦游都市，夜读书，好迁《史》及两《汉书》。诗才敏捷，日恒数十作，盈万馀首。雪中独游黄山，制一砚，穴其端，挂杖头，曰杖头砚。善画兰，醉后尤妙。诗人方雪瓢、周幔亭、鲁星村、周蓉衣、马秋水咸与结契。性傲，耻干谒，守令招之，或以医命，皆不往。值文酒会，则不期自至。客来访，欣然酌客，旋自饮焉。遍诵宿构，使客坐听之，穷旦夕无倦。年六十竟以哦诗耗气，讴吟声未绝死。客尚在坐也。

秋南旷达不羁，初师余族明经南村，育成其材。而其父贾人也。年十四挈之入浙，命习会计，不屑，俾掌刀布，耗且尽。父殁，游广陵，喜与优伶伍，颇谙其伎，已而悔，舍弃之。走京师，从某贵人作塞外游。日与文学士俱，遂工诗画。贵人故世宦，罔解礼士，语辄相僢，舍而南，所投复不遇。家居养母，有孝行，恒苦饥，授徒山村，一日食燔肉，中毒死。年才四十。无子。同邑巴莲舫、何薛萍、张梦畹、汪渔村、程少伯、江核园，为举其殡。瘗邑北雨粟庵南。

两人虚怀好学，以友朋为性命。建周《怀袁太史简斋》诗：『才名在南国，潘令最风流。爱客有青眼，吟诗今白头。好花金谷宴，明月玉人楼。几度临风想，况当鸿雁秋。』秋南《怀白沙尤水村》诗：『弱冠朱门客，从军渡白狼。题诗寄飞雁，走马赋《长杨》。名岂依人著，才应让尔狂。十年消息断，无处问存亡。』时谓为歙中两畸人云。

汪子涛附注云：建周著《北溪草堂吟稿》，余藏其游黄山诗一册，名《蠡测吟》，真不食人间烟火语。又藏有野马画山水二帧，用笔简远，惜墨如金。

按：野马本澄塘人，迁江村。著有《听雨楼诗稿》。丰北吴国祥为作传。见《公举事实》。

谢养竹

谢祚桢，字养竹，东山人。距吾村唐模二里馀。善鼓琴，精绘事，书法苍劲，吾老友汪子涛之师也。吴小晴得英跋其画云：『养竹初写梅，繁枝密蕊，似童二树。中年写山水，仿宋、元，得其神髓。兼善翎毛花卉，苍劲中姿媚逼人。画鱼师陈白阳，独画龙无所师，而蜿蜒盘旋于烟云嘘吸中，有惊心骇目之观。嘉、道间名誉藉甚。为人长身鹤立，和蔼可亲。」

按：小晴，堨田人。举人。官内阁中书刑部主事。书法孙过庭，晚年更苍劲。

吴逸　方竹楼

吴逸，向杲人。工画山水，仿各家皆妙。康熙县志名山诸图，皆出其手。仕女尤妙丽。见《歙浦馀辉录》。

方元鹿，字竹楼，歙人，寄籍仪征。工兰竹，与薛蔼人为诗友。著《寒衾集》一卷。见《淮海英灵集传》。

闵宛中　周用昭　汪丹麓　潘嘉客　潘象安　江书城　王符素

闵道隆，字宛中，岩镇人。岁贡生。性恬静，敦行谊，事继母孝。诗文雅洁。工各体书，名亚于方密庵，其篆隶尤为世所珍。见《公举事实》。

周皑，字用昭，岩镇人。工诗，善书，兼画兰，致力于音韵律吕之学。与方成培为友，刻有《黄山二布衣词》，内成培七卷，皑十七卷。皑诗四册未梓行。

汪家仙，字丹麓，潜口人。工书，得褚河南法。嗜吟咏，诗情豪迈，尝赋紫阳书院十景诗、木瓜诗，著有《梅麓诗稿》，山长赵青藜为之序。上俱见《公举事实》。

潘一驹，字嘉客，岩镇人。明末为某府通判。弃归，以诗文自娱。书法遒劲，制墨尤善。子柜，有父风，书法赵松雪，墨竹尤有致。

潘纬，字象安，岩镇人。赋才敏捷，善诗，工隶书，由监生授中书舍人，尝赋《瑞莲诗》三十馀章。未官时，因无子买妾真州，遇鬻女偿逋者，即以金遣之。见《歙浦馀辉录》引府志。按潘象安已见第五卷中。

江宏文，字书城，江村人，寄籍嘉定。能作擘窠大字。南翔镇白鹤寺门额『白鹤飞来』四草字，乃其九岁时所书。尤工诗。康熙间南巡召试，取充武英殿纂录。见《橙阳散志》。

王元度，字符素。书法初学颜鲁公，后宗二王。亦工画，晚逃于禅。著有《轩辕阁诗集》。见《歙浦馀辉录》。

汪上章事略

汪应庚，字上章，潜口人。业盐于扬，遂籍江都。富而好礼，笃于宗亲。雍正九年海啸成灾，作糜以赈伍佑卞仓等场者三月。十年十一年，江潮叠泛，洲民仳离，应庚先出橐金安定之，随运米数千石往给。时疫疠继作，更设药局疗治。十二年复运谷数万石，使得哺以待麦稔。是举存活九万馀人。又于邻邑之丹徒、兴化，并输粟以济。大吏上其事，特授光禄少卿。郡邑屡举乡饮宾，辞不赴。又尝出五万馀金，建府县学宫，以二千馀金制祭器、乐器。又出万三千金购腴田，归诸学，以所入供岁修。又助乡比士资斧，至今永著为例，士人称为汪项。乾隆三年，岁饥，首捐万金备赈，及公厂煮赈期竣，更独力展赈八厂，一月所赈，至九百六十四万一千馀口。又兴复平山堂、栖灵寺，建五烈祠，并为请旌表其墓。在城贞节祠，亦增修焉。见《淮海英灵集传》。

按：上章名不甚著，而博施如此，其行谊已超江、鲍诸商之上矣。应表而出之。

罗小华诱致徐海事

呈坎人罗小华诱致徐海事，详于余澹心怀所撰《王翠翘传》，兹节录之。传云：王翠翘，临清人。幼鬻于倡，冒姓马。美姿首，性聪慧，善歌，顾雅淡不工倚门术。会有少年私翠翘金者，以计脱之。徙嘉兴，更名王翠翘。时歙人罗龙文，饶于财，侠游结宾客，与翠翘交欢最久，兼昵小妓绿珠。

而越人徐海，狡侻贫无赖，为博徒窘，匿翠翘家。龙文视其壮士，倾心交纳，连宵痛饮，推所昵绿珠荐寝，海亦不辞。酒酣耳热，攘袂持杯，附龙文耳语曰：『此一片土，非吾辈得意场，丈夫安能郁郁久居人下乎！公宜努力，吾亦从此逝矣。』徐海者，曾为杭虎跑寺僧，所谓明山和尚者也。居无何，海入倭为舶主，拥雄兵海上，数侵江南。嘉靖三十五年，围巡抚阮鹗于桐乡，翠翘、绿珠皆被掳。海一见惊喜，号翠翘为夫人，斥诸姬罗拜。既骄爱无比，凡事机密，惟翠翘与闻。乃翠翘阳为亲昵，阴实幸其覆败，冀归国以老，泪涔涔常承睫。

会总督胡宗宪开府浙江，善用兵，欲招致徐海，自败麻叶、陈东，离散王直之党，乃遣华老人赍檄招降。海缚华老人，将斩之，翠翘语海曰：『今日之事，生杀在君，降不降何与来使？』海乃释其缚，畀金而遣之。老人归，告宗宪曰：『贼气方炽，未可图也。然臣睨海所幸王夫人者，左右视有外心，或可藉以歼贼耳。』

龙文微闻是语，自喜与翠翘旧好，乃因幕府上客山阴徐渭见宗宪，宗宪以乡曲故，降阶迎揖，曰：『君亦有意功名富贵乎？吾今用君矣。』与语大悦。遂受指诣海营，摄旧日任侠衣冠，投刺谒海。海亟延入，坐上座，置酒，握其手曰：『足下远涉江湖，为胡公作说客耶？』龙文笑曰：『非为胡公作说客，乃为故人作忠臣耳。王直已遣子纳款，故人不乘此时释兵，他日必且为虏。』海愕然曰：『姑置之，且与故人饮酒。』锦绣音乐，备极豪侈，怡然自以为大丈夫得志于时之所为也。酒酣，出王夫人及绿珠者见龙文。龙文改容礼之。极宴，语不及私。翠翘素习龙文豪侠，则劝海遣人同诣督府输款，解桐乡围。宗宪喜，从龙文计，益市金珠宝玉，阴赂翠翘。翠翘益心动，日夜说海降，海信之。于是定计缚麻叶，缚陈东，约降于宗宪。至桐乡城，甲胄而入。是时赵文华、阮鹗与宗宪，列坐堂皇，海叩首谢，又谢宗宪。宗宪下堂摩其顶曰：『朝廷今赦汝，汝勿复反。』厚劳而出。

海既出，见官兵大集，颇自疑。宗宪犹怜海，不欲杀降，而文华迫之，宗宪乃下令，命总兵俞大猷整师而进。会大风纵火，诸军鼓噪乘贼，贼大溃，歼焉。海仓皇投水，引出，斩其首。而生致翠翘于军门。

宗宪大飨士，命翠翘歌吴歈行酒，起舞奉觞，为宗宪寿。宗宪被酒大醉，瞀乱，亦横槊鄣袖与翘儿戏，席乱罢酒。次日宗宪颇愧悔醉时事，而以翠翘赐所调永顺酋长，翠翘随去。之钱塘江，恒悒悒捶床叹曰：『明山遇我厚，我以国事诱杀之，毙一酋，又属一酋，吾何面目生乎！』向江潮长号，大恸，投水死。

外史氏曰：嗟乎！翠翘以一死报徐海，其志亦可哀也。罗龙文者，世称小华道人，善制烟墨者，始以游说阴赂翠翘，诱致徐海休兵，可谓智士。然其后依附权势，与严世蕃同斩西市，则视翠翘之死，犹鸿毛之于泰山也。

按：此文张山来录入其所辑《虞初续志》中。

歙事闲谭卷十四

佘公桥

佘文义，字邦直，岩寺人。晚种梅以自娱，因号梅庄。少贫，操奇赢，辛勤起家，性不好华靡，布衣游名卿大贾间，泊如也。置义田、义屋、义塾、义冢，以赡族济贫，所费万缗。又捐四千金，造石桥于岩镇水口以利行人，人谓之佘公桥。年逾八十，行义不衰。桥今尚存。见《岩镇志草》。

补记温璜事

温璜殉难事，萧一山《清通史》集录最详。兹补录之。云：先是徽州闻南京破，知府及僚属皆遁。推官温璜初名以介，字于石，乌程人。曰：『一城无主，民且自相屠。』乃尽摄其印，召士民慰谕之。故明左佥都御史金声，纠集义勇，保绩溪黄山，分兵扼六岭，以徽宁四寨天险，各山置十三营，以十三副将守之。惟绩溪一面当冲，自守之。而重兵扼丛山关，璜与相犄角，且转饷给其军。前山西巡抚丘祖德、监纪推官吴应箕等，多起兵应之。声乃遣使通表唐王，受右都御史职。洪承畴遣都统叶臣、总兵张天禄，攻丛山关。两月不下，乃购土人、向导，由旌德新岭间道入，溃其守兵十馀寨，遂薄绩溪城下。金声昼夜拒战。九月，降臣黄澍，未去发，服故衣冠，称援兵入绩溪，声启城纳之，遂为内应，陷焉。清兵执声至江宁，声语门人江天一曰：『子有老母，不可死。』曰：『天一从公起兵，可不同公殉义乎？』总督洪承畴谕之降。天一朗诵思宗谕祭承畴文以愧之，与声俱死。而徽州亦以十月为黄澍所诈陷焉。温璜知事不可为，趋归村舍，呼妻茅氏与诀，茅请先死，璜拔佩刀授之。茅曰：『女宝德在，可同死。』时宝德方寝，茅曳之起，宝德曰：『吾已知矣。』即以帛自缢，未死，璜立杀之。茅乃匿其幼子，遂整衣卧，璜以刀，截其喉。少顷，茅呼曰：『未也。』再刃，乃绝。璜手刃二人，腕力不振，自刎不殊，仆地，目犹视。居民舁报张天禄，张惊异曰：『渡江以来，所过州县，不少名进士皆苟活无耻，未有如温公者。』募良医治之，璜猛跃起，以指破刀痕，深入咽喉而死。

是时，清军骠骑及降将武夫，乘机煽虐，所至地毛为洗。惟张天禄为史可法部将，尚有承平节制，营徽州山上，严戒军士入城。比至次春，淫雨浃旬，父老固请，天禄恐骚扰，坚不下山，与三军暴露。徽人感泣。事闻朝廷，福临有诏嘉奖。徽既未遭屠僇之惨，复未罹扰虐之害，亦云幸矣。

萧尺木汤岩夫手写诗

在沪见萧尺木、汤岩夫手书二诗，题梅道人画松，前半已失。以其涉黄山，录之。尺木诗云：『易水李君初姓奚，造墨寻松黄海栖。南唐天子好书画，赐以国姓名庭珪。宋代丹青尚工细，此墨精华遂淹闷。梅花和尚元季人，展楮舒豪渲灵气。君不见烧松为烟烟即云，触石而生动纷英。千锤万炼化劲铁，煎胶捣合荆麋筋。制墨之人妙选松，松精变化为云龙。蟠绕沧溟朝暮霭，三十六叶莲花峰。巨石压橑成偃盖，喷泉涤根几百载。墨为黄帝鼎中丹，幻出画师能志怪。』自注：『黄山松石便是墨，一种至理，非我能手莫得。七十翁萧云从。』二印，一『萧云从』，一『读书秋树根』。

岩夫诗云：『老翁胸蟠徂徕色，千株万株荫寒碧。振袂须臾疾于风，扫除森梢二千尺。只疑萧贲是前身，生绡幅幅如有神。浓阴深障天台日，舞鬣横穿少室云。悬置高堂助萧瑟，峭壁飞涛寒更懔。华阳楼畔响犹闻，韦偃笔端神定出。观图读诗惊三绝，墨池千岁飞瑶屑。先生磊砢与相同，饱历冰霜壮晚节。』款书：『黄山樵者汤燕生拜观于授经堂中，漫题数语。』三印：前一曰『栖山饮谷』，后二曰『岩夫』、曰『补过斋』。岩夫书法，奇拙可爱。

按黄左田《画友录》，言韩冶人铸尝为汤岩夫作《袁公听琴图》。汤弹琴始信峰上，有髯而白衣者立乎前，谛视，乃雪翁。雪翁者，山人谓猿公也。长啸裂云而去，故有此图。韩画甚工。韩休宁人，居芜湖。少师子久，笔颇苍洁，晚忽任意泼墨。子之汶，亦能画。外孙吴华，字秋岳，工诗。

江光启《送侄济舟售砚序》

歙砚出歙州龙尾山武溪，今婺源地，以唐改新安郡为歙州得名。汪士鋐《龙尾石辩》、元人江光启《送侄济舟售砚序》，说最详备。汪士鋐作已见劳志，江作仅见靳志，而劳志遗之。兹节录以备参考。

序云：『唐开元间猎人叶氏，得石于长城里，因以为砚，自是歙砚闻天下。其山为羊斗岭之巘，两水夹之，至尽处，乃产砚石。其一曰紧足坑，次曰罗纹坑，今曰旧坑，又次曰庄基坑。相去赢百步，而石品绝不相似。其旧坑之中，又自支为三：曰泥浆，曰枣心，曰绿石。去旧坑才数尺，石品亦异。自庄基北行二里，泝溪微上，曰眉子坑，则东坡所歌者，今在水底，不可劚。旧坑丝石，为世所贵。砚材之在石中，如木根之在土中，大小曲直亦如之。劚者先剥去顽石，次得石为砚材而极粗，工人名曰粗麻。石之心最紧处为浪，又出至漫处为丝，又外愈漫处为罗纹。故吾郡双溪王公之记，曰『紧处为浪，漫处为丝』，至论也。丝之品不一，曰刷丝、曰内里丝、曰丛丝、曰马尾丝，皆因形似立名，不必悉数。独吐丝甚奇。平视之，疏疏见黑点如洒墨，侧睨之，刷丝灿然，工人谓之砚宝。独旧坑枣心坑或有之。盖石之精，吐出光采以为丝也。至元十四年辛巳，达官属婺源县尹汪月山求砚，发数都夫力，石尽山颓，压死数人，乃已。今之所得，皆昔椎凿之馀，随湍流出数里之外者。残珪断璧，能满五寸者盖寡。世之求砚者，率求端方中尺度，工人乃采他山顽石而有丝纹者，炫称旧坑，反得高价，而真石卒不售。

三衢丝石黑而顽，南路丝石暗而黝，绵潭丝石浮而滑，夹路丝石红而枯，水池山丝石枯而燥，皆不宜笔墨者。旧坑在双溪时已湮，不知何年再辟。至元辛巳再湮，而石尽。时独紧足坑颇有大石，今至元五年十月二十八日夜湮。六十年间，两见此事，亦可一慨。谢公堅之知徽州也，于理庙有椒房之亲，贡新安四宝：澄心堂纸、汪伯立笔、李廷珪墨，砚则取之旧坑。先是坑上有五色云气如锦衾，随云所覆，得佳石，有白绕两舷，宛转如二龙。及穴池，得白石如珠，遂目曰『二龙争珠』。既贡，云气不复见。』馀略。

按：元朝纪岁有二『至元』，辛巳当前至元十八年，今云十四年，误也。后至元五年为己卯，距辛巳五十九年，故云六十年间两见此事也。

又按：新安四宝中列澄心堂纸，疑者甚众。由此文观之，则是彼时新安造纸。南唐澄心堂纸，乃新安所造，后来规仿澄心同其精美，故沿称澄心堂纸耳，非于宋理宗朝，贡南唐物也。得此文亦可释澄心堂纸之疑。至汪扶晨《龙尾石辩》所云『于丰溪吴太史家得一緻字砚，相传为米元章所宝，石色淡青，如秋雨新霁，表里莹洁。闵宾连酷爱之，后归其叔砚村，因知龙尾之精，以色青肌腻为贵，不在金星与刷丝罗纹』云云，说亦精确，固可与江说相发明。余得庙前青、竹叶青各一石，皆色青肌腻无纹，其一间有金星耳。又云『今市中所鬻，皆祁门细罗纹石，色淡易干』，按近日新歙砚，悉是此种，价亦甚贱也。

再录程穆倩诗

余辛未游沪，宾虹赠我程穆倩画一小幅，自题云：『虚阁临流，空亭坐风，何必滕王，何必醉翁，以此情外，写我怀中。』丹甫见之，因赠我穆倩手书诗笺一纸。诗云：『澄观白石匝清泉，跃跃群鱼锦色鲜。相与拍浮当枕漱，复欣期许继连绵约□频过。窗中句发纷琴瑟，灯下情深小岁年。凭仗醇醪游混沌，人人我我共听然。』后书『秋夜集卧石斋，同诸公分得鲜字，以东允老道翁正之。是日，端伯饮它所，未入座，附记。弟程邃具稿。』

宾虹又示穆倩手书诗扇。首行已残。诗云：『□□□□□□□，□□□□□□作，飞仁扬义未全非。千钟百觚占神福，即时一杯亦已足。欲振四海身贾贫，矢横天枢恢地轴。维期百度美兴除，人在醇醪定毁誉。帝诏难容笃所居，居摄自公乘素车。忧峤忧戎尤凿凿，不死大药需狂药。江表相从沦悴群，两袖冰风静回薄。道在黄童白叟心，鹄不日浴凌霜明。近代江陵欲继出，救时安得便阿衡。骞宵散星如雪落，朱梁典则诚精约。世运空言元气铎，雅颂斯归先讽托。』后书『和朱宁文、梁仲木《饮中歌》赠姜真源先生，兼呈光岳楼同集诸公作。光岳书院碑文，邹南皋先生手笔。二子倡为是歌，我思古人，七贤绝韵，而心仪嗣响，惟五柳哀伤弥深，斯旨柱史其庶几哉！垂别标所欲言，言之不文，写以尔尔。程邃』。又另行书：『秋日举质吾石寅大弟，时贤笑诋姜公好客自苦，此中细民，反能遮泣之，叹其贫不可及，并记。』又另行书：『颜光禄于竹林君子悬山王之咏，当时目山公为浑金璞玉，人不知其名。宁文讳其渊源将无同。』

又见穆倩手书诗幅云：『星汉云销合，门庭清以遥。石明溪水落，菊定蜡光摇。山外传钟磬，墙东啸虎桥。相从必风雨，江海询刍荛。欲作娵隅语，那堪动见闻。中庸天下者，至孝笃斯文。宰相陶弘景，神仙吴世云。卅年为一卧，千载许离群。杯酒即时醉，忧心醉若何？手栽丛桂树，池榭古庭柯。自信太和史，因时《击壤歌》。嗣才诸鸑鷟，的的得天多。』

《夜集天石先生园林》之三：『衰凤为鸡口，歌还发楚狂。荣名胶漆澮，寿命藿藜长。耳熟闻填海，衣单愈履霜。二人贫且老，月下正登堂。』为省静堂书壁之一，似锡予社长正之，黄海程邃名印外有犊乐堂印。按：省静堂乃程非二所居。

王昆绳作《曹太学传》

《曹太学传》北平王昆绳源撰，汪退谷士鋐书，方望溪苞书后。今藏邓秋枚家。王传，康熙己卯冬撰。略言：

太学生曹君以植，字建甫，歙人。其先自宋时多显达，号『忠孝曹氏』。有名泾者，八岁通五经，后为马端临师。七世祖观远，元末倡义旅，归明。洪武十六年授总旗，十八年调守四川大渡河。累功至指挥使，世袭传至孙勋。崇祯末，与贼张献忠相拒，累年不下。明亡隐去。君之父弘淮，积善称长者。君尚义，笃于友。天启时，逆珰魏忠贤窃权，屠戮忠良，威势震天下，君每发愤切齿太息。同邑给事中方有度、浮梁御史黄龙光，同时忤珰，太学殊与二公善，黄被逮，遮留宿其家，缇骑不许，乃顿首奉金涕泣以请曰：『黄公平日与我友，今患难，吾欲资其行李，谋其家。畏祸而避，不义，惟公怜之！』言罢，痛哭伏地下，不肯起。

缇骑怜之，听留一日夜去。由此名重当时。于是同邑殷文选宗器、吴布政之俊、福清叶太傅向高、旌德郭侍郎建邦、嘉兴岳都宪和声，皆倾心与之交。而祁门马司李大壮临殁致书遗以大带，得覆书，乃笑而逝。其见重如此。

君尝遇盗，缚登一巨舰，张炬灼灼，刀槊弓矢森列。其魁见君，惊曰：『若非曹君乎？』初，君尝见一僧将杀其徒，救之，得脱。至是熟视魁，则故所救僧徒也。乃急解其缚，请罪，尽释同舟人，相送十馀里而去。君济人危困，往往脱手千金，不稍惜。里人程秋者，无子，妾娠，妻妒，鬻于君。君立起，至秋家，呼其妻责之，妻悔，归其妾，遂得子。岳都宪为作《程秋儿操》记其事，里人至今颂之。

君不信二氏因果之说，然往往有奇遇。语涉神怪，略。

子六：季名庭，字右军，有文名。至孝，尝以兄急难，不畏强御，犯艰险，日夜徒跣数里救之。及解，兄顾为怨弗解，庭不较也。兄子某，贫病且死，为备其身后甚周，某请以居酬，流涕谢之，卒不受。其他捐金、解纷、息难甚众，有太学之风。

庭子七，其五子志宏与余交最善，是时太学君之子若孙，凡六十馀人云。又言甲申后十年，越中一名贵，大集十郡名贤，于三月十九日即崇祯甲申烈皇殉国日置酒鸳鸯湖上，赋诗高会。有题诗刺之者，庭闻之，竟日流涕，呜咽不自胜。

望溪书后，以曹晋袁请而作。事实同前。晋袁，太学孙。汪注：通史集多不详，惟记吾邑明末事颇有条理耳。

《毛诗异义》

汪叔辰《毛诗异义》，孤本四册，后附《诗谱序》。道光五年乙酉春鲍方桀刊印。原为缪荃孙藏书，南陵徐积馀乃昌得之。辛未余在沪，遇积馀，乃得借阅。前有徽州府知府长白麟庆、紫阳书院长娄东钱宝琛二序。又有自序云：《毛诗》自子夏递传至大毛公，为诂训传三十卷。汉时小毛公受其学，河间献王得之，而立《毛诗》博士。嗣是为训者，有谢曼卿。作传者，有马融。二家后不传。传者北海郑司农诗笺，唐作正义宗焉。孔氏《正义》曰：『笺者，表也、识也。』郑以毛学审备，遵畅厥旨，所以表明毛意。记识其事，故特称曰『笺』。陆氏《释文》引六艺论云：注《诗》宗毛为主，毛义若隐略，则更表明，如有不同，即下己意，使可识别。谨案：郑注《周礼》『封人设其楅衡』，不从先郑杜子春注，而谓『楅设于角，衡设于鼻』。及笺《诗》『夏而楅衡』，则同传，以为楅衡其牛角，为其触抵人。《说文解字》云：『楅，以木有所逼束也。』『衡』字注云：『牛触，横大木其角。』是楅衡本一事。《礼注》分之，不若《诗笺》为当矣。然则郑于传义，其有不同，殆非苟为异者。顾棫《朴笺》不以六师为六军，孔氏稽之郑志，谓非定解，由所注者广，未及改正，即是以思，其得无异所不当异者乎？而《正义》申述，又或异其所同，或同其所异，是盖不可以无辨也。

郑笺之外，述毛者，魏、晋而下，世不乏人。《正义》主宗毛、郑，唯郑与毛异，乃取王肃诸人之说以伸传，否则略焉。今诸家述毛，其书已亡。《释文》间存各家音义，于孔氏所遗，尚可寻讨。中固有失经传之意者，亦有优于郑义者。而孔氏、陆氏所据经本，复各不同，其所申解，亦或有异，且有误解经义而自异于毛、郑者，是又不可以不考也。龙不揆愚昧，掇取传笺，与诸家述毛，及《正义》、《释文》异同，著于篇。凡说可两通，则存而不论。若义当一是，而意有从违，乃加辨断。其有前人所论定者，采录其语，定而从之。述为《毛诗异义》四卷，复考正郑氏《诗谱》，附于篇末。昔许叔重以五经传说臧否不同，撰《五经异义》，郑氏有驳《异义》。今兹书名，盖本许氏，亦以俟穷经稽古学为儒宗者，为之驳正焉。嘉庆三年秋七月歙汪龙述。十八年获交金坛段懋堂先生，读其所注《说文》，向所疑义，得补正者若干条，重写此为定本。叔辰氏识。

卷尾有鲍方榘跋，略言：榘自丙子岁，始从先生游，制艺外兼课经义，凡有质问，必引证详赡，俾畅厥旨，盖先生出归安丁小山太夫子之门，学有根柢，其举于乡，亦以经术受知于大兴朱文正公。故数十年来，家居教授，恒以通经为汲汲。癸未夏秋间，先生寝疾，举此书授架曰：『我一生精力萃于此，以贫不能付梓为恨，尔善为我为之。』外又著《毛诗申成》十卷，与此书相辅，而征引尤备，期以次举。越冬月而先生归道山。次年夏开雕，十越月而蒇事云云。

刘师培撰《汪仲伊先生传》

汪先生宗沂，字仲伊，亦号弢庐，处士运镳子，世居徽州府歙县之西溪村，以道光十七年十一月十四日生，早补县学生员，以优行贡太学。光绪二年举于乡，六年成进士，签分山西即用知县，告病在籍。二十一年由安徽学政李端遇保举学行，奉旨赏加五品卿衔。以三十二年十月十四日卒，年七十。

先生负禀颖异，生三岁，能诵四子书。四岁，母许太宜人授以《尔雅》、《毛诗》，均寓目成诵。长益嗜学。汪故钜族，世席丰厚，族众数百人，建不疏园以藏书，即婺源江氏、休宁戴氏读书所也。先生居园数年，手披口诵，以夜继昼。嗣从同邑程先生焜游，学甫成而粤乱起，转徙浙江、江西，饥寒困顿，诵读不辍。益好经世之学，讨治兵农礼乐诸大端，作《礼乐一贯录》。东南乱定，以所作谒湘乡曾文正公。时文正公督两江，延任忠义局编纂。因师临川李大理联琇，授汉学于先大父，授宋学于桐城方先生宗诚，于九流百家之学，莫不旁推交通，以宣究得失。然所学仍在经，治经大旨，在博征群籍，以存已佚之经，集合众说之长，以释未佚之经。

其治《周易》也，谓《说卦》三篇，今佚其二。古籍引《易》，其有不载今本者，均为《说卦》逸文。辑《十翼》逸文一卷。又谓王注扫除象数，虞注说取道家，象多臆造，其失也均。因于《集解》所载汉说外，上溯韩婴、孟喜、周生、蔡景君说，旁及《史记》、《淮南子》、贾、董、杨、刘之书，兼及唐、宋以降诸家《易》注，以己意择决，辑为经注，成《周易学统》若干卷，以《十翼》文缀其末。

其说《尚书》也，谓梅赜既造伪古文，与今文并合，于今文二十九篇，若《甘誓》、《金縢》、《酒诰》、《汤誓》、《微子》、《无逸》之属，均有窜易，非复伏生所传之旧。而马、郑所注古文，亦非孔壁真简。乃考定今文，证以汉人所引，以去梅赜所窜易，别《甘誓》、《太誓》于逸篇，曰《今文存真》。别缉古文诸佚语，合以《甘誓》、《太誓》，定为二十四篇，曰《今古文辑逸》。括为《尚书合订》上下卷。

于《礼》、《乐》二经，则钩棘数十年。谓逸礼三十九篇，均为周礼，西汉未立博士，其说遂亡。乃综集经传诸子注疏言及逸礼者，系以后论。吉礼六、凶礼五、军礼三、宾礼四、嘉礼一，通言五礼者一，凡廿篇，名曰《逸礼大义论》。

又谓声韵之精，必协律吕，乐有宫商角徵羽五音，字有阴阳上去入五声，与喉舌唇齿牙出音相应。字区五声，古代已然。《乐经》盖以五音分部，以统阴阳上去入五声。故王应麟《小学绀珠》以五声分属五音，等韵家辨别五音，法同于习读五声字谱，因以乐音定五音，以五音括五方元音。法旋宫三调之变，并守温字母，为廿一法琴徽之音。定韵部为十三、法五音之有五降。定音读为廿五，又析五音为七音，益以变宫变徵，以括廿一字母，而以阴阳上去入五声经纬之，成《管籥元音谱》、《声谱》、《汉魏三调乐府诗谱》、《金元十五调南北曲谱》若干卷。括为《五声音韵论》一篇。别著《律谱》、《尺谱》及《旋宫四十九调谱》以明乐律。更推其学以说诗，谓古诗之音均可谱。非考古字，循古音，末由便学徒讽习。因审辨音读，以诗韵协乐律，成《诗经读本》若干卷。

其说论说《孝经》也，谓《齐论》有《问玉》、《知道》二篇，匡衡传《齐论》本于后仓，仓作《曲台记》，而小戴之中，若《聘义》记子贡问玉，《乡饮酒义》言观乡知王道，均述孔子语，则《冠义》以下七篇。或均《齐论》逸文。又汉人引书，有仅称『传曰』、『记曰』、『孔子曰』者，魏晋之间，有与《鲁论》比附并引者，疑以《齐论》佚语，因辑为《逸论语》一篇。谓《孝经》传自曾子，周、秦、两汉之儒，咸述其文，故有逸传无逸经。今文之本，舍文字形声而外，亦与古文多同。若隋代以前之孔本，实由王肃伪为。后世所传，则经传均出依托，且作伪非一本，郑本亦经真注伪。因仿《周易》例，萃古今众说，定为《十八章辑传》。末仿赵岐注《孟子》例，作为章指。又以宋儒司马光疑《孟子》，说近诬经，条辨其说，作《孟子释疑》一卷。此先生治经之大略也。

先生幼以孝闻，长侍亲病，因研医术。以张仲景之书，汩于王叔和也。辑《伤寒杂病论》合编。又以葬亲之故，治形家言，病《葬经》、《龙经》无善本，作《葬经校注》、《龙经校注》若干卷。

壮喜论兵，以今之六韬，既非真帙，武侯阵图、李靖兵法，亦沦佚失传，因掇刺群籍所引者，辑为《太公兵法逸文》一卷、《武侯八阵兵法辑略》一卷、《卫公兵法》三卷，附录一卷，弁曰三家兵法。以曾、胡、左行军方略，俱见三公奏疏文集中，辑为《三湘兵法》。又以古崇舞剑，法久失传，因上征剑制，并及舞容，辑为《弢庐剑谱》。

晚喜道家言，以《老子》虽崇养生，然于用兵治国之经，不违于致用，匪屏仁义礼勿言，作《道德经实注》上下两卷。又以《黄庭经》为《老子》外书，说医多符《素问》；《周易参同契》为汉人诠述丹法之书，今所传非故本；又改五相类为三相类，与《神仙传》所云作五行相类不符，作《黄庭经注》、《周易参同契五相类经文考》若干卷。其他辑佚之书，有何氏《姓苑》辑本。纂录之书，有《王顾二子粹言》。校订之书，有西汉《急就章》写校本，《弢庐隶谱》。而词曲歌诗之属，则有《后缇萦传》、《弢庐诗略》诸编。若《弢庐文稿》，则先生殁后诸弟子所辑者也。

先生虽治经稽古，然志存济世，恒欲推经术施之用。以所学礼乐兵农之实，补济世变。会试出常熟翁尚书同和门，尚书谓人曰：『汪某不凡才也。』及合肥李文忠公督直隶，延聘入幕，条陈兵农诸政，并及北土蚕桑之法。以所抱莫克尽展，居三年，遂辞归。曾主讲安庆敬敷、芜湖中江、本郡紫阳各书院，略仿胡安定分斋制，勗诸生以务实，士多兴起。

庚子之夏，衢州变作，徽民蠢迪思逞。先生不避艰险，募乡兵得百人，日居僧寺训练，俨成一军。又购浙西桑秧数百株，移植徽歙，迄今邑人收其利。笃信己学，迄老不衰，谓：『举吾术以措之，太平易致也。』年届七十，论及世变，声屈坐人。暇以作隶舞剑自遣。以里居鲜可语，因薄游江淮，由扬州至江宁，主淮扬海道合肥蒯光典家，因以病殁。元配王宜人，继配王宜人、李宜人，均先殁。子五，长福熙、次律本、次行恕、次真，均以学行世其家，次五伦。孙八，曾孙一。

刘师培曰：先生覃研《礼经》，洞悉乐吕，克秉乡先生江、戴之传，若推学于用，则上法颜、李，近与泾县包氏符。先世父称之曰：『综贯六艺，自成一子。』盖记实也。先生既受经先大父，与先世父先府君交谊尤稔，恒以事至扬州，师培方垂髫，嗜蓄古泉，因举莽布诸品相界。继谒先生于芜湖，因备读所著书，克闻律吕大谊。今皖人官京师者，将举先生遗书上之朝，以传文相属，因述先生治学之大纲著于篇。

再录程穆倩诗

程穆倩《送远公还山》云：『何以销初志，遗民得尔贤。江河瓢笠正，履蹈雪霜悬。放下千秋事，同安一室眠。长宵思曷旦，作佛亦堪怜。』《坐卧一小楼邢孟贞来咏倚松》云：『百尺秋云上，崇虚接至徒。苍林生脱叶，白发到狂夫。木榻摧薪尽，泥铛煮字无。移山填海事，当瞑听鸣蛄。』《翁寿如寓舍同某老叟》云：『不与非俦醉，难师郭恕先。乾坤瘝妙抱，笔舌幸孤坚。百世杯中物，千龄身外年。繁星明刺眼，分席教吾眠。』《兵中得还白门和青溪太史韵》云：『敢用辽东隐，先除虱痒言。无方不战伐，何处并乾坤。造物巧难测，无家恨独存。昔人工处变，大笑服钳髡。』《冒雪过黄平立草堂》云：『尺棹苍茫出，冯夷舞八溟。夙兴闲客子，坚卧好岩扃。绝世佳人思，春风处士庭。王猷得乘访，捉臂叫如馨。』《酬别林若抚长者》云：『作赋不知老，其书多等身。道衡非泛滥，和靖固高贫。三载返游地，长空送目人。登临徐慷慨，处士在风尘。』

《酬赠庞密青大令》云：『壤隔与天悬，相逢一语传。河山横小咏，旦暮接千年。客路青山夜，云涛楚水船。中原流涕者，贾董席无前。』

《郝仲赵宅燕集出蜀邸所藏画册同观》云：『脱略尊罍御，同深留览情。群公开碣石，处士在芜城。花冷玉笙夜，江悬春雁声。梁园图画史，笔札未榛荆。』

《毙湖夕照》云：『河口决堤石，沙头穴獭狐。西风衰虎气，极浦隐神珠。老眼频看去，昏帆冻立枯。市中悬水鸟，砍鲙一当垆。』

《寒夜河上居社集》云：『星月谁呼动，鸿音天宇摇。飞来何处屐，韵入广陵箫。老树高年腊。寒霜变酒瓢。自从知混沌，沧海任尘消。』

《李太虚先生命酒同洞翁友沂谈往事》云：『箫歇邗江夜，杯觞几澡唇。三秋风雨气，终古黍禾人。田野悲歌士，江湖社稷臣。那堪论汴宋，水火是经纶。』

《白门喜逢邢孟贞》云：『别来悲感勿多求，又幸相逢建业秋。削简列题人物志，立言闲付海天流。频年拥铗行吴会，几度还家主石头。正喜赋归看襁抱，儿啼番可止牢愁。』

《从钱牧斋先生舟次酬宋其武》云：『相揖方舟元礼座，久安藏嘿忽豪言。十年意气同饥渴，千载心期再讨论。天海荡胸襟带小，江楼呼酒夜潮奔。人间谁熟刘蒉事，我独逢君话断魂。』

《邗上逢姜如须叔季兼柬仲令》云：『苍茫野露夜萧条，何处扁舟共系桡。客路逢人惊意表，天涯高论起江潮。诸侯久有遗肝累，廪士难居下榻招。忆别两年如昨日，玲珑又听广陵箫。』

《冒暑集浔园题赠许念修力臣、师六四十韵》自注云：『小言用纪旧谊，匪以标其胜概，岵屺至性，掩于盛业。汝南三君子，龙鸾一体，念修与造物游哉；力臣、师六，显扬之馀，尤耽林壑，壶觞结韵，草木其共听焉。』诗云：『英英云四垂，烈烈日中天。入门拭蒿目，裸国如灼煎。忽从筼筜谷，为撷陆地莲。徜徉壶与峤，濯魄湛漪涟。循陔跻岩岫，白华补三旃。匪以濠濮兴，咏叹增留连。临波试浮杯，饮马腾遥川。四顾桔槔声，緊舟观乾乾。蝉翼恣长鸣，草香非兰荃。群分不土姿，娟彼琴弗弦。石屋秘枕籍，援神著大全。鹰雉同栖迟，鹿豕纷随肩。原注：晋许孜孝感事。潜鱼在荇藻，赤雀巢楣巅。花萼既辉煌，性理益无前。采藿下蓴羹，时时烹小鲜。生怀一饭恩，没齿口腹廉。百变攻寸心，江河言涓涓。皮毛耳目捷，亏盈晦朔旋。安危将隐伏，恬退卜殚研。忆昔诸渭阳，原注：超宗、赞可、介士三先生之交余，生平如一日。宅相初寒毡。器曰汝炯珠，羊昙情最坚。历昌启祯遗，东林之后先。旧评：此立论之本，非穆倩亲见东林前辈之盛，那能写得如此痛快。茫茫笑常谈，浩歌存野编。原注：余有浩歌于皇叔子锡鬯互为序跋。名节尽劫灰，穷厄只自怜。戆奴反于默，困苦谢百愆。皓首癖禽犊，岂堪又烽烟。久交凡五甲，旦暮万八千。原注：由甲子至甲寅五十年。东汉逮天宝，旧话空拳拳。嗟嗟忠殉辈，定论宇宙悬。为善挽气运，太和期转圆。文章世惊世，道德年叠年。夺席雄虎观，接轸挥龙渊。同销今古愁，难除婚嫁缘。嚼蜡老氏经，跃冶杨子玄。性命猎内景，诞托融外篇。於陵吾失业，乐志尔优诠。人表尊人伦，二方推二贤。伯也孝友宗，其学通便便。张堪合许逊，书传称让田。月旦乃躬行，曾闵膺正传。』旧评：老友奄没，旧迹销沉，今日谈前辈风流，正如白头宫人话开元遗事，又如三生石上说前世因缘也，岂不令人一唱而三叹乎？穆倩其移我情矣。邓孝威。

《送酒歌和邓孝威韵寄赠乔云渐兼示宗鹤问》云：『杯中物来淮南滨，伏腊遽生千载春。达哉乔子岁寒饷，饮醇久久笃斯人。每一相思一水路，悬诸瘖寐美无度。孰与齐欢感慨多，群儿行酒晨兼暮。年来敬信老直声，纸窗竹屋土环楹。菽瓢卮钵任真性，麄粝自可腴彝伦。指挥六瓮细斟酌，把此问天天窅寞。清言法言言弗穷，五岳方寸漫隐约。文章光焰破重昏，我抚贫家碎瓦盆。霜中雾中冬乃燠，八年月令异寒温。古今酒德陶刘辈，山公二阮加确论。原注：谓子毅石林两大阮也。轩渠绝倒齿忽落，七十颠毛不待髡。要知大道赖曲液，司命凭藉安魄魂。露华雨泽之神化，即时朋友后儿孙。我教不耕又不读，劫波劫火纷乾坤，选坛屹彼文选阁，同理同心同所源。宗生颉颃通人已，执笔参合标酒史。陆沉无损漉酒巾，得失何容乱嗔喜。诗注中山酝酿功，梦叶蛟龙期董子。』旧评：乔子家八宝善酿，时时以巨瓮贻垢道人。道人具醯醢果核，招予辈为厌厌之饮。然则乔子非仅为道人谋醉乡，实为我辈破愁斸忿矣。此诗可云淋漓尽致。孝威。

《汪蛟门舍人梦得十二砚以名其斋作歌为赠》云：『远山眉下游仙枕，尼父庄列通耿耿。不衣不食西极人，以梦为实梦终永。会综其道属希夷，睡乡千载驻俄顷。哲君圣帝天梦悬，鲁叟平生梦宗准。耳广乐兮背生翼，葩分椽兮大手笔。维周大命太姒奇，或吞旸谷之灵曦，或吐白凤草玄氏，或捧苍昊宋韩琦。彼辈巨业互名世，文中至论难等期。中原英妙汪内史，回翔青琐标羽仪。丝纶出纳静簪笔，乃心金石称一夔。游戏割肉肖饥朔，立雪师门最卓荦。原注：梁苍岩先生为座主，适馆焉。清宵栩栩楚巫间，十二异室罗阿阁。张华赐铁铸于阗，孔庙之遗制度朴。繁钦傅玄逯李贺，青花紫云历磨琢。唐询著录川薮经，惟我歙州鼻祖若。后主特秘黑龙精，后是杂出不一名。时俗鱼目曹公瓦，端溪未见柳公评。右军风字色正赤，宣和采渊入有明。砚德可并倾城质，珠玑百斛莫与敌。悉从内史蝴蝶翅，拥诸大布次卿被。腹笥所包兆乎此，五色鸟征鹙鹫子。子舍晨昏斯在斯，神物来归自兹始。』旧评：前段说梦，后段说砚，布置井然，本源悉现。仆坐卧其间，如观索靖碑也。孝威。

《闻警和邓孝威韵柬金长真高苍岩两使君》自注云：『苍岩公将守姑苏，贻书谓具区两山，堪为余八口地，质诸长真先生，属余少安毋躁。孝威邓子作诗广厥旨，用兼其意，左右攸赖，依韵和之。』诗云：『三春浩浩长吟客，依依还往相晨夕。洗髓浇胸弄酒杯，笑笑浮家而泛宅。身经治乱半生多，风外江河波复波。人民竞徙如烟动，家家门巷互悬罗。闻闻见见称好好，中怀可道不可道。吴头楚尾想桃源，沉思去就难草草。心旌战战并摇摇，万里横戈纷大纛。自尔乾坤金石俦，惊代同情第一流。苟全莫漫憎时命，蓍蔡茫茫且唱酬。意重泰山轻，欣然止则止。只今亲见晋郗公，焉得戴逵膺彼美。名世属伊人，况复交深古道民。目光闭学垂眉佛，休更傍观曲突薪。』旧注：乱离之际，亟须地主，穆倩处两使君之间，沉吟反覆，此种风味，最近古人。孝威。

《春霁别王昊庐侍读自怀高弗若侍郎朱一眉征君却寄》云：『岁序纷曦驭，帆樯江汉来。赤城生顾盼，艳雪积崔巍。道出天人驻，车从韦布回。神仙至该博，留邺二侯才。』

《张稚恭真州别业即席同令子若水》云：『何在非风誉，从君重即时。江容谈笑挟，秋索蟪蛄知。豕牧未终已，龙眠愿近之。一觞还一咏，取次墨如丝。』

《从龚孝升先生联船淮阴余赴马司理颀公招也》云：『元礼陈宾盛，谁方雪夜舟。想思千里驾，吟弄五湖流。分食通心醉，飏帆疗客愁。景移云日好，动息一天鸥。』

《春夜集张稚恭观政颐堂有作》云：『古调深追琢，江声汹夜高。无心成管华，达识反康涛。鸡犬皆恬寿，龙鸾笑独劳。风霆喧昨昼，今夕霰如毛。』

《夕泛随范质公先生复同渔仲长民饮于黄杨两先生》云：『容与安澜一曲中，芙蓉夕渚起晴曈。玉琴张抱延凫鹤，犀火藏辉避蜃虹。谢傅席飏沧海月，山公身散竹林风。拍舷濯足狂宾客，心堕横秋蒲苇藂。』

《剑池同姜如须万年少赠歌者》云：『一发高秋万籁清，笙竽振宕阖闾城。客来徙倚中丘石，木落飘摇积水鲸。变节冷然星串串，销魂老矣月明明。缑山湘浦非耶是，携手仙人掌上行。』

《江上柬监军使者》云：『铁瓮山头石可铭，谢玄矶渚在沧溟。神游内举弹棋暇，气应兴朝大将星。壁垒冲容看此水，誓清激烈歃中冷。欲为向秀庸怀宝，原注：时有津要，欲以危祸网余就征辟者。解网开笼借羽翎。』原评：当江东昏浊之日，宁为蟠馥，毋为爽邕，此自关出处大事。把读穆倩此诗，辄为叹息。

《同诸公深入大涤山再呈黄石斋先生》云：『搔首精蓝发槁颜，夕阳明灭窅人寰。穿云却略烧藜杖，原注：先生有古藤杖，名曰铁虬，是日触石而折，烧之。采药蒙茸披草菅。胸际一时空五岳，崖前二目引千山。中原格斗风烟外，长啸峰门槖钥间。』

《五日自石城还和张稚恭观政见柬》云：『归来尺棹六朝云，多少惊心发未闻。长见困穷非不遇，若为佣保有馀勤。乾坤到此谁为我，山泽如斯独爱君。试问悬丝生续命，鬼妖蒿恼汨罗人。』

又附录邓汉仪《送酒歌柬程穆倩兼寄乔云渐》云：『乔生家居汜湖滨，岁酿十斛酴醾春。日引宾客倾百盏，翘首还念黄山人。黄山人住隋宫路，日挈壶瓶沽几度。赠钱那足办醇醪，醉眼聊堪驻旦暮。忽惊户外剥啄声，居然六瓮陈檐楹。主人心喜口不语。启眎香色皆殊伦。主人未便开樽酌，爰招南阳销寂寞。每听昭明楼下喧，知是君家订酒约。原注：时余寓文选楼。有时微雨动黄昏，或当明月如金盆。寺钟已响鸦未歇，庭雪乍飘炉始温。鱼羹蟹炙充盘餐，橘橙梨栗不须论。频来饕餮兴未厌，主人还复勤留髡。因思维扬邸第尊，娇歌艳舞惊心魂。商人积资累百万，亦布绮席招王孙。狂奴懒去就高宴，只馀啸傲盈乾坤。每从垢区道人饮，此乐真不减平原。寄言乔生洵知己，有酒不送金张与许史。嵇阮生平自酒徒，烂漫糟丘足狂喜。将相大叫且鼾眠，感激岂独黄山子。』

按：程垢区《萧然吟》，曾遭毁禁。余见其遗墨，即手录之。此数纸乃从黄宾虹抄得。

《黄山领要录》

汪于鼎《黄山领要录》，前有渔洋、牧仲及吴祭酒苑三序，皆推许甚至。吴序言：康熙丙子与于鼎同游黄山，于鼎归而宿吾青芝书舍，篝灯授笔，文不加点而录成。是此录作于始信草堂未作之前。其言黟山命名至允。自唐好道家之说，伪撰《周书异记》，引黄帝改称黄山。明赵汸谓黄山隤然中居，委和四表，有坤道焉，故名，亦足洗《异记》之陋等语，可称特识。其叙述景物，皆本亲历，无穿凿傅会及想象语。且成书在《黄志山》已成以后，所言皆山志所未及，故可贵也。其言云门峰即翦刀峰，为山西陲之尽境。又言光明顶，即炼丹峰。又言浮溪以上旧有老梅万树，纠结石罅，花时在春夏之间，与浙江说合，皆甚的当。兹摘录数条。

祥符寺

《黄山领要录》云：祥符寺创自唐开元十八年志满禅师，今莲华庵其故处也。大中五年刺史李敬方感白龙见，始移建于汤泉之西。天祐二年刺史陶雅重建，改号汤院。南唐保大二年改为灵泉院。宋大中祥符元年，敕为寺，因称祥符。寺制古朴轩敞，廊周室密，壁有诗二首：『紫翠林中便赤脚，白龙潭上看青山。药炉丹井知何处，三十六峰烟月寒。』又：『何年白日骑鸾鹤，踏碎天都峰上云。欲起轩辕问九鼎，道衣重侍玉虚君。』署曰『南宫谪吏兼云谷樵夫题』。书法奇伟，明罗文恭洪先笔也。左侧有轩，面紫石峰，冯祭酒梦桢题曰

『紫玉』。后有楼，天都、紫石、青鸾诸峰。冷光湿翠，倒入窗棂，侵人毛发。上祀轩辕帝、浮丘、容成二公。吴祭酒苑题曰『仙源寺』。前后皆峭壁绝巘。从东南入山者至此，见石渐多，土渐少，溪水来自汤岭，穿乱石以行，声无断续。至白龙以下，则石愈大，水愈怒，声愈宏。寺门外古树修篁，叶交岸合，仰不见日，俯见日影，风水相激，影无定时，人对面几不见，近语几不闻。寺之右，山半有洞焉，飞泉挂其上，风吹泉动，瀫纹袅袅，曰『水帘洞』。洞外复有小洞二，受夕照尤多，曰『餐霞洞』。洞左有石类马蹄，曰『马蹄石』。旁有石方而长，曰『轩辕碑』。洞右旧有丁公庵，今废。

按：今祥符寺亦废，仅馀址存。

山乐鸟

《黄山领要录》言：山乐鸟，见元汪文节泽民记中。种类非一，山下则无有。余尝与皮蓬雪公审定声尤清越者三。其一较鸜鹆差大，每集必数十，毛浅赤黄色，飞鸣而露其袭羽，则腋下碎锦历历然，如伶工舞时而见其裼衣之文绣也。游人将至，必先期集而鹦鸣。音将阕，忽若作人语曰『客到客到』。盖鼓乐而相导焉。其一微似百舌，亦数十为群，其声屡迁，乍听如弹弦索，已作裂帛声，时而大声轰轰若车轮过市，时而小声袅袅如洞箫之馀音未绝也。其一质小而轻便，飞不过寻丈，声如铃铎之最细者。多至数百，散依丛薄间，琐屑正耐清听，已忽飘飏随风四散而去。

按：山乐鸟昔前后海皆有之。今桃花源一带，楼阁尽夷，大木全伐，开山种茶，鸟无所栖止，乃萃于后海。陵谷之感，山中亦随处有之也。

桃花源

《黄山领要录》云：故老相传，桃花峰下，沿涧旧有桃数万株，花时竞艳，偏山皆赤，名桃花涧。邑人佘书升建庵于涧上之谷中，旧名药谷，曰桃花源。寻源者由祥符寺左折入石林中，则书升所开径也。径离祥符寺就高巨谷，磊落如屋，从欹侧中数折入，水声在耳，峰影在目，夹道皆大石，与乔木参差互映。石皆络古藤，缀异树。行可半里，巨石如蟾，作俯伏状。中隔二尺，别一巨石偃卧受之。过此，摩壁登高，下有小涧为隔，联以木桥。逾桥登级右转，有石如饼，上下皆平，厚三尺馀，环三丈。两石擎之，一石如鼻仰受，受处不盈二三寸，其上四空，远眺可布席。其下即窦，通人行。再转一石，壁立横亘数丈，旁石凑为小坞，遂隔水声使微。古梅四株，花时笼覆其上，旧名梅花墩。再折而登，始见庵径。至此里许，凡为折四十二，登高三十六，每折每登，景辄随异。涧中多石，巨者如象，小者如羊。阁踞大石上，亦书升建也。阁正对白龙潭，万山飞瀑，奔赴交流。旁对罗汉级，秃露如脊。中一巨石突起，雨后水从脊流至巨石处，崩砉不得直奔，激怒旁冲，飞舞而下，林寒涧肃，水势激而成风也。四山木叶，秋冬不凋，风过叶鸣，与众流竞响。卧是阁，彻夜枕上嘈嘈，疑风雨骤至。又如远客江湖，梦中闻波涛之砰訇也，因以『狎浪』名。西偏一轩，天都、青鸾、钵盂诸峰瀑水，当轩直落。明华亭陈继儒题曰『飞白』。出后扉，登坡陀，有亭峙潭上，丰润曹鈖题曰『响雪』。

按：彼时名士游山者，多主狎浪阁。今阁久圮，遗址亦不可寻。此篇记述，较山志为详，故备录之。

又《领要录》记莲花庵云：庵故汤院址，院后移汤泉之西，址存山中，山纯石而逼仄，且俭于水。此独多土，宽广数亩，桃花涧绕其下，邑人鲍元则建。左隙为净林居，后为华岩阁，居北面南。明袁黄以对莲花峰，因以名庵，庵所对非直莲花也。庵有建文四年造钟，历三百年独存。

云谷禅院

《黄山领要录》云：云谷禅院，一名丞相源，居钵盂峰下山坞中。由山椒上五里，憩天绅亭。又里馀，有石硆砑如门，侧身入，径曲而奇，怪石蹲伏，乔柯老树，转入转幽。禽声泉声树声，非坐久莫能辨。循行十五里，凡数百折，忽萝松杉柽，左右列植，若长衢，从树阴中穿小桥而出，院门也。院初为岩镇汪氏别业，万历己酉寓安寄公来黄山，主人与语大悦，尽以地畀之。不数年，前后殿宇告成，厨湢寮室称是。师幼依云栖宏公，受具足戒，修净土业。及开创兹宇，构殿供佛，以二六时灯光香篆报答佛恩。构舍栖僧，以漏尽鸣钟，宵分击板，梵响清激，振警昏迷，构寮肃客，以丰俭适宜，广示平等，规制一本云栖。僧六七十众，寂如无人。住院开法，必迎天下古德。余所及见者，檗庵师自灵岩，铁夫师自天童，锡先后止院中。院前一峰矗立天半，与院门对。院外百武，即涧清流，乍疾乍徐，一伟石砥柱其中，方广严整，横二丈，纵五丈，登石仰瞩，则一山峰崿，尽绕石前。涧上多桃，虬枝曲干，花色亦异凡种。涧中有鱼，长尾四足，虬首龙脊，黑如点漆，能升木饵鸟，游者或见之。下里许即檗庵师塔。师名正志，故给谏熊公开元也。崇祯末疏论首辅延儒，予杖遣戍，后为僧。余尝过谒，为余道恨事，津津不休。寻入华山，未几示寂，遗命归骨黄山。

按：录中附录檗庵禅师《黄山记恨》篇，亦游记也。以长未录。此外有《逍遥溪》篇，记印潭、月潭、剑潭、犀潭、花潭最详。《散花坞》篇，记松最详。其《炼丹台》、《光明顶》、《石笋矼》、《师子林》、《西海门》、《始信峰》、《铁线潭》、《五潭》各篇，俱极幽异。半皆志所未及，未能备录。

《黄山续志》

《黄山续志》卷首标新安汪士鋐扶晨、吴菘绮园、吴瞻泰东岩、汪志远静夫、汪树琪玉依纂次，共八卷。一、二、三卷为记传各文，四、五、六、七、八卷为诗赋。前有姚江黄宗羲、云间周金然二序。乃《黄山志》成后续纂之书，随时编录，无甚伦记。而汪扶晨诗文，及友生投赠之作独多，序文亦专言栗亭，盖扶晨所集也。

黄序言『沈眉生住焦村，累书招我为黄山之游，是时老母年开九帙，余不敢妄离左右。及老母弃世，而眉生云亡，余亦衰老，不能行脚，以为妄譬为山灵所杜也。岁辛未，以靳使君至新安，遂入此山，适汪栗亭《黄山续志》告成，属余序之』等语。是此书成于辛未前后。游记载靳治荆、施闰章、吴菘三篇，所录诗文皆同时名士所为，惜未能全录。

汪士鋐原名徵远，字扶晨，栗亭其号也。

《云舫记》

《黄山续志》汪栗亭《云舫记》云：黄山兜率庵，倚天宝峰，即图经中合掌峰也。僧一心建佛庐三间，坐迎远壑。庵一名皮篷，以杉皮上覆得名。山静屐希，岁久遂废。庵左即仙灯洞，旧名圣僧洞，又名仙僧洞，今讹为仙镫洞。先是唐咸通间有西域僧入洞，镵石壁九字，曰：『七百年后当有圣僧来』，因名焉。康熙己巳重九前一日，翠螺雪庄大师，散发携杖，来游黄山。过阮溪，信宿即行。途遇龙池雨公，曰：『道兄入山，当住仙僧洞下。』即兜率庵也。公游两海毕，枯坐此中，风栖露宿，怡然自得。庵下有白砂矼，素多虎。师坐，虎弭首其下，如听梵然。师斥其远徙，虎遂绝。云谷僧众，闻而讶之。山下居民，为盖一把茅，茅因松铺，师仍卧松下，绝粒旬日，趺坐不辍。游人供米，杂松叶百卉煮之。山气寒多雪，师坐卧雪中。慈光中公，从深雪中，由前海开道讯师，未至庵，大声呼之，见有嘤嘤应者，知不死。至庵，师从雪中出，拂衣上雪，相对揖。中公俯首，谓师真狮子座中人也。坐山中五年，人稍稍物色之。癸酉春，名闻当宁，遣内大臣丁公诏入京，辞不赴。癸酉秋复遣丁公至山，强起之，至石城，又病辞，养疴城西之竹楼。初冬复召北行，甲戌夏赐师还山修道，仍以一瓢一笠还云舫，取道仙源之三汊入庵，歙中既无知者，其高蹈如此。家观察松峰先生常至山，钦师高行。于师还山后，为构云舫居之。前为如意亭，后为五峰阁，客堂山门楚楚有致，出师规制，实我松峰先生成之也。由咸通至今，适符七百之数，所谓圣僧，非师而谁？成就此庵者，实前因，非偶也。为《云舫记》，俾后之游山者省览焉。

《重兴一钵禅院记》

《黄山续志》汪栗亭《重兴一钵禅院记》略云：黄山丞相源，在掷钵峰下，相传为宋丞相营菟裘处。山之有禅院，则云栖大师白足寄公之所创也。寄公于前明万历年间，由张公山结茅丞相源之中源。闻汪氏旧筑二馆在掷钵源中，将兴三教大事，属潘髯史景升谒汪公图南，愿借一袈裟地而托足，汪公许之。于是拓基建宇，岿然山谷间，乃告髯公，欲为旦夕资给计，公复谋诸汪公。汪公之先人，尝与同志结社，摄养此源，修黄帝性命之术。而图南公复讲学于此，为后进领袖，于是捐学舍成之。潘、汪二公复合同辈，倡华严大会，三教圆通，香光亘天，祥云弥谷，晨昏课诵，悉禀云栖。邑宰傅公，颜曰『云谷』。寄公示寂，法嗣守公继主禅院。僧成滨、成澳、继述多所创作。吴太史石庵，倡募置田，以鸠僧众。迨守公西逝，潭州檗庵正公，即嘉鱼吏垣开元熊公，开堂禅院，以甲寅山头雨血，先期去吴下，于华山示寂。而山中无赖作耗，僧众莫支，以食田质诸豪右。康熙癸酉云舫雪公，奉召北上，上院僧素心从之。甲戌九月还山，取道石城，晤家叔观察松峰公，公发弘愿赎田归常住，重建山门。院三里有智如亭，其下为天绅亭，坐观九龙潭瀑。岁久亦废，今皆新之，俱观察公力也。下略。

按：丞相源，以宋丞相程元凤爱云谷山川之秀，构书院于此，得名。汪图南，岩溪人，见《续志·新安太守丁骏公廷楗重赎云谷一钵禅院香灯田碑记》。岩溪疑即岩镇。丞相源为程元凤遗迹，亦异闻也。

又云谷藏经阁，自守公创始，庀材虽具而经营无力。康熙四年，郡司马聂公炜祷雨黄山，僧众以告，聂邮缄程君惠生，程以告黄君于升，捐金成之。亦见汪《栗亭记》。

浮丘园白云观记

《黄山续志》汪栗亭《白云观记》云：浮丘溪在浮丘峰下，俗名浮溪。进溪山行，老梅万树，纠结石罅间，约十里。当春夏之交，梅始花，梅子大如巨桃。山民知之，然惧虎，无人林采之者。游人亦罕到。唐始置浮丘观，至宋观毁，而有浮丘先生庙。昔有至者，见楼台及白莲池，左右有盐米之积，还率人取之，不复知所在。惟苍岩翠巘，竞秀争高，古干寒香，自为偃仰而已。明末贯之上人与邻虚上人结茅，旋废。康熙己未，黄编修瀛山欲兴复浮丘观，延羽士姚云滨居之。正鸠工，复不果。近王君不庵、吴君绮园暨家叔氏松峰、弟碧巢合力成之。呜呼！鼎湖丹灶，形容仿佛耳。轩辕安在？孰若碧筭瑶篸，珠幢玉节，与万树白云掩映，十里幽香不断之为巨观也哉！则谓白云观独踞两山之胜也可。

按：此记可与渐江探获浮溪异境之说相证。今闻浮溪路久废，所谓『老梅十里』，不知何如？读之如披《桃花源记》也。

又按：汪碧巢，官桂林别驾。黄编修瀛山，海阳人。所谓正鸠工复不果者，以斯时黄编修病殁也。建白云观之资，为二十五金。观成居之者，为黄虞道士方望子，栗亭之友也。以上采取《续志》所载《汪栗亭送方望子住浮丘园白云观记》。

汉洞

许青岩《汉洞诗》，序云：『在歙南，去小溪十馀里，相传汉末邑人避兵此中。洞口旧有僧舍，唐会昌中毁于兵。宋绍定六年郡守刘公炳荣，崇基表刹，伐石作《汉洞碑铭》。予于崇祯末，挟友人过院，见僧皆香火气。寻访古径，不得，怅然赋此。』诗云：『走壁青藤狎短松，我来犹听晓堂钟。不知井灶通何处？陈业来时径已封。』『灵区自是鸿濛闷，秦汉前闻费讨论。满瓮白云千岁物，且留香积醉诸髡。』原注：汉末上虞太守陈业遁迹黟歙，见《水经注》。

按：渐江题画四言诗，有作汉洞猜语，今证以此诗，是汉洞在明末时，故径已湮，不可访矣。

歙事闲谭卷十五

程穆倩《将无同歌》

辛未于程霖生家，观所藏书画，见程穆倩手书《将无同歌》赠曹秋岳者。诗极长，兹备录之。云：

三十年前我心淑，三十年来我薰沐。苟全性命前后今，人各有情癖禽犊。沧桑过眼桑复沧，河徙河清频反覆。北山之北南山南，□□消磨急口腹。平生终始仰烈儒，秉教大源泾渭熟。忘机岁月省微机，世道式矜重感触。明公知人物外知，晦蒙握手获扬眉。赤云堆里方舟涉，又牵小艇弄涟漪。君子莲香倚君子，泥中玉藕荐璃丝。竹西花石迷墟里，闵余底事久羁栖。狂歌痛哭一尊酒，高呼大义□□师。精灵薮泽文史配，天柱而当天命移。当年折槛诸诏狱，犯颜幸免逢干续。玉堂之战殿垣台，督师不战战何属。诤臣破的忤宸聪，中兴在目丧亡促。南渡蓦闻宣启事，莱阳誓墓难昪季。姜如农黄门廷杖戍宣州，漳浦以少宰启事焉。

其间约略布□似微字谭，龟蓍未萌势必至。清江按波殉日月，漳浦绝命亦朝腊。俱膺浩气俱归尽，定论悠悠征讷讷。大桡似是似耶非，俄顷太平开约法。海阳自树弄兵者，人人皆将猎原野。歙州内实顿为空，昼夜横塘祖士雅。兵连兵散快诛除，不尽诛心贻笑也。彼孙彼子彼其人，不良奚爱节和名。货利致昏蔑理数，天皇谌谌嘿持衡。卧薪尝胆家胤裔，泉扃早晚必为厉。暴尸暗昧袭人坟，为人包容骄得计。维初令望炫维桑，半橛入魔败涂地。千姓万姓之汹汹，三世作伪伪相济。登坛魑跖舞俳优，以乱纳招辞弥炽。首阳善饭体貌肥，嗟嗟周游备委蛇。屈指数公学佛好，放下充塞与道期。不夷不惠兹名世，浮沉世道张纲维。明哲作求赖槜李，寻常一饭恒三起。酬师永恸到赁舂，纤细隐轶询私纪。石城中道泣滂沱，信宿纵横矢泪罗。祖帐叶詹南柱史，叶瞻山、詹月如两柱史，越日必张宴促两先生南行之驾。促别规讽亦太苛。二白举廱为所寝，谓曰圣怒难揣摩。佯狂拜石石欲裂，分钵豢鱼盘植禾。谁操斧锯搜若木，党祸钩蔓四织罗。田金戆奴戆已甚，取证妇孺以婆娑。三宿岩间日临汎，吴桥范质公先生也惨淡强颜酡。远惭北海祢衡友，檄才告短不祥手。吴桥以南大司马起作大司空，将大用，坚余参幕席。余方以母丧衰绖为不祥人，且余先谢姜如须大行之约，未可复就此命，因乞黄、杨两先生委曲白余之志。深愿执鞭杂书记，却顾素交惧同异。两公为我厚致辞，杵臼之先业《五噫》。尔时期许必死国，范公悄悄长虚席。一世龙门延揽勤，世目睥睨疑至德。含笑相将冯倪徐，长源史氏贞比翼。滑稽错料宇宙徒，断赞莫漫凭胸臆。洗心诗逗吾诗谶，漳浦从大涤山出，语莱阳谓余前后诗皆成谶云。每思畴昔涕潜郁。惜余邻近眼多白，墙东偶作逾墙客。余流寓白门十馀年，邻近贵阳，其亲属越蔡谢周杨李诸君，咸称友善，独未一见此君。一日适来余宗孝感侍郎室中，望而遁去。孝感讶余之不见。余曰此人眼多白，必将乱天下。孝感愕然谓斯言何本？彼沈废人安从乱耶，清议宜有稽也。余又曰此君深结怀宁，谓天下才无过怀宁者。怀宁啖以起废通内密谋之局，布金十年，官家为寺人蔽，果用之。静占阉孽敛苞苴，在在通神运血脉。偷天突用办刘超，我颂黄杨生大隙。新安歼彼游掠兵，我发恢谐释相厄。常称魏珰嫡遗种，天壤妖邪一魂魄。列皇在天天好奇，奸窃奇货攫拥册。小朝廷送小人手，反面名流伏尘后。优孟临川尽妙才，有才如此营流臭。若辈弹冠若辈官，搏弄至尊尊屠狗。咸福根荄肖厂臣，百倍凶锋焕与秀。不成操莽跨敦温，清流岌岌铁扫帚。立正大法请剑迟，贵阳一日悔悟，沥血疏劾某某立正大法，以快天下人心。世无传者。乃悟处士言非谬。门户之忿愈波涛，石火电光事鸩酒。楚师声讨清君侧，倏忽叛离君出走。二白不步二周游，犹悬帐簿悬河口。杀案遗贤名寿坚，罪案二人万世丑。其一寸斩饱乌鸢，其一磔尸万马蹂。先是大行碎名碑，姜如须居行人司，疏请削名碣，除逆臣阮大铖之名，诏可之。阮氏私人谓此举出余赞佐，岂知余常劝大行，毋攻此类以扬己甚力哉。蜮虫含沙中大疑。余也早散其家室，逋逃有类任永疾。曾排大难不受金，职方调护脱收辟。华亭陈黄门卧子也虽在杜门中，左右周急沥衷膈。已拼身首非我有，何意仍存老胫膝。震代公卿更仆之，虚烦草野系调饥。清宵呜咽山阳笛，极我神伤曷极悲。此日感思日鼓舞，夔龙辈辈施毛羽。滔滔鼎鼎视凄凄，前后今焉催四序。六十遭逢古所稀，更取禽虫惕年谱。年复年兮碧血多，雷电夏蛰闭时和。忆公骂贼几粉骨，筋肉如糜溅狱卒。鹍鹏岂暇齐精卫，鸷鹗曾不啄兰蕙。无穷命意五岳轻，隋珠卞璧肯随尘。夷吾笔法曰鲁叟，不妄争天天许争。平西报仇出大计，荡逆而王戴□冲睿。何来霹雳靖宫阙，瞬息灭贼见天伐。公之再世洵鬼神，天乎人乎应天人。铁心石肠干毒害，逆阉逼公刑拷至惨。为尔昭昭炳毛发。留侯易地协经权，文中门森救世贤。房杜一流尊铎训，本朝诸抚督，往往出公之门墙云。斯道斯民周折旋。先生贰相还数迁，再出拥书处晏然。昭代博综真镇物，宛委却逊囊一钱。刃游百变转萧瑟，得失失得如枯禅。明公苦海啸吟尘，白羽温柔炤戎武。凌江焚砚戏燃犀，嚼蜡空文嗜聋瞽。格言见及标往古，金石风霜凝旧雨。匹夫缄口遽摇唇，筑碎无声舌可憎。天下一家尚瑜亮，戮辱罔测非滂膺。物情风马牛何责，义府胶漆水火婴。伤哉肝髓捐尽瘁，期挽乾坤行广庇。爰居汉宋略停思，慷慨徒兴为善喟。与公万里七年别，沸鼎大寒冰大热。茫茫窅寞用冥冥，摸索董狐孰优劣。清江道系泾阳氏，张稚恭中秘，出刘元公先生门，清江渊源一本。昕夕淋漓资讲说。朝斯暮斯申大中，参同明公将无同。相鸣仿佛昌黎氏，考之皇甫九鸿通。立言蕴蓄言之表，廿载歌咏依宗工。贯串到公成条领，余何修也崇敬警。一端一节掩一艺，王燕友纳言，言余之为人有似乎古人以一艺掩其长者，余何有！馀生馀习增馀戾。林宗海诱孺子戒，行化大难行己易。君乎依孝与依忠，江河趋更驱奔驷。鼎钟竹帛重时宜，说鬼说梦番胜谛。来嘲来嫉盛来嗔，奉为良药良砭箴。四海欠伸高枕块，千岩响奏不弦琴。悠然兴想诸名理，山阳长沙河滨子。胡天仿名从中、王山长名岱、李叔则三公相继赠余序言，足以发余之生平也。澄观内讼盗群言，渺躬三复宁容己。颓龄碌碌对妻孥，竟体艰虞形答影。阮生久在嘉宾侧，岂仅即身生气色。绕床儿女托无乡，愧为人父差食力。休将洗耳律仲连，忧世忧生忧稼穑。乐羊高凤我咸非，寸念九回行安归。探怀互质元祐籍，羽翼安民至可悲。雒蜀朔耶日众繁，逍遥婚嫁赋丘园。苍苍的的钟勇退，时智时愚勿具论，把公诗句儿童噪，溯彼前津醒后导。明公勗我宝长贫，司命作箴敦大造。

《将无同歌》一百二十六韵，己酉六月赋报曹秋岳先生，追溯清江公渊源而及泾阳中秘约略三十年来我身情事之著者。诸凡海内知己，历历旧义，另有一歌以志之，此不并录。

黄海垢道人程邃稿。

按：周栎园《读画录》云：垢道人诗字图章头头第一，独于画深自敛晦，惟予能知其妙。其《风雨出郭》篇云：『焦饭空怀哺，奇温竟御绵。』《除夕书壁》诗云：『帝王轻过眼，宇宙是何乡。』以为胸怀结晶，不减少陵。穆倩与予为石交，自言不肯多画。张璪有生枯笔，润含春泽，干裂秋风，惟穆倩有之。

汪扶光事，已见前卷，兹于《黄山续志》，见黄黎洲宗羲所撰《吴山益然大师塔铭》，记述较详，备录之。云：

吴山益然大师塔铭

师讳弘济，字益然。歙西石冈人。故孝廉汪沐日也，原字扶光。五岁入乡塾，授《孝经》二十行，即能解其大义。人知其为再来人。尝过武林石屋寺，毗卢阁中，有僧遗蜕。师谓寺僧曰：『此我前身也，我当为之下火。』寺僧不信。师曰：『昔我刺血写《华严》某卷，为人借去，至今未还，有之乎？』寺僧曰：『然。』因召耆年之识故僧者以验之。师与之话旧，历历如昨日事，始听之荼毗。岁癸酉与乡荐，中原板荡，师以策干大司马，弃之不用。南渡授职方司主事，历唐及鲁，至少司马。

国亡，祝发于闽之吴山，以古航为剃度师。吴山途畏峰涩，人群罕至，鸟向师掌中取食，虎遇师垂首如家畜。江汉石司理建宁，筑天香阁于浦城，将以迎师。野鸟数千，啁嘲阁前，驱之不去。江方怪之，师至曰：『此吾吴山伴侣也。』饭之而散。

己未，新安故人程上慎、黄子升以师老矣，劝归故乡，欲以黄山处之。途次广陵，值天中节，师语故人：『诸公于五之日送我。』及期，黄九烟、程山尊、黄自先、殷简堂、王孙、江郢上、毕右万、汪扶晨来。师曰：『老僧于今日作别，诸公各赋一诗，限「死」字韵。』来者愕然：『公得无戏语乎？』师挥毫曰：『五月五日三闾死，今之古之只此耳。自有天地从何来？掩卷呻吟叹丰芑。有君被执不得归，子兰上宫没道理。屈原大夫发病狂，要救楚国自我始。进不能战退不能，三皇五帝费议拟。誓将七尺葬江流，万古同流江汉水。呜呼，尼父删《诗》乃摈楚，紫阳述之以终鲁。山高月小，水落石出，千古何人，知我有屈。』因谓来者曰：『来日当思老僧也。』客去，语侍者曰：『六月之望，有僧自黄山迎我，当以源流柱杖付之。』书其卷曰『连云』，不知何所指也。夜半，问夜何其[时]，对者以亥正，遂起坐而逝。厥明，送者皆集。右万、扶晨议以儒服敛，而众言淆乱，卒从僧礼。六月望，有僧自黄山来迎，问其名，曰『连云』，师已豫兆之矣。故友程象六、江郢上，属连云与汪子扶晨，奉遗殖塔于青鸾峰下。所著有《易通》、《庄质》、《孟子》、《国风》、《黄山志定本》诸书[二]。

师虽出世，然胸中有不可括磨者。灯灺夜阑，无故痛哭，鸥背鹭顶，非其本怀。雪庵之中流读《易》，义乌之古寺吟诗，遥遥追配，自不宜置之《传灯》之列。是故，甄龙友坐逝，既而开目。曰：『吾儒无此也。』复卧而瞑。王旦末命，缁衣祝发，其婿苏耆力排而止之。所以正其终也。诸君子徒以形迹见师，指并州之旅邸，为其故乡，岂不冤哉！或以师之神知已往，悬记将来，固是佛门种草，余曰：不然。伍员定亡吴之岁月，希夷识禅宋之太平，志士仁人，兴亡之数，鸿纤亿刹，常如视诸掌。琐琐身事，岂乞灵于异教乎？余过新安，扶晨为师之群从，请其塔铭，铭曰：

三阳失位，孤露臣子。矍相不收，伽蓝寄止。始愿所及，不过逃死。奈何久之，以为观美。大屋聚人，开眼床尿。上堂普说，市声俗轨。於铄吴山，耿耿入髓。许庆牛车，荆卿燕市。泣诸如丝，讵能仰视。佛号常啼，苍天呼只。山有大桔，泽有芳芷。掉臂佛祖，白首经史。逍遥死生，不异弹指。儒者分内，岂假彼氏。虽曰塔铭，实阐儒理。

〔一〕『孟子』下、『国风』下疑缺字。

方子正佘仲昭蒋如心造桥

《黄山续志》载：吴之騄《募建浮溪石梁疏》略言：有不朽之盛事，得大力者毅然任之，转盼而底于成功，使一方之人，履坦道以歌盛德，求之当世，鲜觏其人。而吾歙近得三人焉。曰方子正、曰佘仲昭、曰蒋如心。三子者之在吾乡，论其富厚，则什百加之者有矣，而其创造石梁，费俱以千万计，毅然以身独任之。佘子之于岩镇，利其一乡；而方子之复古虹桥，则为歙西水口之门户；蒋子之建黄道桥，则为黄山两源之要津。非财之难，所以用财者实难。非用财之难，而用财于必不可不用者实难。故人谓三子有济众之仁，而吾谓三子有知务之智也。下略。又言：往熊公檠庵为疏，募建黄道桥，以为新安人好争讼角胜，且嫁女饰装不资，移此二者，以资布施，绰绰然何所不裕？旨哉言也。馀略。

按：以上所举，有关吾邑故事及旧俗，故摘录之。黄道桥即今洽舍桥。

补录程穆倩诗

近又见垢道人诗扇云：『采月张素气，明露会平墀。肃然闭群听，调洽罢修词。夜署生谷音，人疑山岳奇。樽务骋英发，理酌播玄娱。灏论古之降，植喟慨今殊。交襟互蒙炤，衡怀多令虚。遥遥深林风，急籁当野吹。翔星亦流影，潜霜惊发肤。起吟欲安喻，执思徒踟蹰。』原注：『集饮薛谐雨比部君舍，同胡孝绪、周九烟即席之作。往者旧物，失稿十七年，忽得于人间，为上慎盟兄涂雅，一快事也。』

又黄宾虹抄垢道人题画诗云：『空山老树记幽栖，拟共扁舟访故溪。插棘旧曾防鹿过，种杉今合与人齐。枫林欲望邀东阁，秋水还生问竹西。君听琴声流水调，紫苔已满十年题。』原注：乙丑仲冬，少文、林修两社掌，欲访客邗江未果。予作此图，并赋诗于上，以记其意。

又题画诗云：『黛色茏嵸树影齐，石台莹滑净无泥。桥横断岸猿兼渡，寺隔重云乌乱啼。漠漠湿衣松下雨，潺潺到耳竹边溪。人间六月消何处，万壑清风葛岭西。』自注云：『米元章有海岳楼，坐见江山，日夕卧起其中，以领烟云出没、沙水映带之趣，故书绘二事，日臻其妙。吾辈凡资，既不逭古人，又日处庸俗儿肘腋间，沾其汗气，宁有超脱胜妙之理。以此欲得知己，择一佳地，卜邻其间，此画聊寄意耳。岁戊辰春三月之晦作于广陵寓斋，垢道人程邃。』

又《集古印存》引《啸虹笔记》：程穆倩能诗，工四体书，征君陈仲醇收之门墙，少与万年少诸君子游，锐意篆刻。每作一印，稍不得意辄刓去，更为之，方以示人。其末年所篆印章，醇古苍雅，一时篆家不可及。年八十馀卒。其次子万斯传其业。

汪尹子篆刻

《集古印存》载汪尹子篆刻『子孙非我有，委蜕而已矣』十字大印，阳文方笔，古劲绝伦，较何雪渔为醇实。并引周亮工《印人传》云：『汪尹子关，黄山人。家娄东时，其同里人词客程孟阳，亦家疁城，颇为尹子延誉于四方。以故其手制甚为时流所重。子宏度，亦以此名。尹子旧名东阳，字杲叔。后得汉沙关印，少自治之。语人曰：「吾得汉汪关印，合名关，遂更今字云。』」

按《广阳杂记》亦言：『杲叔一字东阳，以篆刻游娄东，得钱随手散尽，不事家人生产，终于玉峰。其学原本秦、汉，杂以宋、元章法，何雪渔后，亦近代之杰出者。』」

又《前尘梦影录》云：『尹子，歙产，家素饶，以好古好客中落。以篆刻奔走南北，自名卿以至山人墨客，多其制印。得汉沙关印，因改沙为汪，以诧于人。在林鹤田皋之前，与穆倩齐名。此印后在嘉兴黄锡蕃处。尹子尝集汉印一册，皆私印之精者。』」

吴仁趾篆刻

《集古印存》收吴仁趾『以文会友』印。并引周亮工《印人传》云：仁趾吴麐，天都右姓，隶籍广陵。作为诗歌，上迈曹、刘，下掩王、孟，超超绝无凡响。尝以馀闲摹划篆刻，不规规学步秦、汉，而古人未传之秘，每于兔起鹘落之馀，别生光怪。文三桥、何雪渔所未有也。予素负斯癖，时时博访海内，遍为参稽，尝索仁趾为予镌制。予亦谬有所商，仅略举其大意。而仁趾踌躇经营，落之金石，有十倍出予意想外者。

予最好雉皋黄济叔、黄山程穆倩两君，皆年近七十，攻苦数十年，始臻妙境；而仁趾以英髻之年，遂复及此，他日必与穆倩后先振起广陵矣。

方胥成

方胥成问孝二印，俱收入《集古印存》。又引歙县旧志云：『胥成别号癯丈人，隐居不仕，年六十，忽一夕梦游五岳，遂绝笔于檀州。』

按：此数语张志《方传》删去，故录存之。

《物理小识》论墨

《物理小识》论徽墨云：石脑油烟，竹墨坚重，以松烟者疏而碧。近代程君房、方于鲁、祝彦辅、罗小华、丁南羽、邵青丘、吴去尘、吴伯昌、吴象玄、潘方凯、潘方回、潘嘉客、环山方伯闇、方敷远，不惜万金，故得合诸家秘法，试制顶烟。墨口可以截纸。投清水碗中，一昼夜如故，熊胆力也。

君房『玄元灵气』、于鲁『青麟髓』、潘方凯『石莲秘宝』、方回『宜宜堂』、嘉客『客道人』、吴伯昌『紫雪』、程孟阳『松圆阁』、方伯闇『写经墨』、泽远『一笏金』、敷远『碧水神珠』、『广居神髓』，皆累试累验。方敷远，名邦文。

按：张志论墨甚详，此可辅其遗缺。

汪宏度篆刻

周亮工《印人传》云：『汪宏度泓，尹子子。张夷令《学山堂谱》中，言尹子治印，皆属宏度捉刀，尹子浪得名耳。予初疑其言，今观宏度作，乃知羲、献大有分别在，诚如余所言，夷令必有私憾于尹子，故訾子以抑其父耳。吴人传汪氏父子皆不羁，而宏度尤风流自命，有『大小痴』之号。即此可想见其旷达之致，技固不得不佳也。

方回轶事

《癸辛杂记》云：『方回，字万里，号虚谷，徽人也。寓杭之三桥旅楼，有二婢曰周胜雪、刘玉榴。方游金陵，寄二婢于其母周姬之家，恣开杜陵之门。胜雪者，为豪客挟去，方归怅惋作诗，有『鹦鹉笼开采索宽，一宵飞去为谁欢』之句。先是方为庶官，尝赋《梅花百咏》以谀贾相云云。

按靳志言，方回为随州教授，吕师夔提举江东，辟之。贾似道丧师后，回上书数其罪，有十可斩，又泣言贾似道与其客廖莹中皆当即诛，出知建德府等语。张志列入《文苑》中，删去此数语。

吴天行

偶见一写本书中，有《琐琐娘传》，不著撰人姓氏，兹节录之。云：琐琐娘，艳姝也。妙音声。明嘉靖中，新安多富室，而吴天行亦以财雄于丰溪。所居广园林、侈台榭，充玩好声色于中。艳琐娘名，聘焉。后房妇女以百数，而琐娘独殊。姿性尤慧，因获专房宠。时号天行为百妾主人。主人亦自名其园曰果园。无何，琐娘遘疾死，天行痛之甚。瘗之果园中，上植牡丹数本，筑土而环之以为台。末言二百馀年后，有客宿园中，遇吴天行携琐娘夜游。言闻之吴萍湘，萍湘为园之后主云云。荒诞不备录。

雪庄评《黄海真形图》

于郑村西园郑渭占处，见旧画《黄海真形》一册，乃筠庵临明、清间诸老人画稿，备刻木，而雪庄为评定者。筠庵有印名『锟』，不知其姓。对面有『丁酉筠庵手绘』六字。雪庄亦未署名，余始审知之。此册存名人画稿不少，渐江尤多。兹录其商榷语：

一，《城楼西北望黄山全图》，筠庵注云：『惟郡城望黄山，乃正面也，故于云际写其大略而已。』

二，《圣泉峰》，筠庵自作。雪庄评云：『第二道水太高了二三分，似另外从山后流出，宜落下些，即是一个源头也。衲仿一幅，听采用。』

三，《掷钵峰》，筠庵自作。雪庄云：『真掷钵峰形横阔，此图瘦得妙，又妙在却是掷钵峰，算他峰不得。』

四，《祥符寺》，筠庵自作。并注云：『渐江师有大幅《祥符寺图》藏寺中，只疏淡写山门景数笔而已，俟借临再定。此本景致太庸常也。』雪庄云：『此幅可用，稳当受看，桥妙、路妙、山根妙。』

五、《朱砂泉》，筠庵注云：『雪庄大师本。』雪庄云：『上红点处增云数笔、树一株，不识当否？』

六，《逍遥溪》，渐江师本。雪庄云：『刻出好看。』

七，《石门潭》，筠庵自作，雪庄云：『雄壮妙绝，非真知山水人不得写出。伏极，朱点处连皴带染难刻，要破笔沙沙的分轻重，方是印出面目。』

八，《洗药溪》，渐江师本。雪庄云：『石头立得稳，章法又称，笔笔可师，真名笔也。』

九，《龙翻石》，旁注云：『石在赵州庵前，昔有僧居庵中，夜梦神借山经过，僧寤避之。山顶风雷大作，巨石掀播，有蛟飞去，已而寂然如初。僧返，则庵已移数丈地，椽瓦纤毫不损。一巨石随水漂至庵前，上有松五株。石既移，松枝叶条干亦纤毫不损，俯仰映带，益觉有情，因称龙翻石。庵外即天门，为循小心坡上莲花峰径。』承尧按：此地震耳，前岁陇中地震，即有此情形。

十，《水帘洞》，筠庵自作。雪庄云：『想头变化妙极，真能补天地所不能，好过真景多矣。但洞右边有一缺，有泄水之道。衲改数笔。又下边补云数笔，以称章法。又补虚点作树影。』

十一，《云舫》，筠庵自作。并注云：『此托重画，向见大师画一小册，在吴云逸舍亲处。极峭拔，宜存此意为妙。详峰峦而略建置可也。』雪庄云：『落笔取舍得妙，真佳处，领其要，有此一图，云舫从今名重矣。伏极伏极！衲又添一《云舫全图》，乞收入图中，景好不妨重出。此衲与先生千古一遇，何幸何幸！』

十二，《鸣弦泉》，萧尺木本。雪庄云：『妙绝，真老手！但藤刻出，恐杂乱皴法，改作双钩可也。』

十三，《师子林》，浙江师本。雪庄云：『易刻，好过真师子林。真师子林不能有此雅屋，亦不能有此好基址。衲增师头边一小笔。』

十四，《飞光岫》，萧尺木本。

十五，《老人峰》，渐江师本。筠庵注云：『此与萧图未知孰肖，乞举定存一幅。』雪庄云：『此幅妙过尺木，红点一小直笔删去，更有馀不尽。衲做一幅，听采用。』

十六，《扰龙松》，渐江师本，大幅改小。雪庄云：『朱点处添云二三笔，以称章法。』

十七，《飞来石》，渐江师本。雪庄云：『此石太求奇，似立不稳，朱点处添两笔，方觉不倒有力。』

十八，《始信峰》，丁云鹏本。

十九，亦《始信峰》，渐江师本。雪庄云：『好过真景，妙了。』

二十，《卧龙松》，渐江师本。筠庵注云：『此与萧本不同，乞鉴定。』雪庄云：『此幅真，过萧，可用。』

二十一，《文殊院》，渐江师本。筠注云：『文殊院之奇，在矗立天半耳。渐公数幅皆然，但玉屏之内，不无稍有遗略否？』雪庄云：『此幅好过真境，想必从别山望见玉屏，若登文殊院，则不甚似。红点处，衲添象鼻石，似必不可少。』

二十二，《铁线潭》，筠庵自作，雪庄云：『妙绝，一幅中堂大画！山妙、树妙，云更奇妙。一片风声水声，似有龙出入其间，谁人画得出。真铁线潭，何能有此图妙？真妙绝也。』

二十三，《喝石居》，渐江师本。雪庄云：『好极，写得出，平日所见渐江大小画幅，还觉得人人易到。今见此本，伏极矣。』

二十四，《西海门》，渐江师本。雪庄云：『此图可用，衲添海云三笔，似还可。』

二十五，《仙桥》，渐江师本。雪庄云：『大观，妙绝。』

二十六，《破石松》，筠庵自作。雪庄云：『好到极处，雄壮有力，真黄山、真黄山！』

二十七，《油潭》，渐江师本。雪庄云：『妙图可用。如此人最难画，要画出易，要画成难，非老手不敢下笔也。』

二十八，《百步云梯》，筠庵自作。雪庄云：『此图似从鳌鱼洞下望云梯，似极，真极。衲添松一株，似顾盼云梯边松，又增远海云数笔，以取四面有云，有不尽之意。』

二十九，《天都峰》，筠庵自作。雪庄云：『瘦得妙，衲略助云数笔。』

三十，《仙人榜》，渐江师本。雪庄云：『妙图。』

三十一，《莲花峰》，上注：『此系参渐师、萧公、郑公三图而合为之者，乞酌定。』雪庄云：『好过真莲花峰，无说。』

三十二，《洋湖》，筠庵自作。雪庄云：『此种最难画，却被先生画出。衲添松两株，以助树之神气。添虚皴虚点数笔，以代染法。此衲之愚见，可用则用之，如不可，不妨删去。』

三十三，《鳌鱼洞》，上注：『雪大师本』。雪庄云：『此幅取舍得妙。衲原本如砂，先生竟向沙中淘出真金也。衲疑先生必有仙术点化之妙，不然，何能到此？』

三十四，《莲花沟》，无注。

三十五，《指月庵》，雪庄云：『此今人所称炼丹台，而不知即昔之指月庵也。』

三十六，《月塔》，萧尺木本。雪庄云：『此幅是真光明顶。可刻。前幅《光明顶》，竟不必用。妙在上面空纸皆是画。』

三十七，《石笋矼》，无注。

三十八，《石门峰》，梅渊公本。雪庄云：『妙，妙，好章法！但云欠浑化，宜略加数笔，始见云浪摇动。如不可，不妨删去。』

三十九，《平天矼》，�庵自作。雪庄云：『此平天矼极似，再奇则不似也。且成得一幅好画，不必疑。衲错添远处三峰，觉不合画，仍欲去之。』

四十，《云门峰》，筠庵自作。雪庄云：『似米虎儿，妙，妙！』

四十一，《九叠泉》，渐江师本。雪庄云：『下边鼠迹点，住笔太齐。衲为添树头两枝，并数个双勾树叶。如不可，删去不妨。』

四十二，《云谷禅院》。

四十三，《洗药溪》，俱王翚本。无注。

四十四，《散花坞》，筠庵自作。雪庄云：『衬山横皴，住笔太齐。朱点之下，宜疏疏添几笔，以当染气。』

四十五，《小心坡》，石涛本，并录原题诗云：『何处容来往，双松暗指迷。峰峦看不尽，须上白云梯。』又注云：『迎、送二松乃黄山七松之二。』

四十六，《百步云梯》，亦石涛本，并录原题诗云：『天路居然是，凭虚与世分。飘飘垂宇宙，鸟道迴凌云。』

四十七，《平天矼》，亦石涛本，并录原诗云：『画里曾游处，青年涤素襟。薄团松自在，幽梦与相寻。』又注云：『余己酉与曹宾及游黄山，投杖坐其顶，四望无际，复寻光明顶师子而止。』

四十八，《光明顶》，石涛本。并录诗云：『黄山名胜地，兹顶出中峰。即此赏奇足，青葱百万重。』

四十九，《仙灯洞》，石涛本。并录诗云：『总觉黄山好，仙灯洞亦奇。青鸾峰势逼，天际远追随。』上五图，雪庄皆无评语。疑后加入。

五十，《云门峰》。

五十一，《老人峰》。

五十二，《鸣弦泉》，上三图画笔横老，审为雪庄补作真迹。

五十三，无题注，疑《云舫全图》，似�庵杭本，非雪庄笔矣。

按：此乃黄山一故事，世无人知，亦未知此稿本曾经上木否。昔与鞠卣谈，每病黄山无图本，不知昔人已苦心荟萃诸名稿于一册。又渐师画，传世者，今如鸾凤，幸留诸稿，所谓虎贲中郎也。因借得，属鲍二溪临摹之，待他日为传布也。

又按《歙浦馀辉录》：黄錤，字麓亭，潭渡人。工山水，殆即其人也。錤弟钲，亦工画。

方辅《隶八分辨》

方辅《隶八分辨》，乾隆五十六年，同里吴德治为刊行。极精，疑出辅手写。前有吴序及滇西彭翥序、钱塘厉鹗序。盖彭为刻于粤东，吴为重刻于里门也。又有东阿丘学敏题一诗。吴序谓吾乡近出三书，皆破千古之疑。一为程茸翁《九谷考》，一为方岫云《词麈》，一即此书，为方君所著《茹古斋自览》中之一种也。

按：《隶八分辨》大旨，盖祖赵明诚，谓今之所谓汉隶，乃秦羽人上谷王次仲所作之八分书，至下邽程邈所作隶书，乃楷书，即今真书。自唐以前，皆谓楷字为隶，至欧阳公《集古录》乃误以八分为隶，旁徵众籍，皆发明此说。厉氏序亦极称之。又言：吾友金冬心，最工八分，得汉人笔法，方子尝求其书《孝经》上石，以垂永久云云。

何雪渔篆刻赖汪伯玉得盛名

周亮工《印人传·书何主臣章后》云：何主臣震，一字长卿，亦称雪渔，新安之婺源人，往来白下最久。其于文国博，盖在师友间。国博究心六书，主臣从之讨论，尽日夜不休。常曰：『六书不能精义入神，而能驱刀如笔，吾不信也。』以故，主臣印无一讹笔。主臣之名成于国博，而腾于䜣中司马。䜣中在留都，从国博得冻石百，以半属国博，以半倩主臣成之。䜣中意甚得，曰：『无以报，数函聊作金仆姑，盍往塞上？』于是主臣尽交蓟镇，遍历诸边塞，大将军而下，皆以得一印为荣。橐金且满，复归秣陵，主承恩僧舍。以好客散其资，遂病殁。

程穆倩刻印不轻作

《印人传》论程穆倩云：黄山程穆倩邃，以诗文书画奔走天下，偶然作印，乃力变文何旧习，世翕然称之。穆倩于此道实具苦心，又高自矜许，不轻为人作。人索其一印，经月始得，或经岁始得，或竟不得。以是颇为不知者诟病。然穆倩方抱其诗文傲睨一世，不为意也。予交程穆倩垂三十年，得其印不满三十方。因念予所交友人，工此者，黄子环、刘涣仲归道山后，三山薛宏璧、莆田林晋白卒于家。歙人江皓臣卒于闽，平湖陈师黄殁于客，雉皋黄济叔亦殁于友人酒间，穆倩巍然独存，亦老矣。子以辛，字万斯，亦能作印。

周栎园论徽派刻印

《印人传》云：程孟长原，一字六水，新安人。自何主臣继文国博起，而印章一道，遂归黄山。久而黄山无印，非无印也，夫人而能为印也。又久之而黄山无主臣，非无主臣也，夫人而能为主臣也。予见摹主臣者数十家，而独推程孟长父子。孟长心醉主臣，搜其印，得五千有奇，命其子元素朴，选千馀力摹之，合为谱。吾不及见主臣，得程氏父子，当绥山一桃，足自豪矣。孟长，家吴兴。

江皓臣治玉印

周亮工《印人传》书江皓臣印谱，极陈治玉之难，云：真能切玉者，只歙县江皓臣一人。皓臣用刀如划沙，真能取法古人，运以己意，即其乡人何雪渔，尚不屑规模，况其下者乎！皓臣长躯伟干，而气韵恬愉，与予游数年未常一字相干，甘贫守道，非寻常游士可比，予甚钦之。因铨次其谱，而附以东崖阁学赠诗及程孟阳处士之跋。又予赠皓臣二截句云：『窥得轩皇宝鼎文，垂金屈玉更藏筋。分明五色仙人笔，划取黄山一片云。』『鸟篆虫书总擅奇，与酣十指似悬捶。生平不学秦丞相，手拓衡阳岣嵝碑。』

程云来程与绳郑宏祐篆刻

周亮工《印人传》云：程云来林，歙人。予之交君盖在丙子、丁丑间，君游梁时。后君、见寇氛日炽，遂移家武林，得免于难。君精医，时时为予讲性命之学。乃好为图章，又意为花卉，皆有生致。予往来湖上必访君。君又尝顾予于闽、于白门，故得其手制最多。君为印随手而变。近益精医，能起人于死，人争延致，不暇作矣。中子与绳，名其武，能传其学。

又云：郑宏祐基相，歙人。超宗犹子，治印得何氏之传。隐于秦淮。贫且老，不以此技奔走显贵门。向人亦绝口不言。以故贫益甚。时爱弄小古玩，或易之人以自给，然终无济于贫。予于此道，见始终于贫，而其技确可传者，梁大年及宏祐二人而已。

吴仁长吴尊生篆刻

《印人传》云：黄山吴仁长山，常往来白门、维扬间，与垢道人为儿女姻，而作印不规规模垢道人，亦笔性之所成，不可强也。其印甚多，余删其有纵横习气者，聊存数方。仁长，一字拳石。子万春，字涵人，亦能作印，即垢道人婿也。

又云：吴尊生，名道荣，新安人。今家于闽。刻印能自致其情。又工词，能自为乐府，擘阮度之。古学幸留于今日。篆籀在图章，律吕在出曲耳。尊生所为有微尚也。

汪宗周吴亦步王叔卿篆刻

《印人传》云：自何主臣兴，印章一道，遂属黄山。继主臣起者，不乏其人。予独醉心于朱修能，自修能外，吾见亦寥寥矣。歙人汪宗周皓京，颇以此自负，予录其一二，使世知主臣之后，继起者如是也。

又汪讱庵启淑《续印人传》中，附印人姓氏，有吴亦步回、王叔卿梦弼，皆歙人。

黄凤六黄仲凫书画篆刻

黄凤六已见第十三卷。兹阅汪讱庵启淑《续印人传》略云：凤六山人，白山先生嗣。白山著作等身，名藉藉大江南北间。兼通六书，工篆刻。凤六舞象时，素禀庭训。所制印多遒劲苍秀，有秦、汉遗风。兼精绘事，山水人物花鸟虫鱼，纵笔皆臻绝妙。书法晋人，晚年益朴茂。其及门有名宗泽字仲凫者，亦自幼娴习篆刻，工写汉隶，章法古健。索其书者，殆无虚日。又手画印章二帙，几与印者无别。丙子菊秋，予归耕绵上，往还甚密，得其诗画颇夥。贮歙书楼中，邻人不戒于火，尽为郁攸夺去，良可叹也。

又黄宾虹言：仲凫之兄宗羲，字莲坡，即著《印斋诗集》者。又著有《乡音集证》。

张镜潭吴漫公篆刻

《续印人传》云：张镜潭，名钧，字右衡，歙水南乡人。去予村甚迩，家世力田。镜潭幼即有志古学，然室无书，又苦贫。游汉上，遇一道人指示，因称贷购石鼓峄山诸刻。昕夕研讨，遂兼工制印。刀法苍劲古雅，盖天授也。性淳朴，取与不苟。有邗沟族人某，雄于资，重其诚实，延佐理财，藉以少裕，复好施与。晚年以所蓄古碑旧刻法书名画毁于火，郁懑病殁。著有《镜潭印赏》十卷。

又云：吴漫公，名士杰，字隽千，邑城人。性傲兀。耻受尘缚。从同邑吴天仪，通六书，精篆。复善诙谐，座屦恒满。所入金，多购法书古物，亦随手散去。不治生产。有时炊烟不举，终日枯坐，晏如也。庚午春，予以事牵归歙对簿，闭门谢客。而漫公数相过从，许余为赏音。其所刻派别高古，刀法秀雅，迥异时流，颇臻三桥、主臣妙境，绝不类天仪所作。

乙亥秋，予归省墓，君重访余于绵上。其制印更苍老。各体俱工，于文、何外别开生面。且金、玉、晶、牙、瓷、竹无所不善。款识尤精绝，皆可传也。

佘熙璋佘石癫汪桂岩汪芥山汪洛占书画篆刻

《续印人传》云：佘国观，字容若，号竺西，又号石癫。宛平人，原籍歙县。父熙璋，善画，为麓台王司农高弟。供奉启祥宫，遂居北平。石癫能世其学。尤工兰竹，兼好铁笔。讨论六书渊源，宗何雪渔、苏尔宣，专尚苍健秀雅。与朱青雷、聂松岩游，声华籍甚。以国学生给事平定准噶尔方略馆。后议叙选授云南曲靖府属巡司，客裴中丞宗锡幕。著有《石癫印草》。

又云：汪芬，字桂岩，号蟾客，余族侄，世居漳岐村。祖父业盐，赡于财，后家日落。桂岩奋志读书，研究诗古文词，旁及篆刻。年近三十始得入泮，技乃益精。知分安命，以穷愁终。

又云：族弟斌，字辰瞻，号芥山，家世古歙。六世祖居钱塘。父椿，占籍侯官。芥山戊子举人，以大挑分广东，补曲江县，有能声。亦精刻印。

又云：族侄成，字洛占，世居歙之䃼原。距予绵上旧居一峰之隔。肆力古学，锐意摹印。宗文国博一派，尝下榻于飞鸿堂，遍观古印，技以日进。小楷亦入古人之室。

许锡范黄丙塘篆刻

《续印人传》云：许钺，字锡范，歙人。弱冠，通十三经，兼及《史》、《汉》、《八家》，下至刑名钱法之书，无不涉猎。补博士弟子员。省闱屡摈，遂以游幕负盛名。馀技兼工篆刻。规杌雪渔、穆倩、修能诸家，而能自出机杼。

又云：『黄埙，字振武，号丙塘，歙人。胡太史珊高弟。刻苦力学，补商籍博士弟子员。省试屡踬，郁郁以卒。丙塘工大小篆八分书，画墨菊，有幽致；写兰竹，则又双管交飞，解悟昔人怒喜行笔之旨。后寄兴篆刻，宗苏啸民、吴亦步，章法刀法，古朴苍劲。曾馆予家。

程让堂方后岩佚事

《续印人传》，记程让堂、方后岩二人事特详，有他书所未及者。兹备录之。

程传云：程瑶田，字易田，生而有文在手曰田，其尊甫故名之。五十以伯仲，因字曰伯易。世居县城之荷花池，遂自号『葺荷』。性诚笃，龆龀岁凛然如成人，及就家塾，不待勉励，卓然有志于学。读书研求精蕴，为文根于性道，不肯作肤末语。弱冠补博士弟子员。

与胡太史珊、潘孝廉宗硕、家副车肇滢、吴上舍兆杰，为文字交。时朴山夫子掌教紫阳，于二胡、三方之外，亦极称其文章高古。乾隆癸未，过醉翁亭，时年三十有九，恰同欧公自号醉翁之年，且慕醉翁行谊文章，遂自称『葺翁』。既而伤心怙恃，系念蓼莪，间亦署葺郎。盖欲终其身于子道之意。研讨经史馀暇，栖情篆刻，一以秦、汉为法。又留心音律，考辨琴声，著有《琴音备考》。素工八法，颇得晋人笔法，著书五篇，以概其指，曰虚运篇、中锋篇、点画篇、结体篇、顿折篇。庚寅秋恩科举于乡，次年赴礼部试入都。桐城张总宪若淮闻其名，延课诸子，遂留修门。声誉品望，一时翕然。虽屡困春闱，而恬淡自如，安素乐天，人多称其长者。戊申春大挑，选授江苏嘉定县教谕。

方传云：后岩方成培，字仰松，世居歙之横山。性沉默颖慧，髫龄即能文。体弱善病，日在药裹间。父兄规其毋刻苦力学，遂闭关，习道家熊伸禽戏导引之术。越十馀年，疾始瘥。耻赴童子试，专肆情于诗古文，尤嗜长短句倚声。笔力柔艳，才思幽丽，仿白石、玉田格派，杂之本集中，几不能辨。且气度闲雅，飘飘然有逍遥远举之致，一见而知为雅人韵士也。又好游，虽乏济胜具，遇名山佳境，策杖携诗瓢茗碗，必黾勉峻陟，冥搜幽奥，累月经旬亦忘返。暇则出其馀技，托兴铁书，工程邃一家，极古致磊落。然非赏音工书画佳石旧冻，不屑奏刀。以久病，遂明岐黄之学，研讨《内经》，考究四家所偏执，颇具卓识。所著有《听弈轩词稿》，《后岩印谱》。

承尧按：《通艺录》有程先生自撰《刻章小传》，注云：『飞鸿堂主人索余刻章入谱，人各有小传，草此给之。』其文与此小异。曰：『程瑶田，字易田。五十以伯仲，则字之曰伯易。安徽歙县人。世居县城之荷花池，用屈原赋「葺之兮荷盖」之语，而自号曰葺荷。癸未之春，重过醉翁亭，时三十九岁，同欧阳文忠号醉翁之年，慕醉翁之行谊与其所为文词，因自呼葺翁，刻章曰「名虽为翁实少年」，用醉翁赠沈博士歌诗句也。已而伤心怙恃，击念莪蒿，偶然染翰，辄署葺郎。汉二千石得自擢子弟为郎，沿袭遂呼人子为郎君也。葺郎云者，盖欲终其身于子道之意。乾隆庚寅恩科举人，计偕应礼部试，居京师六年；一归而复至，今又居三年矣。能篆刻，不欲擅场，故人无知之者。工书，自谓得晋人笔法。著《书势五事》以说其指。其一曰虚运、次二曰中锋、次三曰结体、次四曰点画、次五曰顿挫。诸所著录，已刻者有《琴音记》、《濠上吟》、《莲饮集》；其他多说经之文，稿既未定，故不以朴示人也。庚子七月朔书。』《续印人传》所载，讱庵乃多所窜易矣。

佛　基

《续印人传》云：瞿昙氏佛基，号糁花道人。歙梅村叶氏子，生而茹素，闻辛荤即作呕。

因祝发于古岩寺，苦志焚修，兼有文字结习。中年游参，遍览名山古刹。爱浙西灵隐，据明圣湖全胜，遂驻锡焉。时巨公方作道场主，佛力坚凝，文采丰赡，在彼法中为狮子儿。交游既广，诗文竿牍亦复不尠。巨公一切委掌之。翰札则下笔如飞，顷刻数十函。和句则短制长歌，以寒拾为本师，以皎昼为程式，遵华严之法界，衍鱼山之梵音，既工且敏。午夜事佛子事，其供养则苍松、瘦竹、白石、清泉也。其功课则经行、晏坐、洒地、焚香也。予托桑梓谊，又结文字缘，每出城相与对床翦烛，瀹茗联吟。在昔庐山心璧，为新城心折，盘山拙庵，为商丘、秀水忘年友，投契亦不过尔尔。迄今过冷泉亭，物是人非，不特湖山耆宿如穆门、如樊榭、如堇浦零落凋残，即方外之交頳唐若是，辄不禁凄然泪下矣。

汪讱庵家姬妾

《续印人传》云：『杨姬瑞云，字丽卿，吴县人。幼颖慧嗜学，针黹之馀，拓衍波临池，抚唐贤小欧书，娟娟秀挺，多逸致。癸未季春，归予篷室，予以其娴静，更字之曰静娥。时予有幽忧之疾，方寄情丝竹以自陶写。姬见猎心喜，偕诸姬肄习。不匝月，凡鼙婆萧阮采庸之属，皆精通。从予受古才媛文百馀篇。自检《说文》，释其大义。历岁馀，矮笺短牍，皆娴雅可观。随予三次归歙扫墓，道经佳山水，对林峦幽峭，溪流潆折，或禽鸟弄声，野花争笑，辄低徊留之不忍去。与烟霞泉石，若有宿契者。胡姬佩兰、庄姬月波，皆余侍姬也。佩兰尝即景为小诗，姬羡之，思与抗衡。遂手抄唐宋诗，分古今体为数帙，昕夕吟诵，至忘寝食。遂有得，时与月波相唱和。刻意求工，虑佩兰窃笑。脱稿后，辄焚弃，故存者绝少。

余所蓄歌儿素云，欲习写生。有工恽家法者单君书岩，因延致之，俾素云学习。已浃辰，尚茫然。姬旁睨皴染之法，会其微旨，壁间适有虞山蒋文肃相国宜男花条幅，姬谛视之，辄申藤吮翰，点渲合度，予奖借之，益专心临摹。终日孜孜不倦。体素羸弱，又善病。针楼镜槛间，画帧笔床，与药裹参炉相错置。因予有印癖，且时同检校六书，故亦瑑石学篆。刻颇秀润娟静，楚楚可观。后与予小住虎林，病日甚。而浙东苦无良医，僦舟至吴门，从薛征君一瓢求治，卒无效。不及至家，殁于舟。年仅二十有一』云。

又云：『金素娟，长洲县人。幼多病，弱不胜衣。既失父母，无以自存，鬻于予家。怜其羸也，不任洒扫织纴，使与侍姬叶贞为女伴。叶姬素善歌，工弦索。暇时授之时曲。上口辄悟，教之操缦安弦，皆能领略。比长，举止娴静，懒傅脂粉。令识字作书、博奕投壶，稍稍涉猎，俱中程式。一日予偶以铁笔遣兴，素娟侍侧。阍人报客至，予出肃之。素娟乘闲取刀，试续成之，虽人工未到，而天趣浑然，是性成者。因篆石命镌，纵横如意，竟不失绳墨。及传以小篆，章法刀法，能解悟。期年后殊有可观，特选数钮入谱，盖怜其有志好学，非敢以康成之婢自诩也。』

按：秦祖永所辑《七家印跋》，丁敬身曾为讱庵刻『啸云楼收藏印』，又『平阳旧族』印，并曾主其家。黄小松曾为讱庵刻『砚田无恶岁』及『愿学未能』诸印。跋言：『秀峰水部，精脉理，立论著书皆发前人所未尽。其辨温热痰饮脚气成方，折衷先贤，更出心裁。四方就诊，纷纷不绝。君不惮劳苦，无力者复施以药，盖今之伯休也。丁丈龙泓，曾赠「霍去病」三字汉铜印。水部欣喜累月，以「愿学未能」嘱治，何其学问渊博虚怀若谷也。易不敏，勉仿汉法以报。』观此，讱庵医学亦甚精也。

胡西甫砚铭

旧见胡城东长庚《砚铭》拓本一帙，写刻极精。今已不可再得。阅胡氏《木雁斋杂著》中载砚石铭赞甚多。有程梓庭比部《砚赞》、吴子华《双鱼砚赞》、巴小孟《歙石砚赞》、江坚甫绿《端石砚赞》、《古文言字砚铭》、《牛砚铭》、沈师桥澄泥《行笈砚铭》、吴小岩《朱牍砚铭》、王子卿《瓜砚铭》、洪伯粹《歙石砚铭》、洪季威眉子《青石砚铭》、吴蔗卿《砚铭》、程丽仲《砚铭》、鲍煦云《砚铭》、《有虞十二章砚铭》、《钟砚铭》、《金星砚铭》、《蟾砚铭》、《竹砚铭》、《象砚铭》、《鸡砚铭》、《直方砚铭》、鲍石渠《行笈砚铭》、程筱《渔砚铭》、鲍固叔《砚铭》、吴辛老《蚕丝石砚铭》、胡实君《枣心砚铭》、俞竹畦《砚铭》、胡古春《瓜砚铭》。又巴小孟《端溪园砚铭》，序云：『舅氏巴子安先生，得端溪下岩石造砚，为擘窠书。诒之伯子孟嘉，几二十年，嘉庆己未五月，孟嘉之嗣小孟乞铭于余』云。以上铭文俱奥折，涵义深远，不胜录，录其题以资考证云尔。城东又有巴孟嘉《印匣铭》，盛称吾邑髹工之美。

胡西甫汪氏墨谱题辞

《木雁斋杂著》有《函璞斋汪氏墨谱题词》云：『易水流范，存乎故鄣，奚李父子，名著南唐。徐韩洒翰，文圃搴芳。百金一铤，识者宝藏。迨明中叶，方程绍迹。斗巧竞精，鬼诡神默。辟诸奕者，当局劲敌。一艺之妒，毕生不释。我朝曹氏，斯艺亦精。一丸半笏，见重公卿。何以能此，则效于程。百数十年，迄犹有声。休阳黟婺，咸能此艺。惟法未粹，是与歙异。其粹维何？胶融烟细。如埴如埏，乃缜乃致。繄我汪君，意匠冥想。先法可循，我道不枉。制器成物，惟用之广。名重瑚琏，利轻铢两。博徵故实，爰创新模。一字片言，奇文逸书。觿韘璜璲，盘匜敦觚，肖形极致，非维自娱。道求济时，物贵适用。君子造墨，由道而重。名播诸侯，上方作贡。金闺兰台，慕之者众。迹溷市廛，志耽艺林。相识卅载，谊若苔岑。伯子文学，经笥湛深。仲及叔季，埙篪同音。』

江兰家异事

《木雁斋杂著》云：『吾乡江方伯兰，其封翁业盐，因家扬州左卫街，第宅宏敞，广袤皆过十亩，有园林池榭之胜。惟患狐祟，方伯为文祭之，始静谧。其弟蕃号春园者，余戚属也。甲辰，余馆其宅，与全椒金进士兆燕、丹徒蒋中翰宗海、甘泉罗上舍聘，晨夕往还，留连文酒者累月。春园子士相，年十五，受业于真州施郎中朝干，课读在方相园中。偶与仆言此事，颇诟厉之。越日，士相晨起，户尚扃，忽案上见一纸书云：「狐非人类，得道亦仙。为儒不力，又何取焉？古元元子题。」字体径半寸，非籀非邈，笔力遒健。予亲见之。春园率士相至其处，焚香祝之，一无所见。』按此事颇涉语怪，恐不可信。

巴子安曾刻《砖塔铭》

《木雁斋杂著》，跋巴子安先生所刻《砖塔铭》云：『弱冠时见舅氏子安先生所藏宋拓《砖塔铭》，拓手楮墨精妙，前明及国初鉴赏家钤印殆满。尾有何义门、姜西溟题识，定为海内第一本。为郡守某公夺去。舅氏因摹一本，刻成相较，精采如一。后携石至汉皋，乃毁于火。惜当时拓本不多，亲交乞去者，只十数本耳。钩刻皆出萧君瑾堂手，忘其名，邑南林村人。』

巴子安书募修鲁公祠疏刻石

《木雁斋杂著》云：『《募修鲁公祠疏》，是子安舅氏晚岁所作。叔民五弟手摹而刻诸石。文既简峭，书亦瘦劲。舅氏平生，豪迈自喜，不吝于财。以庙在武昌城外，不欲先人而独善其名耳。今保爱此石者，名嗣生，小孟茂才之叔子，孟嘉大弟之孙，舅氏之曾孙也。』

承尧按：《杂著》又言巴叔民弟，『生而颖悟，书画声律之事，小时便能了了。弱冠时临文衡山小楷册，笔力圆健，墨气秀润，虽老于豪楮者不能到。又善弹琴，是江丈丽田所授，得中州正派。尤工八分书，尝书《步天歌》，洋洋千言，全用汉碑阴笔意，如排珠，如织绣，无纤痕疵类。少陵云「书贵瘦硬才通神」，舅氏晚年，独造此境，叔民诚善追先迹也』。又按：《杂著》中，《书小渔双钩石鼓文后》云：『与巴子安舍人同时者，有汪松麓明经，亦精校金石。』

胡西甫同时交游

《木雁斋杂著》中，有《蜀源看昙花记》二篇，作于道光八、九两年。其时同游者，为程翰青、程柘原、程小渔、程隐罥、程云笙、程蔼岚、汪醴泉、毕子政、鲍揖蕉、鲍心受、鲍寄琴、鲍梓怀诸人。又尝为鲍杜秋、鲍云樵、鲍联甫、程宅东、吴菽畦题真。尝为鲍固叔太守作《曲尺槃铭》，为程翰青作《琴铭》，为程小渔作《蛰窝铭》，为心泉伯兄作《井观室赞》，为也园考功作《一卷石室赞》，为程雅扶奂轮之父训寿作传。又于嘉庆己未为沈师桥作《琴赞》，序云：『师桥将游黄山，汪子熙于其行也，以所蓄古琴赠之。』上诸人，惟沈师桥非歙人，馀殆皆本籍。可见嘉、道间歙之人文犹盛，惜名行尚须详考耳。

胡氏攻玉山堂

胡城东有《攻玉山堂记》，略言：先高祖有同怀弟补松公，中康熙甲辰会榜，授明威将军，筑别业一区，在玉屏门内驻跸山之麓，曰攻玉山堂。堂三间，中供旃檀大士象，庭前双桂连蜷，花时香闻远近，故俗又名双桂堂。堂之东有屋三楹，春夏之交，竹树垂荫，岩泉堪挹，山鸟时闻。淳安方朴山先生，尝假馆于此，伯兄昆弟咸从学焉。先大父题前楹一联云：『四围山翠俱连屋，一路花香直到门。』乾隆甲午，屋归他姓。忽忽几五十年，明威之来孙缨士，倍值赎还，重加修拓。歙学博士上元侯青甫孝廉题曰『咏德诵芬之室』。

歙事闲谭卷十六

程笃原撮录《安徽通志》徽州兵事

余友程笃原炎震，博学喜考证，前相约纂集徽事，笃原殁后，仅得撮录《安徽通志》徽州兵事一篇，喜其精核，为移录之。

汉灵帝建宁二年九月，丹阳山越贼围太守陈夤，夤击破之。原注：《后汉书·灵帝纪》，凡引书名皆原注，后不复出。炎震按：后汉丹阳郡治宛陵，今宣城也。似非徽州事。以山越事始见，故录之。

汉献帝建安十三年，丹阳歙贼帅金奇屯安勤，毛甘屯乌聊山，黟帅陈仆祖山等二万户屯林历山，四面壁立。孙权使其将贺齐讨平之，分歙为始新、新定、黎阳、休阳并黟、歙凡六县，为新都郡。齐为太守，立府于始新。《三国志·孙权传》、《贺齐传》原注：林历山在今黟县西南十里。新都，今徽州府。乌聊山在歙县。黎阳、休阳，今休宁县。按：始新今浙江遂安，新定今浙江淳安。以后凡按语皆笃原说。

汉献帝建安二十二年冬十月，孙权遣陆逊讨丹阳山寇，平之。按：此言丹阳，不言新都，录之见二郡之分已定矣。以上原卷十九。

宋孝武帝大明中，黟、歙二县，有亡命数千人，攻破县邑。豫章王子尚为扬州刺史，在会稽，遣水陆三千人讨伐，再往失利。世祖遣殿中侍御史吴喜将数十人至二县，诱说群盗，即日归降《宋书·吴喜传》。

梁武帝太清三年，海宁、黟、歙等县及宣城郡界多盗。海宁人程灵洗，召募少年捕逐劫盗。侯景乱，灵洗聚徒据黟、歙以拒景。景军据新安，新安太守湘西侯萧隐奔依灵洗，灵洗奉以主盟。《陈书》、《南史·程灵洗传》。

梁简文帝大宝二年，贼司空东南大行台刘神茂等赴义，奉表请降《梁书·元帝传》。新安海宁人程灵洗攻下新安，与神茂相应《陈书·程灵洗传》。元帝授灵洗谯州刺史资，领新安太守《南史·程灵洗传》。神茂为景所破，景偏帅吕子荣攻新安，灵洗退保黟、歙《陈书·程灵洗传》。梁元帝承圣元年，侯景既败，吕子荣退走，程灵洗复据新安，进军建德，擒贼帅赵桑干同上。

按：此二条所云新安，并是今之浙江淳安县，建德则浙江建德县。

陈文帝天嘉二年，曹异党吕文政据新安，贞毅将军新安太守程文季攻破之，文政降《陈书》程灵洗子文季传。按此新安亦是淳安，以黟、歙时属新安，故录之。

隋文帝开皇十年，扬州总管郭衍讨宣城、黟、歙诸洞，尽平之《隋书·郭衍传》。

隋文帝开皇十二年，黟、歙贼帅沈雪、沈能据栅自固，行军总管杨素攻破之《隋书·杨素传》。泉州刺史来护儿，从蒲山公李宽破汪文进于黟、歙《隋书·来护儿传》。

隋炀帝大业十三年，是时帝游江都，天下盗起。杜伏威起淮南，汪华起新安，皆号吴王《唐书·高祖纪》。原注：新安，今休宁县治。

唐高祖武德四年，杜伏威遣王雄诞破汪华于歙州，华降。《旧唐书·杜伏威传》。《新唐书》同。

唐代宗永泰元年，歙州人杀其刺史庞濬《唐书·本纪》。盗方清陷歙州，州民拒贼，保于山险。明年贼平《唐书·地理志》。

唐僖宗乾符六年，黄巢陷宣、歙、池州。《唐书·本纪》，按此下漏记复歙州事。僖宗徙泾原节度使周宝为镇海军节度使兼南面招讨使讨之，巢闻，出采石略扬州《唐书·周宝传》。

唐僖宗景福二年，杨行密遣田頵攻歙州，刺史裴枢城守，久不下。时诸将为刺史者，多贪暴，独池州陶雅宽厚得民。歙人曰：『得陶雅为刺史，请听命。』行密即以雅为刺史，歙人纳之。雅尽礼见枢，送之还朝《纲目》。按《新安志》云：枢有美政，民爱之，为枢战，頵兵数却。遗行密书，请还京师。行密以鲁郃代枢，州人不肯下，请陶雅代。以上原卷一百。

宋徽宗宣和二年冬十二月，睦州人方腊作乱，建元永乐，聚众数万，陷歙州东南，将郭师中战死。凡破六州五十二县，戕平民二百万《宋史·本纪》。宣和三年夏四月，童贯、谭稹、刘延庆等，合兵击破之。五月改歙州为徽州。七月贯等俘腊以献。同上

元顺帝至正十二年三月，罗田徐寿辉伪将项普略陷徽州。秋七月，董搏霄率兵克广德，复徽州，贼走昱岭关，陷杭州路。《续纲目》、《元史·本纪》、《通鉴辑览》。至正十七年秋七月，明祖遣胡大海侵徽州，克之。至正十八年春正月，明兵取婺源州。

明世宗嘉靖三十四年，倭寇自杭州西掠，突徽州歙县，至绩溪、旌德，过泾县，趋南陵《明史·外国·日本传》。以上原卷一百一。

清世祖顺治二年闰六月，豫亲王多铎定江南，洪承畴驻江宁，铸给招抚南方总督军务大学士印。是时，明唐王朱聿键据福建。其大学士黄道周引闽兵出浙江开化。明御史金声家居休宁，受聿键部院职，募乡兵十馀万屯绩溪。明高安王朱常淇据徽州，承畴檄提督张天禄、总兵卜从善、胡茂祯等分路进征《贰臣传·洪承畴》。贝勒博洛遣都统叶臣督剿，天禄等从之《贰臣传·张天禄》。金声保绩溪黄山，分兵扼六岭，宁国丘祖德、徽州温璜、贵池吴应箕等多应之。九月下旬徽故御史黄澍降于清《明史·金声传》。十月天禄、从善、李仲兴、刘泽泳等由旌德进，连破十馀寨，至绩溪县《贰臣传·张天禄》，间道袭破之。声被执至江宁，偕门人江

天一等俱死。温璜、应箕等亦败死。《明史·金声传》、《通鉴辑览》。注：闰六月甲申，英亲王阿济格奏：『故明宁南侯左良玉子梦庚、总督袁继咸、守道李犹龙、巡按黄澍率总兵十二员、马步兵十万，泊舟于九江之东流县界扬子江中，俱投降』云云。是黄澍已于闰六月中降清矣。《明史》似误。

顺治二年十二月，明黄道周率兵犯徽州，天禄击斩其将，分兵从祁门、江湾、街口、黄源四路追剿《贰臣传·张天禄》。道周至婺源，战败被执，至江宁死之《明史·黄道周传》。

顺治三年，徽州土贼汪张飞、刘禄等猖獗，徽宁道张文衡同诸将剿平之《名臣传·张文衡》。先是二年夏，黟县逆仆宋乞作乱，为县人江雷等所诛。及是年春，逆党朱太等复起。知县张稚光请师，张天禄及知府张学圣，以兵剿，杀百馀人。《江南通志》、旧通志《名臣》、《黟县志》。

十一月，休宁、婺源二贼吴继、程国柱等聚众劫掠，安徽巡抚李栖凤檄总兵李仲兴等剿擒之《名臣传·李栖凤》。

十二月，明高安王朱常淇，拥众扰婺源之小阬，张天禄剿之于严坑，擒常淇《贰臣传·张天禄》及其监军江于东、职方司许文玠等斩之《贰臣传·洪承畴》。

顺治五年正月，江西镇将金声桓，据南昌以叛。二月，其党潘永禧、陈九思、汪老五、汪伯升等结寨大山，蹂躏徽州诸县《贰臣传·胡茂桢》。总督马国柱，遣侍郎敖童，以满州驻防官兵进击《名臣传·马国柱》。徽州总兵胡茂桢剿贼榆村、西溪南吴村、西阬，皆有斩获。三月，祁门、黟县皆陷《贰臣传·胡茂桢》。陈九思又自祁门到黟，《黟县志·纪事表、艺文、戊子纪事》、旧通志《忠节》。茂桢趋救。贼已入休宁，茂桢遣将分门攻击，又分兵夹击黟县城。永禧退回饶州。四月，贼攻婺源，茂桢合敖童兵堵御《贰臣传·胡茂桢》。九月，追斩陈九思于潭口青石。十月，败贼于祁门，擒歙县巨寇吴国桢。十二月，擒汪老五，余贼溃同上。

顺治十年，操江巡抚李日芃，发兵剿徽州府之赤岭土贼，斩贼首张惟良，谕降其众《名臣传·李日芃》。

顺治十三年闰五月，江南江西总督马鸣珮，追剿徽州花桥之贼，败之《名臣传·马鸣珮》。

顺治十六年，海贼郑成功犯江宁。《国史·杨雍建传》作五月，《梁化凤传》作七月。祁门防将李芝因征调道叛，掠婺源、祁门等县，黟县乡兵御堵石坑。旧通志、《婺源县志·王廷升传》、《黟县志·舒德辉传》。

清圣祖康熙八年，婺源山贼踞三里都，剽掠各县。十一月总兵丘越会徽、饶、池兵进剿。九年四月平之《徽州府志》。

康熙十三年，耿精忠叛，遣宋标等陷江西饶州《名臣传·额楚》、《王国光、子永誉》。八月由饶分犯徽州。婺源陷《徽州府志》，祁门陷《江南通志》，黟县陷，镇将胡呈祥败于龙湾。休宁、绩溪、徽州府城并陷。《徽州府志》、《黟县志》。九月，江宁将军额楚与副都统宗室巴尔堪，原注：巴尔堪，《徽州府志》作巴山，今案国史《名臣传》巴山于康熙十二年已卒，此十三年，定非巴山也。率兵往剿《名臣传·额楚》。总督阿席熙《名臣传·阿席熙》、安徽巡抚靳辅，皆遣兵会《名臣传·靳辅》。安徽提督王永誉督兵往建德，遣将进剿《名臣传·王国光》。贼万馀，于绩溪西北逆战，额楚击破之，遂复绩溪及徽州府城《额楚传》。俘宋标，磔之。贼将踞休宁之新岭，额楚攻下之。进剿婺源，贼溃遁，婺源复《名臣传·额楚》。黟贼亦遁《黟县志》。江南督标游击赵岳生驰祁门，斩获降抚甚众《江南通志》。王永誉率所属兵移守徽州《名臣传·王国光》。按：此役贼自江西入，亦驱之出江西，与顺治五年略同。而将军都统自出征，想亦鉴于前事，以全力扑灭之，故六县皆失而数月旋复也。

文宗咸丰四年，合肥以南，尽沦於贼。徽、宁、池、太、广隔大江，贼氛遍布，文报梗阻，乃令徽、宁等属，暂归浙江巡抚兼辖，改安徽宁池太广道为徽宁池太广道，加衔奏事，增设皖南镇总兵《长江水师全案奏议》。正月，安庆踞贼遣党渡江，癸亥陷祁门。《祁门志》、《黟县志》。二月庚午朔，陷黟县。知县田荆率民团复之。徽州知府达秀，率绩溪乡勇，追贼出榉根岭。休宁、黟县绅士会擒土匪。休、黟、绩志。按：此役不见复祁门月日，盖亦二月事。注：何荣奏：闰七月间，据黄宗汉以贼窜祁门将抵徽州，浙省危急，乞师援救。当经调拨四川兵一千名前往。嗣因贼匪退出，拟将川兵移拨太平、芜湖，乃为徽宁官民苦留等。以此证之，祁门早经收复。

四月庚寅，粤逆由浮梁窜祁门之倒湖，乡团歼之《祁门县志》。

学政沈祖懋驻徽州府防剿《方略》奏报。

五月乙卯，粤逆窜新安岭，丁巳扑榉根岭，祁门练勇击却之。《黟县志》，黄德华《瑞竹堂诗注》。贼以民团齐心杀贼，欲改由太平县入徽州，浙江巡抚黄宗汉派知府徐荣等带勇分赴徽宁《方略》福济疏，前提督邓绍良派都司周天受赴徽州，会都司江长贵援剿《国史·周天受传》。八月，浙江道员徐荣偕都司江长贵出祁门复建德《建德县志》。九月，徐荣引军还徽州。《方略》和春、福济疏。十二月，学政沈祖懋，檄周天受出岭剿崇觉寺贼巢《国史·周天受传》。回军琉璃岭。

按：此岭是黟县、石埭交界。以上原卷一百二。

咸丰五年正月辛巳，贼自青阳窜石埭《方略》福济疏，扑琉璃岭，周天受御之七昼夜。丁亥，败退石埭、太平县志，贼趋黟县。庚寅，扑羊栈岭。辛卯，黟县陷《黟县志》。癸巳晦，贼由黟县走祁门。

二月甲午朔，江长贵、徐荣援黟。乙未，贼走林历。丙申走渔亭，战霞坦，徐荣败死，江长贵退守岩寺。戊戌夜，贼趋休宁，己亥陷之《休宁志》。趋徽州。江长贵战岩寺，不利。己亥，徽、歙府县两城并陷。《方略》向荣疏何桂清疏，《歙县志》。向荣檄邓绍良自黄池援剿《方略》向荣疏。浙江巡抚何桂清檄知府石景芬、副将魁龄等以丙辰至徽州，会歙县在籍知府程葆及歙西团练，攻复府县两城，贼走休宁、黟县境，趋婺源。丁巳石景芬等复休宁。《方略》何桂清疏，歙、休志。三月癸亥朔，婺源陷。丁丑，石景芬等复婺源。《方略》何疏、《婺源志》。四月，江西浮梁景德镇之贼，以德兴、饶州克复，并窜徽属《方略》何疏。分扰祁、婺。戊申入祁门境，己酉入婺源境，庚戌祁门陷，遂趋黟。壬子黟县陷。癸丑婺源之贼窜休宁上溪口，甲寅休宁陷。休、婺、祁、黟志。五月戊辰，黟县民团败踞黟之贼黟志，己巳贼趋休宁，丙子邓绍良复休宁。丁丑追贼至黟，贼出羊栈岭，入石埭，分队由祁门出各岭。绍良驰复石埭。周天受驻崇觉寺堵剿。《方略》何桂清疏、《国史·邓绍良传》、《周天受传》。张芾来筹防《国史·张芾传》。按：自正月至此为一役。

咸丰六年正月，贼犯祁门，周天受自崇觉寺调赴徽防，至泾县。按：此自为一役。

三月，石达开由江西乐平三道分窜《方略》和春疏。一窜建德，一窜祁门，一窜婺源《黟志》。辛酉陷祁门《祁志》。甲子，婺源知县杨裕仁，率民团击贼于中云。庚午由中云窜休宁和春专疏，分扑五岭。休宁知县唐宝昌等御之《休志》。丙子，祁门之贼窜黟《黟志》，分窜歙七里桥。张芾、周天受败之，又败之于屯溪，遂由歙之西溪潜口分走杨村、许村，我军合乡团追剿，出箬岭。《方略》和春专疏、《国史·张芾传》。乙卯，祁、黟之贼窜出羊栈岭，入太平县《黟志》。按：此月事自为一役。

八月，贼自泾县由青阳入太平。丙申窜羊栈岭。丁酉穿黟县城，练勇击之。戊戌走祁门，知县匡森林伤，城陷。《方略》何桂清疏，太平、黟志同，惟祁志缺此次御贼城陷及克复事。贼由祁门分窜，陷休宁，江长贵复之《休宁志》，追贼花桥，进逼三里冈。壬寅，复祁门，贼走浮梁。《方略》何桂清疏、《黟志》。己酉，复由德兴窜婺源《方略》何疏。庚戌，分窜休宁同上，循休宁西乡至黟渔亭，江长贵败，退营凤凰山。甲寅晦，休宁陷。

九月戊午，休宁贼由万安街攻徽州府，张芾营于七里墩以御之。休、黟志。江长贵以歙、休民团杀贼《方略》何疏。周天受驰至，连战皆捷，解徽州围。贼窜休宁，天受追贼于江山铺《国史·周天受传》，建德贼来援，丁卯入榉根岭。辛未，至历口，民团败之，宵遁，休宁贼分窜。甲申晦，陷黟县。祁、黟志。

十月戊子，日据《方略》、《休宁志》作丙戌。按戊子是复黟日，丙戌复休宁。周天受复休宁，由渔亭进复黟县《国史·周天受传》。己丑，贼由祁门北出大洪岭，庚寅由黟北出羊栈岭。祁、黟志。张芾闻母丧，命留营俟服阕，以三品京堂候补《国史·张芾传》。按：自八月至此为一役。

十二月甲午，贼自石埭犯羊栈岭，江长贵击之，绕岭外趋祁门，江长贵移军西武岭，黟县团防程锡嘏追贼出羊栈岭。丙申贼绕至祁北禾戍岭，戊戌陷祁门，江长贵移军石岭，进战花桥，庚子复祁门，贼走浮梁。祁、黟志。按：此自为一役。又按：是月甲申朔，戊戌是十五日，庚子是十七日。

咸丰七年正月，贼入榉根岭，分踞箬院、曹村、历口，凡三日，己卯踞小路口，庚辰祁门陷《祁志》。黟县团练分守各岭，会合祁门团练，从江长贵、周天受战柏溪，辛巳复祁门，贼奔大洪岭，黟志、《国史·周天受传》。系于二月。按是月申寅朔，庚辰、辛巳是二十七、八日。按：此自为一役。

二月丁酉，贼自景德镇入婺源富村，己亥婺源陷，张芾遣游击王梦麟、都司程永年扼御《方略》晏端书疏，调周天受赴五岭迎剿《国史·周天受传》。贼别犯石埭，窥太平县陈钟秀《皖南军务纪》。天受移屯甘棠《国史·周天受传》，婺源团练御贼于源阬、罗田、石峡、银鞍岭、曹门，皆败没《婺源县志·忠节》。辛亥，贼窜去，王梦麟等复婺源。《方略》晏疏，是月癸未朔，己亥是十七日，辛亥是二十九日。按：此自为一役。

五月，贼入婺源，丙午分窜裔村、庐岭《婺源县志》，旋窜休宁陈村、霞瀛，别入苦竹岭《休宁县志》。旋走渔亭，入黟县。壬申，民团与战于桃花源。乙亥，战于大圣亭，江长贵战于石鼓山，分兵守漳岭，贼夜走，出羊栈岭。《黟志》，是月辛亥朔，壬申是二十二日，乙亥是二十五日，不得有丙午，盖丙午字有误。按：此自为一役。

闰五月庚子，古隆贤由石埭犯黟。总兵江长贵、徽勇吴定洲击退之。《黟志》，是月辛巳朔，庚子是二十日。按：此自为一役。

七月，贼由德兴入婺源，陷之。洪宜礼攻城贼，不克死《婺志》。贼进犯清华街，张芾遣王梦麟击破之。《方略》、《国史·张芾传》，系于八月，盖以八月九日奉旨也。按：此役婺源陷，不知其日，陷后至九年二月始复。

八月丙辰，贼由建德入榉根岭，踞祁门境，旬馀，民团截击之，走浮梁。《祁门志》，是月己酉朔，丙辰是八日。按：此自为一役。

十月戊申朔，贼自景德镇窜祁门。己酉，祁门陷。浙军马怀珍击之，退踞五里牌。江长贵、周天受及黟县民团堵花桥、柏溪，辛亥击贼胜之。壬子焚其城，贼走浮梁。祁门、黟县志、《国史·周天受传》，有八九月会同江长贵击贼收复祁门、黟县等语，盖此十月事也。八九月间，周天受无援剿祁、黟事。十月收复祁门，贼未入黟境。按：此自为一役。

十一月，张芾筹办徽州一带防剿事宜《国史·张芾传》。以上原卷一百三。

咸丰八年正月庚寅，东流、建德贼扑榉根岭，祁门民团御之。相持三昼夜，贼走殷家汇。《祁门县志》，是月戊寅朔，庚寅是十三日。按：此自为一役。

二月，贼踞婺源，四出焚掠《婺源志》。按：婺源陷贼，见七年七月。

四月丙午朔，婺源城贼掠婺北船槽岭，民团遏之，贼退甲道。明日掠桂岩，民团戴荣钟与战于羊岭，败《婺源志》。按：此是婺贼出掠。

贼自鄱阳趋祁门南乡，午申屯倒湖，别由开化逾马金岭，绕婺源，出祁门西乡，掠高塘，民团击之，合走建德。祁、婺志。按：戊申是四月三日，此自为一役，非即婺源踞贼也。

七月，徽防官军御贼于清华镇，戊戌败于高砂《婺志》。辛丑，贼由德兴东犯婺源黄瓜尖岭，兵团失利，援兵击走浮梁，旋有贼众由德兴续至，遂入婺源。总兵李定泰派兵来援，而祁门西南各乡，亦有贼踪。张芾请调周天受回徽，与江长贵分投截剿《方略》张芾疏。按：七月是甲戌朔，此所采张芾疏，叙贼踪殊不明晰，恐有误字，姑仍原文录之。

八月，德兴窜贼踞婺源县城，民团攻城，又战于黄家尖岭、新岭、江家桥、龙山，互有杀伤。《婺志》、《方略》九年二月张芾疏称婺源上年八月失守即此。按：婺源自七年七月陷后，检本志无克复之文，而所引张芾两疏，自相违异，不解何故。或者八年七月曾复婺源，八月旋陷耶。

辛亥，建德败贼窜祁门南乡，民团击却之，绕掠西乡十三村，江长贵军于上溪口，祁门民团请兵至历口会剿，贼遁。时黟县羊栈岭石寨筑竣，团练助防祁门。祁、黟志。

乙卯，江长贵由徽州往援石埭《皖南军务记》。

十月甲辰，徽军程绍鸾击退太平县夏村贼同上。按：上二役皆不在徽州境内。

巡抚翁同书请禁徽宁、等府花会，疏略曰：『徽州风俗，朴茂俭勤。道光二十八、九年间，闽省传来花会，用射覆以避聚赌之名，愚民堕其术中，败产倾家，因酿巨案，乃地方官反用其人以御贼，地方遂愈不靖。已饬属严拿惩办，并请饬令张芾、胡兴仁一体严禁，以绝乱萌。」《国史·翁同书传》。以上原卷一百四。

咸丰九年正月辛卯，贼窜祁门境，民团败之渚口。《祁志》、《国史·周天受传》云：九年正月克祁门。按是年正月祁门未失。《皖南军务记》：是时，天受军在石埭。

二月壬寅朔，官军复婺源《方略》张芾疏。江长贵攻克之，并毁高砂贼垒，余匪西窜《国史·张芾传》，由浮梁逼倒湖。祁门民团败之，贼走建德。按：婺源自七年七月陷，至是始复。

三月丙子，贼自景德镇窜倒湖，祁门民团失利，退保平里，堵御七昼夜，贼遁《祁门志》。

六月，景德、浮梁败匪扰祁门《黟志》。甲寅，祁门民团奋击之《祁志》。江长贵令副将余永椿、杨名声分道驰剿，伏箬阬，捣彭陇，逼汪村。贼遁出赤岭，窜石埭《方略》张芾疏，遂走太平之横潭郭村，及石埭之佘溪夏村，环逼黟县。黟县官民，募勇团练，扼守岭隘《黟县志》。

七月辛巳，横潭贼扑黟漳岭，民团迎击，贼退。江长贵会团堵高天曹要隘同上。

八月壬子，黟人程绶以民团攻横潭。辛酉，破贼高枧，复横潭同上。

江西巡抚耆龄，以贼踞横潭郭村，负隅日久，逼近黟县，令前广东道员吴坤修率领兵勇，自浮梁径趋黟县，会合徽防各军攻剿《方略》耆龄疏。是月至徽州《皖南军务记》。

九月，黟团既复横潭，乙亥战高天曹，乘胜复石埭佘溪黟志。按此役亦出境。

十月辛酉，黟县知县以民团会江长贵兵，复太平之郭村，馀匪遁青阳。《方略》张芾疏、《国史》张传、《太平县志》、《黟志》。

十一月丙戌，张芾督办皖南四府一州军务同上。按：是月曾国藩驻宿松，志载十月，今据曾文正公大事记。

十二月，徽军杨名声御贼于泾县。《方略》张芾疏。按：以上二役俱在境外。

咸丰十年正月，李世贤自泾县入旌德，甲午陷之《旌德县志》，太平、石埭并陷《太平县志》，乙未晦，入绩溪境《绩溪县志》。

二月丙申朔，贼以前得徽军杨名声旗帜，冒官军入绩溪城，火起，团练溃，绩溪陷同上。丁酉，江长贵兵至徽州，署绩溪县王峻，招民团余永椿等，复绩溪。张芾令江长泰协守《方略》张芾疏，贼窜旌德。己亥《绩溪志》，宁国贼复至，围绩溪甚急。王峻被伤，与江长泰突围，退临溪，绩溪再陷《方略》张芾疏。庚子，掠雄路，辛丑，踞牌头《绩志》。壬寅，扑徽州府城，余永椿挫于佛岭，参将袁国祥与张泰忠、江长泰力战却贼。癸卯，贼复来扑，张芾、江长贵冒雨督战，击退之，追奔四十里张芾疏。进驻临溪，绩溪民团赴之《绩志》。丁未，进攻绩溪，王峻力战复之，贼遁。余永椿追出翚岭。张芾疏。案《绩志》，初九日甲辰贼遁，初十日己巳收复，今依《方略》作十二日丁未。又《国史·张芾传》：三月二十二日丙戌夜复绩溪；《粤匪记略》则系于三月十二日丙子。案张芾疏以三月初十日甲戌奏到。今依《方略》作二月，《绩志》同。

三月庚午，绩溪北乡民团，会宁国西乡、旌德东乡各团，攻旌德，不克《宁国县志》。按：此亦出境。

闰三月丁未，江长贵由绩溪攻旌德。苏式敬出箬岭攻太平，皆克之。先是黟县知县张葆防羊栈岭，赵廷贵防榧树岭，黟人汪元镇、黄庆鸿守桐林新岭。余昌庆、俞懋麟弹压游勇，至是解严《方略》张芾疏。

四月乙酉，贼自浙境窜歙县南乡山阳阬《绩溪志》、《国史·张芾传》。张芾以军堵之。己丑，由水岭走绩溪之扬溪，民团胡维崧等扼之十里岩，相持三日，同知罗仲山等救至。贼遁，围大庄头诸堡《绩志》，遂掠旌德《旌德志》，入太平《太平志》。

是月，曾国藩以兵部尚书衔，署两江总督。

三月，杨辅青率刘赖、黄古诸悍贼，由宁国掠旌德《旌德志》，旁扰绩溪《绩溪志》。甲辰，张芾遣军分路攻之，败诸分界山，驱出乌岭。壬戌晦，焚庙首贼卡，贼越博岭遁《方略》张芾疏。

六月癸亥朔癸酉，曾国藩驻军祁门。《祁门县志》、《曾文正公大事记》同。

七月丁未，罢张芾军务，统归曾国藩督办《方略》。按：《曾文正公大事记》，以召张芾来京系之八月，考丁未是七月十五日，盖八月始奉到也。

八月癸酉，贼陷宁国府，周天受、福咸等皆死之。《方略》曾国藩疏、《国史·周天受传》。按：此为下文徽防陷没张本。

乙亥曾国藩遣李元度接徽州防务。按：此条《安徽通志》不载，今据《曾文正公大事记》补入。

己卯，李侍贤自宁国犯丛山关及楼下村隘《方略》曾疏。庚辰，防军溃《绩志》。壬午，湘军张运兰自旌德遣兵应援，败贼于扬溪，仍回防旌德曾疏。癸未，绩溪陷《绩志》。乙酉，贼攻徽州，李元度城守。丙戌，徽州府陷曾疏。歙城并陷《歙志》。李元度走开化。案：此条通志不载，今据《湘军志》。己丑，休宁陷《休志》。贼趋祁门甚急《曾文正公大事记》。

九月己未，鲍超、张运兰会攻休宁，超由渔亭进迫，至城下；运兰由潭口进会，刘光明、易开俊攻榔市，毁之，亦迫至城下。贼入城不出。超移营西馆，运兰移营迪祥湖《方略》曾疏。

十月辛酉朔甲子，休宁城贼攻迪祥湖，张运兰败之《方略》曾疏。徽州府贼扰休宁。丁丑，鲍超、张运兰败之万安街。李侍贤自严州来，以火药大炮济休宁之贼。李秀成亦自芜湖来援。戊寅，扑羊栈岭。己卯，防军溃，各岭防皆溃，贼踞庐村。庚辰，陷黟县，张运兰败于马埄，鲍超自休宁驰援，战于龙虎山，复黟县。辛巳，鲍超、张运兰进剿，战北庄及杨村，大破之。李秀成伤，奔出羊栈岭《方略》曾疏、《黟志》。按：《曾文正公大事记》所言庐村之捷，即此。

十一月庚寅朔，江西德兴贼走婺源，陷之。壬辰，左宗棠复婺源《方略》曾疏。丙午，古隆贤、赖裕新，绕入黟新岭，抄庐村，分掠龙虎山。张运兰自马埠驰援，合防军夹击之，贼退邕溪源。戊申，岭外贼增兵万馀，刘官方将之，入羊栈岭。时鲍超移军江西，留宋国永、娄云庆防休宁，曾国藩檄国永来援，先破贼于龙尾山，旋由庐村进攻。张运兰遣张天习绕出羊栈岭，断贼归路，前后突击，贼大溃，出新岭。庚戌，贼绕窥方干岭，张运兰复败之，又败休宁之贼于蓝田小溪。乙卯，娄云庆败贼于渔亭及上溪口，追奔至当金街而还。曾疏、《黟志》。十二月，休宁贼掠祁门东乡赤樽《祁志》，及婺源《婺志》。按：以上诸役，皆贼窥祁门，而官军攻休宁，互为攻守。以上原卷一百五。

十一年正月乙未，刘官方自池州由石埭犯祁门，分兵入大赤岭、大洪岭。江长贵败之于大洪岭《方略》曾疏，大赤岭军败。丙申贼至历口，丁酉逼新岭《祁门志》，唐义训战于石门桥，败之。戊戌追过大赤岭曾疏。

黟县民团，剿贼于休宁之蓝田《黟县志》。

辛亥，浮梁贼窜祁门良禾岭，戊午晦，贵池、青阳贼窜大赤岭，掠祁门西乡《祁门志》。

李侍贤由休宁窜婺源，陷之。民团堵绕秋岭《婺源志》。按：此条蒙上戊午晦，盖亦晦日事。

二月己未朔，祁门民团破榉根岭、大赤岭等贼卡《祁门志》。庚申，婺源民团战绕秋岭，多败死《婺源志》。贼聚上溪口，将犯祁门。丁卯，朱品隆、唐义训，会张运兰攻之，毁贼垒，追败之石田及小当。己巳复休宁《方略》曾疏，贼走徽州府《休志》，歙人侍讲宋梦兰会攻之，以伤卒《歙志》。

婺源之陷也，贼分踞清华街、严田诸处，左宗棠遣王开琳、罗近秋扼甲路，自甲子至丁卯，连战败之。婺贼走中云，入乐平《方略》曾疏。按：婺源盖复于此时。

辛巳刘官方破榉根岭《方略》曾疏。癸未，朴历口防军《祁门志》，守将沈宝成坚壁不动《粤匪纪略》。甲申《祁门志》曾国藩遣朱品隆驰援，与宝成出历口，平叶田各村，匪逾岭逃。江长贵亦败贼于禾戍、枫树、大洪三岭《粤匪纪略》。

三月辛卯，曾国藩亲督湘军，大举攻徽州，壬辰破潜口，癸巳唐义训、沈宝成败于古虹桥。庚子张运兰偪城而阵，相持竟日，贼宵焚槐塘，唐义训营溃，张运兰救之，全师而还《方略》曾疏。绩溪踞逆，焚八都各村落殆尽《绩溪志》。按：《曾文正公大事记》言贼之窥祁门者，屡被击退。逆悉锐犯景德镇，冀绝官军饷道，二月陷之。公度粮路已断，惟急复徽州，可通浙江之米，三月亲至休宁，督攻徽州，不克，仍回祁门，而贼之环攻者不已，即此时。

四月，曾国藩移屯东流《方略》。

五月，皖南岭外之贼，五路分犯羊栈、方干、漳岭。己丑，羊栈防军击却之。庚寅，漳岭、方干岭防军溃败，黟县陷《黟志》，贼筑垒西武岭。辛卯，江长贵、朱品隆、张运兰、娄云庆、唐义训会军夹攻。壬辰，破西武、石山诸垒，复黟县。癸巳，张运兰、唐义训破贼于三都汪村。丙申，又破贼于十都庐村，贼宵遁出岭，岭外之贼亦遁，徽歙之贼亦遁。庚子，张运兰复府县两城《方略》曾疏。按：收复徽歙之日，据《黟县志》五月十三日庚子是也。写本《方略》为二十三日，则庚戌，疑传写『十』上多『二』字，《粤匪纪略》作初十日丁酉，亦误。

贼窜宁国府《休宁志》，绩溪贼遁旌德《绩溪志》。张运兰复绩溪《黟志》。按：徽歙二城自此复后，不再陷。

六月辛酉，贼自秋浦岭窜祁门谢家黄龙口，民团击退之。甲子绕百倍岭，窜北乡林村，掠东西园。防军击之，走赤岭《祁门志》。

粤贼踞婺源之汪口《婺源志》，左宗棠分兵移驻婺源，粤贼赖豫新纠众扰婺源，至德兴之新建，距婺源四十里，王开化击败之。贼走浙境，婺源肃清《方略》曾疏。

十月辛酉，贼犯羊栈岭。癸亥，黟县陷。甲子，张运桂击却之，时休、歙境亦有贼踪《黟志》。辛巳，贼自遂安越白际，踞屯溪，分踞东南乡，屡扑休宁城，唐义训击退之《休志》。别攻绩溪之板桥堡，防军溃《绩溪志》。

十一月戊戌，贼由浙江严州入皖南。丙午，至歙之街口。丁未至深渡。杨辅青率宁国贼攻徽、休两城，戊申贼窜屯溪，唐义训击退之。己酉，窜篁墩。《黟志》。按：《粤匪纪略》丁未作庚戌，戊申作辛亥，己酉作壬子，馀并同。

十二月乙卯，《黟志》、《粤匪纪略》。杨辅青围徽州府，张运桂坚守。辛酉出击，癸亥击退扑城之贼，夜焚贼屯。己巳破北门外五贼垒，贼分趋，与严州大股合，窜屯溪、岩寺、潜口，阻我军粮路。癸酉，张运桂分道驰击，贼遁。先是曾国藩檄朱品隆由石埭入援，辛酉进岭，丙寅至休宁，与唐义训会合。庚午两军齐赴屯溪，破街口及河边贼垒。壬申破石桥及潜口贼巢。乙亥败岩寺来扑之贼于万安街。丁丑张运桂令总兵黄万友绕赴休宁，合朱品隆军。己卯，破贼于岩寺，杨辅青创走篁墩，馀逃往遂安。徽州围解。左宗棠亦于己卯败贼于大鳙岭《方略》曾疏。按：此役盖张运桂守徽，唐义训守休，朱品隆为外救也。以上原卷一百六。

同治元年二月，甲寅朔。丙寅，粤贼窥羊栈岭。丁卯，六路入岭，黟县陷。知县张仁法会防军攻之。戊辰，贼宵遁。己巳，出漳岭，黟县复《黟县志》。

三月，徽州防军张运兰复绩溪，乘胜攻旌德《旌德县志》。

十月，贼自浙江昌化陷绩溪，唐义训御诸照溪。左宗棠令王文瑞来援，会师雄路，大破之。贼遁，遂复绩溪曾疏、《绩溪志》。

十一月三日辛亥曾片奏，伪逆王由旌德《旌德志》陷太平，踞之。分党由汤岭窜徽境《太平志》。癸丑，入休宁仟村、磻村、越阜岭，窜黟之潭口，掠西递。甲寅，掠石山，至四五都。时皖南道叶兆兰驻节祁门，先使曹贵守黟，继以王金鼎由西武赴援。是日败退，贼遂分扰花桥、柏溪《黟志》。乙卯，祁门陷。浙军王文瑞自绩溪至屯溪。戊午复祁门，贼遁，出赤岭。祁门、《黟县志》、《粤匪纪略》，此役月日多误，今据曾国藩奏疏及各县志。以上原卷一百七。

二年正月，旌德贼分窜七磡岭，绩溪陷《绩溪志》。

二月丁丑朔，古赖等贼入黟羊栈岭，大掠。己卯出岭，己亥复入岭，壬寅陷黟县，据四五都为老巢《黟志》。浙东败贼复窜入徽境，将绕婺源走江西左宗棠疏，扰休宁八都及黟八都《黟志》。其走歙者，以辛酉由石桥扑休宁城，守将唐义训击走之。踞梅林，又绕北乡抄出西乡，三面合围攻城，浙军来援，败贼于屯溪。梅林贼回踞石桥，相持旬馀，援军夹攻之，贼遁黟。丙午晦入黟，与黟踞贼合黟、休志。其绩溪踞贼，亦攻八面石诸堡《绩志》。是时徽州三面皆贼，止唐义训一军，防守徽、休二城，赖左宗棠派刘典、王文瑞两军。沈葆桢派王沭一军，分驻休宁、祁门，竭力防剿曾片疏。屡败贼于梅林、草布、岩寺、渔亭、七里桥。左宗棠、沈葆桢、曾国藩各折片。

三月丁未朔，黟县贼掠李村，王沭败之。癸丑，分窜祁门之莲塘。甲寅，掠横路岭。乙卯，窜杉木坞。丙辰，扑楠木岭《黟县志》。庚申，王沭败贼于楠木岭，又败之于李阬口、茅蓬店、高岭脚，贼回窜黟县四五都老巢沈葆桢疏。时伪堵王黄文金，由池州环攻祁门。乙卯距城十里，王文瑞击退之《祁志》。丁巳大破之于小路口曾片奏。辛酉，黄文金复薄祁门，韩进春拒却之沈疏。癸亥，王文瑞自渔亭直下，攻双溪流、石坑、莲塘之贼。曾疏、《祁门志》。同日，刘兴复黟县左宗棠疏。贼窜岭外曾疏。

四月，复绩溪《绩溪志》。

六月庚寅，古隆贤犯黟十都，渔亭防军移守城，贼退《黟志》。

八月，青阳解围后，太平踞贼窜入箬岭，扰歙之许村、石门。刘典、唐义训击退之曾片，遂窜绩溪之雄路。翌日，陷绩溪《绩溪志》。

辛卯，古隆贤窥羊栈岭，刘典遣兵迎击，贼退出岭外《黟县志》。

三年三月二日甲辰，侍逆纠堵逆及广德馀匪，由宁国上窜曾疏，入丛山关《绩志》。戊申，绩溪陷，进踞雄路孔灵。庚戌，唐义训由徽州府城军吴山铺，进毁雄路贼馆，左宗棠自屯溪驰至会攻。辛亥王开琳自临溪驱贼至七里牌，抵城南。贼退入城。唐训方夹击之，贼出遁，遂复绩溪曾疏。按：唐训方当作唐义训。

三月，陈炳文、李世贤、汪海洋由浙犯徽，一由昌化出老竹岭，一由孝丰出宁国、绩溪两县曾疏。出绩溪者，一过而已，不暇侵掠绩志，毕萃于徽州东南。壬子，休宁防军毛有铭至府城。癸丑，出军歙东，镇将唐义训出军歙南，南军战胜于方村，将追贼，闻东军挫于新馆，乃还。贼已由吴山铺分扰桂林，别出蓝田、富堨，自东而北而西，直扑府城。甲寅，唐义训击却之，出城北分道江村、沙村，毛有铭出城西，分道，一趋古虹桥，战于富堨，一趋郑村、堨田。战方酣，唐义训击败江村、沙村之贼，亦由富堨渡河而来，遍搜堨田、槐塘、棠樾、唐模各村落，贼乃走岩寺入屯溪，围防军羊寅等，毛有铭宵援屯溪，战达旦，围解。贼窜龙湾上溪口。丙辰，唐义训剿贼齐云山麓，分军攻贼后路，自苏村、霞川驱出深渡。俄闻侍逆即李世贤分窜岩寺，自率悍党出深渡过河。唐义训令王品高等留守朱村，自督葛祥泰等驰守篁墩。丁巳，朱村军挫，篁墩军来援，亦挫。唐义训被围，毛有铭自屯溪驰援，围解，陷伏中，大挫，几不能军。毛有铭夜还屯溪。戊午，唐义训还府城，贼已西逼休宁，布长围以困府城。连日薄城，唐义训击却之。休宁守将刘长春，亦于己未、庚申击贼于溪边村、汪金桥、下汶溪、蓝田、渭桥。贼见两城守御固，乃由龙湾趋婺源，以达江西之德兴玉山曾疏。

四月，常州败贼由丹阳、湖州上窜昌化，入老竹岭，至歙之大埠曾疏，分窜绩溪之临溪。绩溪、休宁志。庚辰夜，徽州守将唐义训伏兵钟塘岭，辛巳败之。休宁防军金国琛、毛有铭会师富堨，夹击之。贼败，遁黄山小径。壬午，唐义训又败之曾疏，走休宁蓝田，出西乡张村休、黟志。癸未，唐义训、金国琛、毛有铭会军渔亭，败贼于五了桥，又败之于齐云山麓。甲申，又败之于蓝渡，贼大溃，奔西馆。乙酉，奔牌岭，当金街，走上溪口，窜江西。曾疏，休、黟各志。

八月，湖州败匪，窜入绩溪之登源，民团击走之，由歙之江村窜江西《绩溪志》。

九月，洪福瑱先由广德走浙江，回窜宁国、绩溪，又走浙江遂安，入江西沈葆桢等疏。其馀党先后由浙江窜皖南者，徽州防将易开俊，败之于山阳坑、六甲岭、胡须岭⋯⋯唐义训、金国琛败之于豹岭、佛岭、黄备岭，又大败之于镇口，死降散遁十之六七。唐义训又遏诸草市，金国琛截堵小溪，分兵出连岭、白际岭、马金岭，贼疾趋遂安，入章村，我军追及郭村，斩三百馀级，贼横窜马石桥，由开化走华埠，奔入江西，皖南肃清曾疏。

四年五月，徽州府及休宁防军，哗饷为变，镇道与知府刘传祺弭定之。徽属平。以上原卷一百八。

唐朱长文宿深渡诗

朱长文《宿新安江深渡寄郑州王使君》诗云：『霜飞十月中，摇落众山空。孤馆闭寒水，大江生夜风。赋诗忙有意，沈约在江东。』朱长文，大历间江南诗人，诗六首，见《全唐诗》卷十。深渡在歙县南四十五里。见《新安志》。

徽州所刻之书

嘉泰四年甲子，新安郡斋沈有开，刻吕祖谦《皇朝文鉴》一百五十卷，见张志、瞿目、陆志、陆续跋。开禧元年乙丑，新安郡斋赵彦卫，自刻《云麓漫钞》十五卷，见陆志。嘉定十六年癸未，新安郡斋刻叶适《习学纪言》五十卷，见张续志。嘉定十七年甲申，新安郡斋汪纲刻《吴越春秋》十卷，见张志；刻《越绝书》十五卷，见张志、瞿目、陆志、陆续跋。端平初元，新安郡斋重修。嘉定十五年壬午，补修嘉泰甲子沈有开刻《皇朝文鉴》一百五十卷，见陆志、陆续跋。以上并见叶德辉《书林清话》第三卷。

徽州人所刻之书

宋嘉熙三年己亥，祝太傅宅刻祝穆《方舆胜览》前集四十三卷、后集七卷、续集二十卷、拾遗一卷，见孙记、丁志、杨志。前录有祝太傅宅干人吴吉《申两浙转运司禁书肆翻板约牒》文，见《书林清话》第三卷。按：太傅当作太博，谓太常博士也。

又明天顺五年辛巳，歙西鲍氏耕读书堂刻宋鲍云《天原发微》五卷。见瞿目。

万历三十四年丙午，新都吴氏树滋堂刻《秦汉印统》八卷，见《天禄琳琅》卷八、孙记。无年号，新都吴继仕刻《六经图》六卷，见《天禄琳琅》后编卷十三。无年号，歙县岩镇汪济川主一斋，刻《巢氏诸病源侯总编》五十卷，见孙记、瞿目、杨志、丁志。

何子贞题程木庵彝器诗

何子贞《题程木庵所藏彝器拓本》诗云：『羊戈辛爵虢周钟，让老图形注《考工》。家学未荒蟫藻碧，古光先证雁镫红。珊瑚错落交柯树，竹屋辉煌贯月虹。却笑木庵心似木，闲中雕画古今虫。』自注：余昔年为六舟作《雁足镫考》及诗，即木庵物也。见《东洲草堂诗抄》卷八。

徽州牌额

《容斋随笔》卷十四云：徽州山水清远，素无大灾。绍熙元年，添差通判卢瑢，悉以所作隶字，换郡下扁榜。自谯楼仪门，凡亭榭台观之类，一切趋新。郡人以为字多燥笔，而于州扁尤为不严重，私切忧之。次年四月，火起于郡库，经一日两夕乃止，官舍民庐一空。

汪　焕

《容斋续笔》卷十六云：南唐后主，淫于浮图氏。二人继踵而谏，一获徒，一获流。歙人汪焕为第三谏，极言请死。后主览书，赦而官之。

洪适知郡

《容斋三笔》卷五云：文惠公知徽州日，借紫，及除江东提举，常平告身不借。

王干寨怪物

《夷坚志》卷四十三云：贾说从义，绍兴中，为歙县王干寨巡检，官廨在岭下，众卒所居据其上。到任半年，卒妻有入宅者，与说妻及女言：今早有一怪物，长二尺，浑身皆有黄毛，谛观之，乃人也。逐之，不惧。但持手中杖指四向而去，甚可骇。是夜，寨内火起，列屋一空，延及官舍。说仅救得出身以及诰札而已。所焚失甚多。说女嫁王仲弓次子，说其事。按：王干寨在歙东南百里。

灵山雷祖

戴莲芬《鹂砭轩质言》卷四云：徽州歙县灵山，供雷祖极灵，每年六月二十四日，焚香者络绎于道。山顶村氓百馀家，皆好善布施。客民食宿不取值，家置茶具一，人人饮不禁。有窃物者，辄自扑，不能挟以遁也。对山有高罔顶，横竹筒长尺许，空洞无物。是日自出卷轴，悬筒末，金身朱喙，宛然神容。愚民瞻仰以万计，咸拜跪无怠容，至一时许乃没。

同治中，发逆扰徽属，僧夜梦神语云：『乱人且至，盍埋我山冈下，深三尺，当免劫。』僧惊寤，如神指，己亦避乱山中。未几，贼大至，寺院焚毁殆尽，闻灵山异，掘之，甫及尺，霹雳出地中，掘者尽仆。筒飞去，入黄山不见。逾年，贼平，僧始归。又梦神语曰：『我在黄山某冈下，今事靖，可迎我归也。』众具卤薄往觅，筒果在，迎之归。至今灵如故。

按：今灵山雷祖如昔，每年六月二十四日，邻近村落皆素食，往拜神者塞途，皆此种谰言，传益迷罔也。录之以见恶俗革除不易。

啚

赵瓯北《陔馀丛考》云：江南各县中，分民居为某乡某都某啚。谢少连作《歙县志》，谓：『啚音鄙，乃都鄙之遗意。』赵宧光亦曰：『都、鄙本作啚，俗误读作图。』顾宁人非之，而引《嘉定县志》曰：『啚即里也，以每里册首一图，故不曰里而曰啚。』又引《萧山志》，谓改里为啚，自元始。然宁人亦失于考。按《宋史·袁燮传》，燮为江阴尉常平使，属当赈灾，燮命每保画一图，田畴山水道路悉载之，合保为都，合都为乡，合乡为县，征发争讼遗胥，披图可立决，此为荒政首。则乡都图之制，固起于南宋也。

承尧按：黄次荪《郡志辨证》亦论及此字，主顾说。

渔梁坝

渔梁坝在郡城南三里龙井山下，其地宋时为放生池，叠石成梁，横截练江，以潴迅流。盖以扬之丰乐、富资、布射诸水，会流于此。而其下为铁索港、汪洋港、车轮港，急湍飞流，最为陡险。截上流以缓之，则舟楫易上，而輓运不劳。且梁上诸溪，滩高易竭，统束于梁，庶浦溆常盈，不虞浅涸，转运赖之，灌溉亦赖之。梁始于唐，惟以木障水而已。宋绍兴间，急流荡决，废且六十年，城市火灾屡见。形家谓修梁畜水则火息。且水之盈虚，关郡之兴替，水聚则徽盛，水涸则徽耗。于是州守宋济，于嘉定十四年，设栅聚石为坝。十七年州守袁甫，谓非经久计，拟易以巨石。工未兴，以忧去，留钱万五千缗，以俟继者。绍定二年，甫提举江东，乃委本州推官赵希愬董其役。砌石十有八层，内固外圆，不斗于水。斗门东泻，不怒其流。阔三丈，高半之，横亘可二十倍，凡四年而成。又拨钱五千缗置田，以资修筑，邑人立象紫阳观祀之。明初圮坏，弘治十二年知府张桢葺之。未三年复圮，知府彭泽命通判陈理督治，尽去坝囊砂砾，实以方石，下流更为梯级，用杀水势。至万历间又圮，知县方承郁重修。崇祯时知县叶高标修之，皆如弘治旧制。国朝顺治十六年，巡按卫贞元，据民情复请兴修，未及鸠工。康熙二十六年丁卯，知府朱廷梅申请按抚，谋之诸绅士之居扬州者，倡议兴复，得太史许承家、祭酒吴苑、农部吴允森、绅士方如珽、许承谟、巴士进、许悌友、汪人御等输金万两，于戊辰春开工，知县靳治荆及邑士吴菘、汪士鋐、吴瞻泰监厥事。仿严州之石梁坝，石纵横互砌，中建石柱，通三水门，以泄水势，左右蓬卷，如鳌背而坦其脊。用青石二十层，阔三丈，高半之，横亘二十倍，阅四年而成，历久半圮。乾隆四十年乙未，知府张廷炳、知县杨祈迪兴修，邑稠墅汪绅任厥费，逾年成。摄府事江恂为作记。上见江依濂《橙阳散志》卷末《备志》，以其较《歙志》为详，录之。

承尧按：渔梁兴筑，原于形家之言，本不足据。就水之储泄言之，则有利亦有害。备志中又载江村明经江本良上摄守蔗畦江公书，足供参考。兹备录之。书云：

『紫阳山麓，古放生池也。扬之登源、布射、富资、丰乐诸水汇于此，以注歙浦。于此设梁潴之，则水势弗倾，于形势良有裨益。坝峻三仞有奇，沿自宋、元而创易石工，至明乃甚。国朝康熙戊辰重治之，第稽诸往昔，惟插栅累石耳。自易石工，犹启水门，所以蓄水而泻沙也。今则屡修屡砌，失厥本来，而成为石埂矣。虽有三槽，较坝面仅低尺许，有潴无泄，沙石日淤，非特坝工易摧，而于地方之害尤巨。先年坝沙浅则河底深，上游咸就安流。濒河田亩，亦收灌溉之利。自沙高河浅，坝塞不行。下流壅激，致上游旁啮。东山教场，频遭冲决，迁徙靡宁。他如桂林、黄荆渡、尧苏、登第桥、东山营，水自扬之登源来者，沙壅而田多淤壅；岑山、瑞里、江村、长湖、范村、前山坝、叶家巷、步廊巷，水自布射来者，沙壅而田庐屡没；万年桥东两岸，夏雨暴涨，水深丈许，人家俱成巨浸，富堨、沙溪、徐村、云塘、宋祁、汪仰村、新州，水自富资来者，沙壅而田多荒废；郑村、潭渡、百花台、古关、河西，水自丰乐来者，沙壅而河身日高，水发淹及庐舍；若城北及城南，皆水浅沙高，岸与河平，涨则河塝日就崩塌。坝之为害已极！即以风水论：出水之处，犹咽喉也，咽喉梗噎，则上下关窍不通，身将重困。地势所关，应在人事。故自坝沙阻塞以后，数十村落，近水居民，率多胀疾，历有明征。是筑坝求益，未尽其善，反招损也。顷稠墅汪绅，因坝石圮坏，输缗重筑，以培合郡风水，允称盛举。而寡识农民，乃窃议与其修之，无宁去之，是盖有疾于田庐之受祸也。其言无乃过激！惟宜乘此砌筑之时，建立水门，拦以坚厚石板，叠作三闸，霉水盛时，斟酌启闭，则沙随水泻，下流不塞，上游河道，自不至旁泛。俾一滩一潭相递而下，田亩庐舍，弗受冲激，则蓄水泄沙，于形势地利，两收其益。较原估工费，所增不过千有馀金，而地方蒙庇无涯矣。不朽盛业，惟高明裁之。乙未六月朔日。』原注：此书甫上，而江公谢事去，未及行。录之以视后之修筑者。

承尧按：修坝动议，原于风水最为谬妄，江说以上游百十里之沙壅，概归咎于坝，似亦未的。窃意此坝之利，惟缘城数里间，水较渟蓄，然沙淤亦以河西及城北一带为甚，尤患苦者，乃在阻碍航道，坝之上下不能通舟，劳费不资，恐害逾于利耳。此事须俟专家详密测算，乃可定也。又按：此坝清光绪末又圮，县富人程源铨出资独修之。创议与董其事者，为百花台人程立达。立达亦笃信形家之说者。

乾隆前之万年桥

《橙阳散志》末卷《备志》载万年桥，亦较县志为详。云：桥在郡北郭外，为达省要津。东古为木桥，万历元年，知府崔孔昕、知县姚学闵倡建石梁。邑江村江希文等助资兴筑。东北岸立坊曰『砥柱中流』，西南岸曰『源头活水』。岁久圮坏。国朝顺治七年，邑人姚叙伦等输金重造。凡九洞，于北岸建亭一座，迎面石额曰『北钥云龙』，知府祖建衡题。向桥石额曰『道岸津梁』，协镇都督佥事胡茂桢题。康熙十五年，邑绅江演修造南岸靠城二洞，易以青石，居民于桥口建立圈门，协镇姚宏信题曰『北关通津』。乾隆五十五年圈门毁，居民重修之，题额如旧。

按：今则亭及圈门皆无遗迹矣。

郑梅涧与方仰松交好

双桥郑梅涧，名宏纲，字纪原。著有《重楼玉钥》一书，为喉科要籍。顷见后岩方仰松成培，为序其治喉秘书，言吾乡『郑纪原先生，性好歧黄家言，尤得喉科秘授，故技绝精，救危起死，不可胜数。余尝见有垂毙者，先生刺其血，血出如墨，霍然立愈。其妙如此，而未尝受人丝粟之报，殆闻范文正、陆宣公之风而兴起者』。又言『贞白郑氏，人称南园西园，其治喉受之江右张某，治效如神。甚珍其方，不以示人。余与雪萼山人论医，有针芥之契，乃泄其秘于余』等语。

按：雪萼山人，梅涧别字也。梅涧为南园之祖，今西园、南园两家子孙，尚能守世业，以喉科名。仰松能医已见前卷。

黄白山题画诗

黄白山墨迹甚希见。辛未，于程氏遂吾庐见其《题石涛画儿童放纸鸢》诗云：『布衣平步上青天，何异儿童放纸鸢。忽落泥中逢线断，争如不被利名牵。』下书：『偶感题此，白叟。』

又《题石涛画梅兰》云：『能具岁寒之骨，不以无人不芳。二子可与为偶，同登君子之堂。』下书：『白山题并书。』

程穆倩推重杨不器

陈楞山撰《玉几山房画外录》录程穆倩自题画二则，一仿杨不器云：黄鹤山樵画法，纯用荒拙，以追太古，粗乱错综，若有不可解者，是其法也。余乡杨不器独臻其妙，惜为吴江村一流，窃其所作，每为虎贲中郎，而杨氏名不甚著。予绝爱杨作，可以掩映争光，往往规抚之，遂质之，且为前辈传其传不传者如此。一自作云：雁飞岭外霜初重，人过溪头藓破痕。辛丑九月廿日立冬前，见青溪太史笔墨，起予寻常，真得画中三昧，可压米家船矣。然仆性好丘壑，故镌刻之暇，随意挥之，以泄胸中意态，非敢云能事者也。

按：杨不器即杨明时，一字不弃。

歙事闲谭卷十七

黄白山《诗麈》

偶见黄白山著《一木堂外集·诗麈》残册，分二卷：上为《诗家浅说》，为初学者说也；下为《诗学手谈》，答学诗者之问也。志载《一木堂外集》三十卷，此仅其二。白山论诗极精，辄能言其所以然，无明人张皇门户习气。兹录数则，以见一斑：

其论立品云：诗家欲为不朽计，第一贵在立品。何也？作者必与古人争胜，而后能成不朽之名。夫古人所以身没而名不灭者，非徒以其诗也，其立品必高于流俗，如鸡群野鹤，如岭上长松。虽有时为庸众之所非笑，而其神情超旷，常不肯自命为一世之人。此即诗家安身立命之处。是故，诗之境旷，而拘者不得也；诗之道雅，而俗者不得也；诗之思清，而浊者不得也；诗之韵悠扬澹荡，而苯钝者不可得也。去是数者，而后可与言诗，而后可与古人争不朽之名。

如论句法云：以十字道一事者，拙也；约之以五字，则工矣。以五字道一事者，拙也；见数事于五字，则工矣。如韦应物『浮云一别后，流水十年间』，权德舆则以『十年曾一别』五字尽之。如高适：『大都秋雁少，只是夜猿多。』马戴云：『楚雨霑猿暮，湘云拂雁秋』，猿雁之外更道数事。承尧按：此举例可商。

论用字云：用字之妙，无过老杜，只常用之字，一经其手，便使后人再换一字不得。如『湖阔兼云雾，楼孤属晚晴』，『芹泥随燕嘴，花蕊上蜂须』，『山鬼迷春竹，湘娥倚暮花』，『红入桃花嫩，春归柳叶新』，『眼穿当落日，心死著寒灰』，皆不易更换。又惯用兼字、受字、带字、赴字、报字、破字、封字、送字、动字，无不入妙，宜就全集摘出之。

又云：所谓出之胸臆者，非谓未经人用，创作自我也。即以杜诗而论，如『花重锦官城』花繁曰重，『月傍九霄多』月满曰多，『东林竹影薄』影稀曰薄，『力稀经树歇』力倦曰稀，『天寒关塞深』塞远曰深，『暂时花载雪』花轻曰载，皆以人所常用之字，而用法与人不同，便觉有奇理、有别趣，此非出自胸臆而何？

又云：诗莫难于写景，以古今共此风光物色，前人已无奇不搜，今人开口即为前人道过耳。虽然，人患无笔耳。有笔则何景不可写，何物不可咏？其神来之句，天然为凑泊，虽若出于古人，而实古人所未道。如万茂先云：『湖阔烟无尽，山空月自寒』，程孟阳云：『高树犹霞气，孤帆已月华』，『潮满炊烟白，山移睥睨青』，写景甚真，何尝经人道过？又予友屈翁山云：『日月相吞吐，乾坤自混茫。』观海此二语，惟老杜能道，然亦老杜所未道。屈集佳句甚多，此特识其大者。又友人胡君惠诗一册，予剧赏其二语云：『花飞新叶出，月落曙光来。』不惟出自新撰，而阴阳消息之理，寻常道破，岂直妙于写景而已乎？又友人孙君名绥，字文侯，休宁人一联云：『长途迟步急，滑道薄装多。』盖述贫士雨中徒步之苦。『迟步急』三字，真刻画不到，谓已行甚急，仅同他人之迟步者，书呆形状如见。

又云：写有景之景易，写无景之景难，此惟老杜优为之。如『河汉不改色，关山空自寒』写初月易落之景，『秋日新霑影，寒江旧落声』写微雨易晴之景，『日长惟鸟雀，春远独柴荆』写花事既罢之景，偏从无月无雨无花处著笔，后人正难措手耳。

又云：写景之句，以雕琢致工为妙品，真境凑泊为神品，平淡真率为逸品。如『芳春平仲绿，清夜子规啼』沈佺期，『明月松间照，清泉石上流』王维，『雨中山果落，灯下草虫鸣』同，『绿树村边合，青山郭外斜』孟浩然，『松生青石上，泉落白云间』贾岛，『泉声入秋寺，月色遍寒山』于武陵，皆逸品也。如『日落江湖白，潮来天地青』王维，『四更山吐月，残夜水明楼』杜甫，『野径云俱黑，江船火烛明』同，『柳塘春水漫，花坞夕阳迟』严维，『鸡声茅店月，人迹板桥霜』温庭筠，皆神品也。其他登妙品者，则不可枚举也。

又论七言律云：近代作七言律，亦有专主气格，宗尚盛唐者，见非不卓，第矫枉过正，又如笨伯不能行动。大抵气格固不可废，风神亦不宜减。此在虚实之间，善自消息，气格以主之，风神以运之，此七律之上乘已。

又云：诗道以自然为上，工巧次之。工巧之至，始入自然。自然之妙，无须工巧。高廷礼列子美于大家，不居正宗之目，此其微旨可见。五言如孟浩然《过故人居》、王维《终南别业》。七言如崔曙《九日登仙台》、李颀《送魏万之京》、高适《送王李二少府》、刘方平《秋夜寄皇甫冉郑丰》，皆不事雕缋，妙极自然也。

其论古诗云：律诗有规矩可循，有门径可指。古诗则无规矩也，无门径也，不过直陈其意之所欲言而已。以古人未尝含毫吮墨，学焉而后能之也。缘其中有如是跃跃欲吐之意，可歌可舞可泣可涕之怀，然后发之于诗，期于能达其意而止。且有言止而意不尽者，盖言之所陈有限，意之所蓄无穷。以有限之词，写无穷之意，故其为诗渊然以深，幽然以渺，使人遇之言句之外，而不得索解于文字之中。且古之作者，其源皆自《三百篇》来，虽规制有殊，而兴、比、赋之义则无或异。是故假物见端，依类托寓，言在此而意在彼。原夫诗之为道，感人以声不以辞，喻人以志不以事，是故婉约而多风，优游而不迫，非熟读深思，固不能测其旨之所在也。汉魏尚已，江左以后，始事修辞，加之粉绘，以性情之事，为文章之能，诗道所以日盛，即其所以日衰也。颜、谢兴而事排偶，休文出而谈声病，唐律于焉滥觞。于是，有句可摘，有字可赏，而规矩门径由此生焉。独陈拾遗深病偶俪，毅然以复古为倡，于是王、孟、储、常、王昌龄、李颀、韦、柳诸贤继起，而李、杜二公复大振厥声。唐人复存古诗一派者，子昂之力也。

又云：至妙莫如真，至奇莫如平，至酞莫如淡，至贵莫如清。落想欲得远，运腕欲得轻，写景欲得别，叙事欲得明。难字不可用，险韵不可赓，生路不可走，熟径不可行。意愈深愈浅，思愈入愈精，神愈凝愈栗，趣愈痴愈灵。玉以磨而洁，珠以养而莹，山以耸而秀，川以回而潆。审能服膺此语，而不以诗擅一代之名者，未之有也。

又云：诗欲高华，然不得以浮冒为高华；诗欲沉郁，然不得以晦涩为沉郁；诗欲雄壮，然不得以粗豪为雄壮；诗欲冲淡，然不得以寡薄为冲淡；诗欲奇矫，然不得以诡僻为奇矫；诗欲典则，然不得以庸腐为典则；诗欲苍劲，然不得以老硬为苍劲；诗欲秀润，然不得以嫩弱为秀润；诗欲飘逸，然不得以佻达为飘逸；诗欲质厚，然不得以板滞为质厚；诗欲精采，然不得以雕缋为精采；诗欲清真，然不得以鄙俚为清真。诗家雅俗之辨，略尽于此。宋、元、明诸名手，皆不能无议，噫！难言矣。

承尧按：白山论诗，宗唐而屏宋，盖犹有明人馀习。然其洞达真源，语语破的，则自明以来所未有。《诗麈》甚难得见，故不惜多录其言，以贶后人。又其论律诗句法，微嫌太拘。所著尚有《一木堂诗式》，未见。

唐模许翁

俞曲园樾《右台仙馆笔记》中，有《许翁散财》一则，记吾族尚义门四房某公事也。兹备录之云：

许翁，歙县人。余尝见之于故人汪镜轩坐上，盖即汪之妻父也。家故巨富，启质物之肆四十馀所，江、浙间多有之，至翁犹然。翁为人极愿悫，其言呐呐然如不出口。而其子弟中，则有三四辈，以豪侈自喜，浆酒藿肉，奉养逾王侯；家僮百数十人；马数十匹，青骊彤白，无色不具；腹鞅背韅，亦与相称。每出，则前后尊从，炫耀于闾巷间。一日，忽郡吏持官文书来，太守以其豪横，欲逮问之。乃凶惧。上下行赂求免，所费无算。始寝不问。于是此三四辈者，相与谋曰：『家乡不可居矣，盍出游乎？』各具舟车出游江、浙间，凡其家设肆之处，无远不至。至则日以片纸至肆中，取银钱无餍足。主者或靳之，辄怒曰：『此故吾家物，何须公事！』使所善倡家，自至肆中，恣所取。主者大惧，皆以书白许翁。许翁自度不能要束其子弟，乃曰：『今吾悉闭诸肆，彼无所取则已矣。』为书遍告诸肆，使同日而闭。

已而肆中之客皆大哗曰：『主人所不足者，非财也，何为悉罢诸肆！主人自为计则得矣，如吾曹何？』许翁闻之曰：『诚如公等言。』乃命自管事者以下，悉有所赠。管事者或与之千金，或二千金，观肆之大小，自是递降，至厮役扈养皆有分也，最下亦与钱十万。方许翁定此议时，初未尝辜较其人数，及此议出，主者按籍而计之，则四十馀肆，其人数几及二千，各如数拜赐而去。而许翁之钱罄矣。十数世之积，数百万之资，一朝而尽，亦可骇也。余见许翁时，其冠犹戴青金石顶，缀鹖羽蓝翎。镜轩语余曰：翁所存惟此矣。

按：曲园少时，曾馆休宁汪氏，故记此事特详。

靳熊封《思旧录》所记歙人

曾任歙县令并修志之靳治荆，字熊封，大兴人。著《思旧录》，首汤燕生、郑谷口、查梅壑三人，推挹甚至。中多及歙人。

其记吴茵次云：茵次先生，歙之溪南人。江都拔贡生。少负才华，不屑屑事生产，出而订交天下士。下笔骈丽，词家尤推崇之。世传其《乐府新声》，为世祖皇帝所赏誉，应制立成，宠遇殊渥。方其出守吴兴，地既名胜，四方嘉客毕临，唱酬游宴无虚日，而于政事无所妨。『三风太守』之号，翕然归之，谓风流、风雅、风力也。后解任。吴梅村赠以诗曰：

『官如残梦短，客比乱山多。』佥以为实录。先生归而食贫，非吴制府为卖宅置田，几无以自存。晚年展墓归里，予始与相见。时双瞳失明已久，自号听翁。而酬应精神，虽老不衰，每酣畅赋诗，口占授二三贤嗣录之，其风度可喜如此。挂帆归去，惜别渔梁，米家船图书满载，望之如仙。窃谓邗江有此寓公，二分明月，为不虚矣。身后，粤中鲁方伯刻其全集行世。』

其记黄白山云：『黄之姓著于歙，贾四方者居多。白山弃诸生，隐而不出。食贫著书，无求于世。余谓令此地，岂可不一见其人。有语之者，贻诗云：「自怜野鹤性，不敢近阶墀。」久之，偕汪子右湘来，俨然古貌，衣冠不加饰，具薄酌相款乃去。以所著《一木堂稿》见示，分内外篇。内篇言性理，外篇其杂作。文皆真实不浮，足裨名教。余为序而归之。蒋虎臣先生视学畿辅，曾邀阅文。非蒋公不能致白山也。』

其记程非二云：『非二诗文，皆不甚翦裁，而气颇老干。书法生硬，少姿态，一似其诗文。涉世早而历年尊，四方名宿皆知之。又留心内典，悉禅宗支派。歙州名蓝初地，率多题咏，亦白莲社中不可少之人也。』承尧按：此于非二有微词。盖非二性极严冷，不能如白山之圆通也。

其记汪右湘云：『右湘以少孤立业，质性聪颖，风仪清劭，席厚资，独乐与名流高士为伍。初来谒，年仅弱冠外，居母丧甚戚。余题其《风木图》，有『不缘思训通灵笔，争辨王修呜咽声』二语。性嗜学，下笔清澈无滓。而好贤之念尤专。如为郑谷口捐资刻帖，初无所吝。自岩夫高尚不出，别谷口几三十年，右湘特假馆鸠兹，铺列玩好书史，泛舟邀谷口西上，俾二老留连尽欢。其倾倒于汤、郑如此。别业在紫霞山侧，梅深荷净，四方宾至，文酒相邀。岂期锐意一第，竟以庚午场后言归，骤病不治。子四人皆能读父书。』承尧按：右湘名沅，号砚村。已见前卷。郑谷口游歙，即主其家。《思旧录》又言『汤岩夫篆书古澹，不在伯奇子行下，曾与谷口同究各体书学，无不透达壶奥。谷口专以分隶鸣，更不作篆，意不欲相掩也。谷口本贯莆田，而世居江宁』云。

其记王不庵云：『不庵原名艮，后名炜，本歙人，生长华亭。天资颖异，少与夏考功之子存古齐名。存古弱冠殉国。不庵乃托迹缁流，远游以广其学。久乃复归儒，故自号不庵。时江左之以博学著闻者，如云间蒋大鸿、鹿城顾宁人、锡山顾景范皆与友善。而娄江诸王，并推重不庵，以为其宗望。余在歙，不庵归里，因得定交。讨论古今得失，医理韵学及述其游屐所经，兴致勃勃。未几，别余为楚游，遂卒。有鸿逸堂汉皋诸稿，后刻者胜前。别有《易学》诸书藏于家。』

其记程穆倩云：『余所获接名流，先生其齿之最尊者。初见时，已逾八十，聪明未衰。

语及董华亭、陈征君及钱虞山诸先生，皆同时周旋。风流云散，而一老岿然独存，不异白头宫人说天宝事，有不倾耳忘倦者哉？先生歙人，生于云间，流寓维扬数十年，老复移家金陵。诗文皆信笔写就，若可解，若不可解。作画纯用渴笔，生动有别致。贻予尺牍，字虽强半难辨，而音节古宕，全是性灵。其铁笔享一时盛名，有自来也。夫弄柔翰与奏刚刀，其事不同，而所谓势险节短，一往即诣者，其理则一。惟其涉笔皆性灵，则刀亦笔矣。而又出以奥博之学问，故自天人俱到。有谓其变秦汉法而别自成一家，非知先生者也。先生又善鉴别法书名绘，及古器旧物，家藏亦颇可观，非得重值不售。年几九十，始卒。闻殁后所藏皆不能保。人琴俱往，惜哉！』

其记汪秀才祉云：『祉字膺繁，自号退斋。右湘族子。幼聪颖好学，诗文骈丽秀发，有六朝初唐之风。素苦羸弱，余贻之人参，信笔作谢启，典赡得体，在坐无不叹赏，歙中传为佳话。年仅弱冠外，竟卒。』

《芥子园画谱》为李长蘅创作

李笠翁《芥子园画谱序》云：『因伯出一册谓予曰：是先世所遗，相传已久。予见而奇之，细玩赏，委曲详尽。无体不备，如出数十人之手。其行间标释书法，多似吾家长蘅手笔。及览末幅，得李氏家藏及流芳印记，益信为长蘅旧物云。』又沈克庵心友跋云：『寒家蓄古人翰墨颇多，而长蘅此册，最为赏鉴家所珍重。今王子扩而充之，发前人所未发，尤为仅事。』是《芥子园画谱》，虽为王安节所增辑，实托始于李长蘅矣。

黄次荪《郡志辨证》

《郡志辨证》一卷，歙人黄次荪先生崇惺著。其自序云：『宋罗鄂州为《新安志》一书，为自来志乘家之冠，非仅吾郡之美已也。自《新安志》而后，吾郡之志，续有修纂。同治中安徽大府修省志，檄取所属府州县志书。于是徽之人士，亦议续修府志。崇惺方居里中，求得道光十六年《徽州府志》一部。阅之，当时太守为翰林马公，所延纂修之士，皆文学之彦，故书成号为明备。崇惺之意，犹病其太繁，而疏略舛漏之处，亦往往而有。里居无事，偶为订之，得数十事，然不能尽论也。其后修志之议不果行，而崇惺亦奔走于外，不复及此事。然所已论之数十事，亦有可备修志之采择者，故录而存之。』余略。按：次荪此书颇精核，旧有刻本，今渐不易见，因取其关歙事者转录之。

鄣郡

《郡志辨证》云：旧说皆以鄣为秦郡，刘原父始不谓然。嘉定王氏以为楚汉之间所置，亦无据也。钱氏举故东海郡为例。然《汉书·陈涉传》丁疾等起兵围东海守于郯，则东海固秦郡，《地理志》偶未考耳。作郡县志者从旧说，以鄣为秦郡，即未必果然，而人不能议，今郡志沿革表，遽改鄣为汉郡，则黝、歙两县，何所见而仍列为秦县乎？吾亦将谓黝、歙非秦县矣。《汉书·功臣表》：陈婴都渐，颜监谓渐，水名。夫诸侯王之都，无以水名表之者。是时封刘贾为荆王，既有鄣郡，则渐当为鄣郡属县。因水得名，得名后乃改置黝、歙二县。不然，孟坚何不云都黝若歙乎？

汉黝歙之境

《郡志辨证》云：汉丹阳郡黝县，当得今黟县、祁门及休宁西北与婺之东境，而歙之北境亦半隶焉。以汉人称渐水黝山所在知之也。若歙县则当得今歙县、绩溪及休宁东南，与浙江淳安、遂安二县之地。郡志汉丹阳郡县图，谓黝得黟、祁二县，而休、婺皆为歙地，误。

吴新都郡

《郡志辨证》云：吴设新都郡，置始新、新定、黎阳、休阳与黝、歙为六县。歙、黎阳、休阳三县治，相距仅数十里，而黎阳以西，以至今婺源之境数百里，不设一县者，盖婺源山岭尤峻。朱治传所谓丹阳深地，频有奸叛，不能遽设官莅之也。

承尧按：荒远之地，分县必甚广，如今安西敦煌一县之地，或逾东南一省之半，山峻仅其中之一因耳。吾徽开辟，歙、休先而婺、祁后，乃水道使然。此条亦可作证。

丰浦乡

《郡志辨证》云：《吴志》：贺齐讨丹阳、黝、歙时，武疆、叶乡、原注：《水经注》作华乡。东阳、丰浦四乡先降。齐有表言以叶乡为始新县，复表分歙为新定、黎阳、休阳。按始新，今浙江淳安之地，《元和志》以为歙之南乡。武疆、东阳、丰浦三乡，虽不知所在，然当为歙地而分隶黎阳、休阳二邑者。今歙西境之水，出黄山而径郡城者，名丰乐水，又曰丰溪，意即丰浦乡也。

三天子鄣

《郡志辨证》云：《山海经》：三天子鄣山在闽西海北；又庐江出三天子都，入江，彭泽西，一曰天子鄣。《水经》亦云：浙江水出三天子都，北过馀杭，东入于海。后人皆不知三天子鄣所在。郭景纯以为歙东之三王山。又引张氏《土地记》，以为东阳之石城山。顾野王以为永康之缙云山。释慧远以为匡山之石门。郦氏《水经注》又以匡山为西天子鄣，或又以为黟县之章山，以为休宁之白际山。皆无定论。独明汪氏循、吴氏度，始据唐庐潘之说，定为休宁县西北之率山。率山东连浙岭，南接大广，以《山海经》、《水经》庐、浙二源验之悉合，佥以为其说不可易。然崇惺之意，则以为《山海经》之言，苞举宏远，实非专指一山而言，三天子之义，虽不可知，然鄣者，固取鄣蔍蔽隐之意。汉置鄣郡，因山立名，而郡治乃在今浙江长兴县之地。班氏《地理志》称吴有海盐章原注同鄣山之铜，自来无言黟、歙之山产铜者，惟《新唐书》称南陵利国山产铜，而南陵尝置铜官治。胡朏明谓吴濞即山铸钱，当在其地。而孟坚乃亦谓之章山。窃意，古时自分江水以南，西起石城，东属故鄣。其间峰峦连亘，自其外望之，隆然如屏风之蔽空，是所谓三天子鄣也。班氏《地理志》最为精核。然其言浙江水，第云出黝县南；言庐江水，第云出陵阳东南，皆不言出三天子鄣，正以三天子鄣非一山耳。若使三天子鄣仅为率山，则固汉人所指以名郡者，孟坚以汉人作汉志，乃全不之知，而转于异县产铜之山，距率山且数百里，而指之为章山，其谬不已甚乎？

古人言山水，皆举其形势大概而总被以名称，必非沾沾一峰一派之间也。吴氏谓言山必征诸水，固也。然率水合浙岭水始广。其视诸水，非能远过，则固不能专浙源之名，又安能专三天子鄣之名乎？原注：汪氏仅以水出率山之阴为浙源，山阳为庐源。崇惺据《一统志》之言，以率与浙岭、大广峰脉相属，广言之，以实彼三天子鄣之说耳。若仅如汪氏所举率山之阳，其水自由祁门人彭蠡，并非古所谓庐江之源矣。

又率之名亦实不见于经志，庐注《山海经》，不可得见。罗鄂州《新安志》谓庐本于浙水出三天子都『在其东』，作『在率东』。注引《汉志》浙江水，『出县南蛮中』，作『出南率山』。此言恐未可据，不敢为附会也。

夫诚知三天子鄣非一山，庐、浙非一源，故景纯诸人，各举所见。虽未得其全体，而不可遽议其误。若专主率山，而尽摈诸说，乃是误耳。吴氏又谓某氏以黄山为天子都，率山、匡山、三王山为其三鄣，强以鄣都为分别，其谬益不足辨。然如吾之说，则凡宣、歙二州之山，皆古者三天子彰之地。即郦氏以匡山在天子鄣之西，固谓之西天子鄣，其说亦无不可通矣。

承尧按：此释三天子鄣，最新，亦最圆融无碍。亦如近人之释昆仑墟，谓包天山南路言之，广莫无垠，皆无可如何，强为之说也。孤据班氏《地理志》，亦恐证据不足。

歙　鄃

《郡志辨证》云：汉人多名歙者，如王歙、来歙之属。古『歙』字多用为『翕』，如『翕翕訿訿』亦作『歙歙』，『翕侯』赵信亦作『歙侯』，不可胜举。歙之名县，亦作民众翕集之义，非用其本义也。《说文》『欠』部有『歙』字，『邑』部又有『鄃』字，云地名而不言何地。吾意此即汉人所制『歙』县之字，如傅介子改『楼兰』为『鄯善』，为刻印章，『鄯』字前此未有，亦介子所制也。

陈　婴

《郡志辨证》云：《郡志》据《史记·功臣表》，陈婴定豫章、浙江，自主为王，都浙。按陈婴既以母言，不肯自王，以兵属项梁矣，何为又王于浙？其误可知。《汉书》陈婴定自为王，壮息都浙。颜注谓时有壮息者称僭王，婴复讨平，则婴未尝自立为王也。陈婴封在项籍死后，志当列楚王韩信之后。

会州

《郡志辨证》云：宋、元凶劭，分以浙东五郡为会州，表中可以不必特书，王莽亦改黝为愬虏矣。

郡城

《郡志辨证》云：志以郡城为汪王所筑，据吴氏瞻泰之说，盖毛甘万户遗址，越国益廓治之也。吴氏文，载乾隆《歙县志》。

《武功》

《郡志辨证》云：《晋书·孙恩传》，恩为乱，新安等八郡一时俱起应之，遣卫将军谢混、镇北将军刘牢之讨之，恩逃入海。郡志《武功》一门，漏而未载。

歙国公

《郡志辨证》云：志载后汉方畂封歙国公。后汉安有国公之称？此殆据人家族谱而误者也。

《人物》

《郡志辨证》云：『郡志于《人物》一门，多随时采掇，不暇详考，大抵本之于谱牒。又多采明人之书，未可尽据。如后汉人不应封国公，亦不应为会稽令，东京无会稽县也。晋代人不应为考功员外郎。此类甚多，不可悉举。吾读李元仲先生《寒支集》，载其与人论宁化县志书，以为前代乡里著称之人，而事专迹不见史传者，后人修郡邑志，往往为臆撰官爵及生卒之岁月，将以征实，而转致览者之惑，并其人其事而猜之。是为厚诬前贤。故凡生卒官爵不可考者，皆宜浑举之为得。其言可谓深切著明矣。

续志之体

《郡志辨证》云：班孟改《史记》以为己书，人或非之。然史家断代为书，不得不尔。若省府县志，随时增修，而亦效之，益无谓矣。如罗鄂州《新安志》文章之美，盖未易到。后为志者，但当别为一编，以续其后，不当取鄂州之书而擘削之，以分隶己书之中也。又鄂州于宋以前吾州文献，搜采殆备。而后来续志所载，乃更有鄂州所未录者，苟非史传所有，不宜滥及，恐多出之人家谱牒，未可尽据为事实。盖自程学士《新安文献志》一以博采为奇，而遂多不暇择矣。道光志于物产一门，全录鄂州原文，而以他书所采分注于下，而他卷皆不尔。盖犹仅以博识推鄂州，而不暇味其文章之深也。

按：此说尊鄂州太甚，不可尽从。

谷粟之名

《郡志辨证》云：鄂州志谷粟之名，如大白归生冷水白斧脑白之类，今亦鲜有知之者。

玉　山

《郡志辨证》云：鄂州云：枝之小而美者出于黝，古称枝出玉山，世以为上饶。而汉志『歙有玉山』，未知孰是？崇惺按《后汉志》引郭璞《山海经注》『歙有玉山』，今《山海经》皆作『三王山』。又『乌聊』，《元和郡县志》作『乌邪』。『安勒山』作『安勤山』，亦传写之误也。

『柀』，《尔雅》、《说文》皆以为『黏』，《尔雅翼》始辨之，晋世乃有『棐』字。

太史慈

《郡志辨证》云：《吴志·太史慈传》，慈当与刘繇俱奔豫章，而遁于芜湖，亡入山中，称丹阳太守。既非汉室所授，又非孙氏为请于朝，虽子义当时名士，而此举要为无据。郡志乃列之汉职官中，殆未允矣。

何姬拊孤

《郡志辨证》云：《吴志·妃嫔传》，孙和何姬，丹阳句容人也。孙亮即位，徙和居新都，遣使赐死，嫡妃张氏亦自杀。何姬曰：『若皆从死，谁当养孤？』遂拊育皓及其三弟。皓即位，尊何姬为昭献太后。罗鄂州《新安志》全采此传及和传以为文。而道光郡志乃云『拊孤事不见于史，惟《孙皓传》有尊母为太后语』，是只见三嗣主传而未见姬嫔传也。

朱据邓朗

《郡志辨证》云：《通鉴》，吴赤乌三年，骠骑将军朱据谏废太子，吴主怒，贬据为新安郡丞。郡志《职官》、《名宦》二门未载。又《三国志·邓艾传》注引《世语》：艾孙朗永嘉中为新都太守，未之官。志亦遗之。如罗鄂州志，周嵩、刘昙净，皆未之官也。

蒋济

《郡志辨证》云：《通鉴》，曹公以蒋济为丹阳太守，是时吴已设新都郡，然孟德犹以汉令拜官，则黝、歙固丹阳太守所领，济盖亦未之官。而郡志当载。

吴少微

《郡志辨证》云：吴少微，新旧《唐书》皆以为歙人，而唐御史台记，则以东海人。原注：《太平广记》所引。

前哲文集

《郡志辨证》云：『凡修志，唐、宋以来乡先生文集流传者，必宜广览，不第可以考究古事，而乡邦前哲姓名事迹，亦往往为旧志所未收者。偶读师山先生集，多为乡人作墓志及序记之属。集中所见，如黄子厚、王廷珍、朱景梅、鲍景曾兄弟、汪称隐父子、郑仲贤、张子经、洪声甫、洪味卿、邵思善、吴云隐诸人，皆以文行材技著称。师山文章，不苟下笔，其所称许，必非恒流。而郡志乃不尽载其名，则固疏矣。不特此也，凡前人文集及当代名人著述，均宜广采。偶读《李空同集》，有《赠郑生》诗，『人物风流数歙都，郑生儒雅果吾徒』，末云『沙溪酒熟儿孙笑』，则郑乃歙之沙溪人原注：今名郑村，固文学之士。又《魏叔子集》有《善德纪闻录序》，为岩镇闵世璋作，又有《歙县吴翁墓表》，为吴从周作，二人皆好善长者。又魏伯子《鲍子韶墓志铭》：讳夔生，号樽齐，歙县人。官知县，明末避乱居江西赣县，执义于叔子之门。以儒服运筹军事，先后十馀年。所著有《江上集》、《红螺词》、《江楼合选》、《焦桐引》，凡若干卷。朱竹垞《明诗综》：黄伋，字细侯，徽州人。官游击，工诗善画。《曝书亭集》有《怀黄十三伋客闽》绝句，又有《与鲍载酒某氏园》诗。此数人者，郡志皆不见其名。山中蓄古今文集不多，不能一一考核，此数家之集，人人有之，偶一举及，已有漏略，况其他乎？以此言之，吾州人物淹没不彰者，盖已多矣，安能无慨然乎！

按：此说极是。然亦当慎择综观，视其人可志则志之，否则恐多不胜记也。

寄籍

《郡志辨证》云：吾州人多客游于外，往往即寄其地之籍，以登第仕宦者，京师歙县会馆题名，以本籍列于前，寄籍列于后，此例可谓至当。郡志甲乙第，亦宜用此例。《人物》一门，并宜考之史传，及其人著书所自署之地以为断。今志多杂次无别。原注：如洪惟清、吕济叔以贡数少，朱子从宦而寄籍，而朱子犹自称新安。此皆与本籍无异。若居他籍代久，而未尝自称，虽灼然知为徽人，要当按其时代，附本籍后，既不没其祖居之贯，而观者亦可无讶也。

纪载之体

《郡志辨证》云：欧阳公为《范公铭墓》，不及其置产赡族事，此古文家义法也。若作郡县志，则名公钜卿惠泽及于乡里之大者，虽史册不载，皆宜备书，不得仅录本传一文已也。人物事实，以见于史传者为据。次则名辈志状之文，不苟下笔者，亦可征信。杂家笔记之类，已多得之传闻，未可尽据。若其子孙所为之谱牒，则不可恃者多矣。别择不精，率然辑录，往往有官爵、年号、地名与史册龃龉者，曰吾据其家乘如是。是亦顾亭林先生所云：使籍咸伯鲁，代文人受过者矣。

艺　文

《郡志辨证》云：道光郡志，仿汉艺文志之体，录其书目，体例极善。较他志随意录诗文数十首，既累卷帙，且多挂漏，实为远胜，可永为志家之式。崇惺之意更欲如班志自注之例，凡其人名不见《儒林》、《文苑》者，略为注其行历、族里或释其书意，语取极简，俾观者得知大凡。而《儒林》、《文苑》二门，又可省却繁词，亦两得也。

省文

《郡志辨证》云：政事行谊，虽有可称，而非必其大端，才艺虽亦可观，而非必其绝出，徒如东汉人碑，以宽泛语数行，衍为小传，亦为赘设。或于他传中附著其姓名，或于科第例仕题名下，择要标注，则《人物》一门中，又可省却数卷矣。

儒林

《郡志辨证》云：《元史》创立《道学》一门，实为有识。后人訾之，谬矣。有宋学者与汉学，岂能强合为一哉？今宜分《儒林》一门为二卷：玉齐、东山诸先生为一卷，言宋学者入焉；本朝江、戴诸公，自为一卷，凡言汉学者入焉。而不必显标汉学之名。既足破门户之见，而又使学者派别了然，不亦可乎？

按：此说极正当可从。

刺史卢公

《郡志辨证》云：《新安志》纪吾祖唐旌孝府君原注：讳芮。庐墓，事在贞元中。继言刺史卢公上其事，诏旌表门闾。考志所载，唐代卢姓为歙州者四人，卢潘大中时，卢肇咸通时，卢廷昌、卢琼则更列在肇后。贞元之世，无为歙州刺史者。盖旌门之事，或在身后也。明少司马汪伯玉先生为祠记，直云『贞元十九年刺史卢肇上其事』，盖据吾族之谱，而未偶深考。又鄂州但云『贞元中』，而郡志引之，作『贞元十九年』，则亦误也。

新安太守碑

《郡志辨证》云：家白山先生《东晋新安太守元集公碑文辨》云：『甲辰春，予阅黄氏各派统谱。首载《晋故新安太守黄君碑》，署「散骑常侍陶瞻撰」。原注：瞻，士行之长子也余一见即斥其伪。汉尚书令秩千石，太守秩二千石。黄氏之先香公，在东汉先为尚书令，后为魏郡太守，盖晋秩也。而碑乃称其前官，是不知尚书令之秩六朝以后始尊，东汉固卑秩也。又谓元集府君曾为考功员外郎，不知员外郎之官，隋开皇中始置，东晋无有也。其后得《夏承碑》，乃知此文即取此碑，小加点撰而成者，自喜其说之不谬，然犹愧见夏碑之晚也。尤可恨者，碑云以事诖误，既白，淹疾卒官。夫太守府君之政迹，虽国史家乘无所考，然乃因夏碑之文，加以诖误之语，其诬祖不已甚乎！此文乃明代浮梁县宗人所录，亟宜削去』云云。今郡志《名宦》于元集府君下，犹摘录此碑数语，盖未见先生文云。以此言之，则《人物》一门，所当考核者，不止此碑矣。又志据旧志称元集府君以太兴三年仕，未知何据？俟考。

风雅

《郡志辨证》云：郡志于《隐逸》之后，附著一门曰《风雅》，亦为赘设。如以能诗为风雅，则入之《文苑》可也。以能书画者为风雅，则入之『技术』亦可也。又风雅一门所列之姓名，颇有与文苑重见者。如吴兆非熊之诗，为吾乡卓然杰出者，后人并程孟阳诗，选为《新安二布衣诗》，而非熊列《风雅》，孟阳入《文苑》，此何所见乎？二布衣诗选，志《艺文》亦遗之。

按：此说甚是。县志分《文苑》、《士林》、《诗林》为三目，亦未妥惬。

方技

《郡志辨证》云：自奚超父子，由易水来歙，而歙之墨遂以名天下而传后世。崇惺尝欲效周栎园《印人传》作《墨者传》，而未果。苏公赠潘谷诗，至称之为仙，此之于太白，则不得以艺事卑之矣。郡志《方技》一门所载善制墨之人，极为寥寥，如罗小华、程君房、方于鲁及近代汪节庵、曹素功之流，皆缺而不列，岂以其艺之不足传耶？抑以其人不屑以艺事传而遂没之耶？吾读张长人、宋牧仲诸人墨品，胪列吾郡名家甚多，而检志传不可得，亦为疏也。原注：罗小华固不当为传，而其墨绝出，亦不当没之，附见他人传中可也。

古迹

《郡志辨证》云：歙之栗里，为渊明隐处。黟之碧山，为李太白咏『桃花流水』绝句处。祁门之隐张山，为张子房避秦处。绩溪之来苏渡，为苏子瞻南归遇子由处。皆附会之说，宜概从删削。又如梅铜之封十万户，太白之访许宣平，此等沿旧说，存之而不论其虚实可也。

山水杂论 节录

《郡志辨证》云：余前言三天子鄣为宣歙诸山之总名，顷检郡志，载罗鄂州之说，谓绩溪大鄣山，去故鄣不远。汉人名郡，或即取此。是鄂州于率为三天子鄣之说，亦有未能惬然者。故于景纯之说，亦有取也。

顾氏谓『渐有四源』。以今考之，当为五源，其一为鱼亭诸山之水。

《山海经》『渐』亦作『浙』，人以为通称，而许氏《说文》，分之甚晰，《说文》『浙』下云：『江水东至会稽山阴，为浙江。』『渐』下云：『水出丹阳黝南蛮中，东入海。』详许之意，固以渐专为黟所出之水，及南江与浙江合，乃谓之浙也。《史记·秦始皇纪》所称浙江，亦在南江既合之处。《汉书》『陈婴定浙江，都浙』，分别甚明，盖即许意。而锴注乃谓《汉书》『浙江』或作『渐江』，不知所见《汉书》何本，抑误记也。果如徐说，则《说文》二字何烦重出乎？

《水经注》所言渐江之源，与其水道所经，以今按之，乃多不合。惟其言浙江，又北径歙县东，与一小溪合。水出县东北翁山西，径故城南，又西南入浙江。此小溪，即今练溪，至歙浦而合率山之水。故吴氏赡泰据之以定率为渐江之源，实则练亦渐源。如汶源有五之比，顾氏祖禹之言不误也。翁山未知何山？意非大鄣，即飞布矣。谢康乐、李太白诸人所咏之新安江，皆在严州之地，与吾郡无涉。词人引为故实则可，郡志不必收也。郡志于水源辨别甚明，而山仅分邑之四境，若其支干分合，脉络起伏，乃皆略之，使人无可考见。吾郡万山之中，山之名称，虽终日登览，莫能悉数。惟举其大支，以次联属，则大小广袤，皆可毕知，一展卷而四境之山如指诸掌矣。寒支为《宁化县志》，实创此奇。吾郡之志，苟效而为之，不益为大好名山一新面目乎？

按：歙张志记山，即用此法。

形胜

《郡志辨证》云：『形胜』二字，出兵家言。郡志立此一门，自当详列山川之厄塞，与列代进兵之路，及守御之迹，至如毛甘万户之城，越国之垒，程郡使沄之寨，与黄氏之屯，皆宜一一具载，俾后人审度川原，识其陈迹，亦言兵之一助。今以『形』为『形势』，『胜』为『胜景』，于是杂取铺张景物丽语，阑列其中，而前人用兵防守之迹，概未录入，虽文藻烂然，而非其体矣。

勋 烈

《郡志辨证》云：郡志以程忠壮公、汪越国二公别为一卷，题之曰《勋烈传》，其意以为推崇。然『勋烈』二字，古无所见，而二公生不同时，本末亦绝不相类，于史家合传之体，未为合也。今宜二公各为一传，曰『程忠壮公传』，曰『汪王传』，不必别立名目。以专传重于类传，既显推崇之意，且为得体矣。越国王号虽加于身后，然宋时已为恒称，以是标题，与程公之书谥，皆魏公子李将军之例也。

按：此说亦是。《歙志》于程、汪后续列诸人，亦不伦。

丘 墓

《郡志辨证》云：丘墓亦古迹也。徽人最尚风水，冢墓鲜有遭发与平为耕地者。而古墓存者甚少，则碑石易泐之故也。郡志古迹、丘墓可为一门；仓局廨署之旧址，当列公署、仓局二门之后，以备考核；乡人屯寨之旧址，当入形胜一门，以知昔人防守之迹；原注：志于公署一门亦叙旧迹，与古迹一门，同文繁复。明徽州知府陈忠烈公彦回祖母郭墓，在歙北山，人谓之太守山。此见《明史》本传。又族祖明少参实夫先生华太守山记，谓宋州守黄诰与其夫人，实葬此山。诰字昭道，岳之平江人，守徽有政迹，尝移郡学于城东，即今学宫也。有学记载郡志中云云。少参所称郡志，盖洪武朱侍郎同所修之志。今郡志二墓皆未列。

梁安县

《郡志辨证》云：梁分歙地置梁安县。谓之梁安者，犹晋之晋安、宋之宋安耳。《新安志》作良安，此必易代之后所改。《隋志》无良安县，而《元和郡县志》乃云武德四年废者，意县改于陈而废于隋。汪越国兵起，仍设良安县，越国实以武德四年降唐。纳土之后，乃更裁罢，《元和志》因有是文耳。

石墨

《郡志辨证》云：《日知录》引《水经注》，谓石墨即石炭，今之煤也。按陆士龙尝得魏武石墨，苟为石炭，何为以得之为喜？徽人皆然薪，无用石炭者。而黟县有石墨岭，云昔人采墨处。而石墨与石炭，精粗美恶，当自有别。然谓黟县因此得名，则亦未必然也。

按：《橙阳散志》载，橙阳溪中，亦出石墨。得之为珍，形诸歌咏，是必较石炭为精，殆即今之所谓炭精也。

搜采之难

《郡志辨证》云：《罗鄂州小集》有送新安守陈郎中赴阙诗，而《新安志》南宋知州事无陈姓者。又《新安志》许平四子，璪、璋、琦、琳，不言琳出身。据王荆公墓志，则琳亦进士，此为鄂州漏书也。郡志引陆游《南唐书》，歙州进士汪焕尝上封事谏后主，而进士一门遗其名。凡斯之类，殆难悉举，以此见考核之难。

按：汪焕事见前卷。

丹　阳

《郡志辨证》云：古『阳』、『杨』字通用。《晋书》谓为『丹杨』，以地多赤柳故。然古丹阳乃在湖北，岂两地皆多赤柳乎？原注：胡身之亦言不必从。

《新安文献志》一

《郡志辨证》云：明程学士《新安文献志》一书，表章前哲，搜集旧文，使吾乡文献之迹，不致湮没，其功伟矣。虽其采辑既多，间有疏舛，要无伤其大体。偶即道光郡志所引《文献志》中语，指其一二。如『梁胡明星为湘东王府法曹参军，值修五礼，仆射沈约请各置学士一人，贺玚举明星以自助』云云。按《梁书·徐勉传》，修五礼在天监初年，至十三年元帝始封湘东王，胡安得有先为湘东参军之事。鄂州《新安志》，亦第云明星仕梁为太常卿，而不详其事也。又《文献志》称程察为郢州茂之子，大同中为秘书少监，与柳恽齐名。考柳文畅为秘书监，天监十六年卒。察在大同中始为少监，安得与之齐名？又《陈书》，忠壮公以光大二年殁，年五十五。其生也，当在天监十三年。程茂守郢州事，见《梁书·高祖纪》，距忠壮之生十馀年耳，而乃已有四世，郡志亦以忠壮祖孙同仕梁为未详也。又学士谓休宁有孙王墓，相传为吴大帝墓，订知为长沙桓王，赋诗正之。夫桓王葬处，史虽未详，然当时必不远葬黟歙万山中，且学士又何自考见乎？

《披芸漫笔》

《披芸漫笔》，江村江梅宾绍莲著，刊于嘉庆初年。前有沈业富、吴锡麒二序，并梅宾自序。共十八卷，分《天文》等四十二门。杂集群书，各注所出，足供考证。所引书亦多秘籍。如记江蔗畦论岣嵝碑云：神禹碑，晋以上无明文，疑自徐灵期即为诞妄之根。陈田夫尤荒诞可笑，因而何致则纸上传形。沈镒乃梦中译字，系风捕影，扇播若真，都忘其为子虚乌有。古今断此案者，莫先于朱子，谓为传闻之误，次王弇州、顾亭林直断其伪，足快人意云云，足征蔗畦治金石之学识。又中引其父登云所著《素壶便录》及江秋史杂记、同邑江百谷耕礼《笠山杂志》各种，皆不经见之书。原注云：江耕礼，号笠山，最称淹洽，其书未经剞劂，稿本失去，是尤可贵也。

金竺山　紫霞山

《披芸漫笔》引《歙山川志》云：金竺山在歙西琴溪上，中有金竺庵。庵前怪石棱生，偃伏岩际，曰三生石。有泉曰锡杖泉，锦鳞出没其中。左上为吴越王墓，有祠，盖王尝兵败于此，民建祠祀之，墓则葬衣冠所也。山麓为龙湫岩，背山临流，丹壁如削，沁瀑霏微不绝。下为莫钓潭，绿波澄澈，其深无底，流出入于丰溪。

又云：紫霞山，歙西北三十里，上有大士岩。岩石欹叠，松翠石赪，交荫如绣。下有井曰阮公泉，有溪曰潜溪，为柴桑卜居旧地。榜曰『渊明故里』，故今仍以潜名村。旁一溪曰阮溪，溪侧有水香园。下临桃花潭。花开夹岸，古松数十株，老栗百株。旧额曰『四顾山房』，施愚山侍讲题曰『栗亭』。山顶产茶，绝胜松萝。按《歙山川志》即靳志也。

石耳山

《披芸漫笔》引《素壶便录》云：石耳山在歙南四十里，峰皆倒垂如莲瓣，其类笋者甚众。惟一笋高丈许，中分二股，一松斜覆其上，风过则盘旋百态，恍若仙人拍肩玉立。下有涧曰蛇航。溯源得一潭，深叵测。上有仙姑庵，宋时有陆仙姑居此。有岩曰仙姑岩，斜出如覆屋，可遮数十人，俯视如从地飞出，仰眺如从空飞掷，真悬岩也。左一瀑布，高可三五丈，石如紫玉，平若削成。中流一线，直落岩前，成一小潭。有覆石，方广八尺许。盖天生石梁也。环石皆竹，其出石下者，顶石而止，若琴枕雁足焉。

又引《桂山录异》云：陆姑，金陵人。出家百丈山，遇异人，得吐纳之术。庆元元年九月来新安石耳山，为人治病，呵气立愈，群称仙姑。共为建屋，今庵所自昉也。近乃塑三女象，曰陆姑、叶姑、何姑。考之郡邑志，亦逸去陆姑事，特为记之。

新安四宝

《披芸漫笔》引《素壶便录》云：《歙志》谓『新安四宝』：澄心堂纸、汪伯立笔、李廷珪墨、龙尾枣心砚也。说者以为澄心堂乃南唐内廷别殿，在金陵，非新安，不知此纸乃供御之物，故以澄心堂名，而堂非造纸所也。亦犹宣纸边上有宣德素馨纸印，夫岂内廷自造耶？余业师周再白先生，讳洪，绩溪诸生，其先世有仕南唐者，家传载公善诗，为上赏，尝赐歙制澄心堂纸数种，端石砚大小二方。则纸固歙制，且非一种也。

按：歙其时为州，虽未知纸出何邑，要总属新安郡地，是《歙志》所引，固不妄。

江氏戈壁石

《披芸漫笔》云：戈壁石出嘉峪关外戈壁中。糙米色，玲珑有声，温润如玉，价十倍灵璧，以道中难致也。从祖芝亭，名洪，守西宁时，购有数片，余曾见之，大仅数寸。云在彼地已难得。盖戈壁皆沙，而石即沙之巨者。以皴皱如干腐皮者为真。亦有猪肚纹者，乃石居沙中久，而荡漾成纹，非雕琢也。近时族叔春园太守，于扬城构造园亭，掘得一石，方广几五尺，双峰夹峙，孔窾洞然，纹尽腐皮，色亦如之，与向所见无异，真戈壁也。南方未易致此。大概宋造南渡，贵家载以俱来，沉埋地下者，恐尚非元明近物，诚殊珍也。嗣君元卿，精鉴别，宝之。沈既堂运使、王少林太守，各为之铭。

江兰状元香

《披芸漫笔》引《扬州画舫录》云：天下香料，莫如扬州戴春林与张元舒。然迁地遂不能良，水土所宜，人力莫能强也。江公畹香署山东巡抚时，为乡试监临，以千金与元舒制造香料，作汉瓦奎璧等形，凡乡试诸生，人给一枚。今元舒家依其式为之，称为状元香。梅宾注云：戴春林，本徽籍。

图书在版编目(CIP)数据

歙事闲谭/(近)许承尧撰. - 合肥:黄山书社,
2001.5
(安徽古籍丛书第二十一辑/《安徽古籍丛书》编审委员会编纂)
ISBN7 - 80630 - 609 - 9

Ⅰ.歙… Ⅱ.许… Ⅲ.许承尧 - 笔记 Ⅳ.Z425

中国版本图书馆 CIP 数据核字(2001)第 26497 号

黄山书社出版发行
(合肥市金寨路 381 号)
新华书店经销　合肥远东印务有限责任公司印刷
开本:850×1168 1/32　印张:37.75　插页:6　字数:700,000
2001 年 5 月第 1 版　　2001 年 5 月第 1 次印刷
印数:0001 - 2000 册

审　　订:诸伟奇　责任编辑:项纯文　班　古
装帧设计:国　亮　弘　伟　责任校对:张曦仲等

定价(上下):68.80 元
(凡发现本书有印刷、装订错误,可直接向承印厂调换。)

安徽古籍叢書萃編

歙事閑譚

下

近・許承堯 撰
李明回 彭超 張愛琴 校點

黃山書社

安徽古籍丛书·徽学研究资料辑刊

近·许承尧 撰

歙事闲谭 下

李明回 彭 超 张爱琴 校点 诸伟奇 审订

黄山书社

歙事闲谭卷十八

《歙风俗礼教考》

江依濂绍莲撰《橙阳散志》末卷载《歙风俗礼教考》，较《歙志》为详。志似亦取材于此。但经刘海峰删润，觉不周备矣。兹详录之于后：

古者采风问俗，领于王官，輶车四出，教化所施，视此以为缓急，则风俗所关大矣。郡分三俗，附郭为歙，歙之西北，与休宁之东，俗富厚而备于礼，衣缝齐整，缘饰文貌，为独胜。休西为祁，西南为婺，俗好儒而矜议论，财赋稍绌，习朴诚，比者亦渐增饰矣。休北为黟，地窄民少，纤俭类祁、婺，然能勤稼穑，操织纫，有古遗风焉。歙东南二乡，比西北为俭朴，而于绩则较侈矣。绩俗极俭，而安守本分，为诸邑所不及。语云：『惟有绩溪真老实』，非訾言也。

歙东乡鲜园林山泽之利，农十三，贾十七。南区水陆二路，陆南山多田少，食资于豆与粟，而枣、栗、柿、橡之产副之。水南则贾善奇赢，士农错出。北擅茶荈之美，近山之民多业茶，茶时虽妇女无自逸暇。东北则兼商贾之业矣。惟正西土壤沃野，家号富饶，习尚视诸乡较侈，今亦稍减。

武劲之风，盛于梁、陈、隋间，如程忠壮、汪越国，皆以捍卫乡里显。若文艺则振兴于唐、宋，如吴少微、舒雅诸前哲悉著望一时，而元、明以来，英贤辈出，则彬彬然称『东南邹鲁』矣。至秉礼仗义，自古为然，郡邑悉同。故朴实邻于俭啬，质直状若拘牵，虽闺帏女妇，亦知贞节自矢，尤为比户可风。

士尚气节，矜取与。其高者杜门却轨，自偶古人，乡居非就试罕至城府。各村自为文会，以名教相砥砺。乡有争竞，始则鸣族，不能决则诉于文会，听约束焉。再不决，然后讼于官，比经文会公论者，而官藉以得其款要过半矣。故其讼易解。若里约坊保，绝无权焉，不若他处把持唆使之纷纷也。

书吏操纵之弊，是处皆然，徽俗则否。充是役者，大都钜姓旧家，藉蔽风雨，计其上下之期，裹粮而往，惴惴焉以误公为惧。大憝巨猾，绝未之闻。间有作慝者，乡党共耳目之，奸诡不行焉。则非其人尽善良也，良由聚族而居，公论有所不容耳。『里仁为美』，不信然哉？

郡邑田少民稠，商贾四出，滇、黔、闽、粤、豫、晋、燕、秦，贸迁无弗至焉，淮、浙、楚、汉，其迩焉者矣。其拥雄资者，高轩结驷，俨然缙绅。次亦沃土自豪，奔走才智，而遍植其亲朋。最次且操奇赢，权出纳，翼妻孥而橐遗其子孙。然亦固有单寒之子，无尺寸藉而积渐丰裕者，亦有袭祖父成业，未几而贫乏不振者。辄谓郡邑地高水迅，蓄难泄易致然。殊不知盈虚消长，气运循环，而亦视乎其人之担荷，天道恶盈，鬼神福谦，商贾之夫，彼固懵然不晓也。哀哉！

商居四民之末，徽殊不然。歙之业鹾于淮南北者，多缙绅巨族。其以急公议叙入仕者固多，而读书登第，入词垣跻膴仕者，更未易仆数，且名贤才士往往出于其间，则固商而兼士矣。浙鹾更有商籍，岁科两试，每试徽商额取生员五十名，拔杭州府学二十名，仁钱两学各十五名。淮商近亦请立商籍。斯其人文之盛，非若列肆居奇肩担背负者能同日语也。故每自国初以来，徽商之名闻天下，非盗虚声，亦以其人具干才，饶利济，实多所建树耳。故每逢翠华巡幸，晋秩邀荣，夫岂幸致哉。则凡为商者，当益知所劝矣。

歙之钜商，业盐而外，惟茶北达燕京，南极广粤，获利颇赊。其茶统名『松萝』。而松萝实乃休山，匪隶歙境，且地面不过十馀里，岁产不多，难供商贩。今所谓松萝，大概歙之北源茶也。其色味较松萝无所轩轾，故外郡茶客胥贩之于歙，而休山转无过问者矣。又徽多木商，贩自川广，集于江宁之上河，资本非巨万不可，因有移家上河者，服食华侈，仿佛淮扬，居然巨室，然皆婺人。近惟歙北乡村，偶有托业者，不若婺之盛也。典商大都休人，歙则杂商五，鹾商三，典仅二焉。治典者，亦惟休称能，凡典肆无不有休人者，以业专易精也。

农力最为勤苦，缘地势陡绝，厥土骍刚而不化。水高湍急，潴蓄易枯。十日不雨，则仰天而呼。一雨骤涨，而粪壤之苗又荡然矣。大山之所落，力垦为田，层累而上，十馀级不盈一亩，刀耕火种，望收成于万一。深山穷民，仰给杂粮。早出，偕耕于山，耦樵于林，以警狼虎。暮则相与荷锄负薪以归。精饈华服，毕生不一遘焉。女人尤号能俭，居乡数月，不占鱼肉，日挫针治缫纫。故俗能蓄积，绝少漏卮，盖亦由内德焉。

歙南山多田少，居民多垦山而种，然皆土山，豆麦攸宜，较樵采之利不啻倍蓰。且土性坚凝，无倾泻之害。若北乡之山，则石多土薄，惟宜柴薪。迩为外郡流民，赁以开垦，凿山刨石，兴种包芦。土人始惑于利，既则效尤。寖致山皮剥削，石防沙倾，霉月淫淋，乱石随水而下，淤塞溪流，磕撞途径，田庐涨没，其害与凿矿炼灰等。而且山木童然，柴薪亦为之踊贵，得不偿失。况穷山僻壤，最易藏奸，难免遗患。惟在贤有司曲喻严禁，以杜祸萌，庶无厝火之虞焉。

歙工首推制墨，而铜、锡、竹器及螺蛔诸品，并号精良。若罗经日晷，则奇巧独擅矣。

墨工惟歙最著，以流传有自也。南唐李超及其子廷珪始作，宋时潘谷继之。嘉靖后，若罗小华、程君房、方于鲁、吴去尘，皆名重一时。半螺寸铤，珍同拱璧。而国朝之贡上方，邀宸鉴，则有曹素功。此外擅名墨薮者，尤不下百数十家，胥能行世传远。夫文房精玩四，而婺之砚、歙之墨，徽居其二，讵不韪哉。

砚石出婺之龙尾山，而曰歙砚，以婺固古歙州地也。至谓产歙狱井中，则诞矣。盖土人称石之腴美者曰『肉石』，称坑曰『阱』，因误以为『狱井』耳。

家多故旧，自六朝、唐、宋以来，千百世年系，比比皆是。重宗谊，修世好，村落家构祖祠，岁时合族以祭。贫民亦安土怀生，虽单寒亦不肯卖子流庸。婚配论门户，重别臧获之等。即其人盛资富厚行作吏者，终不得列于辈流。苟稍紊主仆之分，始则一人争之，一族争之，既而通国争之，不直不已。牧民者宜随其俗，力持风化。倘以他郡宽政施之，则政治虽如龚黄鲁卓，而舆论沸腾，馀无足观矣。

宗有谱，族有祠。一乡之中，建立社坛，岁时祈报，下民厮役，不得与焉。其良贱最易区别。

俗多负气，讼起微杪，而蔓延不休。然单户下民，畏权忍气，亦复不少。顾其讼也，非若武断者流，大都坟墓之争，十居其七。比年此风亦稍息矣。

家居务为俭约。大富之家，日食不过一脔，贫者盂饭盘蔬而已。城市日鬻仅数猪，乡村尤俭，羊惟大祭祀用之，鸡非祀先款客罕有食者，鹅鸭则无烹之者矣，较他郡绝无宰割之惨。故自唐、宋迄明，每逢改革，为杀戮所不及，亦可见太和元气之征矣，岂尽关山深地僻兵革不到哉？

冠服采章，普天率土，悉遵时制，罔敢或异。而女人服饰，则六邑各有所尚，大概歙近淮扬，休近苏松，婺、黟、祁近江右，绩近宁国。而歙、休较侈，数十年前，虽富贵家妇人，衣裘者绝少，今则比比皆是，而珠翠之饰，亦颇奢矣。大抵由商于苏、扬者启其渐也。持久之道，尚其知所节欤。

歙俗之美，在不肯轻去其乡，有之则为族戚所鄙，所谓千年归故土也。间有先贫后富，缘其地发祥，因挈属不返者。殊不知吾徽有千百年祖墓、千百丁祠宇、千百户乡村，他处无有也。假令迁后子孙长保富厚，已属孤另；设有不振，失所凭依，其流移有不可问矣，可不慎欤。

地僻难免藏奸。徽居万山中，而俗称易治，缘族居之善也。一乡数千百户大都一姓，他姓非姻娅无由附居，且必别之曰客姓，若不使混焉。苟非面目素识，则群起而讶之矣。故奸匪无所容身，而勾捕最易。虽不乏鼠窃，半皆土人之无赖者，而以语盗，则绝少焉。

徽州独无教门，亦缘族居之故，非惟乡村中难以错处，即城市诸大姓，亦各分段落。所谓天主之堂、礼拜之寺，无从建焉。故教门人间有贸易来徽者，无萃聚之所，遂难久停焉。

歙无他郡流民，故风俗醇厚，无所渐染。惟邑北山居之民，盗开煤矿，炼灰取利，每招外来工匠，群聚深山，非惟地脉受伤，溪流淤塞，而凶顽盘踞，易启乱萌。虽屡经严禁，其风未熄。官斯土者，所宜设法以杜其渐焉。

徽俗不尚佛、老之教，僧人道士，惟用之以事斋醮耳。无敬信崇奉之者。所居不过施汤茗之寮，奉香火之庙。求其崇宏壮丽所谓浮屠老子之宫，绝无有焉。于以见文公道学之邦，有不为歧途惑者，其教泽入人深哉。

六邑之语，不能相通，而一邑中四乡又复差别，非若北省中州吴楚滇粤，方音大抵相类。盖由父兄师长，不于少时教以调叶也。《记》云：『人生七岁，不杂方言。』其责则端在于乡里之明达者矣。

官司典制，秩祀仪文，郡邑悉遵会典，而壹乡一族，日用之常，则各沿其俗。丧祭大都守文公《家礼》，小有异同。惟葬不以时举，则违制矣。婚礼不尚亲迎，其馀去古不远。冠虽不行，而有冠之名。笄则备极详慎。数者撮略如左：冠为成人之礼，近时大概从略，非独徽与歙也。然凡支幼长成入祠，尚曰冠丁；醵金于社，则曰冠金，亦见冠之遗意也。乃或以十五岁为冠，或以十六岁为冠，未有至二十者，是则与古殊矣。惟女将嫁，先期卜日而笄，曰上头。父母醮而宴之。婿家于是日亦致馒饦果饵之属，曰上头茶。斯为合礼。

婚礼，媒通庚帖以后，即致果饼腥鲜于女家，曰探宅，乃古纳采、问名、纳吉意，而并举之。女家则请翁姑及婿履式，以时致馈，曰送鞋样，既而行聘，曰下定，即古纳征也。吉期已卜，则以骈丽语启之，或附纳聘函中，亦有特举者，曰送日子书，即请期之礼。前后三往复，始娶。婿不亲迎，惟以亲族名帖致女家，曰领亲。女家以名帖答，曰交亲，亦不亲送也。伴妇舆者，婿家惟用仆妇之吉者以迎，谓之男妇，曰伴亲。女家用老成妇妪以送，曰伴娘，意殊缜密。新妇入门，即行交拜礼，而后合卺。三日庙见，乃拜谒翁姑尊长，诸家人以次及，曰拜堂。遂宴妇于堂上，始服妇职。

丧礼。殡殓一遵《家礼》。赴状推服长为丧主，得长长亲亲之义。惟尚七七从事浮屠，而设吊之期，或五日、或三日、一日，视家道丰约、宾朋多寡，届日鼓吹迎宾。祭奠侈靡，皆非新丧所宜，是有望于乡贤之更正矣。宁戚无易，任转移之苦责者其图之。

亲殁不即营葬，富者为屋以攒。贫者仅覆层瓦，或以茅茨，有至日久暴露者。由俗溺堪舆之说，拘忌卜择之故。意为求福，实以致祸，不孝孰甚。夫徽为山郡，岂少牛眠，则虽曰卜择，亦半属因循耳。所赖贤有司檄示劝化，立以节限，破拘墟之习，而兴其仁孝之心，德莫大焉。举葬之日，延宾速客，曰贺坟。祖道层台，饰以灯彩。富者欲过，贫者欲及，縻费不资。或则去丧服而衣衮绣，易哭泣而事趋跄，过墟而哀，虞祭卒哭，夫何有焉？绳以治葬服缌之制，其罪大矣。此徽俗之尤，有弗能为乡邑讳者。秉礼之君子，其可身蹈之哉？

祭礼，尽遵文公《家礼》，各乡小异大同。家祠祭先，则以春秋二仲，有举于至日者，则僭矣。墓祭最重，曰挂钱，亦曰挂纸。举于清明，标识增封也。族祖则合族祭之，支祖则本支祭之。下及单丁小户，罔有不上墓者。故自汉、晋、唐、宋迄今，诸大族世代绵长，而祖墓历历咸在，无或迷失，执此故也。十月间有上坟之祀，曰送寒衣，亦感霜露之意。至诸神之祀不一，惟祀社最重，举于春仲，祈农事也；秋仲复行之，报岁功也。仪品丰俭，各乡不同。五祀独隆于灶，祀于岁终之二十三、四日，则海宇所同矣。

岁时礼。正月悬祖先容像于庭，供膳如生存礼，灯节后乃撤。元宵并前后三日为灯节，村落游烛龙于社，为汪越国寿，竹马秧歌，亦以队从。二月二日，比户迎福德之神，曰接土地。三月清明前后，各家上冢祭扫，挂楮钱于墓。七月十五为中元节，祀先，焚冥衣，荐新米饭。新丧之家，有延僧追荐亡灵者，或就僧寺为之。重九俗尚登高，载酒携肴，旅饮于野，亦避灾意也。馀俗或与各郡邑同。

傩礼颇近古，而不举于官，乃乡里好事者为之。新正用童子衣彩衣，蒙假面，作魁星财神之类，或扮彩狮，敲击锣鼓，跳舞于庭，用博果饵，亦即玄衣朱裳黄金四目驱疫遗意。初春歙西南乡村祀土神，曰作春事。其神曰太子之神，传为唐时封藩某王之子有德于民者。金鼓喧阗，陈列牲醴。夜则燔楮旂幡于所居之下游，曰送圣，所以禳解也。三月上巳，濒河之乡，或竞渡河干，或造纸舟陆游，旍旄毕具，盖寓修禊之意。四月，城中奉诸神像，遍巡街衢巷，钲铙震天，各厢隅村落以次而及，逾月乃罢，曰游神，用驱疠疫也。各乡于四五月，或八九月，亦有保安之举，扎造龙舟，装饰采绘，僧道斋醮，磔牲以祷，曰善会。事毕则亦送之河干。岁杪召道士跳舞娱神，排设福神衣甲，曰犒猖。俭家惟以牲醴祷祀，皆谓之谢神。

附邑令吴公殿华《劝谕埋棺札》：『札各图士民知悉：照得收葬骸骨，仁政所先，掩埋骼胔，《月令》备载，此固仁人君子之用心，而父母斯民者之更宜亟举也。本县因公赴乡，留心察看，见沿途殡厝累累，经数十年而未葬者颇多。甚至厝屋倾颓，棺身尽露，仅用片瓦掩覆，或以束草遮盖。其最惨者，骨摊榫外，树长棺头，种种暴露，情实可伤。查此等暴棺，或系无主，或缘赤贫。又有惑于风水，因而久停误事者。窃思死者以入土为安，风水之说，本属无据，且将祖父已朽之骸，要子孙未来之福，轻重已属悬殊，而况迁延岁月以致暴露？清夜自思，于心何忍！合行剀切晓谕，札到即便查明图内暴露棺柩。如有主者，劝令该亲属急行安葬。若无主及子孙赤贫者，即就该图内广行劝谕，积善之家，代为掩埋。倘图内实无殷实之户，而多暴露之棺，准即协同地保，验明棺数，开呈本县，自行捐廉，给付埋瘗。士民切当认真查察，不可遗漏。如果踊跃遵行，使诸棺得免暴露之惨，则不啻自行阴德也，是所厚望。来年清明节后，本县当亲赴各乡，挨图查勘，分令家丁点验，以期实惠。该士民等切勿视为具文，负本县一片婆心。幸甚望甚。乾隆五十七年十二月初三日特札。』

附先子《素壶便录》：徽宁俗，社日祀神曰做社，聚饮曰散社。亦即『桑柘影斜春社散，家家扶得醉人归』意。近复有演剧张灯以为美观者，曰社会。按《春秋》：『庄公如齐观社。』张氏注曰：『社者，古祀地之名，东迁后古意不存，浸为美观。』则社之有会，殆自周已然。五月五日，屈原死于汨罗江，后人当是日于水次竞渡，以招其魂。今江浙俗三月三日，间有龙舟竞渡之戏。按周五月为今三月，是仍吊屈原之意，不为无据。乃或以为上巳祓疫俗说，而后凡祓疫者，转皆用龙舟矣。又徽宁凡祈福酬神，辄祀五猖。或谓五猖为五方正神，犹天之五纬，地之五行；或谓乃五通之类。然五纬、五行，未可言猖，惟五通近似，而要皆非也。按猖为猖獗，乃强也。五猖泛言五方强干之神，初无指实。考明《祀典·旗纛之祭》，其神有曰旗头大将、曰六纛大将、曰五方旗神、曰主宰战船正神、曰金鼓角铳炮之神、曰弓弩飞枪飞石之神、曰阵前阵后神祇五猖等众。则五猖乃军营所祀，其曰『等众』，初非五纬、五行之谓，而亦非五通，盖皆浑称无所指名也。况五通五显，实亦正神，唐、宋尝列祀典，无与战阵之事。至若今俗所谓五通，乃吴下淫祀，军营安得祭之？大概徽宁人行商远贾者多，五猖之祀，以资捍御，亦犹军行冀无往不利耳。故亦有称五福者。又俗于神前割鸡沥血，曰剪生，此亦军营之礼。凡大征伐，天子祭军牙六纛，刺五雄鸡血于五酒碗，以酬神焉。亦见明典礼。

承尧按：此称先子，依濂谓其父江爱山登云也。又按：《橙阳散志》十二卷，即江村村志也，村人江登云所撰，刻成于乾隆乙未，有邑令杨祈迪序、徐光文序、署徽州知府江恂序。其子绍莲广之为十五卷，又增《备志》一卷，刻成于嘉庆十二年，有江兰序。卷一为《村地志》，分《村图》、《地界》、《地脉》、《山名》、《水源》、《土名》、《井塘》、《官堨》、《古迹》、《胜景》十目。卷二为《选举志》，分《科第》、《荐辟》、《恩褒》、《殊恩》、《明经》、《舍选》、《封赠》、《乡宾》、《文学》、《武庠》十目。卷三为《人物志一》，分《宦业》、《忠节》、《孝友》、《义行》、《隐德》、《儒林》、《士林》、《隐佚》、《风雅》、《名艺》十目。卷四为《人物志二》，专记列女。卷五为《物植志》，分《五谷》、《瓜菜》、《果木》、《花卉》、《畜养》、《禽鱼》、《古树》、《药材》、《颜料》九目。卷六为《礼仪志》，分《祭祀》、《岁时》、《冠婚》、《丧葬》四目。卷七为《风俗志》，分《灯事》、《游神》、《还烛》、《保安》四目。卷八为《舍宇志》，分《社坛》、《公所》、《祠堂》、《书院》、

《园馆》、《庵观》六目。卷九为《营建志》，分《社仓》、《坊表》、《丘墓》、《桥梁》、《道路》、《路亭》六目。卷十至卷十四，为《艺文志》，分《书籍》、《碑》、《记》、《序文》、《诗歌》五目。卷十五为《别志》，分《村考》、《氏族》、《邻贤》、《旅客》、《附居》、《仙释》六目。卷末为《备志》，记全县事，分《疆圉形势考》、《山脉水源考》、《建置沿革考》、《城郭乡隅考》、《风俗礼教考》五目。上录为《风俗礼教考》一篇，馀与歙志略同。

《橙阳散志》所记古迹

《橙阳散志》所记古迹：主薄寨，在飞布山。昔主薄葛显，率邑人置石寨于此，今圮。般若台，在瑞金庵左，巨石天成，平面如几，虬松翠柏，映带左右。明铁牛禅师说法处。嘉庆辛酉，村人江振鸿为作偈立碑。瑞阳阿，在瑞金山南。旧有台，明中丞江东之为冏卿时，以争寿宫事被放，遁迹于此，八年不入城郭。邹元标尝于此讲学。打鼓墩，在村南佛堂山前，昔为郑氏村落，村人击鼓催耕处。聂真人宅，在天黄山西药粒塘上，为宋真人聂绍元旧居，久圮。火炉尖，在村北，聂炼丹处。饯亭，在村南河滨，村人饯别处，乾隆时重建。柏亭，在主山垂东，元处山江椿妻洪氏，励志守贞筑亭，久圮。仪宾第，在村西南方家堨，永乐时里人汪某，当淮西郡主，治第于此，久圮。凌云台，在步云桥西。万历间，江东之筑。荫墩，在祥里，明时筑。别驾江世济种树其上，尽成古木。乾隆二十九年，方伯江春于下建增福阁，遍植荆树棠花。大树下，在村东大路口，古有巨槐。中丞江东之抚黔时，将讨播酋，酋遣使馈金于家，求公弟东会为解，东会不受，使者坐此树下，叹服而去，因名。放生池，在练溪桥口。万历间，文学江学海等，举金瓯社，放生设禁。乾隆二十七年重兴。沿岸植桃，为桃花坝。

江村始迁祖

宋江汝刚，字君毅，开化人。由进士判歙州军事。为政以德，民大化淳。任满兆姓遮留，卜居城北橙子培，以姓名地，曰江村，为迁歙祖。邑志作歙令，误。见《橙阳散志》。

江辰六宦迹

江闿，字辰六，号雒萱，晚号卤夫。少负隽才，有雅望，为王新城弟子。外舅吴公茵次，有吾家叔宝之誉。领乡荐，召试博学鸿词，授益阳令，建立十九贤祠，设书院课士。时长沙初复，大兵南下，羽檄旁午，刍茭供顿，应给裕如，以卓异赐袍服，擢均州牧，摄郧阳太守。调任解州，摄平阳太守，任满报最，内升员外。见《橙阳散志·宦业》。

按：辰六侄世栋，字右李，即于九之父。

江畹香宦迹

江兰，字芳国，号畹香，晚号香祖。少英敏，具干才。由贡生应召试。初任兵部武选司主事，练达多能，荐擢郎中，转鸿胪寺卿。历任太仆寺卿、大理寺少卿，外补河南、云南、山东布政使，改按察使。尝奏赎豫省穷黎售产，民得复业。又劝谕富户放赎荒年贱鬻子女，使得完聚。署北河总督，董治河务，悉就安澜，特调云南按察使。路出松桃，值苗民不靖，助剿有功，以经略福康安疏荐，超升云南巡抚。甫抵任，普洱边界，猓黑陆梁，会同提镇，募兵聚粮，深入不毛，直捣贼域。军令严明，将卒用命，边境以宁。特赐荷包玉器，接署云南学政，录士公平。嘉庆元年，晋秩光禄大夫，旋请入觐，内补兵部右侍郎。董治山陵，兼平畿南巨盗，转左侍郎，移疾归。未几，召赴河工，协理河务，屡膺褒奖，以议叙入都候旨。卒于京邸，年六十八。生平爽直，绝尽苞苴，尤笃于乡党，捐置绿猗文社、鹏扶文社田产。见《橙阳散志·宦业》。

江于九宦迹

江恂，字于九，号蔗畦，一号邻竹，由拔贡起家，初摄常宁衡阳令，继任清泉。泉为新分之邑。凡区画疆隅，建造衙署，分拨赋税，井然有条。复建白沙、东洲两书院课士，擢乾州司马。地为苗巢要区，建厫储粟，使守御有备。又议增筑外城，并复边墙旧制，格于议未果。历署靖州牧、宝庆同知、长沙太守，以事忤当路，被劾。左迁池州通判，摄旌德、泾县令，升亳州牧。甲午，淮决，亳被水，设簰拯溺，给饼，全活无算。事定，更筑护城堤，自是亳无水患，人称江公堤。历署安庆同知、安徽庐凤兵备道，擢凤阳太守。丁母忧归，服阕，补徽州太守，以寄籍仪征故也。积劳成疾，卒于官。君性警敏，工诗善书，居官廉洁，发奸摘伏，狱无遁情，执法不挠。虽任故乡，毫无瞻徇，有古良吏风。以子德量赠监察御史。德量，字成嘉，一字量殊，号秋史。好古多闻，苍雅籀篆，靡不综核。以选拔膺乡荐，举庚子编修，擢江西道监察御史。所条奏胥有裨时政，同列重之。承父遗并所自蓄秦汉碑、唐拓帖、宋板书最多。所书《武成王庙碑》八分，为世所称。尝注《广雅》，辑《泉志》，皆未及成。年四十二，以内忧归，卒。见《橙阳散志·宦业》。

按：上数人前卷已录，以未及详确，故据此复录之。

《橙阳散志·忠节传》

《橙阳散志·忠节传》记江文石事甚略，而记其弟天曙事较详。云：天曙，天一仲弟，禀性忠义，与兄从金公临阵，身伤十三刃，右手削去中指，无退志。创重仆田中，日啖生萝卜，得不死。兄殁后，隐居山中，力作孝养，得以终母天年。

又记明程士贤，字师尹，以诸生举真才，授唐县令，爱民惜士。李自成逼开封，士贤固守唐县，数挫贼锋。后以无援，城陷，自经。唐县民立专祠奉祀。

江大润，一名士润，字元玉。东望子，天一之父。任皂林驿丞，改武昌金牛镇巡检。张献忠犯武昌，率乡竭力捍御。城陷，自沉于江。

江国茂，字公乔，一字承甫，号二如。诸生，性忠孝，与四方名士结社论文。甲申国变，诣学宫痛哭。弃诸生，遁迹江湖间，以终其身。诗得少陵心法，载遗民诗中。

江一鸿，禀性忠义。客西江。崇祯癸未，募义兵勤王，援宣武将军，分守虔州，竭力捍御。国变，阖门死节。

江日照，字彦明，号六水。恩贡生，授文华殿中书，加尚宝司，才行兼卓。明亡，遁迹不仕。提督张天禄等，交荐内院洪承畴起用，不赴。洪素知公，未敢强迫。隐居终身。

清江九鼎，字小重，顺治丁酉武举。官贵州卫守备。康熙初，从征吴逆，力战死。

江淑，字信芳，寄居宿迁。由国子生授州同，简发四川，改补吏目。教匪乱，以运粮遇贼力战，死于大宁。经总督勒保题奏，赐祭葬，优恤，给云骑尉世袭。

江鹤亭　江橙里

《橙阳散志》鹤亭、橙里兄弟云：江春，字颖长，号鹤亭。性警敏，少攻制举，为王已山太史弟子。辛酉乡闱，以兼经荐，额溢弗售，弃帖括，治禺荚业。练达多能，熟悉盐法，司盐政者，咸引重之，俾综商务，勤慎急公。上六巡江南，两幸山左，祇候供张，胥由擘画。尝于金山奏对称旨，解御佩荷囊，面赐佩带，晋秩内卿。于净香园赐金玉器玩，并御书『怡性堂』额，康山则两蒙特幸焉。乙巳庆元，恭赴千叟会，与族兄进同与宴。锡杖，借帑舒运，恩数异常等，人以为荣，盖由实心报称。逢大典礼，暨工赈输将重务，殚心筹策，靡不指顾集事，故独契宸衷也。当提引事发，人情危惧，公毅然赴质，比廷谳，惟自任咎，绝无牵引。上识公诚，置商不问，保全甚众。内监张凤，盗销金册，畏罪南逃，公踪迹得之。上谓尽心国事，特宣温旨，加授布政使衔，荐至一品。此其大端也。他如建宗祠、整书院、养老周贫，及一才一技之士望风至者，务使各副其愿。其敦本尚义又如此。年六十九，无疾终。嗣子振鸿，字吉云，号成叔。擅诗画。孝友勤慎，凡敬宗收族，嘘植贫寒，悉如其父。

江昉，字旭东，号橙里，一号砚农，鹤亭从弟。幼敦笃。三岁失恃，父观察公命副室刘淑人子之。公事如所生，及没，以慈母持三年丧。陈请貤封，人称其孝。性好学，气度渊雅。所居紫玲珑阁，名流萃聚，诗酒盘桓。词学跻宋人阃域，与鹤亭方伯同为物望所归。一时广陵风雅之盛，自马氏后，以二家为坛坫主。而居心仁厚，能周贫友，于乡闾祠墓，尤多捐助。尝综汉皋盐筴，人以为利薮，公清洁自持，囊无赢蓄，至弃庐以偿宿逋。其素性狷介如此。子振鹭，字起堂，号玉华，谨饬能诗，工楷法，克承家学。

江村人所著之书

江村人所著之书，据《橙阳散志》所载：《悠然小稿》，江英著。《游闽诗集》，江懋著。《东皋草堂文集》，江铎著。《环翠轩诗稿》，江铎著。《周易发蒙》、《悔庵诗集》，俱程璩著。《春秋纂要》，江敦著。《瑞阳阿集》，江东之著，江允晖重梓。《黔中五传集》，江东之著。《柏亭诗稿》，江瀚著。《笔花馀唾》、《三莪遗稿》，俱江世济著。《清政录》、《实政录》、《玄洲奏稿》，俱江世东著。《蛙鸣集》，江尔桢著。《清寤堂集》，江学海著。《湖湘游草》，江学海妻胡氏著。《砚虹堂语录》，程国宾著。《汤剂指南》，江应全著。《蝉声集》，江自成著。《圣湖诗集》，江一鹤著。《四书说意》、《止庵遗集》、《求已堂集》、《弗告集》、《惊天集》，俱江天一著。《六水集》、《东海集》，俱江天一辑。《感义扶丧记》，江天表著。《玲珑庵稿》、《绿萝馆稿》、《二妙堂稿》、《南屏山草》、《平山草》，俱江念祖著。《读书疑问》，江日照著。《四书说约》、《春秋宗旨》、《史学珠玑》、《圣济总录》，俱江九皋著。《四书正义》、《王学类禅臆断》，俱江恒著。《五声韵定》，江德震著。《黄白山樵文集》、《投湘草》、《梁园游草》，俱江益著。《梦笔轩明诗钞》，江练如辑。《半亩园集》，江藩东著。《筠香集》，江宗涵著。《寄梅琴谱》，江南春著。《涤露集》，江斌著。《清源镜集》，江国柱著。《引翼集》，江源著。《蝬庵诗集》，江嘉树著。《辰六文集》、《河汾集》，俱江闿著。《友声集》、《益阳县志》、《均州志补》、《郧阳志补》，俱江闿辑。《香台集》，江闿妻吴吴著。《拙巢诗集》，江炌著。《桐香书屋诗存》、《蒿坪文集》，俱江湑著。《政在堂集》，江溰著。《二分斋诗集》、《貊其堂集》，俱江湘著。《宋金元诗永》、《双节赠言》，俱江湘辑。《胎产秘书》、《痘证集验》，俱江允玮辑。《集古良方》，江进辑。《虹桥诗草》，江嗣阶著。《随月读书楼诗集》、《黄海游录》，俱江春著。《杜诗提要》，江春藏板。《龙峰剩稿》、《黄海纪游诗》、《丽田琴谱》，俱江嗣珏著。《晴绮轩诗集》、《晴绮轩集词诗》、《练溪渔唱词集》，俱江昉著。《山中白云词》、《醴陵集》、《何水部集》、《十大家古文》，俱江昉辑。《耘石诗稿》，江元录著。《乐志轩稿》、《雁落山庄漫笔》，俱江世栋著。《环梓居诗存》，程起鹤著。《柏香诗钞》，江旻著。《真味集诗稿》、《定斋文集》，俱江山永著。《雨亭小稿》，江嘉霖著。《渔山诗稿》，程廷霖著。《瓣香存诗稿》，江邦铨著。《尺循诗钞》，江本良著。《江村即景诗》，程天澄著。《梧窗小咏》，江以埙著。《尚书私学》、《韵歧》、《潇湘听雨录》、《松泉诗集》、《梅鹤词》、《蕡洲渔笛谱疏证》、《草窗集外词疏证》、《山中白云词疏证》、《药房杂志》、《不可不知录》，俱江昱著。《唐律颁珠集》、《精粹词抄》，俱江昱辑。《闺房集》，江昱妻陈佩著。《通方志疑》、《蔗畦诗稿》、《楮叶集》，俱江恂著。《清泉县志》、《双蹲书院课艺》、《衡清风萍录》、《清泉试艺》，俱江恂辑。《江公谳语》，江恂著。《公饯录》、《清泉士民赠江恂诗》、《碧云诗集》，江长铠著。《啸岩草》，江以堂著。《修本堂集》、《素壶便录》、《爱山诗草》，俱江登云著。《家政指归录》，江文著。《涵春堂试帖》、《游笈集》、《畹香吟选》，俱江兰著。《尔雅便读》，江启芳辑。《读易管窥》，江绍芳著。《管然吟》，江文彪著。《核园诗抄》、《瑞金杂咏》，俱江毓英著。《广雅注》、《古泉志》，俱江德量著。《进斋诗抄》，江梦笔著。《披芸漫笔》、《闻见闲言》、《松窗述梦》、《梅宾诗抄》、《梅宾半稿》，俱江绍莲著。《唐诗醇雅集》、《杜诗精义》、《蟾扶文萃》十八种新书，俱江绍莲辑。《灼塘诗抄》，江绍蓉著。《潇侣诗抄》，江绍汾著。《芷乡诗钞》，江立功著。《三十六峰记游集》，江璠著。《梅花百咏》，江本璿著。原注：右载书籍不尽流传，而冷牖寒毡，未经剞劂者，亦复参半，标其书即以存其人也。

今按：江铎，字振之，号化行。淹贯古今，讲求性理，为江东之之师。

程璩，字叔玉，苦心学《易》。

程国宾，字尚之，诸生。工诗文、书法。

江恒，字于常，诸生。学通性理，讲学紫阳，卒祀紫阳书院及洛闽溯本祠。上俱明人。

江湘，字郢上，号文江，两举鸿博，未赴。遍交当世名贤。《宋金元诗永》，乃郢上与吴茝次、徐健庵合选。

江渭，字佩水，号蒿坪。生有宿慧，五岁解作文，八岁工书。乾隆丙辰举鸿博，不赴，肆力于诗。人以方郑都官，有江鹧鸪之目。于朝章国典最精核，尝居励司寇廷仪宾馆，为作笺奏。其小行楷书，七言绝句，并奏章，号三绝。晚忤某贵人，逃禅以远患。

江山永，初名晋，字虞封。有孝行，精研理学。

江昱，字宾谷，号松泉。山永弟。居躬笃厚，学古穷经。沈归愚目为国士。乾隆元年举鸿博，不就。精考据之学，辨论《尚书》，析疑发覆，为治经诸家所折服。所著书皆采入《四库》。上俱见《散志·儒林》。

江学海，字相如，号海若。明时人。学富才雄，为江东之记室。见《散志·士林》。

江嗣珏，字兼如，一字双玉，号丽田。性幽静，工诗书，尤精于琴，得古人不传之秘。尝客燕京、山左、江右诸郡，一时称为绝调。遍游名山，晚归黄山。西江海大中丞征辟不出，作却聘诗见志。同邑巴君廷梅为造琴台于始信峰，卒葬黄山云谷，芜湖文士甘铭为志墓。其诗集琴谱，临终俱自焚去。见《散志·隐佚》。

江一鹤，字振寰，一字秋鸣，号怀一，明时人。倜傥好义。寓居西湖，与董思白、陈仲醇、陆伯生，最称莫逆。

又江必大，字容甫，一鹤子，亦工诗。见《散志·风雅》。

江村之书画家

江念祖，字遥止，钱塘籍廪生。湛深经术，著述甚富。作画得石田老人真诀。

江必名，字德甫。一鹤子，嘉定籍，诸生。为董思白入室弟子。画入宋、元人阃奥，与从弟遥止，并称二难。

江必超，字文特，工诗文书法。时郡邑学宫碑记，皆其手书。

江必迈，字天沐，号螺青，必超弟。工画，得青藤道人意。

江上文，工书画，为世人所赏。

江湛如，字幼淹，一字如如，号若木。工诗，善书，兼以奕著。

江益，字无方，一字无疆。诗宗老杜，画得荆关法。上俱明人。

江德坤，字子厚，工诗文书画。

江德震，字东起，工诗善书，尤精韵学。

江嘉梅，字晚柯，号老云。秀水籍，诸生。博雅能文、善画。每有所作，不轻示人，积于除夕酣饮自赏，已而痛哭焚之。尝寓西湖，与李笠翁、尤展成、吴山涛交好。

江宏文，字书城，嘉定籍。能作擘窠大字。南翔镇白鹤寺门额草书『白鹤飞来』四字，乃其九岁时手书。尤工诗，选入沈氏《国朝别裁集》。

江嗣阶，字晋昌，号容堂，一号青渠。能诗善画。

江文彪，字虎文，号梅坡，能诗文，书法董文敏极肖，指书尤为绝艺。见《散志·风雅》。

又江元钊，字致远；江本孝，字理孚；江鸿怡，字茂功；江誉增，字含章；江立柯，字贯时；江士铨，字鉴人；江士镳，字谨华，皆善画。江苾，善分书。江观涛，字绎堂，号海门，善指书。见《散志·名艺》传后附注。

江村人之名艺

明江绾，号春山，神于象棋，以帛蒙目，百局不失一道。

江炫，性机巧，少为周王府供事，得秘传烟火之法。人物故事，及禽鱼飞跃，幻若天成。死后竟失其传。

江五老，智慧绝伦。谙西洋机法，以棉帛作人物，能令拍板行舞。禽兽之类，皆能飞走。曾入大内供奉。后遨游不知所终。

清江承源，字旭水，号浚川。善奕。尤精洞箫，极尽微妙，尝于中秋设宴虎丘，集诸名流奏技，罕有伦比。

江嗣埙，字彩山。精外科，近境数十年无不治之病。见《散志·名艺》。

江村闺秀

明江学海继妻胡氏，湖南人。工诗文，著《湖湘游草》、《岳麓吟》。

江廷俊妻凌氏，邑沙溪人。兵部侍郎凌駉妹。博通书史，善古文诗词，兼工制艺。

清江鸣銮妻胡氏，邑琵塘人。工诗善画，尤精花卉，得恽氏真诀。

江闾继妻吴氏，名吴。湖州太守吴绮女。幼承家学，工诗。著《香台集》，一时闺秀酬唱成帙，太守为序而行之。

西宁太守江洪妾石氏，吴县人。精奕，国手程天桂，时尚少，洪命与奕，程摇手谢曰：『桂恐蹉跌于女士，累后日名也。』又妾葛氏，江都人。精于琴，洪购小金雷古琴与之。洪殁后，不忍复弹，守志数十年，寿七十馀乃殁。

江嗣阶继妻梁氏，泾阳人。庶常梁棠荫孙女。幼承阃教，姑侄姊妹，尽以才名。工诗文书画，尤通《易》理，精于占卜。

江昱妻陈佩，字怀玉，天长人。著《闺房集》，选入沈氏别裁集。

江兰女江秀琼，字瑶峰，适如皋诸生张寿泰。能诗，善画花卉。著《椒花馆诗集》。

江起龙

劳志列江起龙于《勋绩》。《橙阳散志》列之《附居》中，盖本非江姓也。记其事较县志详，兹录之。云：

江起龙，字跃渊，一字为霖，世居江村之外村。本汪氏子，名瑞仪，改从江姓。具材干，强膂力。明末由行伍入仕，旋依永历，授总兵，封伯，后隐去。国初，王师平福建，招募义勇，应募入芜采营，随征多立战功，尝建策独拔仙霞关。顺治十三年，官广东白鸽营参将。康熙元年，升高雷廉三府水师副将，驻札海安所建城，御寇，平定海疆。五年丙午六月，海寇大至，起龙率舟师十六艘出洋剿捕。七月二十二夜至北墩洋，飓风大作，舟覆，与中军都司王爱国同死于海。或云：龙过，举炮误击龙目也。年五十六。后屡著灵异。雍正九年，广东王仕俊奏请褒封，诏封英佑骁骑神威将军，立庙崇祀，世给奉祀生员一名。子文朴、文桂、文权，后裔皆居雷州。又附注云：起龙初名百子，起自微末。其母毕氏，当子官显赫时，迎养不赴，依恋山村。晚年奉佛于觉华庵，能周贫乏，亦贤母也。故当时村人，直尊之曰毕夫人云。

沈周董其昌陈继儒赵宧光皆曾至江村

董其昌为诸生时，游新安。江村江一鹤迎馆于家，课其子必名。居年馀去。所遗书画真迹最多。

陈继儒亦与一鹤友善，每来新安，多主其家。为题诸园亭联额。

沈周游新安时，江念祖师事之，延诸村中，为作《瑞金秋霁》、《长湖烟雨》诸图。

赵宧光与江村觉华庵僧涤凡善，尝寓居庵中，为题迦耶室联额。涤凡通禅理，静默寡言，尝升坛说偈，地涌灵泉，一时名宿，赋诗记瑞。见《橙阳散志》。

刘铁笔

刘铁笔，逸其名，邑城人。精镂刻。能以径寸木石作种种奇器。江村江嗣岂延致之。坐卧一楼，恒有所作。人至，辄匿其具。居三年，辞去。濒行，出白石牌楼一具以赠。方广七寸，中镂山水、树木、桥梁、楼阁，其间窗户修不盈黍，尽能启闭，下犄狮兽，外环石阑，玲珑洞澈，细极毫发。实三载成之。后不知所终。按：嗣岂为江登云之父。见《橙阳散志》。

汪桂　叶雯　江云锦　徐柱　项佩鱼　吴仕　江百谷

汪桂，字庭芳，坦头人。善写真，后师蔡松原。工山水人物，有出蓝之誉。尝为江岷作《怡怡图》著名。

叶雯，字尉村，号钝夫，蓝田人。泰州籍诸生。书法得董思白神髓，为江绍莲之师。

江云锦，字行九，号枫原，一号默道人。东乡丰瑞里人，诸生。工诗善书，尤以画著，得宋、元人三昧。馆阿文成公家最久，文成礼为上宾。性刚执，耻于媚俗。卒以不遇归。

徐柱，字桐立，号石沧，一号南山樵人，夏坑人。工诗，尤以画著。画与小溪项佩鱼字孔庭齐名。徐、项皆江昉客，又同时岩寺人。

吴仕，字学安，亦工诗，亦江昉客。

江百谷，字耕礼，号情田，一号厈亭。篁南人，全椒籍。诸生。工诗词，善画，尤精翎毛。尝画鸡，作《七雄图》，人称神妙。后家于江村。上俱见《橙阳散志·旅客》。

吴野马晚居江村

吴云，字秋南，号野马，澄塘人。事母孝，有逸才。尝游塞外及楚、越，所至多名士与交。以母党亲居江村。殁后无子。村人举其殡，葬邑北雨粟庵南。亦见《散记》。

聂绍元佚事

《新安志》记聂绍元事，颇怪诞，《橙阳散志》亦记之。云：绍元为问政先生师道从孙，初寓村南上塘，得异人指授，炼丹村北火炉尖，出药治人疾病，投剂立愈。卜晴雨，靡不验，后得仙去。今上塘聂氏即其后。

赖文俊

予童时，每闻人言赖布衣相地云云。不知为何时人，今《橙阳散志》记之，盖宋时人，仍不知为何地人也。《散志》云赖文俊一名大有，自号布衣，世以地仙称之。尝游村中，村人议凿井，赖为扦定，得泉三穴，大旱不涸，即今大井。邑志称赖公井云。

江演重开叶坝岭新路

康熙三十七年，徽州知府范惟霖《重开叶坝岭新路碑记》略云：『歙东翚岭、新岭遥遥对峙，限日争霄。由翚岭出者，道经绩溪县治，由新岭出者，则自孔灵取径，悬崖怪石，壁立嶙峋。郡志只载翚岭，而新岭之名不见于书，盖其初原无所谓新岭也。二岭之北，昔有旧路，循山沿溪，由镇头抵叶坝岭，过嵇公关，达于孔灵，计程三十馀里，与岭路相若，而宽广可通车辙，无陵高驾险之劳，固南省之康庄也。缘明季多故，郡议舍平陆而开崄巇，于是新岭之名始著。而下路塞矣，行人苦之。盖五六十年所，于是歙中士大夫议复故道，具状有司。有州佐江君演，捐资独任其事。鸠工伐石，较旧径加广，邮递汛防，皆还旧趾。经始于甲戌闰五月，成于丙子二月。吴文学菘为审度形势，江处士承元暨廷英，为之董率工事。

余览歙志，隋末汪越国公，奉阃制之命，于歙北箬岭凿山开道，旬日而成。元郑师山《横山记》亦云：「歙南昱岭关，出入山谷间，无跬步夷坦。」宋岳武穆王提兵过之，值溪水大涨，军不得前，王命伐山开道，一夕而成。今江君所为，虽未即希踪汪、岳，要亦利济无穷』等语。

又康熙三十五年知府丁廷楗亦有记，略言：『此路创于明万历丙午岁，歙人方伯程公讳寰立有碑，在大源桥。明末翰林金声复立嵇公关于榨坑庙，因鼎革之际颓闭。五十年于兹，今得江君再辟蚕丛，夷成坦道。计自孔灵外汪桥左行，三里为中奇村。四里为郎扉。沿溪行，又三里许为百步岭，岭下古松巨樟参天。上为榨坑庙，祀越国公，金先生立关在焉。庙前有亭，山僧煮茶给客。由此出关，则右山左水，如行山阴道上。又六里至大源，石桥横亘，双溪合响。桥半有祠，祠侧有碑，即程公开路立桥记也。自是而八里为茶柯垂茶庵。再五里即镇头之濠寨司云。』上俱见《橙阳散志》。

按：江演，江村人，字次羲，号我拙。考秩州佐，封主政。路成后，复于茶柯坪建引道庵。其侄江承元记之。

飞布山

江于九《建飞布祥云岩真武殿记》，略云：『山在郡北十五里。志载昔世乱，有主薄葛显率民避乱于此，因名主薄山。唐天宝六年，敕改飞布，又名瑞金山，有瑞金庵，久废。明万历初，山麓八乡重建，以居南海铁牛禅师。先大中丞长信公题额犹存。庵左百馀武，巨石层叠，面平如几，虬松修竹相次，曰般若台，为铁公说法处。庵右二道：右道北行，经三佛石，穿松谷，抵甘露洞，洞深不测。云出弥漫山椒，则雨立至，土人呼为雾气洞。石室跨洞，祀甘露如来像。又百武及巅，俯视诸山，如长风鼓浪，起伏万态，五溪环绕如带，各村落散布，若奕子在枰，历历可数。左道扪绝壁而西，悬嶂千尺。下稍平，有石屋址，为主薄寨，即葛公保聚处也。更进数十武，奇石拔地，可十丈，中裂如屋，曰丝罳幔。面耸平阜，飞岑左峙。五老诸峰，拱列于右。布射水自西迤东，旋绕山足，山顶石脊，隆隆然直注岩后。盖兹山之灵秀，有独钟焉。遥望白岳，隐跃云际，若相映带，向传为真武著灵处，予署篆旌阳时，归省先墓游此。族子观涛，为予指点神异。阅二载摄守是邦，再谒灵境。殿宇翚飞，则吾家通议公昉、孝廉公嘉诂、州佐公振鹍等倡建，而慈川汪君玉景董其工，各乡士民共成之者。中略爰诹吉率同僚属，告虔于神，永为民福，更丝罳幔之名曰祥云岩。广齐云之泽而更为合郡祝嘉祥焉。乾隆乙未仲夏月，署徽州府知府江恂撰。』

又按，江登云《游飞布山记》，略言：『山凡五峰，左曰大牛，势类展旗，高亚飞布。中曰鸡冠尖，又名白石山，高杀大牛，而耸拔过之。右曰飞岑，高出鸡冠。峰顶巨石如屋，中有金龙洞、蝙蝠洞，石尽奇古。麓有泉从沙中出，沙细如银，名白沙泉，味甘冽，春月游人结侣，品泉于此。飞布为山之主峰。别有一峰，曰右弼岩，背倚飞布，东出为瑞阳阿先长信公读书处。登岩而望，大牛、鸡冠、飞岑，皆在其下云。』上俱见《橙阳散志》。

江氏远祖景房沈吴越税籍

《橙阳散志》载元元统三年正月东越张枢所撰《江景房沈籍记》。景房，宋初人，江氏未迁歙时之远祖也。记略云：『江景房，字汉臣，衢州常山人。世仕吴越，官镇海镇东两节度判官。吴越唐季建国，有浙东西十三州，地狭民庶，国俗奢靡僭逾。自武肃王时，好宫室苑囿池台盛丽之观，珠玉锦绣雕刻之饰。又崇奉浮图老子，用不足则益取于民，故其田赋市租山林川泽陂障之税，视他国为尤重。民困苦不聊生。太平兴国初，吴越国除，景房应奉图籍归宋。初，太祖既平诸国，皆因其故籍以赋于民。当时诸臣无能建请宽减者，由是定为令。景房素闻其事，欲去籍以利民，因沈籍于河，诣银台自劾。太宗怒，将置之辟，有为言者，得免死，屏归。后王方贽为两浙转运使，减田赋亩三斗为亩一斗，其馀苛税一切罢之。今方贽事，具著宋国史。而景房独以微故不传。延祐中，予观江氏家牒，知此事，并知其世系繁衍，自景房始』云云。馀略。

承尧至江村于江咏陶家，见江景房画象，明初物也。有万历中同邑范川、詹莱题赞。

飞布邻近诸山名胜

程国宾《云岚唐山记》言：『云岚唐山，去瑞金山左二里，与瑞金接，背伏牛峰。上有怪石穿空，内拥一石，成碑碣形，有文作墨色，类蝌蚪。晴日从岭下视之，欲读不可识。攀崖逼视，则石棱参差，书状幻化。』见《橙阳散志》。

又：『云岚山，亦飞布支山。唐越国汪王陵在焉。其西为佛堂山，有古佛庵。隋大业间建，明末江氏重修，更名觉华庵，王时敏题额。再折而北为鹤头山，产石可作砚。下有石桥，创自元延祐间，号云岚桥。东出为三台山，三峰并峙，老松数百株，苍翠欲滴。涧水一湾，环绕山足，境最幽绝。东北角有泉出石罅，以烹茗，味埒中泠，江橙里名曰酿云泉。名流皆有诗记胜。』见同前。

《赵黄门郡志略》

《赵黄门郡志略》，其文甚美，乃集旧句而成。今赵志已不可多见，幸此序附录于《橙阳备志》中，兹录于下：

徽之为郡，在山岭川谷崎岖之中王荆公《孙抗墓碑》，东有大鄣之固，西有浙岭之塞，南有江滩之险，北有黄山之厄。即山为城，因溪为隍罗府教记徽城。百城襟带宋晏殊《类要》，三面距江太宰倪岳记渔梁坝。地势斗绝，山川雄深学士程敏政序《新安文献志》。自睦至歙，皆鸟道萦纡。两旁峭壁，仅通单车。方腊之乱，两崖驻兵。下瞰平路，虽蜉蝣可数，贼亦不敢犯焉方勺《泊宅编》。乃山多涧水，脉络如织。断崖绝壑间出通道吴文肃公记相公桥。王雄诞之侵歙州，汪华栅新安洞口以守《唐书·高祖记》；黄巢之寇歙州，州人设鹿角于山中以御郑玉书家传。水之东入浙江者，三百六十滩，水之西入鄱阳者，亦三百六十滩。石之林立，势之斗下钱融堂记石梁，厥山峭厉，厥水激清朱子记清安道院，厥地险狭，厥土骍刚学士钱溥记庙学。厥州之阳，以渐乎水，厥水之阴，以攒乎山。高视则众山块如，遐观乃百川杯分。笼吴楚之封境，领江湖之气象张正甫记披云亭。山高水清，峙者支发江左浙右之名山，故有黄山、灵岭、花屏、问政之奇。流者派入浙江彭蠡之江，故有汤泉、白水、练川、绣川之异江逊记徽风亭。船经危石以止，路向乱山攸行刘长卿序，是新安之地最高钱融堂记石梁，天目之山与齐蒋市监传。以此守固，孰能逾之！若黄山向晚盈翠，黟水含春绕流伍乔诗。新安据浙江上游，水云深处李以申序新安志，天都诸峰，高插北霄，紫阳馀麓，横绝南港，为达人之大观方恪庵记问政山。中峰耸绝，灵气纷郁，岳峙九层，云峨百里，果天下之绝境张正甫记披云亭。梁武帝谓徐摛曰：『新安大好山水，可以卧治。』《梁书·徐摛传》。权德舆序陆歙州曰：『新安有佳山水，以资胜饯。』《唐文萃》山水幽遐，满目奇胜范文正与晏公书。风烟迷于郡郭，浦溆带乎人家崔鸥诗。澄江拖练，顿清门外之溪；喜色映人，更好城头之柳程端明书启。不其然欤？夫气烦则虑乱，视壅则志滞。故君子为政，必有游息之物，高明之具，使之清宁平夷，然后理达事成。此柳子有见于山川之胜，详记于三亭，而裨谌之为命，必乘车之野也云尔。

歙事闲谭卷十九

黄次荪《凤山笔记》

洪杨之难，歙县创巨痛深，至今伤痍未复，为吾县近年一大事。其咎实由曾文正尸之。盖文正用人不慎，轻于举措。又坚守祁门，自陷窟穴中，坐致大敌，劳师旷日，疲敝全徽，终于无功，弥可痛也。前卷已录《安徽通志·徽州兵事》。近又得黄次荪先生所撰《凤山笔记》专记此事，尤为详悉。黄名崇惺，潭渡人，同治乙丑进士，著有《二江草堂诗集》及《徽州府志辨证》等书，此其笔记之一种，未经印行，惧久而湮没，因不避烦复，录其全文，供他日修志乘者之采录焉。以下皆黄原书，一字未窜易也：

咸丰二年冬，粤西贼匪自长沙渡洞庭，攻武昌。三年春二月，遂陷安徽行省，长驱东下，连陷沿江诸郡县之地，直窜江宁，踞之。徽州大震。州西接池州，南达宁国，北接江西饶州，皆与贼氛密迩。而人士习于承平日久，不知兵革之事。闻贼踪日近，皆愕眙不知所何为。时太守达府公秀达秀，日延接缙绅，讲求守御之术。而天子亦自蒿目东南贼氛，诏故闽浙总督程祖洛之子主事程枚功，出家资治团练，以捍卫乡里。于是设守险守望两局于郡城，府公分遣郡人士，巡视各岭，扼塞置兵焉。

然州境四面皆山，不能处处设守，而村落棋布山谷间，无堡塞之固。虽设两局，实不能集事。

吴定洲者，绩溪人，业修水碓，居歙之北乡。有勇力，躯干甚伟，矜尚然诺，人乐为之用。道光季年，与其徒为花会之戏，有众数千，府公率兵役亲往擒之，置于狱，而遣其众。及是将募勇士，诸生言于府公曰：『徽人志气不齐，又不习战斗，无帅之者，莫可使也。必得众心如吴定洲者，诚贳其罪，使招其旧众，旬日可数千人，且不费公家之饷。』府公即破械出之狱中，延为上宾。定洲亦感激用命。其党皆闻风就募。于是官号其众为义练，裁守险守望两局。设义练局，以绅士董之。而花会遂复炽而不能禁。然亦颇藉其资，以为乡勇之饷。屡耀兵于岭外，遇贼战颇有功。当时局绅皆倚义练为重。公费取于花会，不足，则胁取富人之财。独诸生鲍宗轼，出私财，养战士二百人，驻西干，亲训练之，不与义练合。

咸丰四年正月，岭外土匪导贼目顶天侯、陈狮子窜祁门。唐令君殉难。鲍宗轼闻之，乃率所募勇士数十人，易装入城，擒之以出，而吴定洲始以众至，贼遂退。

夏，达府公卒于官，而沈司业祖懋方以学使膺督办徽宁军务之旨，亦最重鲍宗轼，以石埭、太平捐输事委之。钦差大臣向忠武公自金陵遣周忠烈公天受、江良臣军门长贵，帅所部东助防剿。周骁勇而爱士，江坚整而恤民。两公时皆为都阃府，屡立功于徽。其后位益贵，徽人犹称为江都司、周都司也。周军门之师驻青阳崇觉寺，江军门之师驻祁门榉根岭外，浙江何中丞又遣汉军观察徐公荣驻徽。于是徽防渐固，居人得安辑者将及一年。会周军门麾下卒，有与民争而火其屋者，民志始涣。

先是青阳之民多从贼，鲍宗轼至，谕以大义，民皆薙发投顺，捐输亦渐集。

五年春，下游之贼复至，怒其民降顺也，将尽杀之。民惧，乃复为贼向导，遂连陷石埭、太平诸县。周军门退保箬岭，贼遂逾榉根岭，攻祁门。观察徐公战败，殉难于鱼亭。江军门与战于岩镇，受伤，而周军门亦自箬岭遣裨将黄老三来援。黄，猛士也，亦败，殉于岩镇。二月十日，贼遂直入郡城，歙令廉公廉骥元、县丞张公并殉难。然贼虽连陷郡县，人数实少不逾万。而江、周及义练之师，犹在境上。又闻浙江援军将至。踞城甫十日，遽遁，由黟县窜婺源，逾岭去。浙江所遣援师金华府知府石景芬遂帅众入城，收复歙、休、黟、婺诸邑。

是为咸丰二年徽防军务初起至五年二月城破旋复之始末。

至五月，而张文毅公乃来也。贼之窜金陵也，沿江行省郡县，蹂躏殆遍，独全浙无恙。

浙江倚金陵大营为藩篱，而徽宁为后路。然是时苏常完善，金陵距浙稍远，故徽宁后路之防尤重。先是泾阳张文毅公芾任江西巡抚时，贼屡扑城不下，威望甚著。后以事被议，廷臣多言其才，于是有督办徽池军务之命，保徽池所以保浙也。而歙人程镇北水部葆，方以郎中简放肇庆知府，道出浙中。何中丞与之为同年，比部为人慷慨任侠，好施与，为中丞所重，因固留之，奏请帮办文毅军务。五月，文毅与比部先后至徽防。文毅既至，驻旆于新安卫署，设善后公所于署之东。延郡之绅衿王镕、王光祖、程梁生、仰士会、范昆圃等数人居之。深与江、周二将相结，复召吴定洲统其旧部。又募勇士数千人为果毅军，以苏介堂观察式敬统之。命各村自为团练，亲阅犒之。于是徽防军声大振。然是时台库荡尽，隔江声息阻绝。徽防主客军既多，浙江岁济饷银数十万，恒苦不给。而幕府人士纷集，委员绅士皆月有资给。于是，捐输之议起。当粤贼东下，徽人贾于四方者，尽挈其资以归。故令下而数十百万金立办。而是时贼又由婺源窜踞休宁，团练攻之不克。孙鸿胪日萱死之，而浙江方遣提督邓忠武公绍良援徽。忠武湖南宿将，至则伏兵于万安街，以轻骑尝贼，贼出，诈败。既入伏，乃与周军门、石观察合兵击之，贼大败，遂弃城由黟县、石埭而遁。忠武旋克石埭。馀逆有窜祁门者，亦为防军剿逐出境，而宁国之贼渐亦退。于是以江军门驻婺源，周军门驻石埭，吴定洲驻五岭，而苏介堂率亲军营于七里亭驻焉。自五月以后以至十二月，徽郡皆无寇警。而远方游宦与夫寓公之避地而来者，皆视徽为乐土。乡里一介之士，亦争讲韬钤，献条陈以冀保举矣。

六年春，江西之贼，由浮梁、乐平而窜祁门，将犯休宁。知官军有备，复逾岭去，而窥伺徽宁之志未已。三月，遂合石埭之贼，由焦村简垣突入歙之黄泥关。汤口团长率团勇与之战，死之，而贼亦颇有杀伤。黄山径路险峻，民团皆朴勇，辄踞险以击贼。贼径汤口、芳村、杨村，皆受困。既至潜口，程镇北太守又集各乡团练将至。贼慑其声势，号为程十万，又不敢由旧径窜回，遂兼程二日夜窜至许村，出箬岭而遁。于是张文毅深谓民团有功，诸乡团长奏请优奖、死事抚恤有差。贼既出箬岭，遂由太平犯泾县，陷宁国，旋为邓忠武公克复。泾、太团练，素亦有名，至是皆为贼败。文毅则招而用之，以壮亲军之色。然糜饷益众，遂复议户捐矣。

五月江南大营陷，向公退丹阳。旋薨于军。而楚南军在江西者，屡获大捷。江西贼无所归，遂大举窜婺源大镛岭，由休宁进至歙境。文毅督果毅军及吴定洲之众，亲驻城西七里亭，檄周军门于石埭，兼程而至，许以重犒，皆踊跃愿用命。

九月，贼连扑大营，皆为周军击退。吴定洲举大刀往来驰突，毙贼甚多。周军门开垒乘之，贼乃大败，遂出歙境，然犹驻休宁，久之而始逾岭去也。

七年春，张公以军储不继为病，将复劝捐。至是户捐已一再举。素封之家，力已不继。而故家大族，有负豪名而盖藏实空者，以绅士董劝之严，亦不敢不从命。

二月，江西景德镇之贼复窜穰溪河，复犯浙岭。浙省助防之师，参戎长镳、毕太守大钰、徐都阃勇，并战殁；游击王梦龄，及留防五岭吴伟奇等，同日进剿；而婺令杨裕仁，亦以民团至。贼乃大溃退走，遂复县城。

十月，贼复自浮梁窜祁门，进至五里牌，列木为栅，将为久踞计。文毅檄江、周两军进剿，一战焚其木栅，贼大败遁，擒斩数百名，追北数十里。而浙江助防之马游击怀珍，亦迎战获胜。贼又逾岭去。是时，楚南杨军门岳斌水师已复湖口彭泽，又连克铜陵、东流，破大通镇之贼。至巢县与江南水师红单船合，声势号为无敌。江西亦克瑞州，复东乡。贼之蹙于饶、广、石埭间者，虽时时窥我岭防，人数无多，不耐战斗，皆以为徽防可渐靖，民力亦可稍绥矣。贼之屡窥徽宁，其志实在于浙。浙防既不可动，则时出没于常山、玉山之间，以窥衢州。而徽州军既食浙饷，为浙守门户，则不能不以全力援浙。

八年春，伪翼王石达开，既与金陵贼二，由江西饶州，窜浙之江山，围衢州。连陷常山、开化、遂昌、松阳等县，遂入处州。文毅遣周军门往援。而以吴定洲之众隶焉。是时援浙之军麇集，晏中丞奏以周军门督办金处，而请文毅移严州，督办衢、严军务。会周军门已复浙东诸县，又遣将复处州，而衢州之围亦解。文毅遂不果行。周军门驻徽久，兵民习，故能相安。浙东久苦他省客兵凌藉，而处州人俗劲悍，稍拂其意，民团辄与官兵斗。故周军门虽有功于浙，而不能久驻。独吴定洲所部皆徽人，与浙风气素习。定洲约士有法，所过不扰。故浙人至今称：『当时援军，惟吴老明不愧将才。』老明，定洲小字也。援浙军既旋，文毅奏保有差，而定洲积劳旋卒，文毅盖深悼惜之。浙江甫肃清，而婺源又陷。文毅奏饬江军门攻之，屡胜。文毅方檄周军门及副将王梦龄，剿石埭、青阳岭外之贼，与白沙关总兵李定太之军会。距徽防益远，故未能益师以济江军门，而贼遂于婺源度岁也。

九年春正月，江军门攻婺源，不下，乃分兵驻清华街等处，俾贼无所接济。贼始窘，出战又屡为官兵所败。

二月，军门会诸军直逼城下，贼亦悉出鏖战，大败而遁，遂复县城。于是岭内无贼。而周军门又肃清石埭各邑之地。浙江胡中丞乃请以周军门守宁国，仍受文毅节制，以当徽、浙之前冲。今河东总督曾九帅国荃之师，又败走景德镇、浮梁之贼。于是岭外邻境，亦皆无贼。文毅前已赏给六品顶戴，升授三品京堂，六月丁母王夫人忧，请假，弗许。服阕补授副都御史。天眷日益厚。徽州防务既得稍纾，文毅念用兵数年，六邑捐输数百千万，虽给予奖励矣，而不可无以厚慰人士之心。本年万寿恩科，江苏大吏议借闱于浙，文毅力赞成之，以十月为试期，凡上江帘差供给之费，皆文毅遣员主之。而是岁六月，学使邵公又于徽举行科岁试事。十一月，省试榜发，六邑登正副榜者，凡四十人，为自来所未有。文彦彬，称为极盛，盖几忘境外之有贼踪矣。

冬十月，贼由泾县进至查村，周军击退之。自徽郡设防以来，皆以祁、婺为最重，因贼大股皆由江西来也。绩溪翚岭崇山关虽亦置兵，然有宁国一府为之屏蔽，故贼亦不敢遽由泾县、旌德以窥绩溪。自邓忠武战退，贼遂久据宣城、泾县之境。而曾九帅既克浮梁，吴方伯坤修又克建德，徽州西路屏藩渐固，贼不能由祁、婺窥郡，乃思由泾、旌以进。

十年春，连陷泾县、旌德，绩溪大震。文毅急檄江军门援剿，贼又分兵犯广德，突入浙境。浙江省城失守，我军亦无暇援之矣。江军门始自婺源至，而贼已入翚岭，守岭军皆败走，绩溪遂为贼踞，乃营于城外东山营。贼遽由绩溪上扑。文毅亲督军于万年桥，枪炮声鼎沸，文毅踞胡床，意气自若，数卒败退，将手刃之，众益奋进。文毅又遣骑队绕出山后，击其背，贼少却。开垒乘之，军门之弟长泰擒伪企天侯邓传意于阵前，贼乃披靡，遂进复绩溪。贼出翚岭而遁。是役也，贼众号十万，其进甚速。微江军门驰至，几殆。贼恐山径有伏兵，故一败即退走。然歙东及绩溪，已不胜其蹂躏矣。而浙江奏调湖北萧观察翰庆之军适过境，文毅犒之，使助攻旌德、太平。又留其副将韦志俊一军于徽。韦志俊者，贼中悍将，去年以池州献官军者也。旌德、太平、石埭旋克，而浙城亦旋复。两江何制军，浙江王中丞，亦遣兵复广德州。会商文毅，以江军门守之，以为宁国声援，而固浙省之门户。然浙自胡中丞莅任后，已颇以皖南糜饷为虑。罗文节公遵殿则谓徽军犹足恃，而虑周军门兵骄不可用，欲请文毅兼统宁防。事未行，而罗公殉难于浙。二月浙省之失，我师不能援，向之索饷，浙人则藉口不予。又四境屡为贼扰，绅民皆数四输粟，而力已竭，而主客防守之兵，有增无减，兵勇嗓索于粮台而不能禁。文毅于此，盖日夕忧惶而不能已。

三月，江军门之军，与苏观察式敬之军，会剿泾县之贼，克复县城。而江南大营，于是时退驻丹阳。钦遣大臣和公以伤发殁于军，帮办军务提督张忠武公力战阵亡，而常州、苏州相继失守。自金陵以至皖南，一无屏蔽，防军事乃益棘。天子于是命曾文正公署理两江，而以李元度代文毅守徽防也。

四月，天子以曾文正署理两江总督，旋予实任。文正乃调总兵鲍超七千人，朱品隆三千人，自安庆渡江驻祁门，为江西之屏蔽，将分三枝以规复金陵、苏、常。而所谓三枝之兵皆未至，独李元度新募勇六千，将至。李元度者，平江人。年少负文誉，喜言兵事，为文正所重。自守广信有功，积保至道员。会天子询皖军务情形，文正遂言张芾军旅之事非其所长，又言周天受之不可恃，而谓以李元度为皖南道，代守徽防。文毅在徽六年，士民皆与之习。闻其去，皆相率流涕，而不知文毅之欲解兵柄甚急也。李元度以八月十六日抵徽。文毅既受代，以二十日去，郡绅民相率拜送于道，数十里不绝，文毅亦揽辔踌躇，泫然不能自已。所部旧勇，文正悉遣散去。先是江军门守广德，而贼大至，御之，屡败，遂退。周军门被围于宁国，水泄不通。文正虽遣鲍军出石埭以援宁国，而道梗不能达。贼遂大举以图徽。元度受代时，贼已逼丛山关，而犹未之知也。贼酋伪侍王李世贤，诇知徽防新易主帅，大喜，遂乘间急进。而文毅旧部遣散者，则皆投于贼，为贼向导。既入丛山关，则甚之由小径以至绩溪大城里。是时张忠毅公运兰之师至徽，文正令守岭外，与贼遇于杨溪，贼数甚众。忠毅激厉士卒，与战，大败之，毙劲贼千馀名。贼故不敢由大路进，忠毅乃徐徐全军而退。岭防尽虚。自文毅去后，民团亦不振，探谍并绝，居人方以为岭内无贼，又以文正所遣将必无误，故无人议迁避者。而元度方严诘城门，不许居人出入。往时文毅遇警，辄亲驻城外，大起城钥，听民移家无禁。民习其令，故一有警即争出走。至是则皆惊恐号哭。城中先是扰乱，赖邵学使亲立城门，谕守者无遏沮。民乃稍稍携家出。元度日日遣兵，从大路出队，或数十里，皆未遇贼接仗。乡人亦不测楚军所为，转以为有奇算。而元度抵防后，未尝延接一士，亦无自觇知其军谋也。二十四日，有黑云覆城上如车盖，天大风，扬沙蔽日。是日城兵出，亭午，城中人望见东路烟燧四起。日未晡，而出队兵已遇贼自山径出，不敢入城，遽向西乡而奔，而贼飚忽已薄城下。侍酋披黄风帽，骑大马，督率其众，具梯絮攻城。城中枪炮还施。贼不少却。入夜火光烛天，炮声如鼎沸。贼益由北门进攻。元度方督将士力御。而是时城中居民，迁徙未尽，猝睹贼至城下，衢巷之间，奔走号哭之声不绝，皆逾城越山以窜。而城兵亦不意贼至之速，又皆新募之勇，遇大股贼，志益恇怯，遂各开城遁。二十五日破晓，贼已纷纷上城。元度知不可御，率亲骑由紫阳门遁，徽州府遂失守。盖距文毅之去，才五日耳。贼既得郡城，遂纵其党四出焚掠以示威，而别遣悍贼上犯。休宁县城亦于二十八日失守，而浙江严州府亦于九月被陷。盖宣、歙、池、睦之间，遍地皆贼踪矣。军兴以来，贼扰吾郡，少仅旬日，多则月馀，惟八年婺源之失，贼踞县城半岁，然逼于官军，未能遍出焚掠也。居民习如故常，又以文正大营近在祁门，故虽数日之间休、歙并陷，而犹日夕望官军之至，携孥窜伏山谷之间，而不肯远徙他境。故贼遂得饱其攫获，虽其不谙事体致是，然而可哀也已。贼既踞休宁，屡出队至祁门。文正乃急令霆营鲍总兵超、老湘营张臬使运兰遏其前，屡创之，贼不能进。

十月，霆营进驻休西之西馆，湘营进驻休北之铁匠湖，扬提督名声驻休南之佘村，又招吴定洲旧部汪起赴之众，谓之安勇，使宋太史梦兰将之，以助攻休宁。歙绩难民之避于休者，赖之以安。贼出北门扑湘军，不能克。而徽城贼亦进驻万安街，为城贼援。鲍、张两军乃相约，留少兵垒中，以缀城贼，而潜绕至休东，夹击万安之贼。十七日，贼方出城攻官军之垒，相持不能下。而后路警报大至，垒中兵尽出，贼大败。遁入城，不敢出。而万安之贼，不意我师之猝至，皆骇愕奔突。两军分击之，毙千馀名，毁其垒而还。是役也，县城几复，城贼裹粮将遁。会侍逆复自严州遣人运大炮火药适至，戒以毋动，乃复相与城守。然贼焰亦少衰。各乡村皆出伪示安民，遣人献银米蔬肉，谓之进贡，约不复掳掠人。故山乡距城远者，得稍安堵。会伪忠王李秀成，自芜湖来援，众号十万。自箬岭入而出黄泥关。所过焚掠益甚。凡进贡之村落，亦不能免。而侍逆之党，散居乡村者，亦并受其屠掠，遂由羊栈岭窜入黟县，将以窥祁门。霆营宋副将国永，与老湘营各勇奋击之，贼复退出。翌日又战于柏庄岭，大败之，忠逆受伤遁去。

十一月，饶州之贼，为今大学士恪靖伯左公之师所遏，瞯知婺源空虚，突入据之。我军方并力休、歙，无暇兼顾。逮左公进乐平、德兴，以复婺源，而景德镇又失。盖祁门前后左右，无处不有贼踪。左公及胡文忠公，皆以书劝文正退驻江右，今大学士肃毅伯李公方居文正幕府，亦以为言。文正愤受篆之初之屡衄也，又无以谢于徽之人也，皆不听。既而知休宁非旦夕可克，乃令鲍军门分援景德镇，而老湘营退军五里牌，又令江军门收其广德溃卒，屯于杨溪，以固祁门之防。而十一月李秀成果自岭外至，官军连击，败之。贼又益至，又大败之。嗣是忠逆不敢再窥祁门。而休城贼伺官军之退，大掠于北乡蓝田、小溪之境，虽屡为湘营所败，然难民益无所依，皆聚黟、祁之地，去乡愈远，益无所得食。十一月杪，贼复犯渔亭，为霆营娄提督云庆所败。

十一年正月，石埭之贼复犯祁门。一由大洪岭入，为江军门所败；一由大赤岭入，距祁门仅二十里。人心益惶骇。文正遣唐副将义训设伏于石门桥。贼至，四起抄之，大溃而遁。而休宁官军既退之后，贼遂进营于上溪口，与城贼及屯溪相犄角。至是诸军奋力进剿。安勇以乡里久残破，皆切齿流涕，拔剑斫石，期于必克。

二月初九日，湘营张观察会朱、唐两军，共攻上溪口。大战，平其垒。城贼出援，辄为安勇击败。乘胜直薄城下，与霆营环攻之，遂复县城。是月岭外逆匪分扑祁门，皆为大营之兵所败。而左、鲍之军，又大捷于婺源等处。徽防后路无虑，文正遂亲至休宁，督诸军攻城。休歙之民，逃亡既久，谓徽城将无复期，至是则皆倚担重足而待遄归矣。而旋有三月十九日之败。贼自休宁遁入郡城后，郡城之贼亦皆束装欲遁。湘军耀军城下，贼伏兵河西坞，与城贼合乘官军。官军败退，散处槐塘村民舍，不立营垒。贼侦知之，夤夜衔枚突出。围其村舍，纵火焚屋，喊声四起，兵士皆惊起奔北，不复成伍。刘军门松山，时方为营长，乃立大旆于山，使人报招，溃卒复聚。而贼即乘胜薄休宁城下，又分扑安勇于汪村。安勇亦未立营垒，猝为所乘，皆败走，宋太史亦受创。安勇由是遂撤，而文正复自休宁退驻祁门。于是诸公复言于文正，谓以两江督而滞一州，无益，徒为贼的，今东流无贼，而安庆克期可复，宜驻江滨以调度两岸军事，不宜胶于一说。

四月，文正乃由祁门移营东流，而留江军守祁门。徽人以文正无意于徽，克复益不可期，愈益失望。而文正既去，徽州之贼亦旋退。先是贼以文正去，图窥祁门，以为徽贼之助。遂由方干岭、樟岭而入。五月五日潜移黟县，江军门攻西虎岭，败之。而湘军张观察亦会皖南唐镇军及娄云庆之师克黟县。援贼续至，垒于卢村者七。我军会攻，皆破之，馀贼遁出岭外。徽贼以失援，故胆益恇怯。又以米谷将罄，无所得食，遂以五月十二日窜由绩溪出岭而去。湘军福建按察使张忠毅公运兰遂自休宁县督军入驻郡城，严启闭，禁淫掠，贼馀粮尚多，皆平价以售于民。徽人感焉。盖自去年八月郡城失守，贼踞郡凡十阅月而始退，深山穷谷之中几于无处不被其扰。其焚掠之惨，胁迫之苦，较他郡为尤烈。徽人向之累于捐输者，今且为贼掳胁，火其居，拘其身，而索其财矣。向之惮于迁徙者，今且无地可迁，无物可载，壮者不能挈其家，老者不能顾其子。其始奔窜山岭，惟畏贼至；其后则寒饿困殆，求一饱而不可得，不复能奔窜，亦不知贼之可畏矣。徽防之军，与贼战屡矣。而十一年岩镇之役，至今徽人犹津津言之。先是徽城既复，文正以老湘营驻郡城，唐镇军驻休宁，朱镇军驻祁门，继又命朱军剿岭外。及杭州危急，天子命大常寺卿左宗棠督办浙江军务。文正又请以徽防各军就近归左公调遣。围杭州之贼，惧左公与徽军之援，乃分兵由淳安窜歙之甘口。十一月二十六日遂抵深度。歙南大震。贼又遣伪成天安进窜休宁之屯溪，休南亦震。而伪辅王杨辅清自宁国率众十馀万突至，营于歙西之岩市街。街为休宁至歙孔道，长十馀里。贼踞之以窥两城。入夜号火照耀山谷，达旦不能绝。徽郡饷道不通，援师亦阻，时张忠毅已请假回籍，其弟副将运桂代将其众，徽人呼之张老十者也。徽歙郡县两城相连如环，副将以地大难守，乃尽撤县城之兵以备府城。又分一营驻城外南山，与城中为犄角之势。

十二月初二日，贼四面攻城，发枪炮，喧呼震地。而城中寂然无声。比进，将至城下，城中人度子药可及，乃发枪，一枪辄殪数人。再进再殪之，贼不能近。顾见城南山高，得之可以下瞰城中。遂率悍党往夺其垒。未及半，山顶枪子雨下，城中人亦自垛中放枪排击之，贼遂奔退，城围立解，而岩市之踞贼如故。副将乃命兵士由休北运粮，出黄山潜口，以夜达于郡城。贼屡欲劫之，皆为我军击退。而朱总兵之师，亦自岭驰至休宁，屡击街口之贼，皆捷。张副将乃亲自由潜口至休宁，与唐、朱两镇军会筹兜剿岩市之策。

二十六日，两总兵率师攻其前垒，贼急列众迎敌。而老湘营之师，已抵岩市街口浮图下，乘贼不意，毁贼栅而进。贼与两总兵战，已不一能胜，闻垒栅已破，骇惧不知所为，遂大溃。两军合蹙之，贼奔窜不复成伍。杨辅清亦受伤，循小径由水南乡而奔。其匿民舍之贼，并为我军搜杀。

二十七日，天忽大雪不止。至除夕，岩谷中雪高丈馀，贼之奔窜者，皆不辨路径。乡村无所得食，又惧官军追蹑，不敢停踵，陷雪中即不起。正月雪尽，居人见骸骨相藉，皆贼尸也。是役也，三将之兵数仅万人，而败三路之贼一二十万，其成功最为奇险。是时左恪靖伯亦大破贼于开化，人皆知其功绩之伟，而不知徽防之功，固亦不减，张副戎谋守之劳尤著云。

同治元年正月，恪靖伯左公破贼于婺源。先是十一年十一月，杭州省城失守，王壮愍公有龄殉难。左公遂授两浙巡抚，至是由徽入浙，遂有是捷。而鲍军亦克青阳、石埭、太平、泾县。时张忠毅公亦抵徽防，四月移军攻旌德，拔之。忠毅旋调援广东。皖南镇唐公移驻郡城。朱总营进驻旌德。左公又遣候选道王文瑞率师驻休之草市，休人称为王老虎。

十月，贼酋赖文鸿复窜旌德六都，为朱军败走。而昌化之贼，复自昱岭入绩溪，冀断朱军后路，唐镇军与王观察合攻之，贼奔出城遁。王观察军甫回草市。赖、古各贼又自旌德窜太平，十月初七突陷祁门。王观察赴援不及，营于渔亭。初九日进攻，拔之。

二年，贼又窜黟县，为丁总兵长胜、王副将明辉所败。复自蓝湖米坑将犯祁门，王观察一战大破之。古、赖之焰遂衰。三月，花旗逆匪谭星复由千关入，左公遣刘臬使典援之。而江西沈中丞亦遣同知王沐来援，驻于草市，人谓之小王老虎。二十一日，刘臬使抵屯溪，贼已蔓延于岩市万安街及许村东关之地，连亘四五十里，众十馀万。臬使屯于梅村，密与诸军约。二十五日，令黄军门少春、张副将声恒攻岩市。贼不意浙军猝至，即溃。而二王之师与唐总戎兵继至，合蹙之。自二十五日至三月五日，连败攻垒及踞垒之贼，贼不能安于垒。初六日，贼营传官兵已至，遂逾岭而遁。而踞黟县之贼，前已为二王之师所败，复纠伪对王等窜柏溪，皆为王文瑞所败。三月十五日，江西军又败伪贼诸王黄文金于祁门，殪其酋胡鼎文。于是各路之贼皆遁。此数月中，乘虚四入，人数既众，踪迹飘忽不常，几于合境皆贼。非二王、唐镇军长于战守，则休、歙皆不能保。非刘臬使之速至，则花旗各路之贼不能遽退。而谋画之周，调度之速，则微左公之力不及此。左公用刘臬使，专委以皖南之事，而保奖之优，与克复浙江城邑功等，故士志悦服。虽出入山岭，驰骤雨雪之中，而不辞其瘁。刘公精熟方舆，善于蹈瑕乘隙，故百战之贼，百万之众，当之辄靡。大抵浙江未陷之先，贼欲由徽以图窜浙之路，故徽之受害烈。浙江既陷之后，贼欲扰徽以缀攻浙之师，故徽之战事尤烈。嗣是而后，七月，贼复陷黟县，为王观察所败。八月，贼攻大洪岭、小榉岭，为王观察开琳及皖南道叶公兆兰所败。八月，贼窜许村、潜口及歙里东乡、绩溪等处，为刘臬使及唐镇军所败。贼窜歙南建口等处，为黄军门所败，追至孔灵而还。别股窜黟东叶村，亦败走。而伪奉王胡隆贤亦以石埭、太平、旌德三县投诚，朱镇军受之。

同治三年正月初二日，伪侍逆李世贤复纠诸逆犯绩溪，唐镇军会浙军击走之。而左公亦于是时克复浙江省城。侍逆复窜歙南，唐镇军及金观察国琛、毛太守有铭之兵同破之。六月，曾九帅克金陵，逆众窜保湖州。七月，肃毅伯李公之师助克湖州府城，旋收复建德。而逆复众拥幼逆将遁江闽，分窜徽境。左公遣将四出捕剿，总兵刘明灯生擒李秀成义子李士贵于歙南建口，搜获伪王宗等于屯溪，徽防由是始靖。

盖自咸丰三年设防，至同治四年幼逆就擒，凡十三年，合江南、浙江、江西三省之兵力，驻于境上。其军事实与金陵相终始云。

自同治元年以前，不佞皆居里中，纪述稍详。其后乃携家客江汉，游京师，里中音问多隔，故二年以后，但据奏报之文纪之，以著徽防之始末。至于漏略讹舛，盖皆所不免，亦未暇一一厘正也。以上上卷终。

徽之为郡，昔人皆以为天险易守之地。以往册考之，则殊不然。毛甘万户屯乌聊，陈仆屯林历，皆有形势可凭。而贺公苗白棓一呼，则皆不敌。以汪、王之神武，洞口不岨，不复与王雄诞争。盖深知凭险为固者，既失其险，即士心先怯也。睦州女子陈硕贞之乱，歙人应之，然起未逾时，即为官军讨平，亦险不足恃之一证矣。黄巢陷歙，观察使不能御。方腊陷歙，郭师中败于阵。徐寿辉破徽州，屡复而旋失。明太祖定徽州，守者弃城走，当时岂皆不知险之可守哉？山岭丛杂，险阻实多，一处不守，众路皆溃矣。惟大清兵之下徽州，非有乡导不能破。然当时所当者亦不止绩溪一路，而不虞大兵从丛山关间道入。若粤逆之乱，四邻皆贼，防不胜防，堵不胜堵。而贼多楚粤之人，深箐巨嶂，上下如履平地。观于咸丰十年郡城失守之后，深山穷谷，贼无往不能至，可知其履险之能矣。论者或咎前后诸将帅，但议守城，不议守险，亦未即当时之事势而一考之耳。

罗鄂州言：新安之人，多以材武著称。吾考往牒所载，若程仪同父子、汪越国，勋烈昆耀无论矣。黄巢之难，邑人郑传集兵保乡里。方腊既擒，馀党复炽，歙人钱尚、钱甭起兵讨平之。元初潜口松源盗数千人起事，黄氏之先世曰孝则府君单骑叩垒，谕降其众，事皆炳著志乘。粤逆之乱，视巢、腊尤炽。淮湘壮士，同仇敌忾，立功疆场者指不胜屈。吾郡材武如昔人者，岂遂无之，惜无知而用之者耳。吴定洲之开花会于跳石也，达公短衣草屦，亲往捕之，一郡称颂。其后复用定洲，人或议之。然定洲实壮士，尚然诺，恤人患难，故能得人死力。其后张文毅亦用定洲，议者未已。文毅乃亲为书黏于善后公所，亟称定洲之材。且言：『退定洲不难，孰可代定洲者？』众议乃息。浙人亦颇感定洲，然则达公用之，未为误也。予尝与定洲宴于戚家，酒酣，定洲谓予曰：『吾将于君里开设花会一所，子以为何如？』予默然。及罢席，定洲亦不复言。其后亦竟不复来吾里开花会。则知花会复开，固亦非定洲意。定洲武人，苟有善导之者，功名当不止此也。

咸丰五年冬，张文毅阅视乡团于各乡，驻檀干，丰乐水以北之乡团毕集，皆董事领之，各以旗械华美相夸耀。予时年尚少，衣腋裘，佩古剑，随长老率团丁，行三周而退。他村团亦然。远近聚观者千万人，皆以为盛观，虽赛会之盛者无此排场也。嗟乎！棘门、霸上之军，如栾将军等皆宿将，而汉文犹以为儿戏；若吾乡之团练，又何以云之哉！然黄山等处团勇，实有可用。自设团以后，贼始亦慑于虚声而不敢遽进。贼将至，则各团长遣人互相侦探，多确得贼踪，闻警则村自为团，无事则各归田亩，故费用亦易办，无苛派激变之患。曾文正鉴于苗练之辙，深抑团练。如吾乡之团练，听民自为之，亦何害哉！

五年郡城之失，贼入城即严启闭，禁其党四出掳掠，乡人见贼目骑马登古关岭上，徘徊良久，即退。盖恐有伏兵也。潭城渡距城最近，然皆未至。未几遂弃城退去。乡人皆谓贼不甚扰民。六年九月七里亭之战，村人皆隔岸观战，妇女亦有聚观者。比贼骑渡溪，乃奔。然未几亦即退。故十年贼陷之后，居人狃于前事，皆不肯远徙，谓贼皆必不久驻，贼入山焚掠，犹以为官兵所为，以致巨家大族无一能脱者。

咸丰年贼犯徽城，官军几败。及晚，居人皆见城上灯火四起，鼓角齐鸣。火光中红皂旗往来闪急，盖程忠壮、汪越国神兵也。事闻，二公皆加谥号。庚申之乱，徽人之见贼遇害者才十之二三耳，而辛酉五月贼退之后，以疾疫亡十之六七。盖去其家已十阅月，草间露处，虽大雨雪无所蔽，魂魄惊怖，无所得食，日夜奔走而不得息。当是时，家室流亡之苦，与夫屋庐残毁之痛，犹未暇计及也。比贼退各还其家，惊悸之魄既定，顾视家中百物乃无一存，而日食之计一无所出；或骨肉见掠于贼，渺然不得其音问，愁苦之气，郁于其中，而兵燹之情，动于其外，于是恤然而病矣。

又贼未退以前，乡村粮食已尽，往往掘野菜和土而食。贼既退，米价每斗至二千钱，肉每斤五六百钱，日不能具一食。绩溪近泾太之乡村，有至于食人者。于是饥饿而毙者，亦不可胜计。吾读左恪靖伯疏稿，言浙中兵后，小民困苦之状，殆与吾州情事一辙，洵乎仁人之言也。疏云：『浙江因前困敝情形，人物凋耗，田土荒芜，弥望白骨黄茅，炊烟断绝。届春耕之期，民间农器毁弃殆尽，耕牛百无一存，谷豆杂粮种籽无从购觅。残黎喘息仅属者，昼则缘伏荒畦废圃之间，撷野菜以为食；夜则偎枕颓垣败壁之下，就土田以眠。昔时温饱之家，大半皆成饿莩。忧愁至极，并其乐生哀死之念而亦无之，有骨肉死亡在侧，而漠然不动其心者。臣于去冬，曾筹补救十二条刊发各属，现复筹采买豆谷种籽，购求耕牛，招集农民，来浙开垦，冀将来或有生聚之望』云云。其后吾省大吏闻之，亦亟给民种籽牛谷，以开垦而行剔征之法云。曾文正在祁门，胡文忠与之书云：『宁国是进兵之路，此路不失，秋冬战功必有伟绩。不仅有益于浙江之兵事，兼可大慰朝野之人心。此地不守，则处处为坚城坚垒所阻，功效稍迟耳。』又一书云：『近年贼情，动辄六七万，非二三千、五六千人所能当。』及徽城既失，又与文正书云：『丈筹皖南，必不可停兵株守，当为长驾远驭之谋。非塞向墐户之计，士女怨望，发为歌谣，稗史游谈，诬人方册，吾为此惧。公其远谋，或并力血战以争徽宁，或分兵远出以保扬州。』又与李中堂书云时中堂尚在文正幕中：『闻次青尚在，且喜且怜之。此次按兵不发，亦不得辞其责。左、张、鲍之军，能及此时求战二三次，则徽州当可复得。再过半月，须顿兵年馀，乃可得也。吾恐其此后皖南北均阻遏不前，尽为望城欲哭之人矣。』又与左公书云：『兵事无万全之策，帅奉命已久，吴人喜极生变，六月于兹矣。凡将帅之是非，朝臣之谤毁，均可一笑付之，而士论民情，却宜顾念。涤帅之德，吾楚一人，公其善为保全。宜并力以万五千人，深入徽州，以求与贼交战。』又与文正书云：『兵事不宜长顾远虑，太谨慎则嫌于拙滞。进兵求战，约不过五六分可靠，便可放手放胆。丈策左公速进屯溪，是也。见及于此，即求速行。』右数书谕徽防情事，皆如烛照数计，故节录于此。

杜仲明为之编校重刻，然删窜尚多。于仲明处，见稿本数十册，尚有庚申年与文正一书云：『七八月间，徽郡必无战争』云云。而贼竟以八月陷郡，其言无验。编集时删去此书，然文忠之意，欲文正速进兵，故为此语耳。使广德不失，宁国得援，贼岂敢遽窥吾郡哉？杨中丞《平浙纪略》云：『贼既盘踞金陵，视皖南如四达之衢，日驰骋出没于其间，鹘落豨奔，飘忽无常。东沟则西走，尾击则首应，故其地系江、浙安危。左公力攻腹地，频克坚城。贼狡悍掣缀多端，左公以别将属之刘典，忠勇奋发，将士辑和，援皖援江，纵横数千里，战无虚日，始摧其锐，继伐其谋，终且聚江、浙逸出之众，雕剿十不存一。是以不旋踵而奏荡平也。』

李元度之失徽城也，曾文正劾之甚严，元度怏怏。浙抚王中丞知之，乃使人招之往浙。文正益怒。胡文忠又为书招之。然元度于浙事，亦未能有济。及今大学士恪靖伯左公入浙，元度又不能与合而归。而文正之怒未释，元度乃为其母上书文正，言元度绝裾而出，与文正数共患难之事，词数千言，文正为之怆然。金陵既下，反奏为元度乞恩，然廷臣犹劾之。天子乃以询左公，左公又深诋之，于是朝命遣戍。赖江西沈中丞与肃毅伯李公合词为之请，天子始曲贳之。其后复以贵州军务，保举至布政使。

《平浙纪略》云：『己未十月，江、皖就浙江贡院举行乡试。诸生及姻娅仆从由皖南来者众且盈万，关隘莫能诘。贼之南下也，固心艳苏、杭子女玉帛，未尝一日忘。惟久怵浙中虚声，又不谙路径，未敢径犯。会逢是役，其渠魁乘便入侦，备知虚实，故有明年二月省城失守之事。』

世父公占先生尝忧徽州兵饷皆不足恃，因为二策言兵事。策略云：徽郡四面皆山，形势可守，然善守必守于境外。今徽州境外三面皆有贼踪往来，处处可入，而论者犹专言守岭，是老泉所谓得一金，椟而藏之，必并椟而失之也。宜与浙江通力合作，养兵五万人，一万人驻宁国，一万驻池州，一万驻江西饶州二郡，为守御之师。而以二万人驻婺、祁、石、太之地，为攻剿援应之师。贼由长江来，必先犯池州。如由东坝来，必先犯宁国。有万人扼冲据险，虽大股必不能越。饶州入徽之路最多，乐平、景德镇各有五千人，贼则又不能越。而又有二万人策应之兵，贼来则援，贼去则剿。而皖南之防乃固。浙江惟常玉一路尚须有兵一万防守，此外皆不必设兵，而浙江之防亦固。以全浙之力，养兵六万人，月费不过三十万，犹可自给。又况徽州未大残破，宁、池二郡稍得休息，皆可取其财以供军。而大师驻节徽郡，视何方有警，调度援师，呼应最便。选将得人，用兵有法，威望渐振，疆宇渐恢，以次收复太平、江宁之属县，上与进攻彭蠡之师，下与金陵大营联贯一气，则江以南可以肃清，又岂止皖南、浙江之利益也哉？

镇北观察丈，其办团练也，名为帮办，实无尺箠寸柄在其手，徒以忠义激励乡人，故皆乐为之用。其调停诸将，尤费苦心。然观察实知团练之不足恃，又见防务既久，而贼氛日炽，饷事益绌，乡邦民力难堪，时时奋髯抵几，泣数行下，遂力辞帮办之任，携家赴浙，将复入都补官。而贼适陷浙。或劝之行，不可。遂与妻女并投环以殉。乡人闻之，知与不知，皆为垂泣也。

花会之戏，自闽地来，而徽州行之极盛。其戏为三十六门，各以二字为标目。摘前人诗句为题，使人射之。得者一钱偿三十。由是人争趋之。妇女稚孺，亦日从事于此。占卦卜字，祷庙祈梦，以求其兆。更有露宿墓下，或问某村常见怪异，平时不敢过者，亦皆奔趋占祷，不知畏避。然获利者，十不一睹，而破家亡身者往往而有。徽有俗谚云：『福建刀兵响，徽宁作战场。』有人曰：『此即福建刀兵也。』未几，果有粤逆兵事。张文毅驻徽之明年，力禁之，始绝。

曾文正军于祁门，欲造碉，患运砖石远，闻祁门人言闾山形如猴，城为猴圈。若毁其垣，则人文必盛。文正欲取其砖石以为碉，乃命毁之。然邑人亦有不谓然者。文正乃书四语于城门云：『拆了西城门，岁岁发科名。东南留一节，富贵永不歇。』甲子以后，祁门科第不绝，人颇有谓毁城之力者。文正固不谙形家言，藉此以息群队耳。

然碉之设亦无所用。同治癸亥，贼破祁门，碉内之兵，不能阻也。徽州山径丛密，必如大小金川，三里五里，碉堡林立，贼始不敢越碉而攻。然砖石之费已多，杨汲庵有以石子筑碉之议，既省工费，且驳遇石子凹凸处则气泄而无力，其说甚辨，而未有行之者。

祁门唐令君治殉难，遇贼被害。贼退，得其元于五里桥，面如生。绅民皆设祭号哭。

歙廉令君投缳于庭前桂树，时春二月桂花盛开，众皆叹异。士民为诗哭挽者数十家，惜未梓而传之。

张文毅去徽后，奉命办理本籍团练，卒殉花门之难。同治乙丑，鲍子年丈乃与乡人在都者，公呈于都察院，请于徽建专祠，奏入报可。壬申始于新安卫旁度地鸠工。乡人又呈于当事，请以周忠烈公、李金门学博祔祀。学博名金门，官徽州府学训导，文毅令督办团练，咸丰十年殉难。先是文毅奏建昭忠祠于城南，祀观察徐公荣，及廉、张诸公阵亡将士，置田产，使莲溪上人居之，主其香火。庚申之乱，祠毁于贼，乃于文毅祠旁，辟一室祀焉。而湘乡张忠毅公运兰之祠，至今犹未有议及者。忠毅兄弟皆知兵，庚申之间，攻休宁北路、破上溪口贼垒、克黟县，皆血战立功，不止十一年冬岩镇一役，为人所称道。其御军尤有纪律，故大乱之后，兵民极其相安。至今徽人言及老湘营张家之军，皆谓不愧名将，前后驻郡城者，未能逮也。忠毅后以福建按察使剿贼汀州殉难，事甚惨烈。左恪靖伯为奏恤赐谥，并于本籍及立功处建祠。

继忠毅驻郡者，为唐镇军，亦与民相得。同治元年，程封翁希辕尝集邑绅制万民伞三事，以献于镇军及郡尊刘公传祺、邑令钟公。余见镇军，其人布袍阔袖，恂恂如书生也。江良臣军门，最为徽人所称。五年岩镇之败，身受数创，又坚驻不肯遽退，士民得以从容迁避，故人尤感之。制万民伞列香案，送迎者相望于道。其后曾文正尽撤徽防旧部，独留军门一军驻柏溪，以系民心。歙、休逃难之民，闻仍用军门，皆握手曰：『江都司来，吾郡且克复。』闻出师小捷，必益夸张言之，谓他将必无是也。其得人心至于此。然张文毅尤爱周忠烈公之勇，称为『周将军』云。江后官襄阳提督，转陆路提督，以病归。

江、周二军之外，调派来徽防剿之军，尚有袁军门国祥、米军门兴朝、杨军门名声，皆受文毅节制。袁、杨二军，后均归曾文正调遣。米军后归浙江调遣。又有台勇、贵州勇，皆尝调至徽，然皆颇为民患苦，故未几皆遣去。以上下卷终。

按：此《笔记》，与卷十六所录《徽州兵事》各有详略，亦颇有异同。然彼凭奏报，此则同治以前，皆据目睹，自当以此为征实。又于军事得失，言之綦详，其不满湘乡处，皆可于言外得之，固足代表徽人之舆论也。

又按：黄宾虹《先德录》云：崇惺原名崇姓，字麟士，号茨荪，又号次孙。真民先生孙。幼颖异，从父雨墩司训钟爱之。长遭兵乱，时同族虎卿观察任汉黄道，因客汉臬，旋中咸丰辛亥举人。同治辛未授庶吉士，历任归化、福清知县，署汀州同知，旋卒于官。著有《二江草堂诗集》、《集虚斋文》、《劝学赘言》、《凤山笔记》、《草心楼读画集》等书，又重刊《潭滨杂志》。

吴又和画

辛未，余于程霖生家，见所藏一旧画，无款。上有石涛题字云：『新安之吴子又和，丰谿人也。游戏于笔墨之外，珍重其书，而不珍重于画。十馀年来，人间浪迹者多，每兴到举酒数过，脱巾散发，狂叫数声，泼墨十斗，纸必待尽，终不书只字于画之上。今观此纸气运生动，笔法值空，欲令清湘绝倒。故书数字其上。戊辰长夏清湘石涛济，邗上之大树堂。』

按：吴又和，不知何人。

鲍桐舟诗

又于程家见鲍桐舟瑞骏题李颀石画一诗云：『兵事株连党籍闻，故人相示酒初醺。拚将白板三间屋，暗与丹书一炬焚。祸弭衣冠非市义，画杌忠恕更超群。死酬知己生顽石，等是平章泾渭分。』原注：李山，字顽石，明末殉难。按：李山亦不知何人，俟考。

汤燕生江允凝题渐江画诗

见渐江画二纸，一有汤燕生题二绝云：『戢影阳崖光有涤，泻泉古壁净难污。泠然净境探真寂，浮累都消待隐夫。』『逍遥注后百无存，奇曜修铓散墨痕。静士冰心时镜古，搜将断幅与闲论。』

一有江允凝题云：『吾师漫写倪迂意，古木孤亭水石幽。优钵昙花题品在，禅门珍秘抗王侯。』下书『为启公题家师笔，江注』。

晶阳子诗画

辛未得程正路义画二幅，一山水，题云：『郭河阳《两峰图》，其潇爽雄豪跌宕，真高手也。义临。』一石与朱果，题云：『徐青藤笔下遒劲，曾睹其《白石图》，风逸可爱。又尝见陈章侯画扶桑果，粤中无霜雪，果赤，叶色不变，即吾地雪里红也。今并拟之，为《琅玕珊瑚图》。』二画俱奇古绝伦。

又在程霖生家，见程正路大幅山水，青红斑剥，古致横出。上题四诗，其一云：『雨馀境益佳，绿暗昼先晦。风泉沫寒碧，飞翚若洸溃。吾侪亦酒徒，悟此识真对。悠悠满尘寰，于此见风概。』

其二云：『天际飘红豆，窗虚断彩霓。楚竹入柯冷，吴丝压雪低。窅然共幽赏，流韵神为凄。起舞更一杯，空中闻天鸡。』

其三云：『放啸天地宽，仰俯洞岩谷。延赏拘奇思，良此适幽独。岂乏五侯鲭，更有云溪菽。泉香捣雪衣，霞气飞红玉。既醉尽百觥，再饮一斗不。』

其四云：『朝泛木兰舟，荡漾葑水泚。既饮辟疆园，清兴殊未已。红灯醉乌丝，青萍绕绿绮。独立看微茫，云霾吼若兕。安得明月来，星河吐万里。』下书：『往余客吴，同诸公燕会，用「风雨如晦，鸡鸣不已」八韵即席各赋之句，适录其四，列之绘后。顾诗机画调，颇出缁尘，自好之癖。觉青萍结绿，弗足易也。乙酉春并志，晶阳子。』

石溪雪庄黄山诗

画僧石溪居黄山时，曾画黄山，极盘郁可爱。自题诗云：『耸峻矗天表，浩瀚周地轴。溪云起淡淡，松风吹谡谡。乐志于其间，徜徉岂受缚。两只青草鞋，几间黄茅屋。笑看树重重，爱兹峰六六。山高共水长，鹤舞与猿伏。可以立脚跟，方此对衡麓。』

又画僧雪庄画《云舫图》，自题云：『黄山最奇处，后海老僧家。几座屋如舫，四时花是霞。峰高寻有径，云阔望无涯。晴雨人来访，呼童但煮茶。』上二画，俱藏程霖生家。

垢道人题画诗

程霖生家藏垢道人小画册，一题云：『不是滟滪堆，不是瞿塘峡。人间□崎岖，利名何时歇。』一题云：『流水自无恙，疏林别有情。』此十字作分书，极诡拙。一题云：『勘破尘寰缕缕情，都无人处话无生。天机清妙谁能识，须向尘寰谢利名。』一题云：『人间何处少风波，来去扁舟负短蓑。得钱莫漫沽村酒，只待诗狂带月过。』

又一册，自题云：『无声琴瑟与笙竽，岳起泉飞响答俱。不用结风还叱石，群峰绕指自相驱。』下书『同里弟垢道人程邃并题为吾友左严先生一笑』。

别有查梅壑题记云：『垢道人，余德友也。铁笔之妙，直逼秦、汉，其苍老劲秀之姿，远过前人。人得之宝为拱璧，间乘兴作画，写胸间磊落之气，深得摩诘神理。然不轻以示人，人亦难购。兹册乃其醉墨也，故多飘逸之致。且韵籁天生，当日工部构思之微意，一一于毫端见之，足征诗中有画，焚香静玩，诚为少陵之知己也夫。』

又一幅，自题云：『幽居一亩枕山棱，阶下松杉缠古藤。常爱园林深似隐，不嫌门左冷如僧。』

郑遗苏诗画

郑遗苏仿云林《拜柳亭图》直幅，今亦藏程霖生家。郑自题云：『是图云林为陆元素所作，秀颖绝伦。余得观于檇李旧家，偶临此幅，去迂翁亦不远也。郑旼。』旁有石涛题云：『云林生平，不作青绿山水，此幅郑慕翁临本，是其合作，若近若远，若淡若浓，若西子轻装而临绿水，不胜其态者，是靡不心折。题为陆元素作。元素隐居南湖，亦元季之高人也。焚香静坐，欣赏相对，令人俗想俱消，不知尘土为何物。』又另行题云：『天风起云林，众树动秋色。仙人招不来，空山倚青碧。是图纸墨如新，不易得见。迂翁画中最上乘也。名下有白文「倪瓒之印」，边有朱文「云林」二古字。元素居吴吴淞之上，老僧在广陵曾一见之。今见遗苏先生临本，故书数语，并赋小诗，石涛济。』

按：此图上题『拜柳亭图』分书四字，亦古拙，遗苏自书，当为遗苏最经意之作，可与其临渐江小长卷并重矣。石涛题语，若断若续，是其故态，畸人拙墨，但可以意会也。

又见遗苏二画，一题云：『雨后初晴听暮蝉，溪流处处起新泉。白鸥飞去馀闲集，输与渔人泛钓船。』下书并题：『似闲倩道兄教，郑旼。』一题云：『朝来点笔墨花新，不用临摹习古人。迂性莫除浑简远，小亭荣木几株匀。』下书题：『似扶风道兄，旼。』

上三幅俱藏程氏。又郑芷蕃家藏遗苏《读骚图》巨幅，题云：『雪庵遁居夔庆，尝掉扁舟读楚《骚》，随读随弃，居民延其诵经，乃诵《楚辞》以应。杜景贤知其志，请习楚经。噫！乾坤不息，经理焉穷，此真善读书者。余尝图此，以助征贤之思，郑旼并识。』按：征贤『征』字，疑当作『景』。

石涛黄山图大幅

石涛图《黄山形胜》，题程元凤诗云：『峰峦秀拔三十六，高插层霄罗碧玉。山头剩屋千年宝，祥烟瑞霭纷馥郁。黄帝重道访浮丘，曾枉鸾舆顾山谷。万有千岁长不老，至今丹灶留山曲。』下书：『程元凤所撰黄山诗，余读之，取其前截，以图黄山之形胜，借诗以传不朽云。岁在丙寅浴佛日试墨，小华之妙品，亦一日之清课也。清湘石涛济山僧。』此画亦程氏藏。

歙事闲谭卷二十

石涛《百美图》曾藏馀清斋

清湘老人《百美图》大卷，粗如牛腰，世间奇物也。今藏程霖生遂初庐，余辛未见之。卷尾有胡赓善跋，巴子久以八分书之，云：『丰南吴氏家藏清湘老人《百美图》，予耳熟年久，比同巴子安过访馀清斋，主人出以相示。此图规杭十州，而自出机趣，物色生态，寓目宛然。不意晚年获此巨观，漫题数语志快。子安八分书于卷后。同观者慎堂雪舫诸昆友及其从子子远、子华、子乔也。乾隆庚戌六月，石壁山人胡赓善跋。』

按：此图乃为清初达官博尔都问亭氏画。石涛自题云：『唐人士女，悉尚丰肥秾艳，故周昉直写其习见。实父能尽其神情，纤悉毕真，不特其造诣之工，彼用心仿古，亦非人所易及也。丁丑春月摹写，至秋始克就绪，幸得其万一也。』

又博尔都题云：『向随驾南巡，觅得仇实父《百美争艳图》，内宫中物也。余得时，恐为本朝士大夫所妒，是以索清湘先生写之。余即以旧藏宫皖一机邮寄，临摹三载始成。比归我，即求在朝诸公题咏，无不赏识者。欲装潢时，则鲜有其人。岁在辛巳春三月，复寄索以代为潢，并求一题，则成全璧矣。』

其后有清湘代装后续题，并诗。又博尔都诗，又李光地、曹寅、王士禛三跋。盖博问亭家衰败后，乃流转入馀清斋也。又卷尾有棠樾鲍氏藏印，则又在吴后矣。

郑笔峰塑像

新安郑笔峰，名约，以塑像著声。塑佛像能于神处得想。尝观南朝神像，独以金乙总管像为最，周太尉次之。谓凡神像耳、目、口、鼻，其高下大小皆板对。而二像不然，则神活，所以最也。会左髻昙阳子羽化，数年祈塑者相踵于门，竟以悴死。死之时眼根先绝。见近人邓文如之诚《骨董琐记》引张大复《梅花草堂集》。

吴明官窑

徽州吴明官之窑，与嘉兴之腊竹、王二之漆竹、苏州姜华雨之莓篆竹、嘉兴洪漆之漆、吴铜之铜，皆以工起家，与缙绅先生列坐抗礼。见张岱《陶庵梦忆》。

程鱼门三长物

姚姬传《惜抱轩集》有《题程鱼门三长物斋》诗云：『扫除万物无一须，犹藏玄璧督连都。咸亨旧碑北宋拓，同时一砚遗大苏。』玄璧者，程君房、方于鲁、罗小华及明内龙香墨也。

汪孝婴藏汉釜鬷

焦理堂为《汪孝婴别传》云：石埭东南郭柳家梁，有妪斸田，得铜器二，有古篆文。一为『蜀郡成都杨旦造传子孙』十字。一为『陵阳子明受王孙釜作鬷用沸』十二字。孝婴以刘向《列仙传》记子明上黄山采五石脂，沸水而服，此其沸石之器。旦为杨王孙名，可补班氏《汉书》。急分俸钱购得之。日手摩挲以为娱乐，而甑中生尘不计也。

又孝婴之弟子当涂夏燮跋云：『先生既殁，遗孤贫不能存，每炊烟欲断，则携此器向僦柜中易钱数十缗。其后六邑之商人，争睹其为汉器也。每质，辄增其母，而赎者益艰。去年招小衡之孤云浦于长城，询其年限未满，急分俸代赎之。细审釜篆，旦字则昌之讹也。

程雪画瓷

《骨董琐记》云：程雪，字笠门，歙人。工画山水花卉。光绪中客居景德镇，于瓷器上作画，极钩勒渲染之妙，得者珍之。己庚之交，予于市上见笠门青花壶，写《小姑山图》，颇具大观。

又张公束鸣珂《寒松阁谈艺琐录》云：笠门画磁，凡得其一杯一盎者，皆球璧视之。尝以七寸瓶画青花《寒松图》见贶，属题其山水小册，余每页作五绝一首。后笠门辞世，其画册有人出重值购去。

罗小华逸事

《骨董琐记》云：罗小华负侠名，能入水中竟日夜。家素封，善鉴古。从胡宗宪征倭，招徕汪、徐诸酋，叙功为制敕房中书。入严幕，与世蕃同死西市。或曰，先遁去，死者族子，非龙文也。子六，一改名王延年，游吴越间，鬻骨董自给。颇能诗。《野获编》云：『小华墨价逾拱璧，以马蹄一斤易墨一两，亦未必得真者。』

江秋史碑式印

江秋史尝仿汉碑式，作收藏印。石高二寸，碑面修三寸，阔寸馀。上仿碑头，作穿孔式，阳文『江君之记』四字。碑文云：『君讳德量，字量殊，江都人，太守君之长子也。举进士，官御史，世精古文，金石竹素，靡不甄综，乃于乾隆五十七年霜月之辰，刊兹佳石，以传亿载。』自作跋云：『赵郊卿生立圆石，达者情也。而荡阴颂生亦称讳。至宝难得，性命可轻，身实殉之。墨君弟为予摹汉碑，获予心哉。秋史识于问津书院学海堂。』未一年，秋史即下世。见《骨董琐记》。

汪大黉自鸣钟

汪大黉，字斗张，号损之，歙人。工分隶，蓄碑板甚富。有巧思，能制自鸣钟，甚精。客于盐商江鹤亭家，尝以汪所制充贡。见《骨董琐记》。

方仲芳刻黄杨木

歙人方仲芳，工刻黄杨，与江皜臣治玉章并传。见《骨董琐记》。

方信川黄平沙漆器

《骨董琐记》云：元时攻漆器者，有张成、杨茂二家擅名。明初金陵杨埙、汪家彩，皆擅漆技。又有漂霞、沙金、蜔嵌、堆漆等制，新安方信川尤有名。明隆庆时，新安黄平沙造剔红，一合三千文。

吴窑

《骨董琐记》云：『吴麐，字栗园，歙人。山水学黄子久。生平有古君子风。客居扬州。有景德镇土窑产秘色器，与唐熊年三窑齐名，世称吴窑。』

按：上数条，惜未详所据何书。

罗龙

歙县罗龙，字锡三，工画秘戏图，与大同马相舜、太仓王式齐名。见《茶馀客话》。

许文穆曾藏米海岳砚山

《尖阳丛笔》云：米海岳砚山，本南唐李后主物，宣和中入禁中，后流落人间，为台州戴氏所有。明季新安许文穆得之。又归于秀水朱文恪。流传数世。至竹垞以馈高澹人，至今尚在当湖。

李廷珪墨形式

《七修类稿》云：李廷珪墨，形制不一，有圆饼龙蟠而剑脊者，有长剑脊而两头尖者。又有如弹丸而龙蟠者。皆用金泥。原墨一料，用珍珠三两、玉屑一两，捣万杵而成。故久而刚坚，能削木，堕沟中经月不坏，用必先以水浸磨处，否则损砚。

程君房　方于鲁　曹素功

《骨董琐记》云：『方于鲁造九元三极墨，自谓前无古人。程君房与之竞胜，遂构嫌衅。见方观承《题曹素功艺粟斋墨歌》自注。』又云：『于鲁《墨谱》六卷，分《国宝》、《国华》、《博古》、《博物》、《法宝》、《洪宝》六类。上自符玺圭璧，下迄杂佩，凡三百八十式，倩名手摹绘，备极精巧，系以题赞。』

程君房亦作《墨苑》十二卷，分《元工》、《舆地》、《人官》、《物华》、《儒箴》、《缁黄》六类。《墨苑》中绘《中山狼》，即诋方也。程墨后介内珰致之神庙。方恨甚。程杀人系狱，方力挤之，程卒不食死。沈德符所叹为『墨兵、墨妖』者也。

方字建元。程字幼博，又字大约。同时与齐名者，有槜李陈氏。所造墨曰『烟霞侣』，陈乃大年堂药肆主人也。叶元卿、吴去尘，俱有名。

清初歙人岁贡生曹素功，字圣臣，能传程方法。制紫玉光、天琛、苍龙珠、天瑞、豹囊丛赏、青麟髓、千秋光、笔花、岱云、寥天一薇露、浣香玉、五珏、文露、紫英、漱金、大国香、兰烟十八种，盛行于世。后之制墨者皆宗之。素功裒集一时投赠诗文，为《墨林》二卷。

按：徐子晋《前尘梦影录》云：程君房《墨谱》十六巨册，前题后跋，皆有闻于世。图绘出丁云鹏、吴左干手居多。雕镂之精，在万历时称绝。因伙友方于鲁负心，册后附《中山狼传》并图四幅。所记负心者，不廑于鲁。于鲁亦以鬻墨起家，书出，方氏蒙垢，遂刻《墨苑》一书以相敌，并出资购焜程谱，故传世绝少。方书刻工不及程，即松烟工料亦不逮。乾、嘉时藏墨者，置程、方不加品藻，以其设肆不足珍也。今则不可多得矣。相传二家皆有上乘，凡一两以内者，皆名流托造，无不佳妙，若大块文章，祗堪悦目耳。近时出九子墨、九师圆形墨，亦借二家之名，实赝品之最下者。

又云：曹素功继程、方而起，康熙朝，帝幸江宁，进墨，蒙赐『紫玉光』三字，后充贡及发售者，有双龙文衔珠，皆扁方形，周围贴金，无边，阴文楷书填蓝，款字阳文，重五钱。千秋光同式。

又按：姜二酉绍书《韵石斋笔谈》云：『方于鲁微时，曾受造墨之法于程君房，仍假馆而授粲焉。程有妾甚丽，以妒出之，正方所慕也。乃令媒者辗转谋娶。程讼之有司，遂成隙，未几程坐杀人系狱，疑方阴嗾之云。』言方、程交恶事，以此为详，似得其实。

明墨

《骨董琐记》引《帝京景物略·论明墨》云御用内墨，则宣德之龙凤大定、光素大定。青填金填『大明正德年制』字。别有朱蓝紫绿等定。外则国初之查文通、龙忠迪、碧天龙气、水晶宫二种。方正牛舌墨、苏眉扬卧蚕小墨，嘉万之罗小华小道士等、汪中山、太极十种，玄香太守四种，客卿四种，松滋侯四种。邵青丘墨上自印小象、青丘子格之、方于鲁青麟髓等、程君房玄元灵气等、汪仲嘉梅花图、吴左干、玄渊、髻珠二种。丁南羽父子。今之潘嘉客、客道人、紫极龙光。潘方凯开天容、吴名望紫金霜、吴去尘。不可磨、未曾有等。之诚按：二潘二吴外，尚有潘方回宜宜堂、程孟阳松圆阁、方伯闇写经墨、泽远、一笏金。方敷远碧水神珠、广居神髓。及汪务滋、祝彦辅、吴象玄等。

承尧按：此与第十五卷所录《物理小识·论墨》略同而加详，足备参考。

徽人重倪云林画

《骨董琐记》引王凤洲语云：『画当重宋，三十年来，忽重倪元镇以逮沈周，价增十倍。窑器当重哥汝，十五年来，忽重宣德以至永乐、成化，突增十倍。大抵吴人滥觞，而徽人导之』等语。

按：此可见新安画派之源。

吴南芗　郑学之

阮元《小沧浪亭笔谈》云：『歙县吴南芗文徵，工书画，善篆刻，极意摹古，皆得神味。尝为予作「伯元」小印。雅似其乡先辈程穆倩手笔。郑学之光伦，即南芗之甥，豪迈有任侠风。才情敏赡，诙谐间作，久居历下，名士皆爱与之游。』

又钱梅溪《履园画学》云：『南芗流寓山左，能诗，尤工书画。凡篆隶真草、山水人物、花卉翎毛以及刻碑摹印，莫不通习。嘉庆十八年，以布衣诣阙上书，奉旨回籍，不加罪也。

晚年尝寓吴门，行医自食，可谓奇士。』

朱苍楣酷似其舅

《小沧浪亭笔谈》云：曲阜孔𢍰轩检讨广森始擅词章，继乃潜研经疏，为《公羊》、《大戴》、音韵之学。其文以六朝、初唐为法，远出陈检讨其年诸君之上。其经学识解超异，迥出凡流。使天假之年，世应无偶。子昭虔能以词章世其学。歙朱苍楣文翰乃检讨之甥，长于文笔，亦可谓酷似其舅矣。

按：𢍰轩与苍楣论骈文书数通，光绪中朱氏后裔犹珍藏之。

许文穆《兕觥铭》

《小沧浪亭笔谈》云：明张江陵夺情，编修吴中行、检讨赵用贤劾之，廷杖出都。庶子许国镌杯二，玉以赠吴，兕以赠赵。各有铭。兕铭曰：『文羊一角，其理沉黝，不惜剖心，宁辞碎首，黄流在中，为君子寿。』颍阳生许国为定宇馆丈题赠。』后赵传之门人黄端伯，端伯传之门人陈潜夫，两贤皆殉国难。又曾在何甦音、章藻功家。藻功刻其椟曰：『三忠口泽，曲阜颜懋伦得之于市，传至崇规衡斋。江西学使翁覃溪先生，与衡斋善。常熟赵王槐，文毅五世孙也，走袁州跪泣，欲翁之说还此觥也。翁乃为《兕觥还赵歌》贻颜，颜慨然还之。予至曲阜见诗册，亦作歌云：「我言一物三善备，颜高赵孝翁词翰。山左风流遍地传，江南虹月通天贯。」』按：笔记中又附载颜怀志、徐缙文、汪大经《兕觥归赵歌》三首，诗长未录。

又按：朱竹坨《曝书亭集》卷十，有《兕觥歌》。注云：觥为许文穆公饯赵太史定宇物，为何少卿赋云：『覆玉碗、屏香螺，彻银凿落金叵罗，黄支之犀尘尽辟，主人持觥客前席。请看觥上铭，为君陈夙昔，定陵冲年资相臣，元老夺情众怒嗔。朝阳一凤午门伏，折槛宁辞逆鳞触。归时饯者满都亭，珍重临歧许文穆。神羊一角讵有双，流传既久归娄江。张公以之遗弟子，敢谏吾公赵公似。更兼爱客无倦容，平原十日恒过从。朝衣典尽且不顾，快意但写凫花浓。我浮此觥亦已数，尊首岂惜狂歌重。吾公迩年徙卿寺，西掖南床谁睥视。汉殿今无白兽尊，满饮黄流莫轻置。』

汪孝婴《黄山游日记》

汪孝婴官石埭训导时，作《黄山游日记》。算学家游览黄山，别有意味。录之以备补黄山志。《日记》云：『嘉庆十五年秋八月二十八日，同苏子梅仙，自石埭城，侵晓出东门，赴黄山。度三折岭，即见山北面。日晡，宿太平县之赶坦，见山益明。二十九日，由赶坦市中横出，南行二十里，越虎岭，渡虎溪，遂登黄山之麓，曰芙蓉岭。直上六七里，两旁石障插云，左右瀑深八九道，中为大涧，人由涧上行，至岭，有石关，明陈九陛题『请观』二字为额，已圮落，置于石磴。坐关下，见山中段皆改观。下关一二里，复上行。两旁石障益奇，或如莲蕊缀于峰顶，或如木板脱锯而坼。中复为大涧，涧中石，巨如数间屋者甚夥。有自然之石缸，圆径四五丈，白如玉，水注之，如碧油。急流之下，有深涧，色亦浅碧。大石亘其上，有题字曰『龙渊』。行里许，涧将穷，有寺翼径后，有大石，明陈九陛题『仙源路』三字。遂渡木桥，松如庵在焉。横涧绕之，枕峰当其前，笔架峰在其右。古松无存，多小松，多丹桂，花盛开，香闻数里。白木槿亦荣，为宋张真人尹甫得道处。正殿奉真人像，化塔在龛后。壁嵌石刻二，为王公弼诗、骆骎曾记。门外石碑，为明马维铭游天都峰诗。

是日宿于庵。老僧曰友云、次曰宏道、小曰行云，馀众半在庵、半在田。肃客甚恭。有读书于庵者。太平文学曰王子徵，字献堂，与谈山径甚悉。

三十，去庵，缘涧东上。献堂、宏道偕行。石级稍高，初由涧右，时度涧左，有白龙潭。十里，有亭。涧水穷，复南上。五时，为如意寺。又五里，至狮子林。途中见诸峰，不可名状。王君及僧所指，曰老人、曰石笋、曰仙人牌、曰十八罗汉渡江、曰轩辕药厨、曰蜡烛、曰观音洒净、曰黄蛇脱。将至林，为清凉台。旁有大石，有破石松，石题有『奇特』二字，款曰

『厚庵』。憩于林，转行，见光明顶及笔生花峰。至始信峰，有仙人桥、接引松、聚音松，厚庵题『无能名』三字。故友江荔田琴台在焉。

至万花谷，见五老峰，返于林。薄暮，复登清凉台，观美人照镜、二仙对弈、丞相观棋、波斯进宝诸峰。回观狮子，宛如雕镂。宿于林。有天眼泉，多古松。有陈九陛书『说也不信』四字匾，『岂有此理，说也不信。真正妙绝，到者方知。』十六字联，为始信峰言也。

是日音乐鸟谐鸣，红叶如火满山谷。北视池阳，南望新安，有微雾，不可悉辨。

九月初一日，去狮子林，东南上。过光明顶之麓，度平天冈，缘涧左右下行，入丞相源，见仙掌峰。过下水二船、皮篷、路口送果、达摩面壁、仙人指路诸峰，抚僧雪庄化塔。行二十里，至云如寺，亦名掷钵禅院。右对钵盂峨眉老人诸峰。憩于寺，多古松，多紫菊，转至龙峰下，为九龙潭，后为青鸾峰。峰侧有洞，两大石相覆而成，古梅荫之。吾友江绍莲题曰『梅屋』，又题曰『月岩读书处』。其外旧题曰『钓月台』。荔田生化于此。乃吊其墓。返于云如，宿焉。僧纯一复引观寺侧荔田琴台。旁有圆石，题曰『骊珠』。面有侧石，题曰『五松入韵』，又曰『已移我情』。夜定，纯一话旧事，记僧雁黄过岩镇及荔田咏梅诗。

初二日，侵晓，闻杜鹃。其声呜咽。遂返狮子林。濒行，纯一出寺所藏明汪中画如来拈花图，女龚氏奉圆顿横觉、三缔一心、十二妙观、大方花果、四土轮飞、净严九品队正报相。行至涧侧，见巨石东指，题曰『盥手奉日』。稍上，见石壁，题曰『云海荡吾心胸』。更上，山云四出。昨所见诸峰，皆在叆叇中。日斜至林，稍憩，即往西海门。下视云中，无所见。过玉屏峰、虾蟆石，遥见飞来峰而已。再宿于林。

初三日，雨。王君及僧宏道返松如庵，先别去。食时，雨止。别老僧断疑，命小僧引路。过光明顶，光明幢石题有『阿弥陀佛』四字。度玉屏峰，至天海，过炼丹台，石刻有轩辕黄帝像。行六七里，至鳌鱼背。穿鳌鱼洞，有盘龙柏、青龙松。多老猿呼啸，小猿从之，与人前后相邀。登百步云梯，有接引松。经莲花峰之麓，视莲花、莲蕊二峰甚悉。天都则云中见顶而已。小僧闻自文殊院来者，邀相问答。益前，无所见，惟群猿飞越林间。又六七里，下板凳坑。四面多古松，经大士岩，至文殊院，后亦名玉屏峰，有『此山为黄山第一处』、『天地自明』、『佛陀境』等字。前为文殊台，左为狮石，有『刻削千仞』、『奇观』、『群峭摩天』等字。右为象石，有『花藏西来』四字。又故朱学使筠游记，亦嵌于壁。茶罢，雨复大作，遂宿焉。

初四日，食时，雨定，云开。见天都峰醉石、韦驮降杖、二仙传道诸石，莲蕊峰采莲船、大鹏鸟诸石。西南见桃花、云门、剪刀、浮丘诸峰。少顷，云复四合。再宿。

初五日，去文殊院。冒雨行，下文殊台，有『不可阶』字，过文殊洞，有『好』、『观止』、『别有之』等字。有迎、送松，见天都峰腰观音洒净像、莲蕊峰外犀牛望月像。入一线天，度仙人桥，过小心坡，见老人峰、牛首峰，穿卧龙洞，有露根松、卧龙松、蒲团石。过云巢洞，有『云巢』、『真如』、『关引兴』等字。经琵琶石，有一字松。过龙门限，见八卦峰、白猿洞。过飞来洞至慈光寺，亦名朱砂庵，有铜塔。明万历间，太后敕送供奉。入庵，罢去，共行十五里，至茅蓬。途中多飞瀑，多奔猿，不可尽记。蓬之住持曰澡雪，出。次三僧，曰恒川、曰竺乾、曰近贤，款客甚敬。饭罢，至汤泉，浴。石题有『不垢不净』、『阴火潜然』、『飘然欲仙』等字。浴竟，宿于蓬。

初六日，雨，晚晴，再浴再宿。

初七日，去茅蓬，西北行。逾杨岭，多素菊，大如盂。过太平县之焦村，至杨家村。梅仙遇其友曰杨朗斋，邀入其室，食鲊鱼。导宿于僧寺，有老文学馆于此。师徒执礼甚恭。

初八日，朗斋提壶早至榻前，其族文学亦衣冠来，旋市鲜食，纷纷就庖，既醉既饱，送我以蓝舆，梅仙从而后。日午过石埭城南门。游毕。

按：孝婴，嘉庆丁卯以优贡生赴朝考，戊辰入国史馆，纂修天文时宪志，既成，选授石埭儒学训导。癸酉冬十一月，卒于官，年四十六。绩溪胡培翚，其受业弟子也。此记作于嘉庆庚午，时年四十三也。

耿遂仁

宣城麻三衡孟璿《墨志》：『南唐时有歙州人耿遂仁，善制墨。子耿文政、耿文寿，能世其业。又其时有耿德、耿盛，俱善制墨，疑亦歙人。』

按：此说本之陶九成。九成言唐墨工奚鼐、奚鼎，皆居易水。奚超为鼐之子，始居歙。南唐赐姓李氏，遂称李超。李超子三人，廷珪、廷宽、承宴。承宴子一人，文用。文用子三人，惟庆、惟一、仲宣，皆世其业。

明墨补录

麻三衡《墨志》，记明代制墨诸家姓名：查文通、龙忠迪、方正、苏眉扬、罗小华、邵格之、程君房、方于鲁、苏文元、邵青丘、汪伯伦、汪晴川、汪一元、方林中、潘方凯、汪中山、黄凤台、吴去尘、吴羽吉、丁南羽、吴左干、江文所、程禹伯、屠赤水、郑仲尝、叶元卿、程文登、潘嘉客、方正免、胡元真、吴长孺、方书田、孙玉泉、方坦庵、孙敬泉、许方城、黄昌伯、邵宾王、汪仲嘉、王千凡、吴元象、吴益之、吴名望、叶大木、程用修、朱绍本、汪可泉、孙玉亮、徐凤、方激、方凤岐、查凤山、程魁野、汪鸿渐、吴三玉、黄长吉、吴叔大、吴仲实、刘镮、汪君政、朱德甫、朱一涵、吴元辅、汪一阳、胡朝用、汪之东、汪子元、吴德卿、翁义轩、吴南清、吴山泉、叶凤池、方楚婴、汪伯乔、汪春元、汪时育、孙碧溪、侯承之、吴越石、吴乾初、方正泳、汪俊贤、叶君锡、大潋、汪德慎、吴仲嘉、潘丕承、程孟阳、黄无隅、吴葆素、吴连叔、黄奂、吴龙媒、吴乐生、程梦瑞、汪前川、胡梅亭、春宇、毕思溪、吴省元、方伯源、朱猷、程君亮、吴仲晖、吴君衡、松溪子、曹石叶、吴充符、西隐、朱震、方云、不二生、游君用、程东里、方季康、程凤池、汪文宪、刘云峰、程齐五、胡君理、王氏、德美、杨生、朱氏、汪时茂、汪熙承、居易山人。

麻三衡论曰：『尝读陶九成所著《墨工》，未尝不叹其博，而晋魏间阙焉。为《宛委馀编》所抨，顾贾思勰所出，王氏又未之见矣。古人用墨多自制，故工者不显。唐以后姓氏稍稍出。而宋、元间以字号者，仅见雪斋、齐峰、寓庵三数人。及省《春渚纪闻》，未尝不爽然矣。由是时士大夫，如李慥、徐熙、徐铉、韩熙载、苏子瞻、贺方回、王量、晁季一、张秉道、康为章辈，皆能制墨，多以字行于世。迄于有明，有姓字而不名，虽工者有然已。万历中歙州程方用内事相龃龉不资，以为名高，一时公卿间有左右袒者，至声彻禁地。后三十年有吴去尘者，金章玉质，尽艺入微。其群从中更有羽吉，可谓具体。语云剑则干将莫邪，木则当楠杞梓，於戏盛哉！』

又《墨志·稽式》篇，于南唐列李廷珪剑脊龙纹、双脊墨、拙墨、进贡墨、乌玉玦五式。明代于御制后，列查文通：碧天龙气。龙忠迪：水晶宫二种。方正：牛舌墨、清悟、墨禅、独草清烟。苏眉扬：卧蚕墨。罗小华：小道士墨、太清玉、神品、佛元珠、天宝、玉虎符、伏虎、尧年、朝升三级、通天香、临池志逸、师蛮、龙涎香墨、碧玉圭、龙柱。邵格之：玄黄天符、墨精、清郡玉、功臣券、葵花墨、古凤柱、梅花妙品、紫金精、紫徽墨、神品。方正子冕及方激、方凤岐并制上品清烟。汪中山：太玄十种、玄香太守四种、客卿四种、松滋侯四种。丁南羽：松润云香。吴左干：玄渊、髻珠。徐凤：碧天龙香。程君房：玄元灵气、重玄、妙品、芗泽、百子榴、还朴斋墨、合欢芳、贝多、青玉案。方于鲁：寥天一，九元三极、国宝、非烟、函三为一、太紫重玄、青麟髓、瑞玄极品、旃檀香墨、佛幌轻烟、铜雀瓦、龙九子、凤九雏。吴伯昌：紫雪。方林宗：浑金璞玉、极品、鹅群。邵青丘：状元墨。潘方凯：开天容。汪鸿渐：螽斯墨、大国香、黄金台、香精、千岁苓。孙玉泉：玄府天球、水草涵精、清华独步、西昆玄玉。苏元文：玄神、万杵玄霜、玄精。江晴川：百寿。张少源：三元玄精。程魁野：玄海紫澜。吴氏：松风阁墨。屠赤水：一品玄霜。杨生：玉泉台。德美：玄璧。方云：常和法墨。江文所：天府玄霜。王氏：龙川、摄香居士象墨。吴君实：太玄、墅南堂墨。汪熙承：玄霜。汪伯伦、黄长言并制苍璧。吴名望：紫金霜。王于凡：峡峰烟。程禹伯：慧业文心、紫虬、玄珠液、青天碧、紫磨金。郑仲常：骅骝奋步。方书田：庐岳遗烟。朱一涵：乌玉玦。吴去尘：未曾有、无名朴、衮明、乌玉液、断璧、花铁、七宝光、不可磨、玄璧、恩成、嫌漆白、湛睛、玄草、紫金光聚、庵摩罗、写经墨、空青。吴羽吉：梅溪学舍法墨、天下文明、虎文。吴叔大：千秋光、同文印、天琛。汪仲嘉：海花园。潘嘉客：吉云露、紫极龙光、金质。许方城：月债。程用修：玄云。朱绍衣：松云墨。程凤池：世宝、金壶汁、太乙藜、石上雯、镜石、琬剡、骊龙涎、紫霜、烟瑞。程齐五：太玄烟。黄凤台：家藏乳金。程宗尹：玄芝、七合邻虚。吴充符藏墨西隐道人，澹然斋珍藏。黄长吉：元神。程东里：龙文。胡元贞：古犀毗。游君用：双节堂墨。不二生：莲佛。江之东：二仪墨。叶大木：法华雨。吴德卿：古狻猊。翁义轩：墨铤、世良紫金。义宇：玉兰墨。元所：玉虎符。汪俊：琼鹿嘉。吴南清：清烟墨。吴山泉：玄圭。叶凤池：名花十友。方楚婴：延州石液、筑阳山石。汪伯乔：玄鲸珠。汪春元：麒麟墨、墨林妙品。汪时育：封爵铭。孙碧溪：玄璧。侯承之：墨精八卦。吴越石：无质。吴乾初：瑞应图、清溪墨。方泳：极品墨精。吴葆素：玄元一气。汪俊贤：太乙元神。叶君锡：元神葵墨；子墨林：元戎图。大激：龙蟠紫泥。汪德慎：玄圣。陈尔新：松石间、意意园、珍宝。潘丕承：黟光。程孟阳：松圆书阁、真赏。黄无隅：舍利光、放言居法墨。吴仲嘉：素轩真赏。吴连叔：磨子。黄奂：元龙。陈君亮：宇藻。吴龙媒：鹿角胶。吴乐生：易水光。

程孟端：兰生。汪前川：名岳藏书。方伯源：凤池。吴仲晖：龙香。胡梅亭：精式。春宇山人：独草墨精。汪时茂：西子黛。毕思溪：一品天香。松溪子：异墨宝藏。无名氏：桃花源墨、奇香墨、玩鹅墨、最上乘、鸿宝、紫芝芥。

承尧按：以上诸人大半徽歙，以难于细别，因备录之以俟考。麻氏《墨志》见《昭代丛书》壬集。又按《披芸漫笔》云：歙墨如江待占之寄舫、江豹文之古香斋，皆称妙品。二人皆精鉴家。又康熙间征墨工于徽，有司以绩人汪近圣应制造称旨。故今汪氏墨并为世赏。

汪鞠卣《黄山杂记》

吾友汪鞠卣律本，晚号旧游，西溪村人。弢庐师之仲子，甲午举人，能诗，能词，能画，能鉴别，熟识明、清间故事，人品高洁。中岁倡革命，与赵声友善。又久于两江师范学校，与李瑞清亦相契，光复后各行其志。曾为参议院议员。愤武人盗国，弃去。隐于贵池乌渡湖，食贫以终。诗学乐天、诚斋，词尤工，能自辟户牖。其所著《黄海后游集》三卷中《杂记》一卷，多人所未道。兹节录之。云：

昔在文殊院，遇一峨嵋僧，精悍朴野，常登天都。自述云游十馀年，中国名山，十到八九，兹山实叹观止。时余见不广，不之信，故举所知山名以难之，皆曰不如。然则五岳何如耶？彼笑应曰：『高深则有之，殊未足语神奇。华山较秀峻耳，或者滇桂之灵峒伏流，蛮江怪岫，雁宕之绝顶天池，武夷之玲珑九曲，类能挟水以与一竞，而谓能全体凌驾，则无有也。』余今亦倦游矣。足迹西北限太行山脉，南至粤秀白云，东仅及远眺富士，不可谓远。然遇山水佳处，辄私忖曰：是何不能如吾黄山耶？昔人谓五岳归来不看山，余谓游过黄山不看岳。善哉！善哉！峨嵋僧未打诳语。

黄山胜区，文殊院第一。笋矼花坞之奇，西海门之诡，亦皆出人想象外，然与文殊较，则如郊、岛、玉川之于工部、右丞论早朝诗境也。马夏硬毫生素之于小李将军论金碧画境也。金刚之于菩萨，狂狷之于中庸也。玉帛岙山，秩无与并。建章门户，正而愈奇。半日蒲团，通天謦咳，偶然趺坐，人与山俱为世外尊也。此院自普门感梦开山，两经成毁。后之修院因果，则犹是以梦成也。余素不喜语怪，此事则亲见之。前游此有苦行僧二，一为峨嵋之洪鑫，一为清修，南通州人。洪鑫曾数来，苦无一杞茅栖止，后招清修，为久居计，募近山下，久而不成。清修归，破其俗产，仅构石室一楹隔而为二。先公昔游此，濒行，清修出甬人陈瑞芬书乞作答，云陈曾梦至一境，文殊佛现象石台上，示意修复道场，久访不得其处。晤清修于普陀，述梦相谘。清修初亦未至黄山，见其意挚，为进一解曰：『心即是佛，何必远求。』陈从之，拟于甬某山建一文殊院。今院成作书展转达此，约为住持，清修不往，又未知陈梦是否此境。欲引之来，或者可藉以了此功德。其事曲折费词，故求捉刀，先公为作书与之，旋归矣。未几，山下僧谋夺院田，引妄人殴逐两僧。迨陈某至山，则见天都、莲花、玉屏、师象，一一是梦所见，且所现相，即是此台。大呼：『菩萨有灵！』即觅清修不得，立舍巨资，属汤口秀才程位三董其事，经营一载，乃复旧观。越岁先公赴省，绕道浴汤池。主位三家，闻之，归语律本，颇喜一书之有灵，而慨两僧之不为佛佑也。今山中人已无知此事者。

循祥符寺西入桃花源，木无尺阴，山无折叠。丘壑一览，童童已尽，前人称其幽，与石笋矼之奇并举。何耶？唐迄明初，内山无道，游者以浴来，稍稍坐寺开窗，听潭观远峰，非登山游也。祥符介在初地，遍生嘉树幽花，最适栖迟，渐次而桃花、莲花两庵，掩映古木藤阴中，结构尤备。王十岳、潘景升天都社之结合，鲍元则、佘抡仲之东道居停。衿衲名流，联翩踵武。康、乾以来，再接再厉，歙中丰南吴氏继主狎浪阁者，瀹潭汪氏飞鸿堂主人。云岚江氏寒江子丽田生之族，皆岁争輂金，修磴路，构兰若，以护法名山为己任。一时如袁随园、黄两当、张茗柯辈名士者，且缘游山，结纳诸富商退宦，受供养焉。咸、同一劫，风雅沉沦，庵寺园亭，搜剃殆尽。所谓千章大树，桃林古梅，非如大石丛峰之不能磨灭也。于是桃花源不幽，石笋矼奇如故。

海子又名天海，峰峦矗抱中，高处忽得平地，别具一胜。以居以游，皆应有驻足所盛时有十庵之设备。然后开通西海窔奥，凡丹台、翠园、飞来石、月塔、已圯天桥之光怪陆离、三海门、三天门之陟崇缒险，得赖居僧游客，时时疏爬，久之久之，未有不下自成蹊者也。今者攀援未倦，饥渴中之。雨骤夜来，露宿危之，纵饶腰脚，畴能判命。坐使无限烟霞，于无人境中度去。

九龙潭者，虽居丞相源外户，然罄源中之胜，不足同语其奇也。仅从岭上丛木影中，遥觑一二，知为瀑布，见瀑未见潭也。余曾横穿草树间，逡巡于第一潭上，复度附悬壁，侧足十馀步，窥下数潭，未了了，心栗膝颤而返。黄山岩岫太奇，水观不称，松谷青龙潭，位置稍整，逍遥溪未之见，即胜亦在下流。此则源出云中，一潭一瀑，高下之相距，或千百尺。其为状也，光谽无块磊，青黯而深洞。通天拔地极大成块之坡陀，嵌以若方若圆若椭若角之盎瓮，一级一级，斩新凿出，无缝无罅，饮满则吐，放而为飞布。下复如是，至九而止。仰之欲落帽，俯之无立地，呼吸刹那，人天异世，再竭人为，竟此天工。扣壁伐道，旋于谷中，上以承瀑，下以临潭，水哉！水哉！如此餍饫，其何以堪！

雨隙灯右，翻阅图籍，间有欲言，亦为笔之。宋吴古梅最先冒险，可三日不火食，不以道上莲花峰绝顶，虽铁笛一声，不能吹开云路，然似此豪游，真足闻风起懦。自元以来，若汪叔志、郑师山、程篁墩、冯开之、袁小修、钱牧斋诸人，济胜不深；然其语妙，深得游趣。至于黄贞父、汤睡庵、吴师每、方坦庵者，慧业文人，复能履险。遇有好处，都说得出，善游而亦善记者矣。天都社前后社员，潘景升、罗远游、方士翊辈，记载最详。此由寄命于山，毕世以游，山固赖有是人而益彰也。雁宕蒋叔南，今之健者，所记不尚文采，亦真亦爽，颇与余志趣相近，而余无其勇耳。所不解者，槃槃史才之谢少连，骚雅主坛之董玄宰，一则谓布水东北有石床，如白玉琢成，有碧王枕三枚、紫石床三张。志乘之文，乃如东方曼倩、张茂先语。一则为和尚作缘起，而曰他日天子知黄山名，升之祀典，则五岳可六也。华朊人期许孤寒，都成亵渎，当掬龙潭上流水，为山灵洗耳矣。桐城刘海峰授徒吾族，其将去也，大搜黄山记载，为文两大篇，且语人曰：『居歙久，集中不可无此题。』少时犹闻老辈言之。许芳城游记，前海婀雅得情，后海语多虚拟，或亦未至其处耶？张皋文赋亦坐此病，然赋非记者。徐霞客游名冠古今，两度来山，皆若未肯尽兴。惜不能得其晚年在西南荒徼舍命游法，为放异样光明，是黄山一大憾事。

笋矼花坞，与西海诸怪石峰，见者若却若迎，目迷神眩，尤物也。偶一眴之，千灵百蠢，无可方物。前人拟议，已极其变，余犹病其未圆通也。人各挟有其目，文人见之，则以为花石供。小儿见之，又以为货郎担。更易一种眼光见之，必目为宝城龙藏，使攘为己有，不几争豪富媪耶？更易一种眼光见之，必目为犀兕金汤，使挟以凌人，不几威震华夏耶？形与眼缘，业从心造，蚩蚩蜎蜎，孰烛兹妙，盖灵台返照也。此境仅由俯视，殊未惬意。应于谷底山半，得纵横道，或仰观或平视，一步有一步之奇，一重有一重之胜，斯真剖其肺腑以相见矣。人每侈语登天都，不知既登莲花、光明，轩轩霞举，洋洋海观，天都谅亦尔尔。如易登高为缒深，则发泄固犹未艾。

旧志蹈明人标榜习，闭门造车，但求出板而已。吾知秉笔者，曾未在山一年，踏云百日，招邀同纂，亲历幽夐。是山周遭百馀里，径六七十里，峰峰斗峭，重重掩蔽，不至其处，只有向壁虚造。故其于峰之向背方位，叙峰应如潘景升之《天都代绘记》，分数面言之。有路无路，某峰可到，见何景，某峰不可到，阻何险，某水何源，经何潭，出何溪，某庵何径，属何峰，昔最著名兰若，今并其址不可得。远如曹溪䜩中皆详载滥收。从不定一例而详说之。但笼统编辑，既无折衷地名常两说相歧，复多误引。叙前海师子峰，而引吴康侯记后海师子峰语，复因吴言由石鼓海门以至光明顶。又引王炜记光明顶语，夫光明顶者，既与前师子无涉，与后师子亦无涉也。其叙诸峰也，只因峰名而强解释之，紫石则曰纯紫如玉，丹霞则曰赭若红云，紫云则曰紫云常聚。此中何峰不紫，何峰不云！不能释以色相者，则又傅会多少黄帝列仙事迹以实之。山中先有道流，无释子，故药炉丹灶之假托为多。其实峰之有名，不过任人称之以便指数已耳。志之所重，岂在是耶。尤异者，某峰必曰高若千仞，且有零数，似测量极精确者。天都、莲花高九百仞，而朱砂亦九百仞，轩辕八百九十仞，练丹八百七十仞，邻于此数峰之师子则五百仞，光明顶与天都、莲花鼎足，又不记若干仞。其用何术假定地面而得其高度耶？即能得之，朱砂之脊仅及天都趾，何以俱九百仞？师子视朱砂虽不及，何以只五百仞？抑一峰各定一由脊及足之高度耶？天都以外脊不能上者多矣。况西海诸峰，有脊足俱不能至者。费如许闲词何为也？

为山作风景图，须得其意，不得其意，亦当求其象。并象而亦昧之，其图可以焚矣。旧志萧图，一览而即知其误者。如天都忽在文殊院后侧，朱砂近接文殊台。鸣弦西去无岭。石笋之峰，皆作刀匕形，龙潭之浪，皆作江河流形，一切诸相，有一是黄山面目耶？因考其时，寓公过客，无限六法名家，丁、郑、程、吴南羽、千里、孟阳、左干或俱化去，岂无遗稿可临摹耶？渐江上人，每居山写山，岂不屑屑于为此耶？查梅壑肯为吴听翁书志序，岂不能强之入山藻绘耶？至于杨无补、程穆倩、邵瓜畴、戴鹰阿、沈石天、汪叔向、程正路、江允凝、梅瞿山兄弟及半山、石涛、雪庄诸和尚，以余随意举之，皆与山相习有素者。无论属谁氏操觚，能致率尔如是耶？奈何以一绿杨城郭中人，使悬拟重峦叠嶂，何异招弄潮儿，俾驰绝尘千里足耶！承尧按：黄筠庵有临摹黄山分图中渐师遗稿最多，余始发见之，惜旧翁已前逝，不及抚掌称快矣。

名不正则言不顺，山水亦有然。师子峰一前一后，九龙峰、白砂岭，一东一西，人皆知有二矣。西海有石人峰、仙人峰、老人峰，初亦名石人、仙人，知其原委者，亦无疑窦。若炼丹台在天海旁，志叙之于炼丹峰下，而炼丹峰叙在前海第一。又曰台俯深壑，乃炼丹源也。峰源皆在前海，其下引方士翊语，则又近后海矣。所载游记之至丹台者，又无一不言道由天海。是一是二，峰误耶，台误耶？游逍遥溪，由丞相源往见汤、方二记，其流出三汊，极东北面水也。而志忽于清潭峰云即逍遥溪，清潭列于翠微叠嶂之间，西面峰也。此溪亦有二耶？有二应揭出。惜余在山中，只此十日，久则必一一履行而考正之。

来时于村店得一程铁华测量新图，南针指迷，获益非浅。惜乎其足迹所未至者，皆从略焉。填写地名，时有舛午。叠嶂、芙蓉、桃花诸峰，皆两见。散花坞范围太广，平天矼乃越过东海门路，狎浪阁址移至隔溪，不临白龙潭而倚鸣弦泉，无易塔讹为檗庵塔，檗庵塔近在寺前，又未标出。卅六峰中名尚有阙，其无名如天衣、月明、骊珠、飞来之属，皆从而峰之。「飞来」或是「飞龙」之误。逍遥有峰而无溪，美哉犹有憾，然此非测量之误，而填写地名之误也。山水不自呼名，孰语以名者，是则此中僧俗之耻也。

愿为制图者进一管见，曰审慎名学，详核路政。半日披书，半日临境。地名必人言与图籍不悖，庶几折衷得之。路政则以增益路线为最要。如汤岭至翠微寺与云门峰，祥符寺至水帘洞，丞相源至龙峰庵基，九龙潭下至汤口，不由苦竹溪外出。海子至丹台、三海门，师子林至石鼓峰、铁线潭，尚有迹可循，当为非完整路线以标之。如笋矼、花坞，觅颖林、散花两庵基，指象、指月、钓桥、云涛之西面诸庵基。老人峰之由三观岭出莲花沟，天都半麓绕出丞相源。丞相源之至逍遥溪与仙灯洞，应为已湮塞路线以标之。更有一种奢望，如能寻求高下形势，兼询采药采松健足。某峰有奇，宜从某寺辟一路。某峰可寺，或夷某险创一路，更为一种未成路之虚线以待之。庶几功德圆满，后之游人，尸祝之不暇矣。

释道开创草昧，惟恐不起愚蒙信仰，于是假借圣贤仙佛，以为号召，人尽知之，谁肯煞风景而辨正之者。但吾黄山至今日，大可无需乎此矣。圣灯佛光之类，多半高寒空气变相，与夫磷矿浮光幻影耳。至于白鹿、红鼠、猿酒、雪纸种种诞闻，亦听信其有者述之，为破寂谈柄。所有古帝真仙，本记外传，勿烦后来马、班浪掷笔墨，可乎？

《山产》一志，博引繁征，如射空策所附吴菘卉笺较实。山中石皆陡削，兽既无路，鸟不得食，鱼鳖不能任冲激，间闻猿啸外，生物将绝。而松槲药茗，奇葩异卉，则甚繁殖，安得研究植物学者，居山四时，专事于此，谱之图之。

山乐鸟如吾乡习见之山喜鹊而小，志谓桃花源常有，余则遇之后海，想源中已无千章嘉荫故也。山乐而外，更有朱咮，暗绿羽，视鸜鹆稍大者，啾啾蛮舌，两两枝头，疑是粤中所见之相思鸟。有从莽灌木处皆有之。画眉声偶一闻。白鹇神鸦，久无人知。黑白仙猿，余亦未见。蛇虎之类，丞相源夹谷无人境，偶见其迹，未常为患于人也。蝾螈蜥蜴，幸勿谈龙。

名松见诸录者，羽化殆尽。婺源余子畴之诗曰：『石上松曾见古皇，何以数千年以上？』及见古皇，一二百年以来，不逮见今我。闲拾花木以求盆玩。余颇喜岩壁所生之紫金花，叶青厚，莹洁不凋，枝干短拙入古。山僧云四月开紫花。又一种珍珠黄杨，簇簇枝低，婆娑作态，小圆叶，冬转红黄，春花细如鱼子，二种，山志皆不载。皆此中特产也。翠柏、璎珞柏、萝松、榧子，姿势好者，不亚于松。敬告游者，勿苦移松，一经出山，郁死八九。

木莲似近时洋种玉兰，或曰滇、蜀多有之，未知是否同种。但余见雪庄所画，云对云舫边树作者。今茅蓬亦有之。明人誉慈光木莲为震旦一树，陋矣。

雪庄塔在白砂岭下路旁，俗称皇帝坟。其所作《黄山异卉图》，传世有七十馀种。吴笺只三十馀。当《闵志》成时，或犹是其中年前耳。受雪庄衣钵者，为休宁僧廪峰，名一智。山水花卉逊其拙古，而笔境老到。余见其一《野菜图》卷，逐种详注小楷于隙。自题云：『画与注皆杌雪师旧本。』所钤『云舫』等小印，亦雪庄物。菜约廿馀种，亦山史好资料也。

放光石，萤石也。花刚岩中石筋，两面如齿，相翻而合，亦有大块水晶，明而不透，莲花沟底易得之。此志之所有者。余又从后海采得一种黄石，坚密微莹，色嫩与蜡石无异。粤人列于骨董肆中居奇。此则置之路隅，不邀行人一顾。馀略。

叶孔章

叶天赐，字孔章，歙蓝田村人。雍正元年生。程让堂为孔章母汪安人作传，称孔章卓然有以自见。眈好文学，为诗清华和婉，议论风发泉涌，娓娓动人。业于扬。扬为鹾务都会，孔章通才，精盐法，造门纳屦者无虚日。育于节母。奉母命修宗谱，并为母请旌建坊云。文见《通艺录》。

吴茜橹《鸰原》诗卷

程让堂《鸰原卷叙》言：『余与吴君茜橹交，于今垂二十七年。茜橹最笃友谊，壬申春，余至扬州，杭郡金征士农故客扬。余过征士所，征士见余即问茜橹，因言某年至吾歙，遇茜橹，得不落寞，盖茜橹家虽故贫，而谋人之事如己事，皇皇然日不暇给。故征士称之如此。』

又言：『茜橹与弟铁芍，竞爽坛坫，人比之太丘门之元方、季方。曩者皇帝巡幸江南，茜橹与铁芍再献赋行在，召试，铁芍列一等，钦赐举人，授内阁中书，官京师十馀年，出为汀州司马，至官五日而卒。于是茜橹年五十九矣，闻铁芍丧，奔赴汀州，戴星日履霜雪者，凡五十馀日，行三千四百里。盖茜橹孝弟人也。《鸰原》卷，即其五十馀日途次之所作。哀音蹙节，出入骚雅』云云。文见《通艺录》。

程让堂《与刘端临书》

程让堂有《与刘端临书》，见于中国大学《国学丛编》。中云：

不见叔度，于今十六年矣，中间惟在嘉定时彼此一通尺素。然中心藏之，何日忘之！当两地皆然也。顷至吴门，得晤疁城诸生汪觐扬，言先生著书乐道，优游自得，而身世遭逢，吉祥止止，王不与存之乐，乃今见之。

段君若膺数十年寝寐相思，不意其侨居于此，幸得觌面。登其堂，促席论难，匆遽之间，虽未能罄其底蕴，然偶举一端，必令人心开目明，实事求是，诚今时不数数觏者。惟述传闻一事，言胡公督学江苏时，与瑶田大相龃龉，且言先生所闻，亦复如是，真乃子虚乌有。然其说亦非无因。胡公岁试，首临苏、太。到日，苏属十学，先登舟禀见。即问新增补廪一条，诸公不能对，便逢其怒。进衙后，两属教官同见。坐定，复问：『舟中所问者查过《学政全书》否？』诸公仍以超增补廪答之，遂大加申饬，怒不可解。瑶田适于此条曾经披览，能言其详，一一对之。其怒始息。不知何以外间传闻异词，乃借其言而反之，殊不可解。瑶田在嘉定，有《让堂亦政录》一卷，今行笈中只不全者二三十叶，附上览之，可以知胡公之于瑶田独垂青眼，非如外间之所言者。

拙刻《通艺录》，虽未刻全，然已开雕者约有八百叶。此番从杭来苏，笈中未经携带。只近刻《考工》、《车制》二十篇、《述性》等九篇、《订正尔雅牝牡字》一篇、《图四毂》、《论二毂》二篇、《考定牛鼎字》一篇、《与阮督学论戈戟》一篇。补《桃氏》数叶，附呈请教，以资笑柄。任子田、汪容甫诸君皆相继去人间世，而王怀祖亦已假归，其《广雅》，前年得书言已成五卷，今闻其已经书成，然皆天各一方，不能合并。而瑶田之辞官，此官亦馆耳，盖不欲处馆也。乃官尚未辞，而已于二年前先订处馆。老友方晞原忽以一病登鬼录，金辅之为死友之子计，必要瑶田馆于其家。于谊难辞，而实非初愿。如弃官而不馆，尚可作游方僧，时得与三数良朋益友作萍踪之合。此番至杭，为欲晤敝世兄汪育民，问讯湖北情形，顺舟来吴。然家中尚未开馆，学徒企望，故不能不速反棹曰归也。身世不能自由，忆昔庚子岁都门南下，语人曰：吾兹大归也；乃到家即为吾座师今湖北抚军呼去，为世兄句读师。南北奔驰者五六年，在京即不得不应会试，遇大挑即不得不赴挑，既赴挑又不能不得官而赴任。业已掉头不顾，决意不馆矣，而反为馆羁缚者于兹六年，不知何日能脱此樊中，以遂其任飞之志也。

登舟率草数行，以舒积愫，上请升安，伏惟朗照，馀容图晤，不宣。端临先生大兄，师事愚弟期程瑶田顿首。二月望日。

吴承仕记云：右程易畴先生手札一通，为友人陈援庵所藏。既非论学之作，文不经意，故不收于集录。而先生出处大节及一时友朋离合之迹，足以考见。今以《通艺录》及他书证之，奄然如合符之复析也。清乾隆四十五年十一月，先生自京师抵扬州。明年夏，复游扬州。四十七年，湖北按察使汪苛陂招先生为其子育民句读师。五十三年十月，就任嘉定教谕。五十四年，友人方晞原、任子田卒。五十六年七月，自嘉定解官归歙。自此授徒歙西灵山方氏，至嘉庆二年、三年、七年、八年间为杭州之游，遂以授徒著书终老。五十九年友人汪容甫卒，嘉庆元年妻徐孺人卒，是年王怀祖撰《广雅疏证》成。八年《通艺录》雕板将竣工，正月元日作序以冠书首。据此事状，证以书中所言，知作此札时，为嘉庆二年，年七十有三矣。名上称『期』，则妻服也。书有云《图四穀》、《论二穀》二篇者，即《九穀考》中之《图黍稷稻粱四穀记》及《辨论黍稷二穀记》。民国二十年九月乡后学吴承仕记。

承尧按：余藏有先生手书《读书云居寺岁晚辞归》诗云：『岁晚辞神石，归途仄更迁。溪声薄暮近，人迹此山无。待月看穷目，原注：时腊月望后。吟诗捻断须。翻疑鹿走险，不择地欧臾。』原注：欧臾，地坳不平。《荀子》『流丸止于欧臾』。款书『庚申嘉平十又八日，让堂老人，时年七十六』。是嘉庆五年亦游杭也。又见先生手加朱注本《困学纪闻》首卷，首叶有金辅之题字云：『余得是书，审为方朴山师手校本，易田见之，云是其原有物也。因以归之』等语。方朴山先生曾主紫阳书院，金、程皆其弟子，故称师。又朴山曾宰丰润，让堂《通艺录》中有《丰润牛鼎说》各文，盖在朴山先生署中作也。《通艺录》刻成时，先生年七十九，是异脉之说亦信矣。

黄次荪《草心楼读画集》

黄次荪《草心楼读画集》，有光绪辛丑谭廷献序。又有自序。略言：『仆自束发以后，薄游燕、吴、楚、越之地，所见当世伟人硕德盖亦多矣。若天怀高澹，赴义纯挚，别未有如吾大父真民府君者。仆之生，大父年已七十。少壮客游江东西，及是不复出。生平于文词书画，皆具悬解。所居画舫斋，轩楹明净，有树石之胜。每风日晴美，辄欣然含毫，作画自娱。盖大父生平见宋、元以前名迹至夥，每一下笔，辄与古会。大父之言曰：「吾于画，不知所谓南北宗派也，当吾意而已。吾作山水树石，不知所谓阴阳向背也，得物之天而已。」故大父所画松，辄如雾雨欲摘，纸障犹湿。所画石，如池冰初裂，纹理四出。间作小人马，躯干蹄足略具，而奔腾控纵之势，令人神耸。仆于画无所解，然窃以为此气韵胜也。大父筑草心楼于扬水之上，刻「草心楼」小印，钤所作画。仆生时楼已归他姓，而印尚存。仆家世故多蓄名画，其后稍散失。大父与先君又别有藏庋。至咸丰中，乃尽毁于贼。同治中客游江汉间，每忆及家藏及戚里中所见名迹，今皆无有，辄惘然太息。因取差可记忆者，各赋一诗，以识吾乡当时好事赏鉴之盛实为罕俪，而人事变迁若此之亟，为可慨也。』馀略。

鲍艾温粤乱时之收藏

《草心楼读画集》云：嘉靖初，吴匏庵成进士，沈石田写杏花一枝贺之，墨笔挥洒而神韵欲绝，卷长丈许，文衡山跋其后。余于鲍雁卿表兄家中见之。当吾州乱时，故族避居山中，贼至，携孥远走，他物皆不复顾，法书名画半为贼焚，其存者居人取以易饼，犹鲜有酬者。独雁卿居灵金山，贼氛稍远，则以馀钱收之，盖所费数十百金而名墨盈箧。犹记一日诣其家，雁卿以所得『颖上兰亭』见示，盖米老所叹为绝无仅有者，宋、元以来名人题跋殆遍。雁卿以米一升得于村妇，他所收多类此。然不二年，并室庐烬于贼。雁卿书来，言每一忆及，辄痛哭欲绝也。

又云：外舅鲍梦苏先生藏马湘兰画兰，纸卷精好，笔意婉娈。外舅有书画四巨箧，舟车必载以自随，仕官甚贫，犹不忍弃，质钱于杭州质库。辛酉，杭州失守，遂不复存。此卷亦四巨箧中物也。

按：二鲍皆棠樾人。雁卿名忠济，某科副榜，年八十馀，始没。承尧犹及见之，古貌清尚，承尧目之为龙山饥鹤，雁老竟以此四字镌小印自号也。晚又号『艾温』。

黄白山工书画

《草心楼读画集》云：白山先生，以前代遗老，倡汉学于东南，与亭林遥相桴应，所著《字诂》、《义府》及《杜诗说》已为玲珑山馆马氏进呈，录入《四库》。其书法如龙虎盘崛，盖得晋人不传之秘，视唐以后书家皆烟视媚行也。先生不以画称。家有敝册，以墨点山水树石，皆自然高妙。先生子凤六为老画师，然骨韵远不逮矣。

又云：先生遭讼无屋，先州牧府君筑屋居之，先生喜，名之曰『吾庐』。

咸丰前歙人收藏之富

《草心楼读画集》云：外祖虹源洪云上先生蓄古画一幅，长六尺。全幅皆水，作波涛起伏之势，墨色浓淡相间，一鲤鱼长可尺许，盘跃其中，悬之高堂，水势皆动，鱼亦跃跃欲出。洵坡公所谓『汹汹欲崩屋』者。相传为孙知微真迹。纸质坚韧，亦必非宋以后物也。洪氏历代宝之，外人不以轻视。每值三伏，则悬之清鉴轩旬日，以当曝画。轩为华亭书额。余以洪氏外孙，故得数见之。外氏又藏有郑所南画兰。

又云：『余生也晚，里中耆宿多不及见，犹及见王杏飒、汪艺梅、曹芙裳诸先生，皆风雅，好奖进后学，兼工赏鉴。而是时休、歙名族，乃程氏铜鼓斋、鲍氏安素轩、汪氏涵星研斋、程氏寻乐草堂，皆百年巨室，多蓄宋元书籍、法帖名墨、佳砚、奇香、珍药，与夫尊彝圭璧盆盎之属，每出一物，皆历来赏鉴家所津津乐道者。而卷册之藏，尤为极盛。诸先生往来其间，每至则主人为设寒具，已而列长案，命童子取卷册进，金题玉躞，锦赙绣褫，一触手，古香经日不断，相与展玩叹赏，或更相辨论，断断不休。某以髫龄随侍长老座隅，盖往往见之。恨尔时都无所知，百不能一二记忆也。

又云：程氏古画，以李成《五老峰图》为第一。书迹以《大令保姆帖》为第一。余时方稚齿，来往程氏斋中，未知请观，然耳熟久矣。乱后云松先生孙少帆避居祁门，书画数十簏，寄于山农家，忽为太平贾人赚去。汪授芝闻之惊叹，约余与鲍雁卿、吴芥湄十数人会于堨田，议相与赎之，不可，则讼之。贾人惧，乃以卷轴数者，介乡人献曾文正公以求庇，而尽挈其笥簏以赴武昌，厉伯符方伯、吴芷生大令得之颇多。李画及《大令帖》，未知归于文正、抑归于吴厉也。《大令帖》，云松先生书画跋言以千金得于苏州。云松旧藏，余得见者有赵承旨三世画马及黄端木自画《万里寻亲图》、董香光山水册。董册最奇，有高江村跋。

又云：余先高祖存斋公藏有黄子久《富春山水》，子久自题一诗、沈石田题一诗。二伯父藏赵千里楼台小册，界画工细，殆不减今泰西人画。又家藏仇实甫《岁寒书屋》长卷，金碧烂然，苍郁之气过宋画远甚。惟倪云林画，所见鲜真者。家有渐江画枯树竹石小景，乃深具高澹之致。渐江画，当时得之，以当云林。先高祖旧藏渐江山水卷，长丈馀，高仅四寸许，合仿四家而成，卷末附致程蚀庵小札，行书尤可爱。又戴文进尝为吾家画《春晖堂图》。余又得戴画《长江万里图》长卷。又吾家旧藏有吴道子画先圣象，外舅家有阎立本画《孔子事迹二十四图》，二伯父藏李龙眠白描《十八应真渡海》长卷，舅氏藏姚少师《百八罗汉图》，皆穷极神妙。家世父藏有陈老莲《渊明簪菊图》，先从兄崇敬藏有张择端《清明上河图》，尤奇物也。舍侄新宇藏有高房山山水。吾族承德堂藏有王叔明山水，鸾绫象匣，盖当时以备进御者；又藏有坡公墨竹。先君藏有商喜《西园雅集图》。

又云：仆之先世多蓄法书名画，嘉、道以来，家道中落，往往归于他氏。然存者尚多。有书一楼，列几堆积，高五六尺，多有前代古本，而不容取视。又有大小竹木箧十馀，杂贮先世冠屦之属，皆明代之物。一日登楼，见一笥匣盖微露，日光映射其中，似有签轴。然巨箧层积，力不能举，又不敢公然启视。以手探之，出一小册，则柯敬仲书《月赋》小楷。又于他室尘鼠迹中，得赵承旨《西园雅集图记》小楷，以呈先君，云是并州牧府君遗物。乱后楼中物百无一存。楹书既不能读，又不知笥中尚有几许名墨也。

又云：幼时习闻先大夫言，沈启南尝以讼累避地新安，馆于吾宗燕翼堂。濒行，为作松、柏、桐、椿四大幅。又《五松图》一幅，初归于吾家。乾、嘉之际，吾家鹾事中落，以五图及周钟一，质千金于族人某。粤逆乱后，仅存松、椿二画，复归于余。仆初游武昌，谒家虎卿方伯叔，以二物为贽。一启南山水，有程征君易畴题七言古诗。一董尚书《集虚斋记》草稿，长卷，涂乙几不可辨。而天趣飞动，盖不著意之作，尤为妙绝。本桂未谷物，乾、嘉名士题跋如林，而钱塘方夫人题字，尤秀劲，为世罕见；程征君亦有跋。

又云：幼时游里中诸收藏家，亲见其论画必宋、元人，乃辨别其真伪工拙，明及国初不甚措意，若乾隆以来，鲜有齿及者。大乱以后，金冬心、郑板桥之流一联一幅，皆值数万钱。昔时中人之家，黏柱障壁比比皆是，亦无人估值也。

黄碧峰《白鹊图》

《草心楼读画集》云：吾宗多画师，而碧峰先生柱最有名。碧峰生明嘉隆中，人物尤擅长。尝于圣僧寺粉壁作《十八应真渡海》，观者以为道子复生。村人有得白鹊者，人以为瑞，碧峰因为之图，先大父亦仿之为一幅，余时皆未尝见。同治癸亥至武昌，忽于市中见碧峰此画，索价裁二千。余故靳之。明日再往，则已为他人买去，惆怅累日。及乙丑成进士南旋，而江都邢子膺明府忽以先大父所临《白鹊图》见贻。盖乡里乱后，法书名画流传至三楚最多，明府此画亦从乡人购得。仆入手狂喜，更乞诸名士题咏，而同年杨利叔象济及车竹君广文元春、施望云布衣山三诗皆妙。

承尧按：黄碧峰圣僧寺画壁，以大殿背壁画观音象为最大，旁有题云：『一丈素壁，咫尺无穷。普陀南海，隐约其中。大悲自在，俨若从容。净瓶一个，杨柳一丛，圆光水月，色即是空。不垢不净，不磨此功。万历丁丑孟春黄柱。』

又有万历九年汪道昆题『不二尊』额。许国题『庄严净土』额。说经台前有檇李冯梦桢题『莲花国土』额、武陵龙膺题『最上乘』额。有巨碑，吴应宾撰文，方承郁篆额，吴用先书丹。寺门『慈济精蓝』四字分书极工，方承郁书。说经台上有王十岳刻经尚存，未残缺。有程嘉谟一联云：『台号说经，我不说经经不灭；池名洗药，僧常洗药药常灵。』余壬申游之。

黄次荪论其家族书画

《草心楼读画集》云：嘉、道中，吴子野画为时所重，名在先大父真民府君右。金丈庶仲，大父甥也，独不然之。曰：『子野笔墨，纯熟而已。若我舅氏所作，气韵高妙，正如昔人论书所云无右军一点俗气者，岂子野所敢望哉！』丈，朗甫吉士子也。

又云：先高祖存斋府君书法入承旨之室，风雅好士，所交皆当世名士，程征君瑶田比之于顾阿瑛。

又云：叔祖秦友府君为大父之弟，从大父学绘事，间作花卉，娟雅入格。吾黄氏画家代有作者，吾所及见，又有小舲、静之皆善花卉，静之兼善写真，小舲工夫最深。二人者并未能免俗。小舲父遐龄老人，工书，效王梦楼尤逼真，与汪竹坪齐名。小舲作画，父为书款字，好事者以为古画，争持去。父殁，画亦减价矣。

又云：《升庵集》中，有羊皮灯长律，极工。黄氏有羊皮灯屏三，莹净可喜，盖族祖凤六辑五柳溪诸先生所绘。笔墨皆有矩矱，亦百年前物矣。

按：次荪所谓真民府君者，名熙，一作贞民。小舲名文吉。余尝见其大笔寿星一幅，题字满纸，书画俱劲健。诚如次荪言『未尽免俗也』。

又闻黄宾虹言，真民先生生平于文辞书画，皆具悬解。所居画舫斋轩楹明净，有树石之胜，藏宋、元以来名迹甚多。先生论村事，每病族人不与西溪人造桥，是误于形家言，有阻道路之利通，未成人美莫此为甚。又病村人赛会积奢，其后庐墓皆不保，俱名言也。

胡觉之 胡铁梅

张公束《寒松阁谭艺琐录》云：胡觉之寅，歙人。尝为县令，忤上官罢去，卖画自给。游吴门，寓师林寺，为寺僧画狮象巨幅，形神酷肖，而笔仍雅饬。其馀山水花卉，无所不能。人亦坦率，与予极相契合。子璋，字铁梅，工画山水，合并沪上，以吴让之所刻张氏收藏小印贻予。予尝题其所画《梅花高士图》云：『消息南枝动，翛然独掩关。寒催梅渐放，人与鹤俱闲。香雪巢居阁，春风湖上山。绝无封禅草，空负诏书颁。』『书画传家学，拈毫独数君。帖临王大令，图写米敷文。曾览扶桑日，君尝游日本。还停歇浦云。何当重握手，尊酒话离群。』

歙事闲谭卷二十一

《歙问》

《昭代丛书》甲集卷二十四，录洪愫庵所著《歙问》。洪名玉图，洪源人也。其言简要，盖能约全志于一篇者。兹录于后，以备参考。文云：

时在辛酉十月之交，仆从客舟自天津南旋。于时寒风未冽，爽气犹横，相与出会通，浮汶济，达河淮，未尝不尽泳游之乐也。乃客顾仆而问之曰：『子歙人也，必稔知歙。吾闻权德舆谓新安多佳山水，我将游焉。子盍为我言之乎？』仆应之曰：『芒芒禹甸，无穷伟丽，蕞尔吾歙，域中一粒，乌足为客言哉？即贤士大夫之所来游者，不过欲搜六六峰之奇，溯五百滩之异也，亦奚烦客之下询耶！』

客曰：『子毋吝，愿闻其详。』仆对曰：『原夫歙在昔称州。其地广，有属邑，有分土。就今之封信言之，秦入大鄣，隋隶于婺，唐仍新安，元统于浙，为徽首邑也。星分婺女二度，于辰在丑，方二百七十八里，亦第距昌、淳而邻休、绩，越池、太而接遂、婺耳。试以山言之，环歙皆山也，为城七里许，而半依郡郭，云山包乎其中。盖嘉靖时邑令李桂芳所建，登府治之乌聊，以及魁杓、万山，而瓦屋鳞鳞俱在目前矣。其在城内，犹有玉屏，是明高皇之所驻跸。而东且南则曰白榆马鞍，南且西则筑太函，其于县署学宫前后相望也。其在郊南曰紫阳，是先贤朱韦斋之所居。曰南山，是仙人许宣平之所栖。而石鼓与龙井霞山上下相接也。至于表镇乡隅者，东则问政连郭，聂师道炼丹此山，有观有寺，有梅有竹，而高眉峰处云齐者也。西则黄罗矗起，连跨天马、篁墩诸山，而五魁冈峲，驾长虹而拱城；龙王岗岃，垂危石而瞰涧。实与古岩、师山、太守、金竺，相表里焉。然由西稍北，仙姑山又为少祖也。北则飞布为镇山，百里天皇，如游龙舞凤。负龙山庵而结东山营，支飞岭峰而干骙塘岭，主簿葛显之烈寄焉。然北曰云岚，越公之墓尚在，又曰凤凰，甘白之茗不存，而与武峰嶅山盈盈一水相隔也。若夫西北之所镇曰黟山，即黄山也，乃轩辕神游之所。有洞十二、岩八、溪二十四，青松云海、朱砂汤泉，四时之景无穷，岂可以名状尽乎？然近有灵金山，古高禖著灵地，李韩公修业于此。又有鲤王山，泉香而清冽，古仙翁浴丹于此也。乃邑南又可得而言矣：曰石耳，为祖山，效奇人形，中多异草。曰尖山，四面成金、木、水、火、土之形。曰派塘，三石标人台蟠桃之状。曰岑山，矻立大溪，如江鼋浮波。曰覆船，如覆舟；曰石岣，如卧虎；是各以形著者。曰蔺岩，为隋时将军亮守隘。曰孔灵，为晋时愉公读书处。曰李田，逸其名不传，是各以姓著者。曰铁釜，可祷旱；曰龙湫，能兴云；曰飞来，似御风；是各以灵著者。曰冬山、曰夏山、曰春山，是各以时著者。曰危峰，界于遂安；曰昱岭、通乎杭郡；是各以扼要著者。此则歙之山也。而其馀为丘为阜，不必言矣。

客曰：『高山仰止，既闻命矣，若水则何如？』对曰：『歙之水千涧如织，一勺成多，清深虽可以见鳞，险仄不足以通舟，然而引胥涛之潮汐，领严濑之渊泓，其源流得以缕陈焉。一支杨之水，西出绩邑茏嵷山，经朱砂崖，过周潭，汇于油潭，盖西流百馀里，而会布射、富资二水，又南会于大小母堨丰乐二水，入于练溪焉。其布射一支：北出于黄蘖山，南会杨之水焉。富资一支：北出于笠箬岭，南逾昉溪，过任太守昉钓台，入于跳石，注丰口而会布射入于练溪焉。大小母堨一支：西出于灵山，入沙溪，过百槐台，汇于龙王潭。南为练溪，溪上浣沙岸，乃太白访宣平徘徊处焉。丰乐一支：西出黟山，南迤于曹阮诸溪，过仙人台，入昌堨，汇于状元潭，又溢于吕堨，入练溪焉。凡兹五支，悉潴于渔梁，注于歙浦，是曰浙江。合休、婺、黟、祁四水，同为新安江。而馀波皆可以灌溉也。若夫东有绵溪，自绩邑佛论岭之山，东南会于凤池，入于深渡。西南有篁墩湖，昔妖蜃为祟，程忠壮射除之。其流南通歙浦，亦汇于深渡。东南有苦溪，又归于深渡。而深渡之水，逾于街口，东南会金华诸水焉。又武洪之水，自休邑稍云山过武洪村，南与杨之水合。南有昌溪，自柳亭山东南至于双溪，亦与杨之水合焉。要皆同为新安江，入三浙以至于海。此则歙之水也，客如惠顾敝邑，仆惟请向披云峰前，碎月滩上，悠然于双塔遥连之间，直追狂士一醉高风，以酬山水之愿可耳。若他有登临，仆恐未能从也。』

客曰：『设险以守国，信如子言。山峭厉而水湍激，其形胜不可恃与？』对曰：『歙在万谷之中，即山为城，因溪为隍。东有重门，西有层峦，北有峻岭，南有悬滩。防于浙，陔口为正道之障，危峰实间道之关；拒于境，旌德蔽新岭之麓，太平塞箬岭之湾。休、绩为左右翼，宣、饶作蕃篱邦，船经险石以止，路皆鸟道难行，是地固有山川之可恃，曾不若同仇之为臧，客独不闻近之荡摇我疆土者乎？亦奚语夫形胜也。』

客曰：『形胜不必辨矣。夙闻歙之风俗富厚，今何如乎？』对曰：『歙之视他邑有异也。人尚气节，民素朴淳，语音不一，嗜欲靡同。西北好饰而柔雅，东南守约而俭勤。刀耕火种，妇子苦营；无骑徒步，衣食鲜丰；宁甘斗讼，好义故争；不惮卜兆，厚亲是存；闰岁驱疫疠而赛社，三日泛龙舟以招魂。此其大略也。今俗不古若，而又多游惰之子、刚愎之徒，是冒富厚之名，而鲜富厚之实，亦何足以语于此哉！』

客曰：『子言何伪也，不见夫今之操奇赢以相夸咤者乎？皆新安之豪华，安谓其不富厚也？』对曰：『田为恒产。歙山多而田少，况其地瘠，其土骍刚，其产薄，其种不宜稷粱，是以其粟不支而转输于他郡，则是无常业而多商贾，亦其势然也。矧近者比岁不登，鲜不益窘矣。兵燹之馀，日不能给矣，而又重之以徭役，愈不能安矣。又安能不以货殖为恒产乎？是商以求富厚，非实富厚也。』

客曰：『不然，吾见商有世业于外者，岂谓今日始然乎？』对曰：『人亦安有轻去其乡者哉！大抵今之流寓者，实有以驱之也。昔之商，或身处于外者，今并挈其妻子而去矣。昔之商或几岁一归者，今并弃其丘墓而往矣。向使无有驱之者，亦何为而甘播迁乎？《硕鼠》之什可伤也！』

客曰：『是诚何为而致此也？』对曰：『受弊亦多端。即如歙之地，山陵居什七，田地居什二，川泽塘堨居什一。总计丁粮杂赋，共七万五千有奇。民甚奉公，未有不输纳者也。然问今日果能按籍征收乎？果不因公科敛乎？果能遵令革耗乎？借日有之，额以无定而横征，胥以朋奸而中饱，农以苛猛而骚苦，人以借支而波累，奈之何而民不穷且遁也。安能遇廉惠宽简之吏，有如伏暅、任昉、孙遇、倪祖常、羊欣、江秉之、袁甫、郭师中、孙佑、吕大防也哉！』

客曰：『子之志深矣，他日宦业，可于所言见之，信能媲美于君家正惠先生「赋役维均」之论、朝宗先生「蠲免积逋」之举矣。惟歙有材，国实赖之。请因备言在昔之贤哲者。』对曰：『汉以前吾不得而识之矣。若篇籍所载，唐代以来，以言乎儒林，则有若吴昶、祝确、钱时、毕景安。以言乎名贤，则有若谢泌、俞献可、汪若海、吕午、程元凤。以言乎勋烈，则有若程灵洗、汪华。以言乎治行，则有若方储、王叔举、王明、张谔、俞献卿、俞易直、汪叔詹、汪希旦、汪若容、方有开、张震、吴云龙、方恬、项牧、吴发、赵善璙、毕永晖、朱伯阳、吕沆、程元岳、洪椿、刘德智、郑安、吕诚。以言乎忠节，则有若程文季、陆梦发、汪维崇、江日新。以言乎孝友，则有若黄芮、王六、程四、鲍寿孙。以言乎文学，则有若吴少微、舒雅、王希羽、皇甫湜、吕文仲、吕溱、聂冠卿、刘伯证、罗颂、罗愿、汪仪凤、方回、曹泾、吴龙翰、洪焱祖、唐元。以言乎材武，则有若蔺亮、钱岦、蒋果、罗宣、郑琏。以言乎贞烈，则有若章氏二女、程淑清女、叶氏女、元脱烈母妻、程氏妯娌、郑氏四节。以言乎隐逸，则有若许宣平，汪台符，张雄飞，江莱甫。然此皆宋、元以往先哲之可类举者，若近明英特辈，不可殚述。敢以是为客对。』

客曰：『于明亦不妨约言之。』对曰：『请举其概：若唐心庵皋、吴天石孔嘉，居科名之先。许颍阳国、程仲会国祥，立相业之隆。朱允升升、唐仲实桂芳，阐理道之微。唐子仪文凤、杨彦谧宁、吴永清宁、唐霈之泽、江长信东之、方定之宏静、鲍山甫应鳌，大经济之业。唐希恺相、吴一清湜、庄志彦英、唐希说弼、程良用材、张廷毓芝、吴清甫漳、曹文渊深，唐景之濂、郑时夫佐、方行可纪达、程孟明旦、方伯时远、汪正叔一中、程德良金、黄德鸣镗、毕汝乐键、凌惟和瑄、方思善扬、吴仁叔宗尧、江伯达世东、凌龙翰驷，树节操之望。程好礼富、庄尚源歙、鲍行之道明，汪仁夫山、鲍复之承贤、曹应麟祥、程文玉玠、江民璞珍、殷廷实正茂、黄惟简应坤、吴知常中明、吴季升国仕、李茂实光芳、汪君清元功、毕师皋懋良、江兆豫秉谦、程和以子鳌、毕孟侯懋康、殷君陈宗器、唐文季晖、罗德鸣应鹤、程伯辅寰、黄行可愿素、汪环倩元标、项进之际明、仇泰符梦台，宏政治之材。郑居贞桓、方懋德勉、郑彦昭潜、唐子彰文奎、唐崇尧世典、黄学古训、胡廷和煜、汪廷德尚宁、汪伯玉道昆、黄逢元云龙、江本初来岷、汪长孺应元、胡超凡尚英、张云仲光祁、姚幼舆宗衡，擅文章之誉。汪宏宗、郑亨、刘辅、张玺、贺铎、王应桢、管懋光，副师武之用。此则仆之所能道者，而其所不及道者固多也。大都歙地川岳钟灵，奇英间出，即今兴朝，亦不乏人，虽不敢比于三吴之多贤，而尚能称江左之材薮，第愧仆不克自振拔耳。』

客曰：『子之族，歙之世家也，君子称述不忘其先，何为不举以相告乎？』对曰：『仆固未敢举以对也，盖余族繁而散处者多矣。敬承明问，言其亲且近者可乎？盖有躬勤砥淬，宣力敉宁者焉；有政颂廉明，冰清泽润者焉；有蔚望朝端，矫矫严介者焉；有翔序卿列，蹇蹇弼直者焉；有羽仪人表，翊赞传述者焉；有淹贯艺苑，敏赡博雅者焉。如我朝宗公讳汉、恭靖公讳远、原泉公讳启蒙、见九公讳养蒙、先大父庄定公讳文衡、含初公讳世俊、念卿公讳应绍、邻虞公讳辅圣、经寰公讳佐圣、南池公讳翼圣、揽莼公讳天开、西岩公讳天擢、筠瞻公讳明伟、则渚公讳襟、万贞公讳明钟、于天公讳峻，皆其著者也。特可异者，同怀而三连芳，同日而三授卿，同祭而三骏奔，此亦一时之殊遇，今父老犹传道之。仆也绍前烈而绳祖武，殆有志而未逮焉。』

客曰：『士生于歙而可嘉者多，物产于歙而称良者不亦多乎？请言地之所产者若何？』对曰：『世之所歙称者数物耳，少微以砚美而拜官，廷珪以墨妙而赐姓，纸号麦光称洁，茶采春先占胜。今者砚与纸不可得，而墨与茶又鲜精，是焉得为世重乎？他若兽有野豕、山羊、栗鼠、竹狗；鸟有朱鹤、翚鸡、黄雀、画麋；水族石鸭、金丝鳗、马蹄鳖为最；仙畜四翼鱼足奇；果属：木瓜、杨梅、梨、枣、柿、椑；蔬品：蕨、药、蒟、蒻、姜、韭、笋、苔；竹备班紫；木植松樕；药则紫术、黄连、昌草、麦冬、黄精、茯苓、白石英、何首乌。其所产者不尽于斯，而如斯者亦不皆常有耳。虽然，物因人而始重，人得贤而益彰。向使吾歙不有大儒朱子于以绍孔孟之学道统，名垂万祀，与天壤相并，纵使黄山白水昭其奇异，亦乌能声称于斯世哉？迄今士守典训，九日犹聚四方之英，向紫阳讲道弗辍也。』

客辗然曰：『盛哉歙乎！山水称峭丽之雄，川谷维屏翰之固，贤哲擅东南之美，物产纪职方之奇，使人各安其俗，怀其业，无追呼之扰。即熙熙然经营四方，归来伏腊，家人父子烹鲜酌斗以相慰劳，可不谓和乐者乎？吾尝慕徽国文公儒风，未尝登阙里之堂，心窃向往之。今幸遇子，为我宣示焉，其亦可以卧游也已！』于是命童子酟江上之芳醪，欲与击楫乎中流。启户视之，瞬息百里，不知长风之相赠。

黄凤六题画诗

新得凤六山人画二纸。又见黄昂青所藏三纸。画必有题，题各有意。一题山水云：『小构居停傍曲阿，青林红树老烟萝。门前有径通樵采，长谢轩车染绿莎。』

一题菊花云：『三径秋风绽晚香，栽培篱落傲柴桑。长枝细叶多幽致，却羡根柯本大洋。』

一题秋海棠云：『阴阴翠色倚墙根，粉腻红香似玉温。点缀秋光娇欲堕，燕脂带露写啼痕。』

一题山水云：『萧飒西风动密林，满溪红叶落秋阴。一笻聊与消尘虑，画稿诗材不费寻。』

又一题山水云：『溪山晴霁写行踪，木叶萧萧落竹筇。身世沧桑从变幻，遥从画里见黄农。』此幅末署『八十六老人』，殆其晚年作，计当雍正初年也。其言犹如此，可见遗民结愤之深。

李长蘅题画语

程读山埙《雨窗绝句》云：『山水清音说练川，风流名士配松圆。那知竹马鸠车处，却在筼筜绿漱边。』原注：『李流芳，字长蘅，故邑人，客嘉定，因家焉。与唐叔大、娄子坚、程孟阳，称嘉定四先生。旧家在丰溪上，苦竹数顷，清溪一曲，父老犹能指其处。』

承尧按：陈楞山《玉几山房画外录》载有长蘅跋自作画数则，其一云：『甲寅九月，扫墓新安，过吴门，别季弟无垢于寓舍，持素册授予曰：「遇新安山水佳处，当作数笔，归以相示，可当卧游。」领之而别。自禹航从陆至丰干，一路溪山红树，掩映曲折，或旷或奥，皆在画中行。归自屯溪，沿溪而下，清流见底，奇峰怪石，参错溪中，两岩束之，上限云日，所谓舟行若穷，忽又无际者。昔人称新安江之胜，今始见之。每欲一下笔，逡巡不敢。归与无垢言之，但相对一笑而已。然此册犹在予箧中，每开视之，犹作新安山水想。乙卯北上，乃复携之而行。京师尘埃蔽天，笔冻欲死，画意益不得发。丙辰落魄而南，长夏闲居，思理笔砚，得此册则曩时新安山水，又付之子虚乌有矣。因随意弄笔，以解烦热。数日而册满，尚欲题字识此一段因缘，邹仲锡一见便夺去，固索不得。好画如仲锡，便脱手相赠，不足复惜。但此册未画时，已走新安往返二千里、京师八千里，中间游览之乐、车马风尘菀枯冰炭之感，历历皆影现乎此，不可不惜也。丁巳五月二十四日。』按：甲寅当万历四十三年，丁巳四十五年也。

黄莲坡《古歙乡音集证》

黄莲坡宗羲为黄仲凫之兄，已见前卷。其所著《古歙乡音集证》上下二卷，幸借得之，为嘉庆壬申春刊袖珍本，其孙梓心所镌也。前有黄曰瑚序，卷端但署『天都印斋道人手辑』，不著姓名。上卷分天文、地理、时令、人物、宫室、服饰、器用、饮食、身体、性情、疾病、杂作、草木、鸟兽各门，下卷分通用、叠声、语声、谚句各门。其自序云：『吾歙土音，四乡差异，东南北则重而浊，西则汎而柔。即西之一隅，相去数里，亦稍稍有不同者。其乡语中多若有音无字，然而寻绎其义，字书未尝无有，特语音转变，唇齿不清，故失之耳。不揣固陋，略为考证，得字若干，类录于左。若夫东南北三乡语，未得尽悉，不敢谬及。』

承尧按：其书由义求音，由音析义，妙语甚多，且俗语几于无字不备，字字谛当，精力绝人，诚可骇叹。惟细碎不可摘录，兹录其『朝奉』一条云：『宋宝祐三年，追封右丞相程元凤敕诰，有云：五服之亲，咸授承奉郎官之爵；母妻姻戚，遥授朝奉郎职之名。故程之长老，至今称承奉。歙之长老，至今称朝奉。朝奉郎阶七品，故妇称孺人。』

又『划龙船』划，乡音若握，平声。条云：『吾乡之俗，三月三日划龙船。船中奉诸神象，盖逐疫，非吊屈也。亦有剪彩缯制龙舟赛于陆者。国初曾有知府某，谓：「天下龙舟五月五，何徽州独谬为三月三？」时诸生黄某答曰：「夏五六月，周七八月也，天下皆误，非徽谬也。」知府韪之。』

又『安置』乡音若恩基条云：『吾乡之俗，新妇每夕于舅姑前万福，道安置。三年之后，惟岁首行之，至灯节后则已。』上三条皆可征歙俗。

又奇字甚多，如『谚句』一条云：『步𬼀步𠃓𬼀𠃓音迹匝俗谓踏小水之声也。《同文举要》，「𬼀」音迹，左足踏小水；「𠃓」音匝，右足踏小水，皆其声也。』见大元石刻。岭名𬼀𠃓，在徽杭路，离界山十里。然从半水作字，无义。六书不载，亦俗书之臆造者也。

渐江画出于悬溪和尚

周栎园亮工所著《赖古堂书画跋》云：『江宁孙公无修，名自修，以甲子乡荐授阳江令，有慈惠声。迁贰大同，感时乱，忽遣两爱姬剃发为罽麟和尚弟子，游迹浙中，自号曰与然。岩栖谷汲，缚茅于人迹罕见至地，颜曰悬溪庵，浙人称之曰悬溪和尚。素精绘事。出世后，尚时时点染数峰以自适。黄山渐江上人，绘事为世所重。然闻其一水一石，皆脱胎于公』云。按：此说确否不可知，姑志之以广异闻。

程孟阳李长蘅佚事

周栎园题郑汝器藏《李宋合作画册》云：『长蘅作画，如狮子孤行，不求伴侣，许为连镖接轸者，比玉、孟阳二人而已。长蘅常语虞山先生曰：「余精舍轻舟，晴窗净几，闲看孟阳吟诗作画，此吾生平第一快事。」虞山笑曰：「吾却二快，看兄与孟阳耳。」是册为长蘅、比玉同在湖上作。比玉与两君，极有苔岑之合使三君鼎足共峙，含毫吮笔，虞山见之，当复乐死。汝器收藏最富，尤宝此册。他日当觅孟阳手迹，都归一箧，致足乐也。当时目三君为华岳三峰，汝器幸陟其二，何难更登其一哉！』按：比玉，宋珏。汝器，郑簠也。

又程序伯庭鹭所著《小松圆阁书画跋》跋松圆诗老自书《咏古》诗后云：『太仓王冏伯，尝谓世无严武，谁识少陵？当今能客孟阳者，海阳顾益卿耳。为治装遣行。乃先生渡江后，寓古寺中，与二三酒人，酣饮三日夜，赋《咏古》五章，不见益卿而返。』馀略。

又云：『家松圆诗老，书名为诗画名所掩，然并臻绝品。余旧藏手书吴装集，清劲拔俗，亦复散朗生姿，其他所见墨迹，皆留意小米，收敛而不效其放纵者。』又云：『松圆《双松图》，款署崇祯丙子六月，时年七十有二。』

按自序《耦耕集》，乙丙二年间与叔达唐先生往来虞山拂水，其归歙在庚辰，以癸未冬卒于新安之长翰山中。

又跋李长蘅画云：『吾乡长蘅先生，导源董巨，得其神髓，仍复纵横酣适，墨采喷溢。此幅款署丙寅，为明天启六年，先生年五十有二，至崇祯己巳而先生归道山矣。』馀略。按序伯亦歙人而居嘉定者，松圆之族，故称小松圆阁。嘉、道时人。

李僧筏

程序伯《小松圆阁书画跋》云：『僧筏为长蘅先生令子，诗文书画，克嗣家风。年未四十，弃诸生，放浪山水，尤笃内行。张子石征士题其《月泛图》，有「小李风流继阿翁，萧疏笔墨见心胸」句。此帧墨韵酣畅，仍得萧疏之趣，檀园嫡派也。里中藏长蘅画者尚有，僧筏之画绝少，尤足宝贵。』

程穆倩《画纪》

程穆倩与郭石公同辑《画纪》一卷。石公名础，亦知画，自署为横山。见黄左田钺《画友录》。

周横山

黄左田《画友录》云：周翼圣，号横山，歙人，居芜湖。少有拳勇，负气节。尝独游泰山，遇盗，行且及，周飞足仆之，堕入水。舍之，投店，少休，闻扣门甚急，启之则盗也。盖店即盗家，固不知周在。周念无可避，乃出劳之，盗喜，置酒且请为弟子。周酒酣备言所得，盗益喜，出黄金为寿。周辞去，盗送之数十里，泣曰：『小人无赖，幸遇先生，不然死矣。自今请不敢为盗。』周乃指陈大义以奖励之。其豪侠有如此。工诗善画，尝为先君作山水便面。钺幼时不解，今追忆之，似是文待诏一派。年逾六十卒。无子，以仲弟子广毅为之后。

巴子安佚事

黄左田《画友录》云：『巴子安少读书无所不好，亦无所不能，弆藏法书名画、金石文字、钟鼎尊彝甚夥。工篆隶摹印，时伪作古器，脱手如数百年物，虽精鉴者莫能辨。能画山水花鸟，皆工。然不耐皴染，成幅者绝少。人得其残稿，犹珍重之。家丰于财，坐不治生产，日益贫。晚出其书画之副者，犹卖千金。好客，别墅在城中古槐里。余为紫阳山长时，时相过从。犹记同游黄山，登始信峰，令侍者吹洞箫，子安依声而歌，其乐可以忘死。别未一年，卒于扬州，年甫五十。子树毂，字孟嘉，候选训导，善篆隶书，精音律，惜亦早卒。』

按：光绪中，吴人徐子晋康著《前尘梦影录》，言曾见巴子安所造散氏鬲大圆墨，约重斤许，漆边。面缩杌鬲篆全文阳识，背楷书『散氏鬲』三字。鬲旧藏子安家，故缩杌篆文，丝毫不爽。又江建霞标附注，言子安有铜都盛盘，字体模散氏盘，酷似。今藏钱塘汪郎亭师鸣銮处。

承尧闻汪旧翁言，曾收得巴子安所制铜盘，篆曰『都盛』，并镌同制器人姓氏，有江于九、胡城东诸人。又在城中方晴初家，见子安手临散盘一币，附释文极工。有胡城东跋。

程孟阳小象墨

徐子晋《前尘梦影录》云：程孟阳小象墨，方巾深衣，半截身。单边，重三钱馀。质轻如叶。正面象、背有赞。

吴闻礼吴闻诗为钱牧斋制墨

《前尘梦影录》云：钱牧斋有蒙叟墨，正面『牧翁老师珍赏』，背有『为天下式』四字，旁注『门人吴闻礼制』。长方式，重五钱。又秋水阁墨，重约八九钱，牛舌形，面同上，背『秋水阁』三字。有阑，旁注『门人吴闻诗制』。满身线云环绕，阴文，字皆居中。后读《红豆集》，知吴氏昆仲皆歙产，集中有《秋水阁记》。

宋牧仲黄海山花墨

《前尘梦影录》云：『宋牧仲自制黄海山花墨，扁方形。约有二十馀种。余曾得四五挺，面画折枝山花。背题所咏《漫堂诗集》中有咏山花诗五绝二十首，皆载山中土俗之名，不见于《群芳谱》。』按：此即《黄山异卉图》也。

江秋史再和墨

《前尘梦影录》云：江秋史自制墨，泉刀形，面即墨之吉货，稻芒文，背《秋史》款，漆边，极黝泽。重二两。又一种，与钱梅溪同制，亦泉刀式，烟质稍逊。又一种，四面线云，牛舌形，约重两许，正面『蟫藻阁再和墨』楷书，背面横列曰『邵格之、方正、程君房、方于鲁』，分四行，亦楷书。『蟫藻阁』，秋史读书室名。

又云：相传宋漫堂在黄州时，以朋友所遗之酒，和于一处，曰『雪堂义尊』。竹垞老人闻之云：『何不以各家墨椎碎，和胶重捣成剂，名「雪堂义墨」乎？』后百年，『蟫藻阁』竟有『再和墨』。

又云：阮相国积古斋打碑墨，亦江秋史、钱梅溪同造。墨碑形，字作古篆，重二两，扁阔而薄。

程音田墨

《前尘梦影录》云：『程音田自磨墨，面半截小象科头，阳文，约重两许。音田名振甲，号也园，为名进士。歙人，侨居吴门。曾充铜商而大折阅，因自号音田，取无心意思，而不知究作何解？』按：音田子洪溥，字木庵，好收藏金石，有《木庵藏器目》，江建霞为刻之。

节录《雪堂墨品》

《雪堂墨品》，广济张长人仁熙著。长人，清初人。藏墨悉归于宋牧仲。兹节录其语：

方正『牛舌墨』，有『极品清烟』四字。

邵青丘『瓜墨』，有『青门遗』三字。亦世庙前人。

程君房『寥天一』，万历庚戌造，有墨气，无香气。君房墨最『玄元灵气』，而有时『寥天一』反踞其上。

程孟阳『古松煤墨』，阴有铭，阳有孟阳象。昔嘉禾人沈珪往来黄山，取古松煤杂脂漆滓烧之，云按韦仲将法。孟阳本此。唐、宋以来多松烟，少油烟，故东坡得油烟而宝之。今油烟胜，松烟遂少，有亦不佳，此独佳绝。

君房『陈玄墨』，制极大。又『玄元灵气』阿胶墨，万历庚戌制，薄甚。重不满钱，包以绫文，画牡丹其上，始入匣。匣亦异今时也。

余端蒙『墨精』，不知何年制。极香。亦非近时物。

汪仲嘉公孙合造『李法墨』，有『百年如石，一点如漆』二语、『李法』二字。近墨家多用之。

汪仲嘉『山灶轻烟复古墨』，万历丙午造。

方于鲁『青麟髓』小墨，有『世宝』字。近程凤池遂以『世宝』名第一墨。『青麟髓』见数十种，制各不一。有方者，正画一麟，多用熊胆，舐之甚苦。有舌形者，横画龙而衔珠于其口。于鲁初执事君房家，已自为墨，遂不相下，至讼于官，尝以赝者应郡守古公重购。古公怒，请验于汪司马，逮而笞之。邢子愿号知墨，每云：『于鲁色泽胜耳。左司马差愧董狐，或别有秘合，为司马出一瓣香，未可知也。要之君房侠于墨，意专在名。于鲁多为利。君房墨有次第，而烟皆佳，至最下为妙品，亦足当上乘，此二氏之别乎？』

潘方凯『开天容墨』，万历庚戌造。

汪季常『一茎草墨』，亦万历庚戌造。

叶环源『玉髓墨』，形小圆，阴书『环源』，阳书『玉髓』四字耳。又一种，形方，上画奎象，亦精绝。玄宰好用之，环源遂大知名。

吴干古有『秋叶墨』。

吴玄象『紫雪墨』。亦数种，有玄椁之精、原始之液、九转百炼、神明紫雪铭，形模皆质古。当熹庙时，百昌以富巨万贾祸，宜不惜物力为墨。其真者不在程、方下。近所拟乃俗甚。

吴去尘在启、祯时，始为博古新样，品目至六十馀种。炫耀光景较之君房，土羹而象箸，大抵效法世庙邵格之所为者。然形式既殊，物料绝胜，其『床头捉刀墨』，遂复寥寥不可多遘。

黄宾王『龙文双脊墨』，万历辛亥造。有铭，自书『放言居士』，东林所称黄正宾者是也。

紫云阁藏墨，上书『壬寅春制』，不知姓名。亦精甚。

吴君章『太紫重玄墨』。守玄居监制。世传其『天峰神物』，佳。余见之，亦松烟之颓者。

方澹玄『非烟墨』，万历癸丑造，旧见其《墨说》，公安珂雪先生笔也。歙太常吴先生防兵于蕲，曾出以赠先孝兼，佳甚。

吴乔年『知止堂柔翰斋墨』，万历戊午造，圭形。

詹云鹏『金盘露墨』，漱金。

德藻堂『水苍玉』，上书『李园墨』。

吴苣卿『写经墨』，小不盈寸。上书《心经》一卷。此等殊不异，近见叶柏叟辈，亦仿此，所刻更楷。

『群玉册府』大圆墨，不知何人制。

朱涵一『双淳化光』墨，溂金。

汪美中『一茎草』墨，天启甲子制。

吴叔大『天琛』，仿古著小墨。

软剂『天琛』，仿承晏墨。

新安上色墨，亦『天琛』。此玄粟斋第一墨。其所仿『雪堂义墨』皆以『天琛』行。

涂伯经『龙宝墨』。

吴鸿渐溂金『青麟髓墨』。

吴鸿渐『玄虬脂』，桑材里第一墨。

自朱涵一至此八墨，皆时制。所谓郐以下无讥者也。然时墨中亦有绝佳者，如『凤池世宝』、叶玄卿『太乙玄灵』、『柏叟』最上乘，皆佳。若小华道人、中山翰史诸公，余间见之，然未易得也。

昔苏子瞻在黄，于雪堂试墨三十六丸，抡其佳者，合为一品，名曰『雪堂义墨』。歙人吴叔大仿其意，作『义墨』三十六丸，虽不免时制，而肖形取象，物料精工。余昔珍藏之，今墨皆散去，而雪堂墨匣犹存。暇日搜使君所藏及余家所藏旧墨赠使君者，亦得三十六丸，因以匣并遗使君贮之，亦雪堂遗意也。康熙九年人日书于藕湾精舍。

按：使君谓宋牧仲也。

汪秀峰藏印

《前尘梦影录》云：『汪秀峰启淑，于雍、乾时，富而好礼，所交皆知名士。凡金石书画无不好，而笃嗜者为古今印。尝汇集汉印，曰《汉铜印丛》、《古铜印丛》，皆巾箱本。同时诸名家所刻者，曰《飞鸿堂印谱》，五集，二十巨册，又集古今印曰《集古印存》六巨册。下缀刻人姓名，尝以罗文版精印。又有《秋室印萃》六册、《退斋印类》四册，皆同时友朋制作。其最小者曰《锦囊印林》，小仅寸馀。尝得宋锦被面，因制为囊，盛之。前序后跋，如《印存》之例。印质为人参、珍珠、珊瑚、玛瑙、水晶、白玉各色。余于劫前购得两部，皆四卷，其一归之朱小沤太常钧，一为凌翁华常易去，而皆无锦囊。先友黄心翁云：旧有印谱十一种，并续周栎园《印人传》。』

按：《集古印存》，余曾见之，有十六册，无首尾，尚是不全本。此云六厚册，盖分装有厚薄也。《飞鸿堂印谱》于沪上偶见之，馀皆未见。

方　絜

《前尘梦影录》云：方絜，歙人，善刻人小象，或臂阁，或笔筩。以其技遨游吴、越间。尝见其为释六舟达受作《庐山行脚图象》于竹臂阁。须眉毕见。六舟云方曾为阮文达公作八十岁象，更佳。后殁于禾中。其时适修《嘉兴志》，因采入《流寓·艺术门》。

程易畴鲍渌饮之异禀

《前尘梦影录》云：程易畴生有异禀，年四十馀，在都中应礼部试，疡生于首，在面部，几殆。遇一疡医，道甚精，且通太素脉。切脉后云：『不但疡证无虞，且享大年，得重名。』后九十馀岁始卒。闻其中年以后。于书室中设一方床，如椅，禅家所云卧时胁不着席，终年伏案，矻矻不倦。或有倦时，则闭目坐于方床，片刻即健。

此贝简翁闻之鲍渌饮者，渌翁亦酷嗜篇籍，过目不忘。夜间偶有所得，即起书之；或校勘秘籍，夜凡三四起不厌。寿亦至八十馀。按：易田先生《通艺录》中有异脉记，即记太素脉事。

张山来《心斋诗集》

张山来潮著《心斋诗集》一册，康熙壬戌刻成。前有吴岱观山涛、程蚀庵守、龚半千贤三序。程、龚二序，皆亲书上木。后有洪去芜嘉植跋。诗颇纤薄，而同时评论其诗者有邓孝威、王仔园、宗定九、王不庵、冒辟疆、魏廓功、潘双南、殷日戒、王静斋、杜茶村、丁兰皋、余钝庵、王璞庵、程未能、陈康畴、许师六、吕冷野及其侄谐石、贯玉诸人。单词只语皆录入，名心可谓盛矣。卷有《送程山尊汪扶晨归里》诗，王仔园评云：『山尊同扶晨归里时，高朋云集，坐满溪亭，酒间各赋诗赠行。醉歌达旦，阳关折柳，可称极盛。尤爱山来以同里交情，缱绻不舍，古道如存，固不啻一唱三叹』云。

又有宴集诗，同分韵者有孙豹人、徐松之、黄仙裳、潘双南、何御鹿、汪扶晨、闵宾连、方朴士、郑繁修、方望子、汪快士、汪思白、方宝臣、许左黄、黄交三、程劲飞、郑岂偕、杜茶村、程亚韩、黄月舫及其侄谐石，此中歙人当甚多，难尽考矣。

程穆倩星宿海砚

诸惕庵九鼎云：黄海高士程穆倩家藏端砚，背隐水眼百馀，因以『星宿海』名之，自著砚铭。极佳。见惕庵所著《石谱》中。

东坡苏钧秀才帖

陈继儒《妮古录》言：东坡有《苏钧秀才帖》云：『苏钧秀才，取歙氏女为妻，宜得歙石之佳者。寄遗此砚，殆亦非绝品，岂寒士无力致之耶。然亦发墨滑润，此外当复何求。物既以拔群为贵，则论者不得不较精粗于流品之外。不然则欧阳公所谓吏人磨瓦片，最快便也。』真迹藏项氏。

程读山《雨窗绝句》中景物诗

槐塘程读山进士《雨窗绝句》一百九首，余所得为程可山先生手写本。读山诗笔恢博，铜竹书法整严，极可贵也。前有读山自序，略言授经丰溪，因事旋里，值淋雨浃旬，枯坐斗室，偶阅《曝书亭集·鸳湖棹歌》，因效其体，作诗自遣。末书『乾隆辛巳五月下旬，读山程埙书于搴碧楼』。后有兄廷绍跋，又韫亭吴镗跋。兹选录其诗关于邑中景物者四十馀首，云：

『姑射城头百仞青，半笼莲社半槐厅。遥知茂宰挥弦罢，拄颊高吟悦性灵。』注：『邑署枕问政山，廨宇割冈峦之半。予少时覆试署中，仰见精舍佛龛，宛然可数。』

又：『廨畔霜皮黛色笼，谁知仙药比神丛。荷衣一抚惊摇手，伍佰纷纷怪宋聋。』注：『邑厅事后有何首乌藤，袅树甚茂。相传是富八郎手植，戒不可扪，犯者讼必受诎。即平人必病三日。予童试时偶一抚，胥吏亟止之。』

又：『月弧星笴蔺将军，五鬼山摧饮羽熏。谁唱《白云》迎送曲，春兰秋菊总无垠。』注：『蔺将军亮，隋末结寨保障，郡人德而祀之。祠今在西门樊楼上。象颀而伟，锦衣花帽，为弯弓引满状，以拟城西五山。俗传五山名五鬼山，形家以为主火灾，兼不利于地治者。引满亦厌胜之意也。吾里唐白云先生有庙记，并送迎神曲。』

又：『地近黄山云气多，菊篱仿佛栗亭柯。此间也有篮舆迹，便似尧夫到处窠。』注：『相传陶靖节曾至潜口，故以名其村。栗亭亦栗里遗意也。』

又：『贤关磊落驾河汾，况有高人授粲勤。欲广青衿须六藉，岂徒帖括张吾军。』注：『贤关，紫阳书院小亭额。高人指徐朴村，重葺与授餐事。』

又：『重阳雨霁相公坛，豆酒香浮角黍盘。剪就红罗舆上系，赵孙先赛两衙官。』注：『篁墩相公坛，近村人以祀显祖忠壮公，予馆虹梁，见村中赛会，舁公并二将军入庙，所过竟设豆酒犒舆人。妇孺则系红彩神舆上，亦徼福意也。孙、赵二将军，显祖将校，今配食。』

又：『越国祠旁十八公，绿林豪客走如风。四山一夜张鳞甲，便与苍根孝笱同。』注：『吾里龙山汪越公庙旁，多大松。元末盗缚孝子鲍寿孙于此，将害之，松忽生鳞甲，奋吼如蛟龙，盗惊走，孝子得脱。』

又：『老铁曾敲细柳营，英雄血绣土花生。山僧百八秋宵敂，㳬叶萧萧洒一城。』注：『乌聊山寺大钟，相传汪越公铁刁斗改铸。见邑志。』

又：『碎月滩头一问津，穿云难觅翠微人。安知不是岩栖叟，白雪黄芽恐未真。』注：『李谪仙曾至吾郡，渔梁下有太白酒楼，又有太白访许宣平处。宣平疑隐君子，未必仙释也。』

又：『小金山比大金山，素练何曾溅佛鬟。叹息郑公留钓碣，犹能立懦与廉顽。』注：『岑山，一名小金山，有郑师山先生钓台。』

又：『人言韩公未虎啸，首戴黄冠似魏徵。祝版乌焉虽漶灭，星星吹起四山镫。』注：『灵金山，元末李韩公隐处。』

又：『三耳神翁去几年，猫头白殼大逾船。晚春说饼人如蚁，踏石来参玉版禅。』注：『南唐聂师道隐问政山，以聂姓故称三耳，山产笋，佳者有白殼苗之名。』

又：『绿杨飞出太平桥，串月玲珑颗颗描。若比垂虹应不让，只输子夜度银箫。』注：

『河西桥一名太平桥。』

又：『萧斋十个尽临河，门外滩声树色多。鸡犬悄然衫被绿，五明更在最高坡。』注：『城西十寺，皆倚山临河，幽靓甚，五明尤佳。踞高坡上，仄径如蛇，蜿蜒而上，万籁寂然，一碧满目，洵萧斋灵境也。』

又：『古井香泉醉辘轳，回仙画碣赛村巫。秋空一剑浑无迹，长啸巴陵万顷湖。』注：『双溪有吕纯阳仙井。』

又：『纤鳞不掩若乘空，扬子匡庐敢下风。灵运当年遗雁荡，品泉张陆得无同。』

又：『柁底涡澜驶若机，垢衫澡雪点尘稀。此邦清激人如水，多少霜台表谏扉。』注：『予尝舟行严滩，见榜人以垢衣系柁后，少选取视，有如烦捐，宛然一新，盖水峻急故也。』

又：『五里阑干路半砠，插天翠壁染衣裾。暝援踢臂游鳞瀞，三峡楼台画不如。』注：『城西往岩镇路，仄径蜿蜒，仰山临水，旁施阑楯，俗呼五里阑干。相传岳忠武王所开。』

又：『乱山凹罅藏精舍，松栝鳞攒翠十围。六月蚊虻无著处，坐深飒飒怯絺衣。』注：『双桂堂，在邑城玉屏门内，胡氏别业也。山水草树，既幽且靓，六月了无暑气。吾友金谿音兄弟读书其中，余尝访汪雪斋内兄过之。』

又：『缥碧乘空鱼百头，礬蘅夹岸哑蓉鸥。钴潭袁渴讵加此，只少标题一柳州。』注：

『潭渡至槐台渚屿一带，景物佳绝。』

又：『桂花塔子说潘村，金粟深蟠宛转门。弹罢小山狸豆落，不知谁拾月明墩。』注：『潘村桂花，阴覆数亩，如巨塔，好事者编列罅隙如门户。』

又：『七贤村畔唤鱼潭，无数娵隅数尾蓝。清磬一声萍藻冷，红衣跳雨又争探。』注：『七贤镇僧舍，有放生池，蓄鱼百馀头，投饼饵，争跃食。』

又：『蜀口昙花也自开，何如香雾绕山隈。廿年四月常中酒，蝶市蜂衙锦绣堆。』注：『蜀口昙花，不及虹梁之盛。予客虹梁四年，每春杪，酒有名醅，家多好事，无地不花，无日不醉。』

又：『山无大小有仙灵，太守标题更德馨。忠孝允堪师百世，岂徒万仞说花屏。』注：『太守山在潭渡村前，明太守陈彦回祖母葬此。公每夕必号泣奔山省墓，因名。后同苏守姚公殉节靖难。』

又：『苍山缥缈一拳石，想像文清独乐园。鸠翼似留扶去迹，车茵还记吐时痕。』注：『里中苍顶山麓，旧为族远伯祖宋丞相文清公别墅。』

又：『丞相坊前树几椿，行春太守驻花骢。至今半亩清阴满，道上亭亭指盖幢。』注：『里门棹楔，为宋丞相文清公建，以字涂朱，相传呼为红牌楼。坊外石枡，树不高而阴圆如盖，可庇十许人。太守某公劝农过此，下车瞻玩久之。』

又：『白云堂外白云多，修禊登高两可过。春水秧穿毵似发，秋山木落篆如螺。』注：『白云堂，里中石池寺僧方丈也。开轩一望，耕馌渔樵，宛在几案，诚天然画图。』

又：『寒木春华一夜敷，诰朝买酒醉珊瑚。莫教野叟挑枝去，打雀空留万点珠。』注：『吾里师山及龙山，红叶甚盛，同人日作遨头。红叶之在柏者，较胜于枫。柏叶落将尽，则枝上柏子累累如珠。徐文长《画榴》诗「深山秋老无人摘，自迸明珠打雀儿」。』

又：『曲渚圆沙夹绿蒦，掬冰浣漱杂芰鸡。僧庐行罢黎祁饭，渚上王裴手共携。』注：『师山下小溪莹然，俗呼大姥堨。予每偕湘游憩山寺，设果烹茶，多步水间掬濯。』

又：『名园绿水每相依，丁卯桥边荇藻围。看竹他年来不速，重将序饮写苔矶。』注：『檀干园亭，涵烟浸月，大有幽致。』承尧按：吾里唐模村，一名檀干。

又：『门外小桥杨柳曳，庭边曲径薜萝封。十年借我温经史，夜月晨暾好课松。』注：『堨田会源书屋，虽枕河而静幽俱备，诚读书净土也。汪丈绍闻曩客授于此。予尝过之。』

又：『健松合抱舞笙竽，四面风来自苇蒲。唱晚櫂歌冲白鸟，萧然轩槛倚江湖。』注：『乔林别墅，吴莪轩先世小筑也。乙亥夏，胶东鞠太史梧浦寓此，予尝过宿。大木皆十围，窗户门槛多萧散之意。入夜渔歌四起，鸥鹭群飞，宛在黄牛峡口青衣江上。』

又：『水上偃然冰百尺，月明疑跨白虹鳞。只嫌错煮难斟酌，亟向苏公索火春。』注：『乙亥丙子秋，吴涵斋太史兄弟邀予赏月于丰溪之辛桥上，吴韫亭为予设火酒。』

又：『粉榭依山曳酒旗，杏衫银甲一春嬉。攀条有罚逾童羖，万紫千红赖护持。』注：『稠墅汪宅园，梅桃暨牡丹芍药甚盛，门启不扃，花时不拒客，但戒人攀折，犯者必罚演剧。故不挂韦幡，朱粉安堵，亦惜花之善策也。』

又：『两贤位置好亭台，桂屿香连水映梅。添个志和船五尺，嫖凉棹入藕花隈。』注：『果园二字，本《西都赋》，亦见江淹《修心赋》，相传唐六如、祝枝山所规画也。予尝惜园中不设小舟，以棹荷芰深处。然花木敷纡，泉石幽邃，差称佳胜。予寓砚于园七载矣。』按：果园在丰南。

又：『水多似石涟沦翠，竹密于松箨粉香。一径窈然通缭绕，只疑九曲武夷长。』注：『此记吴纫兰先生野径园之胜也。园之妙在转折，不令人一览而尽。柳子「舟行若穷，忽又无际」，韩子「窈而曲，缭而深」，二语可以当之。』

又：『霞山少许胜多许，骑火红英绿雪苗。曾侯松风尝一滴，至今舌羡似闻韶。』注：『潜口紫霞山产茶不多，而称绝品，非松萝所敢望。尝于友人斋头一啜，色香两绝，至今神往。』

又：『肥鳊藿叶出山溪，称似河鳗鳖马号。付与钟屺门下议，可能无累比周妻。』注：『吾邑鳊鱼及鳗鳖之产于溪者，俱称珍味。俗所称竿鳗鳊马号鳖也。』

又：『锦袄斜披说坐鱼，谁知石鸭产仙徂。雪胎八字丹眉列，三秀煌煌不胜渠。』注：『黄山产蛙，大于常蛙。体纯白，有赤眉，名石鸭。』

又：『拾翠溪边掇卧沙，作羹能铲雾中花。北人活火煎霞脚，错认消风大好茶。』注：『邑西溪涧中产小螺，取以为鲊，名清水螺干。食之明目愈痔。予尝馈河南一友，误以为松萝茶。』

又：『野渚胎无宝月含，映栖隽永比鲈甘。沈公不识何年少，只与油蒸校尉谈。』注：『乡人喜食蛤。』

按：以上诸篇，于吾乡佳胜标举至周，且可考见乾隆时风尚，故备录之。纪物产数首病琐碎，仍拟删去。

曹尔堪丁廷楗魏化麟三郡守

程读山《雨窗绝句》云：『溪上行春因昉纪，州中大好为摛耽。文翁教授予生晚，不见红牙老顾庵。』注：『曹公尔堪，字顾庵，工词，曾守吾郡。』

又云：『忿猊渴骥扭旗亭，太守仙才本姓丁。今日燕泥封醉墨，渺如华表话霜翎。』注：『郡守丁公廷楗，晋人。以词馆出守，风流潇洒，兴致如仙，尝以公事宿临溪逆旅，馆人跽请书额。公笑濡笔，书「亦堪留珮」四字，笔势飞动，至今宛然。公后罢，弹文云「耽情诗酒」。人传为佳话。』

又云：『廉吏可为不可为，魏公典郡橐囊垂。我无磊磊可之笔，每欲高刊第二碑。』注：『魏公化麟，南昌人。起家山郎。守吾郡，为政严明，其清苦之操，有寒士所不能堪者。后量移毗陵，卒于官。予为诸生时，曾以文字见知，详予所作《魏明府传》。』

金正希曾在丰溪会课

程读山《雨窗绝句》诗注云：『金正希先生《德行颜渊一节》文，乃丰溪会课所作。时名士与会者百馀人，艾东乡独评此文为第一。主人置酒数日，赠金币甚厚，丰溪友人为予言此。』

按：正希先生此文，为其集中名作，流传二百馀年，余幼时亦曾熟读，今不能举其词矣。

聂冠卿《多丽词》

程读山《雨窗绝句》云：『多丽妍词遍海滨，春风一曲露桐新。漫言吾郡音多楚，镂月裁云大有人。』注云：『聂冠卿，吾邑人。有《多丽词》一阙。「露洗华桐，烟霏丝柳，绿阴摇曳，荡春一色。」乃词中佳句也。近来邑中填词亦有数家。』

程石门饮胡宗宪

程读山《雨窗绝句》云：『少保曾经醉落魄，石门青眼客糟床。酒徒不取封侯报，镇海楼头一举觞。』注云：『胡少保襄愍公，微时尝醉卧邸舍。先伯高祖石门公善饮，通夜不醉，惟少保可伯仲，相得欢甚。后少保拥旄浙江，屡以书币延公，公不赴；久之始往，置酒镇海楼，大醉中解维归，馈赠一无所受。』

按：此事与雪中人传奇绝类，而石门高过查伊璜矣。

程文荐馆金陵蒋氏

程读山《雨窗绝句》云：『八郡香名说冠英，金陵下榻荐侯鲭。拭床十丈春无叠，不数中吴顾阿瑛。』注云：『族叔祖文荐先生，国初以儒士录科，制府某公拔八郡第一，名噪大江南北。江宁蒋氏，延致为子弟师，每日起，见几案皆易新者，诘之，云送相公家矣。叱伻不许，则阴令伻估几案之值，月一致之。每夕伻必收拭布去，月积布十馀丈，以此类推，其他粲醴之厚可知。先生素狷介，仅一年，力辞馆，已得数千金。』

程偕柳佚事

程读山《雨窗绝句》诗注云：『族兄元愈，字偕柳，侨家宣城。素以文采风流擅名。国初尚沿几社之习，每有所适，厨传行李甚盛。尝夜泊扬子江，盗突入舟，见先生坐红氍毹，几设鹿脯一盘，小金杯一枚，方握象管笔觅句。其魁睨众詈曰：「我故以为措大，尔曹不听，今定何如？」先生神色自若，斟大白遍饮之，且举卧具行李为赠，盗誓不取，长揖谢过去。』

又云：『偕柳先生，困于有司。令嗣二克，乙卯举于乡，丙辰进士，寻卒。仲子弁玉，虽瘖，善画鹿，以其技游公卿间。』

程韦华

程读山《雨窗绝句》云：『白下书生来卖字，踏穿铁限寓斋门。流传扁榜森波折，老气如霜六月喷。』注云：『族叔祖萎华先生，大书奇伟。尝客邗，大书门曰：「白下书生，偶来卖字。」今里中获其只字，有逾拱璧。称白下者，尝寓居江宁也。』

按：萎华即程京萼，本字韦华，一字祓斋。吾里中公园，有其石刻，书一诗云：『连舍惟藤架，侵阶是药畦。更师嵇叔夜，不拟作诗题。』纵横坚健，诚为奇伟。余尝见方两江元焕大幅草书，又郑松莲大幅行书，皆不如也。至刘子矜但工楷书，汪肤敏但工小行书，清初吾歙书人见于志书者，恐当推韦华为冠。

读山诗注中杂述旧闻

程读山《雨窗绝句》诗注中时述旧闻，可资考证，录之以存诸人姓氏。如云：『先友卜年习池诸先生，无夜不醵饮，然每人不过钱五六文，饮止事酒，馔止黎祁，所谈惟文字。故子弟侍饮者多获益。尝饮某家，偶设枯鱼一片，众大哗。以为太奢，败我辈素风，议罚酒若干。虽寒酸可笑，亦见前人质朴风味也。』

又云：『埙受知于郡侯杨檀浒先生。覆校日，先生指文中「绲」字，以为「混」字之误。对以出《史记·高祖功臣年表》，非误也。先生笑而颔之。明日争传童生程某与太守争字云。』

又云：『洪客斋随笔暨二、三、四笔，多载南宋佚事，可备一代掌故。但雕板在扬州，未广流布，吾师杨檀浒先生曾属洪源诸公装璜，得十许部。』

又云：『胡襄愍之殁，当时门下士，有沈明臣诔、徐文长祭文、汪南溟司马诗哭公甚悲激。』

又云：『钱虞山不信《致身录》可也，谓建文从亡诸人皆属乌有可乎？近见朱竹垞论史，并疑吾家济公，未免文人好尽之病。』

又云：『高祖廉使公江西罢归，日坐别墅，以诗酒为乐，别墅名似园。公卒后，售里中，至今未能赎还。』

又云：『族叔锋，字颖叔，号铁庵，工诗，善诙谐，文酒无颖叔不乐。族兄途远，字青路，富而工文。族侄廷和，字用修，号吟园，好为幽思独造之文，一中副车，家益贫，晚年寄意岐黄之术。族侄兰如，善围棋。族伯启仲，终身不娶，长斋奉佛，晚葺一室，日以禅诵为事。族叔衍道先生，医有活人之目，相传有黄冠来诊脉，先生诊之，遽捉其手，不听去。黄冠询何故？先生曰：「君六脉纯阳，非仙即神。」黄冠大笑曰：「咄咄，此老子竟通。」先生以此得名。族兄子质，一生以谱学自任，著有《世忠源流本末》一书。」

又云：『家根洛兄，晚年尝执余手曰：「有一大事不得不属之老弟。」询何事？曰：「生平恨忠济王为世俗院本所诬，屡作文辨之，然不如谱入乐句，则耳目犁然，可以使伪去而真存也。吾弟负隽才，其有意乎？」重承兄托，至今未副此诺，殊耿耿也。』

又云：『姻友汪闾如，雅士也。家蓄古琴数十。庚申客武林，欲取一二为贶，余以不谙抚弄辞。舍利庵僧怡然，与予为方外交，示寂前一岁，以《指月录》一部见赠，余谢不受。然感二公之意则一也。』

又云：『予于根洛兄处见抄本《程典》一册，盖亦谱牒之书，而笔力精健，州部森森，颇具史法。兄为予言休邑泰塘派族人一枝所作。是书已授梓，此特什之一耳。一枝老于诸生，可惜也。』

董小宛曾游黄山

吴梅村《题董白小像》云：『钿毂春郊斗画裙，卷帘都道不如君。白门移得丝丝柳，黄海归来步步云。』按：《董小宛传》，小宛自西湖远游于黄山、白岳间，后乃归冒氏。

歙事闲谭卷二十二

万年少《墨表》

万年少寿祺，著有《墨表》一卷，不署名但书『墨者寿道人撰』。其中歙人甚多。兹备录之，不复别择。

朱熹，宋淳熙朝。升龙。淳熙年，朱熹制。圆长形。

叶理，宋淳熙朝。小像。『上党碧松烟，夷陵丹砂末，兰麝凝珍尘，精光乃堪掇。』『黄头奴子双雅鬟，锦囊卷之怀袖间。今日赠与兰亭去，兴来洒笔会稽山。右谪仙酬张司马赠墨，祁门石云叶理识。』分行环书，大圆形。

宣德御墨，龙香御墨，宣德年造，八分书，圆长形。

方正，明宣德朝。碧天龙气。金凤鸣阳。牛舌形。

又，新安振肃坊，碧天龙气。八分书，方正造。麟凤文，顶荷叶，足莲花，方长形。

又，极品青烟。龟文。新安方正。笏形。
方冕，嘉靖朝。上品真烟。方正男冕印记。新安方正。捻剂。长圆形。
方激，嘉靖朝。墨精。方冕男激监制。海水子母螭。笏形。
方泳，嘉靖朝。绝品墨精。嘉靖丙辰新安方正泳制。始用根心，中加百料。磨验清香，写时光润。带叶瓜。方长形。
方凤冈，嘉靖朝。上品清烟。八分书。㈢方正曾孙凤冈制。大圆形。
又，文，八分飞白，宝。方正曾孙凤冈制。啣芝螭。笏形。
方凤岐，嘉靖朝。极品墨精。嘉靖己未，新安方正曾孙凤岐制。行螭。笏形。
又，绝品墨精。方正曾孙凤岐。㈢仰螭。笏形。
又，上品清烟。新安方正，凤岐监制。啣芝螭。笏形。
邵格之，宣德朝。至宝珍藏。邵格之监赏。长方形。
又，御墨。格之氏，长方形。
又，墨宝。四螭啣尾。太上玄神。达摩渡芦象。邵格之制。大圆形。
又，神品。得喻麋之妙法，绍方翼之真传。八分书。海阳云岳邵格之制，草书。大方长形。

又，宣德年造。龙捧珠。格之邵氏珍藏。龙捧珠。长圆形。

又，嘉靖庚子年。卧蚕文。休邑邵格之精制。大圆长形。

又，神品。邵格之制。格之小像，顶盘螭，万历三年，小长方形。

又，神品。玄文如犀质如玉，法沿于超迈于谷。邵格之制。笏形。

又，赤水玄珠。篆书。邵格之监制。松鹤画。上尖下方长形。

邵青田，嘉靖朝。玉质犀文。八分书。双阑云角。邵青田正盈制。休邑东门人家。印记。方长形。

邵青丘，嘉靖朝。昔种青门，今遗玄圃，尔祖有侯，绳其武，十岳王寅为友人邵青丘铭。带叶瓜。邵子曰：乾南坤北，离东坎西，震东北，兑东南，巽西南，艮西北。自震至乾为顺，自巽至坤为逆。内太极图，外八卦。分上下层八面书，八角形。

又，青门遗种。邵青丘制。瓜子形。

又，宝藏。东陵侯家。篆书。青丘像。六和陈有守题。方长形。

又，状元。其坚如玉，其纹若螭，过陶公之妙，俨李超之制。上螭下阑，香重烟清方可是，邵青丘自制。青门种瓜人家。长方形收角。

又，嘉靖壬子邵青丘制。子母螭，金回文。休邑东门人。绦环文。青门种瓜人家。印记，方长形。

邵琼林，嘉靖朝。文昌星赞：维星有斗，运帝中央，次魁扬纪，是曰文昌。启以掞藻，迪以含章，垂耀金匮，司禄玉堂。皇甫汸撰。琼林小象，神品。海阳邵琼林制。方长形。

二丸分书。

邵氏，嘉靖朝。云台。草书。邵氏家藏。云台图，大圆形。

罗小华，成化朝。仙芝。芝文。华道人。小篆。大圆形。

又，玄霜。草书。浪中游螭文。大圆形。

又，五螭文两面。大圆形。

又，青蒲幽居，浮舟。太极，八卦。中圆形。

又，小华山中客园。五螭文两面。小圆形。

又，龙文，小华山人。草书。双螭两面。玦形。

又，小华山人。篆书。双螭两面。玦形。

又，金龙捧珠。顶芝。长柱形。

又，华道人墨。草篆。云文。圆长形。

又，华道人制。隶书。盘龙。小六角，方长形。

又，不二斋，八分书。达摩象。方长形。

又，龙文。碎块。

汪海匡，嘉靖朝。极品。荷花文。墨精。嘉靖戊子汪海匡监制。方长形。

汪南石，嘉靖朝。墨精。南石子识。嘉靖乙卯汪南石造。对拱涂金螭。方长形折角。

汪元一，万历朝。神品。功图烟阁，瑞锡玄圭。海阳汪元一制。方长形。

又，功图烟阁，瑞锡玄圭。隶书。玄神。海阳桑林里制。八分书。方长形。

又，文昌象。文昌星赞，皇甫汸撰，钱穀书。海阳汪元一制。菊花。方长形。

又，唐薛稷封墨九锡文。两面，顶方胜文。海阳汪元一制。方长形。

汪启思，万历朝。大椿堂印。玉筋篆，两面水浪文。汪启思监造。方长形。

汪仲嘉，万历朝。李法。万历丁未秋。汪仲嘉建隆复古法墨。方长形。

又，李法，行书。万历丙午歙汪仲嘉造，龙香剂。墨宝藏。双螭文。圆长形。

又，歙景山堂藏墨。书宝。万历丙午歙汪仲嘉监制。不可磨。方长形。

汪松庵，万历朝。汉宫春诗。汉宫春图。汪松庵制。大圆形。

汪氏二仲，万历朝。子墨客卿。临智永书。汪氏二仲制墨。方长形。

方旸泉，万历朝。方氏旸泉，玉筋印记。盘螭。方长形上有纽。

方季康，万历朝。三台五云，方季康宝藏。万历癸丑年制。大方长形。

孙瑞卿，万历朝。墨精。新安玉泉孙瑞卿识。杏花燕子。方长折角形上有纽。

孙继洲，万历朝。新安孙继洲制。杏花魁星。大圆形。

孙玉泉，万历朝。万福攸同。双龙八分书。下百福字。万历己亥年制。双凤。玄府璆琳，篆书。边梅花。顶孙玉泉。大方长形。

孙氏，万历朝。世掌丝纶。八分书。孙氏家藏。丝纶图。大圆形。

佘双松，万历朝。上上真烟。佘双松制。捻剂。

潘嘉客，万历朝。香长龙。紫极龙光。歙潘嘉客制。小长形。

潘方凯，万历朝。歙潘方凯制。双龙。大圆长形。

项玄贞，万历朝。碧寮楼。稚翎。项氏藏。玄贞制。长尖上缺下形。

郭胤高，万历朝。六龙御天颂，并图。不芜斋家藏。郭胤高监制。大圆形。

吴翼明，万历朝。万历丁未岁，吴翼明监制。长方形。

吴民望，万历朝。紫金霜。两面双螭。蒲石斋宝藏。万历壬寅年制。圆长形。

又，蒲石斋藏墨。吴民望制。长形。

吴孝甫，万历朝。吴孝甫制。行书。松皮文。圆长形。

吴仲辉，万历朝。龙香，草篆。百年如石，一点如漆。万历丙辰年，歙吴仲辉按易水法制。笏形二丸。

吴充符，万历朝。袭常斋藏。吴充符自制。捻剂。

胡玄贞，万历朝。竹节。古犀毗，八分书。七星。胡玄贞制。方长形。上斜折。

又，龙唇。八分书。胡玄贞制。两面蝶，束腰。蝶形。

程丙叔，万历朝。程丙叔监制。天鸡文。青云馆，兽面雷文。方长形。

程用修，万历朝。世掌丝纶。丝纶图。大国香。程用修监制。大圆形。

有字号无姓，华阳制。麟女送子。送子观世音。以箫引凤。小圆形。

又，常和墨法。立鹤步云。圆形。

又，铁山道人。采琢香国玄圭。篆书。方长形，顶圆。

又，伯瑛氏真赏。佛帐馀馥。方长形。

又，西隐道人。澹然斋珍藏。方长形。

又，紫等霜。八分书。契兰堂监制。仿怀民遗墨。光湛不浮，清若童睛。灵源。方长形，上折角。

又，黑龙髓。篆书，回文栏。仰泉。腾龙翥凤。龙凤文，篆书。卍字文两边。方稍长形。

又，澹游子来。相如题。徐广《车服》集注曰：待臣加貂蝉者，取其清高也。乾初氏。篆书，分四行。蝉形。

又，写经墨，篆书心经一卷。方形。无姓氏字号。碧天无际。捻剂。

又，捻剂。圆长形。

亭馆墨，竹梧馆制。篆书。神品。玄文如犀质如口，法沿于超迈于口，方长形。

又，香林馆墨。隶书。凤舌形。

又，介福堂，万历癸酉年制。圆长形。

又，鼎庵。篆书。方长形。

又，亞。秋水亭官制。二螭绕之。万历癸酉。墨精赞。文不在兹，惟玄惟默。嗟尔客卿，造诣精绝。圆形。

戏墨，玉池。冰山文。小圆形。

又，恬愉馆，守其黑为天下式。瓜子形。

又，无量亦无边。其昌铭。新都汪君理法古。长瓜子形。

又，鸠砚。极品。鸠形。

又，古欧。极品。菡萏形。

又，竹胎。极品。笋形。

又，龙鱼。鱼形。

高丽墨，附。鳌山晚烟。竹梅文。方长形。

按：此卷后附《古今墨论》，未录。又有嘉庆甲戌戴光曾跋，言为万年少所辑，吴木鹤所钞。鲍渌饮欲刊入《知不足斋》丛书，未果。余从渌饮借得，手录副本藏之。

程自邑佚事

程自邑诰《赋杨都统家小青衣》诗云：『自按梨园谱，谁传乐府词。见人羞不语，含笑转身时。』见徐电发《本事诗》卷三。

黄玄龙佚事

徐电发釚所辑《本事诗》，载黄玄龙奂《赠别崔重文》诗云：『旅舍村醪未忍倾，愁声相伴砌蛩声。不知翠阁清歌处，可有人来夜唤名。』徐注云：『崔重文，小字媚儿，豔之者目曰嫣然。室中有幻影阁，驹隙所容，凡庭柳扶疏，归禽颉颃，呈态壁间，不遗毫末。』

重文有《别黄玄龙》诗八首云：『昨夜罗帏始觉霜，马嘶寒影候严装。晓灯欲暗将离室，不道离情畏曙光。』『九月江南似小春，偷春花鸟殢归人。妆楼直对长干道，愁见行车起暮尘。』『枫叶鸦翻秋水明，长桥衰柳古今情。寻常歌板银罂地，从此伤离不忍行。』『华裾赋别酒初醺，水调吴歌夜入云。此曲由来能解恨，一时凄切半缘君。』『君心未去妾心行，相顾无声觉泪声。别后何人照憔悴，空馀明镜解含情。』『莫轻春梦薄残缘，疑语关心十五年。覆水落花难再合，匣琴从此怯危弦。』『留君且住慰凄其，少住欢悰转益悲。欲绝不知因底事，将无真作有情痴。』『亦道三秋只暂时，骨惊魂绝已难支。章台二月春风里，莫寄空函付柳丝。』

潘景升佚事

徐电发《本事诗》载潘景升之恒《听杨生唱昆曲》云：『板桥南岸柳如丝，柳下谁家《杨叛儿》。《白苎》尚能调魏谱良辅，红牙原是按梁词伯龙。雨添山翠通城染，潮没堤痕去路疑。年少近来无此曲，旧游零落使人悲。』徐注云：『景升侨寓金陵，留连曲中。与名伎朱泰玉、郑无美游，征歌度曲。泰玉、无美，即昌伯麟所称与马湘兰、赵今燕为「秦淮四美人」者也。』

景升《西陵逢杨五》诗云：『击楫似邀桃叶渡，看花空忆莫愁湖。』知其狎游，都在台城烟水中矣。又注云：『蒙叟言昆有魏良辅者，造曲律，世所谓昆腔，自良辅始。而梁伯龙独得其传。著《浣纱传奇》，梨园子弟喜歌之。』梁名辰鱼，亦昆山人。景升有《白下逢梁伯龙感旧》诗云：『一别长干已十年，填词赢得万人传。歌梁旧燕双栖处，不是乌衣亦可怜。』

程松圆诗一

《渔洋诗话》：明末七言律诗有两派，一为陈大樽，一为程松圆。大樽远尊东川、右丞，近学大复。松圆学刘文房、韩君平，又时时染指放翁，此其大略也。程警句如：『瓜步江空微有树，秣陵天远不宜秋。』『梅残烛烬西窗雨，雪沍香浓小阁云。』『古寺正如昏壁画，层湖都作水田衣。』『梦里楚江昏似墨，画中湖雨白于丝。』『远雁如尘飞水面，乱帆疑叶下吴头。』『回风冻雨皆成雪，出雾危峦半是云。』『多年华发丝相似，三月春愁水不如。』『硐饮断虹明积翠，湖飞片雨乱斜阳。』『羽声变后寒风急，虹影消来白日过。』『城上雪声游子屐，县南风色酒人家。』『岳寺夜眠春硐雨，浦楼寒醉雪山风。』皆不愧古作者。又云：『新安吴兆非熊、程嘉燧孟阳皆以布衣称诗，有名万历、启、祯间。吴五言学谢朓、何逊。程七言律最多名句，七绝尤佳。门人汪徵远、汪洪度请余选定为《新安二布衣诗》。』卢雅雨见曾言：『虞山称孟阳以唐人为宗，熟精李、杜二家，五言近体，约而之随州；七言近体，放而之眉山。而朱竹垞谓其格调卑卑，才庸气弱。钱之称许，固为太过；朱之矫枉，亦未为得中』云。见渔洋《感旧集》孟阳诗注。

又《蚕尾集》续云：昔论明布衣诗，推吴非熊、程孟阳。尝反复二家之诗。吴五言源出谢宣城、何水部，意得处时时近之。程七言近体学刘文房、韩君平，清词丽句，神韵独绝；七言绝句出入于梦得、牧之、义山之间，不名一家，时臻妙境。歌行刻画东坡，如桓元子，似刘越石。大抵吴以五言胜，七言自《秦淮斗草篇》外无可采。程以七言擅场，古体不逮近体，比其大略也。

承尧按：朱竹垞之论诚为太过，其《静志居诗话》云：孟阳格调卑卑，才庸气弱，近体多于古风，七律多于五律，如此伎俩，令三家村夫子诵百翻兔园册即优为之，奚必读书破万卷乎？蒙叟深惩何、李流派，乃于明三百年中特尊之为诗老。六朝人语云：『欲持荷作柱，荷弱不胜梁；欲持荷作镜，荷暗本无光。』得毋类是欤？姑就其集中稍成章者，录得八首。《送叔达之钱塘》云：『夜雨维舟数，秋风解袂轻。相逢留客住，同作送君行。月色湖中寺，潮声江上城。知君游赏处，相念若为情。』《过伎家饮赠陈翠》云：『红楼细雨燕飞斜，玉面珠帘相映遮。三月江南春色尽，却行江北见梅花。』

竹垞之诋松圆可谓至矣。实则松圆诗，如《忆金陵杂题画扇》四首云：『秋阴殢客思腾腾，木末荒台尽日登。谁信到家翻远忆，雨斋含墨画金陵。』『最忆西风长板桥，笛床禅阁雨潇潇。只今画里犹知处，一抹寒烟似六朝。』『青门杨柳白门乌，秋雨秋烟旧酒垆。何处蘼芜最相忆，缫丝风雨暗西湖。』『腊下风光旅客颜，奇情孤绝未能还。携钱日向旗亭醉，醉看江南雪后山。』《送沈武中》云：『四月鲥鱼潮水深，三山啼鸟海门阴。送君莫道无相赠，一片江程是我心。』《题许儆韦画秦淮秋雨》云：『六年光景未题诗，画得如尘似梦时。断雨湿云休细看，看来容易鬓成丝。』此种风调，集中时见之，诚能导渔洋先路。渔洋称其『七绝尤佳』，宜也。

又徐电发辑《本事诗》，录松圆作甚多，且称松圆『晓音律，分判合度，老师歌叟，一曲动人，灯残月落，必传其点拍而后已』。今录其对酒听歌之作，觉松圆诗老，情致宛然。《曲中听黄问琴歌》四首云：『夜扫歌楼集钿车，白头占曲点红牙。梁间三日馀音在，偷得新腔遍狭邪。』『曾怜古调背同时，廿载心期老曲师。为是唱情听不得，鬓边先著几痕丝。』『歌郎酒客尽知名，画烛红妆作队迎。檐竹箫萧香阁里，花丛十月坐流莺。』『轻染鸦黄拂髻鬟，莺雏巧笑斗双弯。不知水调声能苦，蹙损横波一寸山。』

又《听曲赠赵五老》二首云：『菊花阁里殷勤唱王罔伯家，芍药园中仔细闻相公南园。此后但逢歌曲伴，何曾听罢不言君。』『纷纷酒事少心情，只办停杯斗耳明。翻恨听时心太切，归来摹得不多声。』馀不录。

吴非熊，休宁人。徐电发称其工传奇词曲。万历中，游金陵，流连北里，与新城郑应尼作《白练裙》杂剧，讥嘲马湘兰，青楼人皆指目，有樊川轻薄之名。所作《斗草篇》，臧晋叔、曹能始见而击节，遂流传都下，一时遍写，人皆诵之。今按其《秦淮女儿斗草篇》，亦载《本事诗》中。盖近同何大复，远宗初唐四杰者。竹垞亦言非熊诗清而能丽，最见赏于石仓，其风调亦相俪。曹能始言其古诗学谢灵运，沿及卢、骆；近体学岑嘉州。非熊有《酬汪仲嘉积雨见寄肇林寺之作》云：『前村望不远，一雨成离索。冲泥欲往从，忽枉愁霖作。霖雨尽沉沉，山寺闭门深。斯时孤客思，非君谁会心。』于此诗知肇林寺距松明山不远。

又《春日游石莲山简许山人》云：『石影空潭里，芙蓉入镜看。不知盘细路，似已出层峦。岚重春衣薄，松深梵语寒。诗题崖藓破，袖拂洞花残。窗见颜公岭，溪连严子滩。向怀高隐趣，于此日盘桓。』二诗俱见《感旧集》，因述松圆，附录之。

程松圆诗二

松圆《浪淘集》三卷，《偈庵集》二卷，近黄宾虹为重行之。《浪淘集》皆诗，前有谢三宾序、唐时升序、娄坚序并自序三篇。《偈庵集》皆文，有自序。

松圆歙中故里为长翰山。兹考其诗集中分卷小引，言万历十七年己丑，曾归歙卜兆。二十一年癸巳秋，由馀杭归歙治葬。三十年壬寅春，同刘价伯、孙履和归歙，留溪堂六阅月。天启四年甲子二月朔至徽州郡城，乙丑来吴中。是松圆踪迹在歙时甚稀也。其《涉江》卷中《山行》诗云：『关连越儌通京邑，路出宣城接大鄣。野饭影投林樾黑，渴泉风爱瀑声长。众山拥市悬孤垒，片雨回峰乱夕阳。却忆东吴久留滞，纵非吾土转凄凉。』此己丑初归歙作。又有《山居秋怀》诗八首，亦同时作。其中佳句云：『层原背日秋阴碧，返照衔山落木黄。』又：『淅淅雨声来众壑，霏霏云气动群山。』又：『山厨隔竹传鲑菜，乔木侵门系茑萝。』又：『高风撼木哀蝉歇，密雾藏崖隐豹行。』皆可为故乡写照。其末首云：『七月新安江水涸，愁闻乘筏下严滩。越中鸟道频通塞，原上鸰音正急难。游子还乡仍寄食，故人卧病且加餐。扁舟拟共秋风发，忍见苍苍白露寒。』归仍寄食，是独归矣。

又《山楼集》中，有诗十数首，是癸巳归歙作。其《山阁客至》云：『村落饶古意，长翰名已久。修修篁竹间，废屋十八九。豁然村径辟，草阁当谷口。寒松日夜号，江海翻户牖。西冈树色古，断穴如窠臼。清霜木叶脱，远近见培塿。青苍贯穿漏，丹绣分错揉。亲朋日暮至，担囊出前阜。阁中遥相见，先问邻人酒。』此诗写村景如画。自注：『孙氏兄弟同茂修至。』按：为孙履正、履和、李茂修也。同时有《茅斋行》，即为孙、李作。

又有《拟上许相公》诗，有《郡城杂诗》十首。其一云：『禹庙渔梁口，浮舟落日过。瀑声冲峻壁，溪影漾层阿。楼堞青山郭，津亭锦树波。越乡风土异，腊近尚暄和。』其十云：『南郭寒山叠，霏霏翠压城，关阴向面落，津影照心明。雪树澄逾出，风潭净不行。愁慵虚胜墅，自觉愧生平。』馀未录。

松圆此时诗，全学杜陵，才力亦自宏富。有《水西酒楼伯雨诸君会饯即席》五首，原注：『时孙士徵、许康侯、孙元功、方方叔、方平仲、方曼孙俱将赴旌德。』按：伯雨，方伯雨也，读书于乌聊山仙姑泉，亦见诗注中。

又有《骑马醉歌行》，原注：『孙履正郡城送行时，华亭顾将军凤翔善射能文，以武进士第一人镇婺源，来会郡城饯饮，遍集名马，观射玉屏门外，醉后为此歌。』诗云：『前年还家雪花大，愁眼看山双履破。万山观南十寺西，沙澄天豁千回过。远游念此心飞悬，归来欲往愁难挪。春深城边买轻舸，故人追送还同卧。山城三月气溽蒸，行行几觅青林坐。朝逢将军好事者，来朝狂游共输写。阅军场中十仞堂，罗盖银鞍集堂下。方丈华筵势最高，平川对酒天垂野。打弦搷鼓振飞瓦，白风雨脚俄飘洒。黄山云气淋漓间，泼沛之图醉堪把。笑挥金盌催围人，轻尘不动宜调马。将军先跃青花骢，白骣紫燕俱生风。野堂杂花迷半茸，四蹄鹘落醉眼红。爱君敢决人马同，恨不骑赴天山中。胡为夜抹山城东，酒阑挥手徒匆匆，扁舟东去随蒿蓬。』按：此诗可为山城增一故实也。

其《溪堂集》，则壬寅作。有《溪堂题画诗引》云：『迩岁不好作诗，即有索和，亦多不能应，壬寅二月归新安，故人方伯雨与诸子居烟村溪上，首作诗招予，霪雨浃旬，久未能赴。时吴中刘价伯留予山阁，偶次东坡《岐亭》诗韵作诗以遗孙履和，余遂同作，得诗三篇。是后过伯雨溪堂，居信宿。价伯乐其山川友朋之美，遂留共卒业，余亦悠然忘归，不知妻子之在远也。堂去溪百馀步。溪流至王村，湾环如玦，豁然山夷而野舒，数十里间，峰峦百叠，樵径渔舍，疏数出没，屏列于前。余留此六阅月，凡花木禽鸟之生成无不观，晨夕凉燠之气候无不更，风月晦明之变态无不穷。时与升高丘，踞磐石，携壶以探远洲，举櫂以溯清流，咏归一室之内，高友千载之上，帆影拂于门户，湍声振于枕藉，皆骚人诗客所极力而未能髣髴者。迹予平日之所游处，殆未尝有也。与价伯亦可谓幸矣。余既不能有所咏述，然酒酣兴发，往往吮笔画为泉石竹木，而友人好事争自取去，因属以诗者亦数数焉。暇日序而录之，以志故人能赏我于笔墨之外，故能使余自忘其拙。且画虽散去，而异时略观其诗，亦见山川秀发之气，积于胸中者，不可没也。』其《溪堂题画》四首云：『三月莺啼送落花，轻尘细雨浥平沙。青楼少妇溪头住，肠断东风玉鼻騧。』『新添白发返柴荆，橡实苓花不记名。不是写生夸好手，要凭残墨画清明。』『白发新生半老时，爱看经卷懒吟诗。夜来醉后风情在，画得吴阊游冶儿。』『月自当空水自流，人间何处是乡州。心知去住浑闲事，也向风前一掉头。』

《过溪饮平仲馆题画》云：『木叶作溪声，山光变晚晴。低头闲照影，潭底白云行。』《溪堂小景》云：『溪乡到还散，岚光聚复空。窗含过云雨，帆饱上滩风。』

《载伎重游王潭马呰岩》云：『疏松历落映层台，绿字岩间覆锦苔。谁扫青天屏障出，独摇红粉酒船来。歌移滩下凉风入，诗借峰头暮雨催。此日川光容易夕，相呼秉烛莫言回。』

《七夕后一日凤山台饯集》云：『祖席凭高爽气回，千山落日送离杯。葳蕤银钥云中启，络绎金壶水上来。初月未教归骑散，晚风留待舞裙开。相看疑是神仙侣，笑指明河接凤台。』

其《尝甘集》中，《三月三日雨中》一篇，则天启甲子作矣。诗云：『远归荒径少逢迎，日逐花蹊觉眼明。禊事等闲交冷节，醉乡容易失愁城。风光可但千金值，气力犹堪两屐轻。回首长安如梦里，水边今有丽人行。』

观此数篇，彼时山川文物之盛，可想见也。

续录闵宾连诗

闵宾连麟嗣诗，已录入第六卷中。因披《感旧集》续录数首。《小孤山》云：『江天吴楚长，独立水中央。自古无潮信，千秋有夕阳。帆过僧磬落，径绝石苔荒。叹息狂澜里，神功不可忘。』《宿开先听雨赠石涛禅师》云：『香界暮忘归，怡情对群木。中有安禅人，常著离尘服。语我山气佳，止我岩下宿。至道自忘筌，松窗煮茗粥。夜黑风雨交，万籁集空谷。声闻尽世间，殊响难更仆。久之入无声，象外游耳目。灯影照谁摩，况如抱幽独。幸此息事机，五更清睡足。』《雨中登黄岩寺宿上逵僧房》云：『石径入松竹，幽邃如荒村。回看绝壑底，始悟兹峰尊。老僧黄岩居，茅屋倚树根。奔腾涧中水，终古常绕门。攀援乘雨霁，苔滑苦难扪。得尽所历妙，久坐无一言。倏忽起云气，触石迷朝昏。安知十步外，岩壑奇自存。路险阻归客，烧笋共饔餐。挑灯听山雨，寂寞清心魂。』《登五老峰》云：『饮露层霄足疗饥，芒鞋久已兴翻飞。未能天马行空际，且可肩舆上翠微。此日杖藜成独往，何年鸾鹤送将归。无端晞发西风里，闲看人间到落晖。』

《佛手岩》云：『天半丹岩类削成，参差石室凿空生。松盘绝壁留山径，鸟起危巢骇杖声。万点寒泉钟乳滴，九江春水夕阳晴。宝花时逐林端落，到此真疑入化城。』《礼远公荔枝塔》云：『世间草木原同腐，露骨松林惜未能。试看千年溪上月，清光应似雁门僧。』

又于阮芸台《淮海英灵集》稿本中，得数首：《武昌漫兴》云：『三分割据古荆州，铁锁千寻往迹留。世远英雄无故垒，江空狂客有芳洲。歌梁舞馆巡游日，乱石惊涛转战秋。为吊鄂城辛苦月，夜深犹自照寒流。』《越州秋兴》云：『雨后扬舲过越州，胥涛怒气未全收。山光欲共行人渡，江水曾同战血流。鸿雁一声天未晚，蒹葭两岸客惊秋。遥知浩渺苍波里，不尽烟含万古愁。』《第五泉》云：『栖虚塔废存空寺，第五寒泉品大明。谁谓波涛通濯锦，携瓶且放辘轳声。』又云：『绠汲昆冈古甃清，枯松活火乳花轻。髯苏甲乙无人述，残碣惟镌陆羽评。』

按：上『世远』一联，阮改为『埋骨英雄伤故垒，消魂词客怨芳洲』，忽又乙去。注云：『此人删。』故宾连诗不见此集中，盖畏其为遗民耳。宾连曾寄籍江都，与兴化李镜月滢齐名，卒于扬州，扬州诗人葬之蜀冈之下。施愚山《闵子游草序》云：『闵子宾连，与吾同年友李镜月善，往尝识之南浦，其偕镜月入匡山，凡熊罴所馆，虎豹所家，靡不攀践幽险，目记手疏，传诸好事，寻又溯汉山，登黄鹤楼，抵岳阳而归。意之所感，耳目之所及，悉见于诗，可谓勤甚。夫既才且勤，其诗若云蒸而泉涌，彦和论文以隐秀，士衡归诗于丽则，殆兼有之，非得山川之助云尔哉。』其推重如此，惜全集不可得见矣。

汪扶晨诗

《渔洋诗话》：『新安汪徵远，工于诗，古选尤闲淡，有王、韦之风。若《黄山》诗：「不见庵中僧，微雨潭上来。」真乃不愧古人。其从弟洪度，字于鼎，余尝定其全集。歌行如《建文钟》、《湖熟菜》等篇，皆见史笔，非苟作者。』

《感旧集》录扶晨诗十首。《过陵云矼息赵州庵故址》云：『越险入深林，凛然警心目。流云何纷纷，空山来聚族。摇荡倏成海，风涛沉众麓。僧指悬崖前，当年有小筑。茶烟不复见，但馀几竿竹。寒意濇尘襟，万情思结束。诸峰乱斜阳，潺潺下飞瀑。』《过桃源寄讯浙江上人》云：『期我桃源来，更踏桃源陌。不见武陵人，潭声挂飞白。憩息狎浪楼，谈玄忆畴昔。坐见峰头僧，冉冉下空碧。开师霞际书，谓耽云谷适。劝我云谷游，清宵话泉石。松风生晚凉，月明照瑶席。聊托孤飞云，一讯安禅客。』《上莲花庵》云：『秋山钟梵寂，萝迳上崔嵬。意想不到处，峰峦忽尽开。石床平落叶，古壁满荒苔。更羡孤云逸，松颠自往来。』

《凌云道中》云：『箬帽陵山雨，烟中支一筇。流云不相待，先上天都峰。』

《早发莲沟》云：『钟声辨新晴，游人期晓发。凉风穿壑来，吹落山头月。』

《下云谷待同游诸子》云：『下山入云谷，竹树澹秋影。孤听满风泉，先期候萝迳。』

《玉屏晚望待榛公不至》云：『洞口无人山鸟飞，寒烟一缕篆香微。游人薄暮倚松立，眺尽落霞僧未归。』

《暮雨同诸子下慈光宿狎浪阁》云：『霜冷山枫叶未凋，乱云飞处雨潇潇。暮钟催下慈光寺，又绕寒溪过板桥。』

《坐望仙峰》云：『丹枫一壑染山容，石面参差杖亦慵。步到望仙崖断处，乱云堆里数寒峰。』

《坐狎浪阁》云：『高阁临溪水，薄暮轩窗开。不见庵中僧，微雨潭上来。』

郑宜述诗

明中叶歙人诗，郑作与程诰齐名，皆学空同者也。作字宜述，号方山子，往来梁、宋间。李梦阳流寓汴中，招致门下。有《方山子诗选》。朱竹垞《静志居诗话》云：『宜述游汴，际空同诗名未大盛时，北面称弟子，以是空同深爱之。何大复所云「老郑空同客」也。其诗经空同选择，序而传之，且为作《方山子精舍记》。又赠诗云：「近时好事最者谁，徽州郑生差爱我。」今观其诗颇俊利，远胜五岳山人疑当作十岳。《闻雁》云：『秋日江南去，春风塞北归。只愁罗网密，敢恋稻粱肥。独往寒天远，高飞旧侣稀。游人夜不寐，感尔泪沾衣。』《客中闻四弟消息》云：『昨遇梁园使，孤城舍弟居。干戈长在目，烽火不通书。汝计犹长铗，吾心已敝庐。两乡千里隔，相望各沾裾。』《除夕》云：『除夕愁难破，还家梦转频。十年江海客，孤馆别离人。残漏听还尽，寒灯坐愈亲。梅花满南国，谁寄一枝春。』

王仲房云：『宜述家本商贾，读书苦吟。为人负气任侠，故其诗雄浑跌宕，有风骨。』《明诗综》录其诗只四首。

又《登高》云：『万里登高望，烽烟接汴州。愁生飞鸟外，心逐大江流。弟妹今何在？干戈卒未休。前行途路阻，踪迹且淹留。』

程自邑诗

程诰，字自邑，有《霞城集》。《静志居诗话》云：『自邑好为汗漫之游，山川郡邑，凡所经历，必记以诗。气格专学空同，第才情稍钝，色泽未鲜，五言庶称具体。』《明诗综》录其诗至十一首。

《秋陟灵金之岭由范坑过舍头至灵阳憩方氏山馆》云：『入山恨不深，采芳思凌缅。戒严事初程，凭虚瞰前岘。气逼日始炽，光满露犹泫。奔峭既匡陟，盘曲亦磴转。步迅险易逾，憩频荫难选。俯眄巢枝禽，仰聆迎风犬。想象岩居人，于焉傲轩冕。瑶华若堪把，白云况在眼。抚物兴弥敦，观化理谁遣。试语同怀人，揭来此栖衍。』

《游齐山》云：『城市意弗适，烟霞夙所尚。逍遥越崇堤，徙倚对层嶂。峡存巨人迹，亭记使君创。洞入身暂屈，匡陟首屡仰。云窦凝不开，石门屹相向。寄隐固我惭，集仙竟谁当。寄隐、集仙，岩洞名也。寻觅怅遗迹，历览讶殊状。来频心有得，兴至情益放。留连暮未返，引领月欲上。』

《自秀山深入陟巘》云：『自我客秋浦，秀山亦屡入。顾兹奇胜多，恨未遍探历。今晨兴忽动，扪葛履危岌。石拂既久坐，匡倚亦暂立。香气暗忽度，碧光深可挹。行迷俦侣遥，喜溢仆御及。飘飘惊风来，陈陈吹雨急。蜡屐早已著，萝衣不妨湿。』

《登吴山》云：『萝磴凌晨上，松门倚杖迂。风烟揽吴越，表里见江湖。水远云俱白，峰高日易晡。赏心延纵目，邂逅此山隅。』

《登北固山》云：『松林夜幽僻，萝磴转孱颜。眺望堪千里，东南有此山。江流包楚徼，地势控吴关。万古登临意，风樯不暂闲。』

《白沙逢佘子陈却送之金陵》云：『新诗满行槖，相见未遑论。趁月浮江舸，乘潮入郭门。听歌桃叶渡，问酒杏花村。羡尔遥乘兴，无由共举樽。』

《峡夕》云：『楚塞连三峡，巴云暗五溪。乡心春雁过，客泪夜猿啼。百丈缘流险，双匡压树低。孤城丹巘麓，江白露凄凄。』

《夜泊乾滩寄肇之》云：『江回月娟娟，芦花渚路连。暝沙团宿鹭，风树曳惊蝉。庙祭传傩鼓，津喧索渡钱。愁心付汉水，遥寄秣陵天。』

《卞汊驿下阻风》云：『江干日色黄，北风怒不已。君看上水船，一日三百里。』

《洛下逢汪子明》云：『我行西入秦，驱车洛阳陌。相逢故乡亲，况是东归客。』

承尧按：自邑诗自佳，较宜述为有意味。《霞城集》今已不可见，故备录之。

《明诗综》选歙人诗

《明诗综》选唐皋诗只一首，《明妃曲》云：『黄金不买画图中，从此春花闭汉宫。到得君王识倾国，无人主议罢和戎。』

选汪本诗只一首。《旅邸述怀》云：『岁月秋将晚，风尘鬓欲华。孤云天外影，寒菊梦中花。浊酒赊难得，沧洲兴未涯。何当返初服，归驾鹿门车。』

其论汪本诗云：『十岳山人王寅辑《新安秀运集》，以本诗压卷，称其『愁边草木歇，梦里关山多』之句。盖其时新都风气，咸以篁墩为宗，本独以古为师，故亟取之耳。』

选汪道昆诗，亦只三首。《送张虞部谪常州别驾》云：『谪去存吾道，流言亦世情。圣朝仍得罪，佐郡且藏名。落日梁溪櫂，平芜溉水城。秋风回首地，泪满逐臣缨。』《步月》云：『为爱青天月，重开白板扉。宵游便故里，露立任初衣。罢柝连城静，当楼列宿稀。正思良夜醉，未觉少年非。』《石林》云：『落日石林西，林中拥烟雾。樵歌何处郎，犹记来时路。』

其论道昆诗云：『王元美论诗文大指，具于《卮言》七卷。有云：「文繁而法，且有委，吾得其人曰李于鳞；简而法，且有致，吾得其人曰汪伯玉。」又云「历下极深，新安见裁」，是心折李汪，靡有间矣。窃怪其效敖陶孙作诗文评，苟有寸长，必加品隲。顾于鳞两见，而伯玉不及焉。何欤？观《四部稿》中赠汪序，如云「上本羲姒，下则姬孔，俯踞二京，跨千载而上，皎然若日中天」，其言太浮而夸，似非出于中心之诚者。闻伯玉晚年林居，乞诗文者填户，编号松牌，以次给发，享名之盛既过于元美。盖元美所推奖二人，于鳞道峻，仕又不达；伯玉道广，位历崇阶，人情望炎而趋，不虞其相埒也。钱氏诋諆伯玉，未免太甚。所引陆无从记一事，见无从《正始堂集》中，与钱所载略别。伯玉裔孙称无从为伯玉弟子，而无从赠弇州歌云「济南新安狭已甚，君子视之特小巫」，不应弟子而毁先师若是也。』

其选吴士奇诗，亦只一首。《滟滪》云：『孤根夹浪拥江间，百二层峦片石关。急峡倒流天上水，高滩下指榜头山。形同牛马心逾悕，舟近鱼龙胆讵豩。听说风波前更急，来朝百丈费牵攀。』

论士奇诗云：『太常留心国史，草成副书藏于家，遗稿为江都汪楫存贮。较诸野史顾纯正，第稍略耳。诗特馀艺，要非所长。』

其选毕懋康诗只一首，《束茅行》云：『候人何太苦，早晚迎官府。闲积数根茅。为炊且结宇。官府中夜行，不绝吏呼声。燃火照官路，犹云火不明。燃茅茅无束，次第拆茅屋。官府犹未知，宵行车碌碌。』

选汪道贯诗三首。《赠邓孝孺》云：『闻汝幽栖处，澄湖一片明。青衿生事拙，白发著书成。泽国堪高卧，山田足耦耕。华阳仙路近，千古傍茅盈。』《乡榜被放作》云：『得路难如此，飘零似去年。晓风池上月，秋水镜中天。咄咄悲生事，劳劳问酒钱。啼猿与征雁，总使泪潸然。』《题扃》云：『落日照前溪，倒影映红树。幽人不出山，白云自来去。』

选汪道会诗一首。《过王百谷》云：『秣陵三月柳含烟，犹忆城南送酒钱。双桨暮潮桃叶渡，一尊寒舍杏花天。江门隔岁书相问，吴苑今宵月再圆。执手莫须论往事，伤心近费鹌鸽篇。』

选方于鲁诗二首。《送张山人归越》云：『雉子斑斑麦正齐，黄梅四月雨凄凄。新安江上携尊酒，送尔看山到越西。』《璞石席上作》云：『十年不惯出家门，千里来逢故旧存。正值江干春未晚，蒌蒿荻笋煮河豚。』

其论于鲁诗云：『古人制墨，率用松烟。汉取诸扶风，晋取诸庐山，唐则易州上党。自李超徙歙，张谷徙黟，皆世其业。其后狄仁遂、高庆和、戴彦衡、吴滋、胡智，率多歙人。明则罗文龙少华、邵克己格之、程大约君房辈，咸以制墨称。而于鲁所制最黟。上自符玺圭璧，下至杂珮，凡三百八十五式，刊成图谱，曾上呈乙览。所造云笺，匪止成都十样，尝以百花香露和墨自作长歌。世但目为墨工，然汪伯玉曾招之入丰干社也。』

其选凌世韶诗只一首。《惠州西湖》云：『湖面寒光一镜平，露荷烟草入秋清。白鸥浴罢各飞去，遥见潮痕郭外生。』附录陈皇士评云：『汭沙廉吏，晚弃家隐黄山，诗有清韵。』

选许国诗二首。《拟御制劝农诗》云：『四民皆天职，嗟农独苦辛。所以古哲王，巡省及兹辰。箫鼓吹豳诗，训迪良淳淳。东郊土脉动，好鸟鸣芳春。桑间拂其羽，催耕一何频。乘时播嘉种，原隰何匀匀。念兹民所天，珠玉安足珍。一日苟不作，饥寒将立臻。勿惜沾体劳，但忧年岁屯。沾体劳尚可，岁屯伤我民。忆昔先皇时，端居轸郊闉。载赓悯农咏，丕扬烈祖仁。禁苑籍千亩，雨旸雩百神。玉食岂不足，贵令四海均。九重高结念，况尔谋其身。古人有良言，岁计在于寅。岂伊公家赋，妇子亦相亲。春风正发育，万物皆鲜新。勉以东作力，伫见西成禋。』《秋声》云：『银汉沧浪净碧空，天街一叶下梧桐。霜前凄切兼砧杵，月里悲凉断塞鸿。何处羁人惊伏枕，几回中夜感飘蓬。由来志士轻摇落，莫向西风忆桂丛。』

选王寅诗一首。《吴山秋晚》云：『有客闲居无奈闲，为看秋色一跻攀。百盘细草斜阳路，三曲磴江隔岸山。野寺最宜红叶后，孤钟偏在白云间。赏心又得逢僧话，此后幽期数往还。』

其论王寅诗云：『仲房少走大梁，问诗于献吉不遇，遂从少林僧习兵杖。海上用兵，依胡尚书督府。尚书不能用，竟以败。晚缉乡人诗曰《新都秀运集》，其持论颇偏，与岳东伯《今雨瑶华》相类。』

又论汪珂玉诗云：『玉水不卑小官，留心著述。所辑《珊瑚网》一编，与吴下张青父品题并驾。惜乎诗草甚富，泯焉无存。』《题孟蜀宫伎图》云：『芙蓉城里试仙衣，诗酒留连坐式微。莫恨李家降表熟，君王原爱著朝绯。』原注：『珂玉，字玉水。徽州人，侨居嘉兴。崇祯中官山东盐运使判官。』

又论黄伋诗云：『细侯画品最高，疏树断桥，秋光满纸，宜其有「不学米於菟」之句也。』《题画》五绝云：『秋霁爱登临，历历亭皋路。不学米於菟，模糊雨中树。』原注：『伋字细侯，徽州人。仕为游击。』

又论程奎诗云：『崇祯癸未湖广巡抚宋一鹤败家属没官，有妾金陵陈氏，以色艺闻，门客王屋聘焉。谢参政上选，先期娶之。奎因作诗嘲之曰：「歌舞丛中度岁华，一朝忽去抱琵琶。前身定是乌衣燕，不入王家即谢家。」一时争传诵云。』原注：『奎，徽州人，贡生。』

承尧按：上三人不知何县。又《新都秀运集》，今已不可得见。而《静志居诗话》中，附录王仲房论方弘静诗云：『定之祖法盛唐，而于王、孟尤近。若「流水不知处，幽禽相与飞。」「不知春色减，忽见林花飞。」「永日空山寂，幽然时一吟。」宛然二君遗响也。』

又论孙文篦诗云：『伯谐好神仙，山居独行，洞箫在佩，不顾俗人讪笑，其诗任性放吟，懒于祖述，间有合作，便越凡情，若「行人欲问前朝事，翁仲无言对夕阳」足称佳句。』原注：『孙字伯谐，歙人。是亦尝鼎一脔矣。』

李长蘅诗

《明诗综》录李流芳诗十一首。檀园诗名不如松圆，而意致闲适，时出妙语，较松圆洁净。在明人中，亦不愧雅才也。兹备录之。

《山中喜张鲁生至同寻熨斗柄坐湖边竟日而还偶作》云：『贪游不知止，足力疲屡试。起晚日当午，偃曝聊自恣。忽闻故人来，发我湖上意。出门何翩翩，两足殊快利。尝闻熨斗柄，颇怪此名异。昔年过其下，仿佛已忘记。今日天有风，湖山想奇致。相与历西碛，山穷见湖势。沿流正萦纡，抚石得小憩。飞湍击嶒竑，穹壁立赑屃。洗出如削成，斗绝畏崩坠。闪烁绚且垩，剥落疑文字。倾厓侧足过，险壑绿藤缒。燕矶与鼋渚，生平快游地。遂拟兼兴概，恍忽理梦寐。高歌遏水声，浩荡入胸次。吾欲乘长风，悠然向天际。惜哉多舟楫，使我不得济。』

《过皋亭龙居湾宿永庆禅院同一濂澄心恒可上人步月》云：『每多方外游，见僧即如故。灯明一龛下，夜长惬深悟。不知山月上，千林已流素。出门寻旧蹊，爱踏松影路。幽泉洗我心，微钟杳然度。』

《戏示山中僧侣》云：『山居不须华，山居不须大。所须在适意，随地得其概。高卑审燥湿，凉燠视向背。楼阁贵轩翥，房廊宜映带。或与风月通，或与水木会。卧令心神安，坐令耳目快。臯亭美林壑，中塔亦称最。一楼负山立，圭窦如向晦。山僧请余住，余性苦不耐。劝令开小窗，咄嗟变湫隘。前楹布清阴，后户揽苍霭。玲珑称人意，萧爽出尘界。辗然谓山僧，此中固有解。往往住山人，不知山好在。我昨居新庵，结构亦可怪。居然仇凉风，似愿杜清籁。古梅如老宿，亭亭使人爱。其下安灶突，柯条半焦坏。悲哉冰玉姿，坐受熏灼害。见之热五内，如身被桎械。谁当共极此，移灶出树外。面南辟小扉，日与香雪对。区区一缗费，功德及万倍。吾言不见用，终为未了债。』

《访秦心卿溪上嫩园不遇有作》云：『溪上好园亭，君家闻最胜。经过已廿年，今始识三径。翳然临水间，爱此飞阁快。位置不在多，贵与风物称。主人意疏豁，事事得真性。我来不相值，维舟柳边暝。见戴自无须，悠然发孤咏。』《赠别洞庭葛实甫》云：『我怀洞庭月，欲醉莫厘峰。幽意久不惬，高人今乍逢。新诗正堪把，归櫂阻相从。却羡秋山下，丹黄已万重。』

《黄河夜泊》云：『明月黄河夜，寒沙似战场。奔流聒地响，平野到天荒。吴会日以远，燕台路正长。男儿久为客，不辨是他乡。』

《访慧法师于皋亭桐坞作》云：『不见皋亭慧法师，每勤书札慰相思。蹉跎又作三年别，惭愧终无一往时。忽忆虎溪成旧社，且寻茅屋赋新诗。关门短櫂冲炎去，黄鹤峰头月上迟。』

《元夕雨邀里中诸君小饮檀园灯下次韵》云：『花边楼阁月边廊，更爱繁灯照夜光。雨气无端先客到，檐声应为和歌长。城头结骑人俱散，村里迎神鼓不忙。且尽一杯酬令节，泥深门外亦何妨。』

《为陈维立题辋川画》云：『吾爱华子冈，辋川流日夕。如何舍此去，伤心赋凝碧。』

《雨中看梅西碛即事》云：『村园门巷逐花低，藤蔓桑条咫尺迷。花底泉声认归路，沿流直到石桥西。』

《题画似雪峤师》云：『千峰顶上只通云，一水人家别有村。直到前山兰若路，清钟落日不逢君。』

郑木癭诗

于郑村得见《郑木癭诗集》二册。选得数首。《为程铁庵先生求遗稿因简诸同志》云：『真才重意气，下士生娼嫉。文人如一器，大小会逢适。究之论所长，粟帛不相袭。妍媸古无凭，要自有通塞。先生为我言，十科叹撤棘。垂老返丘园，旧交散车笠。笔耕岁大无，世路人匪测。授书穷更端，饮酒富颜色。疗饥难煮字，卖画徒吮墨。僧寺僦间眠，遂及众香国。堪嗟落泥滓，蜿蜒尾可执。哀吾须臾生，为君拾残帙。桓谭爱伭草，空言无所质。先生归未晚，相见少暇日。有时谋一尊，挥手去汲汲。五七言近作，数首觇笔力。苦无搜求工，浩叹向壁立。在昔王新建，为文极悱恻。遥吊蜈蚣坡，时谪龙场驿。虽为死者伤，实恐生者即。精神数字存，坎坷一生毕。蝉蜕尘垢祛，鹤梦轩车失。足以喻其诗，晚近望堂室。得我心所同，麸金谅不匿。他时梨与枣，或使百得十。』

《题画与许蔚远》云：『胸有山水窟，落笔无全牛。猥为耳目玩，描摹似与不。愿希昔文人，屏绝流俗俦。去年重九时，入郡无琴修。城北板桥路，延袤沙与洲。遇子眺远林，碧天吟高秋。如何癖嗜痂，墨戏向我求。那知入冬来，老怕寒风飕。蜗庐甚跼蹐，冰淞栖胶舟。或作且或辍，半载已掉头。嫩拙平生畸，人事罢献酬。空山有泉声，庶几写我幽。』

《送白山先生之广陵》云：『老作扬州客，繁华刺眼新。断鸿悲旅梦，遗事问家人谓令弟。凄绝《芜城赋》，迟回东海滨谓吴野人前辈。竹西文物盛，冠盖怕相亲。』

续录郑慕倩诗

宾虹又搜得郑遗苏遗诗见寄。录之。《馀霞散成绮篇》云：『馀霞散成绮，酷暑犹未去。晚来新浴罢，晞发引闲步。长啸取凉风，残蝉曳高树。反照隐丛樾，林下共箕踞。连岁悯荒旱，眇躬何所惜。我愧拙生事，乞米取憎恶。霭霭火云兴，平畴聊一顾。不雨又兼旬，空占石湖句。涓滴胜珠玑，力作肌汗淤。高田皆欲了，黾斥泥莫洳。最苦桔槔声，欲罢不能处。何以慰三农，念此冬难御。瓜李自沉浮，冰筵还废箸。疏帘看弈棋，长簟青奴据。炎凉同世情，苦乐各殊趣。吾犹苦乐间，杞人怀远虑。握笔学刘哀，云汉图楮素。因思郑监门，哀哀此黎庶。』后题云：『立秋前二日，赋得馀霞散成绮，时同其贞丽天两弟，偶步于田塍之间，见桔槔之苦。盖吾土三岁皆值旱灾，目击心伤，因绘此图，并以录之，用纪时艰。遗苏题画。』

又《寻先师山公钓台》云：『云峰矗矗断空青，濯足沧浪任委形。却聘名高三诏洞，遗书志在一函经。溪声渐注严陵濑，山色图开古帝庭。独自徘徊矶石上，他年应构避贤亭。』

又《题画》云：『能与米颠相伯仲，风流还只数倪迂。应将山水虫鱼笔，为写乔林怪木图。』此幅又自题云：『今日舟中无事，十指如悬槌，适有人致嘉酒，遂独饮一杯，径醉。念贾处士贫甚，无以慰其意，乃为作怪石古木一纸，饥来开看，还能饱人否？倘吴兴有好事者，月为君置米五石，酒五斗，终君之世者，与之；不尔可令双荷叶收掌，须添丁长以付之也。』

又《题画风筝》四律云：『草长平芜绿满坡，晴光队队逐儿嬉。心如御寇游天际，想到仓皇制字时。别调那堪唐镇慨，凄声透入楚军思。挥毫漫有难酬事，匹练横拖景一丝。』『轻鸢放去祝青苹，百五烟寒已近名。柳放新芽芳草路，莺藏林茂落花辰。扶摇以上将何极，原隰之夷任所巡。岁月柯山非我有，春风浩荡误闲人。』『奋想高旻志莫量，寥寥天籁起宫商。饔餐莫误严师课，袜线攘来慈母箱。负日登云培力厚，荒山野水界痕长。旁观我自生深感，三万六千间一场。』『羲和难驻鲁戈挥，太古同心景落晖。细听无声云汉远，长舒望眼斗星稀。汉臣图画多奇致，老民言诠有圣机。儿戏漫夸心计巧，丈夫当自念雄飞。』后题云：『风筝之制，始于留侯，唐高骈曾有绝句，金显宗和之。见《中州集》。田水月三十首，大多奇趣。惜杂油腔。吾于暇日偶作四律，恕先之慨，实亦存焉。时戊申花朝日书于扪虱庵。』

又《题画》云：『翠暖晴岚丽日迟，闲误慎习贵知希。溪山悟得无人境，赋咏随拈有寓词。虎仆龙宾驱使惯，峰横岭侧浅深宜。丹青最爱邹京兆，老笔雄深学大痴。』

《题子陵钓台图》云：『先生岂是党良群，成就高风赖圣君。一笑谗邪应不入，庸言卧榻动星文。』

《题画兰》二首云：『劫灰翻叹梦中身，本穴重过顿识真。一片衷肠函铁外，井心未了见前因。』原注：『时其贞购菊山先生《清隽集》见贻。』『云隐金龙标数甲，管窥半豹测微痕。漫猜高节无端委，意共芳兰不寄根。』原注：『辛亥浴佛日。』又《题画》云：『半席浓阴半日间，频将水墨效荆蛮。渔人不肯轻遗世，独抱奇书向碧湾。』

《金山》云：『晓夜风涛斗石淙，松声塔影透僧窗。蛟龙尺水多灵幻，片箧澄心绘大江。』

《题画》二首云：『岂必皆相似，依然古墨痕。感深因后果，实欲践前言。』『山水自寥廓，林泉共讨论。小亭闲读处，聊可谢尘喧。』

《丁未初夏客胥江其贞索书旧作并补一图》云：『虎阜听歌十载期，旧游烟月梦中思。画成千里遥相寄，计到开缄正此时。』

《题汪璧人画孟浩然并补图》云：『君写骑驴孟浩然，我图枯木小桥边。不知探得梅消息，一抹襄阳晚雪天。』

又《题画》云：『何当跨鹤一跻攀，自辟洪蒙具古颜。四面旋观皆下拜，分身千亿散人间。』

《题汪璧人濠梁观鱼图》云：『鲦鱼出游信可乐，庄惠如何谓我知。忘我忘人并忘物，生平真乐总无私。』

《题桐阴清昼图》云：『翠霁桐阴接竹阴，炎威不到草堂深。桥边几曲佳山水，输与幽人坐鼓琴。』

《题绕屋梅花图》云：『玉梅万树傍丛篁，幽迳无人混草堂。坐对奇书应不倦，日吞花气齿牙香。』

又《题画》十一首云：『秋山秋水几多重，半是枫林半是松。端有幽人扶杖到，孤亭高待夕阳中。』『每问溪山是画图，挥毫啜墨任模糊。灯前写就闲相玩，得似倪黄老辈无。』『林岑葱茜盛敷荣，幻诡从知掷此生。学得倪迂名懒漫，聊凭水墨遣闲情。』『冬寒夏丙总嗟咨，积雨经旬对画宜。涤尽端溪供泼墨，淋漓烟树学沙弥。』『山川人物近何如，论世知人贵读书。抱志自能齐古哲，岂徒水墨学迂疏。』『万井喧填隘俗尘，砚田端合寄闲身。不知今日吴趋市，犹有当年卖画人。』『水影山光树色青，笔端尝乞古人灵。闲中点染无多意，最爱荆蛮一草亭。』『怪素颠张趣味同，落笔堪惊迅雨风。年来但觉无留滞，不拟痴翁即逸翁。』『芦花瑟瑟晚风秋，野水荒山笔下求。落日无人幽迥处，《离骚》读向小渔舟。』『拈毫随意不求工，任尔颠迂或异同。岂独烟云看画本，眼中何事不成空。』『笔耕自笑砚田荒，闲写溪山兴味长。微此再无人事外，屡空相从向首阳。』幅后自题云：『患难馀生，一切人世利欲薄无所嗜，惟数帙残书之外，托兴于旧习而已，亦不计工拙。间有题识，若响答猿鹃耳。』

又《香烟》五首云：『火德惟炎辨五行，依微一线极高明。心愁白发三千丈，志奋青云九万程。几上残篇霉雨润，窗前初日晓风晴。曾闻故老谭遗事，梦断经筵掷此生。』『紫氛仙诰欲临关，纤息能逾万仞山。老树荒藤风落落，枯泉断壁水潺潺。一园花气浑如敌，半阁春阴静自闲。时作鼻参无外事，且将诗卷又重删。』『茶寮声细远氤氲，益友多闻与论文。古墨聊磨跻岁寸，奇书快读惜阴分。稽通屋漏千行字，看净天空一片云。荀令衣边欣可久，躬行何莫择犹薰。』『绵绵不绝任风飘，宜炽频添撼怒潮。蚕茧纡回丝尽吐，纸鸢逸直线虚描。琴声悟彻须移棹，奕理参求不遇樵。一炷移时观变灭，深心百际共潜消。』『长天散彩幻霞蒸，燥就扶危待上升。洗墨鱼吞轻浪煦，作霖龙起野风腾。文章若此侔心尽，政治何当及结绳。浮世荡摇观海市，重霄高出几多层。』末题『癸丑夏漫和田水月《香烟》五章，偶绘此图，漫书其上。流传好事，或作沙弥同供养也。甲寅暑月郑旼力疾并书。』

补录程非二诗

程非二诗已见前卷。其《省静堂集》、《汰锦词》，屡访不得，殆已无传。顷又得其诗数首，乃叶则柔访得者。

《寄答汪扶晨》云：『行迈念岩栖，入门思海甸。大都落落者，夙夜各相羡。别子在方舟，春烟漏星汉。迟迟归去来，扶影苍黄半。反复诗三篇，分明锦一段。章句逼古人，于兹性情见。久非蠹鱼书，自知今士贱。我止君不归，胸怀并非善。』

《约谢桴亭家滩东舟汛》云：『白云时出没，指点问黄山。并属中年后，何悭一月间。望春无别阁，消夏更兹湾。诗思凭栏好，呜呜夕照间。』

《不及过曹聿修》云：『即今能见面，应各话酸辛。未问云岩道，长怀汐社人。杯多文自足，砚洁画相因。照映祇今在，戎戎万绿新。』

《半草亭和杜于皇》云：『草亭今得半，知与杜陵分。静息非庸福，深谈即至文。疏棂遨野树，隙地让江云。几载沦溲渤，安能不妒君。』

《用梅屋怀人韵与吴茵次》二首云：『尔我神交总念年，无疑觞咏可生前。来应共检芜城赋，出自常输杜老钱。骨相宜求他日贵，胸怀那得众人怜。一沟春水寻幽去，我得同舟倘亦仙。』『纻衣曾记赠当年，何必风流美让前。债自能偿惟有字，山非易贸不须钱。漫言古道俱成误，殊信时名倍可怜。南北即今道气隔，依然老蠹食神仙。』《悠然馆即事》云：『春有南山晓亦清，舍舟曲曲入峥嵘。但因笋市门初启，犹许花场酒一倾。莺是初留加画致，虎凡几到惑书声。既焚十载君苗砚，见此经帷触旧情。』同时人评非二诗，每谓其劖刻多创语，今观上数篇，冷峭闲淡，恰如其人，固无甚劖刻语也。

毕孟侯毕阶三毕咏斯程偕柳诗

友人叶则柔，知余方录集歙人诗，写示数首。

毕孟侯懋康《西清行》云：『西清主人白榆里，原注：馆在白榆山。老屋支烟壁穿水。瓶中储粟曾有几，世间何物能令喜。坐对青山多妩媚，回首唤云云絮起。人世从他三万场，素交惟我二三子。不恨古人吾不见，但恨古人不见吾狂耳。』《秋日谒陵恭赋》云：『玉辇何年去不回，空阶寂寂半莓苔。秋深兔穴依寒垄，岁久鱼灯暗夜台。雉堞遥连关塞险，臣民犹抱鼎湖哀。白云叆叇黄昏月，还似翩翩羽盖来。』《春日登燕子矶》云：『柳絮初飞春水深，矶头系缆且攀寻。江声尽日东流去，却悟空门不住心。』《早秋》云：『日月不淹止，山中忽已秋。孤桐一叶下，短菊数枝幽。俯瞩池初澈，仰观天更遒。疏林新露坠，平野远烟浮。志气横霄鹗，行藏带海鸥。夜凉惆以怅，冰玉上帘钩。』《绿阴》云：『风吹杨柳花，江南春已暮。处处影婆娑，绿遍天涯路。芳草叠春茵，永日坐茂树。年年三月时，清阴惬情素。』

毕阶三天台《岑山道中和非二除夕韵》云：『山行忘路窄，水外听声微。到处世疑隔，同心人渐稀。肯留今日古，弥觉昔年非。手植阶前木，几几大十围。』《登问政山看梅花》云：『朝出看山逐迳斜，同人多半属烟霞。寒光未变迟春鸟，小雨初匀绽腊花。蓄意已甘随鹿豕，全身何易说龙蛇。归途摇指澄江影，有客浮予旧日槎。』原注：时汪撍斯将往云间。

阶三子毕潜，字咏斯，亦能诗。《登九华山》云：『绝岭路岧峣，行行近碧霄。虎蹲眠石怪，龙攫古松骄。瑶草囊堪佩，天风袂可招。幽龛聆鸟语，木末好音调。』《雨》云：『漠漠天容淡，阴阴雨势生。渐看风有力，转觉树无声。远浦烟中断，春山浴后明。馀寒撩客思，寂寞忆江城。』

程偕柳元愈《游问政山宝相寺同家蚀庵》云：『初地偏依郭，纤尘到总无。雨馀沙径软，林静鸟声孤。烧笋难胜箸，烹茶不计壶。攒眉笑元亮，风味此中殊。』《太平寺》云：『白社人初践，青城睡亦难。转憎花雨污，渐听木鱼残。坐久失长昼，峰高留薄寒。茶烟风飏处，禅榻倘容安。』

承尧按：毕天台，字阶三，号平叟。康熙丙辰岁贡，任砀山县训导，殁于任所，乾隆间入祀乡贤祠，有《至一堂集》四卷。即与许青岩、程非二同游黄山者。程偕柳，槐塘人。曾著《文选诗注》，已见前卷。

歙事闲谭卷二十三

陈后山《古墨行》

《陈后山集》中有《古墨行》。序云：『晁无斁有李墨半丸，云裕陵故物也。往于秦少游家见李墨，不为文理，质如金石，亦裕陵所赐，王平甫所藏者。潘谷见之，再拜曰：「真廷珪所作也。世惟王四学士有之，与此为二矣。」嗟乎！世不乏奇，乏识者耳。敬为长句，率无斁同作。』诗云：『秦郎所好俱第一，墨丸如漆姿如石。巧作松身与镜面，借美于外非良质。潘翁拜跪摩老眼，一生再见三叹息。了知至鉴无遁形，王家旧物秦家得。今君所有亦其亚，伯仲小低犹子侄。黄金白璧孰不有，古锦句囊那可敌。睿思殿里春夜半，灯火阑残歌舞散。自书细字答边臣，万里风尘入长算。初闻桥山送弓剑，宁知玉碗人间见。夜光炎炎冲斗牛，会有太史占星变。人生尤物不必有，时一过目惊老丑。念子何忍遽磨砚，少待须臾图不朽。魏衍注曰：少游之墨，尝许先生为他日墓志润笔。先生尝语衍。作此诗时，少游尚无恙，然终先逝去。

明窗净几风日暖，有愁万斛才八斗。径须脱帽管城公，小试玉堂挥翰手。』

陈岱门绵潭山馆十咏

娄县陈诗桓，字岱门，号石鹤。有诗名，工画。王讱庵客也。顷见其手书《绵潭山馆十咏》。末款书：『壬午秋八月朔，率应讱庵先生教，古娄陈诗桓草。』兹录存之。

《葆真堂》云：『老识诚心友，堂悬额葆真。弢光终不晦，赝物竟难陈。杜甫唐诗圣，陶潜晋逸人。缅怀千载上，由此得全身。』

《讱庵》云：『默默无言处，心安一草蓬。机锋藏止观，文字立虚空。大地蝇声外，浮生蝶梦中。跏趺石灯下，顾影佛龛同。』

《翠香阁》云：『高阁青葱绕，松涛日夕闻。群龙皆夭矫，五鼠独氤氲。香饭花堪吃，苦茶子可焚。黄山峰廿二，望里领清芬。』

《莓径》云：『纡曲幽闲径，年深藓亦深。留蓬师仲蔚，禁客类云林。鹤步浑无路，花斑岂有心。时时嘱奴隶，苕帚不容侵。』

《律素书厅》云：『一素能严守，六窗常自舒。家传清白谱，架压圣贤书。衣着三梭布，盘餐四叶蔬。座多淡交客，休叹食无鱼。』

《啸云楼》云：『构得山楼迥，穿云此啸声。居来仙亦好，响澈俗犹惊。自觉胸怀豁，孰知舒卷轻。檐前振林木，莫认不平鸣。』

《蓼阳茨室》云：『随地宜容膝，山南羡剪茆。丛丛兰馥馥，对对鸟胶胶。虚白日光逗，的青灯影交。君毋云自陋，差胜借枝巢。』

《息轩》云：『人尽劳行役，君能早息肩。软尘懒去踏，肥水喜常煎。门闭书抄后，香烧梦破前。就轩安木榻，闲枕《易经》眠。』

《待月簃》云：『巍巍楼□个，圭窦月迟迟。未许三人共，先令一席移。笺天光不夜，笏地影斜规。我欲依灵鹫，兼看桂子垂。』

《泽花腴菜井》云：『久矣家风堕，无能习灌园。见君畦土润，愧我井泉眢。秋菊春兰丽，晚菘早韭番。此中耕凿稳，何用桔槔翻。』

朱月航与汪讱庵诗笺

同时得朱云梯一诗笺，亦写与讱庵者。诗云：『拗春忽作雪，大地万玉攒。朔吹严烈烈，同云浩漫漫。纥干鹊噤冻，曷旦鸟号寒。鲰生愧裘敝，瑟缩强自安。贤主职方公，中厨具盘餐。凌晨折简召，相聚俱儒冠。张衡富学海，吴质涵文澜。徐陵玉台彦，江左竟敦槃。

共为文字饮，不开征逐端。兽炭嘘暖气，唐花夸奇观。寻梅兴拟孟，拈韵句摘韩。归路欣雪霁，新月当头看。』

后书『新正五日雪中，承讱庵老先生招，同花农、载屏、炳如诸吟坛，雅集居易庵，以韩吏部「看雪乘清旦」句分韵，得「看」字，赋呈教削。月航后学朱云梯拜稿』。月航未知何人。此二纸皆于城中得之，疑歙人也。

补录李长蘅诗

于小万柳堂所藏扇册中，得长蘅一诗扇，题为《三月十三夜同陆大无界待月虎丘得殿字》。诗云：『清游及佳辰，载酒出芳甸。日落风气高，晴郊绿初遍。入寺踏清阴，登台揽葱茜。须臾剑壑暝，素月流绀殿。林影散积雪，石光摇匹练。鼓罢扬清歌，人开出素面。此时人境空，喧寂同一善。低回洵可乐，去留亦无恋。吾侪区中人，踪迹辘轳转。今日与明日，时乎会有变。空怀买山期，坐受尘网罥。百年春几逢，一春月几见。春月此丘中，契阔共谈宴。我唱子可和，涤子端溪砚。』

黄凝斋诗

黄凝斋，不知其名，潭渡人。与凤六山人同时。近得其手书诗稿一册。前有岫云方成培题签。诗清稳，书法亦雅澹，选录数首，以存其人。

《游稠墅修园》云：『清和佳景少人知，步到修园景益奇。柳絮点衣风拂面，荷钱贴水绿生漪。桥回复道斜通径，树压危崖远过篱。竹屿花蹊游永日，行歌坐啸总相宜。』《祝家凤六山人》云：『高士风流远世情，砚田一片足长生。画来海鹤身同健，咏到池莲句益清。伴我林泉堪引兴，从他花鸟自为盟。有时避俗云深处，遥对天都饮巨觥。』《和宗夏先生还山诗》十首之一云：『逸我筋骸老，看人岁月忙。云山堪作幛，苛芰可为裳。谟略敷莲幕，宗祊恋故乡。欣同凤六子谓伯氏次黄，晨夕话茅堂。』《和许子彦修秋晓放筏至西干原韵》十首之二云：『撑出潭西去，萧然片筏轻。沿村开曙色，拂岸动秋声。老树千年在，长虹百尺横。一篙难自主，下濑任风行。』『林凹藏小市，滩尾露平沙。岸转山流影，风回浪作花。短童能学钓，稚女亦沤麻。我逐烟波去，幽怀洵可夸。』

又断句云：『梅花如我瘦，冷淡过平生。』

卷中又有题云《新安太守何公率绅士礼迎�轩毂符两徐先生神主入祀紫阳》诗。诗未录。

残本《程君房墨谱》

《程君房墨谱》，曾为方于鲁购毁，甚希见。顷得见残本二册，刻镂甚精，卷侧有『滋兰堂』三字。卷六皆墨赞。首《玄元灵气赞》，江夏郭正域撰，楷书，印曰『宗伯学士』。次《通常墨赞》，皖城吴应宾撰，行书，印曰『太史氏』、曰『丙戌进士』。次宝林顾起元撰，行书。次山阴张汝霖撰，楷书，印曰『司马氏』。次临海王士昌撰，行书，印曰『谏议之章』。次济南临邑邢侗撰，行书二篇。次豫章熊鸣夏撰，行书，印曰『丙戌进士』、曰『天垣谏议』。次郡人金忠士撰，行书，印曰『元卿』、曰『壬辰进士』。次豫章涂宗浚撰，行书，印曰『秋官大夫』。次豫章朱多爔撰，行书，印曰『朱氏虚用』、曰『同姓诸侯王子』。次龙门山人宋应昌撰，行书，印曰『经略司马』。次吴郡外史氏冯时可撰，行书。次豫章祝世禄撰，草书。次吴郡王士骐撰，草书。印曰『冏伯氏』。次五鹿董复亨撰，行书。次吴郡严澄撰，行书。次赵鹏程汝图撰，楷书，印曰『辛未出身』、曰『金殿传胪』，盖与君房同学北雍者。次县圃萧云举撰，楷书。次南乐魏广徵撰，楷书。次眈瑞山人江东之撰，甘泉里人詹舜臣书，楷书。次江夏丁应泰撰，楷书。印曰『丁氏元父』。次宣州梅守箕季豹撰，楷书。次中吴薛明益撰，行书，印曰『虞卿』。次江阳何起升玄闻父撰，行书。次杭州林表撰，行书。

以上书皆甚精，其未署所书人姓名者，皆撰人自书也。文皆赞墨之语。惟江东之一篇，丑诋于鲁，言其『同里人奇觚氏方甲，贫而给事幼博，幼博极怜爱之。推食与食，解衣与衣，已资墨业与业。久之输攻，悖德滋甚，且以司马引重，横猎时名，反噬而中幼博。幼博始复业墨，以其季君房行，破大墨之奸，供四方利用也。今上冲季入圣，宸翰天藻，上追二祖文宣之遗，尚方进御，新都称良者三四家，君房其选也。方甲诡取而妄承之，以艳仕林、罔缙绅，不自知其为垄断、为盗侠，古有贱丈夫者，未足贱矣』云云。后又引邢子愿、詹东图之言，意亦同前。

承尧按：他篇皆言幼博即君房。此言『以其季君房行』，岂君房乃幼博弟之名耶？殊不可解。

卷五乃人官之上篇。首有鸿濛氏程大约自序，周之训书。

其墨曰『寥天一』，长方形，唐鹤徵铭，刘然书。

曰『修禊图』，圆形，绘图，附大约自撰《兰亭图记》，刘然书。

曰『注经丹』，小长方形，新安汪良桢士翼铭。

曰『文璧』，璧形，中有『文璧』二篆字。

曰『百子图』，圆形，绘图，附大约《百子图歌》。

曰『天禄青藜』，长方形，绘天禄阁及燃藜象，附朱之蕃诗、大约诗。

曰『金人图』，方形，绘金人象，附于若瀛、乐和声及大约铭赞。

曰『九子墨』，圆形，绘九子图，附程涓诗。

曰『兰台』，长方形，一面绘图，一面镌独醒客程大约兰台铭，附程涓巨源诗，刘然书。

曰『玄香异气』，长方形，绘图，附赵士祯赞。

曰『陈玄』，六合圆形，一面绘二人对坐图，一面镌『陈玄』二字，行书，附晋陵唐鹤徵撰《陈玄传》。

曰『梦人遗墨』，方形圆角，一面镌此四字，一面绘图，作梦授状，附关中盛以弘、河中孟时芬、同安许獬诗。

曰『画眉黛』，横圆形，一面镌此三字，行书，一面绘石形，附邹迪光诗，程涓赞。

曰『石室观书』，方形，绘图三人，作授书状，附姚履素赞、程寰仲辅父赞、许獬诗。獬印曰『子逊』。

曰『画掌股』，六角形，一面图，一面镌此三字，分书，附程涓赞。

曰『刘佑市墨』，八合圆形，一面图，一面镌此四字，篆书，附程涓赞。

曰『君子之车』，圆形，绘图，附义兴吴亮赞。

曰『树汁为墨』，圆形，绘圆，附京口茅溱赞。

曰『墨庄』，方形，一面图，一面镌此二字，行书，有独醒客印，附秀水朱国祚赞。

曰『明发先声』，长方形，一面镌此四字，下绘鸡形，一面镌幼博铭，旁注『君房为丁酉解元制』。

曰『结绮』，圆形，中绘绮一卷。

曰『织锦图』，圆形，中书回文诗。

曰『金不换』，椭圆形，绘云文，中横镌『金不换』三字，直镌『万历甲辰年，君房士芳制』十字，分二面，俱小楷书，附守玄居士赞。

以上据所见录之，其阙者不可知矣。又余旧藏《方于鲁墨谱》，卷端序赞亦数十人。汪氏二仲，各为长篇，一时门户，可以想见。余去岁在沪，于曹叔琴家得见《曹素功墨谱》二卷，序文甚多，刻镌亦精，清初名人，大半皆在。

长庆寺塔　圭山文峰塔

程让堂《修辞馀钞》，有《太平十寺始建浮图年月记》。略言：长庆寺旁有七级浮图，其铜顶于乾隆四十一年九月折坏，堕练水中，为人盗去。遗其顶末，长七寸馀，重八斤四两。吾友胡授穀见而取归。上有『大宋重和二年正月』字，即宋徽宗宣和改元之年，岁在己亥，下逮今丙申岁，凡六百五十有八年。

又吾歙儒学朝山曰圭山，上有文峰塔，余曾于宫墙东偏，见残碑数十字。载文峰建于万历甲戌。其年为唐皋大魁之岁。

又《修辞馀钞》中，有代作《重建太平十寺塔顶记》，说与前同，惟又言是塔建置之年，不见郡邑志。而每级皆有前明万历、天启间歙南黄备张氏重修之记。言塔建于其始祖宋机宜应周公。塔顶毁后六年，乃重修之。

程让堂五友记

程让堂《五友记》云：

江衡，字岳南，歙丰瑞里人，而侨居钱塘者也。博闻强识，能诗，善属文。杭君大宗于人少许可，当乾隆初年，杭郡人文极盛之时，独称岳南，以为非凡所及也。乙丑之冬，瑶田至杭州应商籍试，居与岳南门相对，遂识岳南。岳南见余今时文而称之。见余诗又称之。居两月别岳南归，明年再至杭，岳南邀余主其家。每与客共坐，辄目余以语客曰：『此吾畏友也。』已而余归，作诗送余曰：『上下千百年，人物历可数。如君那复有，心倾意专注。』又曰：『人生谁遐龄，知己庶一遇。』岳南长于余十一年，余时廿有二岁，于学无所得，而见许如是，历今四十馀年，卒无德以承之，实有负于岳南也。癸酉之秋，岳南应京兆试，登贤书，淹留京师，南北益阔绝，不复再见。某年归杭，余又无事至杭。又某年岳南死矣。子一人，钱塘诸生。他日当求其诗文遗稿，为叙而传之。

汪随，字谨度，后更名某，为钱塘诸生。其先亦歙之鄣岐人也。长余四岁，师事岳南之兄名兆岐者。余与岳南交时，则其师已死，遂从岳南游也。其人性僻而笃于朋友，为人谋而能忠，吾于谨度见之。余之主于岳南以应商籍试也。商籍必由盐运司录送督学使者，乃得就试。余至稍迟，运司录中无名，意将止矣。谨度私计曰商民互考旧矣，今某不于商则于民，遂为余谋考民籍，得补录。县府试牒皆有名，乃始告余，初不令余知也。其于朋友他事皆类此。是岁谨度先偕余归歙试，被落，返于杭，试又不录。乃刻其途中所吟诗曰《重趼集》，盖与余徒步归里门，足下茧生，故以重趼自名其集。而岳南为之叙曰：『大凡真性逾等者，其情僻。』可谓善言谨度者矣。厥后余至杭，则访而见之。谨度归歙，又再见之。乙巳岁，余居于杭，求向所与谨度游处者，无一人在，无从问谨度。久之，遇有知者，则曰化为异物已数年矣。无后，亦无家以凭吊之，可悲也夫！

丙寅之秋，余与汪谨度由杭州归于歙，途中谨度见梦，作诗以与余曰：『倘见如君者，为言共交结。』觉而语余，余曰：『吾固有友洪杭原也。杭原名性钠，歙之桂林人也。余长杭原一岁，岁乙丑始相见，时与诸人共饮酒，杭原豪迈善谈辨，余则终席无一言，饮毕，散去，明日杭原以书与余，曰：「人不可无友，昨见子，乃真吾友也。」遂定交焉。其后四年应小试，同为博士弟子员。杭原尊甫，始有盐业在怀宁，已而业滋大，遂商于扬州，尊甫乃老，杭原代焉。杭原固才大，而在盐业一以诚信行之，十年之间，声名出诸钜商之右。然而杭原固非商人者流也。少日为举子业，每考试，曹伍莫敢伦比。其文根柢经术，间以示余，未尝不望而畏之。好赋诗，格调高远，步趋韦、孟间。一时文采风流，有凌铄古今之概。而家人生产，身肩其任，运筹决策，同业者又从而敬惮之。向使以经生起家，得膺当世之务，所至不知当何如矣。然即屈其才能以业盐。而盐之利病，所关非小，亦未尝不与为政相表里也。乃未及中身，倏焉厌世。是区区者，亦莫能竟其用，余安能不为杭原惜？杭原死后，其子士清，裒其遗文若干首，诗若干卷，请于乡先达，为点定叙而刊之。呜乎！杭原虽死，其行已亦云有成矣。独余也，回忆与杭原饮酒时，一见定交，岂不自以为有知人之明，余于是又乌能不惶恐滋惧，以庶几无负我杭原也。

汪肇漋，字稚川，与余同居城中。稚川居府城，余居县城。盖歙虽附郭，别为一城也。乾隆丙寅，余与稚川交，每家居时，余出门则适稚川，稚川出门恒适余，几无一日不相见。肇漋其始生所命名也。三十九岁，试入府学，督学使者刘圃三先生，以吾徽先达有汪讳漋者，不宜同其名，因以同声字为易之。故录牒中不曰『漋』也。不然，稚川孝子也，已孤不更名，稚川岂为之哉？稚川十馀岁时，既孤，遂废学。及冠。发愤刻苦，力学读书，至丙夜不休，往往达旦；夏之夜，蚊蚋啮其足，不知也，但以手扑之，血染素袜，半皆赤色。事节母依依然孺子慕也。母没，水浆不入口者三日，泣血不露齿，食不御甘旨者三年。读丧祭之礼，久之，旁穿交通，遂精《三礼》学，辄多心解，能补先儒所不及。顾年仅五十九岁而卒，未尝著书，可惜也。卒后，其弟慎川裒其所常披读之书付余，其书上下方丹墨所记者，余将为录出。若不能成一书，则条举件系，扬搉存之，庶几碎金片羽，愈足宝贵矣。稚川既少孤，上有兄亦早世，贫甚。学篆刻卖艺以养其母食嫂育弟。然其艺务自怡悦，不务悦人，又无巧取术，故其所获，求如廉贾之能中十二者，亦不可得。然而六书之学。用是得其要领，既通其义，又能书之。浑浑噩噩，同时人皆莫能过者。精究石鼓文，多所考定。世有铜盘铭，释之者数家，惟稚川所释，多得古人意。作文千馀言记之，质朴古厚，非近今人所能为。壬午乡试，主考官得其文，奇之；而稚川不留意科举文利病，策对中有不入中格者，然卒奇其文，中副榜，人皆为稚川惜。然而稚川实不藉科名以重之。稚川之孝，人皆信之。友于兄弟，其弟慎川又时时向人言之。然余尝阴相当世士，轶群之材、端谨之彦所在有之，而求无一言假借于朋友之前如稚川者，似不少概见也。往余书《道德经》与人，用少许浆黏其包口，不固封，以寄稚川，为其可启阅之也。或将启之，稚川曰：『彼封之，吾安能私启之。』其律己如是。其于朋友，无物我之间，急朋友之急，无异于其急己之急也。稚川真可为交朋友者之极则哉。

庚午辛未之间，余与稚川及余姊婿汪松岑三人同砚席，每论当世士可交而资讲习益者，余曰：『戴东原也。』东原名震，休宁隆阜人。先是己巳岁，余初识东原。当是时，东原方踬于小试，而学已粗成。出其所校《太傅礼》示余。《太傅礼》者，人多不治，故经传错互，字句讹脱，学者恒苦其难读。东原一一更正之。余读而惊焉，遂与东原定交。至是，稚川、松岑亦咸交于东原矣。壬申夏，松岑言于其从祖之弟在湘，在湘因延东原至其家，以教其子，于是余数人时时与东原处，故知东原最深也。东原曰：『《水经》郦道元注，亦如《太傅礼》，人所不治者，其经注之错互，字句之讹脱，与《太傅礼》无异。扬雄《方言》，所谓「悬诸日月，不刊之书』，治古文者资之，与《尔雅》、《说文》同功。而文章之古，益以转写之讹，人望之如蚕丛未辟者。然是皆不可不治其芜杂，使就条理。』余观东原之学，以治经为先。自诸经而外，又旁及于百家众流，无所不窥，而独致意于是三书者，盖东原之治经也，以能知古人之文章。其知古人之文章也，以能窥六经之微指，而通古人之训诂。三书之舛谬难治，苟非东原以其所能治之，后之人虽有一知半解，欲为功于三书者，吾知其有所不能也。有东原以其所能先治之，后人或有拾遗补阙以裨益于三书者，吾知其有所甚易也。

东原生九岁始能言，十五始力学。既通训诂，知古人之文章，挟其真知灼见以上下古今，如是者二十年，学成而人皆知之。出与当世学者士大夫游，所交皆穷经博洽之士，然往往让东原出一头地。当是时，著作之富盈箱箧矣，而东原益用弢掩，谓古人每悔成书太早也。然知东原者欲争先睹，皆怂恿之。乃曰：『吾图《考工记》，盖少日为之，已数易稿矣；《勾股割圆记》，专家之学也，自不知者视之，茫然无所从入，知而言之，亦非复有疑义者；《屈原赋注》，则于诸家注外，窃寓表章之旨，必欲付梓，姑以是先焉。』国家大集《四库全书》，东原与纂修，官翰林，所校《太傅礼》、《水经注》、《方言》诸书皆编入《全书》，而《水经注》更邀御制诗冠之篇首。同时有赵一清者，亦治是书，校雠郦注所得多于东原，其书出，人皆珍异之。然东原之书，能以经之下互于注者，出而还之于经；注之上互于经者，择而归之于注，于此益见东原之不可及也。

《水经》自唐《艺文志》以为桑钦撰，至今因之。东原谓班固尝引钦言，钦在固前；而《水经》有小广魏、魏宁诸地，是撰者上不逮汉，下不及晋，断为魏人，非桑钦也。东原读书特识，往往如此。东原在官，诸书经其排类者，皆今世绝学。其所著书，东原死后，曲阜孔葓谷尽为付诸开雕，人皆谓东原死且不朽。然余独念与东原交垂三十年，知东原最深，死之日仅五十五岁，其素所蓄积，尚有未笔之书者，有虽笔之书而未竟者，如假之年，治经之功，岂止于是！抑古今之秘，天地将泄之；而又不欲尽泄之，是则余之所不能知也。

经生艺

程让堂为其师云岫先生墓志，言：『今功令所尚，经生艺也。经生艺尤难于得师，而城中先是学者，皆宗仰叶丽南先生，主坛坫者数十年。先生见吾师文，奇之。遂妻以女弟焉。及为学官弟子，试辄高等，补徽州府学廪生，于是学为经生艺者，莫不摄齐受教。瑶田之执贽于吾师也，师年五十有四矣。先乎吾而学成者，往往掇巍科以去，其能文章为诸生者比肩立。又其先则吾父吾伯父皆师之，而受知于学使者，皆在成童之年。吾父延吾师以训瑶田兄弟也，呼瑶田语之曰：「昔吾学于先生时，府学教授黄君讳师琼者，苏州人，于经生艺最为老师，一时知名士咸谒而请焉。黄君少许可，独称方先生梓恬、金先生复堂及余两业师。两业师者，其一则休宁陈卜惟先生。盖其时而祖延两先生以训而伯与而父也。厥后方、金两先生皆成进士，陈师亦举孝廉，惟先生以明经老。然而先生固长者，岂惟文章足法耶，惟其不偶于世，故而等得从之游也。……』下略。

承尧按：汪云岫，名廷龙，字集池，瞻淇人，居城中。此节以可考知彼时治经生艺情状，录之。文中又言瞻淇之汪，出唐越国公后，至宋理宗时，有岐山者，自歙北凤凰迁歙南之章岐，即瞻淇也。附录之。

方晞原佚事

余于方晴初家，见汪容父书一扇，云：『哀乐关心欲老身，亲知零落感前尘。岂知千里江山外，三十年交尚数人。此余过皖口赠人作也。比至汉上，则旧友多逐食于此，有羁旅之感，有晏谈之乐。若夫通经学古，内行淳笃，则方晞原；好古工篆隶，慷慨善交，则巴予藉。二子皆中同乡，且故交，而同聚是地。知人生会合之缘，不可前知，同方合志之友，尤为难得。晞原已老，而予籍及中皆多病。首夏过予籍斋中，书此于便面。予籍长客汉上，九月十月之交，晞原将归营葬事，中将归除服。他日三人者相见，出此书，当有尊前健在之喜，将举酒以酹之。己酉年古唐汪中书别。』

按：方晞原事实不多见。程让堂《修辞馀钞》中有《方晞原诗序》，云：『诗，道性情者也。必有什佰流辈之性情，然后能为什佰流辈之诗，故曰：言，心声也。仁义之人，其言蔼如。夫不仁义而能仁义言者有之，然求其「蔼如」者弗可得也。彼为诗者，曷尝不貌汉、魏人之格调，袭盛唐人之声律，而求其所以为汉、魏、盛唐者无有也，夫性情之故亦微矣哉。吾乃今而后可以论吾晞原之诗矣。吾之交于晞原也，晞原年逾弱龄，而吾年亦向立矣。虽淡以成之，然苟相视辄莫逆于心，或行事失趣，则以诤友相勖，即声色加之，心无芥蒂也。吾座师芍陂先生为湖北按察使，招余为世弟句读师。明年癸卯，先生升山西方伯，余将从之行。见晞原，语半，更端白余曰：「子年近六十矣，乡举后五上公车。苟当售，即不报罢。继自今，间容人矮屋中，何复太自苦？」余曰：「然。」已又白余曰：「芍陂先生初以翰林擢谏垣，屡膺衡文任，出为监司，荐升方伯，官至二品，亦荣矣。今年距周甲三岁耳。子出先生门，明进退之义，贤者固贵进取，然名遂身退，壮行老休，亦天之行也。子能从旁一言之乎？」余曰：「然。」当是时，晞原奔父丧来汉皋，汉皋与武昌夹江相望，故濒行来别晞原也。晞原居忧三年，岁丙午服阕矣。当是时，今吏部尚书署安徽巡抚朱公，以某部侍郎奉命主考江南，而晞原则公之兄竹君学士督学安徽时以为所得士之冠，于是名誉满京师，故公久慕其人，而无由识之。今主考江南，即欲得之摸索中，而晞原则闭户空山，有非浮云之所能触者矣。向者汉皋与吾言，其心声之感而遂通者乎？晞原卒，岁在己酉，时余为嘉定学官。越三年，余归。其子起泰、起谦从余游，奉尊府诗一卷，请余论定。余于晞原诗，复何言哉？岁不吾与，于今又七年矣。当世知诗者不乏人，请为道晞原之性情如此，即不读晞原诗，而其诗有不邈焉千古也哉！』

《郑公钓台图记》

程让堂《修辞馀钞》中，有《重绘郑公钓台图记》，云：

富登渡郑公钓台，在歙南河之北岸，据歙浦上游。南河之水，源出休宁率山。《水经注》所谓『浙江水出三天子都』，《一统志》所谓『三天子都在率山』是也。歙有东西南北河，惟南河为经流，他河皆在其左，东南流注歙浦以入南河也。钓台与篁墩相公湖相接。篁墩者，吾歙著姓先世皆发迹于此，故山水之秀甲于一邑。

郑师山先生生元季，征辟不起。元失天下，磬死于家。明哲成仁，一身兼之。先是，有密友吴虎臣，家与富登邻近，先生数过虎臣，临河而爱其石，辄低徊留之，或垂钓焉。人因呼为『郑公钓台』。余忠宣公时节制淮阃，闻有是名，遂书四篆字寄之，刻诸崖石上。明成化间，家篁墩先生命工拓其字，邀诸友赋诗，且建仰止亭于台前，以致景慕先贤之意。石田翁为之绘图，历今三百馀年矣。钓台之石，苔藓封之，棘刺罥之。欲求其字，居人无知者。吾友方仰松在所知处，见成化时拓本，遂发兴往寻焉。至则翦除其棘刺，疏剔其苔藓，沃之水而溉濯之，字形浸以见矣。乃以毡椎从事，拓而观之，笔画完善。持归与所见拓本相校，毫末不加损。吁！可异也。余从仰松索得一纸，携至京师，请覃溪先生鉴别焉。先生为叙其始末，作诗以纪之。既又谓：『沈氏之图，虽不可复见，而富登山水固在，形求而再图之。相与赋诗，以继前修仰止之风，不其盛与？』罗绮堂，吾歙人也，曾往来其地，能仿佛之而为之图，而余遂记之如此。

汪苍霖

洪雅存《更生斋文甲集》书友人遗事云：

汪苍霖，钱塘人，少即走京师，以国子生客宁郡王邸数十年。工诗及书，王甚重之。晚始得官，为江南句容县县丞。岁乙未，县中大旱，赤地数百里，县民无食者，研石屑及糜土以食，名石屑曰『观音粉』。后又掘芦根食。适大府勘灾入境，苍霖裹数物示大府。大府怒，命跪行辕外。一日晚，复召入，斥曰：『汝何官，狂惑如此！』苍霖伏曰：『卑吏诚狂惑，然实不敢随诸贪黠者病民，欲于中流作一砥柱耳。』大府笑曰：『汝诚砥柱，但砥柱太短也！』叱出之。又尝奉檄运米赈淮安水灾，终日立泥淖中，分拨已尽，赋《灾民谣》三章，乃返。为丞气必凌出令上，苍霖年故长，遇本县令及他令，率以弟呼之，不拘俗格也。赈灾银有馀，令私分饷之。大怒，欲举实，令恐，并入已者捐置公所备添赈。以劳调江宁县丞。丞廨在雨花台侧，余以事至江宁，必过访之。值苍霖据案决事，必命仆先引入内署。决事毕，始入，曰：『吾不敢以友故妨民事也。』性佞佛，余故斥毁之以博笑，苍霖必历述因果及毁佛者所得恶报以相慑，余乱以他语乃止。

尝以公事赴吴门，回舟与汪明经中同载。二人者，性并傲，且其始皆歙产也。泛论世次，忽谓中曰：『余长君两世。』中曰：『君误矣，余实君曾大父行也。』苍霖恚甚，欲缚中掷扬子江，以救获免。余官京师，闻苍霖摄本县事，数年，甚有声。时儿子饴孙归试。因札之，得报书，极言为令之难，与雪冤狱数事。未几，闻苍霖死矣。以不得大府欢，历四考，究不得迁。

汪肤敏与鲍薇省书

汪肤敏，字公硕，工书，名载《歙志》，不详其行谊。余收得其手书一纸，致鲍薇省者，云：『肤敏顿首，薇省二十五表侄吟坛：仆命不辰，早年失闺中良友，已极神伤，情根斩绝；迨七年，既久，不得已续此断肠之弦。乃灵心慧质，颇解人意。年来病剧愁多，分卑任重，种种备尝艰辛。回思惨切，岂止有愧奉倩夜凉取风露时耶！蒙瑶章远贲，荣及九京，足慰足感！及读诗末章，益触于怀。犹忆初春，拮据举内子柩，实赖其力疾经营尽礼。今荒郊抔土，葬玉埋香，前后伤心，不仅香南砚北，凄清难遣也。承惠项烟，款制并皆佳妙，诚堪什袭珍藏，兼以矜示朋辈。惟是中间种种，极费心神，委曲多端，益切弗安，尤当惜之如金，无虚珍重见爱之诚。感何可言，明早聃问先生有便足遄归，附此奉谢高义，灯前草草，言不尽意。馀惟珍玉不备，肤敏再拜！』

承尧按：肤敏年辈，在薇首前，似康熙时人又久客于外者，书似赵而劲老。

李笠翁《担灯行》《食笋歌》

李渔诗集中《担灯行》，原注：『赠程子穆倩。程子多才嗜饮，往来同人之家，赋诗饮酒无虚日，其归必暮，暮必需灯，故每出必担灯自随。虽戴星而往，亦未尝稍辍。又恐酒后颠踬，常令幼子偕行。尝对人曰：「此非儿也，杖也。」予景其高见，喜其逸趣，作歌以赠，冀添词人一段佳语云。』诗云：『黄山崒嵂生奇人，程子穆倩才缤纷。出言吐词近醇朴，挥毫落纸无纤尘。末技尤能工篆刻，三寸精钢为不律。信手能追苍颉文，秦人汉人皆避席。片石只字称异赏，公卿折节求难得。老年益懒名益高，问奇满户声嘈嘈。避人日在良友宅，未明即出归中宵。银青肩上无长物，一灯悬在奚囊侧。百年三万六千场，不醉何曾有一日？刘伶拚死荷锸随，纵好犹非计之得。从来醽醁出人间，求之黄泉无一滴。如其果死埋道旁，道旁谁与奠壶觞。酒是何物可与别，兴言及此增旁皇。所以爱生不爱死，归途在在携灯光。佳儿作筇扶醉后，复令巇险成康庄。有此二物可长醉，造物安能为尔祟。鹤发童颜有自来，醇醪是药参芪赘。君醉但觉黄河清，我醒时闻沧海沸。只今塞上饶烽烟，不止花村多犬吠。醉乡即是真桃源，欲从老子分馀地。担簦改业从担灯，不饮终须践酒名。我亦有儿堪作杖，弱难扶醉但扶醒。』

《食笋歌又赠程子穆倩》云：『程子嗜古兼嗜客，三代牺樽浮琥珀。卖文不留越宿钱，一度咄嗟倾累百。同馈人称女易牙，犹谓中观不中食。有时越俎往代庖，遂令啖者换肠膈。我幸友君二十年，十度九度与华筵。一别俄惊四五载，怀君洒涕兼流涎。此来适值樱笋候，鲥鱼乍美犹嫌瘦。杯底琼浆美似前，盘中玉版精逾旧。此物烹炮美在专，忌将他物相纠缠。世人不识孤行好，非在鱼边即肉边。鱼肉虽佳笋味夺，不如生嚼留芳鲜。此老熟识此君性，不教一物相肩并。煮竹惟将淇澳水，逼清似照湘湖镜。淡极无盐若有盐，香饶似衬终非衬。考饕遇此难矫廉，盈盘食尽还教添。我善嚼兮君善煮，各有绝技无相兼。世上存我两怪物，南山有竹愁无尖。』

朱竹垞赠吴山涛诗

朱彝尊《曝书亭集》卷九《赠吴明府山涛》诗云：『诗人吾爱塞翁好，风格西陵别擅场。嗜酒肯淹千里驾，罢官为起七歌堂。云山画出无前辈，暑雨灯残话故乡。甪里菜畦犹未卖，归时休只恋钱塘。』详此诗意，似塞翁亦曾侨居嘉兴也。按《钱塘县志》云：『塞翁领崇祯己卯乡荐，授成县令，三年致任，终老吴山，啸歌自得。书法飘逸，能自成家，画不入蹊径，挥毫自得。当出关日，赋《西塞》诗三十篇，因自号塞翁，年八十七卒。』《杭州府志》云：『塞翁博通经史，能文章，尤工于诗，作画妙尽神理。令成邑，旋引去，一裘一马归钱塘，种秫为娱。更浮家泛宅，往来苕霅之间。』

朱竹垞怀黄伋诗赠汪薇诗

《曝书亭集》卷三，有《怀黄十三伋客闽》诗云：『八月霜清木叶飞，关河秋望泪沾衣。寒山桂树今摇落，惆怅王孙尚不归。』

又卷十八，有《谢汪学使薇伯枫亭荔》诗云：『香荔夸奇绝，枫亭古驿中。色虽殊挂绿，品已压轻红。一种生偏侧，千房味不同。重烦故人意，分减及衰翁。』

朱竹垞题程端伯《江山卧游图》

《曝书亭集》卷十三，有《题程侍郎江山卧游图》诗云：『启祯之际南北派，书有董米画崔陈。青溪先生起夺席，二者并妙称绝伦。一水一石弗漫与，尺幅价值双乌银。今观此图着色老，笔与黄鹤山樵亲。苍茫又类井西作，林霏晻霭泉洄沦。近来仿古求貌似，叠石细碎添苔匀。先生画意不画象，驱使二子穷其神。云霞石淙开四面，一一鼠尾丁头皴。山根木阁看最好，安得买断居河漘。四门博士重手泽，请我跋尾岁在寅。其冬偷儿凿我壁，室无泉布床无茵。惟存文字五千卷，手摩插架撇擞频。此图几失幸不失，留置爰玩绵冬春。朝来洒墨赋长句，书报博士迟无嗔。』

按：端伯籍孝感，原亦歙人，甲申后卜居江宁之青溪，因以自号。顺治丁酉挂冠归，优游于栖霞、牛首之间，萧然高寄，以诗画自遣。见《江宁县志》。

又周栎园《读画录》云：『青溪道人，书法师李北海，而丰韵萧然，不为所缚。尝欲作《卧游图》五百卷，十年前余已见其三百幅矣。或数丈许，或数尺许，繁简浓淡，各极其致。

然矜贵不肯轻以与人，惟于石和尚无所悭耳。』张瑶星云：『长康、右丞，皆以士夫作画，故能造入神妙。宋时画学，犹分士流杂流，子畏学画于东村而胜东村，直是胸中多数百卷书耳。此事固当让青溪独步矣。』王渔洋《蚕尾集》云：『唐、宋、元、明以来，士大夫诗画兼者，代不数人，青溪先生晚出而俱擅场，诗与画俱登逸品。予昔为周栎园题先生画云：『琴中贺若谁能解？诗里渊明子细寻。古木苍山数茅屋，青溪遗老岁寒心。』

竹垞推程穆倩分书

《曝书亭集》卷十赠郑簠诗，论分书中一段云：『自从鸿都石经后，工者疏密无定姿。任城学官阙里庙，罗列不少汉人碑。簠也幽寻遍摹拓，羲娥星宿摭无遗。郃阳酸枣法尤备，心之所慕手辄追。黄初以来尚行草，此道不绝真如丝。开元君臣虽具体，边幅渐整趋肥痴。寥寥知解八百祀，尽失古法成今斯。迩来孟津数王铎，流传恨少无人披。太原傅山最奇崛，鱼颃鹰跱势不羁。临清周之恒，委曲也得宜。勾吴顾苓粤谭汉，暨歙程邃名相持，未若簠也下笔兼经奇。』

按：穆倩分书，余但见其题画十数字，极奇崛。同时论分书者多及之，至清中叶，遂无人知之矣。

黄白山《钟馗赞》　黄凤六题画诗

新得黄凤六《钟馗图》，画笔苍劲，用旧法，与所见沈石田画钟馗略同。款书『康熙乙亥天中节日黄吕写』。印二，一曰『黄吕』，一曰『次黄』。上有黄白山题云：『以貌取人，失之子羽，公之不第亦固其所。彼貌堂堂，而文不扬。而入凤池，而立鹓行。此何人斯，而坐至公之堂？有鬼蓝面，有狐九尾，愿公脍之，啖睛嗜髓，其馀弧咎蛊魅之伦，又何足汙公之喙耶！』款书『后学黄生敬赞』。印二，一曰『黄生一名琯』，一曰『白山子』。

又见凤六画册，题诗八首云：『一个溪亭傍碧流，山光树色不胜秋。何人到此常凭眺，间啸间吟狎白鸥。』『古木重阴间石林，沧沧涧水历千岑。幽居不道仙居胜，肯受尘埃半点侵。』『秋林瑟瑟叶阑珊，老石苍苔自在闲。到此坐来天地静，松风涧水听潺湲。』『萧飒西风动密林，满溪红叶落秋阴。一筇聊与消尘虑，冷句携来不费寻。』『晴日园林景色多，天高气肃物情幽。秋英满地笼香艳，聊与诗人醉叵罗。』『紫翠丹黄斗石林，层层锦幛染霜深。一年胜赏秋偏好，诗画相参共素心。』『深山木落意萧瑟，笔墨传神亦擅长。画里有诗诗里画，郊寒岛瘦足相方。』『山中一夜雨倾颓，瀑水奔腾响疾雷。漠漠天涯沉水墨，层峦叠嶂白烟开。』

李长蘅貌似谭友夏　又滕县诗

王渔洋《古夫于亭杂录》云：『嘉定李长蘅与景陵谭友夏貌相似。友夏有诗云：「他年谁后死，优孟免踌躇。」』又《渔洋诗话》云：『「穀城山好青如黛，滕县花开白似银。」李长蘅流芳诗也。余最喜之。甲子使东粤，往返两过滕县，不见一花。赋诗云：「薛北滕南几问津，远山如画黛眉新。惟馀底事堪怊怅，不见花开白似银。」长蘅画学云林，亦是逸品。门人陆生廷灿照，近补刻《嘉定四君子集》，余为之序。大抵程孟阳之诗，娄子柔之文，长蘅之画，足称三绝。』

又《居易录》云：『门人何炯，贻予长蘅诗钞本，内《东阿道中》云：「腾腾兀兀逐尘行，忽似春山为解酲。高下欲随人境绕，逶迤偏觉马蹄轻。谁教柳色毵毵映，不分梨花处处生。爱煞穀城山下路，风光况复是清明。」《滕县道中》云：「山欲开云柳乍风，杜梨花白小桃红。三年三月官桥路，策蹇经过似梦中。」二首风调颇佳。』

渔洋论汪沅

渔洋《蚕尾集》续云：新安汪君沅，风神清冷，少肆力于声诗，清丽芊绵，力能推陈出新。门人徽远、洪度尝为余言，君所尤嗜者，昔昌黎、今渔洋两家，若谓之总萃，无逾此者。又其子梓琴谓君雅慕余，至形梦寐，常欲千里负笈而终不果也。

渔洋论江辰六

《渔洋文集》云：门人江子辰六，淹贯古今。予每与论史事，俯仰数千年，如指诸掌。早岁绝江淮，汎洞庭，南穷夜郎盘瓠之乡，发为歌诗，浩落有奇气。览古诗一卷，则康熙丁巳适河东行役道路之所作也。

程孟阳曾选《中州集》

《渔洋诗话》云：程孟阳尝选元遗山《中州集》，钱牧斋先生序之。称其『老眼无花，照见古人心髓』。康熙丁亥门人汪于鼎寄新安旧刻本，请余删补之。将重锓梓。余观其去取，多不惬人意，报书已之。如刘迎无党之歌行，李汾长源之七言律，为《中州集》之冠，虽北宋作者无以过之，顾多从刊削，其他可知。

黄蛟峰治《尚书》

黄宾虹撰《潭渡黄氏先德录》云：『蛟峰先生，讳祚，字惟承。幼颖悟，善记诵。补弟子员。从淳安商文毅公受《尚书》。时族中黄潭公亦治《尚书》，受于少参公。公从请益，述大意作备忘，关中曹博士刻之学宫，都人士程之。此歙士治《尚书》渊源之所自。两试乡举不售，益肆力于学，合史鉴为会要六十四卷，《通鉴外纪》五卷，十年成书。莆田双石郑公玉来守新安，新紫阳书院，请公为《尚书》都讲。尤邃于理学，述《性理便览》十八卷。又《读易抄》三卷、《春秋传略》二卷、《四书备忘录》十四卷、《蛟峰文集》四卷。』

按：黄潭公谓黄训，少参公谓黄华。

黄福佑以避征死

《潭渡黄氏先德录》云：『二十一世祖讳福祐，字士享。明初广征俊乂，公以人材选。因父老托病不出。既而下令：凡辞疾避征者，皆当获罪。公以身殉孝，年三十有九。乡诸先正，私谥之曰「孝毅先生」。』

按：此事可征明初用法之酷。又按黄氏家乘，福祐父名堅，字季华。洪武庚申，母年七十，构春晖堂以养母。则福祐之受祸，当是庚申以后事矣。

黄实夫佚事

《潭渡黄氏先德录》云：少参公，讳华，字实夫，别号东山。年十七，父仲述公命商文毅公辂门外受《尚书》，从游二载归。成化辛丑成进士，历官武选司郎中。公质直，不阿权要。未三载，擢福建布政司右参议。正德丁卯，刘瑾擅权，方正倒植，公因进万寿表至京，上疏乞骸骨归。构『后乐轩』，筑『黄山楼』，凿池种竹，左图右书，徜徉其间。先是商文毅公以忤汪直罢归，故公得从学。或传商曾易姓名托教授来潭渡，事远无征。

黄彦修

《潭渡黄氏先德录》云：黄溪公讳正祖，字彦修。家素封，年十七入成均，父武毅将军子钟公，性好客。公承先业，拓园于里东，筑『四望楼』，招致宾客。一时如戚少保继光、秦状元鸣雷，皆客焉。郡守董公石为题额，汪司马道昆一宿旬日以为常，为作《四望楼记》。公中岁师许贞白先生。之吴，又尝从孙太史游，力学不倦。

黄君亮

《潭渡黄氏先德录》云：『义烈先生，讳明邦，字君亮。以丹青雕镂自给。形体侏儒，性复偏僻。呼卢纵酒，放浪不羁。顺治乙酉，张总镇下令改服，公不肯剃发，自经不死，自到又不殊，乃以剃刀自断其喉而卒。康先公倡首奉公神主入先达祠，私谥曰「义烈先生」。公平生与世落落，有不当意者，虽甚富贵，其画不可得也。』

承尧按：《许青岩集》有《义烈先生传》，云君亮为黄碧峰柱之子，工画，传其父学。又有《过黄义烈墓诗二首》云：『草绿松深鸟乱飞，我来常看暮云归。凄然数点苌弘血，万古燐燐照布衣。』『烈士坟前蒿渐长，碑蕕苍藓字弥香。闲人若问当年事，野老吞声送夕阳。』墓即在本村。

黄白山父子逸事

《潭渡黄氏先德录》云：白山先生之父，讳家僎，字文则，别号陶长。好读书，性耽幽洁，常蓄名香佳茗待客。明季酉戌之间，徽州仆匪宋乞等作乱，杀人甚众。平后，朱太林老等复杀邑令张维光为乱，学士辍业。公率同志结社赋诗，极陶写性情之乐。晚年与高阳、西溪、双桥、屏山、傅溪诸友，联『素心社』。

白山公，讳生，字生父，庠名起溟，谱名琯，字扶孟，一字房孟，又号白山，又号冷翁。又梦中作《黄山诗》，醒而遗之，止记『莲花史』三字，因号莲花外史。公生于明天启壬戌及崇祯癸未，年二十二以诸生高尚不仕。康熙甲寅，耿藩之党罗其熊由饶至徽州，官军与战于绩溪，翚岭寇至，家破。丙辰又遭非意之累，借宅居外。自云拯溺者濡，因有『公冶师门雪，曾参母氏猜』之句。馆吴蓉城司训家近十载，后复以书招，谢未往。蒋太史超督学京师，客其幕二年，别去，且劝其休致。太史报书云：『辱教言肝膈，倘我侥幸生还，当弃妻子入山学道，千秋事业让公矣。』公所交王不庵炜、龚野遗贤、屈翁山大均、王华夫、释成时、坚密、洪方舟舫，皆知名士。不庵尝与论定杜诗。当己未乱平后，有书五车，自言庭除喜广，妻子同欢。作《园居十咏》诗，有鹊巢、古修堂、延霄楼、花榻山房、藓圃诸胜。宅后为人所占，虞在公为筑室居之，名之曰『吾庐』。自国变后，历钱塘，渡大江与屈翁山相遇淮海之间，典裘沽酒，高咏唱和，旁若无人。归里后，闭门著书三十年。其《一木堂诗稿》十二卷、《文稿》十八卷、《内稿》二十五卷、《外稿》三十卷，皆门侄采思公为之付梓。所辑有《一木堂字书》四部，杂书十六种。所评有《古文正始》、《经世名文》、《文筏》三十卷、《诗筏》二十卷。字未几，《一木堂集》因禁消毁，评辑诸书多散佚，所著《三礼会籥》、《三传会籥》亦不传，惟《字诂》一卷、《义府》一卷，因戴东原访求得存。

公弟琬，年十二，从樊塘程某学技勇，并舞单刀；公亦习搏击，以悟草书之法。又工画。其自题小影『人间传小笔』之句注：『昔人谓画为小笔。』又有题自画诗，存集中。同时郑木瘿圻有贺赘婿诗云：『自来逢药臼，无用备香车。』公一见叹曰：『咫尺有诗人而不谋面，可乎？』遂引为忘年交，复遣其子凤六公受业于门。馀已见前略。

又云：雍正中我族修谱，凤六公总其事，因取白山公所撰家乘末卷，益以里中杂事，为《潭滨杂志》。自序谓同邑汪槎庵方辑《大好山水纪略》一书，访询吾里旧事，因纂此编。凤六公年八十始卒。诗文书画，愈老愈进，落落不遇，惟与一二放废无聊之士，怀古怨歌，响答于荒村老屋间耳。

又云：含章公讳文，凤六兄弟行，与其兄叶千公皆从白山公学。多慧早卒。为定阳诸生，工诗词，善画，用笔苍劲。其后艺事相承。士英公讳仁杰，工书，学米南宫，尤长榜书。叙升公，讳以铨，工行草，晚亦喜榜书。近垣公讳以键，工八分，似郑谷口。采思公讳芹生，从白山学书。日宾公讳鼎冠，号遐龄，书宗颜太师、董宗伯，尤善仿王梦楼体；子文吉，字小龄，工画花卉。柳溪公讳椅一作琦，字守愚，画山水，师麓台，山水人物俱工，以画名嘉、道间，或谓得赵承旨遗意。

黄复庵　黄确夫

《潭渡黄氏先德录》云：复庵公，讳家祉，字君恺。放达不羁，任侠慕义。康熙十二年，吴三桂起兵，四川、广西、襄阳诸军应之；十三年，耿精忠据福建，不数月而云南、贵州、四川、湖广、广西、福建六省皆陷。饶州副总兵附闽，由饶来陷徽州。歙令孙继佳携印宵遁。诸缙绅大户多被蜚诬，后按诘者至，以附叛多服罪。公以仇家构祸，产没家破。其妻方孺人出死力撑拄，匿子女，以免于难。时其子确夫公才九龄，孺人以女红佐不给，冬夏无少辍，课子力学，乃藏其屦，俾肄业于刀尺之旁。既而学成名立，欲上阙讼公冤，中道间值公释放，盖系狱十四年矣。

公与湖州张采舒先生翚，为患难交，张寄室于公，孺人亲之如娣姒。张以友人被难匿之，被罪，流长安，豪爽尚义闻天下。公殁，邑侯许公表其墓曰『隐君』。

确夫公，讳曰瑚，字宗夏。康熙壬午，公至陶阳，从李刚主问学。录习斋及恕谷语，为代绅编立日谱。李题云：『自省严密，令予生畏。』公又从大兴刘继庄先生献廷游，为辑《广阳杂记》，继庄亦极重之。全祖望尝言以不得见公为憾事，后参少保张公粤西太师左公军事，多殊绩。晚居潭渡，目瞽三年，遇婺源花桥吴君天立疗治复明，能诗，不传。

潭渡三元桥

潭渡三元桥，以石易木，经始于盐商黄若周以祚，甫兴工，遽逝。乾隆己未秋，黄晓峰晟自扬州归里展墓，禀命于母徐太淑人，出橐中金数千，属从父楚兰为之营建，凡长三十有三丈，广丈有六尺，下为洞门者七。工始于庚申，落成于癸亥，共费银万有四千。先是，兴修者，有安世、九功、应先、尔类、尔延诸人，同时有以铨、以瓆、履昊、景光诸人输财助之。黄桐谷宗泽及陈太史大崘、陈先生盛修、汪先生肤敏作四体书为之碑记。见《潭渡黄氏先德录》。

黄晓峰四兄弟

黄晟，字东曙，号晓峰。营盐业于扬州。与兄弟四人，有『四大元宝』之目。居扬之康山，筑易园，刻《太平广记》、《三才图会》等书。《太平广记》五百卷，宋时邑人吕文仲等修，明中叶十山谭氏得其钞本，始梓行之；长洲许氏重刊于后。乾隆八年，东曙为校雠翻刻，易以袖珍窄本。

黄履暹，字仲升，号星宇，行二。居倚山南，有十间房花园，延苏医叶天士于其家，与王晋三、杨天池、黄瑞云诸人考订药性，于倚山旁设青芝堂药肆，刻《圣济录》。又为天士刻

《叶氏指南》一书。扬州四桥烟雨、水云胜概二段，其北郊别墅也。

黄履昊，字昆华，行四，由刑部官汉黄德道。居扬州阙口门，有容园。乾隆中，捐资置田于邑之东乡梅渡及西乡莘墟等处，给族中四穷。

黄履昂，字中荷，行六。亦居阙口门，建别圃。改扬州虹桥为石桥。其子为蒲，筑长堤春柳一段；为荃，筑桃花坞一段。《扬州画舫录》载之。上据《潭渡黄氏先德录》。

方白莲

汪启淑《撷芳集》云：方婉仪，号白莲居士，歙县人，联墅方石村宗伯之孙女也，善画梅竹兰花，适罗聘。著有《学陆集》、《白莲半格诗》。罗聘《白莲半格诗序》云：『闺中人方氏婉仪，字曰白莲，幼承家学，即工半格诗。及归余室，举案之暇，一切绮语，屏而不为。梁间燕子，帘额游丝，亦未尝作绿窗儿女之言，写入毫素也。时观余画寒天梅竹，从砚旁指画，颇通逸趣，一枝半叶，便能点染墨池，有出尘之想。』

杭太史世骏《题白莲女史诗》云：『每疑咏絮无全什，又怪簪花少画名。亲见夫人擅三绝，居然不栉一书生！』『欲赋梅花大欠诗，何图林下有风期。不知雪椀亲濡笔，瘦影疏香写几枝。』『诗参三昧画通神，玉雪罗郎迴绝尘。不是月泉吟社客，如何修到比肩人。』上三诗见《道古堂集》。

又《墨林今话》云：『两峰所居，在天宁门内弥陀巷，额其堂曰「朱草诗林」。白莲受诗于沈学子，亦善梅竹兰石，两峰称其有出尘想。白莲《生日偶作》云：「冰簟疏帘小阁明，池边风景最关情。淤泥不染青青水，我与荷花同日生。」早卒。子允绍、允缵，女某，俱善画。』蒋心馀赠诗有云：『一家仙人古眷属，墨池画盏相扶持。』

江遥止晚年隐金衢间

周栎园《读画录》云：江遥止处士念祖，歙人，时家虎林。字画皆极力摹古，然颇有自得之致。尝作画与余，自题云：『黄子久没，北苑树基，而老笔纵横，饶有荆关遗意。今人以虞山片石画子久，以荆关谀云林老人，未为得二家宗法。』即此可知遥止自命矣。晚年，隐金、衢间，闭门深山，罕与人接。范文白题遥止画曰：『顾、陆而下，倪、黄而上，风流未坠，不特气韵高，亦缘本领大耳。昔人欲以五百卷益赵令穰画心，便是此意。』

方玉如佚事

方式玉，字玉如，歙人。工诗善画。顺治中，以贡授鹿城训导。鹿城雅乐尽缺，式玉修举之，刊为图，悉如阙里。著有《涉江草》、《醉翁石照》等集。见《江南通志》及府县志。

又项复阳《昆山志稿》云：式玉性至孝，尤友爱其兄侄，善画工诗。顺治壬辰，授昆山训导，见堂前古石，作《拜石诗》二章，名人和之成帙。力请祀归太仆有光蔡中丞懋德于乡贤祠。著有《集杜律诗》一百二十首，妙出天然，为世所称。

歙事闲谭卷二十四

节录僧六舟游歙笔记

释六舟达受，屡游吾歙，兹节录其《宝素室金石书画编年录》云：道光十六年丙申，余四十六岁。至杭州，吴康甫二尹过访，曰：『有新安程木庵孔目洪溥，见师手拓《鼎彝全图》，谓创从来未有之事，开金石家一奇格。木庵藏三代彝器不下千种，欲延师至彼亲承品鉴』云云。余许之。木庵约余同行，四月初四日祖道，时偕赴新安者，为陈君月波庚，工于六法。二十日抵新安境。木庵寓杭已二载馀，旋里，亲友皆在十五里外浦口筑亭远迎。沿途应接不绝，犒赏甚丰。其平日之惠及亲朋，豪于挥霍可见。至其家，卸装于木庵别墅之铜鼓斋。

时知余至而先见访者，为歙县明府金公鹤皋及广文侯青甫丈云松。丈，金陵人，书画俱入妙品，人亦恬静可喜。后时相过从。暇日则与月波散步溪滨，检石子之光怪陆离者，磨砻镌作印章，亦文玩之逸品。

闻附郭有太平十寺。所谓十寺者，盖十房皆称寺。内有五明寺，即渐江和尚薙染处。后山即瘗灵骨处，碣曰『梅花和尚墓』。五明仅存败宇数椽，已不蔽风雨。至如意寺，主僧传指精岐黄术，谈论亦颇蕴藉。偶见佛堂中有石造象一，四面凝尘盈寸，拂拭视之，乃东魏天平四年靳逢受靳央成兄弟造象。爱莫能释。时金鸥汀司马重修梅花和尚墓，属余刻记于如意寺，且传指屡以书画相委，竟以此为润笔。

又于市上得米南宫书『天马赋』绢本真迹，前有『楚国米芾』朱文印，盖晚年笔也。后钤『子由』朱文印，及『登闻鼓院之印』等五六方。惜无题跋，疑后人割截装之他卷矣。月波为余画《负米图》缀于后，荷屋中丞补为之跋。又得刘松年画《香山九老图》卷，后有吴匏庵小楷书《九老传》，并足夸墨缘伟观矣。

偶过汪王庙，见韩林儿敕撰汪王庙碑，后署『龙凤四年』。因金石家所未收，亦拓存之。其文曰：『皇帝圣旨江南等处行中书省，照得徽州土主汪王，福佑一方，载诸祀典。本省大军克复城池，神兵助顺，累著威灵，厥功显赫，理宜崇敬，除已恭迎神主于天兴翼馆祠祀外，据祖庙殿庭，省合行出榜晓谕，禁约诸色头目官军人等，毋得于内安歇，损坏屋宇，斫伐树木，拴系马匹，收养生畜，非理作践，以致亵渎神明。如有似此违犯之人，许诸人呈告，痛行断罪，仍责倍偿。所有榜文，须议出给者，右榜晓谕诸人通知，榜龙凤四年七月日宝押。』

中秋后，木庵始出三代彝器属拓大屏二十四幅。又汉雁足镫字，为青绿所掩，欲余清剔其文。万樊榭、翁覃溪皆误释。此器与孙渊如所藏建昭镫同一制作。惟『考工工』兹作『寺工工』，释文云：『寺，廷也。』汪容甫《述学》曾载是镫释文作『寺』，在『考』、『寺』之间。又有方铜钫，木庵得时，不知有款识，余并为剔之。又有叔单鼎，其文末句云『朝夕卿乃多朋友』，亦吉金中仅见。木庵云：『就吉金中成语俪』七字，作为楹帖。余至今思索未就。岁暮仍回吴郡。

是冬，木庵赠余『蕤宾铁』题咏卷。按：『蕤宾铁』乃琴名也。此行又得渐江和尚山水册十页，诗画俱得清灵之气，系从止静中悟来。惜末页已缺一诗，无从觅补矣。金君棠友为跋其后云：『余行箧中有《汪水莲先生集》，见咏渐江上人画，知其清风高蹈，有脱于禅者。阅今近二百年，笔墨日益少，而人品日益高。兹来新安，偶与汪坤甫广文烊谈及古衲埋骨之所，始悉即在西干咫尺间，荒秽不治，当初万斛清香，无复墓门有梅矣。亟于重阳日，寻访得之，在五明寺侧之东峰笏好山，一湾练水，向之所受松雪岩壑之奇，历劫犹存。爰告同志，为之修葺遗冢。拟补一十二本梅花，以抒响慕之意。适吾杭六舟禅友于市肆间得书画小册，业已零落，先后来归，属题，爱玩不释，遂以一段因缘，识之于后云。道光十六年，九秋之望，仁和惭愧林后人金蕚谨识。』

又得宋、元名贤题『南唐徐长侍篆书』跋语一卷。骑省书已佚，仅存题识，亦足为艺林珍赏。木庵又以唐解元画《沧浪图》赠别，纸本长卷，宋商丘中丞故物。前有郑板桥弁首，后有钱箨石跋，款书『正德己卯腊月八日画于桃花庵中』。

道光二十年庚子，余五十岁，以木庵敦促至新安。于五月下旬办装，至六月初抵其家，仍属拓彝鼎千种，合成四大卷。九月中徐君问蘧亦应木庵之招来新安，时英夷窃发海上，陆君次山巩亦因避乱至故乡。知己翦烛谈心，略慰旅愁。至十二月望，同返武林。

道光二十一年辛丑，五十一岁，二月仍至新安，为木庵拓彝器四大卷，未及竣事。时英夷攻陷乍浦等处，海上戒严，远忆故乡，愁心莫释，自春之秋，始成二大卷，凡五百馀种。时有故家出售元至正辛卯所刊珍袖梵本《妙法莲花经》七卷，精妙绝伦，有项元汴长跋，余以重资得之。十月二十四日，忽大雪，至十一月初二日方止，平地积高丈馀，路无人迹。至初八日，径稍通，徒孙鉴澄来歙，谈海上夷艇近已渐退。至十二月同回海昌。

道光二十二年壬寅，五十二岁，四月望始抵新安。偶购得故绅家所藏宋拓麟游未剔长廊本《九成宫体泉铭》，手自装治而珍袭之。又绩溪友人拓赠龙凤四年汪王庙碑，与歙县本校之，文句颇有异同。又于郡城万山观，搜得元大德七年铸铁钟，其文曰：『歙南大川胡村信士何世通，室陈氏七娘，舍钟一口入本路莲堂，永充供养，大德七年九月一日造。开山建立香火实际居士任普诚题。』于八月间得朱拓王居士砖塔铭初出土时拓本。尚泐为二，翘勤翘字甚明。『风吟邃涧』句，洪筠轩云：『涧』乃『涧』之误耳，不然与下『云散危峰』不相对。后几谷为余画《歙州城市得碑图》弁其端。时为木庵拓彝器四大卷告成，即命装池。卷高二尺五寸，长五丈馀。适其次君子渔将北行，邀诸名公题咏，故急于竣事耳。

十一月望，辞木庵归海昌。所得珍品，如米南宫《月半贴》、《与知府集贤舍人贴》及《西山书院帖》，皆墨迹。元高房山所画《百老图》，俱作寿者相，共卅页，绢本，内缺四人，有柏潭孙殿撰继皋每幅题句。又得李龙眠《白描职贡图》一卷，卷首『诸夷朝贡』四字，李西涯书，末有赵仲穆、王达善二跋。

又得无可和尚诗翰长卷，字画奇崛。其诗云：『龙马成龟化鸟翔，百原大衍碎鸿荒。痞知夏至皆冬至，医泻南方补北方。一塞两间何处避，四旋三折此中藏。风轮只听雷声起，柴火新烧古道场。』后题『游赤面石，与诸公衍易作，偶书为乘六学人』。款书『青原道人』。装璜成，木庵为跋其后云：『无可和尚，为明末词臣中之翘楚，沧桑后，托迹空门，自庐山之青原，继笑峰法峰，结习未忘，不废吟咏。观此自书题赤面石诗，语句皆见道之言，而豪气弈弈不衰。古德云：出家乃大丈夫事，信然。此纸六公于吾郡市廛尘积间觅得之，翰墨因缘，良足记也。青原山在庐陵东十五里，为七祖行思禅师道场。唐神龙中，寺名安隐。其曰净居，则宋崇宁三年敕赐耳。无可为方以智，即药地大师是已。新安木庵程洪溥题。」

又以画幅易巴君小石所藏元金粟道人顾阿瑛《登虎丘山》诗真迹。又得华光仲仁『杨补之无咎墨梅』小帧二叶。

道光二十三年，癸卯，五十三岁。正月，木庵贻书订游黄山，余欣然应其约。于三月初就道。至七里泷，观钓台碑碣，宋、元以上无片石。道出乌石峰，思拓宋中兴四将题名，访觅不得。时春水方生，过响山岩，泊舟二日，土人云宋清溪寇方腊祖坟即在其上。山形如左狮右象，遥望颇肖。至月杪始抵新安。因事不果作黄山之行。暇于市集得薛素素兰竹小帧。巴君小石达生见而欲得之，以所藏莲池大师机缘问答墨迹易去。得渐江画《浣花诗意》一册及初印本萧尺木《太平山水图》二十四页。木庵又赠余汉安宫玉印，皆足以夸归装矣。是年度岁新安，得元铜豆、汉双鱼盘，明周王造象、清湘兰竹石册。

道光二十四年甲辰，五十四岁。歙州某氏为旧收藏家，近散出，书卷画幅，半系妙品。余得欧阳文忠公为王文正公撰神道碑稿墨迹，字作小行楷，甚谨严，纸幅，尚完好。又得米南宫奉勅书《老人星赋》，系罗纹纸本，宣和间藏内府，后有米友仁审定跋。俱稀世之珍也。

是年六月与如意寺僧传指作九华山之游，又游齐云山。十月回海昌。馀略。

木庵有石笋五株，颇极皱瘦。余偶言其佳，木庵即欲见赠，余以荒斋无安置处辞之。道光二十五年二月，至净慈，偶及此事，松老人欣然属余之新安运取，以植妙香轩小园中。余乃札致木庵，夏仲木庵特遣人送至南屏。其长丈馀者二，馀皆修六七尺，所费运资甚巨。木庵此举，可谓豪矣。馀略。

程立岩

张浦山《画征续录》云：『鲍诗，字今晖，平湖人，别驾怡山次女。怡山有四女，皆知书、善画、能诗。徽州老诸生程立岩名之廉者，善山水花鸟。来游东湖，姊妹从之，专学花草，传白阳法也。今晖笔尤长。适于族侄征士云锦。有《鹤舞堂小稿》一卷、《吾亦爱吾庐诗钞》二卷，造句幽秀，攸县彭湘南采入《国朝诗选》。』按：程疑歙人。鲍疑亦歙人而迁平湖者。

郑溥赠唐君锡诗及唐白云象

偶得正德六年郑溥送唐先生君锡之任诗，纸本长幅墨迹。诗云：『武昌别驾去，天朗气还清。彩鹢迎风便，黄花照眼明。云连江夏近，潦尽洞庭平。坐镇民成俗，逢人寄好声。』下款：『正德六年九月上瀚，姻生双桥郑溥书。』三印，一曰『子克』、一曰『师山后学』、一曰『贞由里人』。

按府县志，唐诰字君锡，唐相之子，弘治五年举人，槐塘人，官汝州知州。郑溥字子克，郑村人，弘治十一年举人，官河阴知县。溥与唐泽同榜。此纸经三百馀年，手墨如新，诗摩唐格，书亦清劲，亦乡里一珍闻矣。槐塘唐姓，式微日甚。其末孙竟以白云先生象及其妻象各一巨幅，遣人送至万安街求售，势将转运欧美，作白种人玩品矣。道经吾村，幸为留之。画笔奇古，神彩如生，惜无题字。白云象儒巾深衣，旁有刘深邃庵印。其夫人象，旁有郑庆东溪印，当是画者姓氏，亦不知为何人也。此二象但据售者云是唐白云夫妇，别无他证，然画笔决为明初物无疑。象出于槐塘唐姓亦无疑。因检《新安文献志》唐白云行状及其父唐筠轩先生墓铭观之，白云身长六尺二寸，面如红玉，双瞳如点漆，美须髯，气象豪迈。卒年七十有三，皆与画合。筠轩卒年八十有一，是此象决为白云而非筠轩。若白云子孙则各有科名或爵位甚显，不当作儒者巾服矣。售者过吾村时共挟三象，其一纱帽圆翅红袍玉带，云是白云之子，亦无题字，因已破损还之。

《新安文献志》二

闻堨田汪氏藏有《新安文献志》，百计借得之。共百卷。首弘治三年程篁墩自序，言此书积三十年始克成。甲集六十卷，皆郡先贤撰著；乙集四十卷，乃外郡人记述本郡先贤之文。此序尾书『万历甲寅古歙后学毕懋功谨录』。每卷首，皆书『明礼部尚书兼翰林院学士郡人程敏政汇集，后学光禄寺少卿洪文衡、广西道监察御史毕懋康、礼部精缮司郎中毕懋良、祠祭司员外郎鲍应鳌、仪制司主事游汉龙、主客司主事洪世俊、兵部职方司主事胡思伸、武库司主事程寰、刑部福建司主事吴国仕重订』。盖万历重刻本也。

百卷中，一至二辞命，皆代草制诰，三至七奏疏，八至十书，十一至十六记，十七至二十一序，二十二至二十五题跋，二十六议，二十七至二十九论，三十辨，三十一说，三十二考，三十三至三十六杂著，三十七问对，三十八策问，三十九讲义，四十檄，四十一表，四十二至四十三启及上梁文，四十四至四十五碑文，四十六祭文，四十七铭、箴、赞、颂，四十八赋，四十九辞，五十至五十九诗，六十诗馀。上为甲集，皆郡人遗著。自六十一至百卷，皆题『行实』二字，所录俱传、状、铭、志之文。中复分细目。六十一神迹，程灵洗、汪华。六十二，六十三道原，程、朱二氏。六十四至六十七忠孝，六十八至七十二儒硕，七十三至七十六勋贤，七十七至七十九风节，八十至八十三才望，八十四至八十六吏治，八十七至九十遗逸，九十一至九十二世德，九十三寓公，九十四至九十五文苑，九十六至九十七材武，九十八至九十九烈女，卷百方技。百卷之首，有凡例事略一卷、目录一卷。

承尧按：此书分目颇有可商，然多存昔人言行，极可宝贵，较之府县志为详，惜存本甚稀，求之数十年，始得一见。无力重印，颇以为恨。

《新安文献志》歙先贤事略

《新安文献志》卷首，列先贤事略，虽甚简，而可与志乘互勘，亦有为志所不见者。兹采其中歙人事略全录之。

齐：

程郢州茂程茂，休宁篁墩人。齐永元中为郢州长史，会萧衍起兵襄阳，分兵围郢城，与守将张冲协力拒守。移书责衍反正。诏以茂都督郢司二州军事辅国将军郢州刺史，会援绝城降，义不受梁官。原注：篁墩本属休宁，后割隶歙。

梁：

程秘书詧程詧，郢州茂之子。幼能文，以诸生选为司徒左长史，累迁散骑侍郎。大同中为秘书少监，与柳珲齐名。尝作《东天竺赋》以自况，为文士所传。忠壮公灵洸，其孙也。

唐：

吴侍御少微，吴少微，见《志·文苑》。歙人。第进士，中兴初，官至左台监察御史，以文名。有集五传。见本传。

程密州谏，程谏，字仲儿。忠壮公七世孙，开元二十七年进士，再选蓝田尉，累迁著作郎、大理司直，汾州巡官，入为卫尉卿，京兆少尹，终于密州刺史。所莅有政绩。

许山人宣平，许宣平，见《志·遗逸》。歙人。隐于城阳山，李白尝访之。相传以为仙。见本传。

张正甫友正，张友正，见《志·遗逸》。歙人。有文。见《唐文粹》。

吴中舍巩，吴巩，志附少微传。侍御少微子。开元中，为中书舍人。以文行知名，人为改故乡石舌山为凤凰山，莲池为凤凰池。

汪户曹万于，汪万于，字叔正，歙人。有诗名，宪宗时为江陵府户曹参军。

方玄英干，方干，字雄飞，歙人，迁桐庐。以免缺有司不与科名，隐居镜湖，任情渔钓。卒，门人谥玄英先生。有集十卷。

汪校书极，汪极，歙人。大顺三年进士。

程工书岩，程岩，忠壮公十三世孙，自七世祖大辩徙中山博野。岩少事节度使王处直，为牙将。尝会三镇兵，败朱温，破刘守光。历官成德军都知兵马使、银青光禄大夫、检校工部尚书兼御史大夫、上柱国，封安定县开国伯。见碑铭。

程祭酒淘程淘，字南金，忠壮公十四世孙。乾符中，与兄沄起乡兵，拒黄巢，保全州里。官至歙州都知兵马使、东密岩将兼马金岭防拓等事、银青光禄大夫、检校国子祭酒兼御史、上柱国。见本传。

程都统宗楚程宗楚，字子荆，忠壮公十七世孙。其先自歙迁德兴，少事泾原幕府，累官侍御史。懿宗朝，泾原军乱，宗楚抚定之，擢留后；僖宗初，加节度使，检校刑部尚书。黄巢乱，扈从入蜀，诏以左仆射郑畋为都统，宗楚副之，率诸道兵讨贼。中和元年四月，大破巢众，收复京师。战没，赠司徒。

宋：

舒馆直雅舒雅，见《志·文苑》。字子正，歙人。南唐保大间举进士第一，随后主入宋，为秘阁校理，预编《文苑英华》、《续通典》，校《七经疏义》，别纂《孝经论语正义》。历官直昭文馆。见本传。

张密学秉张秉，字孟节，歙人。太平兴国五年举进士第二。历度支员外郎，知制诰。以文名。官至枢密直学士。见本传。

谢谏议泌，谢泌，见《志·宦迹》。字宗源，歙人。太平兴国五年进士。历官右谏议大夫，判吏部铨。以风节闻。见墓记。

黄屯田台黄台，歙人，迁宣城。官至屯田员外郎。按：即题问政山诗者。诗见县志。

程文简公琳程琳，字天球，其先自休宁篁墩转徙中山博野。太中祥符四年进士。官至镇安军节度使，同平章事。为庆历名臣，赠太师中书令，追封魏国公，谥文简，图像景灵宫，仁宗题其碑曰『旌劳』。有文集奏议六十卷。见碑铭。

聂内翰冠卿，聂冠卿，见《志·文苑》。字长孺，歙人，咸平三年进士。历官翰林学士，兼判昭文馆。以文名。有《蕲春集》十卷，《河东集》三十卷。见本传。

程殿撰师孟程师孟，字公辟，歙人，徙吴。皇祐二年进士。历知洪、福、广、越四州，为时循吏，加集贤殿修撰，封广平郡侯。卒，赠银青光禄大夫。有诗集二十卷，奏议十五传。见本传。

吕密学溱，吕溱，见《志·文苑》。字济叔，歙人，贯扬州入试，举景祐五年进士第一。累官著作郎，欧阳公举以自代，遂知制诰。官至枢密直学士，赠礼部侍郎。见本传。

程太中珦程珦，字伯温，文简公琳从弟。居河南。历官太中大夫、司农少卿、上柱国，封永年县伯。文彦博、苏颂言其清节于朝。给葬事。

程纯公颢程颢，字伯淳，太中公长子。嘉祐二年进士。历官监察御史里行，以论新法罢。元祐初，起为宗正寺丞，未至，卒。谥曰『纯』，追封河南伯，从祀宣圣庙庭。元加封豫国公。见墓志。

程正公颐程颐，字正叔，太中公次子。元祐初，聘为崇政殿说书，以言者论罢，隶党籍，编管涪州。赦还，卒。谥曰『正』，追封伊阳伯，从祀宣圣庙庭。元加封洛国公。见年谱。

汪青溪革汪革，字信民，歙人，迁抚州。宋绍圣四年省试第一人，御试第一甲进士及第。文章雄古，自号青溪居士。江西诗派推信民为右。

程都官祁程祁，字忠彦，歙人，迁浮梁景德镇。举进士，官至都官员外郎。著《世谱》三十卷，程氏宗之。见本传。

汪直阁若海汪若海，见《志·勋绩》，字东叟，新平里人。中武举，历官直秘阁，知江州。受知张魏公，以恢复自许。赠太中大夫。号城山。见行状。

罗彦济汝楫罗汝楫，歙呈坎后罗人。政和二年进士。历官吏部尚书、龙图阁大学士，封新安开国侯，赠少师、开府仪同三司。有《东山稿》四十卷。

程龙图瑀程瑀，字伯禹，歙人，迁浮梁程山。政和六年上舍释褐第一，历官龙图阁学士，封广平郡侯。以风节闻。累赠金紫光禄大夫。有《论语说》四卷、《集解》十卷，《周礼义》十卷,《尚书说》一卷,《谏垣论疏》、《奏议》各四卷,《黄门忠告》、《经筵讲读》、《三朝对语》各五卷,《资善堂口义》二卷,《饱山集》六十卷,《野叟谈古》、《两汉索隐》、《唐传摘句》、《诗话杂志》各一编。见志铭。

程北山俱程俱,字致道,歙人,迁开化北山。举进士,试南宫第一,廷试中甲科。历官徽猷阁待制,封新安县伯。与汪龙溪对专内外制,为南渡词臣称首。累赠少师。有《北山小集》四十卷、《麟台故事》五卷、《默说》三卷。见行状。

程章靖公克俊程克俊,字元籲,歙人,徙浮梁。宣和六年进士。历官参知政事,封鄱阳郡侯,赠资政殿大学士。谥章靖。有《文集》五十卷、《内外制集》二十卷、《易通解》十卷。见本传。

程知军端中程端中,伊川先生长子。从南渡居池州,子孙迁徽州。尝编《伊川文集》而序之。历官知六安军事。金人入寇,死其官。

汪正夫若容汪若容,见《志·宦迹》。直阁若海之从弟。绍兴五年进士。官至将作监。有集三十卷。见墓志。弟若思,字行夫。绍兴十二年进士。历官秘书丞。

程士南宏图程宏图,龙图瑀之从子。绍兴间入太学,以气节显。登乾道二年进士。司左帑。特对五礼,尤激切。孝宗曰:『朕在东宫,闻卿名。』一日论政府拔士,又曰:『程宏图，他日有事中原，实国家得用人才。』为司农丞，卒。

程从道易程易，伊川先生之孙，知军端中之子。以荫入官桐庐县令。

方堂溪有开方有开，见《志·宦迹》，字躬明，歙人。隆兴元年进士，授南丰尉，擢国子录。岁饥轮对切时弊，迁司农丞。又献屯田大计，知和州，提举淮西茶盐，兼三司事。除转运判官兼庐帅。措置屯营，增加塍埂，人服其能。有诗十卷、奏议五卷、《屯田详议》三卷。

罗郢州颂罗颂，见《志·宦迹》，字端规，尚书汝楫第四子，以荫入官，历知郢州。所著曰《狷庵集》。见墓志。

罗鄂州愿罗愿，见《志·文苑》，字端良，尚书汝楫第五子。乾道二年进士，官终知鄂州。所著有《新安志》十卷、《尔雅翼》三十二卷、《鄂州小集》五卷。文公亟称之，论文者以为南渡后一人。见家传。

罗蕲倅颀罗颀，尚书汝楫第六子，以荫入官至蕲州通判。初议娶汪氏将作监丞若容女，骤缠痼疾，监丞请别议，颀不可，曰：『如此将安归邪！』卒成礼，夙恙亦愈。人咸高之。

程蒙斋端蒙程端蒙，字正思，歙人，迁德兴新建。师朱子。所著有《小学字训》，学者称蒙斋先生。见墓表。

祝和父穆祝穆，见《志·儒林》，歙人。初名丙，朱子内侄，因从学，家建阳。编《方舆胜览》七十卷。

程尊己实之程实之，字士华，歙人，迁德兴。博洽工文，尝从学朱子。累举不第，自号尊己翁。子淳，淳祐四年进士，衢州法曹。

方鉴轩恬，方恬，见《志·文苑》。字元养，一字仲退。歙人。初筑室茅田，号师古林。试礼部第一，教授荆门。丁母忧，服除，周必大、李焘、程大昌交荐之。方议除京官，径诣部，授太平州教官，归。朝廷嘉其静退，除太学博士。其学贯穿经史，务为可用。有《正论》十篇、《机策》三篇，人传诵之。

罗府教似臣罗似臣，尚书汝楫孙。绍熙四年进士。楼参政钥美其文有家法。张尚书伯垓入词掖，荐自代。以安庆教授致仕。

汪司法知言汪知言，歙人。祖希旦，大观初进士，官直秘阁。知言领乡荐，嘉定中为蕲州司法参军。

吕左史午，吕午，见《志·节概》。字伯可。歙岩寺人。嘉定四年进士。官至右文殿修撰，封歙县男。立朝以风节闻。赠文华阁学士。所著曰《竹坡类汇》。见本传。

程文清公元凤，程元凤，见《志·节概》。字申甫，歙槐塘人。绍定二年进士，历官少傅、右丞相兼枢密使，封吉国公。以观文殿大学士致仕，赠少师。相理度两朝，为时硕辅。谥文清。

有《讷斋文集》、经筵讲义奏稿及内外制总若干卷。见家传。

汪提刑应元汪应元，字尹卿，歙稠墅人。绍定五年进士。历官直秘阁，两浙提刑。见墓志。

汪世显应晦汪应晦，歙人，迁广信。绍定五年进士。

胡经谕麟胡麟，歙人。嘉熙中为本学经谕。

汪山泉仪凤，汪仪凤，见《志·文苑》。字翔甫，歙人。嘉熙丁酉漕试第一，荐授隆兴司户，仕终江东抚干，号山泉。有《山泉类稿》四十二卷、《程文》六卷。见墓志。

钱融堂时，钱时，见《志·儒林》。字子是。歙汝溪人，迁淳安蜀阜。师杨慈湖，为时硕儒，仕终史馆检阅。所著有《周易释传》、《尚书演义》、《诗学管见》、《春秋大旨》、《四书管见》、《两汉笔记》、《蜀阜集》、《冠昏记》、《百行冠冕集》。学者称融堂先生。见本传。

方乌山澄孙方澄孙，歙人，迁开化。

程山窗元岳，程元岳，见《志·宦迹》。字远甫，文清公从弟。宝祐元年进士，历官工部侍郎，封歙县男。以风节闻。所著曰《山窗集》。见本传。

陆晓山梦发，陆梦发，见《志·节概》。字太初，歙人，宝祐四年进士，历官太府寺丞。德祐中死其官，赠朝请大夫。遗文曰《乌衣集》、《圻南集》。又有别集曰《晓山吟稿》。见墓表。

程月岩绍魁程绍魁，歙人，迁贵溪程源。仕为象山书院山长，为时硕儒。宋亡不仕，学者称月岩先生。见墓表。

程述翁时登程时登，字登庸，歙人，迁乐平梅岩。宋太学生，为时硕儒。入元不仕。所著有《易学启蒙》、《历象赘语》、《诗传遂意》、《礼记补疏》、《深衣翼》、《孔子世系图》、《春秋集传》、《太极图说》、《通书西铭补疏》、《参同契语》、《近思录》、《律吕新书赘述》、《过庭训》、《易轩开卷》、《甲子续纂》、《大学本末图》、《中庸中和说》、《伊洛渊源续录》、《臣鉴录》、《处士传》、《读书会意录》、《万卷赘稿》、《感兴诗讲义》、《古诗订义》、《八阵图解》、《文章源委》、《泊阳录》诸书。学者称述翁先生。

汪所性深汪深，歙人，迁鄱阳。与胡玉斋友善。尝著《易占例》。

程继孙述祖程述祖，文清公仲子。荫授扬州制置司干办公事。入元不仕。

吴古梅龙翰，吴龙翰，见《志·文苑》。字式贤。歙向杲人。曾大父昶，字叔夏，师朱子。龙翰咸淳甲子亚乡贡，用荐授编校国史院实录院文字。至元丙子，乡校请充教授，寻弃去。有诗十六卷、杂著文二百馀篇。

元：

方虚谷回，方回，见《志·文苑》。字万里。歙人。宋景定三年进士，历官知建德府。元初改授建德路总督兼府尹。所著有《碧流集》、《桐江集》、《读易释疑》、《易中正考》、《皇极经世考》、《古今考》、《历象考》、《衣裳考》、《玉考》、《先觉年谱》、《瀛奎律髓》、《名僧诗话》。见本传。

鲍子寿寿孙，鲍寿孙，见《志》。歙棠樾人。宋江东漕解第一，世号慈孝鲍家。仕元为宝庆州学教授。见遗事记。

鲍鲁斋云龙鲍云龙，字景翔，歙人。所著有《天原发微》五卷。又有《大月令篮草》、《砚几书》。见本传。

刘晓窗光，刘光，见《志·遗佚》。字元辉，歙人。幼孤，力学，授徒五十馀年，郡守许楫深敬之，请主乡邑文学，行省差充宁国路学正，不赴。喜为诗，有《晓窗吟稿》。

杨初庵复杨复，歙人。

唐筠轩元，唐元，见《志·文苑》。字长孺，歙人。仕终徽州路学教授。所著有《易传义大意》十卷、《见闻录》二十帙、诗文五十卷。见墓志。

郑仲贤绍郑绍，歙长龄里人。仕终江西廉访司经历，以子潜贵，赠礼部尚书，追封荥阳郡侯。见墓志。

洪杏庭焱祖，洪焱祖，见《志·文苑》。字潜夫，歙人。仕终遂昌县主簿。所著有《杏庭摘稿》，别有《续新安志》十卷、《尔雅翼音注》三十二卷。见序事。

程畏斋端礼程端礼，字敬叔，歙人，迁鄞。师史蒙卿，专宗朱子。历教六郡，为时硕儒，官终台州路学教授。所著《读书日程》三卷，诏颁行为学制。诗文有《畏斋集》十卷。

程积斋端学程端学，字时叔，畏斋之弟。至治四年进士。与兄齐名，号『小二程』。官终太常博士。所著《春秋本义》、《三传辨疑》、《春秋或问》，共六十卷，多扩前贤所未发。

郑贞白千龄郑千龄，见《志·宦迹》。字耆卿，歙双桥人。官至泉州录事。学者私谥贞白。见行状。

郑师山玉郑玉，见《志·儒林》。字子美，贞白先生子，学徒筑室居之，名师山，因以为号。至正末，征为翰林待制，不赴。戊戌岁，以节死。所著有《周易大传附注》、《程朱易契》、《春秋传阙疑》，诗文曰《馀力稿》。见行状。

周石泉原诚周原诚，字彦明，歙人。号澹如居士。所著有《春秋王正月辨》、《先天图》、《太极图》、《河图洛书论》。

蒋云岩师文蒋师文，歙人，有诗一卷。

赵云心若惺赵若惺，歙人。

仇松逸自坚仇自坚，歙王充人。祖大都，为徽州路总督府达鲁花赤，有惠政，因居歙。

松逸以荐举为扬州路学录。

程正斋养全程养全，字子正，歙人，迁德兴南溪。至正二年进士。历铅山州判。死于忠。所著曰《白粥斋稿》。见行实。

鲍伯原深鲍深，子寿之曾孙。至正末，为师山书院山长。

方叔诚叔诚方叔诚，歙人。

汪自明俊德汪俊德，直阁若海之裔。从学郑师山。师山死节，以孤托之。

明：

朱枫林升，朱升，见《志·儒林》。字允升，休宁回溪人，迁歙石门。元乡贡进士。池州路学正。入国朝，授翰林侍讲学士。有帷幄之功，别号隆隐。所著有：《易》、《书》、《诗》、《周官》、《仪礼》、《礼记》、《论语》、《孟子》、《大学》、《中庸》、《孝经》、《小学》旁注。名、数、医家、葬书，皆有记录。见家传。

程邦民国儒程国儒，歙人，迁德兴程村。至正十一年进士。授馀姚州州判官，摄绍兴录事。元季兵兴，以招谕功，升行省管勾、浙东枢密举为都事，屡以谋却敌，进经历。至正十九年七月，天兵下衢州，执送金陵，安置天界寺。自经，为仆者觉，免。已而闻子仲镜丧，恸哭曰：『儒不顾身者，以镜代养也。镜死，二亲畴依乎？』数月，授内省都事。岁馀，除南昌知府。兵革之际，抚摩备至，既而坐事被逮，暴卒。年四十二。民抚尸而哭者踵至。祠于东湖书院。国儒早与刘基、杨维桢辈俱负盛名。有《雪崖集》。

郑槦庵潜，郑潜，见《志·宦迹》。字彦昭，经历绍之子。由内台椽，历官太子正字、监察御史、福建行省员外郎、海北道廉访副使、泉州路总管。入国朝，以故官起，除宝应县主簿，升潞州同知。洪武十年致仕，卒。所著有《白沙稿》、《槦庵集》。见序事。弟晦郑晦，字子明。尝编《朝野诗选》八卷。

唐白云桂芳，唐仲实，见《志·儒林》。字仲实，以字行。筠轩元之子。师洪潜夫，自歙城徙槐塘。仕为南雄路学正。国初摄紫阳书院山长。所著有《武夷小稿》。见行状。

姚廷用琏，姚琏，见《志·儒林》。又字叔器，歙渔梁人。元至正中，以文学举为池州路学正，累授太平路学教授。江西行省平章星吉辟为幕属，升理问所知事。尝献十策于参政董孟起，寻以病免。号云一懒翁。国初与唐仲实同迎跸于街口，被顾问。事见《五伦书》。

吴季实国英吴国英，歙凤凰山人。富而嗜书，从学汪环谷，一时名公巨儒师友略尽。至正末，以荐为常州县学教谕，历宁国、建平二学。号蓬轩。

陈此山天迪陈天迪，歙石门人，号此山翁，博学好古，与黄后圃齐名。

王士积善庆王善庆，歙北隅人，号秋斋。元季徙歙南环溪。有吟稿曰《秋斋野趣》。

鲍尚䌹颎鲍颎，山长深之子。从学张子经、郑彦昭。洪武初以荐起，历官翰林修撰、承直郎、同知制诰兼国史院编修官。出同知耀州，卒。见行状。

吴石溪舜举吴舜举，字士源，歙石潭人。洪武初，以耆儒举，授本府教授。有诗曰《石溪吟稿》。

郑以孝忠郑忠，师山族孙。洪武中以荐为歙学训导。号溪西渔隐。

朱礼侍同朱同，字大同，小字外生，学士升之子。洪武中，举明经。为本郡教授，修《新安志》进之朝。庚申举人才，召为吏部司封员外郎。十五年二月，以升恩升礼部侍郎，后坐事废。有文集曰《覆瓿稿》。见附传。

曹东白罴曹罴，字从善，歙人。幼从父宦游鄱阳，师覃怀尚正叔。洪武二十五年，以明经举。授本府学训导，升辽府审理。永乐初，致仕卒。

吕德昭旭吕旭，左史午之族。洪武四年，以明经举，授本府学训导，升延安府延长县学教谕。有《东篱吟稿》。

黄立山原泰黄原泰，字忠一，歙仇川人。授《易》于朱枫林。洪武初以明经举，授宛平县学教谕。所著有《尚书讲义》、《教赖园集》十二卷。

郑居贞桓，郑桓，见《志·节概》。樗庵之子，丰颊，美姿髯。从父官闽中。因从尚书贡泰甫游。洪武中，以明经举，授巩昌府判，升礼部郎中，终河南布政司左参政。坐累，卒于南京。有文曰《闽南集》、《关陇行稿》、《归来稿》、《随稿》、《桧庭稿》。子孙居福州瓜山。

胡翠屏安胡安，字伯康，歙琶塘人。太守三山黄公举怀材抱德，不就。

唐伯和和唐和，学正仲实之从子。居歙表城门。从学江彦修。国初为平章何文辉所辟，授吏目，升经历。洪武庚戌以疾辞。再举贤良，授黄州，历阳湖泊官，致仕卒。子吉祥，唐吉祥，见《志·宦迹》。庚辰进士，累官户部主事。

唐梧冈文凤，唐文凤，见《志·宦迹》。字子仪，学正仲实之子。永乐初，仕为赣州兴国知县，被选为赵府纪善。所著曰《梧冈集》。

方怡庵勉方勉，字懋德，歙潜口人。永乐九年进士，改翰林庶吉士，历官湖广布政司右参议。所著有《怡庵集》。见行实。

程都宪富，程富，见《志·宦迹》。字好礼，歙河西人。永乐甲午乡贡进士。历官都察院右副都御史，自号冰月道人。见行状。

杨刑书宁，杨宁，见《志·勋绩》。字彦谧，歙人。宣德五年进士，历官南京刑部尚书。所著曰《白云稿》。见墓志。

吴兵侍宁，吴宁，见《志·宦迹》。一字永清，歙新墟人。宣德五年进士，历官兵部右侍郎。

鲍廷谧宁鲍宁，修撰颎之孙。所著有天原发微辨正，诗文曰《谧斋集》。见行实。

赵文弼德相，赵德相，见《志·诗林》。一字汝弼，歙岩镇人。宋尚书郎善璙之裔。有《复斋遗稿》。

吴以恭逊吴逊，歙人，号可筠。见墓志。

程文实孟程孟，文清公七世孙，尝编《程氏诸谱会通》五十卷、《外谱》二卷、《世忠事实源流录》十卷、《明良庆公录》三卷、《黄山小录》一卷。见墓志。

江伯琛珑生江珑生，歙江村人。

郑腾海鲸，郑鲸，见《志·诗林》。师山之族。有《云遨摘稿》。

佘存修修佘修，歙岩镇人，号钝斋。所著有《缶音》一卷。

张惟达逵张逵，歙城东人，号慕庵。

承尧按：《新安文献志》事略所记歙人止此。志甲集中，皆已录其著述，此乃其目耳。其曰『见行状』、『见本传』云云者，以行状、本传等皆载于志乙集中也。程敏政颇富于乡邑氏族之见，故记程氏加详，足补《歙志》所未备。其本为歙人而他徙或寄籍者，志皆遗之。然《歙志》于时代较近之人，亦时录及寄籍，而明以上独缺，是为自乱其例矣。似当核而补之。其有迁居已久，不归故籍，如河南二程氏者，志不牵引，亦自有见，惟当详定义例，设一标准，不可以意为去取耳。又，敏政改『黄墩』为『篁墩』，乃其氏族思想之显著者，盖不欲他姓专此墩耳。吾徽村名颇多牵附，不可猝解，亦由后姓兴而耻袭前姓之旧，必取谐声字易之，其皆师敏政故智，而不自知其褊狭者矣。

吴少微及吴巩诗

《新安文献志》录吴少微诗二首。《长门怨》云：『月出映层城，孤圆上太清。君王春梦歇，枕席凉风生。怨咽不能寝，踟蹰步前楹。空阶白露色，百草寒虫鸣。念昔金房里，犹嫌玉坐轻。如何娇所娱，长夜泣恩情。』注见郭茂倩《乐府诗集》。

又《和崔侍御日用游开化寺阁》云：『左宪多材雄，故人尤鸷鹗。护赠单于使，休轺太原郭。馆次压烦敲，清怀寻寂寞。西缘十里馀，北上开花阁。初入云树间，冥朦未昭廓。渐出阑槐外，万里秋景焯。岁晏风落山，天寒水归壑。览物颂幽果，至乘动玄钥。但敷利解言，不用忘昏著。』注见《文苑英华》。

又录少微子巩《白云溪》诗云：『出径入修篁，深林蔽日光。夏云生嶂远，瀑水引溪长。秀迹逢皆胜，清芬坐转凉。遥看玉樽夕，归路赏前忘。』

汪万于诗

《新安文献志》录汪叔正万于诗一首。《晚眺》云：『杖策倚柴门，泉声隔岸闻。夕阳诸岭出，晴雪万山分。静对豺狼窟，幽观鹿豕群。今宵寒月近，东北扫浮云。』

方玄英诗

《新安文献志》录方玄英干诗。《新秋独夜寄戴叔伦》云：『遥夜独不卧，寂寥庭户中。河明五陵上，月满九门东。万里亲朋散，故园沧海空。归怀正南望，此夕起秋风。』《送沛县司马丞》云：『举酒一相观，逢春聊尽欢。羁游故交少，远别后期难。路上野花发，雨中青草寒。悠悠两乡梦，小沛与长安。』《早发洞庭》云：『长天接广泽，二气共含秋。举目无平地，何心恋长钩。孤钟鸣大岸，片月落中流。却忆鸱夷子，当时此泛舟。』《送姚合员外赴金州》云：『受诏从华省，开旗发帝州。野烟新驿曙，残照古山秋。树势连巴没，江声入楚流。惟应行化后，吟句上云楼。』《旅次钱唐》云：『此处似乡国，堪为朝夕吟。云藏吴相庙，树引越山禽。潮落海人散，钟迟秋寺深。我来无旧识，谁见寂寥心。』

《题睦州郡中千峰榭》云：『岂知平地似天台，朱户深沉别径开。曳响露蝉穿树去，斜行沙鸟向池来。窗中早月当琴榻，墙上秋山入酒杯。何事此中如世外，应缘羊祜是仙才。』原注：『《唐音》注雄飞诗，有警句，孙洽称之曰：「其秀也仙蕊于常华，其鸣也灵晁于众响。」』

又《环溪亭为睦州守吕郎中赋》云：『为是仙才登望处，风光便似武陵春。闲花半落犹迷蝶，白鸟双飞不避人。树影兴馀侵枕簟，荷香坐久着衣巾。暂来此地非多日，明主那容借寇恂。』

汪极甫诗

《新安文献志》录汪极甫极诗一首。《省试麦垄多秀色》云：『南陌生歧穗，农家乐事多。塍畦交茂绿，苗实际清和。日布玲珑影，风翻浩荡波。来年知帝力，含哺《有衢歌》。』

舒子正诗

《新安文献志》录舒子正雅诗。《答杨刘二内翰见寄之作》云：『清贵无过近侍臣，多情犹忆旧交亲。金莲烛下裁诗句，麟角峰前寄隐沦。和气忽飘燕谷暖，好风随起谢庭春。缄藏便是山家宝，留与儿孙世不贫。』

原注：杨大年诗云：『绿发郎潜不记年，却寻丹灶味灵篇。华阴学雾还成市，彭泽横琴岂要弦。晓案只因餐沆瀣，夜滩谁见弄潺湲。须知吏隐金门客，待乞刀圭作地仙。』刘子仪诗云：『石渠仙署久离群，抗迹丹台世绝伦。扬子不甘嘲尚白，漆园终许自全真。紫烟深处鸾双舞，朱髓成来鸟共伸。若向云中见鸡犬，可能浑忘姓刘人。』

《宋史》：舒雅恬于荣宦，因舒州灵仙观有胜迹，请以职方员外掌观事。优游山水，吟咏自乐，时人美之。

程北山诗

《新安文献志》录程北山俱诗。《书寿昌驿》云：『岁暮白日速，风高黄叶稀。归心与寒雁，一夜向南飞。』

《送崔闲归庐山》二首云：『白露下修竹，当窗作秋声。泠然拂商弦，客子中夜惊。振衣一长啸，下濑如飞星。昔者去草堂，新松荫轩楹。别来今十年，霜华著青青。想见溜雨姿，森苍舞蛟鲸。归欤当及健，羁栖亦何营。』又云：『吾友胡少汲，结庐皖公城。灊山有小隐，背负紫翠屏。前临一溪水，可以濯我缨。欲分青山半，留我谷口耕。信美非吾乡，翩然遂宵征。闻君草堂处，亦复占地灵。虚檐倚苍崖，下有玉涧鸣。乐哉不可到，因君怀友生。』

《山中对酒》云：『秋容澹青山，爽秀两皆足。清溪照千仞，空翠疑可掬。何年顾兔窟，桂子堕山腹。老者散深林，屑玉缀黄粟。朝来客衣动，一叶下空谷。客心如棼丝，日月共烦促。胸中尚磊块，陶写赖新渌。要当酒千钟，浇我愁万斛。顾有独醒人，悠然倚枯木。』

《秀峰游戏效李长吉体》云：『玉龙冲碧萦山脊，蜿蜿踏龙上穹碧。神奇鬼巧镵高青，露压春烟染山色。举头便足千里游，太湖万顷涵天白。剪霞喋雾湿青红，锦楣花础明清空。松声拂枕破幽梦，冰轮逗滑寒朦胧。殿角连珠挂星斗，透冷飞光射疏牖。古香飘桂夜阴阴，云楼报晓生铜吼。摧颓羁客青山人，悠悠九上飞红尘。眼前历历千古意，琴台不见吴宫春。』

吴古梅诗

《新安文献志》录吴式贤龙翰诗。乐府二首云：『妾心江岸石，千古无变更。郎心江上水，倏忽风波生。』又云：『制衣寄夫婿，妾有冰雪段。中间连理枝，不忍剪交断。』原注：方虚谷曰：『式贤诗有惊人语，如乐府诸篇，尤予所深喜者。』

《吴越归秋晚》云：『湖海归来晚，园荒菊几丛。秋山吟古瘦，霜叶醉颜红。吊影寒溪上，怀人落月中。青灯滋味永，不用哭途穷。』原注：程文靖公曰：『式贤诗句老意新，如此诗及「山色攒心事，江流咽世情」，皆咀之隽永，殊非苟作。』

《题荆公读书堂》云：『六籍纷纷尽可奴，翻腾字说乃菑畬。可知山半青灯夜，只读商君一卷书。』

《登金陵钟山绝顶》云：『万仞钟山著屐登，中原今隔几崚嶒。自怜不及天边雁，岁逐春风到八陵。』

《草堂》云：『苍烟落日草堂深，浅浅寒侵白玉簪。等客不来童睡去，自摇新竹和新吟。』原注：方虚谷曰：『式贤嗜奇学博，如此绝，尤余所深喜者。』

方虚谷诗

《新安文献志》录方虚谷回诗，以《桃源行》为最奇。原序云：『予谓避秦之士，非秦人也。乃楚人痛其君国之亡，不忍以其身为仇人役，力未足以诛秦，故去而隐于山中尔。晋而后，渔者见其子孙，或夸诧以为神仙，固已非矣。王介甫「知有父子无君臣」之句，尤为悖理。楚虽三户，亡秦必楚；不遽亡之，则亦避之。盖深于知君臣之义者。介甫殆未之知也。渊明岂轻于作此记？亦私痛晋之士大夫，翻然事刘裕而无耻者尔。予遍读桃源题咏数百首，无能发明此意，故大书道士壁而刊之，不知其僭。兼是时□□□蜀，按此书空格，乃明板清刓。降将或为之用，因并以寓一时之感，而其实亦足以为天下后世为人臣者之劝云。』诗云：『佩兰骚人葬鱼腹，章华台倾走麋鹿。祖龙南游万事非，肠断沅江为谁绿。王孙公子入函关，半作长城鬼不还。委质良难身死易，长歌深入桃花山。姬周以义兴，夷齐用为耻。怀王没于欺，此恨痛入髓。力不加虎狼，固有去之尔。向来长往人，素心政如此。俗人不识呼为仙，谓无君臣益欺天。慷慨褰裳睨东海，不见当年鲁仲连。渊明胡为作此记，不记义熙同一意。羞杀人间贱丈夫，反君事仇如犬彘。我来山中觅馀春，千古义气犹如新。楚人安肯为秦臣，纵未亡秦亦避秦。』

《游石头城》云：『卧龙起草庐，扶汉有馀忠。欲结紫髯客，共追黄星公。一言根本定，万里氛翳空。指此为虎踞，长啸吞西风。夫岂樊吾圃，以虞他人攻。乌林逸元恶，入蜀怆途穷。汝亦赵佗辈，区区帝江东。吾意本谓何？剑佩殊不同。后来矫虔人，藉口欺盲聋。九折剑阁栈，一泥函关封。盗贼柄干将，奸雄非英雄。老我吊古癖，徘徊梵王宫。城坏遗甃泯，江徙孤岸穹。中原芳草外，战尘春朦朦。酒尽欲下山，目极斜阳红。』

《访临川杨仲权于天庆》云：『隐居何所为，性懒绝造请。驾言东城东，恍兮异人境。修廊寂无声，未忍残竹影。独立味玄澹，徐步入深令。秋光照虚庭，拱揖冠服整。中有专气翁，学道晚箕颖。诚极语谢饰，几动意潜领。煮茶杂椒榇，案酒粲梨椁。悦神良会稀，遗物闲情永。休官陶元亮，遁世陆修静。异代复同调，霞外兹可骋。研幽挹高致，探妙发遐省。何言壶中天，心远尘自辟原注音丙。』

《陆君实哀挽》云：『亘古无斯事，于今有若人。龙绡同把手，鲛室共沉身。蹈海言能践，忧天志不申。曾微一抔土，鱼腹瘗君臣。』

《晚望许墅》云：『太湖晚山雨，白鸟去冥冥。古冢多无后，荒祠或有灵。异峰挽石骨，远树耸人形。兵革已苏息，废田蒲稗青。』

《重游凤凰台》云：『重扶瘦影上荒台，万里秋阴凝不开。天地未休貔虎战，江山敢望凤凰来。是非易判元嘉事，今古难逢太白才。尊酒阑珊诗思乱，夕阳吹角不胜哀。』

《晚春客愁》四绝云：『江外芦芽老，城中柳絮飞。春风犹几日，谁与濯征衣。』『春老鱼苗动，江肥雪水来。大孤山下路，何日汛舟回。』『思归归未得，悔醉醉还频。不料溢江上，题诗送晚春。』『十载干戈后，辛勤莳牡丹。岂知身是客，借与别人看。』

《舟行青溪道中入歙》二首云：『乘时盗贼起风尘，战血苔痕几度春。古庙仅能存大树，荒山犹自少行人。』『刺桐花发草如蓝，欲卸棉袍剪苎衫。一夜春霜忽如雪，江南天气不宜蚕。』

钱融堂诗

《新安文献志》录钱融堂时诗。《武康澄道寺前溪上观鱼》云：『山溪清澈底，映日浮修鳞。人间汤鼎烹，见此一掬春。倚杖为欣然，长淮浩无垠。寄语溪上翁，可以观吾仁。』

罗鄂州诗

《新安文献志》录罗鄂州诗。《息斋》云：『世间谁号最闲忙，强健收身意自凉。春去扫花时汲井，客来剪韭旋炊粱。』《梁寺丞见示过岭新作》云：『凌晨登郁孤，南走韶阳道。封疆有申画，山川本怀抱。公行度塞岭，残雪故未扫。高情无南北，反谓兹山小。顷来我尝游，亦觉山媚好。前贤困远谪，我辈得幽讨。两崖瞻欲眩，数树攀且绕。想公哦新诗，千骑转林杪。衙官候颜色，约束军声悄。韶阳古名郡，四十专城早。重华已千岁，苍石在云表。鱼龙舞幽壑，遗韵盖可考。以兹供抚玩，或可荐寿考。公馀亦时饮，未用绝芳醥。行行布恩惠，正直神所保。』

《送邕州吴使君》云：『题舆纤赴日边城，便拥油幢镇列城。地望素高唐五管，人才今似汉三明。时清市骏非无意，岁晏逢花好寄声。太学英名湖海气，此行持论要平平。』《次韵楚觉先见赠》云：『秦事何能补帝聪，流年早已付天公。旧闻双剑沦波底，忽有三刀入梦中。首出诗文为我贺，多惭忧乐与人同。如君孝友天应报，飞鹤那应久在笼。』

唐筠轩唐白云唐梧冈诗

《新安文献志》录唐筠轩诗。《蓺圃》三首云：『小园仅百步，花竹蓺两行。垂垂结夏实，萧萧吹昼凉。盆池晓更静，照我须鬓长。复有青青蒲，风至互低昂。人生百岁中，弱草栖萤光。亮无贞坚节，何以御雪霜。达人岂求名，进善贵自强。用世苟不能，退居固其常。』『旧种竹数十，生笋已满园。今年笋更繁，𫗴𫗴穿邻垣。山童劚烟雨，便欲供朝餐。独不忍馋口，保此青琅琅。物微志则远，当异今日观。平生迟暮心，与尔同岁寒。』『种苋甲已坼，苦菜行亦秀。耰锄不惮勤，常恐地力瘦。旦旦望其长，灌溉那敢后。墙头有蓬蒿，不种而自茂。此意定如何，为尔吟清昼。』原注：筠轩以所作谒虚谷，虚谷读此三诗，亟加叹赏。《九月与潜夫伯初季文小饮市楼》云：『饮酒岂不佳，所贵得其俦。良朋既已至，上我邻家楼。楼高极四望，万室如鳞稠。紫阳接前荣，屋西揖浮丘。郭索来数辈，纵横类戈矛。

复有笤中鱼，果核亦易求。清言领道要，谐谑非所投。感旧屡恻怆，论交重绸缪。云间有双鸟，意气横九州。岂同鹜与鸡，争食而包羞。纷纷黄落中，青山无悔尤。』

《临平书怀时汪谦甫同舟入杭秋试》云：『临平寺前烟水昏，钟声隐隐摇山门。篙师系缆古松下，坐对月色波中翻。年光尽付旅琐琐，西风微动菰蒲根。居人灯火自喧杂，稍忆学语吾家孙。秋田已获粳米白，浮蛆老甕山妻温。一钱不直客毡冷，出门大类三家村。平生心友喜在眼，襟期稍许中宵论。谁怜老气尚耿耿，跛鳖强逐南溟鲲。』

《九日携长儿登谯楼》二首云：『火后青山近，风前乌帽斜。清溪回晚棹，古木认吾家。断饮萸空紫，禁寒菊未花。凭虚云满袖，一一数归鸦。』『节令欺人老，亲朋鸟散馀。独携灵寿杖，误读褚公书。木落秋容出，沙寒雁影初。扶持有儿子，白发喜相如。』

唐白云《云山楼诗》，原序云：『郑天骇以万户侯出殿于陔口，陔口则歙睦冲要津也。溯流而上，悬滩狠石，九十馀里而为歙。须流而下，滩舒石妥，水益渊洄，二百七十里许而为睦。君构楼其间，山巍然高且大。白云往来，势欲飞动，扁曰『云山』。诸公题品，寝以联轴，殆未悉君意者，遭时暌离，弃家迁远。又沈郁武官，方谨守疆场，讥察服言，不得引去。第歌云山苍苍，以希润自期，待神交千载之上而招羊裘翁者，意或在是。况君与中丞伯庸世戚，其山水瑰奇之观，有自来也矣。』诗云：『将军构高楼，赑屃向溪口。好山千万重，浩浩白云走。朝云护檐阿，暮云宿窗牖。云去山独存，颜色青而黝。老校插弓刀，危立缚卯酉。过客肃容仪，目逆为之久。岂无书生狂，弃儒竟不取。紫髯真将军，武帐暎疏柳。时时上楼头，文气荡南斗。平生陈三洲，翰墨不停手。为君记云山，声价等欧九。而我强题诗，两鬓秃于帚。何时许相从，邻家夜赊酒。鲤鱼活欲飞，前滩收敝笱。」

《送汤生执中》云：『薄暮云已收，微寒雨还作。居人念暌离，戚戚意不乐。何时竹屋眠，共看灯花落。』

《和吴生维新》云：『老来懒吐惊人语，水落寒天露沙渚。早年枉费饾饤功，漫把红花妣青蕊。后山景慕双井黄，平生袖有知见香。而今吾道付弦绝，可怜岁月空茫茫。庭前月响雨三尺，枯树萧萧含冻湿。忽传新句落蛮笺，使我起坐三太息。要知胸次空中楼，八风不硋横江秋。纷纷英雄起南北，每为咄咄生闲愁。昨夜如盘月未落，街头美酒堪作乐。何须苦羡返舟人，如此敲门亦不恶。』原注：朱大同曰：『唐仲实诗清新流丽，律格高古。』

《过太湖》云：『向晚推篷望，群山隐约清。篙工排蚁势，野饭杂鱼腥。水阔疑无地，天低剩见星。吴音相尔汝，聊复慰飘零。』

《送郑士恒往江西》云：『洪都昔号殿西土，画省新开列上台。郑老每从工部饮，乌公何待石生媒。断云将雨侵书幌，明月随风落酒杯。山獠洞庭皆入贡，海船日日候潮来。』

《唐梧冈上东门行》云：『上东门，在何所？河阳城南瀍水浒。旧时豪华今已空，惟有当年一抔土。闻说汉家全盛秋，门前列第皆王侯。朱轮翠毂日来往，凝笳叠鼓长喧啾。画拱雕檐接宫观，十里香尘飞不断。天上频颁丹诏过，民间屡免田租半。白发老人不识兵，闾阎小儿歌太平。斗鸡走狗寻常事，岂有纷纷愁叹声。乞归二传章初上，曾此公卿盛供帐。道旁观者如云屯，杂采从车凡几辆。韶华转眼流星过，倏忽荆棘埋铜驼。逢萌桂冠固已矣，石勒倚啸将如何。往事伤心难自保，惆怅东门不能道。君不见，北邙山头四五陵，玉匣珠襦委荒草。』

《访邹公寨》原序云：『衣锦乡郎团大坑山，故宋奉御邹公泽、丞相文公天祥，营寨于此。』诗云：『险隘郎团里，迢递大坑山。可怜兴王地，不在深谷间。平生文丞相，报主一寸丹。同行邹奉御，总戎石为关。祃旗召义勇，朔风吹雪寒。天心厌渎乱，国步遭艰难。元兵威破竹，列郡无一完。居然就执缚，北上何时还？日月虽云徂，天地应更宽。安能著此愤，血泪不可干。汗青忠臣传，千载永弗刊。我来访遗迹，故垒云漫漫。』

《鲁港》云：『鲁港停舟处，相逢故老谈。河鱼时泼刺，江燕又呢喃。带雨张帆腹，临风拂剑镡。百年董狐笔，愤死木棉庵。』

按：当时人目筠轩、白云、梧冈为小三苏，以其三代俱工诗也。又白云从子伯和亦能诗。

歙事闲谭卷二十五

郑樗庵及其子居贞诗

《新安文献志》录郑樗庵诗。《贫女镜》云：『青铜古鸾镜，翡翠光团团。误落贫女家，苦为尘所漫。良冶出新制，明月双螭蟠。方诸失精彩，娇娥媚膏兰。郎君重颜色，开奁时一看。古镜坐弃掷，掩辉独长叹。岂无磨淬工，不受贫民干。含精照秋水，憔悴生波澜。』《昼热喜雨》云：『亭午暑方剧，震雷起西山。凉风洒然至，疏雨高斋间。庭叶绿光润，荔枝朱实殷。农耘喜且歌，樵采行当还。蹇予谢边事，情在山水间。明当理烟艇，濯发沧江湾。』

其子郑居贞桓《植桧》诗云：『郁郁堂前桧，清阴庇长廊。灵根蟠厚地，直干凌穹苍。雨露相沫濡，云气时飞扬。如何一欹侧，众中不成行。尔性本孤直，胡为若旁皇。得非失培护，毋乃风雨伤。一朝为扶植，老气犹昂藏。矫矫虬龙逸，翩翩鸾凤翔。物生尚可冶，人心宁自戕。凌霄耸高节，岁寒矢弗忘。大哉栋梁具，期尔荐明堂。』

仇松逸诗

《新安文献志》录仇松逸《记先祖嘉议公遗事》诗，原序云：『先祖讳悬，为新安监郡。有惠政，卒葬于歙。尝岁旱祷黄山及汪王祠而雨。又建廉访公署及新陈塘寺，以祈亲寿。遗迹尚存。』诗云：『歙州山水似桐乡，先子神游岁月长。乌府落成存旧柏，黄山遗爱说甘棠。名题梵宇祈亲寿，文刻丛祠祷岁穰。百世图经公论在，已闻名字入循良。』

姚廷用诗

《新安文献志》录姚廷用《渔梁结屋》诗云：『石梁之上姚家庄，隔溪指点云苍苍。飞楼杰阁说华第，翠竹老梅惟我堂。新丰鸡犬归未得，韦曲桑麻如许长。三间茅屋投老计，携儿拟拜庞公床。』按：廷用诗多俚语，此首乃较佳者。

鲍子寿诗

《新安文献志》录鲍子寿诗。《松声》云：『千丈森森磥砢生，风来岩壑韵琮琤。耳根一洗俗尘净，木末时闻天籁鸣。汹汹银涛朝拍岸，萧萧铁马夜还营。山中宰相殷勤听，说与旁人笑绝缨。』原注：方虚谷曰：『子寿学有渊源，诗亦枯淡瘦劲。』

《平山》云：『平冈横亘北城头，一上青冥目数州。吴岫南从京口出，蜀江东赴海门流。香销后土花如梦，烟锁雷塘草亦愁。惟有依然淮泗水，年年吹浪到瓜洲。』

曹东白诗

《新安文献志》录曹东白诗。《紫阳观席上作》云：『紫阳山中神仙家，青山绕屋生烟霞。枯林风过落黄叶，寒菊雨馀开白花。只鸡斗酒自可乐，千驷万钟何足夸。兴阑携手过桥去，斜日稻田飞乱鸦。』

按：以上选录诸人，其生平已见前卷事略中，以《新安文献志》近日传本不多，惧遂淹没，故节录以存其人，惜不能多选，遗漏甚多，又未及以他书互勘耳。

汪文言

《通鉴辑览》：明熹宗四年十二月，逮内阁中书汪文言下镇抚司狱。注：文言，歙人。初以布衣任侠，有智术。神宗末，游京师，输资为监生，用计破齐、楚、浙三党。先是三党诸魁交甚密，后齐与浙渐相贰，文言习知本末，多方设计间之。诸人果相疑。而浙党邹之麟以求吏部不得，见恶齐党，亦交斗其间，于是齐、浙之党大离。因交结东宫伴读王安，与谈当世流品，安悦之。光宗初立，外廷依刘一燝，而安居中，以次行诸善政，文言交关力为多。及魏忠贤杀安，文言亦下吏，得末减。益游公卿间。叶向高用为内阁中书，韩炉、赵南星、杨涟、左光斗、魏大中俱与往来。会给事中阮大铖怀宁人，居桐城与光斗、大中有隙，嘱其同官傅櫆劾文言与光斗、大中交通为奸利，旨下文言诏狱。叶向高以举用文言引罪求去，忠贤终惮向高旧臣，不深究。而御史黄尊素语镇抚刘侨曰："文言不足惜，不可使祸延缙绅。"侨颔之，狱上，坐文言廷杖除名，无株及者。事在是年四月。方忠贤得櫆疏，甚善。欲藉是罗织东林，而狱遽解，志不得逞。乃以刘侨不任事，削其籍，而用许显纯代，欲再伺衅而动。至是御史梁梦环知忠贤恨未已，复劾文言，诏立逮之，下北镇抚司狱，即命显纯鞫治。而大理丞徐大化亦希忠贤指，劾涟、光斗党同伐异，招权纳贿，于是东林之祸遂作。

又五年六月，逮前副都御史杨涟、佥都御史左光斗、给事中魏大中、御史袁化中、太仆少卿周朝瑞、陕西副使顾大章下诏狱，寻毙之，削前吏部尚书赵南星等籍。

注：先是谳汪文言狱，词连赵南星、李三才及涟、光斗等二十馀人。许显纯坐涟等以移宫罪。徐大化献策于魏忠贤曰："但坐移宫，则无赃可指，若坐纳杨镐、熊廷弼贿，则封

疆事重，杀之更有名。』忠贤以为然，乃令显纯复鞫文言，五毒备至，使引涟等纳廷弼贿。文言仰天大呼曰：『世岂有贪赃杨大洪哉！』至死不承。大洪者，涟别字也。显纯乃手作文言供状。文言复张目谓曰：『尔莫妄书，异时吾当与面质。』显纯遂即日毙之，而具狱词以上。涟、光斗各坐二万、大中三千、化中六千、朝瑞一万、大章四万，馀复多所牵引。中旨涟、光斗六人逮下诏狱，南星、三才等俱削籍，下所在抚按追赃。涟等先后逮至，显纯非法拷掠，血肉狼籍。至七月，涟、光斗、大中，同夕为狱卒所毙。又逾月，化中、朝瑞亦毙。惟大章未死。群小谓诸人潜毙，无以压人心，乃移付法司定罪，布告天下。仍移镇抚司。大章曰：『吾安可入此狱？』呼酒与其弟大韶诀，投缳而卒。馀略。

承尧按：汪文言与东林为友，志节皎然，虽交结王安，然乃导之为善，何可非议。临难身被惨毒以死，仍不肯牵陷东林，可谓雄骏君子。事之不平孰过于此。顾以非科第出身，淹没无闻，邑乘失载，似当为补书也。

鲍伯原耕读堂

鲍伯原深耕读堂，郑师山曾为作记，张子经又为赋诗。见《新安文献志》。诗云：『我家藏书数千卷，头白读之犹未遍。况无负郭二顷田，夜半饭牛歌粲禅。西邻老翁家更贫，锄头犁耙随秋春。常恨半行不曾读，欲记姓名须倩人。二者天公不轻予，自昔几人兼得取。有书可读又躬耕，谷口南阳才比数。鲍君风神秀紫髯，多田也复多牙签。高堂榜之以耕读，瘠痳千载师陶潜。陶公心事羲皇上，归来但喜桑麻长。周王传与山海经，怀此良辰伴孤往。黄山崔嵬有佳气，鲍君长保山林味。莫学挂书牛角带经锄，祇为一朝资富贵。』

灵山孝子程璲

《新安文献志》录张子经《程孝子行》。原序云：『灵山程璲，父珙寿，诉祖坟为人所平，县官反罪珙寿，璲求代，县官愧释之。』诗云：『古坟为田柏为薪，道旁草卧双石人。家家剪纸挂寒食，乌乌衔作窠巢新。新坟翻侵旧坟土，髑髅夜戴狐狸舞。百年无主使人哀，有主那堪转危苦。程郎当年葬阿婆，六世四世玄孙多。富豪平磨立栋宇，贫者诉词罹网罗。我问其名曰珙寿，囊涩无钱空有口。官长摸稜吏舞文，反坐鞭笞谁汝救。有子能为句读儒，不忍郎罢遭非辜。当庭请以身自代，再拜以诗投大夫。大夫读诗色为动，慰遣温言与宽纵。当时好事竞传夸，遂有文人为歌讽。君不见汉时仓公遭重刑，上书伏罪闻缇萦。锦袍仙人歌乐府，五男不如一女婴。莫道男儿不如女，璲也于今有斯举。假如代死亦不辞，孝行勉旃天相汝。』

按：张子经，名文在，元时婺源人，自号紫阳山樵，为鲍伯原子鲍颎之师。

九贤咏

《新安文献志》录金梦岩《九贤咏》，原序云：『至元丙子李世达之乱，万户孛术鲁敬下令屠歙、休诸邑。歙人丘龙友等率父老诣军门，言乱者非百姓意，请全活之，以广吊伐之仁。万户许之，遂承制以龙友知徽州，婺源人汪元龙佐之；歙人郑安知歙；休宁人陈宜孙知休宁，赵象元、程隆佐之；元龙弟元圭知婺源；祁门人方贡孙知祁门，程克柔佐之。盖诸公有惠于乡邦甚大，因各赋一诗。』诗云：

『阴谷难回草木春，一言能广好生仁。百年桑梓无锋镝，知是公为首倡人。』右同知徽州事丘公龙友。

『越国文孙众所宗，力修文德化兵锋。天如不为吾邦计，一日安能得二龙。』右徽州路治中汪公元龙。

『四野悲歌不忍闻，直将仁义动三军。至今来往沙溪上，犹有人传郑令君。』右知歙县事郑公安。

『生民涂炭世多虞，保聚功深与众殊。坐遣一方成按堵，弗斋元不是迂儒。』右知休宁县事陈公宜孙。

『请命辕门事可征，为民宁复计金缯。花封细读题名记，只有先生不负丞。』右休宁丞赵公象元。

『一尉能安百里民，熙熙耕凿几回春。往来共指黄墩庙，忠壮云仍世有人。』右休宁县尉程公隆。

『漠漠风尘靖一乡，书声重起晦翁堂。试评海内疮痍郡，谁似元方与季方。』右知婺源县事汪公元圭。

『闻君家世出秋崖，乡邑鸣琴众所谐。德政况当兵燹后，甘棠终古系民怀。』右知祁门县事方公贡孙。

『肯惮区区簿领烦，左持文牍右櫜鞬。民安盗戢君能事，不愧当年武状元。』右祁门县簿程公克柔。

按：金梦岩，字伯明，明初休宁人。郑安，双桥郑氏，今贞白里尚有令君祠。

歙南孝子张宝

《新安文献志》录周石泉张孝子诗。原序云：『孝子名宝，歙南世家也。其父尝遇贼劫持，将杀之。宝走抱父顿足大哭曰：「此吾父也，愿杀我！」贼心动，遂贯其父。宝时仅五岁。今年秋，予识之鲍仲渊家，为言其事如此，因赋是诗。』诗云：『乱离岁已久，恶类暴如虎。杀人如剖瓜，宁复念人父？哀哉五岁儿，黄发犹旅旅。大孝忘其身，大痛谁遗汝。村墟绝行人，汝父无死所。不有动地号，燐血洒荒土。汝啼非汝声，汝声天地心。天地为惨惨，汝贼空林林。贼心久为铁，至是铁分裂。平生枭獍怀，黯淡动颜色。刃掷父子全，归衣笑相牵。贼徒重啫啫，既去还相怜。如何里巷贤，此事忘流传。我为赋新诗，庶用振人纪。老大长儿孙，有父或弗事。视彼五岁儿，再拜当愧死。』

按：周石泉，名原诚，字彦明，歙人。

知不足斋鲍君传

阮元《研经室二集》卷五《知不足斋鲍君传》云：

乾隆三十八年，高宗纯皇帝诏开四库馆，采访天下遗书。歙县学生鲍君廷博，集其家所藏书六百馀种，命其子仁和县监生士恭由浙江进呈。既著录矣，复奉诏还其原书。其书内《唐阙史》及《武经总要》，皆圣制诗题之。皇上御制内府知不足斋诗云：『斋名沿鲍氏，《阙史》御题诗。集书若不足，《千文》以序推。』注云：『斋额沿杭城鲍氏藏书室名。乾隆辛卯壬辰，诏采天下遗书，鲍士恭所献最为精夥。内《唐阙史》一书，曾经奎藻题咏，嗣后其家刊刻《知不足斋丛书》，以《唐阙史》冠册。用周兴嗣《千文》以次排编。每集八册，今已十八九集，可为好事之家矣。

嘉庆十八年，方公受畴巡抚浙江，奉上问：『鲍氏丛书续刊何种？』方公以续刊之第二十六集进。奉上谕：『生员鲍廷博，于乾隆年间恭进书籍，其藏书之知不足斋，仰蒙高宗纯皇帝宠以诗章，朕于几暇亦曾加题咏，兹复据浙江巡抚方受畴代进所刻《知不足斋丛书》第二十六集。鲍廷博年逾八旬，好古绩学，老而不倦，著加恩赏给举人，俾其世衍书香，广传秘籍，亦艺林之胜事也。』

元按：君字以文，号渌饮，世为歙人。父思诩，居于浙，娶于胡，胡卒，又娶于仁和顾，生君。君幼而聪敏，事大父能孝。念父游四方，恒以孙代子职，得大父欢。大父卒，既葬。君又携家居杭州。居事父又以孝闻。以父性嗜读书，乃力购前人书以为欢。既久而得书益多且精，遂裒然为大藏书家。自乾隆进书后，蒙御赐《古今图书集成》、《伊犁得胜图》、《金川图》；四十五年南巡狩，迎銮献颂，蒙赐大缎二疋，叠膺两朝异数，褒奖弥隆。君以进书受知，名闻当世，谓诸生无可报称，乃多刻所藏古书善本，公诸海内。至嘉庆十八年，年八十有六，所刻书至二十七集，未竣，而君以十九年秋卒。遗命子士恭继志续刊，无负天语之褒。君勤学耽吟，不求仕进，天趣清远，尝作《夕阳》诗甚工，世盛传之，呼之为『鲍夕阳』。元在浙常常见君，从君访问古籍。凡某书美恶所在、意恉所在、见于某代某家目录、经几家收藏、几次钞刊、真伪若何、校误若何，无不矢口而出，问难不竭。古人云：『读书破万卷』，君所读破者，奚啻数万卷哉？

郑鉴元

阮元《研经室二集》卷六《郑君墓志》云：『君讳鉴元，字允明，号徵江，又号馀圃。先世以盐筴自歙迁仪征，迁江宁，迁扬州，皆占籍焉。祖廙，父为翰，皆赠中议大夫。君好书史，读《孝经注疏》，恒不释卷。性节俭，虽处丰厚，泊如也。居恒以诚训其子弟，于孝义之事，恒乐为之。修京师扬州会馆，独捐数千金。又修歙洪桥郑氏宗祠，上律寺远祖海公宗祠，置香火田，建祖父江宁宗祠，三置祭田，由县立案于府。又尝修族谱，举亲族中婚葬之不克举者，建亲乐堂于扬州宅后，子姓以时奉祭祀。先生总司鹾事十馀年，诰授通议大夫候选道。乾隆五十五年，入京祝万寿，加一级，召预千叟宴，赐御制诗及粟帛。又以输军饷一万两以上，议叙加五级。覃恩诰封中宪大夫、刑部山东司员外郎。生于康熙五十三年，卒于嘉庆九年。子二：涵、宗汝。孙：兆玉、兆珏、兆理。』馀略。

按：洪桥郑氏宗祠，在岩寺，洪桥古名洪福桥。郑祠已毁，而门首郑双溪石坊犹存。鉴元殆双溪族裔也。

黄彦清　郑桓

明建文之难，吾歙死者二人。一黄彦清，建文四年为国子博士，六月十五日被逮，不屈死之。一郑桓，字居贞，樗庵先生潜子，明初历仕潞州同知。居贞，丰颊，美髭髯。始侍父官闽中，因家焉。尝从尚书贡师泰游。洪武中以明经举，授巩昌府通判，升礼部郎中，见重于时，终河南左参政。建文中罢官家居。方孝孺为汉中教授，居贞以诗送之曰：『翩翩紫凤雏，羽翮备五彩。徘徊千仞翔，馀音散江海。于焉揽德辉，济济锵环珮。天门何嵯峨，群仙久相待。晨沐晞朝阳，夜息饮沆瀣。如何复西飞？去去秦关外。岐山谅匪遥，啄食良自爱。终当巢阿阁，庶以鸣昭代。』又《次韵寄孝孺》云：『阁下知名久，相逢值暮春。才华曾动主，议论每过人。汉水原通蜀，台州亦近闽。何时江海上，尊酒话西秦。』次章云：『为问天台客，何时到草堂。千岩空剑气，万卷有虹光。为政惭吾拙，摛辞属子良。方思歌伐木，深负咏甘棠。』孝孺亦赠之诗，谓其为参政三年而去，吏民以不能留为憾。事在洪武二十三年。后京师陷，竟以此诗坐方党论死。上二条俱见刘琳《拊膝录》。

又朱竹垞《静志居诗话》云：侯城取友，于林公辅、郑居贞最亲，故其诗云：『雄文不见林公辅，病眼荒荒何处开。』又云：『每怀樗散郑司户，喜看杞梓作孙枝。』又云：『林郑为文学我家，波澜议论阔无涯。』

又《送居贞入成都》诗云：『两生万里来，讲道慰寂寞。宁知事多忤，重使欲离索。林也前岁归，重来忘曩约。郑子今复去，南行逾巉崿。疑经待同勘，芜史期共削。相须左右肱，理势不可各。金门盛才彦，德星耀井络。翙翙白凤群，岂复少一鹤。』盖居贞有『翩翩紫凤雏』一篇赠侯城行，故答及之也。

《遗意》诗云：『相对靡俗言，共谭止书诗。遐情或深契，欢笑同解颐。于心有至乐，天地亦可遗。』

《赠别》诗云：『丈夫平生怀，岂惟安其身。』则以古道相勗矣。侯城过林郑，殆弟子而兼朋友者。居贞坐方党死于南京，其馀弟子，未至作瓜蔓抄也。』

郑诗传者无几，林尤罕见。曩在都日，梁溪顾梁汾典籍，得其手抄文集，涂乙尚存。寻归之昆山徐氏传是楼，惜未及誊其副，至今耿耿于怀。馀略。

按：以《拊膝录》所录数诗语气观之，居贞于正学，似朋友，非弟子也。居贞之死，县志但言『被逮』，当时盖有所讳，后来亦遂未深考也。《新安文献志》中居贞事略，亦但言『坐累卒于南京』而已，不敢及方党一字也。

又按：《拊膝录》专记靖难事，玉海子刘琳著，与程济《从亡随笔》、史仲彬《致身录》、铁老生《黄陈冤报录》同刻，为逊国逸书，崇祯甲申八月魏塘钱士升刻。据钱自序，言《从亡》、《拊膝》二录，乃得之江右徐若谷司空者。

徽郡诗选中所录歙诗人

明末休人陈有守、李敏、汪淮所选《徽郡诗》，余于黄宾虹处见残本三册。首册录徽郡诗人爵里，幸尚完好。盖仿《新安文献志》事略例也。自洪武起，所选凡一百四十六人。歙人不甚多。其已见《新安文献志》及县志者，如朱升、程国儒、郑潜、唐桂芳、朱同、曹恒、胡安、唐文凤、唐皋、汪本、郑作、程旦、程诰、江瓘、王寅、郑玄抚、方弘静、汪道昆辈，皆在焉。其不甚见于他书者，如鲍楠，字良用，号龙山，成化甲辰进士，历官户部员外。鲍楠、程烈、江珍、吴世忠、汪一中均见志《科第》。吴镄，字希声，号月溪。王绖，字克服，号岣山。唐溥，槐塘人，未详其字。郑崐，字子西，号古岑。吴魁，字希元，号梅癯。程烈，字惟光，号古山，嘉靖己丑进士，官工部主事。郑明宝，字信之，号松庵。佘修，字存修，号钝斋。佘修见志《诗林》，作存修。汪瑗，字玉卿。见志《诗林》，又见《黄山志》。一字海洲，又号古迂。江珍，字民璞，号荆石，江瓘弟，嘉靖甲辰进士，历官南兵部郎中、广信府知府。吴世忠，字元孝，号槐江，嘉靖壬子举人。汪一中，字正叔，号南华，嘉靖甲辰进士，官工部郎中、江西副使。唐汝龙，字起潜，号云湫。方大治，字际明，号九池。疑岩镇人，见《黄山志》，一字在宥。岩镇有九龙池。郑机，字子审，号坦庵。詹潢，字希章，号白阳。郑秉淳，字古民，号双泉。方霓，字子瞻，号浔南。郑惟勉，字时成，号平川。江若镜，字一堪，号柏峰。易仁，字子元，号竹冈。见《黄山志》。汪旻，字有秋，号云岳。詹斗文，字玄象，号云门。潘纬，字仲文。见《志·诗林》。方大汶，字为澜，号叶陵。上俱歙人。录以存其人也。

《古今画史》所录新安画家

前岁偶于沪市，得翻印本《古今画史》二小册，署『朱鸿钧著』。上册唐、宋、元各家，下册明人。其中录徽歙人极多，半皆他书所未载；而他书所习见者，则又无之。入清后所录寥寥，且观其行式，似出后人增补。朱鸿钧未知何人，疑出明末清初歙人之手，故于乡里特详，至为可贵，以示宾虹、鞠卣，皆甚异之。兹汇录其标明为徽歙人者，以俟考证。徽他县亦附录焉。

明：许立言，字伯上，歙人，工山水兰竹。胡大中，歙人，工山水。胡德位，字伯昂，歙人，工山水花鸟。吕燮雅，字药师，歙人，工山水。苏宣，字尔宣，号啸民，徽人，工画竹。吴文仪，字鸿甫，休人，工花卉翎毛。吴登美，字玄成，歙人，工山水人物。黄柱，字碧峰，歙人，工山水。吴铉，字声甫，歙人，工山水。柳林，歙人，工山水。李可培，字因人，绩人，工画竹。朱南一，字德修，歙人，工山水花卉。汪宗荣，字纯仁，歙人，官沈阳经历，工山水。汪从诰，字伯伦，纯仁侄。工山水。罗龙文，字含章，号小华，歙人，官中书舍人，工书画，善制墨。罗南斗，字伯墨，号吴野生，一名王常，又号青羊生、小华子，工书画。詹景凤，字东图，休人，举人，工画竹。杨明时，字不弃，歙人，工山水人物。汪都，字瀛海，婺人，工山水。汪佑贤，汪都子。工山水。汪云鲤，字叔鱼，歙人，工花卉。汪来贤，字樵云，婺人，工山水人物。吴一桂，字五水，歙人，工山水人物。汪舜耕，婺人，工人物花卉。汪仲耀，舜耕子。游观岳，婺人，工山水。丁云鹏，字南羽，休人，工山水白描人物佛像。罗文瑞，字伯符，一字范阳，号何凝，歙人，工花卉兼工书。游遵先，字季章，婺人，工梅兰竹石。李流芳，字长蘅，歙人，举人，工山水。罗彝序，字伯伦，歙人，工花卉兼工书。毕懋康，字孟侯，号东郊，歙人，万历戊戌进士，官至兵部右侍郎，山水宗米元章，尤工书。吴治，歙人，工山水花卉。罗钧，字德洪，号云峰，歙人，花卉宗徐元彝。王国隆，字仲道，歙人，工山水人物。何洋，字海若，休人，工山水兰竹。吴廷羽，字左干，歙人，工山水兰竹。吴德，字仲友，廷羽子，工山水。金复生，休人，工山水。郑重，字千里，歙人，工山水佛像。汪建功，字不伐，歙人，工山水，尤工士女。汪嘉绶，字公印，不伐子，工佛像、花鸟草虫。罗之操，字子坚，歙人，工山水花卉。游其耀，字出光，婺人，工山水。汪应鲤，字伯鱼，休人，工山水花鸟。朱鹭，字伯民，婺人，工山水竹石。杨复光，字神武，歙人，工花竹翎毛。杨复光字「神武」，当是「仲武」之误。见邑《志》杨明时传。柳廉，字知白，歙人，工山水写真。罗补衮，字山甫，歙人，武举人，工山水人物花卉。黄应澄，字苍梧，歙人，工山水写真。刘宣，字光甫，歙人，工花卉翎毛。汪士芳，字无隅，婺人，工山水。汪玄高，字聿修，婺人，工人物翎毛。程胜，字六无，休人，工花卉。郑元勋，字超宗，歙人，举人，工山水。吴家凤，字瑞生，歙人，山水仿吴仲圭，又工水墨花卉大士象。程嘉燧，字孟阳，号偈庵，歙人，工山水兼精制松烟。胡正言，字曰从，休人，工花卉。游襄臣，字苍叟，婺人，工山水。游士衡，字文若，婺人，工山水兰竹。游日华，字无华，婺人，工山水。俞元禄，字伯荷，休人，工兰竹。汪中，字无方，歙人，工山水花鸟佛像。汪澄，字淡然，徽人，工山水。杨湛，字季德，歙人，山水宗黄子久。汪德予，字天生，婺人，工花竹。汪天植，字培之，婺人，工兰竹。汪徽，婺人，工山水花卉。方士亮，字君绳，号慕庵，歙人，辛未进士，工画竹。江文斗，字焕之，徽人，工山水。黄嘉文，字孟明，歙人，工山水。杨然，歙人，工山水。许立礼，字季履，号莲岫，歙人，云南知府，工书画。许志仁，字长孺，号善卷，歙人，中书舍人，工山水。罗人份，字君采，歙人，工花卉。张贤，字君贤，休人，工人物花鸟。毕懋安，字贞吉，歙人，工山水。罗槐卿，字希王，歙人，工山水人物。吴修，字于庭，歙人，工山水。吴观周，字景哲，号墨髯，歙人，工书及兰竹。汪芝，字晔如，歙人，工山水人物花鸟。孙湛，字子真，号四游，休人，工山水。郑完，字完德，千里之子，工山水佛像。郑全，字全德，千里次子，工山水佛像。罗康海，字古之，歙人，工佛像。汪成章，字仲达，歙人，工山水人物。游斯道，字伯弘，婺人，工山水。罗唐，字人芝，歙人，工山水花鸟。谢建明，字汝策，歙人，工山水。方维，字士张，歙人，工山水。方亢宗，字麟振，歙人，工山水花鸟。王美，字含章，歙人，工山水。江韬，字六奇，歙人，工山水佛像。江韬见前。谢绍涛，字叔明，歙人，工山水。谢绍涛疑与谢绍冽有关。□谦，字彦平，歙人，工山水佛像。潘建策，字用情，歙人，工山水人物。□一凤，字鸣岐，徽人，工白描人物写真。项一鸿，字渐于，号广居，歙人，工梅兰。汪度，字君容，休人，工山水。汪昱，字不非，歙人，工山水人物。方善，字水若，歙人，工山水花鸟佛像。金璋，字亚甫，歙人，工山水。吕鹏，字羽侯，歙人，工画竹。闵世惠，字惠我，歙人，工山水。鲍正元，字元则，歙人，工兰竹。项良士，字宾王，歙人，工兰竹。项声宏，字少广，歙人，工山水。项志弘，字师尹，工山水。罗九鼎，字禹金，歙人，工山水。程光远，字自迩，休人，工山水。李允若，字同生，休人，山水宗董源。吴登云，黟人，工花卉。程龙，字飞生，歙人，官总兵，工兰石。黄正中，字仲莲，歙人，工山水花卉。许楚，字小江，歙人，工山水。余襄，字鲁生，休人，工山水。汪亮，字元昭，歙人，工山水。黄成象，字熙公，歙人，工花卉。洪朝宷，字亮卿，歙人，工书及蕉石。詹新，休人，工山水。郑之珉，字仲玉，歙人，工山水花卉。郑尧功，字虞祖，歙人，工山水。汪遴，字子彦，歙人，工山水。方矜式，字子范，歙人，工山水。黄尚文，字三操，歙人，工山水。吴万春，字敬阳，歙人，工山水。汪序，字元序，休人，工山水。汪育，歙人，工山水。汪启徽，字开美，歙人，工山水。汪然，字子然，歙人，工山水。汪葵，字叔向，歙人，工山水。汪葵疑即汪璧人。汪启基，字复康，歙人，工山水。汪琳，字琳玉，歙人，工山水。胡引年，字安期，歙人，工画兰。汪常，字季常，歙人，工山水人物。汪克开，字善初，歙人，工山水。吴一丘，字宗鲁，歙人，工山水。程政，字逊之，歙人，工山水兰竹。罗胤槁，字弘光，歙人，工山水。程愉，字澹之，歙人，工画兰。方世振，字子玉，歙人，工山水人物花鸟。程谦，字牧之，歙人，工山水佛象。程性，字仁之，歙人，工画兰。吴隐，字去尘，休人，工画竹，又工金胎雕漆。叶复初，歙人，工山水。汪为龙，字元震，歙人，工山水人物。胡山晖，休人，工山水。吴恭祥，字鉴玄，歙人，工山水工书。方光泗，字淑斯，歙人，工山水。汪道生，歙人，工山水。罗日华，字卿子，歙人，工山水。程惟广，字管若，歙人，工山水。闵以敬，字元放，歙人，工山水。汪嵩龄，字大年，歙人，工山水。潘文学，字叔夏，歙人，工山水。吴靖，字安竟，歙人，工山水竹石。吕芝，字瑞芳，歙人，工山水人物佛象。罗成绣，字叔誉，歙人，工山水大士象。汪维烈，字尔张，休人，工山水。汪之琰，字幻雯，歙人，工山水。吴贞，字子一，歙人，工花卉。罗世鼎，字叔九，歙人，工山水。程于望，字日睿，歙人，工山水兰石。罗西星，字聚之，歙人，工山水。程鹄，歙人，工山水人物。江长庚，字杯明，歙人，工山水。方凤，字世鸣，徽人，中书，工画兰。洪焯，字仲敪，歙人，工画竹。鲍齐水，字仲常，徽人，工山水。

清：龚贤，字半千，徽人，工山水。叶雨，字润之，徽人，工山水。查士标，字二瞻，徽人，居扬州，工山水工书。吴山涛，字岱观，徽人，举人，官县令，工书画。张彦，字子粲，徽人，工画兰。张邦，字是居，徽人，工山水。方世维，字匡时，徽人，工画兰。吴昕，字仲徵，徽人，居杭州，工山水。李荀，字荀若，徽人，山水宗黄子久。程璧，字昆石，徽人，工山水。吴定，字子静，徽人，工山水。张成，字性也，徽人，山水人物宗盛茂烨。方辅，字密庵，歙人，工书。汪由敦，字谨堂，徽人，工书。汪承霈，由敦子，工书。

承尧按：此书原式，方辅以下三人，另行附列，其为后加无疑。所录徽歙人不传者甚多。如郑超宗仅注举人，不书其官：，许青岩，不言字芳城而书小江：，渐江上人，不著其为僧，仅书江韬：，程鹄不书字昭黄：，吴去尘不称吴拭。想见成书甚早。即最后之吴定，乃黟人，生于崇祯时，犹及见渐江也。惟朱白民苏人，此云婺人；龚半千，宁人，此云徽人，他书不见，未知何据？恐有讹误。方士亮，字若绳，此云君绳，或亦有误。孙逸，字无逸，此云逸之，或是别署。又，方凤，歙岩寺人；汪中，丛睦坊人；程六无，他书作歙人，此云休人，当俟他日详考矣。又吴左干有子能继父业，郑千里有二子俱工画，亦县志所未详也。

《画史汇传》中所录歙画家

长洲彭蕴璨朗峰所编《画史汇传》，取材未见该博，而于近代较详。兹将其中歙人录出。已见前者，但录其姓名，如有佚事可录者仍录之。又凡称新安人或徽人不详为何县者，亦附录以俟考，已确知为他县者未录。

洪承祖，字灵士，号林士，又号紫霞山人。新安人，家邗上，写生钩染，天趣横发，师法南田，为士林高品。山水非所长。见《墨香居画识》。按：紫霞山在潜口，疑是歙潜口人。

洪范，字石农，休宁人。福郡王康安驻节两粤，延为幕客，仕至兖沂曹道，善山水，见《耕砚田斋笔记》。按：范歙西乡东村人，距王充里许，距吾村三里，今其村遗迹已灭。见前。

洪挺庵，新安人。笔墨迥别时流。见《图画宝鉴续纂》。

江念祖，字遥止，歙处士。摹古有自得之致。见《读画录》。按：已见前。

江恂，字于九。画藕花，华湛可爱。

江昉，字橙里。善写生，于秋葵为最工。

江德量，字秋史。人物花鸟无俗韵。上俱见《墨香居画识》，俱已见前。

江玉，字坚甫，初名珏，字兼甫，号兼浦，又号玉初。从左田先生游。庚申试京兆中副车，以誊录选溧水教谕。工篆隶。画花鸟笔意清拔，传色浓至，于恽派外，别树一帜。惜中岁殁。长于花卉。见《歙志》。已见前。

徐柱，字石沧，又字桐立，号南山樵人。工画。方士庶弟子。游邗上，馆江橙里家。亦工诗。尝自画《南山樵隐图》，点染精妙，题者甚众。见《墨香居画识》及《扬州画舫录》。见前。

余新民，字四维，徽州人。山水意在笔外。见《图绘宝鉴续纂》。疑非歙人。

吴山涛。见前。

吴秋林，歙人。绘事宗周臣，兼工兰竹，书法赵吴兴。见《紫桃轩杂缀》、《无声诗史》。明人。

吴彦国，字长文，徽州人。足迹半天下，览名山胜景，又搜阅宋、元名迹。山水灵妙，布置得宜，名重当时。见《图绘宝鉴续纂》。

吴肃云，字竹荪，号盟鸥，徽州人。工山水。见同上。

吴旭，字子升，徽州人。山水人物写照均能。见同上。见前。

吴昕，字仲徵，徽州人，居杭州。山水淹润，人物宗吴伟。见同上。又见《钱塘县志》，《杭州府志》。

吴日昕，字药雨，歙人。工山水，摹石田、衡山两家。见《墨香居画识》。

吴麐，字栗园，歙人，居扬州汪贻士家。山水学子久，有古君子风。见《扬州画舫录》。《墨林今话》云：『麐，一字尧圃。山水出入元四家，以疏散简澹为主，其用墨干湿相参，不见痕迹，盖得熟中熟法，长于小幅。』见前。

吴文徵，字南芗，歙人。以诸生入资为同知。工山水，精篆刻，性简傲，上书言事放归。见同上。见前。

吴榕，字莲椒，又字才甫，歙人。司铎扬州。画梅宗宋、元，非其人不与也。见《画林新咏》、《墨林今话》。

朱同，字大同，号朱陈村民，又号紫阳山樵，休宁人。洪武中，举明经，仕为礼部侍郎。文才武略，图绘丹青，无所不到，时称三绝。入侍懿文太子，爱其书，殊亲重焉。坐事死。

见《明史本传》、《列卿记》、《詹氏小辨》、《覆瓿稿附录》。明人，见前。按：朱同从父升居歙石门，其文集曰《覆瓿稿》。

孙嘉驹，字幼鲁，又字芗谷。本徽人，以盐业为钱塘诸生，客台之乐城。善画工诗。见《两浙名画记》。

潘奕隽，字榕皋，又号水云漫士，吴人。乾隆己丑进士，为户部主事。道光壬午重与鹿鸣宴，晋员外郎。己丑重与琼林宴，又晋四京堂。以从子世恩官封光禄大夫、都察院左都御史。梅兰水仙，信手挥洒，天趣盎然。书宗颜、柳，篆隶入秦、汉人之室。喜吟咏。至九旬外，精神矍铄。诗文书画之外，别无他嗜，仙风道骨，得林下真趣。著《三松堂集》。乾隆庚申生，道光庚寅卒，年九十一。见《耕砚田斋笔记》。按：吴县潘氏，本歙南乡大阜人。

潘奕枏，字檀林，奕隽从弟，工山水花鸟，惜不永年。见《墨香居画识》。

潘奕钧，字效先，号鹤舟，奕隽族弟。工山水人物，点染花卉，尤精草虫，写水墨西方法相，颇得龙眠之法。见《耕砚田斋笔记》。

潘奕鳌，字有山，号馥亭，奕钧兄。技与弟同。见同上。

潘奕荫，字巨椿，号石泉。师其兄奕钧，又从学缪椿。工花鸟。见《墨香居画识》。

姚宋，初名霔，字雨金，号羽京，新安人，寓居芜湖。山水初学渐江。人物花鸟虫鱼兰竹以及指头木片、西洋编纸等，靡不工。又能于瓜子上画十八罗汉，诚为绝艺。见《画征录》。

曹榜，徽人。花鸟苍逸，似八大山人。见《画林新咏》。按：《墨林今话》言其乾隆中游楚北，识者重之。

罗聘，字两峰，自号花之寺僧，扬州人，金农高弟。工人物杂花，尤善墨梅，貌鬼独绝。农卒汉上，聘为归葬，搜罗残稿，汇刻其集，俱称高谊。雍正癸丑生，嘉庆己未卒，年六十有七。见《墨香居画识》、《疑年续录》。见前。按：聘为歙北呈坎人，居扬州。

罗元绍，字介堂。善画。罗元瓒，字练堂，号小峰，善画。见《扬州画航录》。按：《墨林今话》言罗允绍，字介人，聘子。画梅，承家法而变化之，亦以梅著名。时人称为罗家梅派。允缵，字小峰，聘次子。克绍家学，与兄均以梅花名于时。孙渊如题《小峰画册》有『瓣香绝技属君家』之句。又工山水。当即此二人，作元字误。

巴慰祖，见前。

杨宗白，新安人。善白描。见《无声诗史》。明人。

杨名时，字不弃，歙人。博雅多能，精于鉴古，丹青靡不擅美。又善临摹古帖，吴用卿《馀清斋帖》乃其钩摹入石。见同上。明人。见前。

王圻，字西溪，号郇雨，新安籍，寄居湖州。工写兰竹。闭户读书，不慕荣利，晚更栖心于禅。见《墨香居画识》。

黄本复，字来一，号仙源松子，居新安。花鸟虫草，笔意闲雅。见《百幅庵画寄》及《碌碌生杂咏》。

黄吕见前。

方式玉，字玉如，歙人。顺治中以明经授昆山训导，善画。见《江南通志》、《昆新合志》、《熙朝名画录》。见前。

方士庶，字循远，号环山，又号小师道人，歙人，家淮扬，为马氏玲珑山馆上客。能诗。乾隆初，扬州诗人有前五君咏，盖指环山、樊榭诸公也。山水受学于黄尊古，落笔苍秀，动依古法。其得意之作，皆钤『偶然拾得』小印。瓜田谓其用笔灵敏，气韵贻宕，有出蓝之美，为艺苑后劲。惜中寿而殁。殁后，诗稿归其族叔方息翁点定。尤工五言，如『路暗恐行旅，林昏失晚炊。秋馀黄叶后，人到菊花先』。律格澹远，画亦似之。见《墨林今话》。余又见其题画一诗云：『郁密林峦荡漾湖，亲朋都在此山隅。麦场已了蚕桑罢，撑个船儿会酒徙。』亦有别致。见前。

方元鹿，字竹楼，歙人，居镇江。山水工细似龙眠，墨竹尤妙，能以书法行乎其中。风晴雨露，别具文心。诗学放翁，词宗梦窗；楷则衡山，行兼苏、米。本饶于资，少耽翰墨，凡习一艺，必扃室经年累月，磨炼以成，秃毫填满几榻，故家业废，而各精妙。见《墨香居画识》。又《墨林今话》云：『竹楼晚年贫病，藉画自给，著有《寒衾集》。性嗜酒，吴縠人赠句云：「得钱但邀鞠道士，画竹欲过梅沙弥。」蒋心馀亦有画竹歌赠之。』见前。

方嵩，字峙泉，号桐庵，歙人。工大幅山水。见《扬州画舫录》。疑歙人，俟考。

汪罕，官主簿，善画竹，工书，所至醉墨淋漓，人争取之，以为奇玩。见《师山集》。元人。

汪建，字元植，徽人，善画。

汪澄，字澹然，徽人，善画。俱见《画史会要》。

汪庆，号云山，歙人。善仙佛。见《无声诗史》。上俱明人。

汪智，字睿生，歙人。山水秀润成，雕刻桃花石山子，楼阁林木，人物花鸟，精巧独创。见《图绘宝鉴续纂》。

汪溥，字永思，号芝田，又号问政山樵，镇洋人。山水清润冷隽。见《镇洋县志》、《画征续录》。《国朝画识》云：『芝田太仓州人，甲戌探花，廷与之祖。』按：问政山在歙城，疑歙人。

汪泰来，字陛交，新安人，占籍钱塘。康熙壬辰钦赐进士，授中书。善花卉，尤长松石。

见《画征续录》。

汪绎辰，字陈也，杭痒生。泰来子，世其学。见同上。

汪南鸣，新安人，寓淮扬。善山水，能诗。见《方南塘集》。

汪绳英，字祖肩，一字静岩，新安人，家桐乡。富收藏。山水得法于徐溶，笔气高远，识力亦超。能诗。见《画征录》。

汪俊，字杰士，号碧嶂。工诗画。见《扬州画舫录》。疑歙人。

汪焘，字春明，歙人，居扬州。工书。见同上。

汪熙，字宇周，焘弟，工画。见同上。

汪元波，善画。见同上。

汪玉波，善画。见同上。疑歙人。

汪灏，字石梁，号竹农。性古雅，工诗画。见同上。疑歙人。

汪霭，字涤崖，号胥原，歙人。山水宗大凝云林，时称逸品。见同上。

汪榀，字中也，江都人。画仿倪高士，尤精金石学。见《墨香居画识》。疑歙人。

汪潮生，字汝信，号饮泉，江都诸生。工花卉，尤精填词。有《昉溪渔隐词》。见《蜨隐园书画杂缀》。按：昉溪在歙北。疑歙人。

汪浦，字玉宾，歙人，寓广州。以画美人名，并工花鸟。见《剑光楼笔记》。

程达，歙人。人物山水，能尽六法。见《徽州府志》。明人。见前。

程胜，字仲奇，号六无，歙人。工山水，以焦笔写蕉兰，肆笔草草，晴雨风烟，各臻神妙。见《画史会要》。明人。见前。

程环，徽州人。青绿山水人物，派从仇出。见同上。明人。

程嘉燧见前。明人。

程邃见前。

程正揆见前。孝感人，疑原歙人。

程鹄，字昭黄，徽州人。供奉南薰殿，挥毫称旨。酷爱笔墨，凡一技一能，无不延揽。又遍游襄楚晋燕，摹宋人，不特山水绝伦，花鸟悉精妙。见《图绘宝鉴续纂》。按：鹄，歙人。

程鸣，字友声，号松门，歙人，籍仪征。补痒生。山水得程邃法，干皴枯墨，运以中锋。诗出王士禛之门。见《画征录》、《渔洋集》。又《墨林今话》云：『松门仿山樵大痴，沉郁苍浑，别饶深致，与陈楞山、方环山、厉樊榭为诗画友。奚铁生藏有松门为樊榭写《垂虹放棹图》，并诗云：「水国春寒不肯晴，云鸥飞处有诗盟。扁舟爱向垂虹泊，又阻吴门半日程。」一为《西溪卜居图》，题云：「小住西溪第几弯，蟹村渔舍鹭鸶滩。扁舟他日还相访，十顷芦花当雪看。」读之可想见其风致矣。』见前。

程之廉，字立岩，徽州诸生。善山水花卉。为女史鲍诗师。见《画征续录》。见前。

程琳，字云来，歙人，居嘉兴。善花卉，尤工水墨牡丹。见《画征续录》。

程林，字周卜，号青壑，新安人，占籍丹徒。山水不用设色。见同上。

程泰京，字紫晋，号了鹿山樵，林之宗人，占籍浙江。举孝廉。山水学元人，不喜设色，兼善草书。见同上。

程嗣立，字风衣，号篁村。淮安明经。能山水，工吟咏。见《墨林韵语》、《方南塘集》。按：嗣立歙人。见前。

程晋涵，歙人。工字画，识古器。见《扬州画舫录》。

程兆熊见前。

程振鹭见前。

程荃，字蘅衫，仪真明经。工山水，精篆刻。见《徽州府志》。疑歙人，俟考。

凌畹，字又惠。学画于方维。佛象山水，有出蓝之誉。见《周亮工读画录》。按：畹，歙人。见前。

金汝霖，自号藤溪钓叟。新安才俊士，薄声名而慕闲旷。从容山水，游戏翰墨，咸有生趣。见《云阳集》。宋人。俟考。

金象，字乾阳，号鹤双，新安人。初入三茅修道，继居罗浮，后至武夷。善书画。早为诸生，弃而入道。年逾七十，康熙初年羽化。见《武夷山志》。

董维，字四明，号遯庵，黄山人，居江都。画法宋、元，雄浑莫及。见《图绘宝鉴续纂》。

项悰，字屺云，徽州人，流寓嘉定。山水仿思白、长蘅，互参成家。子松，字林士，亦善山水，人以小米目之。见《图绘宝鉴续纂》。

李流芳见前。

李杭之，字僧筏，流芳子。见前。

李希乔，字迁于，号石鹿山人，歙人。长于竹石人物，工篆刻，钩勒法帖。斲竹镂刻如写生，称绝技。见《施愚山文集》。

李縠，字璞，新安人。初以张珏著名江右，别开生面。至经年或作一副。见《图绘宝鉴续纂》、《耕砚田斋笔记》。

赵尹，字莘子，徽州人。刘度高弟。山水仿北宋人，笔墨遒劲，蹊径缜密，有出蓝之誉。见《图绘宝鉴续纂》。

鲍楷，字端人。见前。

戴远，字士宏，号毅斋，新安人，侨居吴门。工人物花卉。早岁游都门，与修『南巡盛典』。见《墨香居画识》。

郑元勋，字超宗，崇祯癸未进士。山水仿仲圭。见《画史会要》、《无声诗史》。按：元勋歙人。见前。明人。

郑重，字千里，歙人，流寓金陵。善写佛象人物、山水小景，摹仿宋、元，体韵精研。见《无声诗史》、《图绘宝鑑续纂》。明人。见前。

郑完，字完德，居金陵。重子。山水人物，传其父学。见《无声诗史》。见前。明人。

郑嵩，字息中，新安人。善花鸟草虫，写生尤精。见《图绘宝鉴续纂》。或云郑嵩字天峻，号颖溪，天都人。

郑旼明人。见前。

毕懋康，字东郊，新安人。以进士官御史。画宗辋川富春笔意。见《画髓元诠》。明人。见前。

释渐江见前。

女史江秀琼，字瑶峰，歙县人。畹香中丞女，如皋诸生张仰斋室。善丹青，工诗。著《椒花馆集》。见《名媛诗话》。见前。

女史吴娟，字眉生，新安人。画笔出入倪、米。竹石墨花，标韵清远。幼娴诗歌，委禽汪生伯玉，藉砚田供资斧。诗词婉畅，书体遒媚，时称女博士。见《无声诗史》。明人。

女史吴申，字蕙姬，歙人。涵斋女，钱塘钱东室。水墨花卉，楚楚有致。诗有《双梧小草》。见《墨香居画识》。

女史方畹仪，号白莲居士，歙人。石村宗伯女，罗聘室。善梅花兰竹。著《学陆集》、《白莲半格诗》。见《撷芳集》。见前。

程琼，字飞仙，休人。歙比部吴震生室。见前。

鲍诗，字令晖，平湖人。别驾怡山女，征士张云锦室。姊妹四人，皆知书善画。令晖从程之廉学花卉，传白阳法。能诗，造句幽秀，著《鹤舞堂小稿》、《吾亦爱吾庐诗抄》。见《画征续录》。疑原歙人。

附录：汪琛，号阮溪，自称江南老道士。工人物。按：阮溪在歙。疑歙人。

叶雨，字润之。山水仿佛李士达。见前。

以上校阅一过，无甚遗漏，惟所称徽人，不尽属歙，仍俟详考别析。

补录歙画家

江振鸿，字吉云，又字成叔，新安人，寄籍邗上。善诗古文词，工草书，又善山水花卉。皆精妙。颇自矜重，不轻为人染翰。性好客，家有康山园，海内名流至邗江者，必造焉。流连触咏，殆无虚日。山水不减衡山，花草不减白阳。见《墨林今话》。按：是歙江村人。

吴鸿勋，字子嘉，歙人。举人。工兰竹。曾佐曾文正幕。同治时寓沪。见《海上墨林》。

吴永成，字莲生，歙人。写兰竹有古法。又精医。见同上。

潘曾莹，字申甫，号星斋。奕隽孙，世恩子。辛丑翰林，官吏部侍郎。初写花卉，淡冶有致。晚工山水，秀逸旷远，极似王恽。小幅尤妙。夫人陆氏，号琇卿，亦画兰，善吟咏。刻有《小沤波馆题画诗》。见《墨林今话》。

王惟馨，字荃心，歙县人。工山水。见《瓯钵罗室书画过目考》。

黄继祖，字弓良，号秋山，新安籍，居魏塘。写意花鸟，在青藤、白阳之间；山水渊懋浑成，尤近梅花庵主。兼精鉴别。见《墨香居画识》。

黄照，字煦堂，继祖叔。善山水。侨寓淮扬。人谓继祖以沈著为宗，照别具疏秀之致，同学异能，真堪竞爽。见同上。

黄圻，字文石，继祖弟。工钩染花草，画菊笔情幽秀，冷香可掬。见同上。

黄埙，字振武，号丙塘，歙人。父业盐筴于浙，以商籍补诸生。墨菊颇饶幽致，竹则双管交飞，解悟昔人怒喜行笔之旨。甫成童，九经、《史》、《汉》即能贯串融会。与人交，胸无町畦。工大小篆隶，亦复寄兴铁笔。见同上。

黄烊照，字默谷，歙县人。官广东佛山同知。罢归，旅居汉口。工诗画，曾为芳原写王建『中庭地白树栖鸦』句，意苍浑具清润之致。见《墨林今话》。

黄筠庵，不知何许人。画石极有名，以淡墨作瘦石，不用渲染而凸凹自具。见《清朝书画录》。按：即黄锠，歙潭渡人。见前。

方维，字尔张。仙象山水学郑重，而稍加流动。凌又蕙畹又学于尔张，而有出蓝之誉，其道乃大行于淮扬。见《读画录》。按：维，歙人，见《古今画史》，作字士张。

方乾，字又乾，一字希仙，歙人。山水花鸟，超妙入神，与宋人并辔。见《图绘宝鉴续纂》、《秋山读画录》。

方启蒙，字凡庵，徽州人。墨兰每幅千本，淋漓可观。见《图绘宝鉴续纂》。

汪延庆，字晓芸，歙人。山水师文董，笔意工整。见《瓯钵罗室书画过目考》。

程门，字雪笠，歙人。工画瓷。见前。

项继皋，字兰谷，晚号懒叟，歙县人。弱冠时来锡。即家焉。初习质库业，得暇勤学书画。画宗米法，晚年嗜酒落拓，鬻画为生。见《清朝书画录》。

郑赞，歙人。工花卉草虫，得宋、元人意。见《清代画史增编》。

郑叙，字非庵，歙人。工墨竹，见同上。见前。

释虚谷，姓朱氏，籍本新安，家于广陵。粤乱时，以参军效力行间，忽有感悟，遂为僧。不礼佛号，惟以诗书画自娱。山水花卉，蔬果禽鱼，落笔冷隽，别开町畦。书法亦奇古绝俗。诗多奇句。同时如任颐、胡公寿辈，皆心折焉。寓沪数月，求者云集，画倦即行。光绪丙申，坐化于城西关庙，年七十二。见《海上墨林》。按：虚谷，歙人。

张道浚，字廷先，新安人。从其父钺，寓居虞山，有来鹤堂，学晋人书。鼓琴画竹，悠然修洁之士。见《国朝画识》引《琴川志》。

潘师升，字竹坪，官农部，为榕皋先生族人。工写兰竹，下笔清劲。家藏名迹甚夥。有管夫人画竹长卷及梅道人一叶竹，稀世之珍也。辞官归里，日事盘礴。又与云山野史游，相与究论。人索其画者，不吝挥洒。工力于是益进。见《墨林今话》。

罗两峰《鬼趣图》

蒋宝龄《墨林今话》云：两峰山人，学问淹雅，工诗善画。少时值马嶰谷兄弟开设坛坫，海内文士，半在淮扬。山人执贽从金寿门游，所学益精，已而遍走楚、越、齐、豫、燕、赵之地。三至都下，所主皆当代钜公。野服萧然，跌宕诗酒，或醉后作画，尤觉神来。山人夙耽禅悦，尝梦入招提曰花之寺，仿佛前身即其中主僧。遂自号花之寺僧。精修白业，多写佛象，庄严清净，宛然面壁宗风。年六十馀，在都贫不能归，时宾谷先生转运扬州，寄资俾其子迎归。未一载，卒。所著有《香叶草堂集》，覃溪学士彀人祭酒序之。两峰画人物、山水、花草、梅竹，无不臻妙，尤著名者为《鬼趣图》。鹿成王椒斋尝语余曰：『山人生有异禀，双睛碧色，白昼能见鬼魅。后颇自厌恶，乃以法魇之，不复见矣。』其生平所作，不止一本，钱竹汀宫詹题，引龚圣予之言曰：『人以画鬼为戏笔，是大不然，此乃书家之草圣也。岂有不善真书而能作草书者哉？』蒋心馀太史赠诗有云：『两峰嵚寄人，资禀铁流辈。展足裂地维，放手破天械。碧眼燃温犀，万鬼失狡狯。神光制瞳人，下透转轮界。』谓此图也。

吴南芗逸事

《墨林今话》云：歙县吴南芗少府文徵，以画名公卿间，游迹甚广。与孙渊如方伯最善。方伯官山左，尝以生平所历，乞其制图，凡数十帧，各有诗纪之。南芗山水法元四家，亦间涉北宋。花卉杂品，师白石翁，自尺笺以至丈幅，必尽心经营而后下笔。书工分隶行草，皆遒媚入古。亦精篆刻。曩在京师，曾上书论保甲事，议以为狂。当得罪，上特宥之。晚岁寄居吴下，思以岐黄术行，大书于门，而延请者迄少，仍取给于笔墨。尝写芦蟹巨幛，郭索数百辈，反侧各殊，靡不生动，众称神品。后往淮扬。不得志，旋返。郁郁以卒。有自画东方三大圆，题者极富。

潘榕皋逸事

《墨林今话》云：潘榕皋先生奕隽，官户部主事。尝典试黔中，家门鼎盛，子侄并掇巍科。而先生性独萧澹，早弃簪绂，高卧垂三十年。平生著述甚富，所刊《三松堂集》，久为艺林传诵。书兼行楷篆隶。山水师倪、黄，不苟下笔。惟喜作写意花卉，画兰尤得天趣。近岁闭关养高，罕与世接，藉图史碑刻以自娱。或于春秋佳日，与吴中耆旧，飞觞坐花，联真率之会，赋诗记事，人望之若神仙焉。岁壬午重宴鹿鸣，江、浙两省，惟先生与秋室学士两人，时称『吴越二老』。秋室作诗贺之。有『争羡头衔今特晋，从来员外是诗人』之句。先生年甫六十，卜胜地于绿亩山，林泉窅窱，生圹附之，其标格尤不减司空表圣也。

《画识》云：先生画笔潇洒，不加粉饰，而天趣盎然，迥非凡品，惜不多作。曾写『虞山秋眺图』，得娄水正宗。余于云间沈屺云家，见先生墨兰长卷，笔笔古厚，每段自题，或诗或跋。其一绝云：『清风遥翠鬓，凉露滴苍玉。美人胡不纫，幽香满空谷。』并一跋云：『兰以香胜，而其韵在叶。过风而叶尤胜也。』诗跋俱隽妙。又《画梅为郭匏雅》云：『湖光山色满帘钩，人与梅花共一楼。丙舍墓田馀地在，结邻也拟筑菟裘。』可想见其高致。

洪石农逸事

《墨林今话》云：洪石农观察范，住歙东桂林村。博雅工诗，书法画笔，俱磊落超隽，雄视一切。早岁声溢都下。以诸生佐福郡王幕，从征后藏。所历西番各部，山川战守形势，悉绘以图。叙功历官运河河库道，一时名士归之如云。其画山水，以痴翁为宗，苍浑见骨。墨竹师东坡，潇洒清劲，着纸欲飞，间作万竿烟雨及片石疏林小幅，则又别饶意趣，世争宝之。其初守同州，为唐太傅宦游地。郡有白楼，观察书画角署印曰『白楼过客』。其和易近人处，亦似香山。自同州以忧归里，闻黄谷原画名，渡江访之。其爱才如此。

按：石农已见前。本东村人，此云居桂林，未知何据。

歙事闲谭卷二十六

吴茵次《宋金元诗永》

《宋金元诗永》二十卷，近于丰南吴绮川处借得之。卷首书延陵吴绮茵次选，蒲吾崔华莲生订，济阳江闿辰六、江湘文江较，皆书族望，不系县籍。辰六，茵次婿也。前有康熙十七年徐乾学序，次茵次自序，书『康熙戊午柘月望日丰南吴绮书于看奕轩』。有吴兴太守印。次骈文《征刻吴湖州选宋金元诗启》。末书『弟徐乾学、陈维崧等具』。次凡例，略言『所选多秘本，博搜非易，阅两寒暑而成。助之者，淡心、孝威、鹤问、亦陶、郢上诸君，而始终厥事，订正剞劂，又得郢上之力为多』云。今观其选诗要旨，盖以唐人诗法读宋、元人诗而已。徐序言：『自严沧浪论诗，有大小乘禅之喻，明高廷礼因之。北地、信阳、娄东、历下前后同声，学者莫不家开元而人大历，宋元诗集几于遏而不行。近代一二大雅之士，昌言排击，乃稍稍复言宋元。茵次先生当今称最工诗，实宗三唐，而唐以下无不钩贯，故删次宋、金、元人诗，都为一集。其所收者，纵横变化，各尽其才之所至，而粹然归于大雅。其疏野凡俗，稍落窠臼者，概从刊削。』此数言，即茵次选诗之意也。

吴东岩《杜诗提要》

吴东岩瞻泰《杜诗提要》十四卷，近亦从绮川借得。前有汪于鼎序，称『棋中同学弟汪洪度撰』；次东岩自序；次凡例。

东岩论杜诗，一主于法。其凡例言：『曰高、曰古、曰深、曰远、曰长、曰雄浑、曰飘逸、曰悲壮、曰凄婉，严沧浪之《诗品》也。然皆在影响疑似之间，不若少陵自道，曰「沉郁顿挫」。沉郁者意也，顿挫者法也。意至而法亦无不密，以意逆志，是为得之。』又言：『诗至老杜，千汇万状，而离奇变化，不逾榘矱，固言之有则者也。初以「杜诗则」名书，丙子秋持以质吾师田山蘁先生。先生举韩子之言，易名曰《提要》，遂从之。』又言：『宋、元以来，笺注千家，旁搜远绍，积日穷年，咸有采录。而老友黄白山生、汪于鼎洪度、王名友棠、余弟漪堂瞻淇，晨夕析疑，凡所征引，悉署某贤，不敢窃取。余门人程南岑崟、程翼山御龙、方北山愉、程实夫亶、罗千仞振及弟青涯瞻澳、录机瞻麓、宾门揆，笃好此书，人各手录。友人罗东万挺，素嗜杜，一见兹编，袖归示其子弟，遂代付剞氏』云。

洪序略言：『余少亲炙白山、方舟两公，即知尊杜，因潜心以学者有年，间亦有心得。终如山谷所云，欲随欣然会意处，笺以数语，卒汩没于世俗而不暇。不意于吾友东岩观厥成焉。东岩伥伥凉凉，澹于世好，溪云山雨中，以及舟车行役，于书无所不窥，而独癖嗜杜，积数十年丹铅弗辍，屡经削稿，然后成书。博采前人笺注，得者仍之，失者正之。于浣花老人谋篇命意，章程纪律，起伏顿挫之法，披剥剔抉，不失累黍』云云。

今观其评诗旨趣，盖与黄白山《杜诗说》略同。注中亦时征引白山之说。洪序中所称方舟乃洪舫也。舫，洪源人，尝奉屈三间、杜少陵木主于堂，朔旦礼之，亦曾注杜诗者。

明嘉靖间汪氏宗谱所载遗文

明嘉靖间刻本，唐模李木下《汪氏流芳集》，乃汪椿字仲龄者所编。中多遗文，为府县志及《新安文献志》所未见。

兹录其晋淮安侯汪旭上谱表云：晋成帝咸康二年丙申三月，诏索天下谱，淮安侯汪旭上《颍川晋初陈郡阳夏县西乡靖仁里汪氏大宗血脉谱》。文曰：『臣旭言，臣等千载有幸，奉诏品量，分别姓氏，臣承黄帝之后，玄嚣之苗裔。周武王弟周公旦鲁伯禽之后，至成公黑肱次子汪，封汪侯，食邑颍川。臣四世祖文和，汉建安二年为会稽令，因渡江而家焉。子孙遍布诸郡，靡不簪缨，以臣无功，蒙用领授护军司马丹杨太守淮安侯食邑二千户，索臣来繇，谨治旧谱婚宦职状，诣阙拜表以闻。臣旭诚惶诚恐坐罪谨言。』敕付尚书著作郎袁彦叔，尚书著作郎知谱臣袁彦叔奉敕品入。袁彦叔曰：『臣读汪氏家谱云，汪氏承周之苗裔，鲁伯禽之胤，成公黑肱之次子汪侯之后也。谥命族姓，观诸经传子史，实是不虚，汪锜、汪量名宦周秦之朝，汪胜、汪晃德昭汉世，显著风烈，品流汪氏，可证纲宗胄族者矣。』

又载唐汪华上谱表云：唐太宗贞观十二年，诏高士廉等遍责天下谱牒。左卫白渠府统军汪华上表曰：『臣华言，臣上奉明诏，责臣家状姓谱，齐贵贱之繇来，品源流之优劣，德懋懋官，功懋懋赏。臣伏阅旧谱，分封创于姬旦，得姓始于汪侯，枝叶相承，代膺簪祓，或腾芳周室，或著义秦朝，冠冕蝉职，悉称良最。暨汉建安之岁，臣三十一代祖文和，膺荣墨绶，治任会稽，遂居江左。牧守建抚之荣，令书握阑之望，源流不惑，代次无疑。如臣何功，蒙思再锡信圭，授左卫白渠府统军，以备宿卫。臣今谨缮写一通，具婚姻职状，进奏以闻。臣华诚惶诚恐顿首谨言。』

又载武德四年九月甲子歙州汪华奉籍归唐表云：『乾坤革运，帝王有真，据地利之善便者，当思天命之攸属，臣本田家，强起山谷，不忍盗贼戕害生民，遂率一方相与保聚，伊图左右，率属归心，故能赈乏窒奸，镇安境土，抚养黎庶，以俟定一。今闻天应受禅，革命肇基，敢令宣城长史铁佛奉表以闻。』

又载唐高祖封越国公诰，『诏曰：门下汪华，往因离乱，保据州乡，镇静一隅，以待宁晏，识机慕化，远送款诚，宜从褒宠，授以方牧，可使持节总管歙、宣、杭、睦、婺、饶等六州诸军事，歙州刺史上柱国封越国公食邑三千户。主者施行。武德四年九月二十二日中书舍人颜师古行。』

又载唐汪台符重建越国公庙记云：『天不欲盖，地不欲载，两曜不欲凝，万根不欲生。起玉石一尘，贤愚一皿，则神人不得不降，圣人不得不作，我唐不得不兴，越公不得不起。而不失进退存亡者，越公得之矣。隋鹿不醒，群雄率舞，公矫翅一鸣，声老千古，提山掬海，沃沸填危。扫平反侧之源，归我唐虞之际。武德四年高祖下诏曰：汪华往因离乱，保据州乡，镇静一隅，以待宁晏，识机慕化，远送款诚，宜从褒宠，授以方牧，可使持节歙、宣、杭、睦、婺、饶等六州诸军事，感天人知己，趋玉阙言怀，龙剑一沉，死而不朽。贞观二十三年也，有棠树之诗，无良犬之叹，因得父老，请建祠堂，在郡厅之西。大历十年刺史薛邕迁于乌聊东峰。元和三年刺史范传正又迁于南阜，即今庙也。中和四年，刺史吴公圆克荷冥应，复新栋宇，迄今司空浔阳公景慕英尘，又经始灵台，凡三迁三饬，物不告劳，民惟求旧。济于时，死于国，功宣教化，则祭之，其馀不在祀典。狄梁公按察江淮，焚淫祠七百所，朝野踕之，所谓能执干戈以卫社稷，越公欲盖而彰，虽焚不可得已，且汤不干，尧不湿，曷显圣人之政。唐震十有九帝，二百八十年，其间时有奴狂仆醉，触破王化。洎僖皇岁庚子，盗起曹南，逆尘犯跸，我淮王弘农公，大叫义声，千里奔命。宣、池、濠、寿、舒、庐、滁、和十有九郡绕我马箠，分我君忧。苟无将将之雄，莫破铮铮之胆，我司空浔阳公，独庖仁义礼乐，饵舒池常润，于歙最多。为政第一。慰本城之人，筑长久大本，岂矜壮丽一祠企望六郡，直在乎开物成务遗爱金石者也。台符越公之裔，浔阳之史。祖能神，主能贤，辞或不直，作神之羞，辱主之命。咨我邦人，同归典宝，庶可与言文论政矣。龙集壬戌十二月十有一日，馆驿巡官汪台符谨记。』

又载宋汪伯彦告庙文云：『维绍兴十年，岁次庚申，五月甲戌朔，越二十一日甲午，裔孙检校太傅保信军节度使、提举临安府洞霄宫新安郡开国公、食邑五千二百户实封二千一百户汪伯彦，谨以清酌庶馐之奠，致祭于远祖显灵英济王之神，惟神世雄黟歙，当孤隋之乱，起义旅，保一方，伐叛益师，所在寝广，人人依神为命。唐受禅，神知夫命有属，乃以六州所兴地，挈八子而归诸朝，天子嘉其忠，不使民陷锋镝，封越国公，命诸子班环卫，咸保荣禄。厥后身殁，血食里社，距今四百岁，益加显号，威灵如在，有感必通。子孙蕃衍昌大，棋布江左，绅笏相耀，世有显人。盖神有功于国，有德于民，积德流大，所以贻厥后人者，宜究究而未艾也。伯彦实神遐裔，奋自诸生，须逢百六，尝仗一旅之众，翊戴真主，再安神器，备位将相，视仪三孤，作屏邻壤，推厥叨昌，翳神之休。比以丐闲得诸持节钺至家，道出祠下，慨念遗流馀泽，凭藉扶持，讵敢忘所自耶。呜呼！万物本乎天，人本乎祖，报本返始，不敢不告，神之听之，其永孚于休，尚飨。」

按：汪华居绩登源汪村，时歙、绩皆称歙州也。宋理宗宝祐六年，更封昭忠广仁显圣英烈王。元顺帝至正元年，改封昭忠广仁武烈灵显王。宋理宗景定五年，封越公夫人钱氏协德辅顺昭惠妃。宋德祐元年，特封越公长子建崇德衍福广佑王，越公长孙修福惠侯。诰俱见谱中。

又按：谱载汪思立于元和丙戌，由登源汪村汪华故居迁唐模。思立性安静，喜读书，躬耕筑小室于灵山之麓，以终天年。颜曰『恬乐窝』，因自号恬乐翁。唐乾符丁酉，郡守吴人陆希声徇其孙克宽之请，为补作《恬乐记》。思立子义诚，号澹斋，刚明果断。乾符甲午，草寇孙端横行郡内，或有欲应之者，义诚曰：『不可，孙端等皆慓悍之徒，当覆灭。』后果然。癸丑，淮南节度使杨行密遣将田頵攻据本郡，随以团练使陶雅来治之。雅加重赋役，义诚力争，请无著为例，雅不听，遂永为民害。乾宁元年，婺人戴寿伯龄为作《澹斋记》。其后有名陟明号景光者，能读书，辟园林，种梅数十株，曰梅窗。宋绍兴三十二年，竹洲吴儆益恭为作《梅窗记》。又其后有名公室字廷珍者，讲学，教于乡，号栎隐翁。洪武甲寅，陈盘为作《栎隐记》。修谱之名椿字仲龄者，乃栎隐六世孙，以医著。其父名社育，字养德，号菜庵，亦能医，而善治圃。嘉靖十九年，吴绅为作《菜庵记》。椿承父业，又学于祁门汪机，卓著治效，著《本宗谱》十卷，《颐斋医案》、《医学先知》、《八法针灸辨说》、《子午流注图说》若干卷。侍卿方远宜柏庄为作传，甚详。其赠序、赠诗者，有参政双溪郑佐、知府新斋吴远、主政古山程烈、知州琴山唐仕、县尹豫斋徐淮、乡进士竹山程廉、姑苏黄省曾、乡选士石岩方元祯、祭酒上海伾山陆深、学士新庵唐皋，竹山唐溥诸人。

宋时有以弟继兄风俗

汪椿所修《流芳谱》，于『宋时下堠派别支祖守塾』下，注云：『椿按古人立谱者，所以载世系、序昭穆、别尊卑也。今按统宗谱，载守塾无子，以谦长子守道来绍，是以弟嗣兄也，又何有昭穆尊卑之别哉？今以守道次子灼继守塾，而以守道仍系于谦下，庶几人伦正，而昭穆有序、尊卑有别也。姑僭改之，以俟后之明宗者正焉。』

承尧按：余曾见呈坎罗氏宗谱，罗汝楫之子，即是以季弟继长兄为嗣。汝楫，鄂州郢州之父也。可见宋时有此风俗，甚奇。

冯承辉《印识》所录歙人

道光中，娄县冯承辉少眉纂有《印识》，近西冷印社印出。因录其所录歙人。

李流芳。见前。

吴迥，字亦步。工圆朱文。著《晓采居印印》四卷，刻于万历间，董文敏为作序。

汪关，字尹子。关子泓，字宏度。关有《汪尹子印式》四卷，以乌丝为规，而印印于中，赵宧光为题序。

程邃、程以辛，《啸虹笔记》：穆倩工诗，精四体书，为陈眉公弟子。少与万年少诸人游。锐意篆刻，醇古苍雅，篆家不可及。晚遇汪虎文，按：汪炳字虎文，休宁人，亦善印。出所作相质，汪曰：『君去奇古，一归缪篆正派，斯得之矣。』穆倩志其言，故暮年所作，尤为海内宝重。年八十馀卒。其次子以辛，字万斯，传其业。

江皜臣，程嘉燧《题江皜臣印册》云：『皜臣恂恂，贞不异俗，和不狥物，无山谷僻陋之气，无江湖脂韦之态，专精于所事，而无矜能争胜之意。昔我邑有汪曼容先生师何长卿，其技妙绝一时，昔未之见。若皜臣之擅长乎刻玉，比纵前人，为所推挹，固无俟余言矣。』

程林，字云来。精医，又好写花卉。子与绳，名其武，为制举业有声，亦善治印。

程原，字孟长，又字六水，新安人，见《印人传》。子朴，字元素，摹《雪渔印谱》四卷，陈继儒为作序。

吴麐，字仁趾。见《印人传》。

郑基相，字宏祐。见《印人传》。基相得何氏传，性孤介，秘不示人。隐于秦淮。

吴考权，见《俞仲蔚集》原注：「吴」一作「胡」。

吴良止，字丘隅。原注按：《考古正文印薮》，六卷，万历间江都江学礼诚甫集，歙吴良止中足摹。其中所载，皆重摹顾氏《印薮》诸印。诚甫自序，述摹丘隅吴君、玉溪董君、雪渔何君、岛南吴君。

吴山，字仁长，又字拳石。《印人传》，山与垢道人为儿女姻，作印亦似之。子万春，字涵公，亦能作印。按：山，不书何地人，疑是歙人。

吴道荣，字尊生，新安人，家于闽。工词，印能出己意。见《印人传》。

汪镐京，字宗周。于主臣修能后，继黄山一派。见《印人传》。

王梦弼，字叔卿。

方仲芝，《印人传》：家大人印，多喜歙方仲芝，以其工象牙、黄杨也。

江濯之，字汉臣，徽州人。《篆学渊源》：汉臣所刻晶玉印甚佳，名重公卿间。曹秋岳先生延之为上宾。后游闽卒。

按：以下《续印识》，凡称徽人、新安人，姑存俟考。

李希乔，字迁于，号石鹿山人。《施愚山文集》：石鹿山人，长于竹石人物，工篆刻，钩勒法帖，斲竹镂刻如写生，称绝技。

谢黄山，新安人。汪淇《尺牍新语》二编陆敏树曰：『手笔逼秦汉，晶玉尤绝。』

黄吕，见汪《印人传》。

张钧，字石衡，号镜潭。刻印苍劲，著《镜潭印赏》十卷。见汪《印人传》。

程瑶田，见汪《印人卷》。

吴肃云，字竹荪，号盟鸥，徽州人。工山水，能篆刻。随父家淮阴。见《图绘宝鉴》。

吴士杰，字隽千，自号漫公。刻印金玉晶牙瓷竹皆善，款识尤精。见汪《印人传》。

汪斌，字震瞻，号芥山。寓居钱塘。临摹文何。见汪《印人传》。

汪成，字洛占。印宗文氏。见汪《印人传》。

汪启淑，字慎仪，号秀峰，又号讱庵。

许钺，字锡范。见汪《印人传》。

黄埙，字振武，号丙塘。随父居浙，补商籍博士弟子员。工书画、篆刻，宗苏啸民、吴亦步。见汪《印人传》。

方成培，字仰松，号后岩。刻印仿程穆倩。著《后岩印谱》。见汪《印人传》。

吴晋，字日三，号进之。《画识》：日三本新安望族，迁娄县。精研字学，洞悉大小篆隶源流，篆刻亦得古趣。

胡唐，号城东。张船山诗：『胡君镌石石不死，一片灵光聚十指。浅镂深刻疑鬼工，精妙直过王山农。黄金一赢镌一字，红泥的的真能事。』

杨瑞云，字丽卿，号静娥，吴人；金素娟，长洲人，俱汪秀峰侍姬，工篆刻。

程德椿，字受言。工篆刻，有《十友斋印赏》、《四执园印林》。按：德椿列近编中。

按：以上所录，多已见前卷中，恐或有遗漏，录之以俟互证。

王勿翦《知新录》

丰山王棠，字勿翦，作《燕在阁知新录》三十二卷。刻于康熙丁酉，前自序及凡例。其书颇似《披芸漫笔》，乃读书时随手记录，积久成帙者。虽多引故籍，而无甚发明。自序中『少志功名，荏苒岁时，迄无成就，不得已以笔墨依人，糊中于邗江者殆二十年』。是勿翦固歙人而久客扬州者。卷中时引其父所著《樗园诗评》，论诗甚精，今亦不知为何人矣。勿翦乃王泰徵子，王千人。王千祠中有王泰徵进士扁额。

每卷首列参校四人，卷卷不同。同时名人如梅定九、靳熊封、孔东塘、朱竹垞、梅耦长、王箬林辈纲罗不少，歙人尤多，有甚知名者，亦有未见他书者。兹录之以广异闻，其非歙人从阙。吴苑鳞潭、张兆铉贯王、程浚肃庵岑川、洪嘉植去芜洪源、程增蝶庄岑川、吴建长卿莘墅、黄又燕思潭滨、洪泽瞻仁洪源、汪洪度于鼎松明、程垲爽林岑川、罗星璐景文长青、汪洋度文治松明、吴景游哲南古岩、鲍夔律庵、程庭若庵岑川、程元愈偕柳宣城、程振箕学庄岑川、汪薇棣园、吴菘绮园梅庄、程休征根洺槐阳、程渭航于蟠岑川、吴兰芳友莘墅、洪鈜孝仪洪源、洪鹤奇西亭洪源、曹志宏浚源、黄宗羲莲坡潭滨、洪慎行若山洪源、汪德龄汝锡、汪诜方宜、吴瞻麓录机梅庄、朱珣与白、鲍开孝宜、汪诚牧庭、洪肇楙时懋桂林、洪肇模铸先桂林、程御龙翼山澄潭、项道昕修渠小溪、程梦星洴江岑川、程式庄高亭江都、江瑞天玉、程莲宾华岑川、汪芹过园、吴瞻泰艮斋云门、程喈修驭岑川、方愉北山环山、程炜彤友、朱天植挺生环溪、程文蔚豹南岑川、程佶自闲、江注沧臣黄海、程钟葭应岑川、黄景爱堂潭滨、程銮真江，江宣儒汝为、程鳌师恪、江伦冠群枫岭、江承瑜昆元、吴瞻淇猗堂、程岙夔州岑川、汪文菁莪士黄海、汪士鋐栗亭潜溪、佘华瑞西麓、闵捷元凯、洪云行雨平洪源、程樌梧亭、鲍济作舟古塌、方韶二如罗田、程光奎斗文黄海、江祥石林篁南、程攀龙御李岑川。

上所注村名，皆仍其旧，其但注古歙者，则省之。偕柳、高嵂二人，书其寄籍亦仍之。

黄山异花

王勿翦《知新录》云：黄山异花极多，雪庄上人曾为绘图。予友吴绮园品题珍重，一一锡以嘉名。维时江苏宋中丞见图赏之，择其尤者，赋五言绝，计二十首，一时和者多人。先是新城明刑部尚书王公象晋谪官家居，著有《群芳谱》；康熙四十四年奉旨开馆广续，命编修汪灏、张逸少等四人为纂修官，凡一百卷，名曰《佩文斋广群芳谱》，载天下异花凡一百一十六种。黄海花之异者，始得列其名内。今将宋中丞所咏之花为之标榜，然其异者不仅是也。

金缕梅，似腊梅而瓣如缕，春日开时，翩翩欲舞。

捻腊，亦似腊梅，一苞四五朵，春杪开。

旌节花，老藤上作花，行行垂如旌节，色浅碧。黎州汉源县亦有之。

春桂，似桂而五出，三月开。

海霌花，生云海，春日遍厓谷，红色，深浅相错，至铺海时，烂然云锦矣。彷彿睡香而差大。

璎珞花，色黄碧，幽倩淡冶，清香隽永，有垂柳之态。

蕢桃，与桃无异，但花趺先实耳。

山樱，木本竹叶，初夏作花，实如含桃。

紫云花，花深紫，日光下烛，晶然凝望。

木莲花，在慈光寺前，高柯成围，密叶蔽日，冬不凋，花肖白芙蕖，惟房药不类，四五月开，香闻数里，山中无二本。

玉铃花，树高大茏葱，夏月碧阴中，白花串串，有类雕刻，香甚。

香杜鹃，杜鹃处处有之，此则高干浓香，迥异凡种。

石兰，一茎一叶一花，色紫，生峭壁上。

查葡花，木有芒刺，四月开小黄花如丁香。结实如丹砂。

覆杯花，攒生叶底，空中下垂，似镂竹髹朱而成。

仙都花，生仙都峰下，古干屈曲，花一苞七八朵，望之如芙蓉而特香，绿心如拳。三年一放，则叶下披，如相让然。

傲云花，形色似木莲，自夏徂秋香不断，叶亦微馨，悟公云舫四围皆此树。

鹅群花，藤属，似菰蒋，秋日着花，宛然鹅也。

叠雪花，花如翦雪，中含一壶卢，九月开。

紫绮、玉环，草花也，颇肖二物。

城阳院五轮藏

王勿翦《知新录》转录《罗鄂州集》云：

佛氏之书，载以五轮，此役之巨丽者也。以吾州人之勤于力，今歙县南所谓城阳院者，乃亦有之。先是绍兴中里人余聪买其书，号四大部，置院中。岁益久，主僧宗仁谋所以藏之，首得钱百万于同里张应周，而佘实、余端诚继之，钱各五十万。又别累积，凡为缗以三万计，一年而藏室具。又二年当乾道之九年而轮毕成，凡其书亦随具，斯亦难矣。夫五天竺，盖联缀木叶右行而记之以为文字，及其写以黄纸，标以赤轴，函贮而尊阁之者，皆华人之为也。然而未有轮也。傅氏铸铜以为式，其植若箸，横为梁，而中贯之，列七佛焉。触之以指，则转而不穷，是轮而已矣。其后因之为大轮八觚，上象钧天帝居，下为昆仑海水，仿百物以为饰，犹不尽其巧，则又分而为五。当其无事，不震不动，大小枞然。芬烟既作，有声枰然，起于地中，则有轧轧者群起而和。中听未及审，而所观变于前，恍然如入雷电之室，隐辚挥霍，而莫知所为，如五山之宫殿，岌嶪无所著，而随物播徙；如先庭之辂，礼毕而出，銮鸣毂动，相切而争驰。其上则为凤、为猊、为天人、为龙蛇巨雀之神。为旌盖、为纲铎、为金、为碧、为火与日、为草木华实，散放五八四十面之中，更见迭出而不相蔽亏。使玩常习故者睨之，震眩心目，而不知其外旷宇，天高地下，八方奠位，自若也。彼相进以技者，一至于此。

夫孰求其初，要而言之，此其意亦有所表，又以人之情悦于巨丽，得佐其说以行。惠子多方，其书五车，庄周伟之，以终天下之道术。东方生上书，至用三千牍，公车令两人共持，仅能胜之，人主忻然，读之二月乃尽。皆以言博而役巨，传之至今。今是书逾五千卷，藏之者又如此，独不为伟乎？宗仁御众以律，能使其徒皆乐事劝功，而智海尤坚忍，至以医道走四方，用佐费，所以能鼓舞斯人而与之为其难者欤。淳熙二年四月十五日州人罗愿记。

棠按：此院制作之巧，与密作堂相埒，为吾郡昔胜游之所，今已不及见也。故表而出之。

承尧按：密作堂亦见《知新录》。在彰德府华林园，堂周围二十四架，以大船浮之，于水为激轮，堂三层，层层能动。下层刻木七人奏乐；中层佛堂三间，刻木为七僧，以次进香献佛；上层亦佛堂，菩萨天人护法环绕右转。博陵崔士顺所制，奇巧为自古所无。

《知新录》记徽俗二则

《知新录》云：徽郡好离家，动经数十年不归，读晋《司马晞传》，有云晞未败时，宴会，娼妓作新安人歌舞离别之辞，其声甚悲。后晞果徙新安。则知此风自晋已然。盖新安居万山之中，土少人稠，非经营四方，绝无治生之策矣。

又云：周小司徒凡地讼以图正之，盖当时先生量地制邑，即有地图在于官府，民有讼即于图正之。今各县黄册专管一县之税，民间卖地买地必先于黄册挂号，一年一造缴于库，亦即古人之意也。特职其事者，往往上下其手，以致争讼不息，而地讼之为累，在新安为尤多。

程君房《宝墨斋记》

偶又见程君房《墨苑》十二卷，仍非完本也。内《玄工》一卷、《人官》一卷，俱残。《缁黄》一卷、《儒藏》二卷、《物华》二卷，完好。馀数卷无墨图，皆同时人投赠之作。兹录其自撰《宝墨斋记》云：

余观魏武，当汉之季世，宇内四分五裂，以彼雄才大略，睥睨神器，日提干戈，修马上之业。宜心神专有所属，他务未遑，然犹广招文人才士，驰骛词翰，据鞍草檄，横槊赋诗，故能父子兄弟，擅名邺中，六朝以还，鲜有俪匹，益信斯道为千秋大业，不朽盛事。扬子云乃以雕虫小技目之，至谓壮夫不为，何其说之谬乎！及观陆云与兄机书，言三台之上，曹公所贮石墨数十百甕。夫石墨今虽莫观，想其形质，亦当不甚可玩。何足多藏？盖曹氏酷嗜修文，翰墨实其所需，恒恐乏绝，故不觉其藏之多耳。向使孟德目不识书，手不作字，方将溺儒冠，焚典籍，何至藏墨于层台閟室，以资后来好事者之标赏为。

余为童子时，性即嗜墨，中岁专攻其业，晚益成癖。至倾橐倒囊，一无吝惜。客有规余者，谓子破产治墨，技固殚矣；第恐玄之尚白，异日何以为子孙计耶。余惟先世遗产，不逮中人，比余修业息之，幸累万金，乃今毕奉墨卿，成吾所好。昔灌夫有言，侯自我得之，自我失之，亦复何恨？况余一技之精，上掩千古；家之所藏，不减三台。尝笑李廷珪爇松为煤，和剂以漆，材质色泽，不足以当吾下品，徒以时无作者，横得美名。厥后德寿、重华两宫争购，仅得一笏，价倍黄金，几埒重器。使吾子孙，诚能守吾遗墨，不轻畀人，焉知后世不动尚方之求而长桐乡之价乎？且吾今日业已得当鉴赏名家，上自馆阁，下至山林，更仆悉数，殆百馀曹，言人人殊，品题则一。

序文，则管观察东溟云：『殚精竭思，寻真辨伪，得三昧于烟煤胶漆之间。』金黄门昆源云：『殚竭心思，剖抉玄妙，前无古人，后无作者。』彭侍御熙阳云：『坚而润，黝而光。探其闷密，其所玄解者，未易语人。』焦太史澹园云：『轻干黝黑，入砚无声。盖备墨之众美，古人所未及。』宋文学响泉云：『余尝于高丽茧吴江绫上试君房墨，及干，鲜明如鉴，始信仲将一点，端有此理。』朱太史兰隅云：『莹然星灿，耿然珠圆，焰不四灼，而烟轻如碧天颢彩。』又作歌诗，有云：『托迹桐乡与漆园，化人入火畴能燔。形销质烬精魄分，真灵乘气常氤氲。』顾太史邻初云：『进于道，疑于神，濡之而赫蹄粲，舐之而辅车芬，袭之而册府重。』屠仪部赤水云：『制作精良，实有神授，妙解秘密，不传之诀。经数十年后，当与李廷珪并传。』陶太史石篑云：『古称韦仲将之墨，一点如漆，至君房则真漆耳。』程比部人林云：『玄元若存，灵气绵绵，㧑今嗣古，其法无前。』董太史思白云：『横流四海，不减奚超，百年以后，无君房而有君房之墨；千年以后，无君房之墨，而有君房之名。』宋经略桐冈云：『制造精美，驾超轶谷，夺天地之工，穷人物之变。』赵太史溟南云：『幼博之墨，诸品咸精，而玄光灵气，几于神化。』祝谏议石林云：『墨品毋良新都，新都毋良幼博。墨道之兴，斯集大成。』王吏部澹生云：『至于造墨之佳，冠绝昭代，未闻奚珪父子握笔染翰若此者。公遂为千古一人矣！索得同官董太初一墨赞，此兄韵人中也。每叹赏佳墨，以为千金不换耳。』王山人百谷云：『佳墨一点如漆，可方仲将，无论潘李，况于鲁辈哉！』又赠以诗云：『身将墨隐非求市，老得诗名独擅场。』邢太仆子愿云：『幼博燃漆成剂，遂擅一时光价，几成墨妖。』钱山人和父云：『烟草胶漆，必精必良，龙文外昭，珠涎内润。』江中丞念所云：『幼博制墨，表里如一，绝类其为人，玄德茂矣。』洪太学汝含云：『坚而润，黝而光，真二两之烟，一点之漆，可以书王远，喷班孟。』吴民部白雪云：『君房氏妙解墨宗三昧，能使一滴黑水如雨头数，周遍词林，得未曾有。』赵别驾仁甫云：『黝而且泽，质有其文，不计费、不惜工、不二价，以故宝擅文坛，声流华裔。』

赋赞，则邹学宪愚谷云：『若烟非烟，若质无质。似香非香，似色非色。漠漠嘿嘿，变幻恍惚。漏元气而涳濛，盗沆瀣之流液。』罗贵池赤城云：『纯漆比色，黑玉敌勍，烟真草细，杵到胶清。』董吏部太初云：『碧松精含，金壶光瞩。穷工极妙，入浮提局。』金侍御丽阳云：『羲之笔经，韦诞墨方。谁其嗣之，博物君房。』豫章王孙用虚云：『千载心知，余多君房。四海手泽，无渝古歙。』严比部天池云：『固元斵云，玄趾导腻。常诞颛蒙，奚超未济。』丁参军衡岳云：『弢精而囊豹，文则蔚如；含光而吐犀，神则莹如。』薛文学虞卿云：『神哉鸿胪，不龟三昧。质有其文，穷工极技。』

诗歌，则罗武库澄溪云：『燃焰睨高卑，铢铢亦无失。万杵成隃糜，徽名过少室。』萧司成玄圃云：『不惜龙麝芬，真气汇玄元。精比双南金，清耦阆风仙。』于宗伯毂峰云：『烟云气结松为友，文赋名高墨作卿。』于符卿念东云：『非烟浮黝黑，入水识坚刚。易水源何盛，新都派更长。』马文学季声云：『为点为画色俱紫，非烟非雾毫中起。丹台似乞青龙胎，王母疑分白凤姊。』林民部天迪云：『诡如沧海罗贝珍，灿如晁采开崐岑。千奇万怪谱难尽，一片价重双南金。』梁黄门惺田云：『古来此技称奚氏，玄丘更辟新安市。千廛万井皆向玄，独有程生噪人耳。』王太史省庵云：『扫拾悭铢两，调和倍讨研。九蒸怜雪绛，万杵剧霜玄。』王山人太古云：『造时夜闻鬼神泣，天地妙法秘不得。独耀万古无精光，寻常一枚可敌国。』沈司马继山云：『带草画窥松外径，墨花晴染竹间池。』姚比部允初云：『淡烟漠漠碧云横，层累谗得四铢轻。弹丸珍袭授长卿，乍研龙尾莹且清。』徐山人兴公云：『端溪石上生紫光，染濡毫素增光芒。始知制法入三昧，轶李超潘谁颉颃。』沈太史铭缜云：『龙纹故号新安香，珪璧陆离曹位置。』鲍仪部中素云：『芬芳喷薄龙麝散，光采陆离珠玑粲。知是冲玄灵气钟，萧飒秋堂烟雾笼。』张孝廉伯起云：『古来英贤负奇癖，稽生之锻阮生屐。后此复见程鸿胪，亲杵玄霜点胶漆。』

以上诸公，俱称博物君子，于余或丘里亲故、或湖海云萍、或一时倾盖、或千里神交、或承倒屣延纳、或蒙虚左招寻、或缘墨卿介绍、或奉词坛鞭弭，臭味既同，奖诩备至，污不阿好，何由臻此，然天实启之，非余始念所及也。窃惟吾乡素封，十室而九，上者拥资钜万，次者亦累数百千金，锦绣充于箧笥，玩好溢于斋阁，自谓陶朱猗顿，意气扬扬，乃若青云之士，率以铜臭目之，间与往还，不过叙问寒暄而已。吾尚玄如杨子，守黑如老氏。身虽被放，而神日益王；业虽就隳，而名日益起。至公卿忘其贵，燕郢忘其遥，履舄填门，竿牍盈几，争持文绮白镪易吾墨，一函数挺，不啻空青水碧，珊瑚木难。由是观之，盛世所宝，诚在此而不在彼矣。顾所居湫隘，虽不敢望漳河雀台，乃桐烟妙制，大非石墨可比。因取先祠之东，隙地方丈，特置一室，贮墨百柜，以待四方贤豪长者之求。且以遗吾后世所不知者何人，遂自署曰『宝墨斋』，仍撮群公赠言而为之记。万历甲辰菊日玄玄子程大约书于二酉室。

按：程君房墨图，皆出于南羽之手，其佳者旁有印章为识。方于鲁墨图，则南羽左干二人分绘，刻镂皆精绝。惟方之图式，半由程出耳。

方胥成撰《程君房墨歌》

方胥成问孝有《程君房墨歌》，甚佳，载《墨苑》中，书字亦奇古。兹录之云：

子墨之墨徒言墨，君房之墨学不得。入手人疑象罔珠，沾袍客似乌衣国。犹过玄圃玄，不数黑山黑。墨翟见之失颜色，朝朝洗砚寒潭中。潭中赤鲤化苍龙，谩以铁冠光比漆。何烦使者色称松，览镜嗟嗟头白矣。点染头须自惊美，老叟笑为黔首夫。山妻误作青年子，夜梦彩毫花，朝来挥洒日西斜。壁画蛟而为蜧，帛涂雀而成鸦。黎色掩珪，缁液透璧，灵气入空空不碧。讵弱水之可俦，终一染而难易，易水遗则胡为乎？君房之墨古所无。君房之墨古所无，他季一寸千金沽。友弟方问孝具草。

《鉴古斋墨薮》

吾乡墨业，程、方后有曹素功，曹氏后有汪近圣。曹氏墨谱，余去岁在沪曾见二册，皆同时人赞颂之作，清初诸知名之士网罗甚备，惟无墨式，疑亦非完本也。近圣绩人，设肆于郡城，曰『鉴古斋』，初佣于曹氏，其制墨乃受法于曹氏者。乾隆辛酉，诏谕和硕和亲王、多罗慎郡王，命江宁织造府李某移咨布政使司，托某募新安名手制墨。近圣之次子惟高应诏入都，教习制墨十函，称旨，命再造十函，于癸亥二月造成，仍著江宁织造料理南归，由是汪氏名大著。所著《墨薮》，有乾隆十三年江右分巡使者恕斋明晟序，乾隆壬申赵青黎序，乾隆辛卯程景伊序，及荪圃张佩芳、畹香江兰、新安郡守峻亮、山阴丁淑鑑歙县知县、山左刘晋嘉庆戊午休宁知县、恒斋王家景、诗庵居士法式善嘉庆五年、海上李懿曾等序。题赞者有古吴周天式、兰水李升龄、古郎州唐惟安、延令萧昌、宣城梅北颐、淳安赋溪方棨如、乾隆十五年，时年八十。澄江夏宗澜、扶风马豫、山阴范忠、西蜀李盐梅乾隆庚申、蜀北胡翠仁、香幢方宝莲、题赠君蔚、炳宇昆仲。并山吴珏、严江雪瓢老人方粹然、篔谷黄金鉴、山右张元复、简堂江炯、酉峰张书勋，竹虚曹文埴，西庄金榜、岑川程文球、定斋汪百名、涧云程在嵘、宛中闵道隆、秀水郑虎文、西泠新堂万光前、鲤庭胡学礼、竹西江恂、上元陈光国诸人。

兹录金辅之一赞，以概其馀。赞云：『石墨不传，松烟斯盛。魏推韦诞，唐重奚超。墨世其家，潘谷忍隔囊之室；侯锡其爵，文嵩著处晦之文。宣和厥有桐膏，沈括别开石烛。客卿代有，何让嬴秦；太守风高，独传薛稷。轻清温润，万初特峙于元；翰苑芳徽，三昧深蕲于古。胜国著四家之谱，熙朝萃百氏之奇，曹翁既专美于前，汪君乃标新于继。声迟清响，捣万杵兮金坚；妙到色香，试一螺如漆点。奚恨隃麋不再？空留段氏馀思；直教松使重来，频到御前万岁。藏十年之箧，制成龙脊之双；殊九子之名，煤占天关之一。固宜尚方贡献，见赏枫宸；伫看造作精良，声扬海甸矣。西庄金榜拜撰。』

其墨式，则有：即墨吉货刀，为江德量造，有秋史题诗。乌玉叶，为石舟孙蟠造，有石舟题赞。八卦配十色图，有易园程步矩题赞。心经宝墨，为江兰造，一面佛象，上书『如何是父母未生前本来面目』；一面《心经》。又涵春书屋珍藏墨，亦为江兰造。金涂塔墨，一面象金涂塔，一面楷书：『乾隆壬子浴佛日，巴尉祖子安、黄洙依宣、胡唐寿客、朱文翰见庵、黄钺左君，紫阳山馆观钱忠懿王金涂塔拓本，因缩摹四面之一，同造墨。』有巴、黄五人联句题诗。又有开天容、圭璧光、天膏、麝香月，千秋光、夫子璧、青麟髓、青云路、漱金诸式，近尚通行者，皆创始于汪氏，惟皆小品，无程方钜制矣。

各墨上题铭及别题赞者，有张书勋、郑虎文、赵青藜、东墅谢墉、缉园汪承煊、长洲钱棨、谨斋江昀、娄东朱衣、古鄘周濂、秀水沈叔埏、云间徐长发、申江徐慰祖、宛田汪佩兰、涓䎐江文熙、朗陵刘琦、震亭曹学诗、海阳吴锡龄乙未状元、石枰江元赞、澹中胡瑨、瑶山黄骏、振堂陈作圣、莼溪陈庭学诸人。

其《御制罗汉赞》墨、《御制西湖名胜图诗》墨、《御制重排石鼓文》墨、《辋川图诗》墨，则皆进呈物。又有《黄山图》墨，绘三十六峰，各系以诗。赵青藜、王为俊、碧山岩鹏、大兴朱珪、长白麟庆，为题赞并诗。朱石君诗注言：『余先兄竹君先生视学此帮，曾为黄山之游，与宾从酬唱题咏甚多。迨余建节于此，未暇一为游畅，以续旧踪，至今神往。』麟庆诗，则作于道光四年矣。

又有《新安大好山水图》墨：一郡城斗山、二郡城万山、三郡城乌聊、四郡东问政、五郡南紫阳、六郡南渔梁、七郡西西干、八郡北东山、九歙飞布、十歙歙浦、十一歙练江、十二歙篁南、十三歙岑山、十四歙凤山、十五歙古岩、十六歙紫霞、十七歙灵山、十八歙黄海、十九休齐云、二十休松萝、二十一休古城、二十二休落石、二十三婺龙尾、二十四婺高湖、二十五祁祁山、二十六祁阊门、二十七黟桃源、二十八黟淋沥，二十九绩石照、三十绩翠眉、三十一绩玉屏、三十二绩祥云，各系以赞。

又有乾隆丙午新安郡守汝和宋思仁，及长洲宋林、良斋王懿德、馀暨郑琦、北平董世明、宣城孙彦硕诸人题赞。不具录。

《函璞斋墨苑》

与汪近圣同时以墨名者，为汪节庵，歙人，其谱名《函璞斋墨苑》。有《御制耕织图》墨，极工细，一面图，一面阮元书御制诗。为之题识者，有听涛金士松、渭厓吉梦熊乾隆癸丑、茅原曹文埴乾隆乙酉、韩城王杰乾隆庚戌、蔗林董诰、南州彭元瑞、南畇吴甸华、鄱阳陈其松、鹤樵程国仁、音田程振甲乾隆乙酉、内阁侍读方大川、钱唐梁同书、临川李传熊、东里卢文弨、苕溪丁杰、蔚亭熊枚、雪坪程嘉谟、书巢胡德琳、俪笙曹振镛、江宁韩廷秀、芸台阮元诸人。

兹录阮元赞云：『宣歙墨派，与易水代兴。在今名第一者，为节庵汪氏。余暇日研经辄试之，翠色冷光，浮映藤简，因令制以充贡焉。尝谓东坡所品十三种，奚祖而下，断珪零落，今世殆难复见。赏鉴家审对胶法，但得纯用远烟不事外饰者，斯可宝贵。歙前代首称罗秘书，而方于鲁以后来居上。按二芝三极诸品，良由人工精至，非以珍珠香麝取重；节庵其嫡传也。因作赞曰：『坚而不渍，芳而能华。青藜凝焰，碧梧影华。星潭云雾，豹囊龙蛇。潞国时乞，公择屡哗。永守其黑，众善一家。』

彭元瑞赞云：『漆书既邈，墨品聿彰。隃麋纪地，麝月名堂。昔称易水，近推古鄣。松灶法变，桐膏制良。析草微焰，节烟轻芳。鸣碪缮性，调液葆光。若九转药，如百炼刚。节庵之墨，与名同香。』

曹芥原诗云：『吾乡松丸天下美，良工藉藉相继起。近百年来推吾宗，潘谷万初与齐轨。豹囊蓄弗如东坡，昔所什袭嗟罄矣。节庵好我投一螺，试以罗文旧龙尾。果然古法今尚存，光可射人馥满纸。捣经万杵元霜坚，琢就寸圭乌玉比。忆从老超独擅长，父亦仅可传之子。踵其后者罗秘书，搜烟和胶有遗訾。匠心克运艺乃精，方而曹复更两氏。此中妙手非易逢，识者不轻为誉毁。研犀研泥自判然，谁钦贱自徒贵耳。节庵知名莫恨晚，我欲珍同五代史。』

《酣咏斋墨赞》

《酣咏斋墨赞》，仅见二纸，一为林则徐诗，一为徐辅赞，为潘秀川题。徐诗有『潘衡雅擅制松烟，激赏曾邀玉局仙。谷也代兴参密谛，多君家法得薪传』之句，其结句云：『山舟学士笔如椽，酣咏颜斋署榜悬。艺苑他时修墨史，密庵函璞合同编。』徐称秀川为『二兄老友』，殆亦岩市潘氏也。

金涂塔墨联句诗

《金涂塔墨联句诗》序云：『乾隆壬子浴佛日，巴慰祖子安、黄泳依宣、胡唐寿客、朱文翰见庵，集黄钺左田紫阳山馆，观金涂塔拓本，属鉴古斋制墨纪事。阅十日墨成，因联句题其《墨薮》。』诗云：『湟石漆树抽秘妍巴慰祖，斮髓沥沥言五千。道藏释藏贯一义黄钺，更从拓本摹新鲜。舍利布施铸范仿黄泳，恒沙示现诗歌传。款识辨核博古注胡唐，形模精致良工砚。凹者镂饰凸者质朱文翰，图则刻画书则镌。光明不夜燃灯火慰祖，香云盖结旃檀烟。灌以神酥醍醐酒钺，杵之猛力金刚禅。积累成就合四大泳，庄严微妙朝诸天。幢非尊胜足顶礼唐，碑如多宝相后先。净室心同发兰臭文翰，福田利断凝金坚。水滴噀生法露润慰祖，砚砖仰取摩崖巅。我辈作根虽色相唐，得兹如愿俱因缘。汪君制造本佳绝文翰，仲将楷则思缅然。豹囊未启拜潘谷慰祖，龟名别染怀傅玄。干胶五两配悉称钺，碎玉一二珍弗金。缩临猎碣娱翰墨，泳子安曾于甲辰春造石鼓墨。恍睹籀篆承周宣。荟萃众美号神品唐，菑畬古训嗤时贤。印谱近轶方程辙文翰，题咏远比徐庾肩。加以斯墨特奇创慰祖，无穷妙谛纷罗骈。桃花空雨证佛果钺，潭水指月忘言诠。浮图功德浩莫并洙，写经广播观咽填。重教补入镌华录唐，与金涂塔寿万年文翰。』

程鹤槎《初桃斋诗集》

程梯功，字鹤槎，程简敬祖洛之季子。善草书。尝见其所书楹帖，极沉郁顿挫之致。近从柯临久借得《初桃斋诗集》二册，同治二年印本，前有柯华辅竹泉序。略云：

余友鹤槎既殁之二年，乃得其诗而读之。鹤槎诗手订若干卷，适遭时变，归余外弟洪筱图庋藏山中，后仍毁于兵燹。今鲍太守寄琴、许太守少玉，从章江寄示是编，索序付梓。盖鲍太守之子，为鹤槎婿，此其手录也。鹤槎为制府程简敬公季子，与余同砚席。少负奇气，有睥睨一世之概。弱冠后举于乡，五上春官不第。性嗜酒。善书，能兼各家，尤精草法。人之求其书者，大率贻之酒，兴酣磅礴，振笔疾书，数十纸立就。尝谓余曰：『晋以下以草书名者，代无多人，其传者大半行书耳。』其意盖欲以草书名也。城居数十年，足不入官府，闭户诵读，与仲兄鄂山相唱和，而余亦时与焉。简敬公宦归无所积。乱作，兄弟四人分地避，鹤槎寓余家之半舫圃，课徒以自给。归途近百里，往来悉徒步，草笠芒履，人咸知为贵公子也。鹤槎虽处境日促，而于简敬公之故交旧吏及当道贵人，未尝致一书、投一刺，躬率妻子隐居，劳苦困扼，以至于死而不悔。其诗雄浑豪迈，硼中彪外，浓而不失于秽，新而不伤于巧。其为文长于议论，洒洒数千言，如长江大河，浑浩流转。至骈体试帖词曲之类，皆能各擅其胜云云。同治二年八月同邑柯华辅撰，时在皖江营次。

按：其诗古体甚佳，有《述怀》长篇，述乱离事，极真切沉痛。近体实伤纤巧，如《咏雁字》三十首用上下平韵，似近试帖矣。

录其《渔梁观灯》云：『欲洗风尘眼，寒波不断流。红灯千嶂夕，白练一条秋。诗酒归吾辈，山川足壮游。肯将烟景负，凉月上芦洲。』

《兰江夜月》云：『风勒水纹回，滩声勇作堆。夕阳当岭没，明月渡江来。白鹭拳沙港，青天落酒杯。萧然尘虑净，何处著纤埃。』

《月下长饮忆孙骏卿孙国骝字骏卿却寄》云：『乱后客衣单，风窗话夜阑。酒增平日量，月比故乡寒。贫病吾家惯，兵戈世路难。遥怜桥上客，孤愤满西干。』

集中有题孙骏卿《玉壶清话》绝句六首，自注云：『骏卿与张诚斋徵君为耐久交，诚斋病，先生乃为是书以疗之。余既为文序其颠末，并系以诗。』诗未录。又有读孙骏卿《小斋诗草》诗。注称：『骏卿诗根柢盘魄，酝酿深醇。』诗亦未录。

按：孙骏卿不知何人，《玉壶清话》亦不知何书也。又按：同时交游见于集中者，有柯竹泉、汪制荷、许玗岩、许坦斋注：坦斋工书。及丰溪吴鼎臣、吴敔畦，注：敔畦善琴。又晴舫、柚宾诸人。又有《题六舟上人所藏怀素千文卷》诗、《月印和尚四十生日》诗。月印居江村之觉华庵，能画，一时士夫皆与往还。

柯氏诸人诗

柯华辅，字翼之，号竹泉。柯钺之父也。柯氏出宋宣和中吏部尚书颖。颖次子渊，官歙县丞，因家歙南竹溪。华辅与其兄华国字东旸者，俱出程峻山先生道锐之门。华国，嘉庆丙子举人。道锐为程简敬祖洛之父，曾馆昌溪。许玉叔球、王子怀茂荫及洪孝廉凤诏、杨广文铎，皆其门人。

华辅工诗，嗜鼓琴，名所居曰『弹琴咏诗之室』，与同邑张子渊文淦、曹念生应钟及程萼仙荣功、午槐校功、鹤槎梯功三孝廉，唱酬尤富。自经离乱，诗益哀。殁后，曾文正挽以联。所谓『诗卷我曾看，劫后文章多苦语』也。家藏有唐雷威雌琴及宋、元来名琴数十张。金陵马掬村，时号国工，华辅与论音律，穷极窈眇，互相推重。

咸丰癸丑后，襄治歙南团务凡八年。庚申夏四月，粤匪由淳安犯歙，华辅督乡兵御之六甲岭，拒守五昼夜，寇由间道入竹溪。其妻王氏骂贼死，华辅仅以身免。后依曾文正，办采访忠义局以终。兄华国及子钺、钠俱能诗。华国早卒，钠曾随李幼荃从军江苏。上据柯钺所作《竹泉府君行述》。

兹录华国诗，有《怀徐鹤坪吉士却寄》云：『乱书堆里苦埋身，倦对青山一欠伸。交谊死生怜鲍叔谓斋云，残年风雨忆汪伦谓子恬。烟花过眼都成梦，爆竹惊心又报春。咫尺相思天样远，可知不是异乡人。』《喜雨》二首云：『琴堂石倩晚烟揩，如此沾濡分外佳。预拟明朝耕绿野，蓑衣今夜便安排。』『碧水平添一尺深，桔槔罢去树头阴。雨珠雨玉原无用，此是田家十万金。』

华辅诗，《元旦喜晴》云：『雪少一冬暖，春先半月回。九天新日朗，五色瑞云开。世运从新转，军书报捷来。江山含喜气，草木仰栽培。』

柯钺诗，《别桐阳》云：『一宿蓬庐久住难，谁教飘泊在江干。路犹未了多于债，身不能闲负此官。书卷屡荒空叹惜，家言无愧是平安。年来久缺循陔膳，那忍留连苜蓿盘。』《青阳杂诗》三首之一云：『行尽万重山，烟树在脚底。岭坳豁中断，突见危楼起。沙水帀三面，雉堞随迤逦。陡下望池门，街衢平如砥。江南地无尘，况当新雨洗。履声触不骄，橐橐响盈耳。』

柯钠诗，《从军》二首云：『轻衣血染几春秋，画米量沙费苦筹。谁谓贾生年独少，论功他日不封侯。』『春辞楚客夏东行，一滞吴门遽请缨。怒马纵横嘶夜月，满天星斗下坚城。』钺字筱泉，号宸瞻。钠，钺弟，字剑潭。

歙事闲谭卷二十七

胡受穀《新城伯子文集》

胡受穀《新城伯子文集》，又题《胡心泉先生文集》，嘉庆四年歙东井观室刊板。

首载桐城姚鼐《歙胡孝廉墓志铭》云：『胡君讳赓善，字受穀。其先鄞人，康熙中有武进士璋迁歙，生行人司行人廷凤，廷凤生岁贡生铭恭，铭恭生廪膳生□修一统志鼎凝，鼎凝生君。君少孤，受学于醇安方先生粲如，工文章，中乾隆己卯科乡试，名著于远迩矣。而屡踬礼闱，迄母丧终，君遂绝志求进。吏部符取为知县，亦不就。惟日与诸生诵文艺以为乐。歙城南越溪陟山，有古寺十，虽多颓毁，而空静幽邃，多古松柏。君携徒稍葺治，读书寺中，其意萧然。余昔主紫阳书院，去寺不十里，尝与徒往来，或至夜月出，共步溪厓，林迳寒窈，至今绝可念也。君论文尤能起人意，又多藏书，喜借人阅。歙士多归之，用君说取科第仕朝者数矣。君竟老山中，年七十四以卒，嘉庆三年十二月九日也。余去紫阳亦十年矣。君性仁厚，与物无畦畛。其没也，非其徒亦皆思之。娶方孺人，先三十年而卒。生府庠生良会。良会将葬君某所，以书乞余铭。铭曰：「行伊修，其文彪，澹寡求。懋学优，授群髦，日月遒。藏阴幽，后千秋，于吾诹。」

次朱文翰序，称其不问家人生计，以脩脯所入，置书数万卷。题识工整，丹黄灿然，钤以小印，文云：『积书也劬，惜书也迂，粥书也愚，书乎，书乎！将焉如；吾铭而识之，以俟诸如我之徒。』其怀抱风采可想。

次列受业门人姓名，多至一百七十人。朱文翰、程道锐皆与焉。

集凡八卷，其经说如《禘释》、《论禘祫郊禘》、《旅酬考》、《周礼六服朝聘考》等篇，皆极精博。传记等作，精悍劲达，颇近《集虚斋文集》。固乾隆时一大师，宜其与金、程、方、戴诸人骖驾也。

方沛霖

《胡心泉集》中，有《定怀先生谥议》，略云：『吾州治西五里古城方先生，讳沛霖，生质温如，素履卓尔，实惟备德；亦有立言，教谕虹阳，功在乡校；分灾拯急，黎庶归心。按谥法，纯行不二曰定，慈义短折曰怀，请私谥曰定怀先生』云云。

按：方沛霖亦方朴山先生弟子。工文章。时同受学于朴山而以文名者，有胡含川太史及方上舍震、胡大令瑨，又灵山方以斋矩。沛霖名行已不章，录之以存其人。

鲍起正

《胡心泉集》中，有《志鲍上舍事》云：

鲍起正，字丹忱，棠樾人。为人有节概，慷慨任事。里尝有逋税逮官者，起正遇诸途，问曰：『若负官赋乎？』曰：『然。』因复历问曰：『几何矣？』曰某也几，某也几。曰：『易耳。』悉诣官，代输之。被逮者得释，顺途而诵其事。

辛未岁旱饥，起正倡众赈粜，人用不害，里之氓至今皆曰于我有德。里西有堨曰大母，旧溉田若干顷。岁久不修，沟流淹塞。前太守济源何公临视，议修复之方。起正亲受音指，以开浚为己任。鸠工奋锸，广深皆各数尺，自堨首属潭川以达于河。故道复疏，灌溉攸济。前大令溧阳王公，深所知重，表其庐曰『惠及乡闾』。

胡孝子

《胡心泉集》中，有《书胡孝子事》云：

『孝子于余为同姓，名如楷，字孔堂。厥考例监君肖岩先生，讳对扬，娶于毕而生孝子。例监君之考曰正履，康熙庚子科举人，卒官山西高平知县，文辞瑰玮，倾动东南，与邑中叶孝廉嘉桂齐名，学者所称坦义先生者也。例监君缵承家学，思益迪前光，而性故豪荡不羁。自为郡文学，屡赴江宁乡举而屡踬，则北走京师，以乡学生援例入国子监，就顺天试，复不售。既敝屣科名，委蜕家室，又颇闻岷峨之胜，游兴勃生，即次西行，展转入蜀，虽一纸家书夷然不屑也。

孝子方龆齿，固已知其父在客，请往寻求，而未得命于其母。于是岁在鹑首，例监君之出也，凡十有二载，而孝子之生亦十有七龄矣。乃心思父逾亟，夙莫治行，不可复已，母亦撤簪耳为资，是用辞家西迈。溯流汉荆，微闻其父之在蜀也，则托故友还书以白其母而入蜀。赴重庆、诣成都、跋雅州、出箭炉，达龙安、逾栈道、径忠州、度保宁、走剑州，趣剑门，往还几万有馀里，皆不遇。孝子方仓皇无措，而遥望道旁柏林中似有绀宇者然，溽暑行疲，姑往一憩。至则真武宫也。守宫老僧云参者，见孝子，乍问曰：『客非江南人乎？』曰：『然。』曰：『非胡姓乎？』孝子方愕曰：『然，师乌从知之？』云参复曰：『然则客非肖岩居士郎君乎？』孝子大惊，泣下曰：『然，然！今吾父安在？』曰：『在。』请孝子入。孝子随云参入。云参故延孝子环视其室外内，指材木曰：『此居士自备终制也。』指土垄曰：『此居士自为生圹也。圹上碑石则保宁张太守所为居士题志者也。居士不复归矣。郎君远役良苦，如之何？如之何？』孝子泣曰：『楷求见父，惟师怜而导之，他非所知也。』云参乃徐曰：『居士入幕中江县廨，去此六百里，相见旦夕耳。幸勿苦，请止宿而后行。』翼日，孝子辞云参行，抵中江。例监君故无归志，而又重难其子之远迹也。方携持慰谕间，孝子更出函书十数，次第以进，皆例监君亲旧所贻者。于中张文学修能书恳劝尤挚，例监君视之蹙然，孝子且长跪其侧，泣涕求归。而中江嘉侯感孝子之诚，复为之怂恿不已，例监君乃稍稍心动。孝子遂奉以南归云。

当孝子之次重庆也，资用绝矣，进退维谷，适闽人赖君德安行贾蜀中，与同逆旅，怜其孝，赠之白金十两。孝子藉以供扉屦，往复遍两蜀，竟得父耗。比发自中江，嘉侯率诸幕僚，饯之江浒，濒登舟，例监君失足溺于江，川流驶激，孝子急恐不救，赴水从之。适舟舵挽例监君衣，得不溺，而孝子湛浮湍流，从舵旁得父，扶抱大呼，而中江亦趋使役从往拯，竟出其父子于水以归，无恙，皆以为孝感所致也。既归越八载，例监君乃以天年终，而其母毕今尚健在。』馀略。

按：叶嘉桂，字丽南，号草亭，以名孝廉教授里中，高材著录不下百人，胡鼎凝之师也。所著文曰《信天堂稿》。

吴蒋程江四贞女

《胡心泉集》中，有代金司勋作《江孝贞女颂》，序云：昔松山汪文学洪度作《女史征》，乡闾贞淑，志录略备，其以女子未嫁而守死成贞义者，邑有三人焉。曰吴淑姬、曰蒋女、曰程女。

淑姬，吾镇人，少字潭渡黄梦柏仲子是。是游学客死，淑姬往吊其归丧，服斩如礼，哭尽哀，既事入内寝，一夕自经死。

蒋，蒋村人，其所字者为槐塘程继濂。继濂从其父贾长沙，积二十馀年，断绝音问。父母数欲改字之，蒋固不可，郁伊成病死。

程，继濂之族也，而字蒋氏，蒋氏家堨田。死问至，程赴丧吊哭，归辄自经，用母救不得死。独居，键楼户，缄纫自食，几三十年，乃死。

金子曰：以余征之，孝贞江氏女犹信。江氏女者，邑人。其父嘉桂，故与杨某姻连。杨有子嗣立而慧。嘉桂喜，字之。已而嗣立死，女闻大恸，欲死之。嘉桂泣曰：『若无然，虽然，何埤于嗣立，嗣立之父母在也。不可往若家终妇事乎？』女乃泣而往，见祖姑，则祖姑老矣。见其姑，则姑病且不知人。临嗣立之丧，则块然孑然，一恸几绝，曰：『已矣！』滋欲死之甚。杨父泣曰：『若无然，嗣立之兄弟在也，不可冀立孤终若义乎？』女乃泣而止。自之杨氏十有九年乃死。所以事姑者，一以艰贞济其孝。姑始犹暴遇之，久乃悟，凄然悲泣曰：『若吾妇耶，妇如是，吾不复苦思亡子矣！』比死，嗣立之兄弟，各以其子为之子，义感致然也。馀略。

按：吾徽此类事甚多，录之以见一时风尚，非以为训也。汪洪度《新安女史征》，闻义成王采南家有一孤本，今亦失去，不可复见矣。金，岩寺镇人，文中言『吾镇』，谓岩寺镇也。潭渡黄是未婚妻孝烈坊，今犹在。

江于九宦迹

江于九宦迹，已志前卷而不详。《胡心泉集》中，有《署郡太守江公碑颂》，文甚美，录之。文云：

公名恂，字于九，扬州仪征人。初举茂才异等，诣京师，廷试高等，天子使为县令湖南。始至，摄知常宁县，及衡阳分县清泉，即真知清泉县。公精于吏事，拨烦理滞，判决明允，以是为上官倚重。由计典卓异转乾州倅，累行宝庆、长沙太守分守事，所至有治干称。后因诖误左官，改铨通守。奉差遣江南，遂补池州通守，行安庆分守、凤阳太守，屡谳疑狱，上官以为能，乃檄公行徽州太守事。以乾隆四十年三月丙寅到官，越十有二月庚戌而代，其月辛酉行州分守事，在官之明年五月戊寅，复奉檄行太守事，越十月己酉而代。吾徽故公乡里，宗亲盘互。公两为太守，一为分守，在郡几二载，而一治以廉静，事至而应，不阿不枉，人用宁息。岁科两试童子，凡所甄拔，皆寒畯能文之士。州人德公之政，伏公之守，思公之爱，故于其去也。攀召伯之甘棠，美奚斯之颂鲁，是用文载嘉绩，垂示方来，而并系以颂。颂曰：

孔惠江公，维邦之彦。岂弟为根，不贪为干。安静悃幅，如枝斯贯。字我黎氓，无畏无玩。

公视此邦，维桑旧产。义胜则离，恩掩则慢。恩义之中，德舆伊管。斟而酌之，作我民观。

公来莅止，邦人之休。今公既去，匪我私忧。民隐宜恤，天听曷由。敢告司阍，借寇乞侯。

公庶复还，惠此山陬。草菅渔夺，靡疚有瘳。居人不恐，行道护讴。勒公德爱，于万千秋。

萧江

吾歙有萧江氏，族甚繁，不知所自始。《胡心泉集》中，有《兰陵萧江氏族谱序》。略言：萧，子姓，春秋时，萧叔大心，有功，宋桓公别封萧为附庸，因以为氏。自汉徙居兰陵。

传世至唐，柱国上将军领江南节度使祯，以朱温之难，易江氏，避地篁墩，歙之有萧江氏自此始。厥后由篁墩迁皋径，又迁中平，又迁马槽坞，又迁宋村，又迁郡城上北门外汪村滩。

仇介玉

胡心泉为仇介玉文序，极称介玉工文，且同为方朴山先生弟子，与心泉尝于阮溪汪丽清怡园中为文字之会。又言当时同门如在涧、非闻、用牧、东原、雨三、耕旸、晞原及家兄澹中、佩声，皆先后长逝。自顷存者，惟介玉及岂瑕、绣川与余兄弟与阮溪觐占、毓春汪氏二昆季落落数人，而介玉复不幸死等语。

按：方朴山先生主讲紫阳时，成就吾乡人才极多。如上所举，可见其概。

释真实潭影涵粹墨禅维崧

《胡心泉文集》中，有《送唐子庵释真实入黄山主云慈光寺序》戊申作。又有代程后村、曹大农《送栖云院释潭影入黄山主云谷寺序》各一篇庚戌作。又有代程后村《送西干如意寺释涵粹入黄山主云谷序》辛亥作。又有代程后村《送如意寺释维崧往休阳主易山寺序》丙辰作。

送潭影序中，言黄山佛寺，旧有七十馀，而祥符最著且古。自康熙间水圮，馀亦大半淹废，今存者惟慈光与云谷。云谷在钵盂峰下，故院称掷钵。又呼大宝、王刹二寺寺主，例得开坛付法。送涵粹序中，言下帷西干，垂三十载，山居暇日，与方外游，略皆旧识。有南天马山沙门墨禅，年少而谨于戒律，禅诵之暇，终日静默，辄以笔翰临杭为事。

水香园于乾隆中易主

《胡心泉集》中，有《水香园记》，略言：吾县西山水平远，居人复工选胜，园亭树石，错落分布于其间，与川岩相映发。而水香园为最著，载在邑乘。故余姻家右湘汪先生所筑，紫霞山倚其肩，阮溪水流其背，有亭有堂，有楼有榭，中两方沼，通以石梁，环沼植梅百数十本。菉竹依垣，嘉莲出水，当时名流胜侣，觞咏往来，号为极盛。余生虽晚，犹及见之。今右湘族从奉宸君健堂奉其先公之殡，宅兆里中，爱是园之胜，遂从其家购得之。健堂自其先禺筴于扬，阅世者四，历年逾百，而行营象圹，有旧都梓桑之思，可谓知本。馀略。

飞霞文会馆

飞霞文会馆，在城南七里。张氏三宗所营。三宗者：曰厚坞、曰七里、曰鲍家庄。既为祠以祀鼻祖留侯，复建此馆。馆旁霞山，状若飞来，山上浮图，干霄阻日，故以飞霞名。《胡心泉集》有《新建飞霞文会馆记》。

古照堂藏书

《胡心泉集》中，有《古照堂藏书记》，略言：此堂为江子筠波之所居室，而奉其先累叶之文集，以箧藏于其中，中有觉卿先生《对问编》、《嚣嚣集》，觉卿先生先世鸿德先生昆季《孝友堂诗文》，兆豫先生《平政录》、《西台疏草》、《松石园诗》，懋昭先生《尚古堂诗文》，汉石先生《卮坛对问》、《西粤对问》，尚一先生《治读堂诗文》、《楚粤游草》，凡十馀种。

也园

也园在阮溪，乃怡园之东园也。汪丽青所营。有梅、桂数十本，累石作山，引泉成沼，缭以周垣，间以台榭。《胡心泉集》有《重修也园记》。

丰南环碧亭

《胡心泉集》有《环碧亭记》。云：丰水自大河东注，水南之人，引以资灌溉。沟为小流，径棕亭屈折而南。又东入于大水南流之浒，故横木为略彴，以达去来。由略彴而西，累土为山坡，山坡有小亭，竹树蒙笼，环合亭外。其东负大水，面小水，灌木千章，深入无际。每春夏之交，苍黛攒天，浓阴阻日，纷总陆离，着衣成翠，与溪流相隐蔽。为亭之大，五倍水西，度以几筵，广容三四，不堵而垣，不蕃以篱，俾吟啸者得憩焉，是为游观之最。亭之主人，吴君文衣也。比更葺治之，而问名于余。余字之曰『环碧之亭』。棕亭在环碧东南，今圮，乡人犹呼棕亭，并记其所，以迟将来。

按：心泉曾馆于丰南。

紫云庵之初建

《胡心泉集》有《紫云庵募建大士殿疏引》，略言：茅蓬在紫石峰下，张南华学士题为『紫云庵』。庵僧戒严为余言：其祖师悟千昔主慈光方丈，垂老爱汤泉之胜，退席下山，于泉右高阜驾茅蓬以居。游客往来，多托宿焉。洎今天子御宇之初年，泉为蛟水所圮，适潭渡黄君廷泗来游，慨然解橐，俾悟千疏葺以复其旧。悟千讫事而归其馀资于黄，黄弗受。悟千不敢没黄君之德，遂易茅为瓦，中奉大士。于后野云与戒严师徒赓续募建，得许村许君襄宁成左室，雄村曹封公映青、西溪南吴君文衣、邑城程君虚谷成右室，稠墅汪君芳六起前轩。馀略。

僧大方修上方环山大路

《胡心泉集》有《募修歙西上方至环山石虹大路引》。略言：尚贤院沙门大方为余言，其少时出家于洪坑之宝相堂，间从其师祖彻凡往还环山山坑道中，苦其艰蹇，慨然有募修之志。属彻凡之师存朴，以其疡医馀获，别营精舍于桐坞，即今院是也。奔走后先，日不暇给。于后两师西行，讫未即事。盖歙自郡西五里亭以上，过凌村畔，右折为下市，沿河径路口岩寺以达于休宁县城。其左折则为上方入山，径环山篁墩以达于休东之屯溪。而环山西起石虹，东抵上方，经延十有五里，崎岖荦确，不利走趋。大方之孳孳募修也固宜。大方名戒光，愿力鸿钜，募有馀赀，将并上方迤东至于西干而甃治之，其志盖如此。馀略。

按：歙西龙王山麓大路，乃圣僧庵沙门印辉等募修，亦见集中。龙王山麓路，即由太平桥至古虹桥路也。又按西干诸天阁、白云禅院观音阁，皆同时募修，亦见集中。又言西干十寺旧名兴唐，自昔缁流高行，有唐之清澜，明之渐江。以渐江与清澜并称，见其时于梅花古衲，即颇知推重矣。

僧本彻助修古虹桥因建胜莲庵

《胡心泉集》有《募修胜莲庵引》，言昔潭渡黄氏子，有弃家而学浮屠法于如皋者，比老而归。族党于村旁隙地葺茅居之，名曰青莲庵，不再传而毁。仁庙初，有浙僧本彻者实来披苫露处，以禅诵为事，乞建茶亭。里之人劝趋之。继而有古虹桥之役，本彻与募修焉。桥成，共撤架木以为佛宇，因名『胜莲庵』。庵当歙西孔道，负母堨之水，面丰乐之溪。潭渡右环，百花台左转，凭东楼以望岸之南，则上出师山，下接西云岩。岩重岫衍，揖如拱如，骈罗槛闼，民居鳞栉，烟树参差，信招提之最胜。下略。

千佛庵僧大定

《胡心泉集》有《募修千佛庵前路引》，言千佛庵在西云岩之南，去郡不远，由河西上坞而入，缘山左旋，行可三里，逾峻岭而下，便得庵所。旧有铁塔，塔铸千佛，故以名其庵。道险而地偏，游屐罕至。惟栖幽耽寂之士，往往造焉。往时余与庵之老僧大定常相过从，大定多力而善手搏，又嗜饮酒。酒酣耳热时，颇喜为客道其先智幢开山之事，与其少日受艺之所由来，昂袖掀髯，历历可听，无一豪尘缁气。及欲一试其手臂，则假觞政乱之，秘不吾示也。下略。

江　骧

《胡心泉集》有江处士家传，云：『处士讳骧，字龙超，诗人虬之母弟也。初生时，丁明季寇难，而其父流寓淮扬，道梗弗克归。处士天性孝，至始有知，辄北首瞻伫，至忘寝馈。年十八，只身行乱兵中，迎还里舍，竟得终养焉。博学储经济，凡诸技术亦旁涉兼通，已而忽忽若有所不乐者然。遽废学，专事医方。壬午郡大疫，人赖存济，然终不交利。穷僻处所，往往合成丸散遗之，以是流闻远近。生平无他嗜好，惟有孤山处士之癖，舍宇虽湫隘，绕屋都令树梅，梅下蓄盆松而已，馀弗杂一木。闲暇则闭关谢客。兴至哦诗，声调清越，吟次或凄然，众莫测其所以。一时高士所与游者，若许青岩楚、程蚀庵守暨梅花道人渐江与其从弟允宁注，皆古之逸民也。长君日祺日祺邑志有传，入《孝友》。考授州司焉，医益精。次日升，上舍生，以文名。季日晋，早卒。日晋亦能诗，且善鼓琴，弹咏自适，论者谓其各得处士一体』云。

按：龙超为允凝从兄，则亦渐江侄也。按传固亦抱易代之戚者。

衍庆桥

《胡心泉集》有《重修衍庆桥碑记》。略言：歙南距治所三十馀里曰北岸，北岸南里许曰桥东，桥东隔岸为大阜，中横石梁以渡，曰衍庆桥。桥之延凡几十步，袤十数步，盖江浙往来孔道也。其经始自前明万历三年北岸吴义士月山，越今二百有馀岁，冰冻石泐，桥渐倾圮。而月山之流裔有名德基者，慨然起而成之。岁在癸巳，鸠工庀材，爰始秋中，落成岁杪。计工费缗钱五百千有奇。德基不自居其名，以为此族里所共醵也。其有善克让如此。又言：德基起农家，习劳勚，方修桥时犹躬自畚土以劝工。其馀修治路衢，设立义学，里之人贫无以葬待德基而举者，且二十馀家。德基父启英，孝弟力田，敦尚义行，故德基虽辛苦而仅有获，不以己私，其所得于义方者，尤不可没。馀略。

方晞原权厝志

《胡心泉集》中有《方君晞原权厝志》，云：

吾友方君晞原，以乾隆五十四年七月廿有七日辛亥，疾卒于汉皋邸舍。越十月四日丙辰，舆榇东还，权厝于县北阳峰里之原。其孤起泰等泣而请志于余。呜呼，余忍志吾晞原也夫！

自余之交于晞原，四十年所矣。曩者吾师朴山方先生来自淳安，主紫阳书院讲席，余等执经门下，与晞原俱，于是乎始相识。先生旋返，彼此分携，间一过从，然岁时率不数数。洎甲申、乙酉之间，余在丰南，而晞原与汪子稚川、吴子惠川及其弟箕浦下帷于辛桥，乃获晨夕焉。其后余馆西干长庆寺，授徒之暇，晞原辄邀至其家，不则旬日过余，厘躬行之得失，证学诣之醇疵，往复流连，继以规劝，虽臭味不啻也。先是晞原从张孝廉豹林游，迨紫阳以往，转益多师，于婺源则江征君慎修，于桐城则刘学博海峰，授受渊源，醇而不杂。加笃志嗜古，虽尘务旁午，酬应棼如，恒手书一卷，炳烛咿唔，比漏下四十刻始息，如是者三十年。其为学自汉注唐疏以洎宋五子之书，皆博涉遍观，择其善者而不泥于一家，不诐于一说。尝语余：『孔门而后，言绝义乖，儒流灭裂，然人道所以不终为鬼魅者，程朱之力也。吾侪惇行实践，师尊之不暇，而敢妄有瑕疵乎？』又窃悼文章之敝，与余屈指数十年来师亡道丧，传述无人，不独紫阳同门零落殆尽，虽近岁辛桥二川亦奄然物化，云谁与质？而后生少年，苦无趋响，故所与接遇，其有志自树者，必诱进而奖成之。所著《道古堂初刻》，风律埒安溪，而自然过之。然晞原未尝以自是，又时时促余与共商榷。取前明定待在闲诸选，择其尤雅，缀缉成书。如文粹、文鉴之例，略存经义一线，以待后之人。呜呼！此晞原公诚之心，达乎畴类者也。

晞原家世业汉皋，自其尊府藩理公时，经纪得所，有大以盈。俾晞原里居，为之缮祠宇、葺社壝、治岭阪、平山蹊，且卜宅以妥其高曾累世之丧未葬者。又以其馀波及族渊久故，时其缓急，人得其意，间见背负，以度外置之，盖其轻财而重义也如此。比岁以来，晞原自以年老子幼，鞭长莫及，屡欲取汉皋之业，休而息之，未果也。去年春始成行，余往送诸其家。每更阑酒罢，并坐深谭，委曲缠绵，未忍分割，余固疑此暂别耳。何睠顾若是，虽晞原亦不自知其何以至是也。呜呼！孰谓晞原之一去而不复返耶！晞原将为起泰取妇，有吉日矣；而晞原死赴至，家人议从俗借吉，起泰泣曰：『乌有执亲之丧而沐浴佩玉者乎？』闻之者皆泣。余亦泣而抚之曰：『子若是，而翁为不死矣！』

晞原讳矩，灵山人，由恩贡生需次学博，学者称为以斋先生。春秋六十有一。夫人丰南吴氏，如夫人汪江张氏，丈夫子二，长起泰，其弟曰起谦。世系具晞原所为藩理公行述中，不备载。载其所学之醇，与其志之公且溥，而当世之不复有斯人，为可哀也！

方仰松《词桀》

方仰松于《词麈》外，复著有《词桀》一书，顷于丰南得精写袖珍本，卷五至卷八、卷十一至卷十六、卷二十三至卷二十五，共七册，馀均缺失。每卷首书『古歙方成培仰松辑、同学吴绍、江锦舟校』。援据甚博，核谱极精，时纠正万红友之误，惜不得见其全矣。细玩此本似写以待刊者，未知有刻本否？以余所藏仰松手书《诗笺》较之，笔致无二，乃可确定为仰松手书，尤可宝也。

许　凝

许凝，清时人，字裕卿，以医往来歙、休间。能以手代针，用推拿法，有奇效，世罕其传。著有《遁气符》、《医记》、《黄游集》。此条采自近人所编词典中，未知所据。

叶临洙《霜桥行卷》

叶临洙印川，一字芗沙，《霜桥行卷》一册，乾隆己卯秋印。前有『同学弟曹学诗』序，又有『同学弟程壎』序、岱峰吴钜序。乃其将赴公车及沿途纪行之作。吴序称『昔吴门叶己畦罢官居横山，论诗与汪尧峰相左，而王阮亭亟称之，推为江南祭酒，且谓横山门下尚有诗人。叶君印川，即瓣香横山者。余偕小阮桐江，说经里门大文楼下，君梓其近稿问序』等语。

岱峰，丰南人，叶亦居丰南。程序殆为授经丰南时所作也。卷中《村舍》诗云：『予家梅花村，居易有旧庐。自迁丰溪滨，筑舍近荒区。聊以避市喧，而与农圃俱。』可证。後有门人吴绍润跋，亦丰南人也，诗工诣不深。

录其《偕黄瑶山夜饮果园》云：『叔度来何暮，名园酒思融。闻蝉疏雨後，得月乱荷中。话久频移榻，凉生渐御风。长安云路近，此夕莫书空。』

《辛桥过吴澹泉》云：『细草溪边路，门敲曲水隈。我缘寻友至，谁谓访僧来。风透衣嫌薄，花深酒漫催。灯前无热客，戴月约重来。』

又有《偕曹讲梅吴澹泉访海门上人》诗、《喜黄宇瞻过访》诗、《题吴稻孙前辈遗墨》诗，未录。

《紫阳书院志》

《紫阳书院志》，孤本书也。二十年前，见于县城程芝生家，近乃以重值得之。共十八卷，装四册。首题『西林鄂尔泰毅庵定，新安后学施璜编辑，吴澹泰、吴澹淇增订，程建忝校』。有雍正元年礼部尚书仪封张伯行序、雍正三年江藩使者西林鄂尔泰序。

张序言：『大司成吴鳞潭先生，昔在成均，曾请御书颜于书院，又命嗣君联同志修葺之。施子诚斋，曾辑《紫阳书院志》十卷，草创未就，吴君艮斋、漪堂兄弟，为之别其条理，剖其义类，损益以成章，订为十八卷。』

鄂序亦美漪堂能成父志。言『余同年友漪堂，鳞潭先生仲子也，由新安侨居吴邑，性恬退，年未强仕，早以词林告归，闭户著书。又尝与其伯兄东岩承遗命修葺紫阳书院』云云。

此书体例，西林亦颇有参订。有商榷书，亦载志中。兹详录志目于下：

卷一，图考：紫阳山图、紫阳书院图。

卷二，建置：历代建置、紫阳山建置。

卷三，祀典：祀位、祀期、祀品、祀器、祀仪、祀文。

卷四，朱献靖公本末、行状文公自撰、神道碑周必大撰、《宋史》传、墓记文公自撰、名堂室记文公自撰、追谥、从祀。

卷五，子朱子文公本末、《宋史》本传、行状黄干撰、年谱李方子撰、封爵、配享、世谱附。

卷六，列传一：献靖公左右配享先贤蔡先生元定、程先生光。

卷七，列传二：文公左右配享先贤黄先生干、李先生燔、张先生洽、陈先生淳、李先生方子、黄先生灏、蔡先生沉、朱先生在，见世谱。

卷八，列传三：左右从祀先贤程先生洵、滕先生璘、祝先生穆、李先生季札、程先生永奇、滕先生珙、吴先生昶、汪先生莘、谢先生琎、汪先生清卿、许先生文蔚。

卷九，列传四：左右从祀先儒程先生若庸、陈先生栎、胡先生炳文、程先生复心、倪先生士毅、汪先生炎昶、曹先生泾、朱先生升、汪先生克宽、赵先生汸、唐先生桂芳、杨先生琢、汪先生循、程先生曈。

卷十，列传五：外大父祝公遗事，朱子自撰。今崇祀道厚堂。祝先生确。

卷十一，列传六：卫道诸儒：宋赵太守师端、宋彭县令方、宋韩太守补、宋魏太守克愚、元汪山长一龙，见后、元张山长炳，见后、明彭太守泽、明熊太守桂、明张太守芹、明郑太守玉、明何太守东序、明张县令涛、明陆太守锡明、清祖太守建衡、清曹太守鼎望。

卷十二，列传七：衍绪诸儒：汪县尹德元字旭林、杨处士泗祥字瑞呈、江处士恒字于常、汪文学知默字月岩、吴处士汝遴字抑庵、汪处士学圣字石樵、胡文学凿字匏更、陈处士二典字书始、汪处士佑字星溪、朱处士弘字济臣、汪文学浚字括斋、谢处士天达字兼善、吴祭酒苑字鳞潭、吴处士曰慎字敬庵、施处士璜字诚斋。

卷十三，列传八，紫阳书院山长：汪山长一龙、曹山长泾，见前、程山长逢午、张山长炳、程山长大年、黄山长宣子、史山长仲衡、张山长珽、唐山长桂芳，见前、姚山长琏、唐山长文凤、程山长定夫。

卷十四，表奏附札付、公移、给帖、示文、禁约。

卷十五，会规：白鹿洞学规、紫阳讲堂旧规、崇实约规、紫阳规约。

卷十六，会纪：天宁会纪、紫阳祠会纪、学后书院会纪、紫阳山书院会纪。

卷十七，土宇：院基、田亩。

卷十八，艺文：祠记、祭文、颂、上梁文、说、序、书后、书、启。 附紫阳书院四书讲义。

共五卷。按：此已佚。

按图，书院在紫阳桥南端西上，依山，旁有祝公墓。 书院前有邹鲁渊源坊。 次为大门，次为大堂、次为道原堂，次为献靖公祠。 大堂额『学达性天』，中为朱夫子神位。 左：宋黄勉斋、宋张元德、宋李公晦、宋蔡九峰、宋程克庵、宋祝和甫、宋程格斋、宋吴友堂、宋谢公玉、宋许衡甫、元陈定宇、元程林隐、元汪古逸、明朱枫林、明赵东山、明杨季成、明程莪山诸先生。 右：宋李敬子、宋陈安卿、宋黄商伯、宋朱叔敬、宋滕溪斋、宋李明斋、宋滕蒙斋、宋汪方壶、宋汪湛仲、宋程勿斋、元胡云峰、元倪道川、元曹弘斋、明汪环谷、明唐白云、明汪仁峰诸先生。

道原堂供祝永叔先生神位，无配飨。 献靖公祠，又题韦斋先生祠，以『旧时山月』为额。中为朱献靖公神位，左配宋蔡西山先生，右配宋程东隐先生。 又左卫道庵，祀卫道诸儒；右衍绪庵。 祀衍绪诸儒。

其《建置篇》记紫阳山云：紫阳山在新安郡治南五里，郡之名山以百数，而紫阳阙自朱献靖公韦斋先生，名遂冠一郡。其山丰郁秀丽，端凝若堂。东向而峙，每晓日将出，紫气照耀，山光显烁，类赤城霞，故曰紫阳。峦阜周环，列侍左右。练江绕其背，萦纡带折而出于其前。雪浪纷飞，激石传响，连舻麇艦，与波上下。霞峰亘出水滨，亭台松桧，叠秀呈奇，增丽瞩焉。其支出者曰龙井山，耸峙溪干，丛柯匿影，嶙峋峭蒨，下临渔梁，派流争汇，鼓若山腾。上有禹王台，远望黄山三十六峰，布列云表。近则南山问政，飞翠送青，带郭烟村，绣若图绘。献靖公游而乐之，为堂以居，肄业其中。后入闽，犹以紫阳书堂镌为印章。文公自闽来游，留恋信宿，凄怆思慕。其山阿有处士祝公确墓，献靖公内父也。文公尝题祝氏山庄，有旧时山月之感。后居潭溪，撰《名堂室记》。有曰：『紫阳山在徽州城南五里，先君子故居婺源，而学于郡学，因往游而乐之。既来闽中，思之不置，故尝以紫阳书堂者刻其印章。熹不忘先君之志，以印章所刻，榜其所居之厅事。盖志不忘也。』

文公以宋宁宗庆元二年丙辰，归省墓，主教于郡之天宁山房。从游者甚众，时赵公师端兄弟亦师事焉。朱子没，徽人祠之于学，始自郡守孟公。及师端来守郡，乃更而大之。故新安之祠朱子，自宋太守孟、赵二公始。其建书院而以紫阳名，自宋太守韩公始。其归书院于紫阳之山，自明太守张公始。

其记书院历代建置云：宋宁宗嘉定元年戊辰秋，太守孟公即学宫作晦庵祠堂，郡人汪莘为颂。七年甲戌，郡守赵公师端改建文公祠，勉斋黄公作《徽州郡学文公祠记》。十五年壬午，歙令彭公方别立祠于县圃岁寒亭之侧，作《县圃文公祠堂记》。理宗淳祐六年丙午，太守韩公补奏建书院于城南，御书『紫阳书院』四大字榜其门，始名紫阳书院。倚山瞰溪，中为明明德堂，祀文公，以勉斋元定侑之。植碑亭于门左，设宸奎阁于堂阴，两庑毕具，六斋并设，书楼立其前，披云阁峙其后，最穹为大成殿，旁为风泉云壑轩。徽州教援诸葛泰为记。宝祐三年甲寅，太守魏公克愚修之。恭帝德祐二年丙子，州戍将李铨怀贰作威，毁之。元世祖至元十五年戊寅，江东道按察副使奥府檄迁主于南门内江东道院，实古郡学基也。仁宗延祐二年乙卯，山长张炳以其地卑屯公希鲁，改道院为书院，改溪山伟观堂为明明德堂，以邑人汪一龙曹泾为山长，前贡士许豫立为学正，以十七年仲春丁祭告成。方回为记。明初庚子，邑士唐桂芳请于部使者佥宪黄公泾白总府，复迁南门外旧壤左侧，旋毁于兵。太祖洪武元年戊甲，太守胡公明善重修，县丞赵君普觉出宋庭桂、太守魏公珍，移建于歙县东门，面紫阳山，成殿三楹，两庑三门，衣冠肖像，焕然可观。山长张珽佐焉，佥事陈浩记。十二年己未歙令陈则威再修，唐仲记。英宗正理宗御书旧石于溪，重立之。山长唐仲记。

统九年甲子，巡按御史徐公郁迁于歙学右之射圃，其制南向，与紫阳山为正应，中为堂，肖公像，亦以蔡、黄配食。堂之前为左右两庑。又前为重门，后为学舍若干楹，以栖讲学之士。宪宗成化十六年庚子，太守王公勤、同知张公英重修。礼部尚书周洪谟记。孝宗弘治十五年壬戌，太守彭公泽又增葺之。同知邝璠记。武宗正德七年壬申，太守熊公桂拜于院下，曰是弗称，出学后而望之，得寺焉，改为祠，中象文公，左则勉斋黄公，右则西山蔡公。堂之前为两庑，其东庑祀生于徽之贤者，曰企德之堂。堂后有讲堂，曰尊德性，南向。其西庑祀仕于徽之贤者，曰遗爱之堂。堂后有讲堂曰道问学，亦南向。凡讲堂四周，皆栖士之舍。阶前为方塘，以石梁之。仪门之前，以穆陵赐额镌于石，诸碑记皆徙立焉。大门外为坊，规制宏敞，乃拔七校之士四十馀人，读书其中。明年癸酉，多登贤书者。又明年甲戌，唐公皋廷对第一人。皆推公之善教。侍郎罗圮记。世宗嘉靖四十五年丙寅，歙令林公元立修之，兵部侍郎汪道昆为记。光宗天启二年壬戌，歙令戴公东旻再修。后无继者，止存一象、屋三楹，有司致祭，至藉地行礼。康熙五十一年，洪比部理时为诸生，重葺，少加润饰，有司祀事仍之。此所谓县学后书院也。

其记紫阳山书院建置云：正德十四年己卯，太守张公芹谓以紫阳名院，不于其山，义不称，欲改建。山故有老子宫，肖献靖公及文公像，公以位置不称，锐志改创。遂易老子宫为堂，以祀文公。配享诸儒，如熊公制，旁为两斋，曰求志、曰怀德，以居学徒。其后高数十武，中为文会堂，号舍鳞次。后即凭虚阁故址，为重屋以祀献靖公。树崇正、仰高二坊，于从入之途。世宗嘉靖四十三年甲子，太守何公东序修之，聘学博唐沂主教，侍御何其贤记。神宗万历二十六年戊戌，太守沈公茂荣再修，太常卿洪文衡记。三十一年壬寅，歙令方公承郁三修，太常卿洪世俊记。三十七年，歙令张公涛四修，行人洪辅圣记。愍宗崇祯六年癸酉，太守陆公锡明五修，自为记。国朝世祖章皇帝顺治七年庚寅，太守祖公建衡六修。圣祖仁皇帝康熙八年己酉，太守曹公鼎望七修，立石坊于大门外，曰『邹鲁渊源』。帅僚属，集宿儒讲学，岁以为常。十三年甲寅，兵兴，院渐倾颓。三十一年壬申，会长吴曰慎、施璜、汪芹，倡同志修大堂。三十二年癸酉，国子祭酒吴公苑疏请御书『学达性天』匾额悬挂。明年甲戌，祭酒省亲归，诣院释菜，思大修葺。寓书汪少司农晋徵、赵给谏吉士、汪学使薇，合力新之。谋未举，祭酒即世。遗命其子瞻泰、瞻淇，谋于吴曰慎、施璜、汪芹，集同志以四十年辛巳四月鸠工，至九月落成，即今制也。落成之日，六邑集讲者数百人。输金者汪侍郎晋徵、吴祭酒苑、赵给谏吉士、汪督学薇、程主事岳、汪中书与图、程少参銮、胡行人廷凤、洪太守璟、程广文均、许广文自召、国学生程培、程埈、程蓥、洪瑆、程倬、邵甲鼎、朱德灿、茗洲吴族、板桥杨族、礼部尚书许汝霖记。今上雍正三年乙巳，献靖公祠阶基颓圮，程少参建独立修之。

其会纪篇，记学风，引汪星溪祐之言云：前明之世，名为尊朱，实皆王学。新安大会，自正德乙亥至天启辛酉，历百有七年。会讲大旨，非良知莫宗。阐教者多王门高弟，如心斋、绪山、龙溪、东廓、师泉、复所、近溪诸公，迭主齐盟，其徒尤而效之，潜尚虚无，有并非阳明之旧者。又其时，六邑大会，足不践紫阳之堂，于歙则斗山、汪村、崇文、向杲寺、等觉寺、福田寺。于休则天泉、建初、汶溪、落石、山斗、还古、白岳；于婺则福山、虹东、雪源、普济寺、天仙观、三贤寺、黄连山房；于黟则中天、延庆；于祁则东山、十王山、洞元观、谢氏方氏马氏诸宗祠；于绩则太平山房、许氏家祠。自嘉靖以迄明末皆是也。惟明武宗正德十年乙亥，主教太守世芳熊公桂，大会于县学后书院一次，世宗嘉靖三年甲申，主教太守于成郑公玉，大会于紫阳山书院一次，时心庵唐学士亦与会。顺治十六年己亥，休邑杨子瑞呈泗洋，谋于老儒汪子正叔德元，于闰三月，集六邑之士吴慎先汝遴、谢兼善天达等大会紫阳。瑞呈正叔首讲，汪子闻增知默、吴子怀英侃、吴子少游巘，皆有问答。是为倡复讲学之始。嗣后，岁以为常。主讲及司会者有：朱济臣弘、胡蕊明鼎、汪几希在、鲍于古学、汪启我佑、汪泰茹浚、施虹玉璜、江子常恒、吴薇仲曰慎、汪晦叔鉴、汪觉斯尹明、洪待臣力行、汪于鼎洪度、汪楚英芹、汪岩瞻廷佐、杨文在湄、吴清羽翟、吴希陶维侃、吴疏林逸、胡枢巢廷凤、唐锡蕃维仁、吴录机瞻麓、李仍朴菁、汪师曾三省、吴东岩瞻泰、许右南自召、许玉载起昆、汪方宜诜、江瞻云衍庆、唐在鲁礼、毕经可滋大、贺世传中一、许履凝禨、许在鲁起易、吴粲雯廷彦、李御六应乾、任公鲁允文诸人。曾主教于书院者，有施愚山先生闰章，张黄岳先生习孔、洪谷一先生琮。又汪涵斋先生晋徵谦不就席。守令提倡最力者，则曹公冠五鼎望，丰润人、高公苍崖晫，山西人、孙公公瑞继佳、丁公延楗山西人、蒋公灿仁和人及督学孙公嘉淦也。

半州祝

《紫阳书院志》引朱子所撰《记外大父祝公遗事》云：

外家新安祝氏，世以资力顺善闻于乡州。其邸肆生业，几有郡城之半，因号半州祝家。有讳景先者，号二翁，尤长者。元祐黄太史尝赞其画像，广幅全身，大书百许字，词甚瑰玮，经乱而逸。熹少时见外大父，犹能颇诵其语，至诸舅则皆已不复记忆矣。

二翁诸子皆读书，外大父其第二子也。讳确，字永叔，特淳厚孝谨。少时闻父母将为谋婚，逃避累日，家人惊索得之，犹涕泣不得已。问其故，则曰：『审尔则将不得与父母昆弟早夜相亲矣。』亲丧，庐墓下，手植名木以千数，日植一本。比终制而归，则所植郁然成阴矣。一兄一弟，先后死熙河，皆亲致其丧，往返徒步，不啻万里。所舍辄悲号上食如礼。夜寝棂旁，不忍跬步离去，路人皆为太息。诸弟求析其产，公为弟泣晓譬，不能夺。时四妹犹未行，而诸弟得财皆散去，不复顾。公独罄己资以遣之。其一归同郡汪公勃。汪公后登二府，终身德公不能忘。人两贤之。岁大疫，亲旧有尽室病卧者，人莫敢闯其门。公每清旦，辄携粥药，遍造饮食之而后返，日以为常。其他济人利物之事不胜计，虽倾资竭力无吝色。乡人高其行，学试又多占上列，郡博士请录其学事。时三舍法行，士无不由痒序以进，公从容其间，若无所为，而后生得所矜式，咸敬服焉。

熹先君子于时亦为诸生，年甚少，未为人知，公独器重，以女归之。后卒以文章致大名，世乃以公为知人。方腊之乱，郡城为墟，乡人有媚事权贵者，挟墨敕徙州治北门外，以便其私。而所徙窊下，潦涨辄平地数尺，众皆不以为便，将列其事以诉诸朝者馀二千人，而莫敢为之首。公奋然以身任之。其人忿疾，复取特旨，坐公以违御笔之罪。公为变姓名，崎岖逃遁，犹下诸路迹捕不置。如是累年，时事变更，群小破散，然后得免。而州治亦还故处，乡人至今赖之。而公之家资事力，不能复如往时矣，然终不为悔也。比其晚岁，生理益落，而好施不少哀。年八十三以终。下略。

又记：尝闻先夫人说，第四外叔祖豪侠不羁，蚤从黄太史游，黄公谪黔中，因以客从。黄公贤之，为更名林宗，而字之曰有道。与之讽咏书札甚多，今皆不存。独所为柳如京《皇考志》，世或传其墨本，姓字尚可见耳。先夫人及叔舅少时犹及见，其道说黄公言行甚详，酒酣悲歌，感慨凄切，绝不类俗音调。问其所以，则曰黄公之遗声也。此事外家兄弟亦少闻者。因附记于此云。

《紫阳书院志》又引吕左史午《竹坡汇稿》云：『祝氏世居江陵，自承俊迁于歙，曰仁质，号半州，其子也。孙象器改名用之，登儒科，为太学博士。六世有名筠，领乡荐，学富而文赡，至和甫七世矣。和甫名穆，即丙也。其诸父皆依朱文公，遂为建人。和甫幼孤，文公教育于家塾，年甫志学，命文肃黄公干为行冠礼，盖及亲炙当时讲论之益，故其气象粹温，刻意问学，于书无所不读，下笔顷刻数千百言，以儒业昌其家。博士有弟景先，即黄太史赞其画象者。』馀略。

许希舜许野耕许思安诗

陈子言书来，言近见乾隆初年无为吴紫山明经元桂所选《昭代诗针》，乃乾隆十三年刊竣。所选诗兼及已往现存之人，中许姓三人：

许全治，字希舜，号历耕，歙人。乾隆初年诸生。著《披云山农集》。《雨后同人小饮寿庆庵和韵》云：『云收见远村，霁色映山门。雨足盈千涧，人间倒一尊。虹飞疑海蜃，石卧似江豚。醉步寻归路，沿流觅屐痕。』《过采石》云：『风细安流缓，江程百里遥。祇因过采石，不敢挂诗瓢。兔魄未离海，渔灯已射潮。篙师多饮兴，乘醉荡轻桡。』《明孝陵》云：『翁仲无言野草肥，鯱棱金碧映晴晖。参天尚有松楸在，绕殿空馀燕雀飞。一瓣香焚瞻宝气，几回容肃整荷衣。冬青不用悲南宋，昭代深仁自古稀。』《一品峰》云：『俨然待漏肃清班，柱石无惭天地间。底事庙堂留不得，垂绅端笏拜黄山。』原注：『一品峰，又名待漏朝天。』

许士佐，字干侯，号野耕，康雍间歙人。《过韩侯钓台》云：『夺符驰赵壁，正好拂衣时。欲守山河誓，终为儿女欺。台荒云漠漠，水涨草离离。料得咸阳市，投竿悔已迟。』

许家驹，字思安，歙人，江宁籍。康雍间诸生。著《药蒴园稿》。《咏虞美人花》云：『美人面目英雄骨，一片柔肠百结心。千古剑光消不尽，化为芳草到如今。』《记得》云：『何人负来过茅亭，皂帽蒙头似管宁。富贵岂能降野性，疏狂终不愧山灵。落花竟与愁心碎，芳草偏当冷眼青。记得昨宵偶无睡，起来搔首看春星。』

按，许金治，许村人，许周仁孙。见县志《诗林》。

吴用卿所藏入内府

吾歙丰溪吴用卿太学廷，所藏书画，入清后半归内府。著录于《石渠宝笈》甚多。其中最著者，贮养心殿上等天字一号晋王羲之《快雪时晴帖》素版本，行书计二十四字。吴用卿跋云：『余与刘司隶延伯，寓都门，知交有年，博古往来甚多。司隶罢官而归，余往视两番，欢倍畴昔。余后复偕司隶至云间，携余古玩近千金。余以他事稽迟海上，而司隶舟行矣，遂不得别。余又善病，不能往楚。越二年，闻司隶仙逝矣。司隶交游虽广，相善者最少，独注念于余。余亦伤悼不已，因轻装往吊之。至其家，惟空屋壁立。寻访延伯家事并所藏之物，皆云为人攫去。又问《快雪帖》安在？则云存还与公，尚未可信。次日往奠其家，果出一账，以物偿余前千金值，《快雪帖》亦在其中。复恐为人侵匿，闻于麻城令君，用印，托汝南王思延将军付余。临终清白，历历不负，可谓千古奇士。不期吴门携去之物，复为合浦之珠，展卷三叹，因记颠末。嗟嗟，此帖在朱成国处，每谈为墨宝之冠。后流传吴下，复归余手。将来又不知归谁？天下神物，自有神护。倘多宝数百年于馀清斋中，足矣。将来摹勒上石，此一段情景与司隶高谊，同炳千秋可也。天启二年三月望日书于楚舟。馀清斋主人记。』

又王穉登跋言：『朱太傅所藏二王真迹，共十四卷，惟右军《快雪》、大令《送梨》二帖乃是手墨，馀皆双钩廓填耳。《送梨》已归王敬美；此帖卖画者卢生携来吴中，余倾橐购得之。欲为幼儿营负郭，新都吴用卿以三百锾售去』云云。

又贮画禅室上等唐虞世南临《兰亭帖》一卷，素笺本。董其昌跋云：『万历丁酉观于真州，吴山人孝甫所藏，以此为甲观。后七年甲辰上元日，吴用卿携至画禅室，时余已摹刻此卷于戏鸿堂帖中。董其昌题。』

又杨明时跋云：『万历戊戌除夕，用卿从董太史索归是卷，同观者吴孝父治、吴景伯国逊、吴用卿廷、杨不弃明时，焚香礼拜，时在燕台寓舍，执笔者明时也。』

又乾隆御题云：『此卷经董其昌定为虞永兴摹，以其于褚法外别有神韵也。香光得之吴氏，后虽以赠茅元仪，而在香光斋头颇久，故归之画禅室中。』

按：其时内府亦有画禅室，尊香光也。又按：用卿与香光，往还甚密，不止为鉴定馀清斋帖也。余尝见董跋米南宫自书诗卷云：『米元章此卷，为生平合作，余先得摹本，刻之戏鸿堂帖。甲辰五月，新都吴太学携真迹至西湖，遂以诸名迹易之。时徐茂吴方诣吴观书画，知余得此卷，叹曰：「已探骊龙球，馀皆长物矣。吴太学书画船，为之减色。」然复自宽曰：「米家书得所归。」太学名廷，尚有右军《官奴帖》真本。』观此益见用卿当日收藏之富。

山泉寺碑

山泉寺离吾里唐模里许，在山泉村之旁。山泉村者，汪仪凤之故居。寺即仪凤受学于程文清公元凤处。盖文清微时曾于寺内教书也。寺旁有汪氏十六族支祠，汪司马道昆所建。昔闻汪氏父老言，汪司马建祠于此，亦以近仪凤故居故耳。仪凤虽为贾似道所尊，似道西湖刻石，记同游者姓名，首仪凤，在廖莹中诸人上；然仪凤出处不苟，名行皎然，世无疵议。时又称山泉先生。

承尧前岁游此寺，见一明碑，曰《勅封翊应侯感应碑》在寺中工地神龛旁，末书『万历癸未四月赐进士第通议大夫户部右侍郎前奉敕总督粮储槐里裔孙程嗣功撰。裔孙程道立篆额。许大祐书丹，程尚礼立石』。其文绝怪，略言：

事有出于传闻，而言之足以垂训。虽未必其然，亦君子所不废。吾邑山泉有寺，其来旧矣。相传为先相文清公未第时修业之所。祠有土地神祠，居其左方，先相往来必经其下，执礼有恪。一夕示梦住持，谓程君有相征，不当受谒，命以障障之。住持奉行如命，未以语人。他日公之家，越宿，住持复见夕，谓神告之曰：『程君已改行，无庸障为。』住持觉而异之。俟公至，致诘焉。公自反靡所为，惟旦日有索一纸者，不识作何状？亟往询之，知其以贫故欲休妻也。惊止其事，且为之综理而后复故。因以实告住持，即夕住持又见梦，谓神又告之云：『程君修行如初，障其勿撤！』已而公以《毛诗》登上第，跻相位，果如神言。遂请敕加封，免征其地。相传至今云云。

按：为此文者，明知未必有此事，而犹为立碑，颇足腾笑，以可征知此寺之古，并可想象其时士夫心理，重科名，信报应。故为录之。书丹之大祐，殆即吾村人也。

金冬心与方密庵书

金冬心在扬州时，与方密庵往还甚密。余近见冬与密庵手书数通。一云：『平湖张龙威先生，已从淮上来扬州。君家潜山寻墓诗册，作一长歌，极尽淋漓，杰作也。渠亦愿识高贤，相订今日在仆寓，以志倾倒，即望命驾。我午前来，共蔬饭也。』

一云：『仆六月间游海州，今自海州还，暂寓扬州钞关门外，不过河，沿河半里许，汪元泰茶叶行内。数日内便返杭州。倾闻文驾到此，喜不可言，欲告之语，统俟面罄，枉顾期以辰刻。』

一云：『乞丁敬身先生篆刻，不必冻石，或青田、或峰门一种，便好。今送来峰门旧石五方，价颇贱，又方整有品，议价一两，不识惬意否？《集古录》，诸君要五钱一部。此书一时难得，便略价多些，可要否？』

一云：『像赞古雅莫匹，今之人无此笔也。阴雨连夕，辄念友生，想同心者亦念我也。来日雨霁，得步屐过我剧潭，更所颙望。』

一云：『午后肩舆恭诣送行，阍人辞以公出，未获良晤。画扇四把，付阍人。徽州麻酥糖并蜜枣，是珂里方物，秋冬间大驾倘来，乞带数斤，以慰老馋，当作笔墨奉答也。』馀不备录。有二书尾，称『君任先生千古』，亦创见。

姜白石曾游新安咏蜡花

宋姜夔白石道人《歌曲》卷二《浣溪纱》词，题云：『丙辰蜡，与俞商卿铦朴翁司寓新安溪庄舍，得蜡花韵甚二首。』词云：『花里春风未觉时，美人呵蕊缀横枝。隔帘飞过蜜蜂儿，书寄岭头封不到。影浮杯面误人吹，寂寥唯有夜寒知。』又云：『剪剪寒花小更垂，阿琼愁里弄妆迟。东风烧烛夜深归，落蕊半黏钗上燕。露横斜映鬓边犀，老夫无味已多时。』余所见本，眉端有方仰松成培手书云：『白石朴翁，乃游吾新安，非此词则不知之矣。』

徐骑省寄歙州吕判官诗

宋徐铉《骑省集》，有《寄歙州吕判官》诗云：『任公郡占好山川，溪水萦回路屈盘。南国自来推胜境，故人此地作郎官。风光适意须留恋，禄秩资贫且喜欢。莫忆班行重回首，是非多处是长安。』

歙事闲谭卷二十八

范石湖歙中诗

嘉靖府志言，宋范成大于绍兴中为徽州司户参军，太守洪适每以讼牒付成大，成大由是究心吏事。道光府志言，考《宋史·范成大传》，不言为徽州司户参军，附记俟考。

今按：《石湖诗集》中，客新安诗甚多，明言作吏，可为确证。如《刘庆充自黄山归，索其道中诗，书一绝问之》云：『鸣驹如电马如雷，知是婆娑醉尉回。常日锦囊犹有句，况从三十六峰来。』

《送通守赵积中朝议请祠归天台》云：『城头千峰青绕屋，城下滩流三百曲。谁云偪仄复偪仄，尚有高轩肯来辱。』『红梅花下两芳春，春风惠和如主人。抢攘尘土簿书里，见此缫籍天球温。』『厚禄故人车结辙，掉头独泛清溪月。不从世外得超然，世间谁肯如公决。』『生平我亦一沙鸥，苇白芦黄今正秋。送公使我归思动，破烟冲雨忆扁舟。』『明年想见东山起，我亦煎茶石桥水。道逢蓑笠把渔竿，即是马曹狂掾史。』

《送詹道子教授奉祠养亲》云：『新安学宫天下稀，先生孝友真吾师。班衣误作长裾曳，一二年思归今得归。』『笺词上诉人叵挽，玺书赐可群公欢。青山百匝不留人，空留诸生遮望眼。』『白云孤起越南天，向来恨身无羽翰。下马入山怀橘拜，身今却在白云边。』『鹤发鬖鬖堂上坐，儿孙称觞妇供果。世间此乐几人同，看我风前孤泪堕。』『一杯送舟下水西，我欲赠言无好词。径须唤起束广微，为伊重补南陔诗。』

《次温伯用林公正刘庆充倡和韵》云：『前山后山梅子雨，屯云日夜相吞吐。长林绝壑望不到，时有樵归说逢虎。奔溪朝来忽怒涨，夹岸柳梢馀尺许。屋头未放浓岚散，苦忆清光泛琼宇。客行落此乱山中，但欲牵人诉羁旅。此令邂逅得清士，眉宇津津佳笑语。杯行起舞出新句，我气已衰聊复鼓。明年与君航太湖，扁舟踏浪不踏土。沉沉玉柱闷仙扃，矫矫虹梁浮水府。目力无穷天不尽，却笑向来谁缚汝。』

《赏雪骑鲸轩子文夜归酒渴，侍儿荐茗饮蜜浆，明日以诧同游，戏为书事，邀宗伟同作》云：『溪山四时佳，今夕更奇绝。天公妙庄严，施此一川雪。飞花浩如海，眩转寒空阔。水西万株树，玉塔照银阙。碧汉不受冻，长滩泻清咽。渔舟晚犹泛，樵担寒未歇。悬知昼不到，未省诗能说。归来强搜句，冰砚冷如铁。不如严夫子，迎门生暖热。梅香不可耐，但觉酒肠渴。蜜融花气动，茶泛乳膏发。宁辞春笋寒，为暖花瓷滑。瞢腾昼屏暖，唤起眼馀缬。唤我独何事，作此淡生活。想像《高唐赋》，何如径排闼。』

《次韵宗伟阅番乐》云：『十日闲愁昼掩关，起寻一笑共清欢。罢休诗社工夫淡，洗净书生气味酸。尽遣馀钱付桑落，莫随短梦到槐安。绣靴昼鼓留花住，剩舞春风小契丹。』

《新馆》云：『露稻黏明珰，风芽衮高浪。荒荒白杨道，行行乱虫响。日脚午未吐，云头晚犹涨。攲此半日凉，蓝舆走清旷。病客不堪暑，兹行天肯相。蚊虻扫无迹，秋意满千嶂。相寻泉石盟，略褫簿书障。鸰原定相念，因风报无恙。』

《临溪寺》云：『万山绕嶙峋，一水奔澒洞。亭亭林中寺，金碧灿榈栋。解鞍得蒲团，卧受瓦炉供。少捐一炊顷，暂作百年梦。无人自惊觉，幽禽正清弄。倦客如残僧，无力供世用。此行端为山，紫翠迭迎送。漱井出门去，惊尘扑飞鞚。』

《盘龙驿》云：『闻鸡一唱罢，占星三斗没。天高月徘徊，野旷山突兀。暗蛩泣草露，怨乱语还咽。凉萤不复举，点缀稻花末。惟馀络纬豪，悲壮殷林樾。小虫亦何情，孤客心断绝。魂惊板桥穿，足侧石子滑。行路如许难，谁能不华发。高城漫回首，叠嶂屹天阙。遥知秋衾梦，千里一飘忽。』

《竹下》云：『松杉晨气清，桑柘暑阴薄。稻穗黄欲卧，槿花红未落。秋莺尚娇姹，晚蝶成飘泊。大骎逐车马，鸡惊扑篱落。道逢行商问，生平几芒屐。赪肩走四方，为口不计脚。劣能濡箪瓢，何敢议囊橐。我亦糜斗升，三年去丘壑。二俱亡羊耳，未用苦商略。』

《寒亭》云：『沟塍与涧合，垄亩抱山转。向来六月旱，此地免焦卷。早穗已垂垂，晚苗犹剪剪。一川丰年意，比屋闹鸡犬。老农霜须鬓，瞿铄黄犊健。自云足蹈地，常赋何能免。刘熟倩人输，不识长官面。康年无复事，但恐社酒浅。我亦有二顷，收拾尚可茧。怀哉笠泽路，归铲犁头藓。』

《新岭》云：『瘦马兀瞢腾，荒鸡号苍莽。丝窠罥朝露，篱落万蛛网。宿云拂树过，飞泉檗山响。老桑跼潜蚪，怪蔓挂腾蟒。山行何许深，空翠滴羁鞅。酿愁积雨寒，破闷朝日放。瞳瞳赤帜张，昱昱金钲上。浮动草花馥，清和野禽唱。仆夫有好语，沙平路如掌。惟忧三溪阻，桥断山水涨。』

按：此上诗，皆石湖在新安所作。吾乡景物，今昔不殊。得妙笔摹写，处处如画，不忍割舍，故多录之，亦尚未备。临溪寺，疑即今之西干也。惟盘龙驿不知在何处？又《送子文杂言》首四句云：『阴谷云低梅雨多，黄山涤源溪涌波。南风匝地送归客，双桨下濑如投梭。』亦明言黄山，篇长不录。又《灵山谷口》、《古岩寺》、《浮丘亭》、《王千岭》四诗，已见《歙志》，亦不录。石湖由宣城来，由严江去，诗卷踪迹可寻。在歙疑二年馀或三年，不为不久，长官责以吏事，未免郁伊，故羁旅之苦，游宴之乐，诗中并见也。

阮石巢咏黄山及与歙人酬唱诗

石巢阮大铖集之，诗才极佳。录其《咏怀堂集》中关于歙事诸作，不以人废也。

《程茂臣以天都游记见示赋此》云：『天都万古峰，从君标腕相。结撰聊见心，高深甚殊状。旨定星潭莹，兴展风榛壮。石发吐月华，药芳蔽云养。余方画荒篱，耳目谢灵贶。遵烟怜鸟凡，纵沼哂鱼妄。三复刷胸颜，奉情入霞上。謦萝若开笑，追香宛迷杖。道存靡迭趣，意至有馀况。喧骛屏尘虑，端嘿察游尚。兀然吐长谣，清弦礼禽向。』

《送吴孝廉修能北上》云：『峨峨天子都，云端表空翠。日月瀑源涌，雷雨中峰肆。紫芝摘还长，玄猿啸殊异。君家代居此，穷年探灵閟。隐几阅候变，从药察泉自。玉女揽花笑，霄鹤窥烟至。壁坼青霞开，琅琅辨仙字。胜情若未厌，江天迹遐寄。川气映帘动，水花切窗侍。雪响广陵涛，香袅竹西吹。眺听意何适，智仁理咸备。抱膝吟已深，盱衡志当遂。河喧冰未兆，堤秋柳仍媚。霁日照洪波，征帆若云骥。讽谏追羽猎，吁谟策安治。金门视瑶台，大隐旨非二。及春整游镳，宫莺为君醉。』

《答吴太史天石见讯并订天都之游》云：『遥望天都峰，峰高云木秀。岚翠终古凝，芝英四时茂。宝鼎炼金光，神皋泄所守。余友谢尘缨，逸驾兹焉逗。遗身翱鹤路，结庐抗霞首。近远风中泉，朝暮檐间岫。历遁羲和则，药补神农漏。厨粻贱椒兰，山香贞橘柚。遐念庐中人，音旨各相缪。江氓亦何营，固穷守耕耘。饭牛遵若时，分蜂谨其候。采药乐有员，绣萧则安陋。谁甘负鼎讥，濡彼在梁咮。枯树复谁感，问天理常谬。秋山蓄烟霜，褰裳誓相就。从君折琼枝，云车以先后。睇笑逼真灵，行藏扰华宿。云梯桧栝扶，山响林箊奏。媚月整清弦，欣泉理间嗽。返景悬圃来，若华颖初昼。松乔既可邀，瑶象亦纷箟。高斟北斗浆，一奉轩皇寿。」

《方肃之天都还画溪以书见讯赋答》云：『危坐若垂钓，斯语夙所美。凉雨秋灯中，顾影居然是。独持寒竹心，静审啼虫旨。划然天都云，广荫而遐峙。鲜意感枯梦，高情破荒视。于焉获我性，亦既见吾子。陶陶永一樽，长谣报芳芷。遂觉尺素烦，加餐托双鲤。』

《与黄玄龙共酌》云：『湖汀烟月细，汭曲土花香。尽子移家地，令予结梦长。清灯肃良会，醉语压高霜。履迹探桥草，春深碧未荒。』

又，集中有《尔瞻题丁南羽画罗汉卷》诗，亦佳。附录于此：『天都山人绘水月，西来大意从笔生。白云仙吏复好事，品题此绘水月情。海雾霏微几上味，衣珠灿烂诗中明。高阳狂客兴亦静，碧酒到手不敢倾。斋心漱齿花下露，讽赞如抚秋琴声。点笔未已落花至，悠悠一鸟林间鸣。此意忘言亦难绘，无数青山篱外横。』

按：吴天石太史，即吴孔嘉也。又集中有《颜若龄自山中来邀吴幼玉社长天都山人戴德充觞咏》诗，德充必徽人，今无考矣。

《馀清斋帖》

馀清斋所刻各帖，馆本王右军十七帖，唐人双钩本，有宋濂等跋。吴用卿跋云：『解无畏双钩，褚河南校定，当为天下十七帖第一，今入之内府，因摹上石。』王右军《鸭头帖》，有宋绍兴御题。王右军《胡母帖》，有董其昌等跋。王右军《行穰帖》，有董跋，并释文。王右军《思想帖》，有赵孟頫、文徵明等跋。吴用卿跋云：『余万历癸未入都，闻兵部稽泰峰家藏右军《思想帖》、《快雪帖》，当时求一见不可得。越廿年，家弟国旦应试南都，过惠山访稽君遗物，乃幸得此。』王右军《迟汝帖》、《霜寒帖》、《兰亭帖》，《兰亭》即董跋以为虞永兴临摹者。王右军《黄庭》、《乐毅》按即《官奴帖》、《曼倩》三楷帖，《曼倩》有米跋，云是唐临，馀皆有董跋，或用卿自跋。王大令《兰草帖》、《东山帖》、《中秋帖》，有董跋、杨不弃跋。王绚《伯远帖》，有董、杨跋及用卿自跋。虞伯时《积时帖》、智永书《归田赋》、孙过庭书《千文》、颜鲁公书《明远帖》、苏东坡书《赤壁赋》、米南宫书《千文》，又临王右军《至洛帖》，跋多不录，皆刻于万历中。用卿跋云：『余友杨不弃氏，得古人摹书法，双钩入石，是诸帖皆不弃所钩摹也。』同时与用卿同鉴赏者，董、杨及陈继儒外，有吴孝父治、吴景伯国逊，时时见其印章。又『馀清斋』三字额，亦董书。吴，丰南人，今原石在岩寺鲍蔚文家。

《清鉴堂帖》

《清鉴堂帖》，乃吴周生所刻。周生名桢，莘墟人。与吴用卿同时而略迟，故刻帖多崇祯初上石。周生亦与董玄宰、陈眉公交好，所刻皆经董、陈鉴定评跋。其帖目较《馀清》为多，钩摹亦精。首《澄清堂王帖》上下二巨卷，次《黄庭》、《曼倩》、《曹娥》、《乐毅》四楷帖，又虞书《破邪论》、《汝南公主墓志》，褚书《阴符经》、《灵宝度人经》，欧书《般若波罗多心经》，颜书《祭侄文》，怀素书《苦荀帖》，杜甫书《谒玄元皇帝庙诗》，王维、王缙、裴迪《青龙寺弹棊诗》。中惟杜书最不可信，董跋已明言之。王、裴诗亦可疑，董跋言『昔日诗画合璧，余曾见之，今画去而诗存，然不足惜，画固伪也』。其语亦婉而多讽矣。

又次为《苏黄尺牍》、米南宫书《七帖》及《萧间堂叙》、赵吴兴书《过秦论》，馀皆董、陈投赠之作矣。董作《墨禅轩说》寄吴周生，文极长，历叙所见古人名迹。后有陈眉公、吴士奇、陈元素、凌世韶、项子立、汪宗鲁、程仲、许立礼诸人跋，半谓思翁隐以衣钵付周生，盖周生亦以书名也。

陈为周生之祖怀野翁作《德求堂记》，又作序赠周生，略言：『周生新安世家，其先曰少微，举进士于唐。曰靖，擢省元于宋。入明有清江公宁宣，佐于忠肃定土木之变。中子绅，季子纹，皆孝廉，位通显。孙翰章，成化甲辰进士，官侍御有声。今周生好称说祖先，孝友乐善，昵古读书，辟园娱亲，环沟池，布竹木，而所藏法书名画不胜记，朝夕临摹，饥以之代肉，寒以之代裘』云云，揄扬甚至。

又《吴氏修墓记》，范允临篆额，董书。《幸墟重修祖母墓记》，郡人何如宠篆额，陈书。『清鉴堂』额，董书，石今在丰南吴氏祠中。

《安素轩帖》

安素轩石刻，棠樾鲍氏所为也。中有《歙县鲍氏图记》。余所藏只三种：一唐人楷书《般若波罗蜜多心经》，有注，全共五叶，首叶元微缺，旁注『唐二册』。一董其昌楷书《妙法连华经》，十叶，未全，旁注『明三册』。一祝允明楷书《四十二章经》，四叶，全，旁注『明四册』，后有祝允明跋，钩摹甚工。惟既注明『唐二』、『明三』、『明四』，则当然不止此三种。今原石久易主，不知何往。当日几刻若干种，亦不可考矣。

唐模镜亭刻石

吾村唐模镜亭中刻石，皆长幅，钩勒甚精。中六石略短：朱熹、苏轼、倪元潞、赵孟頫、文徵明、查士标，皆行草书。旁十二石甚长：米芾、蔡襄、黄庭坚、董其昌、祝允明、罗洪先、罗牧、程京萼、陈奕禧、八大山人，皆行草书；陆一岳，篆书；郑簠，分书。不著刻石人姓名及年月。以意度之，当是乾隆初所刻，选择精，皆真迹。石亦坚美，今尚完好无缺。闻父老言，洪杨乱时，几为湘人拆去，以石笨重，艰于远运而罢。

史阁部为江文石书《云洲子歌》

江文石《止庵文集》，有《上史阁部书》。顷见黄宾虹所藏有史阁部所书《云洲子歌》，款书：『崇祯己亥夏六月，偶过文石兄寓斋，出素纸索书，因录旧句请正。道邻可法记。』前有胡西甫长庚篆书题额，有同邑项芝房小天籁阁收藏印。书笔劲拔，真迹无疑。江、史以气类订交，于此可证。

王学愚　唐祁

宜兴吴仲伦德旋著《初月楼闻见录》，多及歙事，兹采录之云：『歙王学愚酷嗜南田书，藏其真迹甚多。遴之得尤精者数十纸，勒石焉。学愚名曰旦，其为人内行甚修，生平急朋友难，奋不顾身，亦奇士也。』

又云：『歙唐祁，以善治生致多资。其父尝贷某甲金，后甲伪以失券告。祁曰：「券虽无，事则有也。」偿之。既而他人以前券至责偿。祁曰：「事虽伪，券则真也。」又偿之。人传为笑。祁曰：「彼初能急吾亲，讵不足感也。」』

吴仲伦之论方晞原

《初月楼闻见录》云：方晞原，名根矩，歙诸生，其学宗婺源江慎修，其文宗桐城刘海峰，以古文名。其文有学庄周、《史记》为之者，弗若也；学永叔、介甫为之，时至焉；学归熙甫为之，辄至焉。其为时文，即以其为古文者为之也，故能峣然而出其类，晞原可谓能择所从矣。

晞原居歙西灵金山中，有林泉之胜。四方贤者至歙，无不乐交晞原。晞原亦延至其家，惟恐其去。名闻甚广。乾隆丙午科，大兴朱文正公以侍郎主江南试，自决必能以第一人取晞原，而晞原是时已不应试。后又四年，晞原卒，年六十有一。晞原为人意气和易，寡怨怒。虽终身诸生，世为之不平，而晞原未曾以为感叹。初戴东原称新安有三士，郑用牧、金蕊中及晞原也。蕊中后以进士第一人，官翰林院修撰，而用牧亦终诸生。

方立礼

《初月楼闻见录》云：方立礼，先世歙人，迁江都。父曰伊，生母魏氏，伊之妾也。立礼八岁，魏氏卒。继母汪氏有二子，曰立化、立乾，爱之，恶立礼。汪性严酷，每怒，辄与大杖。立礼受杖惟谨。一日杖立礼，几绝，及苏，无变容。立礼年十八，父卒。汪益逞志，遂逐立礼。立礼时时候门外，问母起居。欲入不敢，俯首窃泪下。汪氏疾则忧惧不食，日夜奔走户外，少安乃已。妻洪氏，亦孝谨，日受鞭挞，无违色，不使立礼知。汪后稍悔，暴渐已。及汪死，立礼哀毁骨立。立化、立乾皆早死，所遗子女，立礼视如己子女焉。

洪玉亭　吴后庄　江圣言

《初月楼闻见录》云：洪玉亭，歙人，侨居无锡之鸿山。鸿山相传汉梁鸿隐居处，玉亭慕焉，筑草堂其下。玉亭本世家子，好交游，重气谊，治经术而不荣达，时人归高焉。

又云：吴后庄，名周，歙人。家贫甚。工诗，尝赋《杜鹃行》。鸽阳王幼华见而善之，与定交焉，幼华为潜江令时，闻后庄死，征其遗诗，刻而传之。

又云：汪圣言，名立，先世歙人，圣言随其父侨居扬州。扬州习尚侈靡佚乐，而圣言好读书。从厉太鸿征君游，学为诗词。中岁游杭州，爱西湖山水，偕一妾居水磨头地，将家焉。水磨头，盖姜白石道人故址，而马塍者，白石所葬。圣言时时携酒往酹其下。居数年，有挽之归者，遂归扬州，以卒，年四十有九。所著有《夜船吹笛词》二卷。馀皆佚。

闵象南　吴幼符

《初月楼闻见录》云：闵世璋，字象南，歙西岩镇人。少孤贫，九岁废书，长而自求识字，旋晓文义。读《史记·蔡泽传》，喟然思欲有见于世。遂走扬州。赤手为乡人掌计簿，以忠信见倚任。久之，自致千金，行盐筴，累资巨万。自是遂不复贾。岁入，自家食外，馀尽以行善事，故筦财利数十年而产不更饶。象南为德多自讳，或假名他人，或辞多居少，事恒不彰。然士君子及里巷行旅之人，指其事而口颂之者不胜既。象南晚岁好观书，每夜漏下三二十筹，犹手不释卷。尝谓人曰：『吾生平不博奕、不美食炫服，不游倡优，无他嗜好也。』居室卑狭，无园亭之娱。所坐卧小室，人或劝撤材新之。象南曰：『视吾居不蔽风雨时何如？且久与之习，如故人，不忍弃也。』

其时同县长林里人吴自充幼符，亦业盐筴而慷慨好施与。年三十三病卒。方病亟时，取负券，悉焚之。谓妻子曰：『吾留遗足给饘粥，无求多于人。且当见贷时，吾已心赠之矣。』初，幼符游楚中时，疏宗妹因乱为人所掠卖。幼符闻而赎之，具妆资择婿以嫁，未尝告人。其后妹具币物遣人来谢，家人咸怪之。使者具道本末，而幼符殁已数年矣。

李希乔

《初月楼闻见录》云：石鹿山人李希乔，字迁于，歙人。以书名四方。人无贵贱智愚，强其书，悉应之，无忤色。其贤者物色而尊礼之，则退然谢不敏；其不知，佣遇之，不以为病。少时贫苦，尝学贾，不利，遂专学书。通六书大意。用浮屠戒，不食肉，有不能供伊蒲者，即他馔中择蔬而食，食已盥漱。读诸大乘经往往坚坐至中夜。为人貌愿朴，而沉静多艺能。能画竹石、摹勒人物，工篆刻、双钩法帖，又斲竹为臂阁及界尺，镂刻灿然如写生，扪之无毫发迹，时比之金陵濮仲谦。

吴瑞鹏

《初月楼闻见录》云：吴雪翀，名瑞鹏，歙人。父以盐筴起家，而雪翀耻为贾，轶宕不治家事，稍落其业，无以为亲欢。于是折节嗣盐筴，然颇慷慨，喜负气。内收宗党，外恤闾巷亲交。遇其赴人之急，即质剂取母钱应之，亦不自德色。恒叹曰：『士不得已而贾，寄耳。若龌龊务封殖，即一钱靳不肯出，真市竖矣。』尝请其兄收债于楚，兄许诺，则勅家人视嫂薪水有无。久之兄返，簿所收归之，不受。遽持为兄寿曰：『兄病矣，敢以收吾债役兄耶？』子楚英早慧，补诸生。雪翀弃贾不复事，日督诸子读书。雅蓄砚墨，见前人嘉言懿行，辄涤砚吮墨手自书之。多购书画金石诸古物，置左右，间一寓目，摩挲自得。康熙丙辰春寒，偶不怿，忽割所爱，命诸子分遗亲旧，曰：『寒食前吾将逝矣。』诸子愕然，已而果卒。

梅颠醉卧处

《初月楼闻见录》曰：『歙吴梅颠，名熊，幼不知书，上年得杜诗笺注、兰亭石拓，遂工古近体诗，兼学作书，皆工。桐城刘海峰先生尝称之。家贫无以自给，隐于医。性嗜酒，豪放不羁。非其意所欲见，虽显者造门弗顾也。著有《冷香吟》、《折芳吟》、《黄山记游》诸集。

梅颠年六十，筑生圹，种梅百株，自题其碣曰『梅颠醉卧处』。且云来年当死，及期果卒。

叶元习

《初月楼闻见录》云：叶元习，名敦，歙人，有志节。少补诸生。言行一以朱子为法。督学使者仁和赵宪副佑待诸生严甚，小不称意，辄诟詈。一日按视徽州，坐明伦堂，命诸生说四子书。元习挺然直上，督学厉色以辨难，至五六不屈。督学怒，及试，故欲求其文之疵，而不得也。先是休宁戴庶常震倡复古学，朝廷开四库书馆，海内绩学之士萃于京师，皆翕然以庶常为宗。适庶常纂修馆中，以劳卒，丧归。同郡先达，议以其主配朱子。元习以诸生力持不可，且谓庶常说经尽与朱子反，生则背之，死不宜配食。众不能夺，其议遂寝。后元和徐学士颋视学安徽，亲送庶常主入朱子庙廷，时元习卒已若干年矣。

江伯鳞　江德卿

《初月楼闻见录》云：江伯鳞，名世鳌，歙人。其先本萧氏，自梁昭明太子统十世已下始改江姓，居于歙。伯鳞年十二岁，随其父迁常州，又迁无锡之泰伯，又迁常熟之夏市，最后迁江阴之北涸镇，家焉。

伯鳞少美姿容，初读书常州贺氏，其业冠童子科。父曰：『所以东游者为贫耳。不如从而贾城东。』城东有少女，悦其貌，分鬓上花朵遗之，几为所惑。度久且不能自持，跽告父。一夕徙去。其在泰伯，泰伯人安氏，逋同行客麻饼值千金，请鬻其子偿客。伯鳞劝客勿受，而窥客有沮色，遽倾箧代偿之，安氏子遂得无鬻。及在北涸镇，与其族兄德卿并以积善力行称于乡里。

德卿名国诏，其自歙徙北涸，先于伯鳞。去北涸东山十馀里曰香山，有昭明太子手种山茶花楼，将圮废矣。德卿曰：『此先泽也。』出钱治新之。德卿仁而泛爱，北涸人皆乐亲之。而其尤相敬爱者，张敬庵尚书、朱万清司李、赵粲兮孝廉、缪喜生京生文学也。康熙十年卒。盖德卿先伯鳞十六年居北涸，而伯鳞于德卿卒后二十年乃卒。两人合力为善于北涸者凡十二年。

鲍子韶

《初月楼闻见录》云：鲍子韶，名夔生，歙人。父叔裔，以乡进士知广东始兴县。当明崇祯之际，遭乱去官，避地江西赣县，因留家焉。

子韶年十二丧父，独与寡母居，茕茕客寄，日以窘穷，无力就外傅。然聪颖天授，于诸章句闻而诵，诵而解。赣之宿儒，莫不嗟异。稍长，窃摹拟为诗词，出语时能惊人。三十一岁遭母丧，哀毁骨立。后出游吴、鲁、燕、齐间，一时知名士咸乐与交。遇宁都魏冰叔于扬州，谈论累日，出语人曰：『魏先生真吾师也。』遂执贽为弟子。东南乱起，子韶归保妻子于赣。赣偏将军李公延致幕下，从征赣诸县负嵎之寇。康熙丁巳，从蔡都督攻吉安。戊午客宣义将军幕，从破江西崖石寨，又破浙、闽间诸贼垒。先后以儒服运筹策军门十馀年，所至能相与有成。被难民妇，全活甚众。雩都人士为刻石纪德，而将军亦次其功，将请于朝而官之，子韶辞焉。其后名益盛。辛酉归自京师，朝之近臣达官，咸为诗歌道其行。戊辰客佟将军幕，辛未游东粤，以疾卒。年五十二。所著有《江上集》、《红螺词》、《江楼合选》、《蕉桐引》，凡若干卷。

按：鲍子韶见《魏叔子集》。

方雪瓢

《初月楼闻见录》云：方雪瓢，名粹然，淳安人。朴山先生子。少日随朴山居京师，从何义门游，称义门高第弟子。其后游黄山，寓居歙之河西，歙士多从之者。已而爱钱塘山水之胜，遂久居钱塘江上。晚岁复游歙，持一木瓢，时时泽之，光可以鉴。自言某年游于嵩岳，雪夜宿僧寺，爨下见烧馀，异而取之，制为瓢。途中遇盗，发笈，攫之去，已而于杭中市上复得之。其时亦雨雪，因名雪瓢。而自号曰雪瓢老人。雪瓢取歙石材大者为砚，刻小像于其背，而自识之曰：『老人好古能文，不事家人产，见秦、汉器物洎书画名品，斥衣食费，以资其好。每过辰不举火，而吟啸自如，遇山水幽异处，杖履必到。所交皆一时耆旧。晚号雪瓢老人。阅四百二甲子，丁亥长夏书于歙浦旅舍。』卒年七十馀。所著有《十一经注疏类钞》一百卷、《礼服古制》二十卷，皆为人取去。其雪瓢有自制铭，钱塘奚铁生以分书刻诸瓢之唇，敛时殉棺中。雪瓢文多佚不传，仅存其门下士歙程瑶田所手录数篇而已。

按：雪瓢自应补入吾县志《流寓传》。

黄葵斋

《先天图义管窥成疑》二卷，歙州黄为赤子心著。黄一字葵斋，见刘献廷继庄《广阳杂记》。

程樵髯

程兼，字抑若，号樵髯，黄山人；家繁昌。著《峨溪外谱》，尤悔庵为之序。亦见《广阳杂记》。

巴予籍小像　郑千里画佛

罗雪堂振玉家藏有巴予籍小像，貌甚清癯，有金檠斋题五言诗，词亦工雅。余于北平见之，惜未录出。

又于文华殿见郑千里重画佛像，有乾隆题赞。

古岩藏经轮　小飞来

宋罗郢州颂有《古岩藏经记》，略言：古岩知名寺，予少而游焉。爱其僧房在石下，有坡陀嵌空之妙。住持慈悦与慈妙、守晖等，重建藏经阁。大为之轮，衍八面以为十，置函其间，上为莲华千叶，毗卢居之；五十二大士，缥缈于孤云之间，当其机缄一动，若山君海王，拥经以趋。

又有《小飞来记》云：歙之南八十五里官道之右，溪流清浅，其外有山绵亘，杂木森立，石址隐见。淳熙戊戌里人洪君元辅始为轩椒，面山临水，予弟端良为榜曰『小飞来』，取其肖灵隐云。

罗鄂州汪王庙考实

宋罗鄂州愿《汪王庙考实》，言王名世华，后改名华，有二弟世英、世荣，非避唐讳去上字。又言汪姓出于汪罔氏，亦曰汪芒，为古诸侯之裔，辨俗说『鲁成公支子食采于汪，因以为氏』之谬。又引邓名世《姓氏辨证》言陈稷州刺史汪纲，陈亡，自歙州徙河间，故又有河间汪氏，证汪氏居歙甚早。辨俗传『汉建安二年，龙骧将军汪文和为会稽令，因世乱家新安』之说为无据。又言新安郡治，自昔屡迁。今治歙乌聊山之西，自汪王始。汉建安之乱，县人毛甘以万户守乌聊，后破于吴将贺齐，因置新都郡。见《吴志》。逮王之起，复屯其上，后因迁治其旁。引《图经》载隋开皇十一年州治黟，大业中为郡治休宁，义宁中治歙之乌聊为证。行状称『城于绩溪』，乃草创营垒耳。

又言《旧(唐)书·本纪》，不著归唐日月，新纪虽于武德四年九月甲子书降，至列传杜伏威遣王雄诞来伐，又不著其已受唐命。按九月甲子者，月九日也，告命以此月二十二日下，则疑之至唐与其封拜，皆不出九月中。而雄诞之来，乃在是年十一月，是归唐后杜伏威以私意伐之，王乃为唐屈，故不久即入朝京师。高祖以大国重使见处，贞观间典宿卫者二十年。太宗远伐，委之筦钥，盖深信之也。

王以隋开皇六年生，至武德五年，年三十七。中间称王者十馀岁，挈八子入朝。所谓夫人钱氏，唐功臣九陇之女，当是入朝后续娶。

又言今所在汪王庙，有二武士，介而兵，立于门首，土人谓之毛甘将军、汪节将军。毛甘、汪节，皆与王异世，殆民间以其功及材武类祀也。汪节者，绩人，唐神策将军，家在大徽村。有神力，长安东渭桥石兽，重千斤，节独徙置之。又能负石碾，碾上以木架床，设龟兹乐一部，曲终略无难色。见《太平广记》。又王庙中有绘宣城长史、淮安长史云者，即王二佐天宝铁佛。长史者，入唐后所得官也。

按：汪姓出于汪芒氏，吾师汪仲伊先生《原姓篇》亦主此说。《原姓篇》言新安于楚国属丹杨，秦兼天下以为鄣郡据《括地志》，汉武帝时始立郡望，复改鄣郡为丹杨据《御览》引《十道志》。故新安沿称丹杨，至汉末始别于丹杨以自为郡，亦与鄂州说合。

《罗鄂州小集》

《罗鄂州小集》，有郑师山序，言『南渡后文章，有先秦、两汉之风，推新安二罗。大罗名颂，尝知郢州；小罗名愿，尝知鄂州。鄂州文尤缜密古雅。从余游者，洪氏之兄弟，曰斌、曰杰、曰宅，鲍之叔侄曰元康、曰深，以资重刻其集』云。又有弘治罗文达、天启罗朗二跋。

言郢州、鄂州俱卒于官。又言『鄂州崛起南渡，为文直逼西京。当时闻人，若刘静春、楼宣献、杨诚斋、汤东涧、马碧梧，咸服膺则效。而闻风表章者，则自郡人方虚谷、洪杏庭、曹宏斋、郑师山、陈定宇、赵东山、程篁墩，与夫王厚斋、宋潜溪、王华川、杨升庵、李于田诸名硕以下，指不胜屈。且生平学术，朱文公称为益友，周益公疑之二程』云云。

按：鄂州之死甚奇。鄂州为罗汝楫子，《宋史》附汝楫传，言其知鄂州有治绩，以父故，不敢入岳飞庙。一日自念吾政善，姑往祠之，甫拜，遽死于象前，盖汝楫乃秦党也。说甚不经，显出附会。

方虚谷补魏鹤山《古今考》

宋魏鹤山先生了翁《古今考》三十八卷，乃吾歙方万里回续成，明崇祯丙子谢三宾刻本。前有谢序。魏书于历代文物制度稽核详博，方续其甚多，以『紫阳方氏曰』五字别之。魏鹤山自序言：『暇日编校经传，自两汉诸儒，去古未远，已不能尽识三代遗制。凡冕服车旗，类以叔孙通所作汉礼器制度为据。其所臆度者，无以名之，则曰犹今之某物然。孔、贾诸儒，为之疏义，则又谓去汉久远，虽汉法亦不可考。因叹三代遗制，始变于周末，大坏于秦、汉，而尽亡于魏、晋以后。虽名物称谓，字义音释，亦鲜有存者。下略。姑即汉纪，随文辨证，作《古今考》。』

方跋言：『鹤山先生初稿，先生次子故大府卿浙西安抚使知临安府静斋先生家藏。回客门下，自淳祐十二年壬子，于知吾州时入书塾，咸淳丁卯国子正遭论，寄家于先生之鹤山书院。秋九月，借亲笔绎观，遂录诸此。所谓《古今考》者，仅成二十则而未竟，所以今大全集不载』云。

又附录周文英赠诗，其诗序云：『泰定甲子，佐监官幕，侍知州中全方公，实紫阳虚谷先生冢子。荷授先生抄类《晦庵朱文公文集》暨鹤山魏文靖公《古今考》三十八卷，归吴休暇中，得竟披阅。成四十韵，敬书于后。』诗未录。又文英子周南序，略言：『泰定甲子，先君文英任监官州幕职。时知州方公存心乃虚谷先生冢子，间尝论《易》，盖先君深嗜《易》学也。每以魏文靖公《十七家易集义》为言。文靖公仲子静斋先生知徽州时，尝以《易集义》与《九经要义》同刊于紫阳书院，墨本则藏于虚谷家，南于侍旁，犹及见之。』又言『文靖所著《古今考》及著《皇极经世书考》，书成皆未脱稿。其未备者，则虚谷先生续之。知州悉出三稿以示先君』云云。馀略。

按：虚谷所补，于『母媪梦与神通』一条，追论《生民》之诗，力辟感生怪诞之说，甚有通识。

夏炘《闻见一隅录》

当涂夏炘，曾官婺源县教谕，又侍其父居歙甚久。所著《闻见一隅录》，颇关歙故，兹即录之云：

『先君子选新安训导，谒汪文端公廷珍。文端曰：「君学中有汪生莱者，精天文算学，品亦甚佳，吾岁科两考俱未到，君至新安，当为我访之。」先君子到任，即问汪先生所在，佥云不归家五年矣。数日，汪先生来谒，盖甫自扬州归也。先君子与谈竟日，目为奇才。越月馀，通州戴紫垣先生联奎试新安，先君子首荐之，学使历查试案皆三等，试文亦不惬意。以先君子言。再三阅之，始惊曰：「此明章罗之嫡派，吾几失名下士！」又先生考经古俱全卷，赋题系「斗为帝车」，书经解系「问夏日至里步方尺寸」。先生之卷冠通场，遂按第一名食饩。次年吴江周莲堂兆基学使来，又力荐之，遂以优行贡成均。汪先生尝谓平生知己，先君子一人而已。』

又云：『汪先生殁于石埭训导任，不名一文。先君子函致歙县封翁程退斋先生道锐，相与敛资数百金，交其本家秉衡翁生息，孀妻孤子，得以生活。及先君子再补新安，汪先生长子光恒十馀岁矣，招来署中，饮食教诲如己子。故乙未光恒过丹阳，望先君子青山草堂，有句云：「指点青山青不了，平生此处受恩多。」

又云：『海州凌仲子先生廷堪，祖籍歙县，来主紫阳书院事，最敬重先君子。尝谓人曰：「夏广文，今之古人也。」凌先生殁，先君子经理其丧，且哭之哀。』

又云：『先君子在徽时，易畴先生老矣。先君子以师礼事之，自称后学。汪叔辰先生龙，精《毛诗》之学。凌仲子先生，精《礼经》之学。先君子皆尊重之，有加礼，以为诸生矜式。汪孝婴夫子精算学，江兼浦先生亦精算学，朱理堂先生濂精《三礼》，胡城东先生长庚精小篆，方子桥先生椿精史学，毕子廉先生锷精诗学，许子仓夫子精制艺，皆乐与先君子游。』

又云：『绩溪胡竹村农部培翚为诸生时，肄业紫阳书院，攻苦异常。《三礼》中，尤精研《仪礼》。先君子深器之，命执贽孝婴师门下。后农部重疏《仪礼》，裒然成巨帙。江晋三有诰性好音韵。先君子谓之曰：「等韵之外有古韵，可识三代上元音。」示以顾亭林《音学五书》，晋三读而好之，遂举以赠。后晋三定古韵为二十一部，段茂堂以为集韵学之大成。晋三常告人曰：「吾之通古韵，乃吾师之力也。」』

又云：『胡羽君孝廉荣林、江秋田广文新祖均年少隽才，先君子爱之，皆亲评阅其诗文。秋田贫，恒佽助之。胡以拔贡授小京官，旋中京兆试，不永于年。江以诗雄皖歙，由拔责任舒城教谕。先君子殁，江走五百里来会葬，哭之极哀。』

又云：『先君子最重优行。前后举报优生，汪孝婴先师外，如歙之程吏部厚、黟之汪明经春台、婺之戴明经扬休、王孝廉士杰，皆人品纯粹，各有著述。他如绩溪胡农部竹村、歙曹广文縠生振镈，虽系邑庠，非先君子所报，而实先君子为之地也。』

又云：『先君子在徽，历任太守皆倚重。同寅协恭知无不言，言无不尽，故地方大事，恒待之而决。壬申张良弼之狱，始由官绅龃龉酿成巨案。人谓夏师若未去任，案必不至若是。』

又云：『汪翥，字彦初，歙瞻淇人，孝婴师之族祖也。为前明副总军，殉难松山。《明史》讹「汪」作「江」，惟《两浙盐法志》不误。钦定胜朝《殉节诸臣录》，亦作「江翥」，又旁注云「一作汪翥」。孝婴代其六世孙慎保，呈请更正。得达国史馆，大学士庆保具奏，得旨，查明各项官修诸书，一体改刊。先君子于此事，尝咨嗟叹赏。迄今四十年来，无有知出自孝婴师者矣。』

又云：『修《徽州府志》，一切体例，多先君子手定。而烈女节孝一门，先君子请江易门明经忠炜专司其事。易门谨慎细心，人不能及。即下榻署斋，凡前志所载之节孝及县档学册与夫新经采访者，一一校雠精审，无有一名遗漏，一字错误。』

又云：『洪稚存太史未达时，乾隆丙申年，过太平，访朱润木先生。次日晨，润木答拜。馆人未起，稚存闻敲门声，自起启扃，已朱点诗疏三十馀页矣。稚存语润木，平生恒未明而起，读书数十篇，始闻僮仆声，日以为常。老辈勤学如此。先君子恒举此以为炘兄弟励。』

又云：『先君子言济源何公达善，康熙时为新安太守，善政甚多，府志仅存梗概。其脍炙人口者，久遂淹没，即如所置积穀仓，规模宏远，条理尽善，今百馀年，犹实惠及民，守之勿替。方子桥孝廉，议集郡人举报名宦，逡巡未果。然本朝新安太守之循良，终以公为第一人云。』

又云：『会稽马渔山先生步蟾，任新安太守，以黑夜乘醉，误板责一生员。生员诉诸巡抚，巡抚右太守而斥革生员衣顶，六邑之士，汹汹不平，将成大狱。先君子偕教授常熟俞公倬，迳禀制府蒋公攸铦，制府即解太守任，委道府大员公审，复生员衣顶，而记太守大过三次。太守归自省中，召被责之生，慰抚之，招入紫阳书院，厚给禀饩，亲课其文，如是者两载。每对同寅，则跼蹐不自安。于俞公及先君子尤有加礼，其度量之宏如此，可谓善补过矣。马公为御史时，曾奏请崇祀汤文正公两庑，士林称之。』

又云：『通州白小山先生镕，为安徽学政，历试各府，必访先贤先儒及忠臣义士祠宇，躬自拜谒。至徽时，歙县程易畴先生年九十馀矣，目盲病卧。先生试毕，亲造其庐，执后学礼，再拜床下，请问进学行己之道。盖自忘其为持节大员』云。

又云：『乾隆丙午，大兴朱文正公主江南乡试，得士最盛，当命下之日，与彭文勤公元瑞约，曰：「吾榜首必得歙县方矩，以挽制艺颓习；经学必得江都汪中，以为稽古之劝。」卷二万有奇，皆一一过目。拔张肇瑛为榜首；又于落卷中，拔孙星衍置八十七名，以为一必方一必汪也。榜发皆不合。文正悒悒，复查点名册，方、汪俱未与试，始释然。文勤在京，阅题名报，笑曰：「乃君竟不能得二生乎？」文正回，示以张、孙二君之卷，文勤阅之良久，叹曰：「虽非其人，然具体而微矣。」

又曰：「甲午岁，炘馆歙县西溪，汪生运筠，年少而好学，试省毕，以文呈阅，决其必售。榜发，落卷回。主司评语甚佳。场中文早发刻，填榜时，忽斥去。批云：策用周彦伦语，明知犯讳而故以他字代之，殊堪诧异。」盖场中第四策问等韵，筠引梁武帝问周舍曰：「何谓四声？」对曰：「天子圣哲是也。」此语实出周舍，见《梁史·周舍传》可据。舍虽彦伦之子，与彦伦何涉？一时同人，无不代为含冤。后阅顾亭林《音学五书》，其《音论》中引此条，误以周舍作周彦伦。盖主司所见者，乃《音学五书》，非周舍本传。亭林通儒偶误，不料二百年后，汪生竟坐此落第。岂不异哉！』

又云：『朱笥河先生筠为安徽学使时，议新安先儒配享紫阳书院朱子庙堂者十馀人，内有戴东原。歙诸生叶敳，固执不可。以为东原生与朱子为仇，死而有知，何颜配享以食朱子豆笾，其事遂止。后徐少鹤学使颋，复以东原配享，时新安无宿儒，遂无有能争之者矣。』按：此事见《初月楼闻见录》，已见前。

又曰：『余司谕婺源时，张文毅公芾驻师徽城。征余至其营中年馀。咸丰末，左宫保来婺原，问余文毅何如人？余对以居太夫人之丧，三年不御酒肉；寇逼郡城，公亲督师对敌，凡七昼夜不解带，炮火扑面不为动。宫保笑曰：「张公性本忠孝，书法甚工，可为文学侍从之臣。素不知兵，奈何谋人之师旅也。」』按：此条足征张文毅守徽之功，文襄好诋侮甲科，言不足据。

又云：『咸丰七年丁巳，余在徽州大营。戊午年七十，与郡中六广文，为七老清寒之会。一为歙司训孙君竹田克佐，一为前歙司谕葛君铁生其仁，一为前舒城司谕江君秋田新祖，一为郡司训李君金门应诏，一为郡教授过君竹溪梦钊，一为歙司谕方君琼田汇。后数年辛酉，寇入徽城，李君金门殉难，诸君俱次第以天年终，惟余与竹溪仅存。同治三年甲子，竹溪七十，余寄以联云：「百龄尚有年三秩，七老惟存我二人。」俯仰今昔，感慨系之矣！』

按：炘父銮，字德音，号朗斋。徽州府学训导。有孝行。笃嗜理学，宗程朱。子四：

炘、炯、燠、燮，号『当涂四夏。』皆有名行。炯著《夏仲子集》，燠通韵学，燮著《五服释例》、《述韵》等书。余收得朗斋先生手写《题巴怿兰饯秋图诗》一纸。

祥符寺题壁诗

休宁人黄士埙，字伯龢，康熙时翰林。能诗，著有《瀛山笔记》。论诗有渔洋之风。中一条云：『黄山麓汤泉之前，为祥符寺，寺中真武殿两壁有二绝句云：「紫翠林中便赤脚，白龙潭上看青山。药炉丹井在何处？三十六峰烟月寒。」「何年白日骑黄鹤，踏破天都峰上云。欲起轩辕问九鼎，道衣长侍玉虚君。」旁写「南宫谪吏云谷樵夫书」。僧云是罗仙作，指念庵太史也。朱眉方疑为罗近溪笔。近溪名汝芳，尝守宁国，此地山川多有其题咏。闻登天都峰者，惟先生一人。又近溪相传父子仙去，念庵亦传仙去。余谓近溪为郡守，必由部曹出，此云南宫谪吏，想曾为礼曹郎也，属近溪为多。』按：山志云是罗念庵作。

黄山松移栽法

《瀛山笔记》又云：黄山松高不过丈，大约数尺者多。皆几千年物，稗者亦数百年，昔人诗云『石上松曾见古皇』。余有句云：『托根全在石，结气半依云。』又云：『陵霜才数尺，偃盖已千年。』俱实录也。夭矫飞舞，曲折苍秀，如龙形。移种盆中，最难活，活者虽在盆百十年，不加长，但在山，松针短细可爱，入盆中，则针渐长耳。宜瘠土，稍肥不活。耐暑耐冻。夏天但每日清晨浇清水，检去虫蚁，防其侵蚀。冬则不必浇水也。

程鱼门以黄山松赠随园

商宝意盘《质园诗集》卷二十三，有《移松歌序》云：『程氏桂宧有黄山松一本，高不盈丈，袁简斋见而爱之。主人鱼门赠之。客或嘲之。为程解者云：「寓意非留意。」为袁解者云：「在我犹在子。」一取一与，谁脱谁粘，二君以仆通达十二因缘，请下一语。』其诗云：『谁欤好松如好龙，假龙岂若看真松。崚嶒五尺鳞甲满，来自六六天都峰。主人不今松不古，苍髯未可称老翁。经时淮甸困缠缚，忽然移入随园中。随园十亩中不空，梧槐杞梓榆楠枫。其下阴垂翠霭霭，其上盖结青童童。此松位置在盆盎，晋齐之侧犹邶鄘。秉姿虽小具贞性，能阅荣瘁兼春冬。古来万事一罗预，芳韶过眼惊飘蓬。草木平泉徒作记，烟花南部难留踪。斯人斯树适相值，在我在尔将毋同。贪凝爱恋亦何碍，但须纵放毋牢笼。公等会心仆饶舌，三秋一笑栖霞逢。』

按：黄山松盆栽过五尺，真奇物矣，商诗意犹病其短小，岂知是苍髯者之年寿耶。鱼门能由黄山致之，其豪可想。

《复社姓氏录》中歙人

《复社姓氏录》前后卷，贵池吴应箕次尾手编。原注崇祯年刊，已列仕籍者不录。其子孟坚于康熙壬辰重刊之，冠以崇祯乙亥年《留都防乱公揭》姓氏。其孙铭道又据朱竹垞所录吴氏扶九本互校，为《复社姓氏补录》一卷。兹按吾徽人之列名于《留都防乱公揭》者三人：吴名世字时可，吴霖字束二，吴闻礼字去非。原俱注『徽州』二字，未详何县。

列名于前录者十五人：吴德鉴字于民、程允晋字象晋、吴䵷字众香、朱泰阳字开之、黄鼎字卜周、殷周祚字长统、汪调鼎字士燮、汪瑛字楷俦、汪如默字闻憎、陈希昌字秉文、吴闻礼字去非、吴文英字子含、潘梦桂字月生、汪静字常符、汪作霖字雨若。原冠以『徽州府』三字，未详何县。

列名于后录者二十八人：吴中字宏嗣、汪灵承字于旅、陈所蕴字辰子、程一础字楚石、鲍太庚字幼白、洪德生字生甫、洪德吉字吉甫、黄振藻字幼白、洪德常字常伯、殷光汤字汤孙、殷光旦字沧旭、鲍元直字于生、程铉字玉铉、方云鹗字在秋、程新元字浣日、程天直字若云、程天翔字汉集、杨春华字阙、许奉章字来千、许起麟字招公、江显字文石、汪澜字君一、鲍可久字阙、黄汝瑚字殷大、潘陈志字求仲、王仕云字望如、杨征奇字正子、汪泽飞字阙。原亦冠『徽州府』三字，然又别录祁门县叶正春、庄熊二人。黟县舒家爵、史士倅、史士伟三人。

列名于补录者二十一人：吴尊朴字未雕、吴圣楫字仲济、吴霖字东三、项时琦字阙、吴尊古字与稽、吴名世字时可、胡士升字孟阶、程一藩字介士、汪沐日字扶光、鲍秉善字继之、方处冲字太冲、汪远字静致、汪漱予字阙、程翀字阊仙、李廷献字公可、洪宗字瑞玉、蔡羽亭字南涉、江天一字文石、凌紫氛字香吏、许芝字方城、程起凤字翥翼。以上亦冠『徽州府』三字，未详何县。

按：上列诸人，常伯，洪宗父。香吏，凌駉弟。吴霖凡两见，其字『東二』当是『東三』之伪，据《江止庵集》作東三。江显当是江颢之伪。许芝是许楚之误。青岩先生，原字方城，后又别署芳城也。其但书徽州府者，以歙为首县，用府该县，盖歙人居多，然今之可知者，亦只扶光、文石、方城、瑞玉数人，馀俱行谊不详。录之以俟考证。

程可山先生诗

程可山先生，讳焜，吾歙老儒，吾祖及汪弢庐师之师也。生乾隆六十年，殁光绪元年，年八十，仪征籍廪生，教授于歙，门徒极众。晚年丁流乱，亲属丧亡殆尽。依曾文正南京，任采访忠义局事。七十九岁归歙以终。生平无著述，而内行敦笃，耄学不倦。初与吴陶伯文铸、朱铁珊桂生、卞竹辰士云、程笏庵绅、汪丽泉日宣、范雨村凌霰、吴甄甫文镕、王槐卿光云，同受学于吴彀人锡麒、李静斋周南两先生。居歙时，与汪啸生宗议、胡城东长庚、鲍梓襄有莱、侯青甫云松、程雅扶奂轮、程隐郜希辕、鲍揖蕉杜秋兄弟、程翰青柘原诸人游。尝与汪、胡、侯、鲍同至蜀源观昙花，啸生携子埴古与焉。侯青甫绘图，各为诗。先生诗云：『妙树从意生，须弥弹指见。画师老瞿昙，点笔香雨散。空色两相忘，境过复何恋。为君偶写生，非真亦非幻。微言得佛理，天笑忽飞电。于时气清和，瞻礼金仙殿。蜀源旧山村，溪深林亦蒨。依山有高阁，咄嗟具良燕。君如黄叔度，测之无涯畔。座客集众妙，岂徒工洒翰。词坛有宿将，勇是千人选。酢爵尚有诗，敬礼非为膳。卷来征我题，迟钝如玩愒。传色娩春工，花叶分四面。眄此枝上鲜，惜彼风中瓣。』埴古后更名莹，字芸石，亦从先生学。中浙闱乙卯举人，记名国子监学正学录。当作骈文《铜竹斋记》，文极奇丽。铜竹斋，先生所居斋名也。取《汉书·律志》语。先生时文，上侪归唐。考官往往不解，故二十次乡试不第。又《避乱》七律八首极沉痛。其警句云：『略定惊魂及夜阑，又令怯胆近星残。同归覆帱呼天易，尽有山林避贼难。』原注：『贼搜山黎明即至，日晡方休。避至夜静，始略安息，际晓又入愁城。』盖当时惨苦如此。

歙事闲谭卷二十九

明以前歙县名胜诗

歙县名胜诗，靳志最富，张、劳二志删汰太甚。今因读《新安文献志》采录数篇，他日当更取他书附益之。其已见靳、张、劳三志及《黄山志》者不录。

宋曹汝弼《寄披云峰诚上人》诗：『院高穷木盛，野极静无言。险路通岩顶，香泉出石根。微风飘磬韵，幽鸟啄苔痕。常记相留夜，秋堂共听猿。』又《赠披云峰岳长老》诗：『禅外掩松林，闲眠度岁阴。雨侵香篆泏，苔长屐痕深。水在铜瓶冷，云归玉磬沉。前山有灵药，时策杖黎寻。』

上二诗见《新安文献志》，第一首注云：『舒公雄曰：汝弼诗体致高远，有王右丞、孟处士之风。』第二首注云：『方虚谷曰：此诗幽而有味。』按：曹汝弼字梦得，休宁忠孝乡人，以经术德义高蹈州里，自号松萝山人。有诗曰《梅宁集》。

宋汪炎昶《南山》诗：『宣平隐处今始过，烟霞城郭路几何。野渡谁浮夕阳艇，空山尚响樵人歌。石坛荒凉叠苔藓，谷鸟啁晰深松萝。何当更值买酒至，一笑使我朱颜酡。』见《新安文献志》。按：汪炎昶，字懋远，号古逸，婺源人。誓不仕元。有《古逸民诗集》及《四书纂疏》。

元洪焱祖《问政山》诗：『行穷白云坞，步入青松林。飞花去人间，好鸟鸣春阴。黄冠雅好客，沦茗澹冲襟。俪之幽兰芬，弄似清泉音。怀哉媚丹灶，谅矣轻华簪。当年聂仙子，出处知何心。徘徊扬州鹤，怅望故山岑。仙游不可问，古墓蓬蒿深。』见《新安文献志》。按：洪焱祖，字杏庭，歙人。宋潜溪序洪诗云：『新安为江东一大郡，自旧多文学之士，及吏部朱公兄弟，以诗倡于建炎、绍兴间，作者益盛。先生之生，虽后朱公百馀年，尝及接乡之诸老，故发之于诗，和而不怨，平而不激，严而不刻，雅而不凡，庶几忠厚恻怛，有三百篇之遗意者。』按：吏部朱公兄弟谓朱韦斋松及其弟朱逢年槔也。

元方回《题许宣平南山故居》诗：『一庵依旧翠微中，身在蓬莱第几宫。羽卫夜归人不识，满山松桧响清风。』见《新安文献志》。

宋钱时《记花头巡检及孝女乡》诗：『花头巡检骂贼死，蓬首女儿骑虎号。安得邦人百世祀，巍巍忠孝比颜曹。』原序云：『花头巡检，先君记之详矣。孝女乡，孝女骑虎以救亲，今汝滩下有孝女石，即其处也。乡之得名以此。然则「汝滩」旧名「女滩」，「米坑」旧名「女坑」，皆当仍旧，不可改也。吾乡有此二事，宜庙而祭之，以表励风俗。因成一绝，道余所志』云。见《新安文献志》。按：孝女乡在歙南。

元江光启《登徽城谯楼》诗：『夕阳犹恋最高楼，天角银蟾欲满钩。曲曲阑干浑倚遍，故园松菊几分秋。』见《新安文献志》。按：江光启，字宾旸，婺源人。

明鲍宁《风林书屋》诗原注为朱允升先生曾孙赋：『云山何迢递，石门自幽深。伊昔有君子，高名良足钦。读书万卷馀，灼见千古心。避世聊自乐，栖迟隐岩阴。会当明主出，凤向朝阳吟。阿衡起莘野，传说施甘霖。功成一朝退，清风来旧林。云何未百年，此道难追寻。赖有贤孙子，可比双南金。肯堂复肯构，欣言嗣徽音。嗟我本旧人，有怀未盍簪。为君歌一曲，视古犹视今。』见《新安文献志》。按：鲍宁，字廷谧，歙人。风林书屋在石门。

明王善庆《过周流寺》诗：『云埋殿阁周流寺，春水冲撞复到山。僧衲挂枝庭树老，禅床揞石洞云闲。久无山鬼吹灯火，时有渊龙护法坛。我亦长歌来徙倚，满襟清思隔尘环。』见《新安文献志》。按：王善庆，字士积，号秋斋，歙人。周流寺在岑山。

明江珑生《环佩重来轩》诗：『丞相宫墙何处寻，老槐纡绕翠沉沉。钧衡已辅当时政，环佩犹传奕世音。六叶喜闻归旧物，千钧何足诧遗金。南董古意人知少，好在云仍继此心。』原注：『宋丞相程公元凤居歙槐塘，有琴曰环佩，亡去已久。六世孙文实复购得之，为轩以藏，加扁「重来」二字。』见《新安文献志》。按：江珑生，字伯琛，歙江村人。

明杨宁《歙学岁寒亭次宋苏文定公韵》诗：『几树苍松倚翠屏，小亭因得岁寒名。月来遥见海蛟出，风度静闻天籁生。饱历冰霜心不改，高邻庠序景逾清。闲来独据胡床坐，一曲阳春愧继声。』见《新安文献志》。按：杨宁，字彦谧，歙人，宣德进士，官南京刑部尚书。

明胡安《见山堂》诗：『家住龙山山下村，诛茅卜筑傍云根。呼儿耕罢勤书策，对客哦成共酒尊。红雨过帘花结子，绿云垂地竹添孙。静观自得悠然趣，何用区区隐鹿门。』见《新安文献志》。按：胡安，字伯康，号翠屏，歙琶塘人。

元蒋师文《题潜山双庙》诗：『枫木阴浓日转廊，两公心事寄睢阳。生同岁月呼兄弟，死有江淮奉帝王。简墨尚留肝胆在，篆烟那敌姓名香。后来人物如公少，时事难言重可伤。』见《新安文献志》。按：蒋师文，字梦岩，歙人，唐张、许二忠祠，潜口最古。今犹在。

元周原诚《吴氏春雨亭》诗：『萧萧馀韵亭前树，洒洒芳原溪上村。虚忆汉庭推长者，难凭楚客赋招魂。忠臣巨笔蛟龙奋，太史文章虎豹蹲。孝子此心浑未已，百花香处溅啼痕。』原序：『吴长者宁之葬歙凤凰山，虞伯生学士作铭，达兼善尚书篆额。其子季实，复作亭于墓侧，以展孝思。』见《新安文献志》。按：周原诚，字彦明，号石泉，歙人。凤凰山在歙北。

宋吴儆《寓郡城客热不可寐》诗：『淡月微云对倚楼，无声河汉自西流。高城忽起《梅花弄》，散作晴空万里秋。』见《新安文献志》。原注：『吕竹坡云：此篇诗意清新，而豪气勃勃不可遏，宜与坡杜相周。按：吴儆，字益恭，谥文肃，休宁人，绍兴进士。师张南轩，官至广南西路安抚。有《竹洲集》三十卷。

宋孙嵩《紫阳夜坐》诗：『一夜灯前白纻单，沉吟有此夏初寒。露零若与人相语，松杪萧萧下石坛。』见《新安文献志》。按：孙嵩，字元京，号艮山，休宁人。宋太学生，入元不仕。有《艮山集》。

元郑玉《覆船山樵歌》五首：『行客初登半岭间，石门深锁路回环。若将泉水论高下，应是东南第一山。』右小石门。『路入黄茅剑断蛇，疏篱石磡野人家。山深地冷春难老，五月岩前见落花。』右童家磡。『巨灵斩断此崔嵬，好事题名几度来。不用碧沙笼石上，但令风雨长莓苔。』右断岩。『历尽崎岖上碧岑，高山飞瀑似鸣琴。何须水乐寻幽洞，自有岩前太古音。』右响泉。『常忆当年武肃王，金婆店里月华光。山中十月桃应熟，未荐仙人不敢尝。』见《新安文献志》。按：覆船山在郡南。志称其形如覆舟，邃深险异，甲于一郡。郑师山深爱之，尝结夏于此。门人洪斌构草堂于眠云石下，名曰『招隐』。

宋汪宗臣《谒云蓝山先越公墓》诗：『此生未展云蓝墓，郁郁甘棠孙子情。今度忽为寒食节，欣欣乔木岁时荣。尧天日月重光炯，越国江山几变更。回首千年有归鹤，练溪新涨匝春城。』见《新安文献志》。按：汪宗臣，字紫岩，婺源人。咸淳中两中亚选，入元不仕。诗文曰《紫岩集》。

胡匏更《十哲奇艺》

胡瑞，字匏更，晚号匏叟，北关人。以理学著名。见《歙志·儒林传》。遗稿已不传，近得见其刻本《十哲奇艺》一册。乃时文十篇，以十哲姓名分题，而以诸人故事入之耳。前有崇祯辛巳武林张懋忠序，言『予摄歙篆，以十哲题分较童试。得胡生卷，一日而兼十艺，每艺奇古奥倔，称引考据，多目所不经见之书，因取冠军』云。乃知是其应童试时一日所成也。又有同邑友人罗曜斗序，每篇后俱有邑侯张夫子原评，及业师罗性亦先生评，又凌龙翰先生评。明试卷流传至今，亦诚奇矣。

匏叟墨迹，余于洪谷一《春晖阁寿母诗》册中见其六言诗七章，亦古崛。又诗册中有洪方舟、毕阶三、汪广渊、程扶青诸人诗。方舟名舫，见《歙志·遗逸》，即供屈三闾、杜少陵木主者。阶三名天台，即与程非二、许青岩同游黄山者。扶青名鹏翀，槐塘人；广渊，名溥勋，瞻淇人，俱清初进士。广渊顺治丁酉举人，乡荐后因有物论，召入京面试，得第一名。见志《文苑》。惜其诗皆祝寿之作，不及备录。

洪谷一《白云岩庐墓图册》

洪谷一《白云岩庐墓图册》近归于余。首查二瞻绘图题诗，图小而精绝，题者甚众。清初达官有李坦园霨、曹秋岳溶、沈绎堂荃、梁玉立清标。同时名士有王贻上士祯、施愚山闰章、屈翁山大均、潘次耕耒、邓孝威汉仪、曾青黎灿、赵恒夫吉士、吴野人嘉纪、万贞一言、梅瞿山清诸人。同县则有程非二、吴塞翁、吴鳞潭、吴茵次、洪去芜、汪于鼎文治兄弟及吾家力臣、师六兄弟诸人。清初吾县名宿已得大半，独屈翁山名被浓墨涂盖，印亦被涂，唯翁山二字尚可辨认，当是翁集被禁毁时，惧祸所为也。诗多佳作，兹略录数首。

查二瞻云：『众岫罗鲜云，层峦表空翠。沿流转清旷，渚屿要位置。入林矗孤岩，长日白云侍。至行于焉托，冥感传来异。三载礼松楸，眄柯纷涕泗。时下皋渔泣，再闻巢鹤异。原注：谷翁先世庐居者，双鹤来巢。欲废《蓼莪篇》，自补白华义。我心勤仰止，绘图为记事。移孝还作忠，更望东山出。』

屈翁山云：『皎皎白华躬，庐居岩壑中。泪枯何代柏，声断一林风。紫极心长贯，黄泉梦每通。寄言双白鹿，移孝事无穷。』

施愚山云：『忆昔华屏别，悲深见面初。解官缘啮指，负土复居庐。猿鸟哀号处，松楸涕泪馀。《蓼莪篇》已废，忍痛读何书。』

王渔洋云：『由来谙至性，不让庚黔娄。垄上孤儿泪，𫶧中万木秋。凄凉白云宿，呜咽碧溪流。南郡生徒在，应同罢社愁。』

李坦园云：『昔望白云悲，今依白云宿。白云亦何心，恋此岩下屋。引声和哀猿，攀条感风木。萧萧万壑深，遥念人如玉。』

曹秋岳云：『云海荡我臆，云是𫶧中居。宛宛同心人，千里生坐隅。经久不合并，无乃干戈瘼。间关历陇右，严冰裂衣裾。荣身在节概，竹帛徒区区。自古一丘壑，远道终难渝。群林劈江气，沙屿争来趍。春物丽空表，丹翠潜相嘘。谁能傲顽懦，含意为此图。予亦谢车马，长啸还旧庐。』馀不备录。

洪常伯及妻许恭人

洪德常，字常伯，谷一之父也。卒年三十有九。以谷一贵，赠朝议大夫，并祀乡贤祠，配享朱子。沈荃为行状，梁清标为墓铭，施闰章为作传。施《传》略云：

常伯仿朱子西山读书分年法，自十三经下逮《国策》、《史记》、《汉书》，画以岁月，务强记之。尝游西湖，刻其制举业行世，一时名人葛屺瞻、黄贞父、韩求仲皆亟推之。年既三十，研心六籍，取有宋诸儒之说，及明薛文清、冯恭定诸书，旁考折衷，谓《大易》后发明性道莫先《中庸》，著《中庸要领》。又时与同学汪月岩诸耆旧，数会于紫阳，一遵『白鹿洞规』，辑有《周程张朱五先生学约》、《知行合一录》、《养正格言》、《变化气质论》。居父丧，庐墓骨立。

配许恭人，父省愚公。太傅文穆公之侄子，仕为长乐簿。母程氏，相国我旋公女侄也，自幼通《孝经》、《大学》、《论语》，知大义，善事其继姑，并教督三子。常伯病，许封股和药以进。维时伯子琮，年十四；仲子珣年十一，封股递进焉。许忧伤得心疾，晕眩仆地。新妇王，疗姑疾，年才十六，封股亦如之。常伯病危复苏者二年。既没后，许教诸子益严，及谷一贵，服官折狱，戒以平恕。晚年谷一绘《春晖阁图》，征诗为母寿。题者皆一时名士，如曹顾庵尔堪、徐子能增、余澹心怀、王渔洋士禛、黄石公国琦皆与焉。许年八十三，殁于康熙十六年，祭者甚众。同乡达官缙绅之祭列名者，有礼部尚书吴正治、兵部左侍郎曹国柄、翰林院庶吉士许承宣、福建道监察御史程文彝、礼部郎中许书、工部郎中王震元、户部主事赵吉士、汪镎、黄云企、郑为旭、中书程化龙、候补主事曹广端诸人。又张习孔、孙继禹、王国相、江德新、鲍懋经、徐冯、程鹏冲、吴植、许承家、吴苑、程度渊、王之策、汪滐、汪雨、吴文玉、吴屿、吴璪、吴之騄、吴孟龙、余大巩、余士冕诸人。同乡韦布之祭有程守、施璜、吴圣修、许日化、吴邦佐、汪洪度、方宅隽、潘秬、胡𡸣、汪溥、汪重润、汪徵远、项斗文、汪有年、毕翌、程谦、江铭勋、王寿徵、毕天镳、汪洋度、何乔瞻、吴奕瓒、潘衡、汪岐、曹庭、项昕、王基刘、吴树骏、鲍蘅、项揆文、路谦、方起志、项澍、方志行、马曰捷、王论部、吴秋士、江之周、汪潢烈、何大志诸人。余收得许日化书一横卷，不知为何如人，今乃知为与程非二同时也。许日化字元范，疑城东门人。

洪谷一佚事

谷一提刑韶阳时，法周濂溪，以洗冤泽物为己任。晋礼部尚书郎、署祠曹，力复河南二程夫子后裔世袭博士。视学三秦，首尊横渠，仿『白鹿洞规』，延李征君中孚开讲关中书院，刻《冯恭定全集》，颁其父所编《左策史汉约选》于诸士。见沈荃所作《洪德常行状》中。谷一留心兵刑律令之学，其官刑曹时，通于律，取历代疏议、释义、笺注诸书引证，以白其疑。律内『若于官私地内掘得埋藏之物者，并听收用』。律文『官私』误『官司』。广西容县，有乡民刨窖，首拿激变，杀伤株累多人。谷一取旧律为证，会夏林四等一案，奉旨以后凡人私刨得银不报，拟罪追银，俱著停止。谷一又审校律文，于『斩』误『绞』、『绞』误『斩』、『流』误『笞』、『笞』误『杖』等，俱奏请改正。堂之重律房自此始。见姚文然为其母许恭人所作行状中。

《媚幽阁文娱》

《媚幽阁文娱》，郑元勋超宗选，弟郑元化赞可、郑侠如士预校，前题『陈继儒眉公订』。余所见为第二集十卷。所选皆同时人杂文，芜杂凌乱，未离明时人刻书习气，然每篇后超宗皆加以评骘，间有佚闻。又同校有同社姚思孝永言、顾尔迈不盈、杨文骢龙友、梁于涘饮光诸人。

程鼎调训子侄记

《训子侄记》一册，程鼎调禹和著。禹和，程葆之父也。刊于道光甲申。前有长白钟昌序、贵州巡抚程国仁鹤樵序。鹤樵，禹和兄。又有程可山先生焜及甘泉曹成序，末有程葆跋。

《梦陔堂文说》

《梦陔堂文说》，黄承吉撰。刻于道光二十一年，前有仪征刘文淇序。文说共十一篇，分装十四册，皆指斥扬雄者。兹录其篇目：论自扬雄有雕虫篆刻之说，致文为后世诟病。首著此篇，以文章关系至重。第一。论《法言》内谓赋为童子雕虫篆刻，壮夫不为。其壮夫乃指壮年，及考雄赋，皆是壮年所为。第二。论扬雄《汉书》中不当有传。第三。论《汉书》中《扬雄传》是雄自作。第四。论扬雄《甘泉赋》，赋与序不合。第五。论《甘泉赋》通体皆以昆仑谀颂。第六。论扬雄《河东》、《校猎》、《长杨》、《逐贫》、《太玄》诸赋。第七。论扬雄设『风劝』二字贬赋，就以诬陷司马相如乃先误解诗序，兼误及一切诸书。第八。论扬雄因毁东方朔，致毁柳下惠为乡愿仁贼，并论《法言》中各等辞。第九。论《汉书》中多诬陷司马迁之语。第十。论太玄自谓合天应历，其实所设皆臆数，与天历不合。第十一。文中征引浩博，亦颇冗杂，竭全力著书盈尺，专攻古代一人，可谓有独无偶矣。

黄椢谷《印文辑韵》

余近见黄仲凫手写《印文辑韵》二册，前自序云：『摹印之道，章法为本，刀法次之，世多舍其本而徒从事于其次，误矣。夫刀法如运笔然，固必潜心研究，始能苍雅秀健，无弱无稚。然试观秦碑汉篆及名人印谱，岂徒以苍劲秀健为高哉？山一也，而五岳异其形；水一也，而江、淮、河汉异其势。至若云之飞，水之流，花木鸟兽莫不变化而日新，顾于印篆则必胶固株守，是犹舍经史而务词章，其去道也远矣。故吾不解近世学者，拘泥小篆，以金石古籀遗文为奇异，辄置勿取。夫使文无变化，则字仅一体，自古迄今，文无同异可也。岂知长短曲直，增减欹斜，因方遇圆，有不得不然，然亦本于六书，非好为炫异也。即或过于诡怪，恐涉豕鱼，可不必从。若概屏弃，岂通方之论哉？余髫年即癖斯学，风雨晦明，寝食不倦。自秦、汉以讫今人印章，搜览不知几许。凡古今印篆，有叠曲以补其疏，纤直以秀其体，欹侧字形，巧藏笔势，增省减繁，各臻其妙。是皆慧思精粹，变化道生，与宇宙之蕃变，无以异也。余不惮攻苦，探赜索隐，略及通用同文，采摭得若干字。古今所无，兹何敢增；古今所有，兹何敢没？有知我者，鉴余苦心，是即无负乎前人也已。时雍正甲寅秋九月既望，天都黄宗绎书于读雨楼。』

后有乾隆三年自跋云：『今春旅次广陵，于寂寥中校雠此本，其间俗字，或两出，或误缉古篆者，皆以朱圈正之。』

按：仲凫先生此书用意，与《缪篆分韵》同，以《缪篆分韵》校之，多有同异。复为先生手写未刻本，至为可珍。惜每字未注其所从出耳。书藏于西溪汪耀祥家。耀祥曾祖曰鼒，字研农，与胡城东同时，工篆刻。祖曰恩源，字素翁，工书。叔祖曰炳炎，字鼎臣，号乐川，工画。父曰謩杰，字松如，工画，兼能制巧器，通算学，皆以技术著称。

凌仲子佚事一

凌仲子晚年主紫阳学院，颇不满于方朴山，开课后，诸生大哗。继则疑信各半。仲子尝语及门胡进士培翚曰：『仆既抗颜居此席，当思有益于后进，岂忍曲学阿世。』又与毕子廉锷书云：『淳安方君朴山，吾乡人素奉之为山斗者，其文集诋排宋儒，不遗馀力，盖朴山为西河弟子，故坚守师说如此。乃其主讲紫阳，从未一言道及，其卑视吾乡以为不足与言者何如？然则弟之厚待吾乡反遭骇怪者何也？朴山之薄吾乡至此，而吾乡尚有依草附木以借其渊源为荣者，一何可笑！又其所作《盍簪录序》等文皆不入集，而吾乡凡自云其门下士者，集中亦未齿及姓名，其以吾乡人士为逆旅之藩溷可知。朴山文集具在，可覆按也。今之奉朴山为山斗者，其文集全未寓目，而徒诧吾言，是亦不可以已乎。然同志如足下，幸有数人，则吾道为不孤矣。』

又仲子晚年无子，阮云台赠一姬，名韡芳，携归歙，寓问政书塾。程也园吏部振甲，命其子洪溥受业。洪溥，字丽仲，仲子为也园作《铜鼓斋上梁文》，时仲子年五十又三，未几即殁于歙。襄丧事者，惟当涂夏朗斋学博銮及洪溥而已。次年乃葬于歙西梅山十亩园，与父灿然公合墓。见宣城张其锦所编《凌次仲先生年谱》。

凌仲子佚事二

仲子成进士为乾隆五十五年庚戌，时年三十有四。主试者为王伟人杰、朱石君珪等。是科会元为朱文翰，字屏兹，号苍湄，亦歙人也。仲子名列第四，与李生甫赓芸、邢雨民澍、黄左田钺、洪君直亮吉、桂未谷馥、洪桐生梧、张船山问陶皆同年也。鲍双五在其后一科。

又按：仲子年十六，见知于浙人张尧峰宾鹤。年二十五应盐使伊龄阿之聘，删改古今杂剧传奇，时总校为甘泉黄秋平文旸，深重之。同事皆一时名士，同乡如罗两峰聘、闵莲峰华、方竹楼元鹿，吴暮桥鲁，汪剑潭端光、谢未堂溶生、叶咏亭天赐、潢麟书瑞、方鉴亭世升、汪鲲飏埰、汪古香桂皆与焉。年二十六至京，则极为程鱼门所推引。而乡人与讷交者，有余主事德泽及洪素人比部朴、洪桐生中翰梧、朱沧湄中翰文翰、郑融峰御史曦、江漪堂中翰涟、程兰翘编修昌期、吴桐初晋、程彝斋敦、程观澜兆勋、洪石农范、胡树思梧实诸人。上亦见《年谱》。

汪容甫与凌仲子之交谊

《次仲先生年谱》又云：汪容甫先生中，其论学最恶宋儒，尝言汉、唐以后所服膺者昆山顾宁人氏、德清胡朏明氏、宣城梅定九氏、太原阎百诗氏、元和惠定宇氏、休宁戴东原氏，以为国朝六大儒。及与先生相见，辨论古今，深为折服，手书一十六人姓名示之：嘉定少詹事钱晓徵大昕、江宁府学教授钱学渊塘、陕西候补州判钱献之坫、廪生金其章日追、附生李生甫赓芸，长洲布衣江艮庭声、江国屏藩、江浦副贡生韩绍真廷秀、阳湖进士庄保琛述祖、歙举人程易田瑶田、修撰金辅之榜、宝应举人刘端临台拱、高邮进士李孝臣惇、馀姚编修邵与桐晋涵、曲阜检讨孔㧑约广森、仁和侍读学士卢召弓文弨，曰此皆海内通人也，与吾夙相交契者。今得君为十七人矣。

《燕学考原》之概略

凌仲子先生，于《礼经》外复潜心于乐，尝谓今世俗乐与古雅乐，中隔唐人燕乐一关。蔡季通、郑世子辈俱未之知，因著《燕乐考原》一书。据《隋书·音乐志》言，燕乐出于龟兹苏祇婆之琵琶，然当日郑泽犹演为八十四调，而附会于十二管，惟《辽史·乐志》直云燕乐不用黍律，以琵琶弦叶之。盖以琵琶四弦，第一弦最大，为宫声，二弦为商，三弦为角，四弦最细为羽，而无徵声。故燕乐亦止四均，一均七调，故止二十八调。而二十八调实止十四调，以七羽合于七宫，以七角合于七商也。燕乐以夹钟为律本，而琵琶第一弦宫声，又燕乐之律本也，以今乐以准之，如上字配宫声，尺字配商声，工字配角声，凡字配变徵，六字配徵声，五字配羽声，乙字配变宫，合字配下徵，四字配下羽，则今之用字谱而成调，即古乐之用五声二变而成音。先生自谓孤学独鸣，无师无友，为宋以来讲乐家所未悟者也。上见婺源戴大昌所为《凌先生事略状》。

又按《年谱》云：先生晚年得严厚民上舍杰所赠宋张玉田《词源》二卷，读之，云：『与余所著《燕乐考原》若合符节。此书世无传本，心窃自喜，皆独抒心得，非剿说雷同者可比。』

凌仲子尝阻鲍以文刻张苍水碑

《凌氏年谱》云：『鲍以文先生廷博，歙西长塘人，居浙之桐乡乌镇。博极群书，家藏万卷。所刻《知不足斋丛书》，风行海内。往来武林，时入臬署，与先生晤谈最密。曾示以全谢山先生《苍水张公神道碑》，云将为张公建祠，且欲以此文刻诸张公墓前。先生曰：「此文字句多未检点，刻之是形前人之短也。似宜别求作者，以忠烈事实另作墓碑，或祠堂记刻之，庶几得尊君亲上之体。」作《与鲍文书》，直指其文之纰缪。』

按：此事未知何意，惜未得文集较观之。又按：其时浙臬为谢蕴山启昆，先生居其署中。

山中天

徐澹甫云：雄村书院桂花厅旁『山中天』三字，乃颜曾公书。雍、康间曹文正之先德得之于河南蔡州城北，摹归刻石，原为『天中山』三字，乃倒其文也。

中天一日

俗传岩镇金氏造关帝庙，求方君任书额。方索每笔一金，『关帝庙』三字计四十馀笔，无以应。乃改撰『中天一日』四字，请方书之，奉十三金为酬。方不能辞。此事确否不可知。惟距吾村二里许往潜口路旁，有关帝庙，庙额固方所书也。

吴錞庵

吴錞庵，名璪，字涤玄，歙人。与伯兄珍鲁，俱太学生。席产丰而擅文学，多购古书画、唐宋以来名迹及商周秦汉彝鼎尊匜圭璧之属。兄弟鉴赏，虽鼎革之际，燕如也。己亥寇乱，伯珍鲁罹于难。先是族有无赖子，嚣犷负勇力，号千斤者，尝有憾于伯。阴附寇。寇至村，村人空舍以避。君趣伯避。伯谓：『乌合寻扑灭耳！』而意殊恋恋书画器玩，属君携其孥以行，而身自守庐，不虞千斤之媾于贼也。至则尽掠室中，毁器玩，杀伯，焚其庐而去。君号哭返，乃殡伯灰烬中，诉之有司，誓必报。及贼平，千斤逸去。君乃衣短衣，蹑屦重茧，偕一二逻卒，遍大江南北不得，乃北济河。或怜之，告曰：『尔仇在沭阳。』君则趋沭阳，遇族子尚木。尚木者，幼为伯所厚，知仇所在。愤曰：『我愿执兵以陪，顾夫夫勇不易絷也。』君曰：『奈何？』曰：『有六人可与俱。六人者尝因乱杀人，亡命江淮间，为驵侠，予习之。』于是，相与见六人，而告之故，六人弗许。君出橐中金，人畀之五十，以请，六人者许之。乃佯谒千斤与纳交，千斤不疑。一日六人饮千斤酒，酒酣，猝起乘之，千斤惊而仆，急抽刀鞞中，弗及，犹踣蹴人。六人者绳缚之以授君，竟去弗顾。君告沭阳令，请系之狱。令以越俎辞，尚木谓曰：『不早自决，徒生得失耳。』遂夜半手利刃，凡所以戕伯状悉偿之。焚香酹酒，呼兄魂而哭告成事。千斤垂死，臂缚皆裂。见俞曲园《荟蕞编》引吴肃公《街南文集》。

按：珍鲁，名璠，字韶石，篁南人。《许青岩集》有韶石吴君传，记其死难事甚详。并言韶石在南雍时，得交于韩求仲、邹衣白、陈仲醇、程孟阳诸人，声誉甚著云。

汪魏美

汪魏美，名沨，新安人，徙钱塘。孤贫力学，为文奇恣汪洋，顷刻数千言。性不好声华，时号『汪冷』。举崇祯己卯乡荐。乙酉清兵至，奉母入天台。同学友陆培自经死，沨为文祭之，一恸几绝。及海上师溃，复返钱塘。侨寓北郭，室如悬磬，处之淡如。内姻欲强之试，礼部出千金。视其妻，妻却之曰：『吾夫子不可劝，吾亦不受此金也。』

当是时，湖上有三高士之名，皆孝廉之隐遁不出者，魏美其一也。当事亦甚重之。监司卢某尤下士，一日值魏美于僧舍，问：『汪孝廉何在？』曰：『适在此，今已去矣。』不知应者即魏美也。卢遣人通殷勤于三高士者，置酒湖船，以世外之礼相见。其二人幅巾抗礼，卢相得甚欢，惟魏美不至，已知其在孤山，放船就之，魏美终排墙遁去。魏美不入城市，不设伴侣，始在孤山，寻迁大慈院，又迁宝石院。匡床布被之外，残书数卷，锁门而出，或返或不返，莫可踪迹。遇好友饮酒，一斗不醉，气象潇洒，尘事了不关怀。然夜观乾象，昼习壬遁，知其耿耿者犹未忘也。乙巳七月三十日终于宝石僧舍。沨病五月馀，一日晨起视曰：『可矣。』具纸笔，自书五言诗曰：『大化无停轨，道术久殊辙。住世守顽形，问途犹未彻。至人本神通，可会不可说。冰泮水还清，云开月方洁，一旦破樊笼，逍遥从此别。』掷笔而逝，年四十八。临殁，悉举书卷焚之，诗文无存者。此在宋遗民中，绝似郑思肖。思肖了然一身，乞食僧厨。魏美妻死不更娶，有子托于弟。遗民之中，又为其所甚难者。见俞曲园《荟蕞编》引黄宗羲《南雷文定》。

汪雨苍

汪霖，字雨苍，号榆园，歙西岩镇人。身长不满七尺，英毅精悍，虽强武者遇之，皆自失。尝游武林之西湖，众无赖子弟数十百人，方劫持一新安客，势汹汹张甚。君视之，故人也。怒，奋臂直入，翼故人纵横出。数十百人，咸自荡击颠踣，有僵不能起者。君顾视大笑，徐把臂去。又尝渡钱塘江，潮怒舟没，君攫身入巨浪，左右腾跃提掷，尽出溺者，排岸观者如堵，呼声若雷，皆以为神人。于是人争传君材武，有愿奉千金请授技者，君麾之去。自悔曰：『以拳勇名，非夫也。』终身不复言技击。性好客，善饮，饮酣纵谈前代兴亡治乱贤奸义烈事，辄抵几慷慨，若不自胜，坐客皆窃窃诧欢以为狂。君既不遇，生产日薄，一日妇脱头上簪易斗粟，市人倍与之。君曰：『误也。』归其赢。冬夜行市上，见裸卧而呻于途者，即视且髡，急归持所覆衾覆之，然家故无馀衾也。晚岁纵情诗酒山水间，手书『为善最乐，读书便佳』八字，课其子曰：『此吾志也。』年七十二以大学生考授州司马，卒于家。孙百名，乾隆癸未进士。见俞曲园《荟蕞编》引郑虎文《吞松阁集》。

项孝子

项孝子，名为楷，字端培，歙南文公舍人。父一溶，字鉴亭，客荆州，产素丰而性豪侠。母程氏诲子严慈备至。是时孝子年仅十四，兄为模，年十七。壬申春，母年三十八病且殆，呼两儿而泣，两儿昼夜侍榻前。及母殁，欲偕居墓侧，孝子谓其兄曰：『兄侍父，弟侍母，可乎？』兄泣而诺。殡母于卉山坞中。孝子缞绖墓前，即留不忍去。父强之归，誓死不从，父亦怜其孝，乃构数椽于殡侧，延师教之，留一老仆供爨。孝子朝夕焚香呼母而泣，终岁不一归，惟元旦至父前跽拜即返。或震电晦冥，雷雨交至，孝子则跽柩前而泣曰：『儿在此，母无惧。』夜分篝灯，则吟诵声与悲泣声相间，闻者皆动容。见曹学诗《香雪文集》

吴宪

明天启中，吴氏有名宪者，始自歙迁于杭，为杭始祖。宪字叔度，一字无愆。明制设科之法，士自起家应童子试必有籍，籍有儒官民军医匠之属，分别流品，以试于郡，即不得就他郡试。而边镇则设旗籍、校籍。都会则设富户籍、盐籍，或曰商籍。山海则设灶籍。士或从其父兄还役，岁岁归就郡试不便，则令各以家所业闻著为籍，而就试于是郡。杭为南方一大都会，故未有商籍，宪与同邑汪生文演上书当事，力请，台臣以闻，报可。于是宪遂得试于杭，而为商籍诸生。杭之有商籍乃宪倡之也。

宪与一时知名之士，考地吴山之阳，建书院以祀朱子。岁时登拜，更立期会为文章，今所谓紫阳书院是也。方熹宗朝，诸郡争为魏忠贤建生祠。而杭州之祠巍然与紫阳书院相偪处，其党更谋取书院地扩大之。宪闻，令长子瑗招同学诸生数百人，会祠下，瑗慷慨陈说，诸生皆恸哭。既发愤，争门而入。守者不得御，则更指忠贤象大骂，共击碎之投溷中，尽撤其祠，而书院赖以不动。阉党以宪名闻，时方起大狱，因罗织之。主者构宪，廷讯不服，即逮京师诏狱。少子炎从行，将以身殉父也。明年，忠贤伏诛，事得白，放归。遂不仕，而肆力于诗书。收古鼎彝碑版六代唐、宋以来书画，作楼贮之。楼名虚白室，刻水晶径寸，以小篆法书之。宪日日读书楼中，必手书书一卷，取『虚白室印』印卷首。有子四人：伯瑗、仲琦、叔璠、季炎，皆不仕，年皆过九十未尝析居，好事者为画《四皓图》以传其事。琦之曾孙名禄乙，字镏阁，亦孝友君子。避雨于市，得一水晶章，持归，于故书卷首合之，宛然虚白室章也。见《荟蕞编》引朱筠《笥河集》。

汪孝子

汪孝子龙，歙人。祖客死苏，柩顿舍，父之凤蕲往迎，溺采石。时龙六岁，哀恸如成人。母偕祖母止一室，龙日夕侍无违礼。比稍长，详祖柩顿寄状，大恸，拜祖母与母，立起如苏。会抚军禁淹柩，令无主者趣焚之。龙遍索柩无知者，复大恸。自分柩已焚矣，归邸面灯坐，偶缙卷帙，行间忽现径寸字二，曰『以京』。以京者，龙祖名也。龙惊起谛视，字辄隐。悟曰：『神其以铭旌兆乎？』复往，倏遇灌园叟，前告曰：『是役吾所隶也。』略述徙柩颠末，龙偕叟往，诸顿柩纵横错置，左右前后视，又侧卧仰视，卒不可得。最后一室，从柩纷如，抵柜撑柱中露漆字七，再三谛审，祖名良是，而限从柩不可出，议毁墙，倏雷雨大作，墙外崩，柩出。龙谢叟奉柩还。色养祖母、母终其身。龙奉母时，一夕疽发背，不使母知，入侍谭笑如常，出寝门即仆地卧。明日复入侍，数旬而愈，母竟不知。时年六十三岁。后五年卒。康熙中有司上其事，诏旌其门。见《荟蕞编》引《马荣祖集》。

按：文中所记，颇涉神怪，恐必有傅会失真处。

张三爱

张三爱，歙人。年四十不娶，受役于其主，主贫，或告之娶，不可。主老，逋租。县令索租急，当予杖，爱屡代主受杖，至百数，不少怼。爱为人修长，且健筋力，多种蔬售以供主，衣肉不缺。惟奉母与主同。一日母病且笃，爱贫，自度难置药，乞牛羹于路，路人曰：『若求愈母，便可以肝愈之。』爱祷诸神，出短匕首自划其胸，割肝如指许大，徐以左手还纳破肝，束以白麻，以肝和羹饮母竟愈。明日其兄闻诸医，医七日，而创亦愈。爱自言割肝时不大痛苦。主临终，释爱役。爱终不忍去，事其嗣如故主。见《荟蕞编》引王鸣雷《中秘文集》。按：此事又见《许青岩诗集》中，县志已采录，但不详。

程孝子

程孝子士章，字伯达，歙岩镇人。父岩迁，以太学生操盐筴，贾辽阳外，未几卒。所交冯都司者，葬之高达子阡，付牒守焉，语苍头识其地而归讣。时孝子生六年，母王得讣恸绝，孝子亦恸如成人。比稍长，谋往辽阳归父骨。有邻翁怜之，为言于方司徒任子以巽，以巽心重孝子，常语人：『吾当成其志。』孝子用是依之。十四年，适以巽卒，孝子大恸，巽子士达慨然曰：『父志也。』谕诸同志而身捐其半，以三百金假之，孝子感泣遂行。是时苍头可法，八十犹健，挈之从，历八月始达。访高达子，久下世，主仆无措。一路人睨可法不去，就询，则高子世勋，故童时执役详所者，因相持泣；出牒证墓所，迁父骨而还，与王合葬焉。见《荟蕞编》引王炜《鸿逸堂集》。

洪烈妇

洪烈妇，叶姓，歙人。洪志达妻。顺治二年歙平，郊未靖，叶从志达避乱淳安县郑家村。明年二月村人噪曰：『兵下青溪！』于是居民皆窜匿。叶色奇丽，乃匿藩溷中，草蒙其面。无何游骑至，睨溷中曳出之曰：『艳哉，草中人乎！』迫狎之。志达年虽稚，然长躯而拳勇，愤抶一骑仆地。众怒，拔刀起，志达突白刃疾声呼，众且仆且起，不胜，则环射之。中数矢。犹张拳斗，最后一矢贯其睛，洞颅死。叶奋前抱其尸，众挟之上马去。叶美而智，马行平坡广陌间，踏草弄花，不哭而嬉，骑拥之，闲闲也。望远将至一峻崖，临不测，顾持己者曰：『儿娴辔矣。』乃纵马峻崖，腾身崖下死。淳安人神之。有孝廉徐日高者，为立庙勒石祠下，载入县志。康熙四十四年大水啮庙，里人复新之。见《荟蕞编》引宋和《雪晴轩集》。中有涉傅会灵怪事，略芟节。

许福弟

孝女许福第，歙许氏女也。年十八夭死，而歙之人士争以孝传。云：女年十三，能割肱以疗母病，因并道其祖许尯龄素有割肱事，其女孙盍观型有自云。孝女少孝谨，乾隆八年夏，母病既久不痊，念父客外，闺中弱女无能远求医药，闻人肉可治病，遂引刀自割其肱，杂饮食以进，内外人无知者。阅五年女疾且蔫，母抚摩其手得一凹形，急询之，俯首呜咽，不肯言。母征问益急，乃垂泣道状，母相持恸哭，而女竟死。见《荟蕞编》引陈道《凝斋先生遗集》。

唐凤鸾

唐凤鸾，淳安人，唐介五继室所生女，字歙章岐人汪荣泰。幼读书，知大义，事父母以孝闻。暇则坐小楼竟日，善女红，袜履衣裳藏于笥者，皆手制也。歙、淳虽接壤，而媒氏他出，纳彩未通。介五死，母惑于谗，更许字河村他姓，女闻，呜咽不食，昼夜泣。及行纳彩礼，众方喧于室，女自剪其手制物，纷纷掷楼下，而跃楼死。母惊且悔，寻亦死。

乾隆丙辰，荣泰至淳迎女柩归，其幼弟留柩三日，祖于郊。淳邑远近人士，环观者数百人，争设酒奠，并赋诗章之。见《荟蕞编》引曹学诗《香雪文钞》，中有傅会语略节去。

吴漫公

吴漫公，名兆杰，字隽千。少时读书不成，然通六书之义。事之所指，形之所象，与夫形声会意之趣，转注假借同异之说，有号为文人者所不能知，而漫公一一知之。复上溯大篆古文钟鼎款识之别于时代者，靡不遍观尽识。又能学而书之，于是行楷八分皆有法度。家贫，遂肆力缪篆，工摹刻，售其技，而因以名于时。时江宁沈君凡民权徽州府同知事，以篆刻知名，有天下图书第一之目。见漫公所作，叹曰：『艺盖至此。』漫公喜将往谒。一日沈君出，漫公望见之，华颠白髯，面斑斑如冻黎，乃辗然而哈曰：『吾观若长我且三四十年，我如其年，艺或当过之。』遂不复往见。其自矜而善谑也如此。人无识不识，求书刻者，攀延之，未尝不至，至或数日不归。富家巨室要之再三，终不见其至。本汪氏孪生子，育于吴。子二，命一子承汪祀。上节录程瑶田集。

《新安外史》

许青岩所撰《新安外史》久已失传。近于其文集中跋秋浦黄侍中真迹卷文内，略见一斑。兹节录之。云：『仆少束发读书，辄好蒐讨乡先民耆旧遗事，垂二十年，成书二十卷，名曰《新安外史》。其中如逊国一事，发《建文汇编》所遗缺及郡乘所未载者，如江中翰发、黄国博彦清、程都官志宁、余都阃璜、余茂才弘租，凡五人，皆凿凿引据，幽忠奇烈，再见人间。最后得郑居贞参政殉烈时家书于刘舆夫《建文编年》，惊魂撼魄，补三百年信史之缺。虽郑氏子孙自元禧祠部而外，未之见也。下略。

朱眉方《黄山诗记》

朱眉方，名嵋，曾题洪谷一《春晖阁寿母图》，未详何人，遍查不得。近读《青岩集》，有《赠朱眉方游黄山》诗云：『茸城朱隐君，两颊被霞采。壮负霜雪姿，垂老坚不改。偶爱新安游，耽留至数载。归棹半囊诗，幽芬胜兰茝。何以炫乡闾？袖中有东海。』

又有《朱眉方黄山诗记跋》云：『眉方先生之来吾新安也，同席诸子，爱其风雅长厚，尊而事之，如昔之寓公孔愉、陈业者流，久而相昵，忘为旅人。自郡西至紫霞丰溪五六十里，与朱先生交者，尤极款洽。凡园亭水石之幽胜者无不过，法书名画之收藏者无不览，墅茶家酿之珍异者无不醉』等语，乃知眉方著有《黄山诗记》。又《青岩集》有《蕉花馆史论序》，乃为眉方之父作。

李僧筏

李长蘅之子僧筏曾游黄山，许青岩有诗赠之。见集中。

程圃僧《奇义录》

《青岩集》中有《奇义录小跋》，略云：『《奇义录》者，予友程子圃僧山居有感之作，镌情触绪，诙爽绝伦，盖劫灰之梯航，史流之贲育。今天下陷胡虏者十年，悍遁者穷卧空山，狠读不顾；通率者困资烟火，逋名医卜之间，溷迹庸商之业。或排迮时氛，恬同固有，遡兹芳躅，跃然身受，俨躬履舄，亘古面谭。』余略。按：此书必遗黎发愤之作，惜今不传。圃僧亦失其名，当续考之。

青岩又有《程圃僧将游江上别余山中》诗云：『才来芟径便思君，踯躅难消岭上云。岂仅秋深山负约，此中人去砚将焚。天峰静洗新涛气，铁匣雄蒐旧鼎文。莫患萍踪无折芰，伯鸾春臼至今闻。』

许任争祠案

许村许任争祠案，旧闻吾族父老言之，未知其详。近于《青岩集》见有为修复两祠与宗人书。略云：『我新安祖儒公为海宁睢阳远公之裔。自唐末朱梁之乱避地来歙，旅寄篁墩。二世祖知稠公卜居武山，即今许村。海宁谱所云，一支居歙之宁泰乡是也。故家庙所建，歙奉睢阳为显祖，历宋及明，旅裔蕃衍，间析居郡邑，及侨寓江淮。祖庙途遥，每艰祫祭，因奉九派始祖，合祀睢阳，永为不祧之主。爰是有统宗之祠。自忠烈发祥，掌仪学士，领凤鸣于南宋；太傅方伯，竟龙跃于盛明。国华家实，代不乏人，节义文章，流炳史乘，生为儒硕，没祭乡闾。爰是有先贤之祠。万历间，值统宗祠倾圮，骤难修复，乃扩先贤寝室，权奉九主。至梁太守任公，惠荫新安，桐乡谊切，因有寺右专祠。代遡年淹，栋宇摧折，耆艾兴悲，随洁先贤中室，移奉公像。

胡任氏狂妄，凿空而出，罔稽典籍，以乌合之村庸，冒千年之华裔，捏棠荫为家庙，诬先贤为旧祠。聚讼公庭，祸延十载。虽台鞫累惩其奸猾，侪类自咎其荒唐，其如顽钝无赖，狂吠不止何。呜呼！梁黄门之血胤，宁有是流；刘孝标之贻书，更增新恨。惟今之计，急宜修葺先贤，以奠安九主。欲奠安九主，必重构任祠。任祠既还旧观，祖祀合享有序，倘横逆再来，彼又何所藉口！』馀略。

汪文岫

汪文岫，南溟司马之孙，亦清初一遗老也。《青岩集》中有《秋日集文岫来爽山房诗》，又有《送汪文岫先生祝发太函》诗云：『先生风范冠南州，彩笔良时畅二游。三传注成沧海异，千秋人逐北山幽。晚年净侣怀金粟，长日花龛拥鹿裘。恨我篋亡耆旧草，未传真逸报龙丘。』原注：『先生有《黔蜀二游草》。千秋里，司马公故居。元顾阿瑛，暮年雉发号金粟道人。』

又《校礼堂集》中，有《赠花汪叟》诗云：『太函碑版照四裔，文采风流及子孙。种树百年留别业，评花竟日掩闲门。贫惟适兴耽诗笔，老尚多情恋酒尊。辛苦灌园常抱瓮，怕将机事与人论。』原注：『叟，汪伯玉司马裔，住太函山。』按：此叟惜不著其名，要当为文岫之后。太函在县署侧桃源坞，近只存一石，刻『太函』二字，乃莫云卿所书，去岁间此石亦被人买去，予求之竟不可得矣。

王雄右

王雄右，歙人。渐江之友。曾招渐江游庐山。许青岩《送渐公游庐山诗序》云：『岁壬寅冬，渐公由浮溪至郡，将游庐山，友人王雄右自芝山移书为里鹤粮。余子敬给健力为负瓶钵经卷，吴翁圣乡赠筇竹一枝以驭奇险，令子正己复解羊裘以温破衲，雅流从臾，山缘辐辏』等语。是雄右亦雅流之一也。又青岩《跋汪山图还影卷子》言『山图有小影卷子，携游京师，多名流题咏。客洪州为偷儿窃去。会同邑王雄右授经芝山，闻此卷为某公所购，嘱其通札请归，得以复还绵上，山图捧抱欲狂』云云。又有《题渐公为王雄右画梅》诗。雄右今亦不知其名矣。

许青岩重修白榆社

《青岩集》中有《甲午七夕偕旧游诸子重修白榆社事分得七言古体》云：『皇家养士三百载，儒术鼎盛神宗朝。嘉隆之间莫蓄泄，昆仑劈破争嶕峣。其时得士比汉武，娄江济南持斗杓。中原坛坫推七子，俨追大历如承蜩。新都岿立七雄表，九苞翙翙凌层霄。天下怜才号无匹，太函一顾身扶摇。归来开社白榆麓，名流麕至纷舟轺。兰江孝廉楚大泌，目中淹贯谁其寮。纬真东海亦飚集，滑稽之雄岂易邀。敬亭两梅歙王谢，布衣风雅存松乔。丰干髯翁夸小友，家门二仲神超超。金钟大镛忽并作，剡藤湘管生鲛绡。飞觥刻烛百幅尽，素鳞紫驼陈名窑。左顾右盼殊未暇，屈宋衙官魂可招。开元盛事徒叹羡，荒坛蒿没青齐腰。风流耆硕不再观，读书怀古何寥寥。我曹犹幸同一□，海内兵戈且未销。嗷嗷朱凤半将老，抑塞欲拔愁根苗。乃复好弄笔墨事，悬瓢曳杖搜清遥。相聚屯吟战徂暑，翻阶急雨如洪潮。小凉已压旱魃气，遍野长歌束皙谣。庙堂之喜及藜藿，穷檐据砚俱森萧。敌目铮铮抱霖雨，精神结撰非刍荛。玉觳其人自岩壑，烟霞有骨终难凋。浅者且能资愤笑，新诗尤慎出渔樵。』

按：甲午为顺治十一年。读此诗，想见白榆社昔日之盛。

吴天石佚事

吴孔嘉，字元会，号天石，丰南人。明翰林院编修。崇祯初以避祸假归，不再出。卒于康熙丁未，年八十。《青岩集》中有《吴公行状》，文甚长。兹节录数条云：

祯皇践祚，属公草劝进三笺，值中外危疑，是夕至尊凭几达旦。政府诸公以三笺濡滞为虑。公曰：『三笺具在，用连进权宜，似于典制未失。』政府欣从之。俄顷三笺礼毕，御殿欢呼，天位赫临矣。公曾语及此际仓皇，一二三宰辅外绝无知者。

又云：乙酉大兵入境，郡民奔窜山谷。公独从鼙鼓充斥中，驰见提督张公，请其不戮一人，以定民情。提督竟如公命，顷里老辈奉壶浆至军门曰：『吴太史活吾郡矣！』戊子，豫章兵变，郡为接壤，伏戎乘乱窃发。兵宪卢公，会敖师，提兵剿歼。村落经贼蹂躏者，混遭俘获。公闻，奔诉兵宪，脱难妇数百口，望丰南罗拜号祝而去。郡鼎革后，居民多就食四方，户口凋悴。当南米之役，阖郡张皇，赖公倡绅衿，力请于郡公，转文恳督府具题，既得改折之命，复减加耗六千石，民困顿苏。

又云：徽自沧桑以来，三遇兵燹，吹鞭立马，所过村市，草木皆兵。独丰溪一带，藉公洪荫，鸡犬晏然。以时台宪有司皆重公素望，公亦交际有体，族里皆淳谨奉公训，故无意外之事。

又云：兴朝世祖御宇，咨询黄发，大司马铁山王公在廷首以公对。洎督抚台使者采访耆贤，屡拟公领荐牍。公引老疾，上书力辞。近十年来键关封径，罕接宾客，居处服食，朴同寒素。所遗诸孤，惟斋前数株树、曲水园一楼书而已。生平著述，在史馆有《玉堂草》十卷、《臣鉴汇编》十卷、林下有《知非录》十卷、《后乐堂文集》若干卷。诗类柴桑、香山，晚年书法似赵文敏。

歙事闲谭卷三十

歙县无名之书画家

曹榜，字玉堂，一字竹园。见画史而不详。大约是乾隆以前人。余得其芦苇水禽画幅，笔致野逸，绝似八大山人。

张儒，字素堂，有印曰『问政山樵』。余得其淡著色山水一幅，极工雅。上录李笠翁诗，款署『岁在己酉孟春，鲁翁先生博教』。或云，素堂清初人，曾学画于江允凝，未知何据。此画佳，而与允凝不甚似也。

汪寿，字寿生。余得其行草巨册，临右军十七帖、孙过庭《书谱》及祝希哲《古诗十九首》、王孟津八札，遒逸雅洁，工力甚深。有印曰『越国王孙』。又曰『名寿字寿一字寿生』。余族人尚卿家藏有黄山谷口王勋画，上有题句云：『荡涤人间万斛尘，飞泉百尺下嶙峋。道人心自同山静，一任潺湲去海滨。』款署『涤生道长先生属题』。下款只『寿生』二字，当即其人。惟涤生与王勋皆不知何人。王勋画绝似吴定。又吴邦治《鹤关文剩》中有论印篇，为汪生寿作，称汪生工书，由华亭入吴兴，并通汉分章草，在扬州有名。是寿生亦康熙时人，当是歙产也。

黄瑚，余得其仿一峰山水一小轴，笔墨兼到，单款不署年月，印亦只『黄瑚』二字。上有『吴鹤关珍赏』印，『邦治』印，自是鹤关以前人。别无可考。《复社姓氏录》中，歙人有黄汝瑚，未知即此人否？此当存疑也。

汪炼，字心冶，一字筼壑。余得其真行书数纸。真书颇似王良常，行书亦苍老，印是徽派，甚工。疑歙人，亦无可考。

曹恒占，字守堂。余得其山水画轴，笔兼倪、黄，极佳。上题诗云：『碧波深处荡轻舟，极目凭空放浪游。竟爽金风由万籁，笛声腔合摘箜篌。』款书『乾隆丙子闰九月，守堂老拙曹恒占仿倪』。有印曰『饮到梅花字亦香』。考《歙县乾隆志》，言曹恒占著《医谱》。道光志改正之，言曹守堂著《医补》。又误以为明人，俱列方技传中。不知恒占守堂即一人，又不知其兼工画，得此足资订正。又《歙志·拾遗》言恒占曾结诗社于徽潭山，曰『钓台社』，盖雄村人也。洪源洪泽民家藏其画二巨幅。

吴云蒸，字立民。余得其大篆七言楹帖。款书『济和三兄雅属，集钟鼎文就正』。下款

『丰乐溪吴云蒸书』。篆法工雅，极似胡城东。按：立民于道光十九年曾为朱理堂濂题《毛诗补礼》，书面自称『后学』，自是城东同时人。

程协，字愉堂，一字琴奴。余得其画蕙两茎，无根无叶，上题两诗，书画俱秀澹。款书『昌江沈司马公署斋，宴赏素心建兰，步天使蜗寄唐公即席原韵，并写小影两茎于四箴堂』。疑歙人。亦不知何人。

许文震，字味琴。工篆书。巴达生，字小实，子安先生后，工隶书。曹堃，字梦猿，工隶书。汪允中，字艺梅，工行书。皆道光时歙人。汪为堨田人，余得小屏书六幅。内四幅为上四人所书，二幅为程雅扶、鲍桐舟书。程工篆书，鲍真书学欧阳，人皆知之。上四人则知者鲜矣。

程枢生，槐塘人，画花卉妍雅。余得四幅。

程镇北殉难事

歙咸、同时人叶钰，字子坚，作《见闻果报录》二卷，颇及乡里事，而荒诞不经。惟记程葆事特详。兹节录之云：

『吾邑程观察葆，字镇北，少孤，家贫好学，其父先在扬州业盐，因家焉。母汪太夫人，同邑大族，通经史，为女师，课子读。后从族叔光樵明经游。十五岁入仪征籍，补庠生，课徒奉母。道光戊子，举于乡。次年赴礼部试，改归歙县。癸巳捷南宫，官工部，奉母挈妻入都。生平性慷慨，亲友告贷不少吝，或典质应之，在京中有『穷孟尝』之誉。嗣升正郎，两得京察。于咸丰戊午选授广东肇庆府，乞假扫墓。适值吾郡戒严，时张都宪芾督理徽防，请其赞襄军务。于是奋起办团，颇著成效，得晋道衔，赏戴花翎。因与善后局诸绅意见不合，辞去。挈妻女及婿往广东。时咸丰庚申春也。抵杭，适同乡王公友端为浙藩，坚留勿去，公又暂停。乃未几，贼由广德州大股至杭，城陷。公泣令妻女自裁，挥其婿逃匿。及其妻妾女俱投缳毕命，公亦自缢。时贼仍在城中大肆杀掠，不数日，张帅玉良带队克复，公婿随奔寓所，知公阖门殉节。虽事隔旬日，而面目如生，只得痛哭收殓扶柩回徽。同乡亲友祭者千馀人，无不同声悲悼。公无子，以幼侄嗣，事闻，赠太仆寺卿。公驻杭本客官，无守土责，本可不死，而能从容就义，视死如归。自忠壮公以来，虽程氏人文蔚起，而如公之凛凛，足以媲美前徽者，似亦不多观也。余记其太夫人咏武侯祠结句云：「博得一家全殉节，武侯到底是英雄。」由今论之，竟成诗谶。』以上皆叶语。

按：镇北事，他书失载，当补入县志。

闵宗肃乡试奇事

叶坚甫记闵生乡试事，真可喷饭。云：『歙西岩寺闵生宗肃，字子敬，嘉庆丙子乡试，本不欲往，其友鲍生固邀之，并为代任旅费，闵勉应允。临行同宿鲍家，款以盛馔，闵多食病腹，夜半启门将如厕，忽门外伏一厉鬼，见闵出，突击其顶，旋失所在。闵骇极，闭门。次日又辞行，而鲍强与偕。试毕乃以遇鬼事告鲍，鲍曰：「君中矣！此鬼非鬼，乃我以洋四元浼邻人装一魁星，俟我出，给我用笔当头一点，不图君无心得此佳兆也。」榜发，闵果获中，后以大挑二等为宿松县教谕以终。』

按此事甚奇，科举时代迷罔冀幸之心理，乃至于是，可笑极矣。

洪石农佚事

叶坚甫《闻见果报录》又记洪石农事，云：『吾邑洪石农观察，幼失怙，读书绝聪慧，一目十行。弱冠游庠，乡试屡荐不售。时嘉庆初年，湖南教匪事起，公橐笔从戎，入帅幕为上客。寇平后以功叙郡丞，旋署州牧，有政声。不数年保升郡守，递擢河南河北巡道。以丁内艰起复投部，经山东，夜宿旅店，见店内先有一客在，询之，亦赴京者。公戒慎，夜和衣假寐。夜半闻店主开门，诣邻客室。公于壁罅窥之，见店主用符术盗客银，易以瓦砾，将银藏入灶旁灰缸中而睡。黎明，公呼人缚店主，搜银出，还之邻客，并告官惩店主，毁其屋』云云。

按：此当是事实，惟用符术语近怪。

方子佩

叶坚甫又记方子佩事，云：『吾乡方子佩侍御，祖希元明经，为乾隆间名宿。父牧夫，弱冠举茂才，爱施与，尝拯汉口水灾，用银三百两于暮夜分给难民。子佩通籍，由编修转工科给事中，屡弹权贵，声名赫然。后引疾归里，值庚申九月徽城破，公家居养疴，恨不能集团杀贼，愤激绝粒死。事闻，得赠恤。』

宋午桥父子事

叶坚甫《闻见果报录》言：『歙北宋观察午桥之父官水部时，声名藉甚，堂官倚为左右臂。嘉庆时，林清乱作，宫禁戒严，公奉差专司火药局，会有武弁晚巡，登城辽望。见火光烛天，疑以为贼，请发火药轰击。因无文凭，经公呵斥不许。次晨乃知是那总宪彦成带队入城，幸未为武弁所误，以是愈得名。后引疾归里，家旧业淮盐，公承先绪，日益蕃盛。子午桥亦有才识。同治壬戌三月，捻匪从东省蔓延，突至阜城，与盐城只隔一湖。午桥眷属事业俱在盐城之上冈镇，相距数十里，时人情恟惧，将有内变。午桥召众大呼曰：「时势如斯，守财无益。尔曹果能随我杀贼，我不惜重资犒汝。若乘危掠物，王章具在。贼苟不来，吾不汝恕。」言毕令将钱房大开，尽其所有分给众人，众感激，愿随行杀贼。因隔湖堵击，历一昼夜，始将匪击退。事后当道奏闻，得道衔，赏戴花翎。」

按：宋午桥当是上丰、屯田间人。惜叶书不详其父子之名，叶自言从午桥之父为司笔札近三十年。

汪景山诗

汪交泰，字景山，歙北乡道、咸间人。著《检非斋吟草》三卷、《十亩园诗稿》二卷，皆未刊本。卷首有许长怡、吴可均、何学礼、席兰荃诸人题词。景山年寿甚高，曾经离乱，其诗甚苦。

《冬日挈女闰生挑菜》云：『课罢读书声，呼同撷菜行。凶年难饱腹，野草熟知名。鸟语还相应，溪光寒更清。松阴扫苔石，小憩惬幽情。』

《乡人自贼中归》云：『赤脚走万里，枕戈愈十年。今来须绕颊，昔去发垂肩。父兄成死别，闾里空人烟。四顾莽丘墟，望闾足难前。踪迹陷贼中，几人得生还。孰意身独存，君恩大如天。岂无髫年侣，相见都茫然。』原注：『上谕凡贼中逃出者给票放归。』《秋怀》句云：『不嫌陋巷无人过，赢得功夫读我书。』《贷米》云：『年丰贷米问周亲，见面翻教意不伸。劝尽紫薇花下酒，竟无一语及家贫。』

又卷中有一题甚奇，云：『丙戌春日海棠枝上扑得一蝶，偶置之书中，经岁检书而蝶仍活，作诗以纪其异。』诗未录。

吴涵斋诗

同年袁瞿园《绿天香雪簃诗话》云：『歙县吴涵斋编修以镇，字瑾含，乾隆朝进士。诗久不传，其用笔清超，颇有渔洋风韵。《过道士洑》云：『千尺嶙峋插碧天，江流到此一洄漩。江乡别有萧疏致，沽酒先尝缩项鳊。』《过小孤山》云：『津吏沿江惯送迎，悲笳几叠诉离情。昨宵归梦如何短，听罢涛声又鼓声。』

《彭城怀古》云：『圣女山前百步洪，芦花瑟瑟鲤鱼风。太虚一赋雄千古，不刻南山磬石中。』『旧约重寻意惘然，颖滨好句此犹传。逍遥堂后千寻木，寂寞人间五百年。』又五言如『帆移山影侧，风定浪花开』。亦佳。

又《秋望》云：『指点郊原入望遥，园林几处尽萧条。秋烟一片明如画，夕照苍茫隔板桥。』

《闲居》云：『闭门择地可闲居，坐看湖山乐有馀。睡起小堂无一事，半竿晴日映窗虚。』

《蓼花》云：『荒湾浅水几枝红，清镜常开对落虹。无力强随杨柳舞，萧疏两岸月明中。』置之宋、元人集中，殆不可辨。

按：以镇乾隆十七年翰林，在郑曦，曹文埴、金云槐之前。

钱融堂岁寒堂诗

宋钱融堂时，有《和彭歙县岁寒堂朱文公祠》二诗云：『万叠苍山拥翠屏，岁寒必事未虚名。谁言剧县汤羹沸，胜觉斯堂和气生。古木千章春昼永，幽禽一曲午风清。黄花碧草庭前落，客至谁闻叹息声。』『阙里今朝宓贱琴，文公当日旧青衿。溪山百里诗书泽，俎豆千秋桑梓阴。乐事何曾碍朱墨，高怀元不异山林。愿言抱此岁寒曲，一写琅琅万古心。』见厉樊榭手写宋诗。

澄心纸

『新安四宝』，澄心纸其一也。谭者每嗤笑以为失实，顷读梅圣俞《宛陵集》卷三十五，有《谢潘歙州寄纸三百番石砚一枚》诗，可为确证。诗云：『永叔新诗笑原父，不将澄心纸寄予。澄心纸出新安郡，腊月熟冰滑有馀。潘侯不独能致纸，罗纹细砚镌龙尾。墨花磨碧涵鼠须，玉方舞盘蛇与虺。其纸如彼砚如此，穷儒有之应瞰鬼。』

按：此诗明言澄心纸出新安郡，能令群疑尽释，惜造纸法今已失传也。

吴徽仲曾受学于高汇旃

无锡孙静庵《明遗民录》云：『歙诸生吴慎，字徽仲，于书无所不读，而尤尽心于宋五子书。著书三十馀种，其行世者，有《周易粹言》、《大学中庸章句翼》。论学以敬为主，自号曰『敬庵』。初游梁溪时，东林书院尚守忠宪家法。徽仲与其州人施虹玉、无锡张秋绍等，同受业于高汇旃先生。春秋释奠毕，升堂开讲，威仪秩然，见者莫不敛容倾听。已而归歙，会讲紫阳、还古两书院，兴起者甚众。

罗煜

明罗煜，字然倩，歙人。国变后，隐扬州北湖。论诗斥『初唐、盛唐、中唐、晚唐』之说。有《中晚唐诗抄》。尤精于词。著《霞汀诗馀》一卷。大抵祖述屯田，然寓意深远。《浣溪纱》云『一弯新月女儿心，谁知搔首怨黄昏』，悲故国之末路也；《画堂春》云『不管秋风丛桂，宁知春夜悲鹃』，哀光复之无望，而搜求遗佚之举复行于今日也；《临江仙》云『昨夜海棠开遍矣，今朝几片飞英』，寓延平、苍水之由胜而败也；《蝶恋花》云『漏无声，人语悄』，言文网之严，虽欲言而不得也。其悱恻之忱，足与《离骚》并美。其诗集不可得。有句云：『竹间偶坐寻苔迹，花外闲行待酒樽。』其高致可想。见孙静庵《明遗民录》，不知原据何书。

江嗣珏

江丽田事已见前卷，兹见《明遗民录》所述较详，仍备录之。汪注：江丽田乾隆时人，非明遗民。

江嗣珏，字兼如，一字丽田。歙之江村人。族祖天一，事载《明史·忠义传》。嗣珏生而颖异，髫龄时，即有出尘想。尝北走燕蓟，东瞻齐岱，南浮江湖，至则作为歌诗，以见其旷逸之趣。晚构一室于黄山之丞相源，琴卷之外，别无庋贮，居之泊如也。西江使者某，屡辟不起，作《却聘诗》以见志。善弹琴，精于审音。疏越之传，韵旨冲淡，古怀昔乐，庶几上世。性喜流水，每素波横川，清泉映沼，依林列磴，竟日忘返。尝与缁流为物外之交，族友中有方雅之士，或招致，则为欣然出山，兴尽亦飘然而返。与同里巴廷梅交最善。巴为造琴台于黄山之始信峰，其文殊台亦有琴几焉。每风和月霁，抚弦动操，岩谷响答，烟霏气馥中，如有灵迹往来，在其指顾。山有白猿彪虎，寿千年矣，闻琴声，辄俯身贴耳驯于侧。素蓄一鹍鸡，闻其声，即舞蹈若赴节者。终身不婚娶，亦不畜奚奴。营生圹于山之云谷，或偃卧其间。一日在巴氏所，天寒甚雪，急辞归。归之明日，沐浴更衣，与山僧别，趺坐而逝，年八十。葬于所营圹。所著有《琴谱诗集》，先已焚弃。芜湖甘铭为志其圹，且表之曰『诗人江丽田之墓』。

汪学圣

《明遗民录》云：『明高世泰，字汇旃，无锡人。汪注：休宁洪方人，见府志。都御史攀龙从子也。少侍攀龙讲席，笃守家学。晚年以东林光绪为己任，葺道南祠丽泽堂于梁溪，与从子愈等讲习其中。祁州刁包，往返论学尤莫逆。学者有「南梁北祁」之称。歙人汪学圣者，所学近禅，既至东林，乃大悟前失。其同乡吴慎、施璜、王燧、汪知默、陈二典、胡淛、江佑、朱宏辈，方讲朱子学于紫阳书院。因学圣以问业东林，志相得，乃作《紫阳通志录》。世泰国变后卒。所著《五朝三楚文献录》甚该究。」

按：此条可与吴徽仲一条互证。

夏子龙　沈素璚

《明遗民录》云：沈素璚，一名隐隐，本维扬倡家女，有姿媚，能诗。落籍归歙诸生夏子龙。子龙倜傥有志行，不为章句腐陋之士。得隐隐后，唱和极乐。甲申之变，子龙怏怏不自得，与隐隐穷日夜酣饮不复休。或规之，叹曰：『此信陵君所谓饮醇酒近妇人者也。子未揣其意耶？』南都垂破，子龙已得奇疾，不可疗，遂死。隐隐凭尸哭曰：『天乎！亦知郎之所以死乎？』乃盛饰载拜，就棺旁结环以死。

汪蛟诗

汪蛟，字辰初，歙人，居江都，明季举人。曾官于滇，著《滇南日记》，并《心远堂诗》，见卓亦堪《遗民诗》卷七。原录诗三首，兹录二。《荔薪叹》云：『禀精火离，珍南国兮。实垂星耀，彰妙质兮。紫文绀理，矜内美兮。黛叶缃枝，夸扶丽兮。樵青睥睨，伤剪败兮。刘斧横施，将军蹶兮。朱苞不剖，风流歇兮。卢橘江橙，反居右兮。策身爨下，丑劳薪兮。谁为知音，泣焦桐兮。羡彼不材，终天年兮。』原注：『闽有祠荔枝一株，号将军树。』

《时会》云：『史氏多饶舌，摭拾败与成。逢时或中才，失志每豪英。稊稗占土膏，差强不熟秔。镈镛置不考，翻逊瓦缶鸣。桓荣遭汉盛，曲谨有能名。贺循遘衰晋，贤良终见轻。所以逃虚子，羞与造物争。江淹惜敬通，《恨赋》终未平。』

王芗诗

王芗，字羲仲，号药房，歙人。见卓尔堪《遗民诗》卷九。原录诗一首，《题眉岫苍松图》云：『东来黛色敷如眉，上有百尺之长丝。蟠云者根参天枝，屈伸偃仰任纷披。风霜染就岁寒姿，栋梁何必劳工师。众窍于喁吹参差，下方万户闻清飔。夜深雷雨发其私，绕地碎霞俱成芝。长髯真人号安期，五色石煮烂如脂。一声啸起惊赤螭，翠盖撑空天四垂。』

汪弘濸诗

汪弘濸，字澄一，歙人。见《遗民诗》卷十，原录诗三首。

《寄谢同门曹翼宸》云：『春华秋弗荣，情耻与时驰。渊藻陆弗登，厥性匪攸宜。万物具灵根，成瘁视等夷。宁曰大化忌，戕贼身先之。缅惟束发初，南北鲜停骑。贱躯不自好，干进若素期。岂信质分薄，裁成寡良师。彼苍无终叶，鸿纤各有知。既膺参苓赏，复附桃李枝。茕茕十年馀，力命存于丝。感君重意气，殷勤远致辞。轩车诚夙慕，愧乏富贵姿。啸歌念已癖，薇蕨食如饴。春还沛泽及，将从事东畦。长揖谢使君，恐遗草木嗤。』

《庄居怀澹社诸友》云：『芒衣蓆帽了馀生，半亩瓜畦傲邵平。篆石苔纵新鸷破，幂阴树纵老莺鸣。闲过邻叟无苛礼，偶涉江干尽论兵。遥忆郊游应落落，经年缄不达芜城。』

《初夏拟移家五汊》云：『青山典尽意何如，远寄江涯学荷锄。饷午盘传新茁韭，销时笥检旧删书。云联断霭天光静，水溢危桥客屐疏。笑傍繁阴谋小筑，秋风共挽鹿门车。』

王玄度诗

王玄度，字尊素，歙人。见《遗民诗》卷十一云：尊素平生放浪诗酒，恢谐跌荡，晚知向道。曾礼山翁大师于静慧院，侍坐之次，玄度逡巡起曰：『弟子茫然，求师开示。』适有以茶果进者，师取一栗啖之，玄度拱而立，捧而侍。师顾玄度曰：『子不茫然。』玄度于此有省。严沧浪云『诗中有禅』，玄度之谓欤？原录诗三首。

《平山堂看荷花》云：『云水无消竭，平堤尚芰荷。棹歌随意注，鸟语不能多。山远迷秦望，天低近汨罗。老僧如旧燕，补屋又来过。』

《入岩关》云：『天险因时设，居然百二同。六师方出牧，一旅漫言功。草木愁烟里，车徒楚雨中。茫茫孤戍意，不敢泣途穷。』

《闲中咏菊和远庵禅师韵》云：『仙掌峰前尽布金，不烦篱畔遍追寻。自从一出桃源后，碧峤澄溪九曲心。』原注：『武夷诸峰，秋来菊花垂遍。』

按：许青岩集有《认峰阁短歌同尊素远公作又题渐江画》云『恨不令吾友尊素见之』，当即此人也。又按：程尚之国宾《砚虹堂集》，有《过王尊素斋赋顾夫人所制锦囊诗》。

方兆曾诗

方兆曾，字沂梦，号省斋，歙人。明诸生。著《咏史诗》，见《遗民诗》卷十一。原录《大宛马》、《长平坑》、《国士叹》三首。兹录《国士叹》一首，原序云：『讥豫让也。让初事范中行氏，智伯灭之，不能死，反欲为智氏报仇，此匹夫之所羞，宁义士乎？』诗云：『嗟君昔事范中行，冷眼坐见中行亡。今君又事智伯氏，慷慨甘为智伯死。人臣死义不死恩，众人国士何当论。捐躯必用酬厚遇，草茅何事招忠魂。持衣三跃剑空击，漆身吞炭为谁贼。地下羞逢旧主人，赖得相看不相识。』按：方沂梦见前。

汪中柱诗

汪中柱，字为石，歙人。杭州府学生。有《光霁轩集》，见《遗民诗》卷十二。原录诗一首，《唐栖夜泊》云：『停桡系浅岸，寄迹似飘萍。稻黍平畴熟，鱼虾晚市腥。残烟笼古寺，远火映回汀。盍旦尔何意，劳人枕上听。』

程岫诗

程岫，字云家，歙人。有《江村诗草》，见《遗民诗》卷十三。云：『云家父懋衡，甲申之变，不食死。云家博学笃行，守先人之志，与孙豹人、陆悬圃、吴野人交善，吟咏终老。孝子逸士，国人仰之。』原录诗十首，兹备录之。《春兴》云：『溪流颇无赖，半夜作雨声。屋角一鸟啼，始知今日晴。兴来何所待，着屐出门行。萋萋碧草长，冉冉春风生。山径绝来客，佳树自发荣。我欲攀其枝，睍睆闻流莺。』

《答赠吴楞香》云：『海月团皎皎，清光动金罍。笑言愁夜短，欲别复徘徊。泉水向北流，不随斗柄回。人生非比翼，嘉会恒易乖。浮萍虽无根，有时聚不开。两心苟常存，岂患愿难谐。』《杂诗》云：『木棉初种时，其子皆露天。意在衣被人，不肯为人怜。我行忽见之，三叹心惕然。感此复再拜，草中有大贤。丈夫生宇内，岂止图自全。鹑衣瓮牖下，措意在八埏。杯水虽至微，味亦同深渊。泰山非不高，远视等一卷。但使志念存，何必快目前。惜哉彼下士，白发守遗编。』

《送洪雨平待臣归白龙潭幽居》云：『洪生兄弟何磊落，年少同心嗜丘壑。夜眠梦上莲花峰，星辰倒垂天漠漠。泉声足底潺潺鸣，俯见白龙向空跃。流光射目肌胃凉，醒来犹觉衣裳薄。悠然顿起山栖情，便往寒潭共濯缨。异草逢春香不散，夭桃吐艳夕还明。寥寥仙境深乡国，蔼蔼良朋是弟兄。静抚瑶琴万壑应，闲支玉杖孤云生。一双老鸦洵奇绝，皎若回飚落松雪。为近悬泉万仞清，平生毛羽俱鲜洁。造物效灵岂无意，游人不到皆虚设。每遣珍禽渡口鸣，要将佳处尽情泄。始信岧峣是比邻，此中弦咏有汪伦。尔辈声名动京洛，安能岩穴终其身。嗟余十载走风尘，常怀胜地无由亲。谢公若别东山去，猿鹤邀谁作主人。』

《喜得家书》云：『骨肉真无恙，饥寒亦等闲。会期遥计日，别路一开颜。烽火销南国，烟霞起旧山。寸心许樵牧，采掇翠微间。』

《赠徐凤麓》云：『积雨消春日，羁人叹暮年。淮流寒照树，乡梦夜闻鹃。旧业浮云外，游装短棹前。亲知零落尽，去住总凄然。』

《送洪维则归新安》云：『去去故乡近，何须惜别离。并鞍非旧侣，负笈有佳儿。岭月娟娟吐，溪风飒飒吹。疏林灯火出，游子到家时。』

《过方叟宅看菊》云：『秋风吹梦练江边，三径荒芜十七年。篱落发花无客到，关河啼雁望书传。枫高石冷宜扶杖，水阔烟寒想放船。赖有故人能醉客，乡愁羁思总茫然。』

《子夜歌》云：『江水不住流，去船日渐远。水去有回澜，何时得郎返。』

《故妇叹》云：『郎心如明镜，日久会生尘。妾心如箱奁，内好难自陈。』

项起汉诗

项起汉，一名睿，字中弦，汪注：一作冲伭。号视庵，歙人。见《遗民诗》卷十四。云：视庵具豪气，短衣匹马，从都督项俊卿镇杏山，授行营都司，救汴援邓，驰驱山陕间，大小十馀战，累升参将。甲申间，视庵劝史公可法诛锄骄帅，整师北行。不听。授閤山团练水师参将，御永生洲贼盗。后隐居江都。原录诗五首。

《泊沙沟孝子王祥故里》云：『危舟宿野渚，怀古心悲伤。不见卧冰人，云水共苍茫。夜深万籁寂，众星何煌煌。白月凉我襟，清露湿我裳。鹄立而四顾，孤鸿正南翔。瞻依人所私，老大走四方。』

《闽乡镇》云：『流水一何急，舟行疾如马。朝发浦城西，夜宿闽山下。山下百馀家，谁是居停者。磨鼯斗中堂，饥狸翻旧瓦。青磷照深巷，白骨乱原野。相顾已心惊，寒潮拍岸打。平明扬帆过，林鸟声哑哑。』

《寓庙湾》云：『海上风光异，三春未见花。身贫羞作客，世乱幸无家。醉里诗多放，颠来帽任斜。几时一片地，满种邵平瓜。』

《扬州感事》云：『锦绣扬州剑戟鸣，纷纷羽檄叹纵横。将军跋扈犹封伯，相国精忠只自盟。郭外千家烽火尽，田间二麦草芽萌。沧桑自是归天意，牴角无人列一营。』

《闽道春怀》云：『红杏嫣然报早春，马嘶芳草已如茵。楼头醉妇凭栏望，不是当年马上人。』

胡春生诗

胡春生，字夏昌，号赤岸，歙月潭里人。见《遗民诗》卷十四，云：『其先世本吕姓，以事改姓胡。其父光吉，官鸿胪。拥重资，任侠江淮间，徙居江都。春生亦喜结客，读书好古，名动南北。时魏珰党人，从中柄用，钩织天下名士，有不出其门者，祸随至。鸿胪因以倦于事情，家中落。崇祯末，流寇侵犯江淮，春生移家池州，复徙金陵，隐于岐黄。善作水墨山水，寸轴万里，云烟变态，随手出没，世争购之。著书数百篇。有《赤岸诗稿》。原录诗五首。

《九日坐雨》云：『野云低压屋，到眼作愁城。湿叶封虫户，荒邮滞客程。空囊诗蚀字，净社菊寒英。自藉双螯醉，犹然百感生。』

《蔬堂坐雨》云：『老燕不能去，小堂风雨生。树寒烟藉影，蕉破露为声。短梦事难记，名山业未成。萧凉尝拥几，一静得馀情。』

《怀凌井心》云：『督师从贼辱疆场，御史魂归是国殇。生畏西雎歌振鹭，死留双庙祀睢阳。金正希江文石故里名相识，父子同时姓亦香。用疏广、受称父子事。漫把封书重洒泪，伍胥涛尚涌钱塘。』原注：『龙翰初为督师李建泰监军，后以御史偕从子润生死归德之难。』

啼，东日复入西。我亦南归客，闻之泪满衣。』《绝句》云：『杨花送行人，榆荚沽别酒。杜鹃歌一曲，芍药持在手。』又云：『芳草鹧鸪

洪瀛诗

洪瀛，字仙客，歙洪源里人。见《遗民诗》卷十四。云：『仙客读书好《离骚》及唐李贺、明徐渭。崇祯时上书言事。甲申三月，京师陷。闻户部尚书倪鸿宝死难，遂潜归江南。晚年自号颠一道人。明庄老之学，精于洞山宗旨。诗有《善愁堂集》。原录诗四首。

《乌夜啼》云：『城头乌啼霜月下，戍妇依母蠕寒夜。梦回呼母语兢兢，夫婿归来箭在棚。叠叠银鞍横白刃，层层铁铠裹红冰。母云我女愁思多，夫婿终当奏凯歌。昔年汝父榆关去，战骨犹存无定河。乌啼无声霜月泣，一夜孤衾泪如织。』

《冬夜雨后次觉苑感怀》云：『古风今雨感秋魂，萧索僧除冷未温。薜荔香销空附水，木兰皮脱独思根。残灯窗下留诗影，落叶江头滴泪痕。欲识北臣心内事，数声归雁哭黄昏。』

《秦淮舟泛》云：『六朝馀韵赋高楼，极目秦淮放小舟。处处云因歌吹驻，年年水为画图留。一帘月影香生梦，半枕风声客吊秋。桃叶可怜空有楫，相思仍在板桥头。』

《秋星》云：『太白昏时看未真，惊西一昴粲夫辰。少微犯处高贤死，空向南郊祀老人。』

闵鼎诗

闵鼎，字谓潢，歙人。见《遗民诗》卷十四及卷十五，云：『渭潢，闵子后裔。其先因南渡徙歙。早年补博士弟子员，甲申后隐居江都。性喜读书，常于广庭设几席，树以纸屏，人往来其侧，目不一顾。兼精内典，著有《香杖轩草》、《清话堂诗稿》、《论语颂》、《璧帖》，俱另创一格。原录诗甚多，兹选录之。

《雨中独坐》云：『春来今始雨，镇日未开门。独有书千卷，兼之酒一尊。桃花才放叶，竹笋又行根。我亦无他事，从朝坐至昏。』

《怀南岳远庵和尚》云：『迎师数千里，叶落洞庭湖。携钵犹为累，居山谁与徒。诗怀秋月淡，禅性野云孤。愧我淹尘世，终年此故吾。』

《同徐性之诸子饮河亭》云：『河干落日洒帘青，箫鼓频催夜不扃。因有美人歌《白雪》，却令嘉客醉春星。别来时序怜芳草，会见行踪转绿萍。此日酒泉谁作守，移封终不到刘伶。』

《送胡沂庵司李长沙》云：『小星下应是长沙，江汉朝宗去路赊。勅限官符难久泊，深谈时事不胜嗟。司刑莫说明刑易，无讼方知听讼差。此地兵戈犹未息，烽烟应接使君车。』

《避兵陈庄》四首云：『遥传村外信，两耳若不闻。支颐一藤枕，有酒伴桐君。』『昼则人无哗，夜则犬远吠。东邻与西家，防夜如守岁。』『小港无数湾，小舟无一舵。牵缆复撑篙，船从草上过。』『大村百家烟，小村数椽屋。隔岸或相呼，旷野同一族。』

《雨中忽动念寻迁如上人》云：『雨苦深闭户，户闭非徒然。白云压天低，一月天无权。远游空有志，慵下苦一编。念我物外交，意反不在禅。相逢使相笑，花散在风前。』

《晤迁如上人归来有作》云：『二月全苦雨，春光白云里。鸟声唤不开，山邑青相倚。寤寐劳我心，朝朝尝晏起。出门访高僧，心忽净如洗。问我未生前，余亦妄唯唯。豁然静见闻，旧日非所恃。翻悔错用功，出没在故纸。于今任餐眠，昼夜川上水。』

姚潜诗

姚潜，字后陶，原名景明，字仲潜，歙人。见《遗民诗》卷十二，云：『潜家于江都，前廷尉姚思孝仲子也。少为博士弟子，甲申后弃举子业，以诗酒自豪。值其妹家被祸，没入戚里为奴。不惜罄毁家资，走京师，极尽谋虑，赎妹氏及孤甥以归。中年妻子俱丧，不叹无家，遨游自适，世称达者。晚年曹公馆于客舍二十年，年八十有五终。复赠金命其从孙蓼怀，远迁其妻方棕，合葬于京口山中廷尉冢侧。有遗稿一卷。』原录诗十四首，兹选录之。《赠吴野人次来韵》云：『旧读陋轩集，风骚赖尔存。兵戈星短鬓，尘海闭闲门。白雨城东寺，青枫江上村。邗涛秋正好，为别各消魂。』《张菊人余淡心吴茵次集饮虎丘山寺分得青字》云：『水光明草榻，野色敞幽亭。露湿千林白，灯悬一径深。狂吟秋未晚，渔唱醉还醒。爱此禅关寂，纷纷叶满垌。』《寄程穆倩兼怀孙豹人杜于皇蒋前民》云：『忆醉梅花屋，风流迥绝尘。萍踪人易别，棋局事全新。白社推前辈，青山老逸民。长门谁好事，沦落几词人。』《叶南屏田梅岑携樽过访同家舒恭侄赋》云：『呼酒来荒寺，耽幽憩此亭。溪花连月净，秋草接天青。孤棹愁中去时南屏返石城，清歌醉后听。骤怜寒事近，相顾悔浮萍。』《雪夜移榻余九迪斋中》云：『交情贫易合，风雪亦生春。白日闲无赖，青山老此身。为疏簪绂客，来近啸歌人。漫放凭空眼，萧萧霜鬓新。』《杜些山见过共用真字》云：『冻云飞不起，山霁见清真。世味贫多趣，交情疏转亲。酒须终日醉，花漏一分春。郑重携筇去，闲人我两人。』《坐月下迟汪度若不至》云：『好夜成枯坐，谁期踏月来。酒从无意得，花亦悄然开。

世事老方懒，交情久始猜。何人吹玉笛，一听一生哀。』

《山寺夜宿》云：『绀宇沧桑后，何由遇道林。僧无出世念，客有住山心。黄叶当筵落，青松裹寺深。天风吹不歇，高阁响秋砧。』

《饮孙子鱼琴来阁同汪度若吴方明曹殷六杜吹万》云：『爱踏羊求径，柴扉昼不关。人空千里目，云护一楼山。把酒心犹热，依人鬓早斑。阮宣钱已罄，赖尔破愁颜。』

《淮阴访张虞山并呈胡天放程娄东》云：『凌空亭畔卷西风，有客停桡访桂丛。流水自通高士宅，野花开冷故侯宫。酒临密竹千杯碧，树染斜阳半郭红。招隐尚馀耆旧在，难将词赋答诸公。』

《江干对月和朱赤霞》云：『好月无如秋夜清，眼前风景最分明。幽栖人究无生理，空响山传脱叶声。睡去犹闻僧唤酒，老来却畏客知名。相看坐到明河落，足慰羁人此夕情。』

《送马泽周游山左同吴秋枰王植夫》云：『纵饮何妨十日过，蹉跎生事尽悲歌。春经寒食繁花减，路入离亭芳草多。明月千峰劳客梦，阳关一曲淡星河。老怀惟冀归鞭早，莫使空庭冷薜萝。』

潘彦登诗

潘彦登，字诞先，一字去然，歙人。著《三审斋文集》三十卷。见《遗民诗》卷十五。原录诗一首，《题徽州郡六忠臣诗后并序》。序云：『翰林院简讨休宁县汪伟暨妻恭人耿氏、巡按河南监察御史歙县凌駉、翰林开府休宁县金声、太子少保副总兵歙县方士衍、巡按福建监察御史歙县郑为虹、徽州府司理乌程温璜暨安人茅氏并女。』诗云：『放声大哭谢皋羽，百折不回文天祥。正气长伸持宇宙，清风作诵肃纲常。』

程自玉诗

程自玉，字公如，号申持子，歙临河人。见《遗民诗》卷十五云：『自玉少为名诸生，遭世变隐于医四十馀年，未践郭门。读书乐道，为文古奥，然不以文自鸣。著《慰头书》以见志。又有《手贵说》、《蚁语》、《腐丈夫传》。邑人黄琯为序而传之。』原录诗一首。《登虞忠肃公三宿崖》云：『三宿崖前昔合围，书生筹策似君稀。偶然结伴扪天际，不觉凌空叹世非。绝巘小亭曾壁垒，环崖老树旧旌旗。年来闲杀长江水，枹鼓何人卫帝畿。』按：自玉见《歙县志》。

江国茂诗

江国茂，字二如，歙人。见《遗民诗》卷十五。云：『国茂明文学，甲申后，弃儒冠，逍遥世外，荷衣草履，以终其身。』原录诗十六首。兹选录之。

《登富春江上南楼》云：『南楼跨城郭，奇峰青四面。下澄富春江，江光暮景绚。我来一登临，佳气难恒见。只此立须臾，气象觉千变。秋风催晚潮，寒雨迟早雁。云路接天都，莫使乡书闲。』

《检书》云：『积书满堂上，手泽传高曾。殷勤授两儿，风雨攒一灯。无何遘百六，烽火频年仍。山泽无完家，纷挐同秋鹰。满眼惊沧桑，散帙空担簦。虽乱毋相遗，箕裘远相承。』

《野鸟》云：『朔风天外来，欻然盈广漠。扫地作雷鸣，树上乌巢落。人家屋瓦空，纷纷下秋箨。野鸟控地鸣，哓哓何所托。』

《芜湖卜居》云：『乱后馀身在，携家去故乡。行行复何之，中道自彷徨。人生遘阳九，仆仆须鬓霜。既卜芜阴宅，还怜江水长。得枝聊以栖，慎勿贺高堂。』其二云：『浣花有草堂，栗里有柴桑。终古一逆旅，千载遥相望。陶潜逸而乐，杜甫劳且伤。吾庐寄江浒，两贤何可当。但醉无所营，于兹终徜徉。』

《豆棚》云：『豆棚高瓮牖，故故散清阴。未达为儒术，聊同学圃心。雨肠希护惜，风雨免招寻。佐我山厨馔，野人酒共斟。』

《邗江春涨》云：『杨柳绿芜城，春江暗里生。人家离水近，石岸与舟平。不似秋涛壮，全无夜雨声。田畴疑欲合，漠漠未分明。』

《何日山中住》云：『何日山中住，翠微辟草庐。石泉容灌药，云洞可藏书。丘壑全家老，乾坤万事虚。初心如果遂，鸡犬载柴车。』

《满家衕看桂花》云：『南高峰畔树，上下桂花多。谷口循香入，丛中侧帽过。秋风趋贾竖，人境绝樵歌。桃柳湖堤上，难教禁斧柯。』

《虎丘怀古》云：『舣艇陟高阜，霜枫凋素秋。茗香僧坐石，钟悄客登楼。临水思吴剑，何人报越仇。精灵空化虎，长啸一荒丘。』

《毗陵道中》云：『一望盈盈春水碧，应多宿雨下山溪。村花红乱鸣鹍鸠，垄麦青深飞雉鸡。卖酒布帘孤艇出，打鱼丝网晚灯齐。江南处处风光别，纪事新诗枕上题。』

《雨后立慈光寺前》云：『日日看山兴愈浓，无聊春雨阻游踪。若非屐齿愁苔滑，此际扪萝第几峰。』

益然和尚诗

释弘济，字益然，一字吴山，即汪沐日，已见前卷。其诗见《遗民诗》卷十六，共四首。

《移居》云：『卜居先卜邻，里仁斯安宅。如彼兰在谷，荃蘅共朝夕。东西南北人，辙环岂行役。有庐蔽风雨，问答敞函席。愿言竭来归，稽古裁今昔。耕凿话春风，阴晴细辨析。』

《归田园居》云：『炎方大火流，策峤得南山。九夏披重裘，一住三十年。云起孤城失，山高月在渊。护虫伤火种，躬耕开脊田。萧然唐虞夏，黄花屋几间。有松古不计，偃仰卧我前。殷其雷隐隐，石隙出缕烟。龙舞虚空中，芝老怪石巅。夜静人无事，礼简尽自闲。不知何夕死，朝闻然不然。』

《问来使》云：『尔从何处来？使我豁心目。山中酒定酿，不远篱有菊。松长任碍人，春来松花馥。巾车好归山，山将枣栗熟。』

《拟古》云：『寂寂幽谷兰，摇摇北邙柳。天地速朽坏，草木安长久。抗怀揖古人，义农是我友。安得一起之，相与一杯酒。春来柳自青，同心兰不负。谢彼杀我者，此意良深厚。匡人貌阳虎，弹琴复何有。』

界系禅师

卓尔堪《遗民诗》卷十三胡其毅诗，有《醉马行赠界系禅师》。原注：师原姓郝，字子荆，歙人。诗云：『老僧醒眼说醉马，少壮边城亲见者。渴时吸酒如汲泉，侧视将军覆杯斝。面竖兰筋累麹蹄，汗沟走血膺门赭。奔腾直过黑山围，鼓鬣长鸣千骑哑。摄影超光一簇风，投鞭欲下何能下。权奇宁作泛驾才，款段终为天所假。后来醉马伏槽枥，清泉自饮豆自吃。骨深齿长心不驯，耻受厮徒进馀沥。我闻此马叹无因，意中摸索真有神。狂歌痛饮老僧睡，烛摇四壁声虓虓。』按：胡其毅，字致果，江宁人。郝子荆俟考。

徐公可重修星岩寺碑

《小南海遗文》，为徐同善公可所著。光绪己亥刊行，中有《重修岑山星岩寺碑》，略言：『同治丁卯五月，余归自蜀，仍寓于柘林，与故人子方镜庵、曹鞠芗登山环眺，二子偕恺青、飞卿二程子以重修请，乃募资于徽歙城乡及屯浦黟山，殊得倪子莲舟、段子耕野、叶子西白、周子养吾、胡子小农之助，而倪子之力为多。其徽人之客居三衢，程氏之侨寓维扬者，亦咸解囊喜舍。凡历数寒暑而成。爰于辛未浴佛日开建道场，说法传戒。其时主僧为仁法，首座为成栋，因定为十方丛林，以杜当来门户之见。』又言：『其地为方、程、曹三姓公业，在唐天佑有三仙姑之成真，于元末季有郑师山之肄业，其附居则有程良用、程昇人之高风劲节，方明显、程鱼门之文采，亦复灼然照人耳目』云。馀略。

《玩芳亭记》

余于黄宾虹处，得明人《玩芳亭记》长卷，卷端『玩芳亭』分书三字，为菊潭吴德源书；又篆书三字，为正德甲戌歙西松涧吴铠书于醒心轩。有印曰『诗画篆隶俱拙』。其记乃正德甲戌秋九月婺源屏山汪承撰。略言：『歙处士汪君元之，特达隐君子也。筑别墅于富资之阳，构祠宇数楹，后倚罔阜之隆，前挹溪山之秀。祠下辟蔬圃，畦町秩秩，如布棋局。圃前凿方池半亩，引流蓄鱼，横亭其上，为临眺之所。环植群木，列莳众卉。周围数里缭以垣墙，俨然一林苑也。不数年而处士即世，贤似良器，设神龛于祠中，奉柩其下，朔望祀祭，莫不尽诚。而处士手植，若松、若竹、若柏，皆挺秀森茂；若桃、若李、若梅，皆结实甘美。花卉蔬草，皆应时开发，秾香秀色，四时不绝。良器构亭于祠后百步许高阜，扁曰「玩芳」』云云。馀略。次题诗者屏山汪承有印曰『贻芙』。又松硐吴铠、又休宁姚文明、又杲溪吴鉴有印曰『太瘦生』、曰『太古之民』，又丹溪吴镇有印曰『山水中人』。又雪硐吴文举、又吴澈有印曰『学古澹』、曰『世墨堂主人』。又石山汪子云有印曰『贻芙』，与汪承印同。又双溪郑仲有印曰『廷正私印』。又槐濒唐佐有印曰『黄堂清暇』。又梅山唐泽有印曰『沛之』、曰『乙未进士』、曰『金榜传芳』、曰『大夫之章』，又心园唐诰有印曰『黄堂清暇』，与唐佐印同。又三峰唐诲有印曰『唐氏世家』。又芝山唐诩有印曰『白云后人』。又新庵唐皋有印曰『进士及第』、『国史修撰』。又雪山汪环有印曰『别墅主人』、曰『输粟恩光』。又雷溪汪正、又星源汪士原有印曰『鸣国家之盛』。又愚庵汪玮有印曰『新安世家』。又贵溪陆和有印曰『新安世家』，与汪玮印同。又郑崐有印曰『墒阊』、曰『子西』、曰『西溪杂兴』。又双溪郑庄有印曰『百里郎官』。又寄庵未署名，无印。又王士力有印曰『秋碧』、曰『青山白屋』。『力』字未知何字？又柏庭方远宜有印曰『伯时』、曰『庚午举人』。

按：富资之阳，当为今富堨地，今犹有汪姓居之。方伯时远宜，岩寺人，嘉靖二年进士，见《歙志·节概》。唐希元佐，成化四年进士，官宁波府同知；唐沛之泽，弘治十二年进士，见《歙志·勋绩》；唐心园诰，弘治五年举人，官汝州知州，俱槐塘人。唐新庵皋，正德九年状元，岩寺人。郑惟敬庄，成化十年举人，官赵城知县，丰口人。汪惟中正，成化五年进士，潜口人，见志《宦绩》。汪国珍玮，嘉靖元年举人，官助教，稠墅人。上俱见《歙志·科第》。郑子西崐，贞白里人，有《培庵集》。诸吴疑向杲人为多，吴澈乃向杲吴月溪璜之子，兄曰濡，俱能诗画，人比之『三苏』。又向杲吴进，著《雪涧吟稿》，未知即文举否。上见《新安名族志》。馀不可考。三峰芝之山，当为心园兄弟也。贵溪为今小溪，明时有陆姓，其祠尚在。甲戌为正德九年。

歙事闲谭卷三十一

许承家师六送楚云和尚还摄山诗

『楚公摇楫去，古寺最高峰。白映千江月，青浮六代松。扪萝开径路，拍浪起蛟龙。相送还相忆，江边半夜钟。』见《摄山志》。

韩慕庐菼送程耻夫之秦中诗

『风雨陵前愁客去，刀环月下计程还。此行百二无穷胜，添作烟云泼墨山。』原注：『程善画。』

又《题耻夫小影》：『小来爱读史，得见千载人。往往烟墨间，乃揖容貌真。文事何痴黠，丹青无其伦。绝胜添裴颊，何啻运郢斤。我今快髯翁，意气解后亲。暑月怀冰雪，剑光耿星辰。彼哉蜍志者，一切遽埃尘。相视莫逆时，满坐怀古春。恨笔无史公，偷髯形影神。』

上二诗见慕庐《有怀堂诗稿》。耻夫，程正路也。程，美髯，于此诗征之。

汪氏蜀源看昙花图卷

汪弢庐宗沂师作《程可山先生年谱》云：『道光十二年壬辰，先生年三十八岁，在家侍亲授读。三月二十五日，汪啸生宗文崇议招先生同侯青甫教谕云松、胡城东典籍长庚、鲍梓怀郎中有莱、程雅扶赠公奂轮至蜀源看昙花。宗文携其子埴古随行。青甫先生为绘图，首倡五古一首，诸君子各属和焉。埴古旋来从学，更改名鋆，字芸石，浙闱乙卯举人，记名国子监学正学录。』

今侯画昙花卷尚在，承尧于汪芸石先生故箧中见之。侯诗云：『我闻优昙花，咒钵秖一现。云何世尊拈，尚借天女散。佛愍诸有情，三宿增眷恋。鬘陀久不沾，意树亦非幻。遂于一刹那，妙相驻飞电。蜀源有杰阁，接武梵宫殿。慈云庇净土，松柏蔚葱茜。兹花粲其间，开日足游宴。幽人召宾从，三五坐岩畔。携持宁馨儿，慧业解操翰。啸生令子埴古，十三龄颇能文。追随老禅伯胡城东先生，证道佛可选。我来乏衣盋，香积饮珍膳。补图索题句，蒂叶摘以玩。因之契真如，得识本来面。请君看此花，正是青莲瓣。』下题『白下侯云松』。次胡城东次韵诗，时年七十四。次鲍梓怀次韵诗，次程可山次韵诗，次汪啸生次韵诗，末埴古次韵诗，有句云：『翳余方垂髫，尚靧桃花面。』即芸石先生十三岁所作也。

先生研精群籍，手校各书甚多。承尧所见五经、四史、《文选》、诸子，皆朱笔细录，作蝇头楷，一笔不苟，非数十年不能成。前辈用力之勤，犹可想见。

又得先生手著《尔雅正名》二卷原稿，有杨岘序。知先生小学甚精，盖晚年所为也。身遭离乱，客死芜湖，今已无后矣！

方嵩画

见方嵩一画，自题诗云：『五柳阴中隐客星，持竿独上钓鱼亭。此间别有烟霞意，不著丹书著道经。』又跋云：『嵩与平陵马君彦乔相往还者，二十馀年矣。屡索涂鸦，愧无得意者可以持赠。甲戌秋杪，自平陵归金沙，适成此于黄菊香中。野水无声，红尘不到，非云佳构，喜不近凡。寄我故人，恍于濑水江边，遥夺严光一席也。此寄彦翁年先生清鉴，半园方嵩写并题。』有三印，曰『半窗』、曰『方嵩』、曰『禹品』。按：歙人方嵩，字峙泉，号桐庵，工画山水，疑即此人。

韩铸诗

旧藏韩治人画，题『鉴湖图』三字，后附一诗《春日偕友人饮读画园分韵》：『湖天春逼岸花香，探胜园林亦辟强。树色尽凝清夜露，钟声寒带去年霜。壁间蝌蚪空文字，石上烟霞足酒肠。共际升平筋力健，何妨老入少年场。冶人韩铸。』有『韩铸』二字印。纸尾又有『瓦砾』二字，分作两小印，甚奇。图为立轴。

郑子西《培庵集》

郑崐，字子西，号培庵，又号古岑居士，贞白里人。《郑氏家乘济美录》谓其年尊学富，谦让谨畏，为乡里所信从，郡守邑大夫尤礼重之。与彭好古先生泽极洽。时人思彭公德政，为刻《守徽集》。彭曰：『必得培庵作序乃可。』举乡饮宾，享年七十有三。著有《培庵诗集》。其诗亦雅令。

《见确斋先生后寄简》云：『宫詹谢世后，文衡孰其持？南山黯无色，墩篁悄含悲。后学抱遗编，梦寐想光仪。庶几得似者，欽袵而事之。伟矣确斋翁，授受真得师。编摩手不停，著述心独怡。龙门振遗响，逸驾良可追。邂逅接风采，下拜非君谁。但恨抱病躯，萎靡卧茅茨。杖履率溪上，不得相追随。缄诗寄山堂，一致平生私。』

《岁暮寄月溪》云：『夜深耿不寐，枕上思知己。相见动逾年，老来能复几。回思少壮日，豪迈亦自拟。期在霄壤间，表表而伟伟。岂谓今龙钟，所立如斯止。前辈千古人，长号呼不起。群聚匪云无，自顾已凉踽。翳我月溪翁，白首居同里。相视如骨肉，真异姓兄弟。睽违非但病，中有萦挂耳。岁晚尚江湖，旅食各念子。但令生意遂，所望非口体。身外奚足论，关心无逾此。鸡鸣欲就枕，思君殊未已。回风戛檐竹，细雪鸣窗纸。晨起当相从，晤言渴尘洗。』原注：『月溪，字希声，讳镄，向杲人。』按：即吴镄，又号野舟、古狂、秋鹤、癯仙、诗画楼主人。已见前卷。吴澈之父也。

郑集中有《和希声五号吟》，其中警句云：『一癯逼秋寒，仙鹤时还挟。筑楼扁诗画，妙处参摩诘。意到笔即施，晴蓑蕉有雪。醉黑挥淋漓，游戏不可轧。溪山在几案，珍贝富囊箧。大叫忘其颠，倒帻誉奇绝。』

又《挽吴松涧》云：『杲溪竦乔木，根自南宋培。友堂与场圃，世学传古梅。迨今三百年，云孙多隽才。猗君逸庵子，美质如琼瑰。群从相振起，先业期弘恢。考槃松涧滨，书屋松下开。读书且博古，俗学惭喧豗。篆籀究皇颉，笔下千钧抬。四壁蟠蛟虬，钟鼎连瓶罍。时吐胸中奇，案上云锦堆。诸郎复挺秀，芳躅绳后来。七旬阅乔龄，神腴颜未衰。云胡旬月病，日遽西山颓。昨朝华屋居，今晨闷泉台。风镫与石火，人世何为哉！我与贤伯仲，骚坛忝追陪。倚玉愧蒹葭，依松容蒿莱。吁嗟存没感，愁端若为裁。诔行本先世，渊源溯流洄。祇应逸社友，悠悠同此哀。』按：松涧，吴铠，见前卷。

又《挽内翰新庵唐先生》云：『天资颖拔见垂髫，古歙人才未寂寥。家学远承筠叟泽，殿元高擢武宗朝。经筵讲进身心切，实录书成品位超。使节方看旋万里，文星遽尔陨层霄。词林大手铭须勒，京国游魂赋莫招。濮庙向来纷物议，九原遗憾若为消。』

汪伯玉所藏画

詹景凤《东图玄览》云：汪伯玉司马家赵千里《文皇幸蜀图》横幅，细绢画，无款。其笔法精工，而设色鲜浓，然稍失之媚。盖画家纤秾精巧之中，贵有高雅之致，而乃少此。疑院中人作，非千里笔也。

又有夏珪小长条，绢画山水二幅。一雪霁，纯一墨运。笔苍劲而雅，沉著而畅，可谓高古不群。是禹玉得意之作。初看无款，司马不知为禹玉。予见惊异，持至日下细看，乃于焦墨点树叶上，复用浓墨作『夏珪』二字。

又有其弟仲淹所藏赵承旨《夏木垂阴图》。用澄心堂纸画，纯一墨运。冲秀雅适，笔朗畅而致超逸，真神品也。原罗龙文物，龙文败，籍其家，此画在藏中，官定价五两。流落数家，而至仲淹。从仲淹借观两月，手临数幅。观者皆谓学董北苑法耳。

万历四十一年，邑汪氏于闽中得李成山水一幅，来求鉴定，乃知承旨临李成本也。但承旨用墨稍浓，营丘稍淡；营丘人物衣折用铁线描，承旨则莲叶描；承旨舟作莲瓣，营丘则野艇；皴皆披麻，而营丘较凝重，承旨较轻逸耳。为之嗟异逾时。

仲淹又有宋仲温草书一卷，乃摹本。

又阎立本《扫象图》，绢高一尺许，长一尺八寸，神物也。郡人余参将从都下得来，汪氏以海云大画四幅易之。汪复贫，卖与甥管指挥，今归汪司马。又金检校仲珩家藏马远小长条，画黄帝骑龙飞上天，笔法圆劲古秀，人与龙浅著色，云气纯用墨渖染成，绝无笔踪。今亦归汪司马。

岩寺塔

偶得一旧本不署名笔记，记岩寺塔甚详。云：建置水口神皋塔，丰乐溪之东障也。自址至巅，共高二十五仞，分为七级，第一层胡泰荣同族人建，二层桂聪建，三层方富桢建，四层鲍道相达建，五层汪通保建，六层里人公建，其七级合尖，则吴慎斋宽也。项心之木高九丈许。凡铁器围绕而上者称是，再加铜铸鼓墩宝珠，高九尺三寸。七层及项高百尺，其下六层，共约百七。而七级之檐，上丰于下，是以高耸秀拔，远视匀称，无尖瘦之形，实神工也。一修于康熙戊申，再修于康熙庚子。凤山台在塔南，正踞凤山之脊。台上为三盉，中奉玉虚君，郑大参佐题曰『中天积翠』。其铜象原在白岳玉霄峰下，台成迎奉之。虚其两翼，为游宴憩息之所。台下驾为三门，藏其左右而通其中。嗣因形家言，障其北而立关帝象于中台，前缭短垣，其甲门题曰『凤山灵境』，潘中翰纬书。台之右有三元阁，高与树齐，里人吴文渊建。其前拾级而登，筑门观曰『升高』，胡泰荣建。阁之右平原为后土祠。祠之前里人程泽有小筑，潘之恒书其楣曰『三摩地』。

厉樊榭题吴蓼汀《双清阁诗》

方雪江书来，言在沪见厉樊榭手题丰南吴蓼汀《双清阁图诗》云：『青芜背郭一水周，爱尔阁子依林丘。山色褰烟落研席，树影纡日摇帘钩。结茆谁肯偕李渎，藏书见说如班斿。清境我亦发梦想，倘容吟啸期高秋。』图为大涤子笔。又有杜乘题辞，言『大江南北，称孝友之家，必推丰南节孝楼吴氏』，又言『双清阁在平山左近』。按：蓼汀殆丰南人而居扬州者。

程左恬

旧藏程左恬熙所书楹帖刊本二对，书法欧阳，颇秀雅。不知为何人？原出汪从之丈家。余童时闻汪丈言，乃唐模村人，未知其言何据。近阅鲍双五先生诗集，中有《题程左恬风木图诗》，是左恬与双五同时也。馀仍不可考。

吴东岩孙妇朱孺人殉节诗

《樊榭山房集》卷七，有新安吴东岩孙妇朱孺人殉节诗云：『问政山高云缅缅，瑶姬夜蹑青鸾尾。竹阴黯淡桂魄香，左挹湘娥右山鬼。欲灭不灭深屏灯，朝来炎赫如怀冰。为郎无计挽白日，妾命毕以朱丝绳。郎家闺门若朝典，一杯姜橘灵车饯。谁知泉穴百年同，不道欢言当日浅。祖翁闻之泣且惊，钜篇上媲刘更生。我为作歌少尘土，涤笔新安江水清。』原注：『东岩为作传。』

方右将怀厉樊榭诗

方右将士庻与樊榭交甚笃。《樊榭诗集》卷七，有《答右将见怀诗》，备致推挹。并附录右将《过小玲珑山馆有怀樊榭用张司业寄韩昌黎韵》。原作云：『顽钝苦检束，薄俗恣便安。当前昧矜式，顿失心志闲。翳我有良朋，朗润双璧连。原注：谓嶰谷，半槎。驾言适虚馆，爱憩玲珑山。古翠罗峭壁，荣木蜕高蝉。南风一披拂，荡涤襟怀烦。游目骋吴越，浩渺烟云间。念彼秋水人，宛若珠在盘。忆昨诵佳句，导我百尺竿。今兹苦离索，虽美谁能前。何当过江来，把臂期晤言。』按：士虞为循远弟。已见前。

方环山藏明宁献王画

《樊榭山房续集》卷四，有《集方环山斋题明宁献王画》诗云：『寒斋延明曦，壁讶数峰接。其下松桧阴，斗水穿石折。岩扉中有人，停琴展幽牒。侍立双玉童，衫袖空翠裛。我疑卢鸿一，期仙磴可蹑。谛观出宁藩，珍重墨林笈。高皇十七字，龙种何蹀躞。晚年慕冲举，自抑金川捷。幸非七国败，思举八公揖。此图寓意耳，深萝神隐惬。浑如匡庐云，尚裛草堂颊。太息南昌城，深宫填落叶。』

又有《挽方环山》诗云：『别时君善饭，惊见素帷陈。水逝悲同甲，松摧失后人。文章秋卷冷，粉墨夜台新。旧赠营丘笔，今逾付袭珍。』原注：『曾作《临平藕花图》及仿云林小景见贻。』

吴蔚洲吴鸣皋吴梅查吴长公诗

《樊榭山房续集》卷七，有《吴氏家藏十三银凿歌》，为吴蔚洲作。首句云：『秋琴馆，秋窗拓，主人示我银凿落。一一数如琴上星，云是前朝季年作。』是吴所居，名秋琴馆也。

又有《答吴苇村见怀》诗，并附苇村原作云：『脱屣浮荣懒就征，前身应是写经僧。瘦如饭颗吟尤苦，清似冰壶冷不胜。行绕梅花随鹤迹，坐看山影落鱼层。相思风雪湖阴路，定对摊书竹屋灯。』原注：『溪南吴凤华，字蔚洲，一字苇村。』

卷八有《寄吴鸣皋》诗，并录鸣皋和作云：『幽涧鸣春泉，泠音殊未歇。忽枉瑶华篇，若对松际月。月明风复清，鹤望含遥情。麈尾不辍讲，钓竿难避名。云山莽未已，攀陟何时始。吟成且寄怀，自写松花纸。』原注：『溪南吴凤翔，字鸣皋。』

又有《次韵答吴梅查见寄》诗，附录梅查原作云：『山叶丹黄乍染霜，高栖遥忆对湖光。兴来纳翠开虚牖，病起探梅上野航。曾把新诗冰雪净，为寻幽梦水云长。何时得挂轻帆去，问字闲过旧草堂。』原注：『溪南吴均，字梅查。』

卷五有《舟泊毗陵同吴长公游青山庄》四首，附录长公次韵同作云：『毗陵共游眺，遗事满齐梁。只少山环阁，谁家树绕廊。爱他园内景，令我意难忘。榜户招诗侣，杯铛且莫将。』原注：『主人榜门有「诗酒可共」语。』

其二云：『神仙疑有宅，富贵得为多。碧水延长阜，红楼隐古柯。金张天上族，弦管月中歌。行乐宜丘壑，朝衣早剪荷。』

其三云：『昔者东床重，延陵俛仰宽。烟云邀对酒，花月入凭阑。紫玉空留主，香魂怳未残。若知人代感，冷食亦愁餐。』原注：『庄故主吴氏，宜兴相妇翁也。吴又有季女死于此，时形见，虽屡易姓，皆祠其木主。』

其四云：『胜境遭鸿笔，千秋几钜公。不随陵谷变，莫谓雪泥同。塔庙凉阴集，亭桥夕照空。菟裘那得此，惆怅一临风。』原注：『歙县吴震生，字长公。』卷四有《新安吴长公与予有卜邻之约将以明春携家武林索赠》四首。原注：『时长公寓家锡山。』

卷八有《吴长公自梁溪移家来杭用沈陶庵题石田有竹庄韵奉简》诗。按：震生即玉勾词客，亦溪南人也。

汪旭瞻汪笠人诗

《樊榭山房续集》卷四，有《题汪旭瞻芦溪书隐图》诗云：『汪子有书癖，长怀万古情。与人殊嗜好，无地著功名。老屋碧芦绕，故溪春水平。青灯耿遥夜，乡梦画中生。』

又有《七月五日满月精舍同汪旭瞻坐雨》诗。又有《秋雪庵赠与耆上人》诗，附录汪旭瞻同作云：『偶系春风艇，难寻秋雪诗。千峰遥供养，一衲古须眉。野竹遮横约，疏花出短篱。客来闲指点，空阔鹭飞时。』原注：『歙县汪日焕，字旭瞻。』

又有《晓过曲水庵》诗，附录汪笠人作云：『侵晨寻梵放，隔竹启僧扉。岸曲溪痕见，林疏山气微。茶香来坐具，梅影上行衣。漫作重游计，高闲不拟归。』原注：『歙县汪还仁，字笠人。』

樊榭与汪秀峰方君任有交

《樊榭山房续集》卷七，有《元夕大雪集汪秀峰真砚斋看灯分韵》诗云：『落落城中几弟兄，春宵又作放歌行。残梅亭角灯初上，飞絮墙腰月自明。甲子晴悭多望岁，鬼方天远伫休兵。老夫把酒殷勤祝，到处丰年有笑声。』

卷六有《方君任见示后周西岳华山碑索赋》诗。诗甚长，首云：『方君好古人共知，探讨金石忘饥疲。』馀未录。《樊榭文集》卷二，有《方君任隶八分辨序》。

樊榭《九日行庵文宴图记》

《樊榭山房文集》卷六，《九日行庵文宴图记》略云：『行庵在扬州北郭天宁寺西隅，马君嶰谷、半槎兄弟购僧房隙地所筑。寺为晋谢太傅别墅，西隅绕古木，轩庭多得清荫。乾隆癸亥九日，同人咸集于斯，觞咏竟日。吴中叶震初为写真，方君环山补景。图中共坐短榻者二人：右箕踞者，武陵胡复斋先生期恒；左抱膝者，天门唐南轩先生建中也。坐交床者二人：中手笺者，歙方环山士庶；左仰首如欲语者，江都闵玉井华也。一人坐藤墪撚髭者，鄞全谢山祖望也。一人倚石坐若凝思者，临潼张渔川四科也。树下二人离立：把菊者，钱唐厉樊榭鹗；袖手者，钱唐陈竹町章也。一人凭石床坐抚琴者，江都程香溪先生梦星也。听者三人：一人垂袖立者，祁门马半槎曰璐；二人坐瓷墪，左倚树右跂脚者，歙方西畴士庶、汪恬斋玉枢也。二人对坐展卷者：左祁门马嶰谷曰琯，右吴江王梅沜藻也。一人观者负手立于右，江都陆南圻钟辉也。从后相倚观者一人，歙洪曲溪振珂也。』馀略。上十六人而歙得其六，玉井香溪皆歙产也。

《职思堂法帖》

《职思堂法帖》四卷，康熙十一年壬子夏五月新安江氏摹勒上石。有印曰『江湄一字秋水』，又曰『江壮志泽民氏鉴定』，又曰『空翠阁书画印』，又曰『一石道人』，又曰『孟明』。勒石者，为旌德刘御李、汤国干、汤国元、汤元耀、汤文栋、汤泉海等。所刻为王右军《雨后帖》，有董玄宰、邹衣白、王济之等跋；钟太傅《宣示帖》、颜鲁公十二笔法，有米元章、赵子昂、倪云林跋；钟绍京写经，有长洲韩逢禧跋；欧阳率更临《黄庭经》，米元章九札，倪瓒、王蒙等《和陈惟寅怀古》六诗，有王济之跋。又朱文公、苏、黄、蔡襄、米芾、蔡京诸人书。江秋水未知何人？俟考。

丁南羽吴左干曾重修《宣和博古图》

孙渊如《平津馆鉴藏书籍记》云：『泊如斋重修《宣和博古图录》三十卷，前有万历戊子程十庄序。查《天禄琳琅》，有《泊如斋重修考古图》，称其刊刻极精。疑其同时并刻之本。面叶题丁南羽、吴左干绘图，刘季然书录。南羽、丁云鹏字也。叙说每叶十六行，行十七字。』按：世但知丁、吴为程大约、方于鲁绘《墨谱》。程氏《墨苑》尤精，今已无全本。不知此书，亦出其手也。

明人旧《歙志·艺能传》

于许甄夏家，见明人旧《歙志》一册。书已不传，且首尾俱缺，惟卷九《艺能传》尚存。词虽芜杂，而多佚闻。兹节录之：

刘然，字季然，亦字子布，又字子矜，新安卫人。为郡诸生，家贫，工举子业，挑达不羁。有口才，善谑。独工小楷，每试文不必极工，字则压卷，主司辄置高等。兼善行书诸体。汪伯玉司马为人作传状，辄令书之。主家则奉资，家稍给。苦无法帖，赖二仲假之，故晚年笔时有古意。亦能诗，而乏苦思。有子骞，字亭伯，传其学。而汪昶明仲诸人，皆其派也。

黄尚文，字无文，县城黄家坞人。家徒四壁。有古柏一株，因号『三操』，则指其嫠母并自指也。工书，小楷行草俱擅长，而于《兰亭》、《圣教序》深得其妙。工画，于宋、元、近代诸名家，无所不临摹，而自有一种天趣，超然尘外。吾乡丹青素逊吴下，一出而与之抗，自无文始。能诗，有隽语，以多技而不能专精，遗稿亦少。体孱，好男色，甫壮，病瘵死。

杨明时，字不弃，县城上路人。仲宽族第也。聪明妙悟，于诗书画，事事摩古，不肯少落时调。至其合处，则今人所无。上路杨氏故富家，而如仲宽诸人，并多好事收藏。不弃晚出，犹及寓目，然已当其散佚之馀矣。濡染赏鉴，为吴景伯用卿兄弟所知，邀入都门。吴兄弟亦负博雅名。不弃虽孤狷，独与交深，物物为其鉴定，一时名噪都下。寻殁于其寓中。吴氏归榇而恤其家。仲宽孙复光仲武，能扬其胜。

吴万春，字元生，郡城翀山巷人。工画。花卉翎毛，信笔俱佳。山水纵横任意，出入叔明子久，卓自名家，每自为诗题之。性好客。客至，即辍笔携杖头钱，不东走问政，即西往水西，频频不厌。同时有章甫端伯者，与角技齐名。子楚，侄麟，各得一长。

吴一桂，字延秋，溪南前街人。家富，游姑苏文氏门，执弟子礼。或讽之曰：『富家儿亦解此耶？』延秋答曰：『云林、松雪，非富家儿耶？』一坐尽惊。因言吾乡山水在在画图，文德承闻之心动。其后独走吾乡，时延秋已困落，尚为山中主人。德承得山水助，大精进，遂为文氏白眉。今所传郭子，大都吾乡景也。

族侄吴羽，字左干，少从友人名士丁南羽学写佛象，已速肖之，又自出一段天机。作山水花鸟，气韵生动，有出蓝之想。

吴良止，字仲足，亦字未央。工刻印，铜款特精，笔笔古文汉法，庄严遒劲，画一截然，真如旧章出土，不复可辨。同时有休宁何震长卿，传文寿承一派，解散局束，天趣超然，故是独造，且复出蓝。二人角立，评者曰：仲足无邪气，长卿有逸品。仲足晚以山人称诗，非其至也，而出其馀作八分书，时有别趣。其子其徒，俱传其学。

陈茂，字子木，亦字柴中，县城上路人。工小楷。忽悟长卿刻印之趣，为数章，假长卿款，托人示长卿，长卿信为己作。其人告之，长卿苦不信，寻而遇之函中，面试焉。因大赏曰：『子真吾徒也。』旋以贫病，先长卿死。

吴扆晋事

吴扆晋事，见《西青散记》。顷于写本《郑松莲诗集》中，见有《剑合图引送吴二扆晋之楚》诗，足证《西青散记》之不虚。诗云：『丰溪年少扆晋甫，剑如龙，气如虎。交结多英豪，情亦深儿女。清夜置酒饮我曹，一将奇遇相告语。窃悔明珠不遽投，梦魂永系潇湘浦。有女如花十三五，猿臂玉貌剑仙侣。马系绿杨招相赌，蔚跂相当心相许。即今豪气短，离恨长，利刃不断情缕缕。黄生蓉溪潜乃为停杯纪其事，落笔驰骤追风雨。缄斋吴宏又为泼墨写入好东绢，惊鸿态度浑如睹。中酒曹子震亭学诗发浩歌，按图仔细看眉妩。松莲乃起酌酒呼而告之曰，君不见剑锷双芙蓉，曾闻跃入延津渚。两美从来离合缘，默默天心原有主。黑白卫，雌雄剑，当年剑事成千古。蛾眉纵属沙吒利，黄衫磨勒犹能取。人欲天不违，知尔重相聚，请君负图带剑掉头去。』按：此诗不工，以事录之。

郑松莲诗

郑松莲诗近体较佳，如《咏蟋蟀》云：『亦有悲秋意，同吟暮雨中。苔阶五夜冷，野馆一灯红。切切音长苦，悠悠岁又终。严冬霜雪重，何处息微躬。』《南楼》云：『极目南楼上，亭亭倚夕曛。天垂遥树野，帆乱渡江云。浪迹岁频换，怀归春又分。那堪越吟处，花落自纷纷。』又断句云：『梅添雪片白，烛映酒卮红。』『空怜违世客，强作送行人。』『磴曲萦深树，溪流约午钟。』『疏灯生远梦，细雨动轻寒。』『小桥穿卧柳，细草宿残花。』『月上隐高松，僧归度修竹。』『惜貌频看镜，攀花不遗人。』盖颇究心晚唐人作，惜才力弱耳。

谢少连遗稿

罗长铭携来《谢少连遗稿》三册，乃其族孙谢枚玉字舒白者所集。二册为杂文。内附《西宁卫志》稿半册。一册为卉品，皆咏花、说花之作，内附《读书说》十馀纸。有万历丁酉自序及吴兴臧懋循序。臧序言『少连游关中，与诸王孙结社谭艺，作《读书说》』云云。诗文皆芜杂，不足采。

兹节录其《琅嬛藏书记》云：『藏书在王家，自汉而下，所藏之地，则有兰台、石室、东观、西清、天录、鸿都、麒麟、凤阁。所典之文，则有扬雄、傅毅、郑默、李充、阮孝绪、虞世南、徐铉、秦观，而刘向、刘歆、谢灵运、谢朏俱再世相继，可谓荣矣。所藏之书，则汉三万三千卷，魏二万九千卷，至隋三十七万卷，极其盛矣。然此皆书写卷轴，其数易充，盖自柳玭、冯道先后印摹，其卷视前数倍。则自唐以后愈多矣。然惟王家为易办，次则士大夫家，而士人之家则何力之有焉？在唐则李邺侯为最著，牙签万轴而已。在宋则叶少蕴逾十万卷，固已十倍。李择长公，未及见也。

我明藏书之地，分布坊局翰林院，而总聚于文渊阁。曾于焦弱侯太史得其《经籍志》，则已十万余卷矣，犹曰中秘尚有若干卷未启。时陈王垒相公为国史总裁，太史公请一上闻启之，相公未即具疏，遽已病矣。至于士大夫家，则无如吴中王元美氏、刘子威氏、河南李袞美氏、王胤昌氏、湖广李本宁氏、山东李伯承氏、江西朱王孙麟仪氏。而士人之家，则浙江胡孝廉元瑞氏、宣城梅贡士禹金氏，此皆当今所最著者也。

以论吾乡，士大夫家，则程宗伯克勤氏、王侍御德仁氏。至于士人，则吾邑方太学在宥氏、吴山人把之氏、虎臣氏而已。

汪司马公不泛收书，而李子象武酷嗜书，故有修币乞文者，则象武从旁攫之，乃公不禁也。』馀略。

按：此文为草市孙照邻作。孙所藏书名琅嬛库。

又《书半塘寺法宝后》云：『苏州半塘寺，有法宝二，一为善继上人血书《华严经》；一为雉儿塔。在昔法师开讲，有雉听经。经完雉死，葬之林间，逾时从雉口中出青莲花一朵，寺僧建塔志之。上人血书经后，则我明宋文宪公序之赞之，据序乃知上人永明师后身，而文宪公前身也。予一再瞻仰此经，笔锋遒劲，行款清匀，血光融莹，渐变金色。二百三十馀年，寺运式微，兹宝独在。迄今万历丙戌，汪司马公游吴，顶礼瞻仰，叹为希有。寻憩焦山，宗人汪子建以寺僧来，愿以是经权寄肇林精舍，暂藉宰官护持，司马肯之。且命其弟仲嘉与约，他日寺僧稍能兴复，当复归之。于时寺僧亦以雉儿塔寄王居士百谷半偈庵，亦护持意也。

十六年来，昙旭比丘，有缘吾土，而寺僧孙徒明德，有愿还经，一时宰官居士开士某等并赞其胜，移书仲嘉，仲嘉云谨如约。于是吴左干与象先、象武、昙旭完约。经十二部，从肇林请过溪南松石庵，昙旭奉以还吴。』馀略。按：此亦吾乡一故事也。

又枚玉小跋言：『少连叔祖与马湘兰对烛咏梅花，自夜至明，各成百首。余儿时犹见非冥侄书此诗，贴在汉书堂两壁。乃至弱冠后再询，已为大中侄毁去，因不知为叔祖作也。』按：此事颇可喜。惜诗不传，未知马诗何如，谢诗恐未必能佳也。

程君房所刊尺牍

甄夏得程君房所刊尺牍三册，楷书，白棉纸，印甚精。标题《徽郡新刻名公尺牍》。古歙筱野程大约编，进士念所江东之校。前有万历丙子赐进士嘉议大夫应天府尹新安午槐程嗣功序，有印曰『槐水之阳』，盖槐塘人也，其称大约曰族弟。次大约自序，万历丙子书于悬榻斋中，言曩与钟山子辑《竿牍》一编，校而梓之，第皆钜帙崇篇，未及短翰，故复有是辑。所录南直隶五十三人：程篁墩敏政、程石峰廷策，休宁人。汪南明道昆、江荆石珍、方采山弘静，许颖阳国，张玉阳一桂、方初庵扬、黄景阳云龙、江篁南瓘、王十岳寅、詹白阳潢、俞竹溪仲礼、方献成策、潘象安纬、程北溟嘉士、方柏庄远宜，俱歙县人。游让溪震得、潘桃谷滋，婺源人。程希文潞、汪虞仲懋孝，项文鸣应鹭、程仲木一枝，吴斗岳守和，休宁人。馀如子畏、枝山、凤洲、履吉、祯卿、阳明、白沙、西涯、空同、升庵、沧溟诸人，应有尽有，文不足称。

兹略录乡人数书：

程篁墩答姑苏刘振之云：『乡人自吴中回得手书佳作，披诵之际，如见故人，接谈笑。

是日并得石田诗及书画，山房寂寥忽尔增重，入夜秋声满竹树间，疑助予之喜跃吟讽，何其快哉！闻欲至山乡，挹紫阳之秀，斠练溪之清，寻盟渔樵，以发豪思。但敝乡所产，不过斑笋、紫菱、石鸡、沙鳖之流，不能吴品角万一，恐无以供大嚼为愧耳。吟屐果来，当拏小舟下桐江泊钓台以俟。』

许颖阳答胡茂承云：『昨归，得一再从公酣畅，至今心神尚在清流白石间也。粤使来，忽奉手教，惊喜如梦，公故有清缨鸣剑之志，今得贤主人矣。幕中坐筹，马上草檄，非公其谁任之！伏读来章，洗尽铅华，独存风骨。明时雅道，待公而兴，岂直为新都重哉！不佞碌碌，旦夕备章句之役，虽出入交戟，侍名公贵人，分卑力微，职事之外，惴不敢出一语，恶足以参朝议，为李将军地哉？西事虽棘，在将军必有成算，伫看献捷耳。曾中丞入蜀，公得毋为故人西游乎？北来之约，恐不能践。冗次报复，临楮驰神。』

又答程筱野云：『里中文事斌斌，唯是二三君子，好古而润色之，令朴鄙之乡，一旦重于天下，不佞得藉光焉。在燕再勤翰贶，未及报谢。南来又拜使者之重勤。古称陈遵尺牍，郑庄驿马，足下视遵才实过之，不佞愧庄远矣。恐足下以俗物疏我，乃更益亲，慰诲勤勤。其有以振我邪？敢忘大德，幸不绝于长者。桑梓壤接，尚可嗣音。』

汪南明简江山人民莹云：『顷辱左顾，把手论心，津津然不自知其膝之前也。山中供具不恪，心甚耻之。顾老母方在床蓐间，知公必不以疏节见谯责耳！得手书，知仲房有诗编。公于仲房厚善，当为之忠臣，假之岁月，使各尽其长，上也。兼收博采，参之有道者损益之，次也。如快在速成，主于独断，恐在郡中，已不能无异议，况悬书以示四方耶？』

又云：『夫耿介多闻之士，其自视过高，且羞与俗吏齿。不肖违先生三稔矣，三辱下问，多所指授，缅缅乎长者之言。不肖不遑报书，而施教不倦。不肖自知为罪人，而益信先生之宽大冲虚，不以苛礼拒不肖也。不肖才不逮当世，而妄称古人，如眇者仅守一涂，跬步不失，不复知有三隅矣。闻先生之言，不啻瞑眩之药。顾方困吏事，蓐食不暇，安能攻古文词？稗官有言：「人得无事常读书，自是清福。」非虚语也。白下诸篇，沨沨高调，而七言古诗，浑厚壮丽，爽口夺目。簿书纷纠中，卒然发策读之，如负涂而骤入清冷之渊，其喜可知已。顷得仲房刻，已见其概，未睹其详，至以不驯之语而恩梓人，则过乎爱者之为也。先生爱人无已，复欲增损而润色之，不肖自谅非诗才，无求工一字为也。请姑置之。省中具稿数篇，欲求郢正，会行次草草，俟再图之。暑雨秋阳，勉矣自爱。』按：所谓仲房刻，盖指《天都秀运集》也。江山人欲为南明改诗，宜其峻拒之矣。

潘象安报李石翁相公云：『辞去门墙，言旋墟里，顾未行则迟迟然，既行则怅怅然，是岂无乡土母兄念哉，受恩深处犹家也。纬实庸流，谬遭英盼，尘忝宾幕，五稔于兹。虽才不虚怜，士非泛爱，以今观之，劳谦者本如是其吐握耳。岂纬区区，所宜堪荷。辄奉奖谕，弥使怀惭。即曰拏舟，白云在望。定省之下，便拟就途，敢负明恩，留滞桑梓。敬因送役上状，粗述鄙衷。回首龙门，岂胜涕恋！』按：李石鹿春芳，兴化人。

方柏庄简胡柏泉太宰云：『投绂归来，垂二十年，海内知交，未尝通一字书。颓废之人，省事枯居，惟耽偷惰，虽知厚如老先生者，亦致疏睽，阙然音息，不自知其不可也。顷承晋秩本兵，留后南国，江表陈人，仰瞻星履，方切贺私，而圣眷特优，遽已入践台衮矣。恭惟老先生渊才亮节，超迈等伦，闲心静居，十有七载，一朝应期再起，遂秉枢衡，陶铸群生，斟酌元气，平生所学，展尽明时，盖社稷之灵、苍生之福，匪直区区私庆已也。老夫委怀丘壑，绝迹尘氛，日唯诵云笈之书，栖迟偃仰，以观唐虞之化。昔人所谓「康济自家身」者，近似之矣。此外更复何言。舍亲程大约仰荷眄睐，百尔帡幪，教爱殷殷，如亲子弟，此固大君子作士盛心，而屋乌之爱，故旧不遗，某也受赐多矣。敢不顿首嘉谢！时值新秋，凉风戒寒，惟冀为国自玉，以膺天祉。』

黄景阳寄开府石汀殷老师书云：『久睽教范，驰切曷胜。念新安山水，雄拔东南，云五百年有名世者兴。朱紫阳以泰山高岳，郁起一时。自后如云峰、定宇、环谷、鲁斋，以迄篁墩诸公，其所树立，非不可观，未有大勋盛烈，施济于世。程襄毅哈密之功，吾州首出，然蕞尔荒徼，零星夷寇，计绩无多。近时惟胡梅老总制浙江，弭清狂倭，勋名振世。曾未几年，吾师奋起南服，刋盘根之寇，树无前之功，百城慑肃，山海晏然，皆所谓名世之功也。然梅翁拥大旆于海甸，来则击之。吾师扑剿诸寇，皆束马悬车，深入其阻，劳佚殊矣。且兵不留行，所向摧击，迅于霆电，俾两广之民，消百年之逋寇，而民不知有兵。较之往年平倭，兵需所费，百不当一。古云：「仁者之师无敌，非仁者之将不能。」殆其然哉！龙佩吾师夙教，安处草泽，不敢遽有启候，亦其分也。兹适汪某以寿文见属，愿托词于彼，以致惓惓。北行及期，不能勉制荒思，揄颂万一。所祈鼎飨自辅，为斯世斯民加重，龙瞻仰不尽。」

又答友人詹白阳云：『八月至自南都，读足下手教，并闽中散咏、武夷擢歌，宛如颜面，跃然忻喜。继而思之，古人声应气求在千里之外，幸比闾之间，特达如足下，而远隔千里，临风抚景，宁想如何。弟不材，徒以落落之性，寡谐于时，淹寓两都，虚糜岁月，进不能矫翰云门，乘时著绩，退不能冥心雾谷，勒言成家，能复拓我壮怀，希光前烈乎哉！《诗》亦有言：「优哉游哉，聊以卒岁。」弟自南归敝庄，正深秋木落，自爱吾庐，日处小斋，盥漱之馀，堆壁图书，信意拈读。少倦纵步溪上，云山烟水，欣然会心。亭间独酌数觞，诸儿时出日课，为之品抉。诸孙绕前，嘲笑戏狎。懒慢相兼，日复一日，此不肖年来潦倒趣也。顾心契如足下，阔别在远，标寄情赏，左顾右盼，未见其人，不能无介然耳。适闽使戒行，促我报章，正晡饮微酣，纵笔叙心，不觉缕缕。腊月度足下东归，偕坦斋诸老，至浦南之地，远迓仙舟，问武夷踪迹，尽解诗囊，相与剖阅倾倒，酬此积怀也。尊门上下，闻各安好，相见未远，更不赘叙。』

方献成寄潘象安云：『不面故人五年矣。屈指却忆，良可惊惋。吾兄受知相国，久客京华，得以纵观中秘图史，俎豆英游，见闻益广，遂及古人，并轸方驱，亦非难事。愿勉卒业，为乡邦出色。仆不佞，不敢以世之沾沾龊龊者蕲兄也。仆弃于时，今已流落楚、越作客，不复虞心于此矣。人生六十日曰寿，吾春秋三十有九，过参之二，富贵固难力求，政使可得，馀日几何？讵通把玩古今达言，见解致为不少。往时只作闲读，今绎其旨，始觉绝痛。少年负志狂简，希轨先哲，今已仰首受博士书，几欲遂事，彼此缠牵，还两蹉误。今则老态浸生，双眸益瞀，悲懊何及！生无他志未酬，恨伏迹醯鸡，未睹穹壤之大。更三数岁，少藉二亲之望，赖天骙子能胜衣冠，便当长谢家累，北涉淮登岱，俯阚沧海，观风上都，极目塞朔，西溯江汉，抵陇、蜀、关、陕而反，求一丘壑，有诗文百篇，足以自老，志欲永毕矣。迩来得交卿家贤弟长康，其人古道良友，真所愿从游者。兄何日南辕，故国青山，悬迟已久，倚闾似续之念，云胡可忘。客舍草率，不尽宣展。』

詹白阳与王十岳书云：『日者南游闽中，时有北上者，附候足下书，及奉上汪南明公竿牍，皆以巡边不及投送而复。夫以千里鳞鸿，竟阻云涛，怏怏何如也。兹闻足下归于京师，姬侍满前，弱子戏侧，怀抱愉怿，不言可想矣。亦时念及鄙人否耶？前得足下寄诗，皆杰作，许太史送足下归什，渠曾手书寄来，亦见千里神交，调同志合者，固自不隔藩篱也。足下兹行，快瞻京国，山河形胜，人物光华，固以浓饫，且以布衣草履，揖让王公之侧，使结襪者顿为增价，絷驹者欲永朝夕，则足下所取者多矣。回视抢揄栖息者，何啻天壤哉！虽然，先民有言曰：「不复知有我，安知物为贵。」吾侪解得此意，则虽山居环堵，未必不愈于画省兰台，瀹茗煮泉，未必不清于黄封禁脔也。斯则具只眼者有明识耳。北征有赋，幸示新声。敬缀俚言，更希郢削。即辰天气清和，然朱明在候矣。伏惟强食自爱。』

又与程天锡书云：『仆早岁束发，颇有远志，中年龃龉，百念灰矣。故诵叔夜之言，未尝不抵掌瘖寐若人也。尝窃以为大丈夫不能立功于时，而复蜗处一室，辟之青蝇，终日营营，不逾寻丈，即或身先朝露，夙志谓何！用是裹粮于迈，冀订真诠，以为大江之南，山川号名胜者多矣！岂无异人隐士，栖息其间？倘得一接杖履，步蹑玄纵，上以窍至人之灵气，以葆元精，次则纵观宇内，获友善士，以成吾志；搜奇摅藻，托慕子长，以发吾衷；此则鄙人今日之事也。奈之何出门有碍，竟阻言欢。故虽武夷九曲之奇，金华三洞之胜，翻然遐观，倏若骑龙乘风，翔嬉云表，而夙志未酬，黯然心折矣。悠悠我心，谁复为知己者哉！嗟乎，嗟乎！世途日隘，何往而不风波？事变万端，要亦不满虎溪一笑！然以道眼照之，真若谷中虚声，石中击火，梦中之身耳！于余竟亦何有？而鄙人者，物而不化，常为结滞，良亦惑也。仆学道弥年，实切望洋，然回视风波之险，令人寒心竖毛，有慨其叹矣。足下先登彼岸者，得不为仆一引手乎？聊抒夙素，敬念同心，莫靳琼瑶，慰我荒寂。』按：程天锡为黄山道士。见《黄山志》。

王十岳与江荆石书云：『两日新晴，不意忠信如兄者亦失良约。天气暄朗，花鸟频繁，景物甚是闹攘，情抱可憎。今日风雨潇潇，竹林清寂，惟我抑郁之人正宜也。好阳恶阴，弟岂性与人殊哉？但外之所触，随内之所感，自各归其类耳。方披籍之馀，忽承清惠驰至。且当此时，更觉受用倍常。贱妾捧盂，山妻执爵，拥炉细嚼，饱此玄淡。果能充此时此乐，在在皆然。则芬甘不过乎藜藿，文绣何荣于芰萝？巢由之风可回，金张之艳难夺也。惜乎既非高旷之资，又染腥秽之习，区区青螺，岂足以消胸中之赫焰耶？但世味之念，赖兄暂得清凉，亦一日之福也。惜无琼瑶，何以报之？乔书并赠行之作，容望前数日自当驰奉，南行虽非远阔，亦须彼此相见，可以面叙别离也。京城钓台，适兴任往矣。社作短律四首，惟大涂抹可也。』按：青螺为歙特产，明时人重之如此，今已不常见矣。

花灯鼓

《程可山先生年谱》云：咸丰八年戊午，时闽中花会之祸，大炽于新安。俗称之曰花灯鼓，家喻户晓，惟先生深恶其事，常作歌谣以劝人。其词曰：『花灯鼓，输的苦，一个铜钱赔三十，五个铜钱赔百五，惑人就在这上头，不惜身家性命赌。须知世界买卖多，那有此理供子母。饶你都赢总不输，也恐祸事临到汝。轻则生灾暗劫磨，重则受刑到官府。流三千里徒三年，不止县前打屁股。昨闻闽县有此风，传染忽到我乡土。造此作孽甚刻毒，妇女铜钱一齐数。花灯鼓，输的苦！』

罗孔兼《古今画鉴》

前卷记《古今画史》，中多明时歙人，不见他书，极为奇秘，惟不知何人所撰。近觅残本《古今画鉴》首卷，所载与《画史》同，知《画史》为后来书坊缩印时更名也。《画鉴》为崇祯乙亥罗周旦所撰，周旦字孔兼，呈坎人，有印曰『方外馀生』。前有自序，略言：『笃好绘事，见元夏士良《图绘宝鉴》，病其挂漏，以见闻所及及家藏画之有名款者增补之。』又言：『所载于邑里较多，则见闻囿之。然吾郡实擅场画手，即如余家含章、伯鏖父子，并作雅观。伯符画亦工，而为书名所掩。以近准远，吴会云间，正堪并论』云云。

又有崇祯甲戌和阳讷斋马如蛟撰序，有印曰『壬戌进士』，曰『腾仲』，汪球书。马序称孔兼『所画花鸟，极为工雅，法似宋人。且工篆刻，法与何主臣同，而于书法尤不肯改文从意。平居洒扫一室，所购奇绘诸物，时供展玩。所与游者皆雅流』。

又崇祯己巳罗闻野序，有印曰『应鹤』，曰『首善儒宗』、『三辅总宪』。序言：『天顺时，吉水王佐尝增补《图绘宝鉴》，孔兼是编，实居其上。孔兼夙娴六书，于点画不少苟，见书与画之相通也。』

又崇祯丙子太师博平侯郭振明序，有印曰『函星』。序已不完，有『不佞椒房戚畹』语。又有『设榻而待徐孺，倒屣以迓王符。周鼎商彝，多君品藻不爽；秦章汉篆，羡尔挥霍超凡』等语。

孔兼不知何人，其印曰『方外馀生』，疑必为罗之子侄也。书为呈坎物，虽残可宝。以赠长铭考之。

《奇烈编》

《奇烈编》，表章烈女吴淑姬。淑姬，吴瀚女，莘墟人，居岩寺，吴兰、吴圣修、吴度、吴秋士、吴菘同族。适潭渡黄是。是字圣异，黄白山弟子，孝廉黄日升之孙。年十八，肄业武昌，病殁。未婚。淑姬年十七，至黄氏，自经内寝以殉。同时名士，皆为文张之，并为请旌立坊。

兹录白山一诗。序云：『汪司马《七烈传》，载北山方渭女死稠墅汪凤时，此隆庆丁卯岁事，迄今康熙丁卯，而龙池吴氏，又为吾圣异弟死，事有巧合，因赋三言一章纪之。』诗云：『北山女，聘稠墅，夫之丧，女哭赴。经车中，遂同祔。百馀载，吴殉黄。经于寝，临夫丧。前丁卯，后丁卯，年相同，事何巧。彼十七，此十七，齿相若，志如一。传方者，司马公，文之高，齐华嵩。赞吴者，白山氏，愧其言，若块垒。』又其祭文中，吾族祖毓侃、毓僎二公俱列名。名在汪舟、汪士铭之后，方全、吴瑞先、吴荣光、吴楚、吴林今、吴志达之前。

又檀干老人许毓伟字公求诗云：『风雨何凄其，郊原望欲迷。黯抹河干柳，孤鸣陌上鸬。间关嗟旅榇，闺阁感芳姿。为女未成妇，涔涔令容哀。奔赴气为绝，载拜足成悲。殉夫轻似叶，万祼仰崇嶷。何论生同谷，封树永同碑。江海莫不深，情深不可比。于人曰浩然，顿令激须眉。吁嗟黄子宅，孝行旧门楣。其如死取义，德邻不在兹。顾有未臣士，赴难甘如饴。英风布方策，十二童汪踦。今年二烈女，皆产延陵支。俗非贞淑著，斯焉以取斯。如我惟桑梓，吮毫写此诗。愿纳輶轩辑，光辉彤管题。』

《佳日楼词》

方于鲁著有《佳日楼词》一卷。见汪允宗笔记。

鲍梁父为《薪草》

鲍梁父名鲲，鲍中素弟，当亦是堨田人。工诗，著为《薪草》前后集各一卷。前集李维祯序，吾宗一经公书。又弟观光伯达序，潘之恒校。后集朱翊钰序，朱翊䥣书，里人方时俊求仲校。李序言贞成王孙通其友梁父，盖谓朱也。伯达序言『梁父弱冠客金陵，有「诗成惊白下，酒落醉素袍」语得名。后喜言兵，出塞谒里中少司徒方定之先生。方为诗赠之，载《素图稿》中。晚年好佛，参究内典』云云。好游。踪迹颇广。集中近体为多。

兹录其《红叶》云：『霜林簇锦落秋山，万里游人鬓亦斑。镜里莫愁生白发，枝头老去转红颜。潭清倒影霞初落，月冷惊飞鸟共还。漫谓飘零无定处，曾留佳句在人间。』《送仪部中素兄典试山东还朝》云：『衡门十载卧江皋，春草年年入梦劳。霄汉未联鸿雁影，文章时观凤凰毛。《西京赋》就燕台重，东鲁人瞻泰岳高。玉节即今还魏阙，骈骈四牡壮征袍。』

又《赠陈白室》云：『昔别闽中二十年，今逢两鬓各皤然。任他百岁人难到，与尔千秋业自传。剑水潜龙甘遁迹，经台片石可谭禅。一丘一壑闲无事，月下清樽日上眠。』

又赠方求仲、许逸所、鲍元则称元则侄、吴圣甫、郝公琰诗，疑皆乡人。

又《寄方司徒采山先生》云：『千尺松苓引兔丝，素园亭畔万年枝。三朝雨露声全盛，累叶清阴影不移。练水潭深龙卧稳，黄山云满鹤归迟。衡门几夜看星斗，南极荧荧慰所思。』

徽郡难民公檄 咸丰十一年辛酉正月日

窃徽郡六邑，地当冲要，山险民稠，自军兴以来，助饷捐资，盈千累万，则钱粮一端，民间无不勇跃输将以饷项。五年间张京堂、名芾字小浦，前任江西巡抚，被谗退居绍兴，寻获昭雪，嗣经浙抚黄宗暨邑绅吏部侍郎王茂荫等奏留徽郡办理皖南各属防堵事务。系陕西泾阳县人。咸丰庚申秋，丁内艰返陕。同治元年壬戌川陕回匪肆虐西同等府，公在乡督办团练因殉焉。事闻，诏原籍及江西省建立专祠与江忠烈公合祀赐谥。江周两军门驻留徽郡，兵民一心，贼屡犯境，幸获瓦全。本年夏间曾部堂以两湖精锐之师驻扎祁邑，进剿江浙，军令之严，军声之壮，爱民之笃，爱才之诚，莫不大张晓谕，家喻户晓。六邑人民以为中流砥柱，从此永庆安澜，咸登衽席。孰料今春江军门即长贵以偏师援浙，张都堂即小浦先生，时以都察院左副都御史，在徽办理徽池防剿善后事务。召进京，旋丁内艰。旋又入都，万不幸以刚愎自用之李道即元度遽膺重寄。当宁郡告警之时，援师逗留不进，宁国不守，周督名天授，四川人。时以湖南提督在宁国防守，城陷殉难。因而殒命。既而贼逼绩溪。际此多事之秋，用人之日，不能鼓励将士，而反撤散徽防各军，致军心解散，贼得乘隙突来。李道以八千之众，一战而溃。李既遁迹无踪，溃勇乃沿途劫掠，致徽郡休、绩相继失陷。可怜三五百里之土地，数千百万之生灵，一时复遭荼毒。而祁门十数营之兵，经一月不出队伍。直至九月杪，始调张观察名运兰，湖南人，后升福建按察司。鲍军门、杨协戎名载福，湖南人，后历任福建提督兼陕甘总督。三军分扎迪祥、西馆、溪口三路。三五次连获胜仗，大挫凶锋，贼已披靡，不敢复出。设使当时加以兵力，不难克复郡城。不意突于十一月十五日因江右饶郡之警，将西馆、迪祥之围兵尽行撤回祁门。十六日，杨协戎以孤军挫败，是谁之咎？渔亭以下，竟无一兵之扼。贼复蔓延四乡，益肆凶暴，其修毒有不忍言者。呜呼！卫民转以殃民，御贼反为纵贼，使数年以来防堵之功、练兵之久、捐饷至数百万之多，一旦尽化为乌有。伤心哉！人非铁石，不禁痛哭于斯民。窃思徽防向来兵不满万，而在西以为紧守各口岭之馀，复援宁援浙之师，岁不暂辍。是今日之势，不患无兵进剿，所患当局者暗指曾国藩贻误军国意不在徽而在西。以为西省有饷可以济兵。殊不知徽商满天下，西省厘金半出于徽商，岂独无与哉！况徽为入西门户，保徽即所以保西，唇亡齿寒之谓，何前车既覆，后车当鉴，安知宁郡可弃，绩、歙、休可弃，而祁、黟两邑宁独无与哉！伏愿同心君子，有志仁人，尽假两邑团局义旅，休、歙难民在祁邑偷生者不下数万人，俱各同仇忾，众志成城，刻日建旂奋呼，分路进剿。逆党虽众，卒多裹胁之徒。人非禽兽，谁无室家？若一见阵，该贼解散，可以立待。即我徽民与其坐以待毙，曷若杀贼舍身！有志者事竟成，天必假手我民，歼彼渠魁，上雪君父之辱，下报地方之仇。即曾帅闻之必拂然怒，亦色然喜，迅拔队伍以收全功。歙、休、绩之民，得以危而复安、散而复聚者莫不赖此一举。祁、黟两邑亦可永保奠安，吾等共戴唇齿之情、救援之德，虽在无可奈何之日、功成之日，后亦必少助犒劳之资。的于□月□日各邑义勇难民等皆赴渔亭齐集，共议进攻之策。其各踊跃，共襄义举，辛勿观望，自贻伊戚。速速须檄！

《阅微草堂笔记》卷九十四叶

程也园居曹竹虚旧宅中，一夕弗戒于火，书画古器多遭焚毁。中褚河南临兰亭一卷，乃五百金所质，方虑来赎时轇轕，忽于灰烬中拣得，匣及袱并爇，而来卷无一字之损。表弟张桂岩馆也园家亲见之。白香山所谓『在在处处有神物护持』者耶？抑成毁各有定数，此卷不在此火劫中耶？然事则奇矣！亦将来赏览家一佳话也。

方光琛与八水和尚书

光琛字献廷，歙人。与八水和尚书云：『出山后数日，举身世皆若浮幻，觉尘氛逼人。因思吾师道念深重，此虽是利根上智，不假外得，或亦取资山川之幽奇高洁，足以相发其志意耶？每闭门静坐，追索游历处，如身入万花谷中，目不暇给，其奇胜无能名状。但欲次第其某处佳，某山自某径入，则有所不能遍举。前日目遇神会者，惟在松石，遂不复志其里道，初亦不为作诗文计。今境移事往，兔起鹘落之机已失，无可措手矣。然黄山之峰洞松云，峙者，俯者，流走者，翔舞者，傲岸者，如主宾相揖让者，兵戟相击刺者，皆峰也。而必以幽径，以苍松，以悬岩，以曲洞相成。其奇云则时相过从，难以形似，若此者皆可以一瞬见之。无乃天地故为设此以移人性情乎？或以供有意住山者啸傲乎？未可知也。琛万里之行，自今伊始，当一探岷山，便道登匡庐，而返筑室皮棚老焉。不识山灵能见许否？八公为我证之，终当不负此语。异日者与八公杖履追随，一丘一壑，一咏一觞，回视今时景况，又不知作何等置论也。昔先公曾建一贝叶庵，其故址犹可踪迹否？草率束装，尚容专布。』据弘眉《黄山志》。弘眉即八水。方光琛，疑即嗾吴三桂起兵后被磔于燕市者，待考查。

晶阳子程义十二屏幅画跋

『王叔明，号黄鹤山樵，画师北苑，尤专精于王摩诘。叔明去今四百年，真本每不多见。右丞去山樵又八百年，似亦少得。然赵松雪收藏之富，大半得之南渡画库，故文敏动笔不凡。山樵甥也，又得管夫人及阿舅伯驹日同席砚。则右丞真面目仿佛山樵，宜其再精于王也。然世之摹摩诘者，工细柔紊，徒增憎人。余偶拟之并跋。晶阳子义。』此幅有印，曰『死生三十六峰中』，曰『正路』，曰『聊夫』，曰『程义之印』。

『张僧繇，宋明帝时人，与顾陆俱善丹青，或譬之论书，顾陆则钟，张则逸少也。余尝见僧繇画，纸素，尽佳笔，墨庯腐。惟十洲、六如、玄宰三君临张，没骨设色，画皆佳绝。今更拟之。时丁酉秋日书于隐求草堂。晶阳子义。』此幅有印，曰『不负人』，曰『晶阳子』，曰『义』，曰『正路』。

『黄大痴画师董巨源，晚年尝作《长江万里图》，稍变董法，而笔底圆转，磊石如万斛明珠撒地，尺丈长，走笔皆屋漏痕折钗笔，放纵自由，得心应手之至也。此帧合黄、董而成，颇自快意，两君许乎哉？晶阳子义。』此幅有印，曰『聊夫程义』，曰『晶阳子』，曰『正路』。

『余弱冠酷爱倪高士字画，生平睹者万计，真本止数轴而已。字学章草，出自王大令

《益州帖》并褚河南《圣教序》。皆醉心右军《笔阵图》、《曹娥碑》，化而用之，施于画端，蟹爪皴毛笔树石，亦不觉折钗屋漏等法，辄从十指间流出也。今临其《雪景》并识之。晶阳子义。』此幅有印，曰『死生三十六峰中』，曰『晶阳子』，曰『义』，曰『正路』。『正路』印误倒。

『唐解元当无可为之时，若汉之有党锢也，其诗曰：「闲来写幅丹青卖，不使人间造孽钱。」怨而不怒，略见一斑矣。画师陆采微、顾虎头、李营丘，又专于赵文敏，兼文、沈、仇三君之妙，诚一代高手也。余往游黄山，得《岁寒图》，大类六如笔。今再仿佛之，并跋。晶阳子义。』此幅有印，曰『晶阳子』，曰『正路一字聊夫』。

『董宗伯画师北苑，而字学过之，故其字中有画，画中有字。此纸临其《吴山夜月图》，当不愧两君也。晶阳子义。』此幅有印，曰『八百桑』，曰『义』，曰『正路』。

『赵子固善竹梅，于山水尤奇。时人珍之，比之米南宫。东西薄游，必挟所藏法书、三代以来金石名迹自随，一舟横陈，仅留一席，为偃息地。随意左右取之抚摩吟讽，至忘寝食。所至识与不识，望之为子固也，更呼子固书画船，今拟之。义。』此幅有印，曰『八百桑』，曰『正路』，曰『聊夫』，曰『程义之印』。

『「善画无根树，能为懵懂山。」此南宫一幅写照图也。痴翁尝为清远令，峡中峦林，即其粉本，粤地无霜雪，翠树碧苔，终年不改。昔游此曾作记。盖六百年来，无人指出。兹摘数语于绘后。晶阳子义。』此幅有印，曰『聊夫』，曰『程义之印』。

『吴仲圭，号梅花道人，其节侠交游，气象天下，一时是越之隽。杨廉夫、顾仲瑛、黄子久、倪云林、张句曲皆以笔□□□□□□炼，人挟为宝。余睹其巨幅泰兴季谏垣，再见于京师王观察，再见于邗上王长安，廿年间三易主人，皆有前数君题跋，并唐解元、董文敏、项子京辈赏鉴印，诚希世之宝。余尝拟之，更志于此。义。』此幅有印，曰『晶阳子』，曰『正路』，曰『聊夫程义』。

『高尚书尝画雨后欲晴之态，顾泾翠迷岚，触诸笔端，令人置身尘外。义摹此。』此幅有印，曰『死生三十六峰中』，曰『聊夫』，曰『程义之印』。

『郭河阳《两峰图》，其潇爽雄豪跌宕，真高手也。义临。』此幅有印，曰『死生三十六峰』，曰『正路』，曰『程义之印』。

『徐青藤笔下遒劲，曾睹其《白石图》，风逸可爱。又尝见陈章侯画扶桑果，粤中无霜雪，果赤叶色不变，即吾地雪里红也。今并拟之，为《琅玕珊瑚图》。晶阳子义。』此幅有印，曰『聊夫』，曰『程义之印』。

休宁县众绅士公禀曾督宪

名国藩字涤生，湖南湘乡人。时任两江总督，兼钦差大臣，统师由江西进攻皖南各属，驻防祁门。

敬禀者，窃徽郡六邑，山险民稠，自迩年来，叠遭兵燹，蹂躏几遍，困苦流离，不堪言状。然于万分艰窘之中，尚能好义输诚，同仇敌忾，递年捐资助饷，不下数百万两，以期固我藩篱，保我疆域。不意大劫难回，民殃未满，李道名元度，字次清，湖南平江人，时以简用道在徽防剿，后复在浙贻误军机，浙江督帅左宗棠参奏，革职，拟罪，复经曾国藩奏保，回籍为民。朝廷宪章，尚容免脱，是谓无刑，深为我徽士庶之遗憾也。失机，郡城不守，迤逦而西，二三百里之土地，数十百万之生灵，一时复遭涂炭。幸蒙大人恫瘝在抱，念切民生，飞调大兵，分扎西南北三路，叠次开仗，大挫凶锋，贼已披靡鼠伏，不出城坦，克复旦夕可期。讵料建邑之烈焰方销，景镇之烽烟又炽，以至西北两军，同日撤回祁门，以资调度。渔亭以下，竟无只兵之阻。贼复蔓延四乡，大肆荼毒，无山不搜，无地不到，无暴不极，无毒不臻，掠人日以千计，破产何止万家！杀人则剖腹抽肠，行淫则威劫凶迫。村村打馆，丝粟无存，处处焚烧，室庐安在？死亡枕藉，骨肉抛残。值此霜雪交加、天寒地冻之时，携老扶幼，宵行夜伏，万苦交迫，几至无地可容，言之痛心，思之切齿！日前大营撤去云云，职等九死一生，脱离虎口，尤赖大营在此，藉可暂图苟安。一念室家，肝肠寸裂。为此沥血陈情，号叩恩宪大人俯念穷黎莫非赤子，早日发兵进剿，则四乡垂死之民，皆必踊跃直前，随同杀贼。逆党虽众，率多裹胁之民，实无伎俩。民皆有家，谁肯从贼？若一见阵，解散可以立待，歙、休、绩之民，得以危而复安，散而复聚者，何莫非大人再造之恩、二天之德也。临禀不胜号泣待命之至！

批：『休邑屡攻未下，兼值事机未顺，各处牵掣，致吾民久罹荼毒，本部堂负疚既深，焦愤尤切。现调鲍军门名超，四川人。时升浙江宁波提督，一等子爵。统带各营速攻饶州大股，该处为大营后路，先其所急。一俟此股肃清，即可立取休城，以次规复，冀拯民生于水火也。』

休宁县绅士合词再禀曾督师

敬禀者，窃职等于十一月廿九日以休、歙被贼蹂躏万分困苦情形肃缮禀呈。本月初五日荷蒙批示，现调鲍军云云等谕。仰见大人谋深大局，洞察民艰之至意。休邑之贼踞城百有馀日，近来肆毒更甚于前，昼夜四乡掳掠，沿途打馆，放火劫杀，殆无虚日，近城二三十里之地，少壮男妇被掳被杀，靡有孑遗。或于穷谷深山，四面纵火围掳。间有未遭劫火房屋，则破墙毁壁，搜括殆尽。新葬丘墓厝基多被发掘，甚至亲属遇害，日久不能棺殓，抛尸露胔，惨不忍言。其中幸逃出之老幼孤穷，无从觅食，死饥死寒者，不计其数。又若只身脱网，人口仍陷贼中，无由踪迹。或全家逃出，又被冲散。骨肉抛残，流离道路，颠沛万状，鹄面鸠形，不忍见闻者，在在皆是。该逆之罪，罄竹难书！刺骨痛心，民愤已极。稍有血气者，莫不抚膺切齿，誓不与贼俱生。窃思鲍军既往，左顾大局，急难回兵，而此方水沸火炎，拯之似难再缓。为此呼号环叩恩宪大人，分华桥一旅之师，出渔亭数成之队，并假以枪炮火药旂帜刀茅，职等率领各难民齐集大营，随同出队，以渔亭为中股，乘夜分两路进剿。一由东亭岩脚直下，一由珰金街渠口上资直抵渭桥，贼之辎重粮食皆在该处，黑夜我军突至，猝不及防，贼必闻风而遁，我军乘势掩杀，可获全胜。更使从战百姓，登高山掺土音招呼被胁之民。一则获其辎重，可以鼓励军心；一则散彼胁从，可以孤其贼势。收队之后，西馆营基具在，仍可驻扎。并请预先札调江军门名长贵，四川人，时任安徽皖南镇擢升湖北提督军门。带同黟北民团，由北路蓝田小溪进攻，并饬祁南婺北两处民勇由三十一、三都直抵溪口，进扎汪金桥，谕以唇亡齿寒之义，使各奋勇争先，互为声援。然后三路会同，相机进取。目下探得渭桥之贼，与城中之贼，因事争端自相仇杀。若乘昏夜进兵，城中之贼必惊疑不敢应援。此天假之机，似不可失。拯民生于水火，宜在此时。又探得婺邑江湾等处民团于五城地方日前与贼接仗，连战皆捷，斩获甚多，并冲散贼党千馀人。是贼之伎俩已可概见，半皆新掳之民不知战阵。我偏师若出，断无不胜。职等因地方公愤起见，不避斧钺，再行具禀凛陈，伏叩恩宪，洞鉴民隐，急解倒悬。临禀不胜哀泣待命之至。

批：『所陈该邑被难情形，本部堂悲愤交萦，无时或释。惟以现在兵力，仅敷分守，一经进剿，非立克休城，必有跋前疐后之虞。若进而复退，则我之军威既损，百姓之受害益深。前撤迪祥、西馆之围，万非得已，而附近居民惨罹荼毒，岂可再蹈覆辙。目下鲍军已扎石门，指日肃清建德之贼，即势可以腾挪。本部堂自有调度，毋庸累渎。』

《书己亥年事》

黄琯作《书己亥年事》云：

顺治己亥秋，海寇扬帆直入江，江南大警。调诸郡兵赴援，败绩。徽州溃卒乘机为乱，把总唐士奇为之魁，诸无赖群归之，旬日聚众数千人。初由郡西上休宁，入祁门，所过淫掠，各乡切齿，欲集乡兵扑灭之。时徽宁兵备副使孙胤裕下令，居民毋得轻名贼，妄有杀伤。以故贼益横。及江上事平，孙则檄府县谕士奇归营受约束，乃士奇逍遥，不即归。由休之洋湖、歙之南溪南环山而来，每处止顿一二日，席卷以行。阴使人谓府县，我不复归东山旧营，必得大乡落以驻。乡落之近郭者，莫如潭渡。宜时吾族业已戒心，老小妇女前期他避，惟辎重未动，日夕观伺声息。乃府县不得已而许之。艾夜始令人报吾族，则筐篚什物已大半不能移矣。明晨贼至，凡大家则士奇以下头目七八人据之，其馀分处贼众。于是素封之所保，良贾之所藏，米谷、盐绨、酒酢、麻缕、丝枲之所价买，衣服、器用、金玉玩好之所蓄聚，尽为贼有焉。诸乡犹凶惧，小者馈牛酒，大者输金帛，请令箭、请告示者，踵相接。贼则陈货里门，斥卖所卤获，取直什一二，贪利者争市之，得息常什倍。宿留凡十五日，始就府约束，散乌合之众，以原兵往守祁门。时道府密奉总督檄擒贼，而士奇为横时多以宝货谄上官，故先为耳目，得偕妻子遁去，所缚仅其党云。

白山子曰：呜呼！从古祸乱之生，始如爝火，后成燎原，大抵皆当事者少方略，酿之使至此也。方唐贼初变时，众不过百馀，诸乡之人各欲保其财物老小，诚纠集壮勇之夫，人自为战，歼之甚易。乃上官阘而无谋，养痈蓄毒，以成其势，遂使良民束手受害，莫敢谁何。已复甘其重赂，大憝逋诛，则孙之猥懦贪残，实为戎首。后虽被参逮问，死于狱底，曷足蔽厥辜哉！是役也，犹赖知府蔺公有干才，说而罢之，身散其众，使贼帖手而去。不然，吾族之人，农不得耕，士不得诵，商贾不得复其业，老稚不得返其室家，将壮者必散之四方，弱者必转乎沟壑。贼之大势虽无能为，而使迁延数月，不即解散，则吾黄氏势不能复有潭渡矣。书此以贻后人，使知吾族自孟五府君卜居以来，遭此数百年未有之变故，而犹得终保其丘垄田宅庐井室家者，或亦府君在天之灵，阴有以相之与！

篁墩辩一

黄瑄作《篁墩辩一》云：

歙之南有地名黄墩，自吾黄氏始也。本名姚家墩，东晋时我祖黄元集公来守新安，卒葬斯地，子孙因家焉，其后黄氏益繁，故墩之名变姚而黄，从其盛也。其后又益繁，则从而之四方，自徽之六邑，以至凤阳之盱眙，饶之鄱阳、乐平、浮梁、德兴，严之淳安，皆有之。至今每岁仲春合族而祭于黄墩之祖墓者，犹十有三派。其远而不至者，不在是数焉。夫黄墩之为黄也久矣，其自吾黄氏始也著矣。

异哉乡先达程敏政学士之为《黄墩书舍记》也，自叙其先亦出黄墩，而考家谱及郡志，莫知墩之所以名。后得一说，谓『黄』之字，本为『篁』，以地多产竹故。至黄巢之乱，凡州里山川以黄名者，辄敛兵不犯。程之避地于此者，因更『篁』为『黄』，以求免祸，岁久而习焉。遂书『篁墩』二字，揭于故庐，因以为号。盖其先元谭公东晋时亦为新安太守，后亦家于黄墩。至忠壮公灵洗，当梁时起义兵，捍侯景之乱，土人德之，又庙祀于黄墩。故其言曰独慨以循吏忠臣赐第庙食之所，而污于僭乱之姓七百馀年，卒无觉其非者。

呜呼！是何考之不审，而轻于为说若是耶！使公而非文人也，其文辞不足传于后也，吾无讥焉尔。公而文人，其文辞足以传后，而考之不审，轻于为说，吾恶可以不辩？盖两姓之祖，东晋时并为新安太守，其莅政之先后虽不可知，然吾谱犹本其始名，谓之『姚家墩』，而程谱则止云『黄墩』，不知有『姚家墩』之名，则知吾祖守新安而葬姚墩，而子孙因居之，固在程氏之先。及程氏来居则黄墩之名已易，其后子孙为谱，但书『迁自黄墩』无怪也。若夫易『篁』为『黄』以免寇难之说，既不见于郡乘，又不载于家谱，仅仅得之传闻，此真齐东野人之语耳。而可遽信其说，谓是墩污于僭乱之姓数百年无人觉其非耶！公虽为是记，又以『篁墩』自号，然黄墩之为黄墩自若。诚以吾家太守墓于此，祠于此，每岁子孙修祀事于此，其仪文之盛，舆从之多，倾动一市。虽妇人小子，亦心知黄墩本黄氏之故居也者，又奚事屑屑为此置辩乎？弟惜公为吾乡文人，其文必传于后，而考之不审，轻于为说。是故，不可以不辩。

篁墩辩二

黄琯作《篁墩辩二》云：

始予得程学士文集，阅所为《篁墩书舍记》，遂援笔作辩。及竟读其集，复有言及斯地者数处，觉前辩犹未尽，因再疏之。《篁墩录序》云：『告于当世缙绅君子，得记赋铭诗若干篇，即前记所谓借重作者一言，使后世知此地获复旧名自予始者也。』据记以为考谱及郡志，莫知墩之所以名，近得一说云云，而序又谓考之旧谱云云，则其言已自相牴牾，奚足取信于后世。

又《书方虚谷所撰先太守墓碑后》云：『公当是时奉艰虞之主，守硗䩭之郡，抚疮痍之民，能使下之人爱恋其生，而攀挽其车马上之人，悼惜其死，而惠锡其子孙。即前记所谓从晋南渡守新安，有治绩，受代为民请留，蒙赐第郡之黄墩，子孙因留居之者也。』夫元谭之迹，不见正史，而方回者邪妄人耳，其碑何所据依？特述数百年以前之事，容知非程氏子孙夸大其先，妄造此说，使回笔之于碑耶？诚以受代为民请留，则当增其录秩，使久于其任可耳，不增秩而赐第，理所难信。古之人主，优宠其臣，赐第京师者有之矣，未闻以太守而赐第于其所治之郡者也。回之此说，正与『篁墩产竹，假黄免难』者，同一齐野之语，而可据以为实，谓不可使循吏忠臣赐第庙食之所，以污僭乱之姓，而不之复耶？如吾黄氏祖墓前临街之屋，至今犹赁于土人，而岁取其租，此当是其旧居所在。若程氏赐第之遗址，今有能指其处者耶？盖黄氏之谱，犹目此地为姚家墩，而程谱则但云黄墩。审知吾祖官此郡，吾黄氏居此墩，固先于程氏。而其所谓从晋南渡，守新安有治绩，受代请留，赐第黄墩，皆妄造之说也。

又《书忠壮公赠诰后》云：『宋诰五皆称「黄端」，莫知所谓，载考婺源谱，乃知宋光宗讳惇，故当时以「端」易之。』然则此名不独复『篁』而并复『墩』也。就如其说矫称黄墩，以免寇难，度巢非久据，既去而复，谁曰不可？何遂勿改？以至于宋诰封神号，被之者天子，受之者神灵，如此钜典，亦因循其字而不及讨论耶？审知假黄免难之说，纵使载其家谱，亦其后人所妄造也。如集中叙元谭至忠壮十二世，忠壮五世孙富隋末佐越公汪华，保障六州。以三十年为一世约之，十二世宜得年三百六十，而东晋至梁武仅二百四十年；五世宜得年一百五十，而梁武至隋末仅百二十年。即其世系已自不可知，其馀无根妄造之说，又安可据哉！初以为公未及见吾宗之谱，故云云尔。今毕读其集，载《古林黄氏续谱序》一，《五城黄氏会通谱序》一，则不惟见之，而且躬为序之矣。《五城序》云：『积元集公讳仕晋为新安太守，卒葬姚家墩，子寻因家焉。』《古林序》云：『黄之先曰元集，为晋新安太守，始家于郡，四世孙碧璇居郡之黄墩。』此盖各据其谱之旧而叙之，不知黄墩之初之为姚家墩也。然黄墩之名，宜其平日所关心者，为黄氏作序之时，何不就加考订。一考订焉，则知名墩由于黄氏，不可解其易篁为黄之惑，而亟亟焉思以复之耶？

阅篁墩诗，有《次韵答杨镜川》十绝。其序有『仆近复篁墩之号，翰长杨镜川先生作十绝非之，仆亦未敢以为是』之语。今不省杨诗云何，第程第六首云：『轩皇何处有丹池，万仞黄山踞歙黟。墩与此山元异脉，有灵应笑客何为。』似杨谓黄墩之名，本由黄山来者。杨公未身历吾郡，语出遥度，虽不中不害。且程当时遍以此事乞人诗文，何等郑重？而杨反以十绝见箴，其议论必有不苟然者。惜程之未能心服也。

附录

续歙故

罗长铭

『闭门千丈雪，寄命一枝灯。』渐江句也。许疑庵先生极喜诵之。游黄山文殊院作诗云：『「闭门千丈雪」，渐公留冷诗。此境绝严肃，寄命孤灯危。有客居三年，细咽遗民悲。又闻渐公游，圆月中秋时。四更老猿啸，凄和铁笛吹。我昔值飘暴，魇梦悬倾攲。晓起云入屋，扪榻求裳衣。今来日当午，净无云蔽亏。巉巉朗见骨，不许藏纤厘。灵区固多变，清澈亦一奇。』此诗上半首全用渐江事，惟『有客』二语，自注指宣城沈寿民。沈寿民明亡后入黄山，往来翠微、文殊各寺院以避罗弋，与渐江自幔亭归，往来云谷、慈光间憩无恒榻者，其心事踪迹固无不同也。

又《黄山杂占》云：『渐公写立壁，颇爱作横格。此格他山无，仙人乃多襞。』先生晚年酷爱渐江画，所藏《晓江风便图》、高桐幽筱轴及为吴旷画松树大屏风，皆绝精。《疑庵集》

中游黄山诸诗，近人翕服无异辞。观渐江画，读疑庵诗，不异裹粮作黄山十日游矣。

民国甲戌，江彤侯炜归歙，居如意寺。许疑庵诣之，因语及渐江，同寻其墓。攀萝数度，乃获遗碣。老梅尽摧，墓石亦圮，相与太息。彤侯发愿集资重修，镌文表墓，功幸告成。遂更伐石造路，平治五明寺故址，作亭志之。继以长庆寺塔，岁久凋敝，岌岌将颓，再募巨资，扶植整理。终乃叠石千级，上达峰巅，重建披云亭。彤侯手书张友正旧记刊于石。更于道侧造亭，题曰『清澜』，于福圣寺故址造亭，题曰『雪窦』，以章二僧。别造二亭，曰『响叶』，曰『花龛』，用资憩息。又于故山门侧造楼，题曰『漱芳』，仍旧额也。经藏寺已圮其半，复重修葺。雪窦、如意二泉久湮，觅不可得，得五明寺泉，临雪窦之上，味极甘冽，应同泉脉，遂以当之。是役先后继续历时几及二年，用银币七千馀。筹策程督者，徽师校长江植棠之力为多。疑庵有文，备记其事。

渐江松石小轴，汪旧游律本旧藏。旧游题二绝云：『孤愤已埋千丈雪，新禅别寄一枝灯。幔亭归路非人境，梦到天都最上层。』『黄岳嵚嵚白岳奇，渐江中发孕灵奇。支持两岸残山水，多少遗黎作画师。』后以赠许疑庵，并跋云：『渐师六法与垢区、梅壑、无瑞、遗甦同时称逸品而拔乎其萃，吾爱之重之。惟师真迹希世如麟凤，吾乃得其三：一为古木空山小立轴，少时为友易去；一为《晓江风便图》卷子，近复粥之给朝夕；是虽小幅且敝，然玉骨冰抱，冷秀翛翛然轶尘表也。疑庵近辑《歙故》，尤眷眷明清易代时人物，零墨罔闻，搜猕积岁，吾乐佐之，有得辄通书札。疑庵以不得师笔墨为憾。吾衰朽甚矣！摩挲故物，不必长有。将别，举以为赠。昔香山老素号作达，而出骆遣素，乃有《不能忘情吟》。吾则喜此三物之皆在乡人手也。疑庵归去，当日夕对乡山读之。庚午，旧游记于沪上。』《晓江风便图》初归程霖生，后亦归许疑庵。而此小轴，疑庵因江植棠董修渐江墓致力甚勤，又举以赠江君矣。

龚贤自题山水画册云：『冶城张大风、黄山渐江师每画成必索余题，虽千里邮政，不惮烦也。此册是予少时所作，不知天池大士从何处得来？因忆大风、渐师、天池皆我一流人。幸楮末有馀地，因并纪之。倘携归潜山，必出视扶晨汪子，当嗣苏门一啸也。』按顺治丁酉，渐江曾客金陵，其与半千订交，当在此时。但半千题渐江画，世不多见，不知今尚有传本否？扶晨，汪士鋐字，歙县潜口人。

江允凝黄山图册，吾邑朱寄洲旧藏，后归端匋斋，复转石埭陈氏。题咏凡数十家。汪家珍一题与所题渐江画册，大同小异，录之于下：『余家去黄山百廿里而遥，去渐公家廿里而遥，无弱水之环也，无虎豹之当关也。乃结想半生，无因缘相见。丙申八月，惠然肯来，因共了黄山之愿，其何幸如之。嗟乎！吾郡之人，有垂老不见黄山者矣，有身见黄山而心不见黄山者，吾二人身心交见，何悲见晚！因次其诗，有「迟予向平婚嫁毕，与子双杖拖云烟」之句，盖期之也远矣。不谓忽忽至今，意与岁去，渐公年运而往，乃睹斯册，仍有不与俱往者，杖履烟霞，俨然未散，相从之谊，愈笃不忘耳。时丁未六月为允冰道兄题。』丁未为康熙六年，去前题乙巳又后二年矣。又许芳城题浮溪一绝，已见《歙故》，不重录。

俞绶，字去文，号涧影，宣城人。题江允凝黄山图册中云涛庵云：『年至精力疲，丘壑载其腹。欲学宗少文，岳云生茅屋。世无荆关手，溟海抵污渎。晚交得渐公，禅意溢寸牍。瓣香皈墓门，好不移野鹜。小阮度欲前，丹青表六六。始知此中人，身具山水福。吾友许远游，妙理证幽独。摩诘一室中，天眼观之熟。贻我一溪云，千丈飞素瀑。衣钵自巨僧，馀子直碌碌。无声与有声，相解在林麓。』

黄元治题《逍遥峰》云：『朱砂紫石双峰趾，青天倒下绿溪水。万松风撼两边山，松涛头落溪涛尾。坐向孤亭夕照黄，照见溪石五色光。岂是女娲所炼者，遗与炼丹之轩皇？逍遥庄子濠上乐，那知此地迹堪托！独有渐江真好奇，日日开樽狎浪阁。衣帽是僧兴是仙，妙笔天下谁能传？只许阿咸领神奥，遂数毫末奔云烟。三十六峰恣览历，峰峰顶上坐吹笛。豁开怀抱纳诸奇，精思应为神仙觌。自此下笔更有神，乃为黄山遍写真。百幅峰峦看不了，逍遥亭子羁游人。』

濮阳锦题诗云：『文通妙笔鲜与京，少年作达薄浮荣。姑射仙人本弟兄，肌肤濯濯冰雪清。桃源何异居蓬瀛，问婢丝枲农勤耕，烟炉茗碗足吾生。一年一度黄山行，三十六峰藜杖轻。陟险瞰空笑履平，捷落猿鹤走鼯鼪。南宫北苑咀其英，渐师家学倪迂并，旁视敢有馀子争！澄潭飞瀑急砰訇，笔底飒飒风雨声，倒海破石天为惊。一草一木欢相迎，毫发无遗独老成。谁与玩月踞光明？歙州江子施宣城。壬子中秋，允翁偕愚山殿读同玩月光明顶，大醉作歌。愚翁曾为予言，允老诗最奇崛，直与三十六峰争胜。更夸君什埒楚珩，直与奇峰斗峥嵘。知己既往寒暑更，至今话别含深情。钱刀如土将何云，临歧执手杯重倾，感君意气泪纵横。』三诗皆涉及渐江，因并录之。

渐江山水轴，自题云：『「窗影摇群木，墙阴载一峰。」晨雨薄寒，精神寂寞，偶驱毫写此意与岑嘉州逸句谬合者，因并系之。丁酉九月，渐江僧仁。』据画上丁未汤岩夫题四言诗并跋，此轴为十竹斋胡致果作。旁附曹楝亭题云：『逸气云林逊作家，老来闲手种梅花。吉光片羽休轻觑，曾敌梁园玉画叉。渐师学画于尺木，而品致迥出其上。往时栎园先生购海内名画，以不得渐师片纸为恨。今赖古堂收藏尽归他姓矣。师暮年预营窣堵，募种梅花，盖韵僧也。』

周栎园以渐江画出于孙无修，曹楝亭又以渐江学画于萧尺木，传闻异词，未知其审。《楝亭诗钞》注中，已删此语。尺木与渐江画风有相近处，当是互相影响，未必有师承关系也。

（诸伟奇辑自《罗长铭集》，黄山书社一九九四年版三四〇页）

《安徽古籍叢書萃編》書目

定本莊子故
康輶紀行　東槎紀略
北山樓集
疑庵詩
方望溪遺集
識小録　寸陰叢録
東萊詩詞集
明太祖集
王侍郎奏議
朱楓林集
敬孚類稿
施愚山集（全四册）
吴敬梓吴烺詩文合集
張孝祥詞箋校
竇山公家議校注
翠微南征録北征録合集
阮大鋮戲曲四種
老子注三種
杜詩説
朱書集
論語解注合編
郭祥正集
皖人詩話八種
績學堂詩文鈔
唐詩評三種（上下）
鈍齋詩選
老子注譯
莊子詮詁
説文假借義證（全五册）
劉銘傳文集
包世臣全集（全三册）
田間易學
莊屈合詁
田間詩集
田間文集
古事比（上下）
安徽出土金文訂補

道聽途説
蘭茗館外史
青泥蓮花記
秋崖詩詞校注
舌華録
明語林
夜雨秋燈録（上下）
包拯集校注
毛詩後箋（上中下）
壹齋集（上下）
孟子講義
楊仁山全集
不得已（附二種）
歙事閒譚（上下）
惜抱軒詩集訓纂
張孝祥詩文集
吴汝綸全集（全六册）
青溪集
藏山閣集

田間詩學（上下）
俞正燮全集（全三册）
皖人戲曲選刊　鄭之珍卷
詠懷堂詩集
所知録
文選箋證（上下）
七頌堂集
程瑶田全集（全四册）